风 朝 雨 夕

——包和平图书馆学专题讲座选编

國家圖書館出版社
National Library of China Publishing House

图书在版编目(CIP)数据

风朝雨夕:包和平图书馆学专题讲座选编/包和平著. --北京:国家图书馆出版社,2015.4

ISBN 978 - 7 - 5013 - 5529 - 7

Ⅰ.①风… Ⅱ.①包… Ⅲ.①图书馆学—研究 Ⅳ.①G250

中国版本图书馆 CIP 数据核字(2015)第 010572 号

书　名	风朝雨夕——包和平图书馆学专题讲座选编	
著　者	包和平　著	
责任编辑	金丽萍　唐　澈	

出　版　国家图书馆出版社(100034　北京市西城区文津街 7 号)
　　　　　(原书目文献出版社　北京图书馆出版社)

发　行　010 - 66114536　66126153　66151313　66175620
　　　　　66121706(传真),66126156(门市部)

E-mail　btsfxb@ nlc. gov. cn(邮购)

Website　www.nlcpress.com ——→投稿中心

经　销　新华书店

印　装　北京鲁汇荣彩印刷有限公司

版　次　2015 年 4 月第 1 版　2015 年 4 月第 1 次印刷

开　本　787 × 1092(毫米)　1/16

印　张　25.25

字　数　600 千字

书　号　ISBN 978 - 7 - 5013 - 5529 - 7

定　价　120.00 元

目　录

图书馆员论

传统文化名著导读

自　序

　　演讲,对我来说是一件很困难的事。这有两个方面的原因,一是四五岁的时候,和患有口吃的小伙伴玩耍,觉得好玩,跟着学,不几天自己说话也变口吃了,被母亲训斥一通,再也不让和患有口吃的小伙伴玩耍了,但口吃的毛病却一直改不过来。二是母语是蒙古语,后来又学汉语,在蒙汉杂居地区生活,对汉语的四声总是说不准。在老师的严格要求下,强制练习四声发音,适得其反,口吃的毛病越发严重了。性格也变得内向、害羞,不愿意和别人说话。

　　好在我有六个兄弟姐妹,尤其是大姐,经常带我出去玩,鼓励我说话。她说,你会两种语言,当用一种语言说不出来的时候,用另一种语言说出来就行了,别人听不懂没关系,只要你能说出来就行。我用这种方式说话,效果果然很好,也增加了我在别人面前说话的勇气。后来我发现,同一个内容可以用相近的词汇表达,这样就避免了越想说越说不出的尴尬。为了增加词汇量,就拼命读小说,无意中也提高了我的语文水平。从不爱说话到给同学们讲故事,经过不断练习,到高中的时候,口吃的毛病逐渐消失了。

　　参加工作以后,由于我是图书馆里面的第一个学习图书馆学的大学生,当时的图书馆馆长佟珍先生安排我给馆员进行业务培训。想到第二天就要上讲台给领导和同事们讲课,整整一晚上辗转反侧,就如何讲好第一课,在心里演练了很多遍,还梦见自己在关键时刻卡壳的窘态。无怪乎有人说,面对公开演讲的恐惧位列人类恐惧榜首。好在上大学的时候用功较勤,有些教材内容都能背下来。在上场前一再暗示自己:没什么大不了的,放慢语速,能清楚表达就行。结果还好,虽说不上很成功,但也没有掉链子。大概用了近三年的时间,给馆里讲了十六门专业课程,这种经历不仅提高了我的专业水平,也提升了我的演讲能力。

　　1990 年,我被科左后旗宣传部社会主义教育精神文明办抽调,进行了为期一年的社会主义教育宣讲活动。主要是到农村牧区进行社会主义教育,和农牧民同吃同住同劳动,农闲时就开始宣讲,大队部里(有些大队部没有大屋子,就在老百姓家里)坐满了人。当地农牧民都有吸烟的习惯,主要吸那种自家种的“旱烟”,不出半个小时我就被烟熏得头昏脑涨,无法演讲。我就跟他们说,只要大家不吸烟,听我把内容讲完,我就给大家讲故事。我们达成默契,每次讲完规定内容,我就给大家讲故事,效果非常好,平时不来听讲的人都主动过来听,当时宣讲团的领导对我称赞有加,说我寓教于乐,云云。第二年,也就是 1991 年,我 26 岁被提拔为图书馆副馆长,还当选政协科左后旗委员,应是得益于演讲之功吧。

　　1993 年老馆长退休,我被任命为图书馆馆长,1994 年还当选政协科左后旗常委、哲里木盟(今通辽市)委员和哲里木盟青联委员。主持会议、参加会议的机会多了,在众人面前说话自然也就应对自如了。同时养成一个习惯,每次参加会议,不管领导要求不要求我发言,我都自己做好讲话的准备,偶尔遇到领导临时点将,也不至于语无伦次,说不出所以然来。

　　自图书馆开始评定职称以来,要求专业人员获得“继续教育证书”之后才可以申报专业技术职称。所以各地都举办了继续教育培训班,我有幸被邀请到哲里木盟、昭乌达盟(今赤峰市)等盟、市、旗、县图书馆给馆员做专题讲座。讲座的内容主要是图书馆学概论、图书分类、图书馆目录学等内容,后来根据内蒙古图书馆的工作实际,开设了民族文献管理学方面的课程。1997—1998年我在哲里木盟图书馆任副馆长的时候，东北师范大学信息管理系在内蒙古哲里木盟图书馆举办了"东北师大图书馆学专业本科课程进修班"，我在这个班上系统讲授了民族图书馆学和民族文献管理学这两门课程。由于与民族地区图书馆工作结合比较紧密，受到学员普遍欢迎，东北师范大学信息管理系的有关领导也给予很高评价，我不仅得到很大的鼓励，而且增强了信心。毕竟民族图书馆学和民族文献学这两门课程都是由我自己编写教材、自己讲授的，而且在全国还是第一次。能得到大学专业教授的认可，那种欣喜之情真是无以言表。

1998年年底，我很幸运地被调到大连民族学院图书馆工作。刚开始主要是给大学新生开怎样利用图书馆的讲座。随着我对图书馆学研究的深入，逐渐在业界小有名气，经常被邀请到有关高等院校及省、市、县区图书馆做专题讲座。讲座的主要内容无外乎怎样撰写图书馆学论文、如何申报图书馆学课题以及如何做一个快乐的读书人等，大都比较零散，比较成体系的是"传统文化名著导读"和"图书馆员论"。

至于参加国内、国际学术会议，次数比较多，刚开始是在小组会上发言，后来在分组会上发言，再后来在大会上做主旨发言，一步一步走来，有艰辛，有坎坷，也有快乐，但最主要的是使自己逐渐成熟。演讲的次数越多，对图书馆学的理解就越深刻，对人生的理解也更清晰了一些。这应该就是这些年演讲给我的福报吧。

包和平

2014年6月6日

民 族 图 书 馆 学

第一章 民族图书馆学的研究对象和任务

第一节 建立民族图书馆学的过程

任何一门新兴学科的建立和发展都必须建立在一定的理论和物质基础之上。民族图书馆学也是如此。它是在马克思主义的民族理论与社会主义图书馆学理论的基础上产生的。各少数民族的政治、经济、科学文化的发展是民族图书馆学建立和发展的物质基础和推动力量。

民族图书馆学是以马克思主义的民族理论为指导,运用马克思主义的认识论和辩证法来研究和探讨民族图书馆现象,发挥民族图书馆活动的最大社会效益,以适应民族图书馆事业发展需要的一门新兴学科,它是适应我国各民族政治、经济、科学文化发展的客观需要而产生的。

一、建立民族图书馆学的可能性

第一,有丰富的民族图书馆工作的实践经验。我国的民族图书馆事业,确切地讲,是新中国成立后随着党和国家的革命斗争、科学实验和生产建设事业的发展而发展起来的。要做好民族文献工作,必须做好民族图书馆工作。民族图书馆保存着大量的民族文献,全国各民族地区有着数以千计的图书馆工作队伍。这些专业干部有从新中国成立以前或刚成立不久就开始做民族图书馆工作的,还有一大批是近几年调到民族图书馆工作队伍里来的新生力量。这些长期和近期从事民族图书馆专业工作的干部,都积累了丰富的民族图书馆工作经验,他们是研究民族图书馆学的基本力量,在正确思想指导下,是能够总结出丰富的具有民族特色的民族图书馆工作经验的。

第二,民族图书馆学理论思想和民族图书馆专业知识的存在和发展。我国到目前为止,虽然还没有独立的民族图书馆学学科,但在新中国创办起来的图书馆专业的理论教科书以及新中国成立后编制的各种分类法(表)中,大部分都有民族图书馆学的理论思想和专业知识。如由书目文献出版社(今国家图书馆出版社)出版的《中国图书馆图书分类法使用说明》中,有关民族著作的分类问题有较详尽的说明,又如在各大学图书馆学系的几门图书馆专业理论课程中,也都有关于民族地区图书馆事业建设、民族文献的分类、编目等内容。所有这些,都说明了民族图书馆学虽然还没有作为独立的学科存在,但是民族图书馆学的理论思想和专业知识早已存在和不断发展,并在民族图书馆工作实践中起着一定的指导作用,为创建我国民族图书馆学奠定了基础。

第三,党和政府及图书馆理论界对民族图书馆学研究的重视。为提高民族图书馆工作的管理水平,发展民族图书馆事业,满足我国各民族对于科学技术文化知识,以及经济信息日益增长的迫切需要,1985 年 4—7 月中央国家机关和科学研究系统图书馆学会受国家民委委托在北京举办了全国少数民族地区图书馆馆长进修班;同年 9 月文化部图书馆事业管理局委托北京师范大学图书馆学系举办了"少数民族地区图书馆干部专修科"。对发展民族图书馆事业,开展民族图书馆学研究做了良好的开端。同时,随着我国民族图书馆学研究与发展的需要,必将促使我们去研究与民族图书馆学有关的其他辅助科目或基础科目,例如:民族学、方志学、民族文献学、民族语言学等科目,它们都是与民族图书馆学专业有关的基础知识,对于干部素质的影响是很大的。由此可见,既要重视民族图书馆工作,又要把民族图书馆工作经验加以总结、发展,创立一门独立学科——民族图书馆学,借以研究、探讨、指导民族图书馆工作。从而进一步提高民族图书馆工作的水平。总之,民族图书馆学的建立不仅是必要的,而且也是可能的。

二、建立民族图书馆学的必要性

首先,我国长期的民族图书馆工作实践需要总结。我国是一个多民族的文明古国,民族图书馆工作已有很长的历史。对于历史上的民族图书馆工作,有必要加以研究,从中总结出有益的经验,做到古为今用。特别是要总结新中国成立60多年来的民族图书馆工作的经验和教训。在党和政府的正确领导和关怀下,在民族图书馆事业发展过程中逐步建立起来的民族图书馆工作的经验,可以说是十分丰富的。从各少数民族地区图书馆事业发展情况看,在全国2000多个县以上公共图书馆中,民族自治地方县以上图书馆就有600多个,有些多民族聚居的省、市、自治区基本上实现县县有图书馆。在民族文献的收集整理方面,民族图书馆已初步形成一个保存用本民族文字写成的知识文献和与本民族有关的由多种文字写成的文献中心。在抢救、挖掘、整理民族古籍方面,民族图书馆已走在全国的前面。从1978年开始,先后出版或正准备出版的全国性的民族图书联合目录有30多种。这些都为整理我国文化遗产做出了很大贡献。通过贯彻中共中央书记处通过的《图书馆工作汇报提纲》以后,我国民族地区的民族图书馆事业获得了很大的发展,对少数民族各种类型图书馆的评论和研究以及关于民族地区图书馆立法、民族文献的收集、整理、保管、传播和利用等方面进行了一些有益的探讨,总结了一些较为成熟的经验。为充分发挥各族人民的聪明才智,发扬各民族的优秀文化传统,加强社会主义现代化建设,促进各民族的发展繁荣,使社会主义的物质文明和精神文明建设的内容更加丰富多彩,为"四化"服务等方面起了很好的作用。

其次,60多年来各少数民族图书馆工作是有一定经验的,就全国来说经验就更丰富。很多民族地区图书馆工作经验经过实践证明是必要的、有效的、可行的。但从高标准来看,民族图书馆工作还存在不系统、不配套、不够科学等问题。在我国55个少数民族中,现已识别出蒙古、藏、满、维吾尔等民族有文字记载的历史。他们在长期的生产斗争和政治斗争中创造了自己的文化,产生和积累了大量反映本民族、本地区政治、经济、科学、文化、教育的历史和现状的各种文献,卷帙浩繁,是研究这些历史及有关学科的宝贵资料。但是,由于种种原因,有的已经散失,有的则因保护条件不好,也正受着不同程度的损害,更不用说充分发挥作用。如何能使民族图书馆既能系统地收藏民族文献,又得到充分的利用,确实有待于理论上的指导。

现在民族图书馆工作,除了民族文献工作方面有必要研究外,如何做到既统一又标准化,既满足目前需要又满足将来自动化、网络化的要求,这是很重要的课题,例如,要实行民族文献的电子计算机检索,就有很多问题需要研究和探讨。总之,当前突出的民族图书馆工作不系统、不配套、各自为政等问题亟待解决。为指导今后民族图书馆工作实践,必须把实践经验很好地总结,使之上升为理论,并以民族图书馆学理论来促进和推动民族图书馆工作向前发展。

从以上分析中可以看出,民族图书馆工作是有其自身特点的,对这些特点的研究,是很有现实意义的。

第三,我国民族图书馆事业的飞速发展,对民族图书馆工作提出了更高的要求。1983年7月在京召开的"全国少数民族地区图书馆工作座谈会"上,不仅全面总结了少数民族图书馆工作的丰富经验,而且着重研究了今后如何更好地发展少数民族地区的图书馆事业,并提出了努力开创民族图书馆工作新局面,为社会主义现代化建设服务的奋斗目标。此后,在相继召开的"全国少数民族地区图书馆工作研讨会"上,除着重研究民族地区民族文献的收集途径、方法、整理工作的标准化,民族地区图书馆改革等问题外,与会的专家、学者和各级图书馆的负责同志都一致强调,要积极收集、抢救和整理反映本民族、本地区政治、经济、科学、文化、教育的历史的和现状的各种文献,这样,不仅对于研究本地区、本民族的发展历史,而且对于开发经济、研究和制定本地区发展战略都是不可缺少的重要条件,要求各主管部门必须给予足够的重视。所有这些,都说明了建立民族图书馆学的必要性和迫切性。

第二节　民族图书馆学研究的对象、内容及其体系结构

任何一门科学都有其独特的研究对象,研究对象从研究客体的活动中概括抽象而得出。但是研究对象又往往不是一门学科刚建立时就能明确的。关于图书馆学的研究对象,或者说什么是图书馆学,从1807年德国的施莱廷格首次使用"图书馆学"一词以来,就成为人们所一直努力探讨的问题,各种释义接踵而来。人们对它的认识经历了由零星到系统、由局部到整体、由实用到理念、由直觉经验到科学抽象、由孤立研究到放在社会系统的关系中考察过程,这个过程还没有穷尽。

民族图书馆学作为一门独立的学科,不论其理论范畴和理论体系在更高层次上归属于哪一种类,它总是有自己特定的研究对象和确定的范围,否则就难以揭示自然或社会的某种客观事物和现象在矛盾发展过程中的规律性。民族图书馆学也只有在民族图书馆表面现象中找出它的本质特征来,才能建立这门学科的理论体系,最终确立其研究对象、内容及其体系结构。

一、民族图书馆学的研究对象

民族图书馆学,这一学科的名称是图书馆的一种类型——民族图书馆。民族图书馆学要研究民族图书馆,这是不容置疑的,但是这样表述还不够完全。应该说,民族图书馆学是以民族图书馆和民族图书馆事业为主要研究对象的一门科学。

这个表述包括如下几层含义:

1. 民族图书馆学要研究民族图书馆,但不只是孤立地去研究单个的民族图书馆,它还要研究由众多民族图书馆组成的有机整体,即民族图书馆事业。所谓民族图书馆事业,是指人们有目的、有意识、有组织地建立和发展各种类型民族图书馆的全部过程,以及围绕着这些过程所进行的一切活动的总和。而且,这种研究并不是孤立地进行,而是从少数民族社

会、心理、经济、科学、文化诸方面去研究民族图书馆与少数民族社会发展的关系,从而明确民族图书馆在少数民族社会中的地位和作用。

2. 民族图书馆学不能静止地去研究民族图书馆事业,而是将其看成是一个不断发展的动态过程。这种研究不但包括现实阶段上的民族图书馆事业,也包括历史上的民族图书馆事业。一部完整的民族图书馆学,应该包括民族图书馆事业发展史。只有尊重历史事实,进而认清促成民族图书馆的产生和影响民族图书馆的诸多因素和过程,才能总结历史经验和规律,有利于研究民族图书馆事业的今天,开创民族图书馆事业的未来。

3. 民族图书馆学的研究对象可以分为不同的层次。以整个民族图书馆事业为对象,是为宏观研究。它包括民族图书馆的数量发展、规模速度、总体布局、宣传评价、组织管理、社会作用、发展规律等问题。以各个不同类型民族图书馆为对象,是为中观研究。如民族公共图书馆、民族院校图书馆、民族儿童图书馆等,各有其特点、任务、组织形式、管理方法和发展规律,都需要分类总结研究。以具体一种民族图书馆为对象,是为微观研究,包括民族图书馆的藏书建设、目录组织、读者服务工作等各项具体工作问题。

二、民族图书馆学的研究内容

民族图书馆学的研究对象,决定了民族图书馆学的研究内容。

1. 基本理论的研究

着重研究民族图书馆学的研究对象、内容、任务和方法;民族图书馆的性质、特点和任务以及民族图书馆在民族地区两个文明建设中的地位和作用;民族图书馆工作的基本原则和基本规律。这一部分内容就是要解决对民族图书馆学的宏观认识问题。

2. 事业建设的研究

民族图书馆事业是民族科学文化教育事业的一个组成部分。民族图书馆学应从整体上研究发展民族图书馆事业的方针、政策以及民族图书馆事业的领导与管理体制,研究民族图书馆网的布局、民族图书馆馆际联系以及国际合作等。

3. 业务工作的研究

首先,对民族图书馆的藏书、目录、分类的理论、体系、组织和方法加以探讨和研究,掌握其特点,认识其规律,揭示其矛盾,分析其发展趋向。其中,要着重研究民族文献的收集、整理、加工、保管、传播和利用的特殊规律。在我国55个少数民族中,有21个民族有自己的文字和丰富的文献。这些不同种类民族文献的整理加工都有自己独特的规律和业务特点,又都从不同侧面、不同角度体现着整个民族图书馆工作的共同规律和业务要求。个别体现一般,一般寓于个别,深入研究个性是更好地认识共性的基础。因此,探讨民族文献工作的特点和规律是民族图书馆学研究的重要内容。其次,是对民族地区读者进行研究。研究探讨民族地区读者的心理特点和阅读规律,掌握民族地区读者阅读和使用图书馆的规律以及对不同民族、不同地区、不同读者群进行阅读指导的特殊手段,更好地为民族地区读者服务。

4. 科学管理的研究

管理是提高工作效率的重要手段。民族图书馆科学管理的主要内容是对民族图书馆的馆藏、设备、人员等进行科学的组织和管理,逐步实现工作现代化、管理科学化。这就需要对民族图书馆的组织机构、工作计划、工作统计和规章制度等进行研究,推行和实施标准化,特别是民族文字文献的分类、著录、目录组织和方法的标准化和规范化,积极研究采用先进的设备和技术,不断提高服务水平。

5. 干部培养的研究

研究民族图书馆员的职责和任务,民族图书馆员的政治修养和业务素质,民族图书馆员的学习进修和培养提高,民族图书馆队伍的规划和建设。其中,着重研究实现民族图书馆干部的革命化、年轻化、知识化和专业化的方法和措施。

6. 事业史的研究

要促进民族图书馆事业的发展,就要认清民族图书馆事业的现状和发展趋势。但为了认清现状,还要了解它的历史,要注意研究民族图书馆的发展史。一个民族之所以能够生存、繁衍,都是因为各民族都有自己的长处。研究一个民族的社会发展史,就可以看出一个民族的长处和短处,弄清如何发挥它的优势,克服它的劣势,或者避开某些短处。研究民族图书馆事业也是如此,不应只看其落后的一面,还要看其长处,以提高干部群众的自信心和积极性,充分发挥自身的活力,摆脱落后,赶上先进,实现共同繁荣。所以,应在广泛的社会历史背景下研究民族图书馆的产生和发展,探讨民族图书馆在各个历史时期的特点以及民族图书馆与民族地区政治、经济、文化诸方面的关系,从中发现民族图书馆事业的演变过程和问题,促进民族图书馆事业的发展。

三、民族图书馆学的体系结构

民族图书馆学的体系结构是以民族图书馆学的研究内容为基础的。它的体系结构同其他学科一样,既有理论,又有技术方法与应用,从民族图书馆学的发展趋势来看,其体系将会构成如下三部分:

1. 理论民族图书馆学

是指人们对"民族图书馆事业"这个特定研究对象的抽象分析和理性说明。理论民族图书馆学排除那些非本质的东西,抽象出概括性最强的东西来说明研究对象。由于理论民族图书馆学只是对民族图书馆事业这个特定研究对象的抽象分析,因而它并不企图直接地应用于实践,也不去解释一些具体问题,而是要在观察分析的基础上,对民族图书馆现象进行本质说明,为应用民族图书馆学提供具有指导意义的理论基础。

理论民族图书馆学的性质决定了它与应用民族图书馆学不同,虽然它们都是以"民族图书馆事业"这个特定对象为研究内容,但研究的角度不同。理论民族图书馆学主要从较高层次和整体性质上对民族图书馆进行抽象分析,总结的是一般发展规律,诸如民族图书馆的本质、构成要素、类型、特征、职能,民族图书馆的历史演变过程、现状和发展趋势,民族图书馆工作的基本规律,民族图书馆事业的组织管理,民族图书馆学教育等。

2. 应用民族图书馆学

应用民族图书馆学是理论民族图书馆学对具体民族图书馆工作的应用。应用民族图书馆学与理论民族图书馆学相比,它不是一种抽象说明,它是对具体民族图书馆工作的直接说明,它不同于理论民族图书馆学可以撇开一些次要和非本质的因素,它需要在一定的范围和领域下说明具体民族图书馆现象。主要包括民族图书馆藏书、民族图书馆目录、民族图书馆读者工作、民族图书馆工作现代化等。

3. 交叉民族图书馆学

交叉民族图书馆学是民族图书馆学理论与其他领域和学科相交而形成的一种交叉学

科。交叉民族图书馆学不是人们对民族图书馆现象深化研究的产物,它是人们为了研究民族图书馆现象而借用其他学科的理论,或者与其他领域进行相交而形成的学科,比如民族图书馆管理学、民族图书馆统计学等。

根据以上对民族图书馆学研究内容和体系结构的分析,民族图书馆学的体系结构可用下图表示:

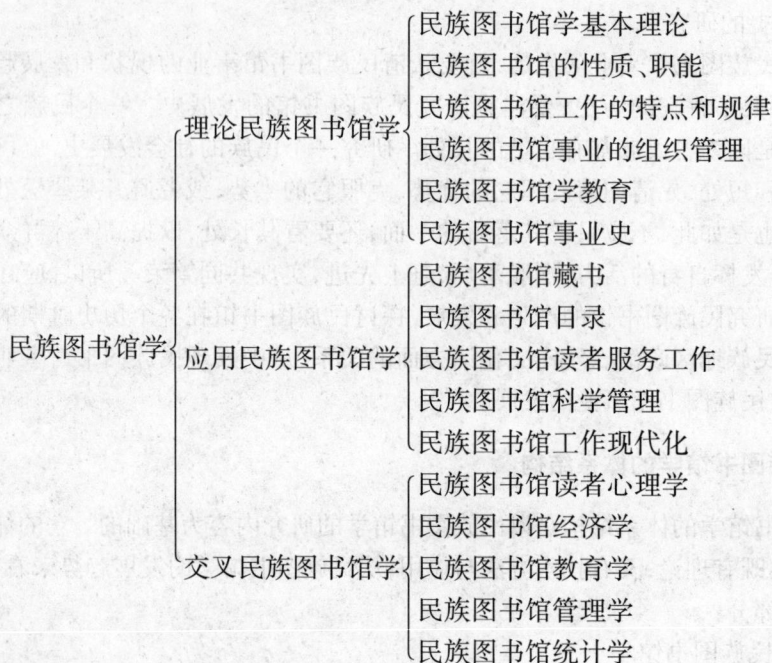

民族图书馆学
- 理论民族图书馆学
  - 民族图书馆学基本理论
  - 民族图书馆的性质、职能
  - 民族图书馆工作的特点和规律
  - 民族图书馆事业的组织管理
  - 民族图书馆学教育
  - 民族图书馆事业史
- 应用民族图书馆学
  - 民族图书馆藏书
  - 民族图书馆目录
  - 民族图书馆读者服务工作
  - 民族图书馆科学管理
  - 民族图书馆工作现代化
- 交叉民族图书馆学
  - 民族图书馆读者心理学
  - 民族图书馆经济学
  - 民族图书馆教育学
  - 民族图书馆管理学
  - 民族图书馆统计学

第三节　民族图书馆学的学科性质和相关学科

一、民族图书馆学的学科性质

现代图书馆学已形成一个拥有很多分支学科的学科群。基本上由理论图书馆学、应用图书馆和专门图书馆学组成。随着图书馆学理论的发展,各大部分又进一步分化为更细的一些专论或某一方面的分支学科。所谓专门图书馆学,是对各种不同类型的图书馆分别进行研究而形成的图书馆学分支学科。民族图书馆是图书馆类型之一种,因此,民族图书馆学属于专门图书馆学的范畴。在民族图书馆学的发展过程中,图书馆学的基础理论对民族图书馆学的理论和实践发展具有重要指导意义。同时,民族图书馆学的产生和发展填补了图书馆学基础理论的一个空白,开辟了新的领域。

由于图书馆学的研究对象是图书馆事业,而图书馆事业是一种社会现象,因此,图书馆学的性质当然是一门社会科学。作为图书馆学分支学科的民族图书馆学,其学科的基本性质也是一门社会科学。而且它更接近实际、渗透于实践,应用性更强,所以,民族图书馆学是一门应用性社会科学。

二、民族图书馆学的相关学科

在学科体系中,许多学科之间不是孤立存在互不联系的,它们之间存在着各种各样的关联,或是直接的包容、派生、交叉、应用关系,或是指导中介等间接关系,共同形成科学体系的有机体。民族图书馆学如同其他学科一样,它的发展也是与许多学科有关联的。

1. 与民族图书馆学有指导关系的学科

与民族图书馆学有指导关系的学科是民族学、图书馆学和系统科学。

(1)民族学是研究各民族社会发展规律的社会科学。在我国,民族学的研究内容主要是少数民族的识别问题、民族区域自治问题、民族宗教问题、民族语言文字问题、民族文化教育问题和如何解决各民族间实际上的不平等问题。它研究的是各少数民族社会的一般的发展规律。民族图书馆是少数民族教育、科学、文化事业的一个组成部分,是少数民族社会系统的一门子系统。民族图书馆学是研究民族图书馆和民族图书馆事业,揭示民族图书馆和民族图书馆事业产生、发展的特点和规律,为加速民族图书馆事业的发展,促进民族图书馆工作的现代化建设,为实现各民族的共同繁荣服务,二者之间的不同是明显的。但是,民族图书馆学与其他图书馆学有一个明显的不同特点,即它研究的是民族图书馆事业,必然联系到民族和民族问题,因而就与民族学有了密切联系。研究民族图书馆事业的发展问题,不懂得民族和民族问题的理论,不能正确认识和把握民族,不了解民族问题的性质及其发展方向,就不可能正确地研究解决民族图书馆事业发展问题。所以,研究民族图书馆学必须以马克思主义民族学为指导思想。

(2)图书馆学是以图书馆和图书馆事业为研究对象的科学。它研究的是图书馆事业产生和发展的一般规律。而民族图书馆学则是研究我国民族图书馆事业产生和发展的特点和规律的科学。它研究的是民族图书馆事业的特点和特殊规律,以及一般规律的特殊表现形式。可见,民族图书馆学与图书馆学是不同的。但是,民族图书馆学研究民族图书馆事业,揭示民族图书馆事业产生、发展的特点和规律,必须运用图书馆学的基本原理分析民族图书馆学的特点和规律。既包括一般的图书馆规律在民族图书馆中的作用、特点以及表现形式,也包括民族图书馆所特有的规律。只有运用图书馆学的基本理论,才能分析说明民族图书馆的特点和规律。因此,民族图书馆学与图书馆学存在血缘关系,二者既存共性,又有各自独立性。

(3)系统科学包括系统论、信息论和控制论。它是第二次世界大战以后才得以发展和受到科学界重视的学科。其中信息论是研究信息的计量、传送、变换、储存的科学。控制论研究的是生命现象、人类社会、机器系统、思维和一切可能的一般结构的调节和控制的规律,它在生命科学、技术科学和社会科学之间架起了"桥梁"。系统论的主要目的是确定适用于系统的一般原理,它分析和研究各式各样系统的共同特性,它们的层次、结构与相互作用,找出适用于一般化系统的模式、原则和规律,并对系统的性质做出数学描述,以求得系统的最佳效能。民族图书馆与"三论"的关系是显而易见的。民族图书馆是一个复杂的、开放性的人工系统。是由文献收集子系统、文献加工子系统、文献储存子系统、文献检索子系统、文献提供子系统和运营管理子系统组成的具有特定功能的有机整体。民族图书馆工作本身就是一个复杂的系统工程。"三论"的原则、原理作为一般科学方法,都可以为民族图书馆学所借鉴,成为十分重要的研究手段,并推动民族图书馆学的发展。

2. 与民族图书馆学有交叉应用关系的学科

有些学科与民族图书馆学不属同族，或不属同一部类，研究对象也相差较远，但仍有某种特殊的联系。民族图书馆学作为图书馆学的分支学科，它与图书馆学的相关学科都有密切的联系。民族图书馆学与目录学、情报学、文献学、教育学、社会学、心理学、管理学、经济学、计算机科学、统计学、科技学、数学等是一种交叉应用关系。

社会学是研究社会整体和社会的各种具体问题的科学。民族图书馆事业是一种社会事业，民族图书馆是一种复杂的社会机构，民族图书馆活动是少数民族社会活动中重要环节，而少数民族读者和民族图书馆工作人员又都是"社会人"。因此，民族图书馆事业的发展，民族图书馆活动的变化，少数民族读者的阅读需求和民族图书馆工作人员的工作，都要受到少数民族政治、经济、科学、文化、风俗习惯和历史传统等多种社会因素的极大影响。因此，民族图书馆学领域中的某些问题的研究，例如：不同少数民族读者群的兴趣和要求问题、民族地区图书流通和阅读的普及性问题、民族图书馆的社会作用等问题，都需要应用社会学的有关理论、具体资料和研究方法。民族图书馆学与社会学这种关系，随着少数民族社会的发展和民族图书馆社会职能的扩大，将会越来越多地显示出来。

管理学是在科学管理理论基础之上发展起来的。它所研究的是人类如何自觉地科学地管理自己的社会活动。民族图书馆作为少数民族社会的一种特有的教育、科学、文化机构，是少数民族社会大系统中的一个子系统，民族图书馆管理是少数民族社会管理的一个组成部分。民族图书馆学要应用现代管理学的理论和方法，去研究民族图书馆的各种管理活动，从而实现民族图书馆工作的科学化、规范化和专业化。

计算机科学是通过对信息处理过程的研究，进一步对软件、特殊应用（如人工智能）、计算数学及计算机体系结构等方面进行探索性和理论性研究的一门科学。计算机技术的发展和广泛应用。是"新技术革命"的重要内容，是"信息化时代"的重要标志。图书馆的现代化，与计算机技术是密切相关的。而作为图书馆类型之一的民族图书馆现代化，也是以实现民族图书馆工作计算机化为中心的。没有民族图书馆的计算机化，也就不可能实现民族图书馆现代化。因此，为了使民族图书馆学赶上当代科学发展的潮流，为了加快实现我国民族图书馆现代化，我们每一个民族图书馆工作者都应当学习和掌握计算机科学。

除此之外，由于民族图书馆学的民族性，民族图书馆学还与有关民族学科有一定的联系。

（1）民族图书馆学与民族教育学

民族教育学是一门新兴学科，它是研究民族教育现象及其规律的科学。民族图书馆是重要的民族教育机构，是培养少数民族人才的场所，民族图书馆工作人员的工作性质也具备民族教育工作者的属性。因此，民族图书馆学就要研究如何发挥民族图书馆教育职能的问题，以及民族图书馆自身培养合格人才的问题。这些问题的研究，都需要借助于民族教育学的基本原理和方法，从而促进民族图书馆学的发展。

（2）民族图书馆学与民族语言学

语言是一种社会现象。语言现象也有其特殊的发展规律，它和一般的社会发展规律有所不同。民族语言学就是研究少数民族语言发展规律的社会科学。

民族图书馆开展的所有工作，都离不开民族语言。如果一个民族图书馆工作者，不懂得民族语言是很难开展工作的。只有熟练掌握所在民族地区的民族语言和基本的民族语言学知识,才能做好民族图书馆的各项业务工作,完成研究民族图书馆学的学术任务。

(3)民族图书馆学与民族经济学

民族经济学主要是研究少数民族经济的历史、现状及其未来的发展,解决民族经济发展过程中的问题。为了发展民族图书馆事业,首先要研究民族经济的发展问题。有了良好的经济基础,才能使图书馆事业得到相应的发展。如果民族地区经济落后,就不可能为发展民族图书馆事业提供足够的资金。这是经济发展与图书馆事业的辩证关系。

(4)民族图书馆学与民族心理学

民族心理学是研究少数民族心理活动规律的科学。作为民族图书馆服务对象的少数民族读者,由于职业不同、文化程度不同、年龄不同和个人兴趣爱好不同,他们对民族图书馆有不同要求;在文献检索和文献阅读的过程中,特别是在民族文献检索和民族文献阅读过程中,都有不同的心理状态。民族图书馆学要大量应用民族心理学的原理和方法,去研究少数民族读者阅读的心理过程和个性心理特征,从而掌握不同少数民族读者群的阅读规律。

(5)民族图书馆学与民族文献学

民族文献学是以民族文献和民族文献事业为研究对象的学科。它研究民族文献的特性、历史、现状、版本、来源、变化与发展规律。这些研究成果,可以直接运用到民族图书馆收集、整理民族文献的工作中去。是研究民族历史、政治、经济、文化、习俗等问题的重要材料,并成为民族图书馆发挥特色,为少数民族科研生产服务的重要工具。

(6)民族图书馆学与民族文献目录学

民族文献目录学历史悠久,源远流长,是我国目录学研究的重要内容之一。民族文献目录工作,是对民族文献进行系统认识和揭示的过程。民族文献目录工作是一种社会现象,它的产生和发展,以一定的少数民族社会、政治、经济、文化的发展等时代因素为背景;同时,民族文献目录工作又具有特定的活动范围。它要认识与揭示特定类型的文献,满足特定类型的社会需求,编制特定类型的书目资料。民族文献目录学又有其特定的规律性,它要应用目录学的一般原理和方法,解决民族工作者与浩瀚的民族文献之间所具有的特定矛盾。因此,它有一般目录学的共性,又有民族文献目录学的特性。这些特性就成了民族文献目录学的研究对象,使民族文献目录学成为一门研究民族文献目录工作形成与发展的一般规律的科学。

民族文献目录工作在长期的实践活动中,形成了诸如目录、索引、文摘等检索工具,民族文献目录学要对民族文献书目工作实践及其成果进行系统的概括和总结,找出它的内在联系和规律,形成完整的理论认识体系。

民族图书馆在编制民族文献书目、索引和图书馆目录,以及揭示和推荐民族书刊资料等活动中,都要广泛参考和运用民族文献目录学的理论与方法。同时,民族图书馆为民族文献目录学的研究成果提供了实践场所,民族图书馆工作可以检验各种民族文献书目、索引在揭示民族图书馆藏书、检索民族文献、指导阅读等方面的作用。

第四节　民族图书馆学的任务

从民族图书馆学的理论与民族图书馆实践的关系来看,没有民族图书馆的存在,就没有民族图书馆学的存在。民族图书馆学的理论与方法都是从图书馆工作的实践中总结和概括出来的,并又回到实践,指导实践,接受实践的检验。民族图书馆学与民族图书馆的这种辩证关系,决定了民族图书馆学的基本任务:认识并掌握民族图书馆事业发展的客观规律,借以指导民族图书馆工作实践。具体地说,应包括以下几个方面:

一是坚持应用马克思主义的民族理论、观点和方法,对我国民族图书馆事业的历史发展和实际工作经验进行认真的总结,加以系统、科学的研究,使经验升华为理论,尤其是加强民族图书馆学的基本理论、应用理论的研究,揭示民族图书馆事业的发展规律与民族图书馆的工作规律,逐步建立起民族图书馆学的理论体系。

二是要着重研究民族图书馆事业发展与民族地区政治、经济和文化的关系;图书馆网建设的规模和速度,以及如何合理组织民族图书馆事业的人力、物力和财力,探寻一整套适合我国国情的建设民族图书馆的新理论、新经验、新模式和新方法。

三是要积极开展民族图书馆事业史的研究。我们在这方面的研究比较少,对我国民族图书馆事业的产生和发展,知之甚少,情况若明若暗。这就给开展民族图书馆学基础理论研究带来了极大不便。因此,我们要加强民族图书馆事业史的研究,完善民族图书馆学理论体系。

四是研究民族图书馆工作的特点及其特殊规律。毛泽东同志说:"少数民族在政治、经济、文化上都有自己的特点。"[①]因此,我们认为民族图书馆学所确定的重点,仍然是民族图书馆工作的特点及其特殊规律。其研究课题主要包括如下方面:

(1)民族图书馆工作服务对象的特殊性研究。研究内容包括民族图书馆工作服务对象与其他类型图书馆工作服务对象的差异,民族图书馆各层次不同读者和情报用户的需求特点,以及针对这些差异和特点而确定的不同服务方法等。

(2)民族图书馆工作自身管理的特殊性研究。研究内容主要涉及民族图书馆工作与其他类型图书馆工作在客观上的差异,民族图书馆工作的日常分工和协调运行,业务技术管理和行政事务管理等。

(3)民族图书馆工作方法的特殊性研究。研究内容包括民族图书馆工作与其他类型图书馆工作方式与方法上的差异,涉及文献计量方法、图书分类方法、情报调研方法、文献检索方法等在民族图书馆工作中的具体运用及特点等方面的研究。

(4)民族图书馆工作资金投入的特殊性研究。以民族文献的采购投入,技术设备资金投入,情报调研投入,信息库、网络化建设投入,人力投入,信息传递和印刷发行投入,以及人才培训投入等方面的研究为主。

(5)民族图书馆工作人才培养特殊性研究。包括复合型人才和专业型人才的培养相结合,政治思想和道德教育与民族图书馆意识相结合,现代信息技术与民族文献管理和加工技术相结合的人才培养模式等。

(6)民族图书馆民族文献资源建设的特殊性研究。包括民族文献信息资源建设与其他文献信息资源建设的共同性和差异性,涉及数据库建设的文献基础,数据库检索与揭示的专用词表编制,数据库不同种类的差异,民族文献资源对数据库支撑强度的测定等特点和优势方面的研究。

---

① 毛泽东.毛泽东选集(第5卷)[M].北京:人民出版社,1967:128.

(7)民族图书馆信息传递的特点和规律的研究。主要包括民族文献信息在传递形式、途径和内容上的特点,民族文献信息接受者的心理素质和利用民族文献信息的行为习惯上的具体特点,民族文献信息在网络上传递与交流的限制和安全保密措施等方面。

(8)民族图书馆学理论的特殊性研究。研究民族图书馆学的理论建设,包括学科形态建构和方法论建构,与图书馆学、情报学等学科的共同性与差异性研究等。

(9)民族图书馆工作技术手段的特殊性研究。包括民族文献的储存、加工、传递、反馈和网络技术规模等方面采用技术手段及其技术水平和效能的不同特点等方面的内容的研究。

(10)民族图书馆工作评价标准的特殊性研究。主要涉及民族图书馆工作的效能发挥,文献信息传输能力,信息加工组织程度的评价以及与此相关的内容管理、技术考核、业务指标、科研成果的特点和标准等方面的具体衡量尺度的标准化研究。

(11)民族图书馆工作发挥作用的特殊性研究。这种作用的发挥是多方面的。包括为繁荣少数民族科学文化事业,提高少数民族科学文化素质服务的作用;为少数民族领导决策、改革开放、经济社会发展计划和方针政策制定提供必要的文献支撑和情报服务作用;为少数民族地区企业转变经济增长方式,加强科学管理。提高经济效益,广泛参与国内外市场竞争提供相应的信息保障作用,以及为少数民族社会各界和广大少数民族群众提供健康向上、丰富多彩的精神文化产品,提高思想觉悟和生活质量,培养"四有"新人的科学普及作用等主要方面。

(12)民族图书馆工作的社会效益和经济效益的特殊性研究。社会效益是民族图书馆工作存在的基础,没有社会效益也就谈不上经济效益和自身存在的价值。这方面的主要内容包括:民族文献信息的积累、传播、整理和开发利用功能;科技文化和教育等人才资源开发创新的智力支持功能;少数民族经济建设和社会公益事业的发展所需要的信息资源优化配置功能;以及少数民族地区信息政策制定、信息产业发展的决策咨询等方面的研究。民族图书馆工作随着社会信息化的发展,经济效益亦应是题中应有之义。对此研究远较上述社会效益的研究更为困难,研究内容涉及民族图书馆工作的市场化问题,民族文献信息产品的价值问题,民族文献信息作为信息资源的一部分其优化配置的经济学思考,民族图书馆工作经济效益的衡量等。

第二章 民族图书馆学的研究方法

"方法"一词在西方起源于希腊两个词,一个有"沿着"或"顺着"的意思;另一个有"道路"的意思。因此,"方法"这个词的字面意思是沿着(正确的)道路运动。于是有人把"方法"定义为"表示研究或认识的途径、理论或学说",即"从实践上或理论上把握现实的,为解决具体课题而采用的手段或操作的总和"①。很显然,如果我们对民族图书馆学研究的方法是正确的,即我们走的是一条正确的道路,采用的是正确的手段和工具,那么我们就能使探索的认识逼近真理,在实践中取得胜利。

民族图书馆学是一门有待开拓的年轻的学科。民族图书馆学的研究任务是很繁重的。在进行这项任务的过程中,要坚持辩证唯物主义和历史唯物主义的基本观点和方法,努力探求民族图书馆事业发展的客观规律,正确认识民族图书馆在民族地区两个文明建设中的地位和作用,并对民族图书馆工作经验做出科学的、合乎实际的分析。

第一节 民族图书馆学研究的基本方法

民族图书馆学是一门实践性很强的学科。因此,研究民族图书馆学必须坚持理论与实践相结合的原则,从具体事物的实际情况出发,根据民族图书馆工作的特点,做出实事求是的分析和论述。在研究中必须重视学习和吸收一些相邻学科的有益成分,充实民族图书馆学的内容,不断完善民族图书馆学的学科体系。

马克思、恩格斯在《神圣家族》一书中指出:"科学是实验的科学,科学就是在于用理性方法去整理感性材料。归纳、分析、比较、观察和实验是理性方法的主要条件。"这段话不但为我们精辟地论述了科学研究的性质,而且高度概括了科学研究应采用的方法。民族图书馆学的研究是一种科学劳动,创立和确定有效的研究方法同样是非常重要的。

一、比较法

比较是人类思维中极其广泛的使用手段。不论我们在民族图书馆学的研究中采取哪一种方法,几乎都离不开比较。在民族图书馆学研究中,尤其需要运用比较的方法。

我国少数民族地区经济、社会是一个很不平衡的系统。就整个民族地区来说,其内部有多种民族。这些民族的分布、社会发育的程度、经济发展的进度等都有极大差别。例如,我国的少数民族主要分布在五个自治区,但是我国少数民族最多种的省区却在不是自治区的云南省。部分少数民族二三千年前已进入封建社会,但有的民族到新中国成立前夕还带有浓厚的原始社会残余,甚至还在原始社会迈向阶级社会的门槛边徘徊。因此,社会主义建设的起点不同。有的是原始社会,有的是奴隶社会,有的是封建社会,有的还不同程度地发展

---

① 《苏联大百科全书》第五版第16册中的"方法"和"方法论"条目。

了资本主义。同时,地理环境条件、生活方式、传统特点也都有千差万别的不同情况。

在众多的社会组织中,民族图书馆分布于不同的疆域、各种社区,其分布情况、发育程度、发展速度等也都有极大的差别。由于民族图书馆事业发展上的这种不平衡,要研究它的规律性,就必须一个地区、一个民族、甚至一所民族图书馆加以比较分析,找出它们的联系与区别,从而探讨其个别因素中的必然因素。但必须注意,分析绝不是分割,在简化的事物中,必须具有原事物的基本面貌与特征,在进行观察对比时,要保证两个(或多个)事物在现象和数值方面的可比性,否则就会导致错误的结论。

二、归纳法

因为少数民族图书馆事业是一种较为复杂的社会现象,所以,在研究过程中仅仅依靠分析比较其中部分现象和情况是很不够的。必须在分析比较的基础上进行综合归纳,才便于从客观上认识民族图书馆事业发展的基本规律。在研究过程中就是要把研究对象的各个部分、各个方面、各种因素有机地联系起来,在总体上进行研究。从所研究的许多同类现象中概括出该类现象的一般特征。它是一种由个别到一般,由事实到概括的推理方法。

三、系统分析法

所谓系统分析法,就是从总体分析研究事物的结构、组织及各部分的相互关系。把民族图书馆事业作为一个大系统,运用联系变化的观点和整体与局部的辩证关系,从民族图书馆事业的整体性与各组成部分、诸业务环节的相互依存、相互结合和相互制约的关系中,揭示民族图书馆事业发展的规律和各组成部分、诸业务环节的作用。

四、综合法

少数民族地区在全国总局势中,无论经济还是政策,都有其特殊性。其特点是族别多、人口少、居住面积广、资源丰富,但经济发展水平比较落后。与此相对应,我国民族图书馆也表现出高度的复杂性。在现有的图书馆中,发展极不平衡。有的比较落后,有的和内地同步,而有的正在赶超国内外先进水平。要从整体上把握这么一个高度复杂的大系统,要通过对它的深入、全面的研究,揭示其发展规律,仅仅依靠某一种或几种方法是不够的,因此,必须注意研究方法的多样化。

要使研究方法达到多样化,而这些多样化的方法又不是一堆零乱堆积的东西。首先,我们必须坚持以科学的辩证唯物主义哲学方法为最高一层的指导性方法。它是方法论体系中的最高层次,是人类知识之塔的顶端。哲学方法统帅着思想方法和工作方法。没有正确的哲学方法指导,民族图书馆学研究就失去战略上的总体指导,无法获得研究的最优化目录。

其次,要大量引进和采用当代各种新学科、新方法。例如系统论、信息论、控制论、现代心理学、现代管理学、社会学、民族学、人类学、教育学、宗教学、民俗学等等。

我们把研究对象可视为一个很大的复杂系统,构成这一大系统的子系统的每一个要素,都是相互联系、相互制约着的。它们之间不同的组合形成不同的结构,从而表现出不同的功能。民族图书馆学的研究就在于通过揭示这一大系统内各子系统、各要素之间的内在联系,并在此基础上寻求合理的结构、最优化的发展目标,发挥系统的最佳功能。

研究各个子系统和要素,就要科学运用各种适用的方法。如对民族图书馆学中非民族图书馆因素的研究,如关于民族意识、民族心理、民族经济、民族风俗、民族思维方法、民族宗教信仰、民族区域自治等,在民族图书馆事业现代化进程中的作用和影响时,我们必须用心理学、文化学、民族学、经济学、民俗学、宗教学、政治学等的方法予以研究。

总之,只有实现方法的多样化以及运用的科学化,我们才能全面、深入地认识民族图书馆的特殊性和复杂性,取得高水平的研究成果。随着时代的进步和民族图书馆事业的发展,加速民族图书馆学研究的进程,是摆在我们面前的艰巨任务,也是时代赋予我们的历史使命。我们相信,随着民族图书馆事业的发展和民族图书馆专业干部队伍的壮大,将有更多的同志致力于民族图书馆学研究工作,并带来生机勃勃的局面。

第二节　民族图书馆学研究的基本思路

一、从民族图书馆的特色和优势上寻找突破口

进行民族图书馆学科研选题、设计与观察的关键,是充分体现民族图书馆的特色与优势,以特色和优势取胜,扬长避短,在特色和优势方面产生突破。这是在当今竞争与抗衡时代开展民族图书馆学研究的策略问题。

优势论是研究客观事物如何发挥优势,使之得以生存和发展的理论和方法。优势论作为方法论早已广泛运用于军事、经济、科学技术各个领域,并取得了巨大成功。

例如,有的国家资源十分贫乏,但采取发挥智力优势,发展智力密集的电子工业,使经济、科技得到了迅猛发展,成为世界"经济大国";有的国家和地区——新加坡和我国香港,则发挥地理优势,使经济也得到飞快发展,成为东太平洋的"鹿特丹"和"纽约"。阿拉伯地区的一些国家,则充分利用资源优势,为经济发展注入了活力。毛泽东同志运用优势论,制定了革命战争的战略、战术,取得了解放战争的伟大胜利;邓小平同志在十年改革中根据优势论,将"发挥优势,扬长避短"的思想具体应用于发展我国经济的实践,取得了空前的成功。可以说,他们都是科学地运用优势论的典范。

优势是一切具有社会属性的实体生存发展的前提。一项事业——特别在当代条件下也只有发挥了自己的优势,才能具有强大的生命力。

当前,一场新技术革命正在兴起,这场新技术革命既给民族图书馆事业的发展提供了机会,也使民族图书馆事业受到一次深刻的考验和挑战。因此,运用优势论的理论和方法探索民族图书馆事业发展的优势与未来,对促进民族图书馆事业的发展,具有十分重要的意义。

优势论作为方法论具有丰富的内容和科学方法,其中主要方法是通过大量科学信息的综合分析和比较研究,找出事物优劣之所在,然后在预测未来发展趋势和前提下,制定相应的发展战略。

那么,民族图书馆在当代和未来有哪些优势可供选择和发挥呢?

1. 占有民族文献的绝对优势

我国是一个统一的多民族国家,各民族都有悠久的历史和灿烂的文化,并创造了多种民族文字,新中国建立前夕,有21个少数民族有自己的文字。我国历史上民族古文字已发现的有20多种,并用这些文字保存了大量的历史文献,这些文字和文献是中华民族珍贵的精神财富。大多数民族虽没有本民族文字,但他们的文化传统,还是被广大人民群众以世代口

耳相传的方式保存下来,这就是"口碑文献"。这些也是中华民族珍贵的精神财富。所有这些都大大丰富了中华民族的文化宝库。

如蒙古族的《嘎达梅林》《格斯尔可汗传》等,是劳动人民集体创作的,多年来一直广泛流传在我国青海、甘肃、内蒙古、新疆等省区的蒙古族的人民中;同时有多种版本在国内外流行。蒙古族英雄史诗《江格尔》,最初形成在我国新疆的卫拉特蒙古族地区,随着卫拉特人的迁徙,《江格尔》流传到俄罗斯、蒙古国。这是一部富有浪漫主义色彩的史诗,具有爱国主义的思想;蒙古族文献还有《黄金史》《蒙古秘史》《蒙古源流》等,其中《蒙古秘史》受到古今中外蒙古史学者的广泛重视,被译成多国文字出版。

藏族的英雄史诗《格萨尔王传》不但流传在我国藏族和蒙古族聚居地区。同时也流传在蒙古国以及不丹、尼泊尔等国家。前后出现了许多手抄本和木刻印刷本。国际上已有英、法、德、俄、日、印地、土耳其和拉丁等文字的译本。俄罗斯早在200多年前就翻译出版了《格萨尔的故事》,外国学者称它为东方的《伊里亚特》,它不但是祖国文坛的奇葩,而且也是世界文学宝库中引人注目的珍品。甘肃夏河的拉卜楞寺,藏文古籍藏量居藏传佛教之首,所藏《甘珠尔》《丹珠尔》内容丰富是藏传佛教的百科全书。《西藏王臣记》《青史》中记载了西藏农奴制的兴盛过程,为研究西藏社会历史以及我国古代普遍存在过的农奴制社会形态提供了可靠的实据。

维吾尔族文献有《鄂尔浑——叶尼塞的碑铭》《福乐智慧》《突厥语大词典》《真理入门》等。其中《突厥语大词典》不仅对突厥语言学的研究有重要价值,而且对当时的民族历史、地理、文学、民俗、社会情况等,也提供了宝贵的资料,被称为11世纪各突厥部族社会生活的百科全书。《福乐智慧》集中反映了喀喇汗王朝这一整个历史时期的社会生活和意识形态,是这段历史的直接产物。它用文学艺术手段阐明人类在几个重要方面(智慧、知识、道德、品质)深刻的哲学思想和教育思想,促进了社会的发展,它继承维吾尔语言和文学的优良传统,又在一定的历史条件下加以创新,从而在题材和风格上开创了一个新时代,正是由于这些特征,《福乐智慧》成为维吾尔文文献中最光辉的文献,并被列为人类文化宝库中的名作。

云南的纳西族以保留古老独特、宏大精深的东巴文化而著称于世。东巴文化主要以世界上罕见的活的东巴象形文字书写的文献——《东巴经》,向人们展示了人类童年时代特殊的思维方式和生活画卷。东巴古籍内容宏富,涉及哲学、历史、地理、宗教、医学、民俗、天文、文学艺术等领域,是古代纳西族的一部百科全书,是传播纳西族文化的桥梁,也是显示文献民族性的重要标准,在世界文化史上独树一帜,百年来为国际学术界所瞩目。中外学者从多学科的角度进行专题研究,并对之收集整理、翻译研究,为深入研究东巴古籍做出了基础性的贡献。

我国的傣族在13世纪就产生了文字——傣泐文,并开始在贝叶上书写文字。傣族的不少古典文学名著就记录在《贝叶经》中,目前,傣文佛经就有8.4万部,内容丰富的叙事长诗500多部。

在13世纪,我国的彝族也已有了文字,拥有古老、丰富多彩的文化遗产,彝文古籍素以学术价值高而被人称道。《西南彝志》是研究彝族历史的重要著作。《宇宙人文论》对宇宙人类的形成和古代彝族天文历算有着详细的记载,医药书《齐书苏》被彝族人民誉为"哀牢明珠"。据不完全统计,仅存北京的彝文文献就有1000多部,散藏全国的有1万多部。

除此之外,我国还有十几个民族也都有自己丰富的文献,如朝鲜族、景颇族、哈萨克族、壮族、布依族、侗族、黎族、苗族、傈僳族、哈尼族、拉祜族、佤族等。如用哈萨克文记录的《阿勒帕米斯》，用锡伯文记载的《亚奇纳》，用壮文创作的创世史诗《布洛陀》、英雄史诗《莫一大王》。还有突厥文碑刻《毗伽可汗碑》《阙特勤碑》，回鹘文的《菩萨大唐三藏法师传》，察哈台文的《古丽与纳吾鲁孜》等，均是民族文献中的佼佼者。

这些丰富珍贵的民族文献，对于研究民族族源问题、古代疆域史、民族中的宗教信仰与自然崇拜、古代民族婚姻制及习俗、民族艺术史、民族文字发展演变的过程、民族科学技术的发展、民族社会形态、民族文化的形成和演变过程，以及民族历史人物，特别是对有关少数民族原始社会父系家庭公社及其向阶级社会过渡的研究，对于了解人类历史上业已消失的古代社会，丰富马克思主义唯物史观，都有着不可估量的学术价值。

收集、整理、加工、传播民族文献资料，是民族图书馆义不容辞的责任。民族文献是民族图书馆开展民族图书情报工作的重要物质基础。自新中国成立后，在党和国家高度重视下，专业人员经过几十年的艰苦发掘，各种民族文献得到了收集、整理、翻译、出版。逐步建立起体现本地区、本民族特点的完整的藏书体系，成为民族文献资料的存储中心、流通中心和交换中心。

2. 所处地理环境的优势

（1）西部图书馆是西部开发的重要信息媒介。西部地区区域辽阔，资源丰富，是把我国建设成社会主义强国的有待开发的重要基础，随着国家民族政策的进一步落实和经济体制的改革，社会主义两个文明建设的发展，社会各行各业就要向图书馆提出这样那样的要求。对文献信息资料的需求也将越来越迫切。特别是随着进一步改革开放，西部地区与东部沿海地区在经济发展过程中差距不断扩大，使西部地区加快经济发展的欲望日益增强。西部地区为了尽快摆脱贫困，缩短与经济发达地区之间的差距，客观上也要求经济得到较快的发展。当前，在西部地区经济发展的过程中，自然经济与商品经济相杂，新旧经济运行模式之间的转换，新旧经济秩序的更替，标志着西部地区经济发展正在转入一个新的阶段，预示着一股压抑已久的强烈的经济发展欲望即将喷发出来。西部地区正呈现出百业待兴的形势。西部地区开发和建设的这种发展形势，必将逼迫我们西部图书馆更新观念，尽快地应用全新的手段，如微电子技术、激光和光纤通信，使现代化技术服务于社会。随着信息技术的发展和电脑的广泛应用，西部地区图书信息工作将作为一种主要角色出现在民族腾飞的舞台上。

（2）西部图书馆是西部地区精神文明建设基地。西部地区是少数民族主要居住地区，土地面积占全国陆地面积的56%，与十几个国家接壤，是重要的国防前哨。有20多个民族跨境而居。这些地区的发展同友好国家的睦邻关系或在抵御敌对势力的渗透和入侵方面居于重要战略地位。因此，西部地区经济、文化是否兴旺发达，直接关系到国防的巩固、国家的统一，并有广泛的国际影响。在进一步对外开放的今天，西部图书馆的这一环境优势，将对扩大国际交往，沟通中外经济、文化发挥重要作用。

3. 电子计算机情报检索方面的优势

新技术在图书馆中的应用，给图书馆工作带来了新的活力与生机。在我国，电子计算机技术和电讯技术有了较大的发展。图书馆应用电子计算机技术，采用电子计算机进行检索、编制书目索引和文献借阅流通管理，将会大大改善图书馆的服务手段，而独特的少数民族语言文字，对民族图书馆事业摆脱手工操作，实现人机对话带来了良好的机遇。

在我国55个少数民族中，有21个民族有自己的文字和文献。文字的体系虽然有比较原始的象形表意文字，但大部分都是字母文字。字母的形式有藏文字母、朝鲜文字母、回鹘文字母、傣文字母、阿拉伯字母、拉丁字母、斯拉夫字母等。我国少数民族这种文字特点,对于实现民族地区图书情报工作自动化有着非常重要的现实意义。一般认为,运用电子计算机处理民族文字图书情报检索与同一方式处理汉文图书情报检索相比较,民族文字图书情报检索具有独特的优越性。这是由民族文字的特点决定的,比如对蒙古文信息处理的基础研究和应用研究方面都取得了可喜的成绩,在国际上取得了领先地位。特别是在情报检索方面。内蒙古电子计算机中心和内蒙古大学建立了中世纪蒙古语言文献库,并配置了计算机蒙古文自动处理软件,对文献库中的文献进行自动处理,为蒙古学专家的研究工作提供了准确的、丰富的有关参数。同时,蒙古语言信息处理系统的建立,为计算机编目和情报检索创造了条件。1985 年内蒙古电子计算中心与内蒙古图书馆研制成功的微机"蒙文图书目录管理系统",填补了国内空白,为实现图书馆蒙文文献管理和服务自动化迈出了成功的第一步,为开发边疆信息资源,服务于边疆四化建设做出了应有的贡献。

电子计算机的广泛应用,将会极大地促进民族地区图书情报工作的现代化建设,只要给予有力的支持和积极的组织领导,民族地区图书情报工作自动化有可能率先走向世界。

4. 国家扶持政策优势

西部大开发政策赋予民族地区图书馆新的内涵和条件。主要体现在以下几个方面:

(1)倾斜的扶持政策将给西部地区带来宽松的经济发展环境。西部大开发战略的实施,将有力地推动我国西部地区的经济发展。"西部地区将获得类似东部的政策软环境和逐步增长的财政转移支付,东部地区也将一些产业和企业向西部空间转移"。东部企业的介入同时又会带来新的经营观念和科学的管理方法,给西部地区注入新的活力。

(2)人才需求的增加将促进西部地区文化、教育事业的发展。据第四次全国人口普查统计,西部地区不识字人口占从业人数的 39.5%,高出东部地区 11 个百分点,东部地区平均每100 人拥有科技人员 18 名,西部地区仅为 2 名。目前西部地区每万名劳动者中,中专以上学历及初级以上职称人数仅占 92 人,还不到东部地区的 1/10。人才问题成为制约西部开发的一个重要因素。人事部制定了"西部人才资源开发计划"。西部地区文化教育事业滞后的状况已经引起政府部门的高度重视,并把加强西部地区的科技文化教育事业作为西部开发的五项重点工程之一,要确保教育优先发展。

(3)国家对西部地区基础设施建设项目的投资将加快西部图书馆的现代化进程。比如文化部提出加快西部文化建设的 15 条意见,其中第三条提出,文化部将着手制定西部地区"两馆一站"专项建设规划,争取在"十一五"期间实现西部地区县县有图书馆、文化馆或建成具有图书馆、文化馆功能的综合性文化中心,乡镇有文化站或流动文化车的目标。第五条意见是推进西部地区公共图书馆网络体系和数字图书馆建设,实现文献信息资源共建共享。文化部要求各地根据经济建设和社会发展的实际需要,做好文献信息资源共建共享和网络化建设的全面规划,采取措施,合理开发文献信息资源,并加以有效利用,推进图书馆现代化建设。同时要求国家有关部门要从培养网络技术人才、合作开发资源和建设数据库、服务器托管等方面,对西部地区数字图书馆工程建设给予支持。

又如,教育部决定采取一系列措施,加快西部教育发展和改革,重点建设西部地区远程教育体系,实现西部地区教育的跨越式发展;加快实施"西部教育科研网扩展工程",实施"西部高校校园网计划",将用三年左右时间推进西部高校校园网的建设、完善和升级。"西部高校校园网计划"的实施,将从根本上解决西部高校网络化建设问题,加快图书馆实现现代化和文献信息资源共享的进程。

上面主要讲民族图书馆的优势和发挥优势的有利条件。但优、劣是相对存在和在变化中发展的。今天的优势,如不注意发挥,明天可能变为劣势。尤其处于开放社会的时代,上述情况是时有发生的。反之劣势经过努力也可以转向优势。如我国少数民族地区还有一百多个旗县没有图书馆或正在筹建图书馆。这些新建或筹建的图书馆在书库的建筑设计、声像资料的存用、电子设备的应用以及文献的分类、著录、典藏等方面实现标准化将优于其他老式图书馆。如果加以系统化的组织领导,就有可能赶上时代的步伐,走在其他馆的前面。

我们在注意研究如何发挥优势的同时,还要注意研究如何逆转阻碍优势发展的劣势问题。如民族地区图书馆的专业队伍素质低是当前民族图书馆的一大劣势,如不进行重点建设,加以发展,便会直接影响民族图书馆的优势的发挥。

民族图书馆正处于科学技术飞速发展的信息社会,是民族图书馆事业发展的最好时机,我们必须珍惜这个大好形势,自强不息,扬己之长,取他之优,补己之短。从民族地区的实际出发,学习和借鉴国内外先进经验,为民族地区的振兴和发展,为各民族的共同繁荣,努力探索出一条具有中国特色的民族图书馆事业发展道路。

二、要积极引进和采用现代科学技术和新理论

以现代系统论作为代表的自然科学最新成果,使人们认识到事物是一个多层次、多时空的网络交叉结构,从而使人们的研究方法和思维方法也相应发生了变革:从其时态的平面展示研究方法过渡到多时空的立体演化研究方法。这种思维方法的变革,为民族图书馆学理论研究的突破与创新提供了良机。民族图书馆学作为研究内容丰富、涉及领域广的一门学科,同各门科学在不同层次上存在着交叉点,其研究方法当然应该而且能够从自然科学或交叉学科的最新成果中汲取营养,从而得到丰富发展。

第一,系统论的成果表明,任何事物都是由各要素按等级秩序组成的有机整体。它提供了事物整体与部分、整体与环境、部分与部分之间相互关系的科学规律,阐明了事物的整体规律通过系统网络分析法使研究者把考察的重点放在事物的总体运动和相互作用方面,这就抓住了事物的发生、发展和变化的最突出的特点。

把系统网络法引入民族图书馆学研究,就能够充分揭示出民族图书馆产生、发展和变化中的各要素的相互作用。比如,我们把各地区、各民族地区图书馆发展历史逐阶分成不同的层次结构,整理出各个层次的不同点和共同点,并把民族图书馆历史发展过程当作一个有机整体来考察,从整体与部分(层次结构)相互联系、相互作用的关系中揭示民族图书馆事业的特征和运动规律。改变过去那种民族图书馆学研究只是各个少数民族图书馆工作经验相加之和的现象,真正成为在深入研究各个专题的基础上,在认真总结经验教训,认准各民族图书馆很不一致的现代化起点的前提下,综合考察民族图书馆事业总体运动的结果。

第二,系统论的一个基本原理,就是关于等级秩序的原理。它揭示了事物内在联系的层次性与历史性,指出事物的发展是一个动态的过程。运用这种层次分析法来进行民族图书馆学研究,将有助于对民族图书馆必备要素相互联系进行科学分析。

民族图书馆事业绝不是一个静止不动的系统,更不是一个平衡结构的系统,它是千变万化的,是很不平衡的系统。由于受民族语言、地域、生活和心理素质的影响,民族图书馆的分布、藏书的特点、发展的进度等都有极大差别。因此,我们要有动态发展的观点,运用层次分

析法,对民族图书馆事业各要素的复杂的相互联系和不断变化的动态进行科学分析,而不把这些联系等同或混同。民族图书馆的民族性正是在层次分析中得到准确的、统一的说明。

第三,现代系统论的主要分支——耗散结构理论原理表明,在一个远离平衡的开放体系中,当外界条件变化达到某一定阈值时。系统通过不断与外界(环境)交换物质和能量自动产生一种自组织现象,组成系统的各子系统的相互协同作用,可能使系统从原来无序状态转变为一种新的时间、空间或功能的有序结构。这种无序到有序的过程分析法和开放的多元研究法,对民族图书馆学研究具有重要意义。

首先,远离平衡态的民族图书馆开放系统,只有大量与外界交换物质与能量(这种与外界交换物质和能量基本上就是文献交流),才能使民族图书馆系统的文献内容、文献管理方法不断丰富和更新,使民族图书馆系统具有永恒的动力。从这点可以看出,民族图书馆学应重视文献交流的研究,特别是民族文献交流的研究。这也正是过去研究中的一个薄弱环节。

其次,随着世界"太平洋经济时代"的到来,我国少数民族地区经济的崛起,日益剧增的文献将以多种载体形式向民族图书馆涌来,这就使得文献的无序度更进一步增强。同时,人们对文献的需求也愈来愈高,人们希望图书馆能最大限量地输出有序的文献。这就迫使我们尽快地应用全新的手段服务于社会。如采用微电子技术、激光和光纤通信等现代化技术。

第三节　建立具有中国特色的民族图书馆学研究体系

一、掌握民族图书馆学研究的自身规律

民族图书馆学研究的根本宗旨是促进民族图书馆事业的发展。因此,民族图书馆学研究要坚持民族图书馆学的理论体系和自身主体的建设。在研究中,要遵循民族图书馆学的自身发展规律,紧密结合民族图书馆工作实际,发挥优势,积极合理地吸收现代科学技术,全面系统地开展研究,以提高实际工作水平,繁荣民族图书馆学术研究,促进民族图书馆学的自身发展。

民族图书馆学的形成和发展具有自身的规律。民族图书馆学的研究,必须体现民族图书馆学的自身特点和遵循其自身发展规律。然而,在以往的有些研究中,并没有普遍地、客观地、系统地应用科学方法阐述研究问题,多数仍停留在思辨模糊或模仿的大体阶段,对民族特点和地区特点缺乏规范化研究,从而使一些研究成果脱离了民族图书馆学的体系。

当然,遵循民族图书馆学自身规律,充分体现民族图书馆特色开展科研并非易事,可资借鉴的经验不多,尽管如此,我们在科研选题与设计的思路方法上,仍然要十分注意这个问题。要深入分析与研究民族图书馆形成与发展的历史,探讨各类型民族图书馆学研究的经验教训,同时也要探讨民族图书馆学发展缓慢的"症结",从中不断摸索与掌握民族图书馆学自身的研究规律。

二、加强民族图书馆学研究的协作化程度

在民族图书馆学研究中,特别要抓住一些学术体系中最基本的问题进行系列研究。在研究方法上,应提倡应用系统工程的原理。组织力量协作攻关,逐步建立起具有民族特色的民族图书馆学体系。随着时代的进步和科学的发展,科学研究工作的社会化势在必行,高效

率、高效益的要求使得群体合作愈来愈为人们所重视。民族图书馆学作为涉及领域广、研究内容丰富的一门学科,其研究视野将不断扩大,专业分工越来越深入精细,新的课题将层出不穷,而且在深度和广度上都不能同以往的课题研究相比。要求研究者不仅要具备专业知识和专业基本功,而且还需具备广博的知识和较强的学术综合能力。与之相应,民族图书馆学研究工作的成效,也将更多地取决于民族图书馆学研究者之间是否组成合理的多学科的知识结构和智力结构,彼此之间能否建立起良好的学术合作关系和气氛。所以,必须打破那种研究者之间自我封闭、彼此隔断的状态,加强群体合作,走协作攻关的道路。

三、建立以民族图书馆活动为主体的多学科结合的民族图书馆学研究体系

多学科研究民族图书馆学,是民族图书馆学自身特点所决定的。民族图书馆学理论体系的形成与发展,本身就是多学科相互渗透的历史产物,是科学发展规律的时代要求。

任何科学的研究对象,都不可能孤立存在,它们必须受到其他学科的影响、渗透和冲击,必然与其他学科的研究对象与方法相联系。同样,时代的长足进步对民族图书馆学也提出了更高的要求。只有合理引进其他学科的知识与技术,揭示民族图书馆学研究对象的本质,才能顺应时代的需要,加速民族图书馆学的发展。民族图书馆学自身的多学科知识结合的特点,为多学科开展民族图书馆学研究奠定了基础。因此,应积极采用多学科的知识与方法研究民族图书馆学,逐步建立起多学科结合的民族图书馆学研究体系。

1. 建立一支以民族图书馆活动为主体的多学科结合的民族图书馆学研究队伍

研究队伍的建立,是开展多学科研究民族图书馆学的基础。也是亟待解决的首要问题。这支队伍主要也应该由三支力量所组成:一是民族图书馆学研究者,特别是一批高明的理论家和实践家。这是研究队伍的主体和核心力量,对多学科结合研究民族图书馆学发挥着主导作用;二是多学科中的专家学者和科技人员,他们关心与爱护民族图书馆事业的发展,热衷民族图书馆学研究工作,特别是具有专门民族图书馆学研究者所不具备的专门知识和技术。因此,他们是这支队伍的重要支柱;三是民族图书馆学工程技术人员,他们既能了解民族图书馆学的基本原理与理论,又能掌握一些专门技能,善于在民族图书馆与其他各学科的交叉点上发现问题,因此,他们是这支队伍的桥梁。

2. 加强对多学科结合的民族图书馆学研究组织的统一规划与部署

所谓多学科结合主要有两个含义:一是对民族图书馆学自身各门学科的理论与方法等进行综合研究;二是采用其他学科的理论和方法对民族图书馆学开展研究。近年来,不少学者采用多学科的知识与方法研究民族图书馆学,取得了较大的成绩和宝贵的经验,为建立多学科结合的民族图书馆学研究体系提供了条件。但是,从目前情况来看,仍然是自发地进行。孤军作战者多,联合作战者少;观望者多,支持者少,背后指责的也有之。没有制定一系列的研究规划与统筹安排,也没有有组织、有计划、有领导地进行战役性的攻关,而是各自为战,零敲碎打,势必造成研究课题、研究成果的支离破碎,有的甚至难以与民族图书馆学理论体系挂钩。为了使多学科结合民族图书馆学研究有组织、有计划地进行,必须把它当作民族图书馆学科研发展的重要战略问题来抓。并建立全国性或地区性的多学科结合的民族图书馆学研究组织,逐步形成全国性的研究网络。该组织对全国多学科结合的民族图书馆学研究进行规划、安排与协调,并对某些课题组织力量共同攻关,带来突破性进展。

综上所述,民族图书馆学在新技术革命日新月异的今天,越来越显示着顽强而活跃的生

命力。同时,现代科学技术的高速发展与民族地区经济的崛起,也使民族图书馆学面临着严峻的挑战,在这种形势下,制定民族图书馆学科研发展战略,加速民族图书馆学科研进程势在必行。以民族图书馆学理论体系为主体,逐步摸索与掌握民族图书馆学研究的自身规律,促进民族图书馆学的自主发展。同时,民族图书馆学研究必须制定全国性和地方性的发展战略规划,并做出部署,造就一大批热衷于民族图书馆学研究的高水平的人才和建立一批具有相当水平的研究基地,形成民族图书馆学科研网络系统。这是民族图书馆学研究持续稳定地向前发展的根本保证。

第三章　民族图书馆的性质和任务

少数民族图书馆是一个涵盖面比较广的概念。从行政区划分,有民族区域自治的图书馆,也有隶属于省的地市或县级少数民族图书馆。如:内蒙古自治区图书馆、四川省甘孜藏族自治州图书馆、辽宁省阜新蒙古族自治县图书馆;以行政区划级别分,有省级馆,如西藏自治区图书馆,有地市级馆,如哲里木盟图书馆(现通辽市图书馆),有县级馆,如内蒙古自治区的奈曼旗图书馆;从行政隶属关系分,有隶属于文化部的民族公共图书馆,有隶属于中国科学院的民族科研系统图书馆,有隶属于高教部的民族高等学校图书馆,还有隶属于军队工会等系统的其他少数民族图书馆;以民族分,有蒙古族图书馆,如内蒙古自治区图书馆、呼伦贝尔市图书馆、阿巴嘎旗图书馆;有藏族图书馆,如西藏自治区图书馆;有维吾尔族图书馆,如新疆维吾尔自治区图书馆;有回族图书馆,如宁夏回族自治区图书馆;有朝鲜族图书馆,如延边朝鲜族自治州图书馆;有白族图书馆,如大理白族自治州图书馆;有鄂伦春族图书馆,如鄂伦春自治旗图书馆;有鄂温克族图书馆,如鄂温克族自治旗图书馆;有达斡尔族图书馆,如莫力达瓦达斡尔族自治旗图书馆;有壮族图书馆,如广西壮族自治区图书馆;有瑶族图书馆,如连山壮族、瑶族自治县图书馆。这些少数民族图书馆虽然有着地理位置、隶属关系、民族、规模等不同之处。但从民族图书馆学的角度分析,民族图书馆工作的性质、规律、特点、原则、任务和工作方法具有许多共性,对这些共性的理解把握,便于促进民族图书馆之间的交流与协作,有利于促进民族图书馆事业的快速发展。

第一节　民族图书馆的概念

为了准确地阐述民族图书馆的概念,我们首先要搞清楚什么是"民族"? 什么是"图书馆"?

一、民族

在我国古代文献中,涉及民族问题和民族情况时,用以表达"民族"的词非常多,诸如"民""族""种""类""部""种人""部族"等。我国在 19 世纪时虽已开始使用"民族"一词,但还不普遍,只是个别现象。斯大林在 1913 年《马克思主义和民族问题》一文中这样写道:"民族是人们在历史上形成的一个有共同语言、共同经济生活以及表现于共同文化上的共同心理素质的稳定的共同体。"①这是目前比较肯定的关于"民族"的定义。但在现实生活中,"民族"一词的含义,又不尽清晰。比如,作为名词解释,"民族"系指"具有共同语言、共同地域、共同经济生活以及表现了共同文化上的共同心理素质的人的共同体"②。如我国的汉族、蒙古族、藏族、壮族等。但与其他国家相对而言,含义就不同了。比如我们常说"中华民

---

①　斯大林.斯大林全集(第 8 卷)[M].北京:人民出版社,1953:286.
②　中国社会科学院语言研究所词典编辑室.现代汉语词典[M].北京:商务印书馆,1981:783.

族""民族尊严"等,"民族"的含义就包括了我国汉族在内的中国各民族。而在国内,从全国范围讲,"民族政策""民族地区"中的"民族"指的是除汉族以外的各少数民族。如果具体到少数民族地区,含义又有了新的变化,通常专指所在地区的主体民族,如在宁夏回族自治区一提"民族特点",就是指回族的特点。

"少数民族"一词在我国不同历史阶段,其意义也不尽相同。在中国共产党第一届四次代表大会有关文件中,除了一般"民族""被压迫民族"等词外,同时使用"异种民族""弱小民族"来表示内蒙古、西藏、新疆等地的民族。1924 年 1 月,在中国共产党帮助下,孙中山先生主持制定的《中国国民党第一次代表大会宣言》中,第一次使用了"少数民族"一词。中国共产党最早使用这一词是在 1926 年 11 月。中央在关于西北军工作的一个指示中和关于国民军工作方针的决议中都提出,冯玉祥军在甘肃对回民须有适当的政策,不损害少数民族在政治上、经济上的生存权利。在中国共产党的文件里强调提出"少数民族"是在 1928 年党的"六大"通过的《中国共产党党章》和《关于民族问题的决议案》。此时,"少数民族"一词的内涵比 1926 年广得多,包括蒙古、回、朝鲜、高山、藏和维吾尔等民族,以及苗、黎等南部民族。新中国成立以后,"少数民族"一词袭用下来,普遍用于党和国家文件、法规和社会生活。总之,"少数民族"作为中华民族除汉族以外的具有平等地位和权利的各民族的统称,已有70 多年的历史了。现在,"少数民族"这一概念在我国包括 55 个兄弟民族。由于本书讨论的是少数民族的图书馆,所以,我们这里所说的"民族",是指我国汉族以外的各少数民族。

二、图书馆

在我国清代后期之前,并没有"图书馆"这一用语,只有"斋""室""堂""院""渠""阁"一类的称谓,通称为"藏书楼"。大约到维新变法运动期间,才从外国引进了"图书馆"这个新名词。英文 Library、俄文 Библиотеки、德文 Bibliothek、法文 Bibliotheque 等,都是从拉丁文 Libraria 源衍而来的,其含义为藏书之所,与我国"藏书楼"最初的含义是一样的。到了现代,图书馆概念又增加了新的含义。

《英国百科全书》将图书馆一词解释为:图书馆是很多书收藏在一起的机构,这些书是为了阅读、研究或参考用的。

法国《大拉鲁斯百科全书》将图书馆一词解释为:图书馆的任务是保存用各种不同文字写成的、用各种方式表达的人类思想资料……图书馆收藏各种类别的、组织起来的图书资料,这些资料用于学习、研究或一般情报。

日本《広辞苑》解释图书馆是收集、保管大量书籍,供大众阅览的设施。

根据《苏联大百科全书》的解释:图书馆是组织社会利用出版物的文化教育和科学辅助机关。图书馆系统地从事收集、保藏、宣传和向读者供阅出版物,以及进行图书情报工作。

《中国大百科全书》则认为:图书馆是收集、整理和保存文献资料并向读者提供利用的科学、文化、教育机构。

上述解释虽各有不同,但有三个基本观点是一致的,即图书馆是收藏文献的地方;图书馆收藏的文献是供借阅使用的;图书馆是一种科学、文化、教育机构。

基于对"民族"和"图书馆"这两个概念的探讨性分析,所谓民族图书馆,简单地说,就是指为我国少数民族服务的图书馆。具体地说,它是指收集、整理、保管和利用书刊资料,为少数民族的政治、经济服务的科学、教育、文化机构。

第二节　民族图书馆的性质

民族图书馆是我国图书馆事业的重要组成部分。它既有一般图书馆所固有的基本属性，又有由于少数民族特点所决定的特殊属性。概括起来说，民族图书馆除具有社会性、科学性、教育性、服务性四大属性之外，还具有民族性特征。民族图书馆的特征是与民族特征密不可分的，没有民族性的图书馆，也就无所谓民族图书馆。一个民族有四个特征，即：共同语言、共同地域、共同经济生活、共同心理素质。民族图书馆是民族的产物，民族的这四个特征，决定了民族图书馆的规律和特征。民族图书馆是为民族和民族繁荣服务的，如果民族图书馆脱离了民族的这四个特征，那就谈不上民族图书馆的民族性，也就从根本上否定了民族图书馆的性质和任务。

民族图书馆是少数民族科学、文化、教育不可分割的组成部分。因此，民族特点在很大程度上制约和规范民族图书馆的社会实践活动，并渗透于民族图书馆的各个领域。

一、藏书建设的民族特点

从民族地区的实际出发，侧重民族特点，除了收藏汉文图书外，还要根据本地区民族分布情况，把收藏本地区的民族文字的图书和有关本地区民族问题的图书放在藏书工作的重要地位，逐步使自己的馆藏体现出地方特色和民族特色，从而形成自己独特的藏书体系。

二、编目工作的民族特点

不同的民族有着不同的语言文字，他们不仅在语言、语法词汇以及表达方式方面有着自己的特点，而且每种语言又是特定民族生活和文化结构的产物，都与一定的文化传统和思维模式相联系。民族图书馆使用本民族语言文字，实现民族文字文献著录标准化，最宜生动地反映本民族的社会生活、心理素质和民情风俗。如《蒙文图书著录规则》，就是我国第一部民族文字文献著录标准。因此，在文献著录标引工作中，根据民族文字的特点，充分考虑民族读者的书写习惯和阅读习惯，来制定民族文字文献著录标准，来构成具有本民族特点的款目内容，使民族文字文献著录标引工作具有民族特点。

三、读者队伍的民族特点

民族图书馆是少数民族读者为主体所构成的读者队伍，不论是读者队伍的文化、职业、年龄的特征，或是读者队伍结构的基本类型，无不与民族这一共同体的诸方面密切相关。因而，少数民族读者在阅读心理、阅读修养和阅读能力方面所呈现出来的明显特点，往往反映出一个民族在共同心理素质上的主要特征。少数民族读者在阅读中所表现出来的心理因素，表现民族图书馆的读者队伍具有浓厚的民族特点。

四、流通工作的民族特点

我国少数民族除大部分聚居在祖国的边疆外，由于历史的原因，其余大都分布在高原、草原、山区和高寒地带，形成了地域广大、人口稀少、交通不便的地理特点。民族图书馆正是在这样特殊的自然环境中,克服许多困难,积极探索牧区和山区的图书流通工作的规律,创造出了适合民族地区民族特点的图书流通形式。如在北方广大牧区,根据牧民居住分散、不固定的特点,采用马背、驼背图书流通箱,活动在牧场和毡房,或者设立乌兰包克其(蒙古族语红色书包)等。在南方的民族图书馆根据山高路险的特点,利用本民族最简便的工具,采用轻便易行的背篓图书流通箱,走村串寨开展图书流通工作。又如利用那达慕、三月街、火把节和巴扎等集会活动和不同的喜庆日设点服务,送书上门。民族图书馆运用一定的民族形式,来反映一定的民族精神风貌,都具有民族特点。

五、干部队伍的民族特点

民族图书馆事业的发展,主要依靠民族图书馆工作者的共同努力。民族图书馆的少数民族干部,来自少数民族人民群众中,他们深知本民族的历史和现状,熟悉和掌握本民族的语言文字,具有本民族的性格,懂得本民族的生活方式和风俗习惯,能够及时了解本民族人民群众对图书馆的要求,易于促进图书馆与本民族人民群众的相互交流,密切图书馆与人民群众的联系,对改变民族地区的落后面貌有着强烈的愿望。所以,在加强民族图书馆干部队伍的建设中,注意培养少数民族干部,是加强民族地区图书馆事业发展的关键问题,又是民族图书馆干部队伍建设的突出特点之一。

民族图书馆因具备以上五个民族特点而区别于其他类型图书馆。所以,民族图书馆应以中华各民族共同进行社会主义经济建设为宗旨,充分使用民族语言文字,收藏民族文献资料的精华,采用少数民族适用的流通形式,培养民族图书馆专业干部队伍和民族读者队伍,给民族图书馆赋予更多更大的民族特色。

第三节 民族图书馆工作的基本原则

一、开发民族文献资源、为民族经济建设服务的原则

民族文献是民族图书馆文献收藏的主要组成部分,体现着一个民族图书馆的藏书特色。民族图书馆的民族文献特色收藏,为本民族、为中华各民族炎黄子孙、为全人类提供了丰富的知识宝藏。民族图书馆要珍视它、开发它、利用它,使之为民族经济建设服务。

鉴于我国少数民族成分众多,各民族的历史悠久,在民族文献上表现着内容丰富、种类繁多、数量庞大、文献形态多样的特点。同时,在这数量庞大、表现形式各异的民族文献中,也存在着一些问题和利用障碍。一是泥沙俱下,未免鱼龙混杂。内中有真善美,也夹杂着假恶丑。尤其是有的知识已被新的发现和发明创造所替代,有的知识由于人们价值观念、道德观念、是非观念的转化而转换;二是现存的大量民族文献处在一种分散无序的状态。许多有用的文献资料被大量无用的文献所淹没。如果要有效利用,必须经过我们沙里淘金,去伪存真,去粗取精的文献整序工作。民族图书馆肩负着为民族经济建设服务的重任,其服务工具是文献资料,其中民族文献资料在为两个文明建设服务方面,起着不可低估的重要作用。

坚持民族图书馆为民族经济建设服务的原则,是衡量一个民族图书馆办馆水平的一个重要标志。一个民族图书馆为民族经济发展提供了积极而充足的文献保证,促进了民族经

济的发展,这就是办馆的方向对头,贯彻了服务的宗旨,产生的经济效益和社会效益就足以说明这个馆的工作水平。

二、使用民族语言文字、满足民族读者需求的原则

语言和文字是人类进行思想交流的工具,共同的语言和文字是维系一个民族尊严和凝聚一个民族团结的纽带。民族图书馆在工作中,必须坚持使用民族语言文字这项原则。

民族图书馆坚持使用民族语言文字的理由有五:其一,因为民族图书馆的服务对象中绝大多数是民族读者,民族读者使用民族语言文字较之使用汉语更熟练;其二,民族读者习惯以民族语言文字查检民族文献;其三,民族图书馆的文献中民族文献占有一定比重,而在这占有一定比重的民族文献中,民族文字文献是重要组成部分;其四,党的民族政策是尊重少数民族的语言文字使用习惯,民族图书馆也不例外;其五,使用民族语言文字接待民族读者符合针对性服务的读者工作原则。

民族图书馆坚持使用民族语言文字开展图书馆工作的原则应体现在以下几个方面:

(1)语言民族化。接待、解答读者咨询、口头宣传、广播宣传等读者工作中采用少数民族语言。

(2)文字民族化。文献目录、标识、牌匾、宣传栏、新书推荐、自办发行的资料、借阅证件、标语、书画作品等采用少数民族文字,或汉字与少数民族文字并列。

此外,从文化的观点出发,在图书馆建筑风格上、图书馆人员服饰上、图书馆设备上、图书馆整体色彩等方面,都应体现民族特点。

为保证这项原则的贯彻实施,民族图书馆必须加强以下几个方面的工作:①大力发展民族图书馆干部队伍,适应民族图书馆的事业发展。②提倡和鼓励在民族图书馆工作的汉族干部,学习使用少数民族语言文字。③给民族图书馆工作者提供较多的机会,进行少数民族语言文字的培训和进修,过民族语言文字关。④举办民族读者培训班,讲授利用民族语言文字检索民族文献有关知识。⑤使用民族语言文字开展丰富多彩的读书活动,激发读者使用民族语言文字和利用民族文献的兴趣。⑥召开读者座谈会,征求读者对本馆使用民族语言文字方面的意见和建议。必要时,可邀请民族语言专家学者参加。

三、立足实际、量力而行、积极争取的原则

立足实际,就是一切从实际情况出发,从民族自治地方的实际出发,从民族图书馆的实际出发去考虑问题,去开展工作。民族图书馆的实际情况是什么样的呢? 这就需要我们认真调查研究,总结我们成功的经验,反省我们失败的教训,发现我们的优势,找出我们的不足,找准自己的位置,找准发展的突破口。例如,我们民族图书馆从藏书总量来看,相对比较少,但从民族文献的收藏来看,不仅数量多,而且质量高,并且相对完整、集中。藏书总量少,是我们的劣势;民族文献收藏丰富,是我们的优势。我们就要立足于这样的实际,扎实抓好民族文献的开发与利用,这就是发展的突破口。

量力而行,就是根据我们的人力、物力、财力情况,去开展我们的工作。一般来说,民族图书馆与发达地区图书馆相比,事业经费都比较紧张,设施条件比较差,人员整体文化水平和专业技术素质也比较低。我们要面对这一现实,正视我们的差距,从而能够正确地制定规划,科学地部署我们的工作。例如,民族图书馆现代化问题,我们既不能梦想一下子就实现

现代化,也不能消极等待,而应更新观念,提高对图书馆现代化的认识,积极创造条件,从现在开始,尽其所能,跟上图书馆现代化进程。

积极争取,就是在困难和问题面前,持有积极进取的精神。如:为了解决图书馆经费紧缺问题,一方面是努力工作,以较好的经济效益和社会效益提高图书馆的社会知名度;二是积极争取当地政府的重视和支持,多请示、勤汇报,争取政府投入较多的资金,发展民族地区图书馆事业;三是动员社会力量支持图书馆的发展。如:抓住《国务院关于进一步完善文化经济政策的若干规定》出台的机遇,积极争取文化、税务等有关部门的支持,发动社会各方面力量捐赠资助民族图书馆事业。

四、联合协作、取长补短、共同发展的原则

分布在全国各地的民族图书馆有的隶属于公共图书馆系统,有的隶属于高校系统,有的隶属于科研系统。为打破这种条块分割、各自为政的松散局面,各系统、各类型的民族图书馆必须开展联合与协作,以其整体优势发展民族图书馆事业,服务于民族经济建设。我们所说的联合与协作,有三方面的含义。一是同一行政区划内的各民族图书馆之间的联合与协作;二是同一少数民族或使用同一语种的各民族图书馆之间的联合与协作;三是少数民族图书馆与非少数民族图书馆的联合与协作。

在建立我国民族文献保障体系方面,坚持联合协作、取长补短、共同发展的原则尤为重要。从我国目前的情况看,收藏民族文献不只是图书情报部门,档案馆、博物馆、文管所等单位也都部分收藏民族文献。因此,必须把民族文献资源保障体系建设作为一个系统工程,协调各民族文献收藏部门,制定区域规划,在建立本地区、本民族、本部门各自不同的民族文献收藏中心和开发中心的基础上,形成互相开放、互相协作、紧密联系、资源共享的跨系统、跨区域的全国民族文献开发利用协调组织。在这个协调组织的领导下,协调全国各大系统民族文献的采访,合理使用有限的财力,使各馆的民族文献共同形成一个完整的体系。

在联合协作、取长补短、共同发展这个原则基础上,我们应当强调民族图书馆与非民族图书馆的联合与发展。我国有56个民族,是一个和睦团结的大家庭。各少数民族在经济、政治和文化生活等各方面不仅相互影响,而且都和汉族有着密不可分的联系。我国各民族图书馆在社会主义图书馆的旗帜下都积累了丰富的办馆经验,民族图书馆不要闭关自守,而要采长补短,虚心学习兄弟民族办图书馆的先进经验,融会贯通,从而相互学习,相互促进,共同发展。

第四节 民族图书馆的职能

民族图书馆的职能是指民族图书馆应具有的作用,它是由民族图书馆的性质决定的。概括起来,民族图书馆的职能主要有:收集和保存民族文化典籍、民族文献整序、传递民族文献信息,以及对少数民族群众进行文化教育。下面对这些职能分别给予说明。

一、收集和保存民族文化典籍的职能

我国民族文化源远流长,在漫漫的历史长河中,留下许多记录民族文化成果的珍贵典

籍,民族图书馆就是为保存这些民族文化财富应运而生的机构。民族图书馆自存在之日起,一直承担着收集、存储民族文献资料的基本职能。民族图书馆是以记录着民族文化成果的民族文献为物质基础而开展各项业务活动的,离开民族文化典籍的保存,民族图书馆就不能为社会提供具有民族特色的服务。所以说,民族图书馆的各种社会职能都源自于其存储民族文献的职能。

在信息化社会里,现代民族图书馆保存民族文献的目的体现在民族文献的利用上。因此,现代民族图书馆保存民族文化典籍的职能,在民族图书馆的其他职能中是处于从属地位的。

二、民族文献整序的职能

民族文献所用文字不一,载体多样,内容复杂,这种无序的状态,给使用者带来了极大的不便。

民族图书馆通过对民族文献的收集、分类、编目等一系列手段对社会无序的民族文献进行组织和控制,使之成为一个有序的民族文献集合体,使社会无序的民族文献趋向于有序的结构。每一本民族图书,都有自身的功能,只有通过精选予以集中,才能充分发挥。民族图书馆通过订购、交换、接受赠送等方式对民族文献进行选择、集中,并运用分类、编目的方法,对民族文献进行科学的整序,然后才能传递和交流。这样一方面使分散的民族文献按照一定的目的、要求集中起来,形成各民族图书馆的藏书特点;另一方面,经过整序,使民族文献成为一个科学体系,便于读者使用和驾驭民族文献。民族图书馆的整序工作使社会能更加系统、合理地利用民族文献信息,充分地利用民族文献所提供的潜在能量,帮助各民族读者认识世界、改造世界,达到科学交流和对各民族读者进行教育的目的,进而完成民族图书馆在社会中担负的各种职能。所以说民族文献整序是民族图书馆承担各种社会职能的基础。

三、传递民族文献信息的职能

民族图书馆传递民族文献信息,主要通过以下两方面体现出来:

1. 民族图书馆传递关于馆藏民族文献的信息

这种传递的目的在于回答某个民族图书馆是否收藏某种民族文献,以便消除读者关于某种文献该馆是否收藏的不确定性认识。民族图书馆的馆藏民族文献目录,以及各种民族文献联合目录是传递关于民族文献分布信息的主要工具,读者对民族图书馆民族文献的利用,一般是通过查阅这些目录,在获取了馆藏民族文献信息之后,通过借阅而实现的。因此,民族图书馆传递民族文献的内容信息,是以传递馆藏民族文献信息为基础的。读者只有在获取馆藏民族文献信息之后,才能进一步获取民族文献的内容信息。所以,民族图书馆传递民族文献信息的职能必然包括传递馆藏民族文献信息的方面。

2. 民族图书馆传递民族文献的内容信息

传统民族图书馆传递民族文献的内容信息,大多是为读者提供读者已知馆藏的民族文献,多限于原始民族文献的借借还还。在信息社会,民族图书馆必须改变被动地、单纯地提供民族文献信息资源的局面,进入主动地、积极地开发利用民族文献信息资源的新时期,变被动服务为主动服务,将传递民族文献信息的职能提高到新的水平。

四、对少数民族群众进行文化教育的职能

少数民族多集居边陲,由于历史和地理等种种原因,其整体科学文化水平相对较低,民族图书馆对少数民族群众进行文化教育的职能,今天在提高全民族科学文化水平上愈益发挥重要的作用。

民族图书馆是通过文献信息的传递来达到教育目的的一种社会教育机构,教育面广,形式灵活,适用于各种职业和不同文化程度的民族读者,他们都可以广泛地利用民族图书馆。民族图书馆教育既是丰富民族群众文化生活、向民族群众普及科学文化知识的手段,也是民族读者继续教育的有效形式;既可以帮助民族读者对某一知识领域进行深入的钻研,又可以引导民族读者对新学科、新知识进行发掘、开拓。

第五节　民族图书馆的基本任务

民族图书馆工作的任务是由民族图书馆的性质和职能所决定的。民族图书馆是以民族文献为收藏重点,以民族读者为主要服务对象,以少数民族语言文字为主要服务交流媒介,以服务于民族经济建设为宗旨的具有浓厚民族特色的图书馆。民族图书馆具有向少数民族群众普及科学文化知识,进行马列主义民族观教育,服务民族经济建设,活跃广大少数民族群众文化生活,收集、保存和开发民族文化遗产的职能。民族图书馆的性质和职能,赋予民族图书馆以下几项基本任务:

一、建立具有民族特色的藏书体系

各民族图书馆要根据本馆性质、任务和所在民族自治地方的实际,确立本馆民族文献收藏的重点,从收集和保存人类文化遗产的职能出发,系统地收集和整理民族文献,逐步建立起体现民族特点的完整的民族文献资源体系。

建立民族文献资源体系,应做好如下几方面工作:

第一,应做好民族古籍的收集和整理工作。在对民族古籍分布调查的基础上,通过征集、求购、交换等方式丰富和完善民族古籍收藏,并按照图书馆文献整序职能的要求,做好民族古籍的整理、修复和保管工作。

第二,民族图书馆要重视近代、现代和当代民族文献的收集和整理工作。克服厚古薄今的思想,把收集近代、现代和当代民族文献作为民族文献资源建设的一个重要内容。

第三,要重视以汉文为表现形式的民族文献的收集,重视非民族文献中有关民族内容的文献分析、著录、整理工作。有些重要的、研究价值较高的民族文献,并非都在民族图书和民族报刊中,这就需要我们做深入细致的研究,把有关民族文献从中剥离出来,并在某一民族文献标引中集中收藏,供读者查检。

第四,要加强非印刷型民族文献的收集工作。应从现在抓起,把缩微、录音、光盘等音像制品的民族文献纳入民族文献收藏的内容,从而丰富馆藏,增加特色。

第五,要加强本民族自治地方的地方民族文献收集工作,尤其是非正式出版的地方民族文献的收集。加强地方民族文献收集、整理和保管工作,应做到以下几点:

（1）采用多种形式收集地方民族文献。其一是呈缴。取得当地政府支持，发出呈缴通知，要求所在民族地区各单位向图书馆呈缴本单位编印的地方民族文献出版物；其二是征集。通过查访和新闻媒体公告，征集散失在民间地方的民族文献；其三是采购。购置涉及本民族地区内容的、本民族人士著述的正式出版物，兼顾新版古籍；其四是交换。如以本馆复本向其他馆交换缺藏的地方民族文献，还可以通过定向跟踪服务形式换取有关单位编印的出版物；其五是抄录。对包含在一般图书中的有关地方民族文献部分摘录出来，分专题整理保存；六是复印。到有地方民族文献收藏单位复印有关本馆缺藏的地方民族文献。

（2）设立地方民族文献保存的专室或专架。地方民族文献是民族文献资源的重要组成部分，是具有地方特点的特藏民族文献，条件较好的馆，应设专室、专库，条件较差的，应设专架保存。

（3）安排专职人员负责地方民族文献的收集、整理和保管工作。

（4）正确处理好地方民族文献工作中的几个关系。一是正式出版物与非正式出版物的关系，扭转重正式出版物、轻非正式出版物的现象，把收集非正式出版物和收集正式出版物等同看待；二是历史地方民族文献与当代地方民族文献的关系，扭转重历史地方民族文献、轻当代地方民族文献的现象，以尽其可能收集历史地方民族文献，以尽全收集当代地方民族文献为主；三是本地出版的地方民族文献与外地出版的地方民族文献的关系，扭转重本地、轻外地的现象，树立民族文献资源观念，从宏观地方民族文献视野出发，既要收全本地的，也要兼顾外地的有关民族文献；四是地方民族文献与民族地区地方文献的关系，民族地方是自治区域的一部分。后者的地方民族文献不可忽视。如：科左后旗图书馆，收集地方民族文献时，也应有侧重地收集有关内蒙古自治区的地方民族文献，及哲里木盟（今通辽市）地方民族文献；五是收集与整理加工地方民族文献的关系，扭转重收集、轻管理的现象，既要尽全收集，又要科学管理；六是收集保存地方民族文献与开发利用地方民族文献的关系。扭转重收集保存、轻开发利用的现象，收集保存的根本目的在于利用，但收集不全、保存不善则不利于利用，二者存在辩证关系。因此，必须二者并重。

二、开发民族文献资源为民族经济建设服务

民族图书馆开发利用本馆民族文献资源为民族经济建设服务是民族图书馆工作的重要任务。民族图书馆在发展民族经济中应起到以下几方面的作用：

1. 改革开放的舆论宣传作用

民族图书馆是党的思想政治宣传阵地。我们要充分利用这块阵地，宣传党的改革开放的路线、方针、政策，为改革开放创造一个良好的舆论环境，促进民族地区改革开放不断深入。具体做法如下：开辟改革开放宣传专栏，举办改革开放报告会或研讨会，宣传推荐有关书刊，编发有关书目文献索引和政策问答小册子。

2. 发展民族经济的鼓励加油作用

经济建设是全党的工作中心，民族图书馆工作必须服从和服务于这个中心，发挥图书馆知识密集、信息灵通的优势，正确处理收藏与利用的矛盾，为用户主动提供文献资料，极大满足各民族读者的要求，使民族图书馆成为经济建设的加速器。

3. 科技信息的交流传递作用

民族经济要腾飞，必须借助科学技术这一第一生产力。而科学技术只有靠图书情报部门由传递到被人利用才能转化为生产力。民族图书馆既是信息情报吸收源，又是信息情报发生源，通过图书馆这个中介的传递，科技信息才能被人们认识和应用。民族图书馆应采取各种行之有效的措施，区别服务，有针对性、及时主动地开展科技情报服务，为经济建设提供广、精、快、准的科技信息。如组织送书上门、送书下乡、举办信息发布会、举办科技讲座、开办科技培训班、编发科技信息小报或资料汇编、定向跟踪服务等，直接或间接地为经济建设服务。

4. 文化科技的教育普及作用

党中央提出：要"更加"自觉地把经济建设转到依靠科技进步和提高劳动者素质的轨道上来，采取有效措施，把科研成果转化为现实生产力。民族图书馆必须履行社会教育的职能和义务，肩负起普及科学文化知识的重任，与教育、科技等部门密切配合，充分发挥图书馆适于人们接受终身教育的长处，积极开展灵活多样、引人入胜的文化科技普及活动。如，开办科技培训班、外语进修班、成人教育班、扫盲识字班、普通话训练、举办知识竞赛等。

5. 培养四有新人的思想教育作用

民族图书馆具有进行社会教育的职能。民族图书馆要根据业务工作特点，密切配合党的各项中心工作，通过各种潜移默化的形式，开展思想教育工作。如：举办形势教育、国情区情教育、法制教育、爱国主义教育、党的民族政策教育报告会，请老干部进行革命传统教育，开办民族区域自治光辉成就展览等。

6. 领导决策的参谋助手作用

民族图书馆要发挥书刊收藏丰富、信息密集的优势，配合民族经济发展形势，编发文摘、索引或小报，把最新动态信息主动及时地提供给当地领导和有关政策部门参考。

7. 内引外联的牵线搭桥作用

民族图书馆要利用接收信息情报时间快、内容广的优势，密切注视有借鉴价值和引用价值的国内外先进科学技术方法、管理经验和科研成果，主动向读者和用户揭示报道、提供线索、提供原始文献，甚至可以牵线搭桥当"红娘"。如举办产品、样本展览，联系参观考查，引进专利，中介产供销合同，合作开发协议等。

8. 丰富业余文化生活的占领阵地作用

民族图书馆要尽可能满足民族读者多层次、多方面健康的文化需求，把满足消遣型、娱乐型读者的阅读需求作为用社会主义思想占领阵地的大事来抓，把民族图书馆这块阵地办成求知的课堂、求美的窗口、求乐的艺苑、求富的挚友，努力丰富各民族群众的业余文化生活。

开发民族文献资源为民族经济建设服务，在具体运作上应采取以下几项措施：

(1)编制馆藏民族文献目录。首先是设立馆藏民族文献总目。揭示馆藏全部民族文献；其次是编制专科或专题的民族文献目录。专科或专题的民族文献目录可采用书本式目录，便于提供给用户。

(2)编写馆藏民族文献内容提要。深层次地揭示民族文献的内涵，以便用户决定取舍，并引发通读原始文献。

(3)举办馆藏民族文献信息发布会。一般是举办具有一定规模的专题民族文献信息发布会或是某一重要民族文献入藏的信息发布会。

(4)编发馆藏民族文献通报。通报可采用明见式在书廊张贴，也可采用书目形式散发，还可通过广播、电视进行宣传。

（5）开展民族文献上门服务。民族图书馆应根据针对性服务原则，把有关民族文献主动送到主要民族文献利用者手中，如，专家、学者、研究人员。

（6）加强用户培训。举办民族文献重点用户培训班，提高民族文献利用意识，辅导民族文献检索方法，通报民族文献入藏动态，征询用户对民族文献工作的建议和要求。

（7）组织编制民族文献联合目录。组织各民族文献收藏单位编制联合目录，并通过馆际互借、一证通用等形式实现文献资源共享。

三、开展馆际协作，实行民族文献资源共享

从民族图书馆事业和社会关系看，它必须适合社会主义事业的总体发展，处在相互依存和协调发展的过程中。从民族图书馆事业本身来看，同样也存在着相互依存和相互协调的关系。民族图书馆事业的整体性很强，有一个完整的组织机构，应改变各自分散单干的松散状态。图书馆之间的合作协调工作，是图书馆网络化的前期准备工作，也是实现文献资源共享的基础工作。民族图书馆的馆际协作，是信息社会图书情报工作无可选择的必由之路。比如文献的配置，特别是外刊，同一民族地区的几个图书馆你藏我也藏，钱多时重复浪费，钱少时也同样重复浪费，造成了低效率的收藏，高数量的馆藏。民族图书馆应通过馆际协作统筹安排，进行采购合理分工，这不是权宜之计，而是长远大计。1995 年 6 月，上海地区图书馆建立了"文献资源共建与共享协作网"。从此以后，读者只要办一张"通用阅览证"，就可以到协作网上的任何一家图书馆查阅资料，并且，他们开始发挥各馆特色，进行分工合作，实行文献资源共享。这个经验值得民族图书馆借鉴。在同一民族地区的各系统、各类型图书馆可以联合起来，在不同地区使用同一少数民族语言文字的各系统各类型图书馆也可以协作起来，民族图书馆还可以与非少数民族图书馆联合，为振兴民族经济和繁荣民族文化开展协作协调。

四、加强民族图书馆的专业和技术人才培养

新中国成立以来，党和国家非常重视图书馆专业干部，尤其是少数民族图书馆的专业干部培养工作。随着我国民族图书馆事业的发展，民族图书馆专业干部队伍不断发展壮大，民族图书馆干部的科学文化和业务素质也在不断提高。

但是，随着我国民族经济发展和民族图书馆事业的发展，科学技术的进步，民族图书馆专业和技术干部队伍也存在着不适应的问题。

主要表现在专业职务结构不合理，专业素质偏低，对知识的更新缓慢等方面。

由于经费紧缺，从业人员参加培训和进修的机会较少，知识老化，难以适应形势发展的需要。现代信息技术在图书馆的应用和图书情报技术的更新需要新型的管理人员、业务技术人员，要适应工作需要普遍存在知识更新的问题，必须不断学习和吸收新的研究成果，掌握现代化业务技术，才能胜任工作。

加强民族图书馆的专业和技术人才培养，是民族图书馆事业发展的关键，其内容是：

（1）认真执行党的民族知识分子政策，大胆培养提拔和使用少数民族图书馆干部，提高少数民族图书馆干部队伍的专业素质和社会地位。

（2）民族图书馆要下力气培养自己的师资人才，挖掘自身业务潜力，并要舍得投资，送高

等院校图书馆系进行深造,建设一支民族图书馆师资队伍。

（3）为了尽快适应工作,对某些专业技术人才应采取对口培训的方法,组织他们到大型图书馆实习,委托代培。

（4）把好民族图书馆进人关,一般不应低于中专文化水平,进馆前要进行必要的文化考核,进馆后要进行上岗前培训,不经过业务培训不准上岗。

（5）加强民族图书馆专业技术人员的业务考核,建立业务考核档案,业务档案作为专业技术人员晋级、升职的依据。

（6）鼓励人才拔尖。对有突出贡献、有突破性学术研究成果、有重大发明创造的图书馆工作人员应予以表彰奖励。有的可以破格评职,有的可以提拔使用,有的可以调到关键性的岗位上工作,调动积极因素,形成一个你追我赶的学习和工作气氛。

五、开展民族图书馆学理论研究

民族图书馆学是研究民族图书馆发生、发展及其工作规律的一门科学,属于专门图书馆学,是社会主义图书馆学的一个分支学科。

民族图书馆是伴随着民族图书馆事业的发生、发展而产生发展的,它是民族图书馆工作实践的产物,经过理论升华,又去指导民族图书馆实践工作。

民族图书馆学是为发展我国社会主义民族图书馆事业而创建的一门新兴学科,是民族图书馆工作者在图书馆学研究上的具有民族特色的学术成果。因此,民族图书馆工作者应当为民族图书馆学的繁荣倾注全力。

党的十一届三中全会以来,民族图书馆事业发展带动了民族图书馆学的繁荣,无论在研究的广度和深度上,都是前所未有的。但是,民族图书馆学研究与民族图书馆事业的发展比较,研究赶不上形势发展,研究还不能适应形势。主要表现如下:

第一,在研究队伍上,处于无组织的自发状态。目前从事民族图书馆学研究的人还不是很多,虽然已经初步形成了一支研究队伍,但还未形成一定的规模。在这支研究队伍中一是工作在基层民族图书馆的居多;二是互相之间缺乏密切的组织联系。由于他们各自在自己的岗位上工作,大多凭个人的积极性进行自发的研究,因此举步维艰,结构松散,课题狭窄,带有一定盲目性。

第二,在研究基础上还十分薄弱。民族图书馆事业的发展水平直接影响到民族图书馆学的研究水平。民族图书馆学研究基础薄弱的原因除了研究历史较短和重视不够外,主要是民族图书馆学研究队伍的学术水平和研究水平较差。这直接影响了研究范围的广度、研究内容的深度、研究方法的力度及研究成果的学术水平。

第三,在研究广度上,范围比较狭小。从目前民族图书馆学的一些研究成果看,所研究的范围、对象、内容及技术方法都存在一定的片面性。技术方法研究偏多,基础理论研究偏少;一馆、一事、一地的微观研究偏多,整体宏观研究偏少;一般规律的反复研究偏多,突破性的深入研究偏少;就事论事的文章偏多,全方位立体化的研究文章偏少。特别是重复研究撞车现象严重。往往甲刊与乙刊发表的文章似曾相识;甲与乙探讨论述的课题基本雷同;今年和去年所研究同一课题的学术水平相差无几。

第四,在研究的深度上,有待于深化。目前的民族图书馆学研究成果,不同程度地停留在经验描写阶段,往往是从研究者本身的工作实践出发,根据感性认识,向人们客观地报道自己的工作经验体会,未能上升到理性高度。

第五,在研究方法上,还存在着简单化。进行民族图书馆学研究,可以运用图书馆学的一般方法和专门方法,也可借助引进其他学科的一些研究方法,但是,这绝不是照抄照搬这些方法。在目前的民族图书馆学研究中,照搬术语、照抄定义,把普遍图书馆学的研究成果全盘端来,戴上民族的大帽子,换壳不换核的现象时有发生,影响了民族图书馆学的学术地位。

第六,在研究成果的评价交流上,还不大活跃。目前,民族图书馆学研究还缺少一定的学术权威,常常是对某一问题的探讨各执一词、莫衷一是、争论不休、没有定论,也有的为了炫奇示博,毫无科学根据地标新立异,摆开擂台,可人们反应冷漠,再就是民族图书馆学研究成果缺少发表园地,交流机会也不很多。

第七,在研究论文的表述形式方法上,存在一般化。有的文章缺乏入情入理的分析,就匆忙下结论;有的文章名词术语不规范;有的文章论据不充分,论证无条理,引用无出处。

重视和加强民族图书馆学研究,应包括以下几个方面的内容:

(1)民族文化行政管理部门和民族图书馆领导重视民族图书馆学研究,把开展民族图书馆学研究作为促进民族图书馆事业发展的大事来抓。

(2)成立民族图书馆学研究组织,创办民族图书馆学研究刊物,举办民族图书馆学学术讨论会,使民族图书馆学研究有组织,有园地,有交流和研究的机会,有科学、民主的学术气氛。

(3)开展图书馆学研究和图书馆业务工作的培训指导,掌握图书馆学研究的基本功,提高民族图书馆学研究者的理论研究水平。

(4)鼓励民族图书馆工作者进行民族图书馆学研究。领导要为从事研究的同志提供充裕的时间、良好的工作研究环境和必要的研究经费。对具有较高学术价值和实际应用价值的民族图书馆学研究成果予以奖励。

(5)提倡理论联系实际的学风。民族图书馆学研究要密切联系民族图书馆工作的实际。引导研究者不空谈理论,不搞纸上谈兵。

(6)对民族图书馆学中的有关共性问题,要组织民族图书馆工作者积极参与研究和探讨,集中攻关,集中解决在学术上争论不休的一些课题。

(7)加强对民族图书馆学研究成果的评估论证工作。有关行政管理部门和图书馆组成一个学术评估论证组织,负责民族图书馆学研究成果的申报、推荐、论证、通报工作。评估论证小组应邀请国内有权威的图书馆学专家、学者参加。

(8)有关行政管理部门和图书馆把民族图书馆学研究同重视民族图书馆学研究成果的推广应用结合起来。不要把某一研究成果发表于学刊或参加了研讨会为研究成果的归宿。着眼点要放在研究成果在民族图书馆工作实践中的应用与推广。重大的研究成果,可组织小区试验。同时,应奖励应用、推广研究成果有显著成绩的单位和个人。

(9)规范民族图书馆学研究成果的学术奖励等级,全国应制定一个统一的奖励制度。如,目前的奖励等级有优秀论文奖、优胜奖、特别奖、一二三等奖,等级系列混乱模糊,有的优秀、优胜、特别奖高于一等奖,有的属于安慰鼓励一类的奖,有的是与一等奖同档次的奖,这种情况不利于民族图书馆学理论研究成果等级的界定。

六、积极推进民族图书馆现代化的进程

图书馆现代化就是以电子计算机应用为标志的现代科学技术,利用先进的图书馆工作科学方法,实行现代化的科学管理,高效率地满足读者对图书馆文献信息的需求。

图书馆现代化的标志包括以下八个方面:①电子计算机在图书馆工作中的应用;②文献缩微技术与复印技术的应用;③声像技术在图书馆的应用;④图书馆网络化;⑤图书文献工作标准化;⑥图书馆工作过程自动化;⑦组织管理科学化;⑧工作人员专业化。

目前,民族图书馆距图书馆现代化的要求都存在一定的差距。表现是:

(1)现代化意识淡薄。由于经济条件制约,认为图书馆现代化是发达地区的事,是可望而不可即的事。

(2)现代化建设水平不高。在民族图书馆中,相当一部分图书馆根本没有现代化设备;有一部分称得上有现代化设备的,只是有复印打字设备;有一定现代化设备的,未能与国内外联网。

(3)图书馆现代化设施利用率低。有的馆虽然有一定的现代化设施,但由于没有专业技术人才,设施未能利用;没有可供运行的通联经费保证,设施形同虚设;没有社会应用环境,有劲没处使;软硬件不配套,功能难以全部发挥;不能深化服务功能,大马拉小车,如有的电脑只用于打字。

(4)掌握现代化技术的人才稀缺。

(5)图书馆现代化建设资金匮乏。

(6)图书馆现代化应用环境滞后。社会对文献资源需求不强烈,文献用户少,文献需求层次低,文献用户不会利用现代化技术手段。

(7)传统技术向现代化转型衔接准备不足。如有的民族地区图书馆分类不科学、著录不标准、目录不完整,即使有了现代化设施,也无法利用。

(8)图书馆的科学管理在管理规范化、劳动组织合理化、业务工作计量化、工作人员专业化等方面还有一定差距。

(9)图书馆网尚未形成。

民族图书馆在图书馆现代化建设方面,应正视落后于发达地区图书馆的现实但不气馁,找出差距和问题但不灰心,要把握机遇,迎接挑战,立足现状,致力进取,积极推进民族图书馆现代化的进程。

第四章　民族图书馆事业建设

民族图书馆事业是指许多有某种联系的各种类型民族图书馆组成的整体。当民族图书馆发展到一定的数量和产生众多的不同的类型时，便形成了一些民族图书馆群。把这些民族图书馆群按照一定的原则和组织形式组成一个紧密联系的有机整体时，就构成了民族图书馆事业。民族图书馆事业是我国整个图书馆事业的一个有机组成部分。

第一节　民族图书馆事业建设的原则

一、民族图书馆事业的一般含义

民族图书馆事业是图书馆事业整体的一个重要组成部分，在一定范围内，它也是一个有机的整体。但是民族图书馆事业绝不等同于民族图书馆这一概念，当各民族图书馆之间没有建立起任何联系，只是孤立地行使其各自的职能时，就不能算是构成了民族图书馆事业。只有当各种类型的民族图书馆的数量、质量、规模、发展速度和组织形式已发展成为联系紧密的民族图书馆整体时，才能构成民族图书馆事业。因此，民族图书馆事业这一概念，与图书馆事业一样，代表的都是一个体系。

民族图书馆事业的发展，受着社会经济、政治、文化的制约，并随着社会经济、政治、文化的发展而发展。在各个历史时期，社会总是根据其本身的需要赋予民族图书馆某些不同的具体任务。民族图书馆的全部活动，都是社会需要的体现，是完成社会给它任务的实践过程。因此，民族图书馆事业也是一项社会事业。

二、民族图书馆事业建设的原则

新中国建立以来，我国民族图书馆事业有了很大的发展，其中有成功的经验，也有失败的教训。从民族图书馆事业建设实践的正反两方面经验中，总结出我国民族图书馆事业建设的原则。

1. 民族图书馆事业建设应与国民经济和科学文化教育事业，特别是应与我国少数民族地区的经济、文化、教育事业相适应

图书馆是社会信息、知识的存储和传递中心，是社会信息、知识交流系统之一，是一种智力资源。图书馆事业是科学文化教育事业的一个组成部分，属于社会的上层建筑。经济是基础，决定着上层建筑的形式和内容。根据经济基础和上层建筑原理，图书馆事业的发展是由经济发展的水平所决定的，同时又反作用于经济基础。民族图书馆事业作为整个图书馆事业的一个组成部分，也不能超越这一原理而存在和发展。

经济的发展水平是影响民族图书馆事业发展速度和规模的决定性条件。我国民族图书馆发展滞后的原因，就是由于我国少数民族地区经济发展水平落后所致。只有少数民族地区的经济发展了，才能为民族图书馆事业的发展提供必要的物质条件，才能为民族地区图书

馆的现代化建筑和文献资料的传递手段与设备的现代化提供所必需的经费。民族图书馆事业的发展,既不能超越少数民族地区经济发展水平,也不能落后于民族经济发展的速度。超越了民族经济发展水平,民族图书馆事业的发展就不能巩固,落后于民族经济发展的速度,就会拖科学技术的后腿,从而影响我国民族经济乃至全国经济的发展速度。

民族图书馆事业的发展要与科学研究事业的发展水平相适应。科学是第一生产力,对民族图书馆事业的发展起着直接或间接的推动作用。科学事业的发展必然要求图书馆事业相应地发展。图书馆事业是科学事业的组成部分,科学事业的发展直接推动着民族图书馆事业的发展。同时科学技术转化为生产力,促进了民族经济的发展,而民族经济的发展又要求民族图书馆事业的发展与之相适应,这是科学对民族图书馆事业发展的间接推动作用。

民族图书馆事业的发展要与文化事业的发展水平相适应。图书馆事业既是文化事业的重要组成部分,又是其重要标志。民族文化事业的发展包括民族图书馆事业的发展,当然要求民族图书馆事业与其总体水平相适应。否则,民族图书馆事业就不可能成为民族文化事业的重要标志。

民族图书馆事业的发展应与少数民族教育发展的总体水平相适应。教育是影响读者数量与需求水平的重要因素,少数民族地区图书馆读者的数量及读者的需求水平是与该地区所受教育的人数和教育水平成正比的。读者的数量和需求水平是决定民族图书馆事业发展的重要因素之一。民族教育事业发达,教育水平高,也必然会促进民族图书馆事业的发展,进而推动整个图书馆事业的发展。

民族图书馆事业作为科学文化教育事业的一个重要组成部分,它的发展是由民族经济、科学、文化、教育事业的发展水平所决定的,而民族图书馆事业又对其具有反作用。因此,它们必须相互适应,保持平衡,才能相互推动,不断发展。民族图书馆事业的超前和滞后,都不利于其健康发展。

怎样做到民族图书馆事业与经济、科学、文化、教育事业相适应呢?这就要求我们必须根据民族地区发展的需要和客观的可能条件来安排民族图书馆事业的建设规划,正确处理需要与可能的关系,反对冒进和保守两种倾向。我国少数民族地区图书馆事业发展的历史证明,不顾客观条件的冒进和保守倾向,都会给民族图书馆事业的发展带来不应有的损失。十一届三中全会以后,我国民族经济得到了恢复和发展,民族图书馆事业也以前所未有的速度向前发展,民族图书馆的工作手段和设备的现代化建设正在起步前进。新中国成立以来走过的道路说明,民族图书馆事业的发展受民族经济、科学文化教育事业所制约,每当与经济发展相适应时,民族图书馆事业就向前发展,每当民族图书馆事业的发展超越于民族经济发展的可能时,就会受到挫折。

2. 全面规划,统筹安排,协调发展,统一体系

这是我国民族图书馆事业建设的又一重要原则。

全面规划,是指以国民经济和社会发展的总体规划为依据,参照少数民族地区经济发展的实际,从全局着眼来制定民族图书馆事业的综合发展规划,使各类型、各系统、各地区的民族图书馆事业都有明确的发展目标。它包括各类型民族图书馆发展和布局的规划,各项服务标准、经费及其来源、资源建设、业务技术标准、建筑设备标准、各类人员编制与素质、馆际协作与资源共享等规定及民族图书馆事业管理体制的规定等。

统筹安排,是指根据我国现有经济实力和人力、物力及技术设备等条件,对民族图书馆

事业发展的数量、重点、规模及速度做出合理安排,有计划、有重点、有步骤地进行民族图书馆事业的建设,使其人力和物力都得到合理配备。

协调发展,统一体系,是指民族图书馆事业的各系统、各地区之间的综合平衡,避免分散多头、各行其是、畸形发展现象,逐步建立我国统一的民族图书馆网,使有限的经费、文献资源得到合理利用。不同类型、不同规模、不同功能的民族图书馆,在服务对象和收藏范围方面,要有合理的分工,分工又必须协作,才能形成一个有机的整体。各地区、各系统民族图书馆之间只有统一体系,协调发展,才能使整个民族图书馆系统处于最佳状况,从而充分发挥民族图书馆的整体功能。

3. 国家办馆与群众办馆相结合

国家办馆与群众办馆相结合,是发展我国民族图书馆事业的一个重要原则。

发展我国民族图书馆事业应以国家办馆为主,群众办馆为辅,充分发挥中央和地方两方面的积极性。国家办馆是指国家根据民族图书馆事业发展的需要和可能的经济和人力及其他条件直接投资兴办民族图书馆,发展民族图书馆事业。国家办馆包括中央和地方政府兴办的图书馆。这些图书馆是我国民族图书馆事业的骨干和核心,在整个民族图书馆事业中处于主导地位。但是我国是一个地大人多、经济基础还比较薄弱的发展中国家,仅仅依靠国家的投资,还不能完全满足广大读者,尤其是广大工农及社会青年读者的需求。因此,还必须依靠发挥群众的积极性来兴办民族图书馆事业,即实行群众办馆。群众办馆就是由群众集资兴办民族图书馆。群众办馆是国家办馆的必要补充,能解决少数民族地区广大群众的图书阅读问题。

鼓励群众集资办馆,有助于培养群众关心、热爱公益事业的思想,减少依赖国家的思想。因此,依靠群众的力量兴办小型多样、方便群众的中、小型民族图书馆,以弥补国家办馆的不足,这是发展我国民族图书馆事业的有效措施之一。群众办馆必须坚持自愿的原则,充分调动群众的积极性,从群众的需要出发,沿着业余、小型多样的方向发展。

发展民族图书馆事业必须坚持以国家办馆为主导,充分发挥中央和地方积极性的原则。中央的积极性主要体现在对民族图书馆事业的整体规划及对全国民族图书馆事业的投资上,容易做到有目共睹,且较少伸缩性。而地方的积极性却有着较大的伸缩性,且潜力较大。发展民族图书馆事业的地方积极性,包括民族地方政府对本地图书馆事业的投资,同时还包括调动少数民族地区群众兴办图书馆事业的积极性。实践证明,如果民族地区群众办馆积极性能调动起来,当地的图书馆事业就会比较发达,反之,则比较落后。

4. 发展民族图书馆学教育,加强民族图书馆学研究

发展民族图书馆学教育,加强民族图书馆学研究也是我国民族图书馆事业建设应该遵循的原则。

随着现代科学技术在民族图书馆工作中的应用,文献数量的巨大增长、文献类型的发展变化及其管理方法的不断改变,在业务知识、科学技术及管理操作能力等方面都对民族图书馆工作人员提出了更高的要求。现在,各种类型的民族图书馆都深感专业技术型人才奇缺,严重地阻碍了民族图书馆事业的发展。这就说明了发展民族图书馆学教育的迫切性。民族图书馆学教育对民族图书馆事业的发展有深远的影响,它为民族图书馆事业的发展提供了人才的保证。反之,民族图书馆事业建设对各种专业技术人才的需要,又成为民族图书馆学教育的动力。可以说,发展民族图书馆学教育是发展我国民族图书馆事

业的希望所在。

民族图书馆事业建设也迫切需要加强民族图书馆学研究,发挥理论研究对民族图书馆事业建设和民族图书馆工作的指导作用。不断总结我国民族图书馆事业建设的经验,不断提高我国民族图书馆的现代化水平和服务质量,这是开展民族图书馆学研究的出发点。21世纪,民族图书馆工作与自然科学,特别是与应用技术的关系将日益密切,现代科学技术的高度发展,促进了民族图书馆事业建设的规模向着网络化的方向发展,并推动民族图书馆采用计算机、通讯、网络等一系列新技术改变服务方式和服务手段。因此,当前急需加强民族图书馆现代化、网络化等问题的研究,以适应现代科学技术发展的需要,并推动民族图书馆自身的现代化。同时也要加强民族图书馆学基础理论的研究,这对于坚持我国民族图书馆正确的发展方向,繁荣我国民族图书馆事业,都具有重要的意义。

5. 建立并执行科学的民族图书馆管理法规

民族图书馆工作的管理法规是组织协调民族图书馆工作的重要手段,它包括一整套有关的方针政策、规章制度、条例办法等。管理民族图书馆工作,必须要有科学的民族图书馆管理法规。从国家来说,制定民族图书馆工作的管理法规,要明确民族图书馆的社会地位、方针任务、工作体系、服务标准、人员配备、教育考核和经费条件等;从各类各级民族图书馆来说,应根据国家的统一管理法规,结合各类型、各地区民族图书馆的实际,制定出各项具体的适合民族图书馆特殊需要的规章制度、管理办法和岗位责任制等。为了加强民族图书馆各项业务工作的考核,应加强统计工作,实行计量化管理、目标管理,建立健全各项业务工作的计量、目标化管理体系。比如,图书馆各类人员编制比例、经费包干使用比例、书刊文种类别比例、各项工作标准、馆藏利用率、流通保障率等。有了这些数据和工作指标,就有了衡量民族图书馆业务水平和服务质量的尺度,就会使民族图书馆工作从定性管理向定量管理、目标管理发展。

第二节　新中国成立前民族图书馆事业发展概述

我国是一个多民族的国家,少数民族和汉族共同创造了中华文明史。在漫长的历史长河中,少数民族不仅用其智慧创造了光辉灿烂的民族文化,丰富了中华民族的文化宝库,而且在文献的收集、保管方面也积累了许多丰富的经验,促进了民族图书馆事业的发展。

我国民族图书馆事业的发展可分为古代少数民族藏书事业的发展、近代民族图书馆的产生和发展、新中国民族图书馆事业的巨变。

一、古代少数民族藏书事业的发展

我国少数民族多聚居于交通不便、经济文化落后的边远地区,其社会政治、经济、文化发展相对滞后,到 1949 年新中国成立前,少数民族地区的社会经济制度基本处于前资本主义的各个发展阶段。社会经济结构复杂,发展极不平衡,原始公社制、奴隶制、封建领主制及资本主义制度并存于各少数民族地区。社会经济发展的差异,导致了各民族地区文化事业发展的不平衡,民族图书馆事业的发展情况也不尽相同。

文字的产生和图书文献的出现是图书馆产生的基本前提,而社会生活对于保藏文献的客观需要是图书馆产生和发展的现实条件,民族图书馆的产生和发展亦是如此。

处于原始社会或保留着原始公社制残余的少数民族,只有语言,没有文字,人们结绳以记事,他们的文化习俗主要以歌舞、雕刻、图腾、刺绣、文面、文身、服饰等形式来表现和维持。当时生产力水平低下,社会经济条件落后,生活环境恶劣,还不能促使其文化向更高程度发展,那时各少数民族还不具备产生图书馆(藏书事业)的基本前提和现实条件。

经过漫长的原始社会,到了商朝逐渐向奴隶社会发展。商朝已有较成熟的文字,并诞生了我国最早的文献——甲骨文献,相应地也出现了保存这些文献的处所,这就是我国古代图书馆的雏形。殷商甲骨文献典籍的收藏就是我国古代藏书事业的起源。

随着生产力的发展,我国一些少数民族也相继跨入奴隶制社会,并先后创造了自己民族的文字,形成了许多本民族文字的文献。我国古代民族藏书事业在此基础上发展起来,并形成许多不同的类型。

处于奴隶制社会的大小凉山彝族地区,存在以"毕摩"为主的私人藏书。彝族在七八百年前就产生了一种音节文字,这种文字依地域不同,叫法也不一,通称老彝文。由于有了文字,使得彝族文化得以积累和传递。至今大部分彝族地区都还保存着一些用老彝文抄录的有关历史、文学、医学的著作和统治家族的语牒等。但这些文献当时大都掌握在奴隶主和"毕摩"手中。"毕摩"在彝语中为教师之意,他们掌握文化知识,通晓经典,为人占卜、合婚、治病、安灵、怯灾,主持因财产、盗窃引起纠纷的神明裁判,在社会上地位很高。正因为如此,他们在民族传统文化教育中扮演着重要角色。他们或多或少地掌握一些有关天文、历法、系谱、伦理、史诗、传说、神话等科学文化知识和文献典籍,形成学在"毕摩"的局面。这可算得上奴隶制度下私人藏书的萌芽,而这种私人藏书只是为奴隶主服务的,占人口绝大多数的奴隶和其他劳动人民,已经被剥夺了利用的权利。

随着社会的进步,经济的发展,古代私人藏书事业也日趋繁荣。北方少数民族政权辽、金国的私人藏书业已形成一定规模,其中以金元好问最为著名。元朝的私人藏书比以前更为发达。私人藏书家虽以汉人为多,但蒙古人间或有之,多聚集于印刷业发达之南方地区。著名的有庄肃,聚书八万卷;周恕,聚书亦达数万;蒙古人阔里吉斯,藏书也很可观,藏书处所名为万卷堂。此外有名的藏书家还有段直、孙道明、倪瓒等人。

清代的私人藏书较之以前有很大发展,据不完全统计,著名藏书家多达 497 人,其中亦有很多少数民族藏书家。清代出现了许多著名私人藏书楼。一些藏书家还撰写了图书馆学方面的著作,其中较有学术价值的是曹溶的《流通古书约》、孙庆增的《藏书纪要》、章学诚的《文史通义》及《校雠通义》等。

私人藏书是我国古代民族藏书事业的一个重要组成部分,在民族藏书事业中占有一席之地。

寺院藏书或经堂藏书是古代少数民族藏书事业又一重要类型,其中以藏区寺院藏书最为著名。

藏区寺院藏书历史悠久,且有相当完备的目录体系和管理制度。史料记载,在公元 7 世纪吐蕃王朝奴隶制时期,便创造了文字——古藏文,形成许多藏文文献,并翻译出了大批佛教经典,为藏区寺院藏书的发展创造了条件。寺院藏书在此基础上迅速发展起来,并形成一定的规模。在对大批所藏佛教经典进行整理的基础上,按经卷所藏宫殿名称的不同,先后编制了《旁塘目录》《钦浦目录》和《登迦目录》,前两种目录已佚失,《登迦目录》收录在《丹珠尔经》杂部中,得以保全其全貌。这是我国现存第一部民族文字文献目录。据有关专家考订,《登迦目录》成书于公元 824 年,收录藏文经籍 738 种,共分 27 门,著录有书名、著者、译者等。该目录反映了当时藏传佛教经典翻译、著述的盛况,对研究藏族古代社会历史文化和佛学史等都有重要史料价值。到 14 世纪时,藏区寺院藏书更趋繁盛。西藏各地的佛教寺院利用其丰富藏书,培养造就了大批佛教经典译师,翻译出大量的佛教经典,同时,藏族学者自己的大量佛学著述也相继问世。特别是刻版印刷术的传入和应用,为寺院藏书建设提供了新的手段。寺院不仅注重佛教经典的翻译,更注重著述藏传佛学专著,涌现出许多有影响的大部头著述。为了保护利用好这些文化成果,各寺院又专门组织并培养专门人员从事文献的校、勘、编目、鉴别和注释工作。1334 年,著名目录大师布顿(1290—1364 年)将夏鲁寺历代佛学著作 124 函整理编目,称之为《夏鲁丹珠尔》或《布顿丹珠尔》。蔡巴·贡嘎多吉(1309—1364 年)用金银粉抄写经典 260 余部,1351 年,在布顿大师的协助下,将其中 121 函整理编目,后世称之为《蔡巴丹珠尔》。这些驰名于世的佛教经典和佛学丛书的著成与加工整理入藏,为藏传佛教的发展和寺院藏书的发展起了相当大的作用。

藏区的寺院藏书从形式到内容都有了一整套的体系、制度和方法,比如各佛教寺院一建立就设有规模不等的存放经书的书库。除藏经库、藏经室外,还设有专门的密室存放贵重文物和珍贵经典,其职能相当于图书馆的版本库和特藏库。在一些较大的寺院中,著书、翻译、校勘、刊印、保存、流通等环节设有一整套机构,从组织上保证了寺院藏书工作的顺利开展,在业务管理方面,设置了专职管理人员——工艺僧。他们都具有相应的专业技能,分别懂得医学、历史、绘画、雕塑、刻版、印刷等专业知识,专门从事各类文献的点校、登记造册、整理定本及分类编目等工作。另外,寺院还设有负责管理经堂财产、晒书、开关经堂门窗、打扫卫生等工作的专职人员。这些人员基本履行着诸如现代图书馆中图书专业管理人员的职责。

总之,藏区寺院藏书经历了一千多年的历史,历经风霜,为后世保存了极其丰富的文献,其数量和规模在我国其他少数民族地区是罕见的。仅以几大寺院藏书为例便可见一斑。甘肃拉卜楞寺藏书约 2 万余种,20 多万部,藏文经版 6 万余块;拉萨布达拉宫藏书 20 000 多函,10 余万册;日喀则萨迦寺大经堂藏有上万部元代及元代前的佛教经典和经版 2000 余块,该寺的北寺图书馆(差贝拉康)和南寺大殿还珍藏着元代时期西藏与中央王朝往来的珍贵档案史料;四川德格印经院藏经版 20 多万块,藏书近 5 万余种。这些文献至今仍闪烁着灿烂的民族文化光辉,已成为西藏及中华民族图书馆事业的重要组成部分。

书院藏书也是古代少数民族藏书事业的一种类型,地位重要。书院起于唐,兴于宋,元代书院继续发展。元朝统治者对兴学立教十分重视,在地方大力兴办学校。同时,政府还鼓励兴办书院,以作为正规学校之补充。因此,元朝书院发展较快,数量较宋朝还多,各类书院约四百余所,主要分布在浙江、江苏、湖广、河南、四川、陕西等行省。著名的有园沙书院和西湖书院,这些书院都有大量的藏书。

清代书院藏书规模又有发展。清代书院发展几乎遍及各省通都大邑,以至穷乡僻壤。据统计,清代设立书院达 1900 多所。清代书院藏书甚丰。

官府藏书(皇室藏书)是我国古代少数民族藏书事业的主体,地位最为重要。

古代,各少数民族先民在中国历史舞台上扮演了重要角色,他们建立了一些有影响的地方政权,如北方渤海、回纥,西南的南诏、大理,西藏的吐蕃,等等。历史上有不少朝代,如五胡十六国、北魏、西夏、辽、金、元、清等,都是由少数民族建立的,它们或统一了中国大部,或统一了全国,为历史的进步和发展做出了贡献,也促进了我国古代藏书事业的发展。下面就辽、金、元、清的官府藏书情况分别加以介绍。

辽是我国北方少数民族契丹族于916年建立的封建割据的地方政权。

辽的皇室藏书(官府藏书),是耶律阿保机在未建辽时所建立的,当时他曾购入汉文图书一万余卷。创造契丹文字后,命人翻译了一部分汉文图书,辽藏书事业发展起来。辽太宗耶律德光时,平灭后晋,尽收后晋皇室藏书并北运,辽皇室藏书得到补充,以后屡加充实。辽还设立了管理文献的秘书监和昭文馆,下设秘书郎、秘书正字及昭文馆直学士等官职。兴宗重熙二十三年(1054年)又筑藏书之府"乾文阁"。辽道宗清宁十年(1064年)下召求书刻书,命儒生校定经籍。辽道宗(1055—1101年)期间,皇室藏书已具有一定规模。据传辽道宗清宁五年(1059年)曾创过一部"大藏经",称"契丹藏",有6000余卷。1974年,山西应县佛宫寺释迦木塔发现的"契丹藏"本,即为我国现存最早的大藏经刻本。又传皇太子耶律突欲曾派人到幽州 1 采购图书,他所建的欲海堂藏书楼,是当时我国北方藏书最丰富的藏书楼。

金是由北方女真族建立的又一少数民族封建割据政权。金的官府藏书事业是在辽、北宋藏书事业的基础上发展起来的:金于1125年灭辽后,尽收辽皇室藏书,充实了金之皇室藏书。金太宗天会四年(1126年),完颜晟等攻克宋都城开封,北宋灭亡,宋官府藏书尽为金获并运往北方。金皇室藏书大量增加。

金不仅收集宋朝官府藏书,还通过收购方式收集图书。如有藏书家珍惜所藏不愿意卖者,官府则借回抄写之后奉还,并将图书藏于经籍所,设立秘书监管理朝廷图籍事宜。

金国刻书业也较为发达,赵城广胜寺所刻大藏(赵城藏)尤为著名,全书7000余卷,现存4900多卷。金皇室藏书迅速发展,极为繁盛。金人孔天监在其《藏书记》中提出了建立公共藏书楼的思想,这在当时是比较先进的。

元朝是我国蒙古族灭金、宋之后建立起来的统一的封建政权,从建都北京到元顺帝被朱元璋所灭,历时近一个世纪,在这近一个世纪里,元朝的文化事业也有了很大的发展。并对统一的多民族国家的文化事业的发展做出了巨大的贡献。在藏书事业方面也同样得到了进一步的发展。元太宗时,设置编修所、经籍所。世祖选拔儒士编修国史,翻译经书,后将经籍所改为宏文院,立秘书监,专掌图书。灭宋以后,纳宋在临安所藏图书,并遣使到杭州等地收集印刷书籍的版,以印经书。命大臣编万方国志,经九年成书,总计1300卷,藏之秘府。元文宗时,又立艺林库,专藏图书,还命赵世延等编纂经世大典,历四年告竣,凡880卷。目录ll卷。元朝统治者曾两次派人把南宋秘书省、国子监、学士院的图书从海边运到大都,元皇室藏书数量大增。特别是王桢木活字的出现,改进了印刷术,使图书的数量不断增加。当时藏书处所如奎章阁、崇文院等藏书可观。元朝又设立兴文署掌管刻书业,出版当时儒生的著作,地方官署也都刻。据清钱大昕《补元史艺文志》的统计,元代刻印、流通的图书,经部为804种,史部为477种,子部为763种,集部为1098种,凡3142种。历时不到百年的历史,能刻印如此众多的图书,其成就是非常可观的。

在历代封建王朝中,清朝对藏书事业更为重视。这不仅表现在对图书的收集和整理方面,还表现在编纂了许多集大成的鸿篇巨帙。

清王朝承袭了明宫廷全部藏书。后又在民间访求异本,使官府藏书逐渐充实。清初官府藏书有内阁、翰林院、国子监、昭仁殿等处。到乾隆年间编《四库全书》以后,则建立起完整的官府藏书体系。康熙年间召集文人学者编纂了一批钦定著作。如《古今图书集成》《康熙字典》《佩文韵府》《渊鉴类函》《全唐诗》《历代诗余》《数理精蕴》《乐律全书》等几十种大型参考工具书。乾隆时编纂《四库全书》等。其中《四库全书》是我国古代最大的一部丛书。内容包括经、史、子、集四大部分,共编集了从古代到当时的著作3503种,计79 337卷,近10亿字。先后抄写了7部,分藏7处,即北京紫禁城内文渊阁、热河避暑山庄文津阁、北京圆明园的文源阁、辽宁盛京的文溯阁、镇江的文宗阁、扬州的文汇阁、杭州的文澜阁。北方四阁完全是皇帝的私人藏书,南方三阁则允许士大夫和知识分子借抄借读。这是封建时代藏书楼对外开放的开始,在我国图书馆事业史上有一定进步意义。

在编修《四库全书》的同时,还组织编辑了《四库全书总目提要》。该书成为我国古代典型的目录学著作。它所用的"四分法",几乎成为当时统一的图书分类法。近现代我国图书馆仍用它处理古籍。

中国古代民族藏书事业是我国民族图书馆事业发展的一个重要阶段。古代各类型藏书是我国宝贵的文化遗产,它为我国近代民族图书馆产生和发展奠定了坚实的物质基础。

二、近代民族图书馆的产生和发展

1840年以后,中国逐步沦为半封建半殖民地社会,中国各族人民开始遭受帝国主义、封建主义和官僚资本主义的统治和压迫。伴随帝国主义文化的侵入,西方近代图书馆办馆思想和办馆方法也传入中国。资产阶级维新派深受这种思想影响,大声疾呼兴建近代意义的图书馆。1908年,清政府颁布了《京师及各省图书馆通行章程》,所有这些都表明,我国已具备了产生近代图书馆的内外条件,我国近代图书馆开始逐渐建立起来。这期间,我国近代民族图书馆也从无到有地发展起来。

内蒙古自治区早在1902年10月,蒙古族改良主义先驱喀喇沁右旗札萨克郡王桑诺尔布为造就人才,提高蒙古族的文化,创办了蒙旗第一所新式学校——崇正学堂,并以部分家藏图书为它附设了图书馆。其规模虽小,却是内蒙古地区近代图书馆事业的发端,在蒙古族文化史上占有重要地位。1908年11月,统辖归化城土默特蒙古的归化城副都统三多在城东文昌庙创办了一所图书馆,附设阅报所,拟定章程,派员专管,共计藏书1.44万卷。它是内蒙古历史上第一所公共图书馆。民国政府成立后,1922年呼伦县设立图书馆,1924年,绥远丰镇创立讲演所并附设图书室。1925年绥远都统李鸣钟大力提倡文化教育事业,不仅设立许多学校,还成立了绥远区立图书馆并附设阅报所,绥远教育厅在厅署附近设立平民图书馆及阅报所,萨拉齐县、清水河县先后成立图书馆或阅报所。1929年至1932年间,全省又先后建立了许多图书馆。有通辽县立图书馆、突泉县立图书馆、林西县通俗教育馆图书馆、集宁县社会教育所通俗图书馆、国民党省党部第一民众图书馆、凉城县社会教育所通俗图书馆、多伦县图书馆等。特别是傅作义将军出任绥远省政府主席之后,图书馆事业有了较快的发展。到1936年夏,全省有公共图书馆10余所。有的县还设有乡立图书馆。图书馆的经费也有所增加。

日本帝国主义的野蛮入侵中断了内蒙古地区图书馆事业的正常发展,原有图书馆大都遭到摧残或关闭。但是为了殖民统治的需要,侵略者也恢复了一些民教馆和图书馆,但工作重点主要是进行奴化宣传。这时期图书馆事业畸形发展。

1938年至1944年,安北、米仓、狼山、晏江、陕坝诸县市都设立了民教馆,各馆大都设有阅览室。与此同时,应绥远省政府的命令,后套新旧县市还广泛设立了乡镇书报阅览室,

1945 年多达 56 个。

抗战胜利后,1946 年解放区丰镇县人民政府在晋绥野战军司令部和政治部的帮助下设立了文化馆,馆内设有书报阅览室,供民众阅览。1947 年秋,乌兰浩特市政府在中共党员及干部的捐助下成立文化馆,内设图书室,藏书 800 余册。除供干部、工人阅览外,还在基层开展流动服务。

和内蒙古地区图书馆事业一样,全国各民族地区图书馆事业都从无到有地发展起来,至 1937 年,除西藏外,全国各民族省区如广西、新疆、宁夏、西康、甘肃、青海、贵州、云南、四川等省立图书馆纷纷成立,部分市县也创立了图书馆。其中广西图书馆事业发展尤为迅速。广西自 1909 年创建省立桂林图书馆始,在 1920 年至 1945 年间又先后创立了容县、北流县、贵县、陆川县、玉林市、都安县、阳朔县、荔浦县图书馆及广西省第二图书馆等十几所图书馆。

但是由于种种历史原因,民族图书馆事业遭到严重破坏,发展停滞,到 1949 年全国仅有 14 所民族图书馆得以保存,其他馆或遭毁坏,或停办。且普遍存在经费不足、设备简陋、人员缺乏的荒凉凋敝状况。新疆省立图书馆成立于 1930 年,到 1934 年,全馆藏书仅有 5000 册,经费不足一直困扰着该馆,至 1947 年 6 月,新疆图书馆藏书也不过 3.5 万册。广西省立桂林图书馆,创建于 1909 年,成立较早,但屡遭破坏。1921 年广西军阀混战,馆舍曾多次被军队占领,图书损失严重。1937 年上半年,该馆藏书 20 多万册,其中新旧典籍各占一半,中西文杂志约 600 种。1944 年,日军侵入桂林,该馆疏散,仅保存了 7 万多册比较重要的图书,其余书刊均遭损坏,馆舍被焚毁,至解放时,藏书仅有 8 万多册。民族图书馆事业一片萧条。

第三节　新中国成立后民族图书馆事业发展概况

新中国建立之后,中国共产党和中央人民政府十分重视少数民族图书馆事业建设,采取一系列特殊政策和措施,各少数民族也以极大的热情发展本民族的图书馆事业,民族图书馆事业蓬蓬勃勃地发展起来。经过近 50 年的艰苦努力,我国民族图书馆事业发生了巨大的变化,形成了独具特色的民族图书馆体系。

一、新中国民族图书馆事业的发展历程

1949 年中华人民共和国的成立,标志着我国民族图书馆事业的发展进入一个崭新的历史阶段。60 多年来,我国民族图书馆事业的发展大致经历了三个阶段。

1. 1949—1965 年民族图书馆事业稳步发展阶段

新中国成立之初,人民政府除继续巩固、发展老解放区图书馆外,对国民党政府遗留下来的各级图书馆进行大力改造,组建了一批新型的民族图书馆。内蒙古自治区图书馆前身为"绥远省人民图书馆",广西图书馆是由 1931 年成立的"广西省立第二图书馆"改造而成,桂林图书馆的前身是创建于 1909 年的"广西省立图书馆",新疆图书馆的前身是 1930 年创建的"新疆省立图书馆"。这些新中国成立前的图书馆,新中国成立后通过改造,面貌焕然一新。

为发展我国图书馆事业,1955 年 7 月文化部发布了《关于加强与改进公共图书馆工作的指示》;1956 年 7 月文化部社会文化事业管理局提出《明确图书馆的方针和任务,为大力

配合向科学进军而奋斗》的报告;1957 年 9 月 6 日,国务院全体会议批准了《全国图书协调方案》;1962 年 11 月,国家科委和文化部拟订了《1963—1972 年科学技术发展规划》(草案),这些政策、方案的制定颁布,极大地促进了民族图书馆事业的发展。

这一阶段是我国民族图书馆事业沿着正确的轨道稳步发展时期,是民族图书馆事业建设的第一个高潮。民族图书馆的数量和类型增多,规模扩大。各类型民族图书馆纷纷建立。1954 年 9 月,广西壮族自治区第二图书馆成立;1955 年 2 月,延边朝鲜族自治州图书馆建立;1956 年,云南省大理州图书馆、内蒙古自治区呼和浩特市图书馆相继建成开馆;1957 年 9 月,新疆省立图书馆改为新疆维吾尔自治区图书馆,其藏书约 9 万册,民族文字的图书 2 万余册,开放了借书处和阅览室,干部增到 19 人;1958 年 10 月,宁夏回族自治区筹建自治区图书馆,并于 1959 年建成开馆;1959 年,民族文化宫图书馆成立开馆。此外,内蒙古自治区的呼伦贝尔盟、锡林郭勒盟、乌兰察布盟、伊克昭盟、通辽市、太卜寺旗、包头市、丰镇县等图书馆,新疆维吾尔自治区的克拉玛伊市、阿克苏地区、阿克苏市、阿勒泰市、昌南州、玛纳斯县、昭苏县、特克思县等图书馆,广西壮族自治区的柳州市、马山县、东兰县、桂平县、贺县、金州县、靖西县等图书馆,宁夏回族自治区的吴忠市等图书馆,甘肃省的甘南州、临夏市、阿克塞县等图书馆,四川省的甘孜州、西贡市图书馆,贵州省的黔东南州、榕县等图书馆,吉林省的前郭尔罗斯蒙古族自治县图书馆等也都相继创建于这一时期。

这期间中央民族学院图书馆、西北民族学院图书馆、西南民族学院图书馆、中南民族学院图书馆、云南民族学院图书馆、广东民族学院图书馆及西藏总工会文化宫图书馆、中央民族学院民研所资料室、社科院民研所图书资料室等民族院校、工会、科研系统的图书馆也相继建成开馆。民族图书馆的数量大增,从新中国成立时的 14 所发展为 1965 年的百余所。

民族图书馆学教育和民族图书馆学研究也从无到有地发展起来。1959 年 2 月,广西壮族自治区文化局举办市、县图书馆员培训班,培训学员 72 人。1960 年 3 月新疆维吾尔自治区乌鲁木齐地区图书馆业余学校正式开学,为 39 个图书馆和资料室培养专业技术人员 93人。1958 年中央民族学院图书馆编印《少数民族研究资料索引》。1960 年 10 月宁夏图书馆编印《学习(毛泽东选集)第四卷资料索引》。1962 年内蒙古自治区图书馆成立蒙文部,以便蒙古族人员和具有蒙古族语文知识的广大读者在学习、工作和科学研究上利用。

这一时期民族地区图书馆事业发展迅速,各民族图书馆间的协作活动有了广泛的开展,图书馆工作的内容也有了新的开拓,形式更加丰富多彩。民族地区图书馆成为为人民服务、为社会主义服务的科学文化教育机构,进一步改变了藏书楼的作用,建立了各项规章制度,而且广泛地建立了,图书流通站,把各民族图书送到工厂、农村、学校、街道,主动地为广大群众服务,有力地推动了民族地区的生产和建设,同时也促进了其自身的发展。

2. 1966—1976 年民族图书馆事业遭到破坏,停滞发展阶段

在"文化大革命"的十年间,我国民族图书馆事业也停滞不前。

1971 年 4 月,在周恩来总理的关怀下,在北京召开了全国出版工作座谈会,中共中央转发了国务院《关于出版工作座谈会的报告》。这一文件要求加强对图书馆的领导,充分发挥它的作用,改变很多图书馆停止借阅的状况,积极整理藏书,恢复借阅,并要求根据图书的内容、读者对象和工作需要,确定借阅办法,加强读书指导。这些要求对当时广大图书馆工作者是极大的鼓舞。在此期间,部分民族图书馆局部恢复工作,一些新的民族图书馆也相继建成。内蒙古自治区的满洲里市图书馆、扎兰屯市图书馆、呼伦贝尔盟蒙医学校图书馆、广西

壮族自治区的北海市、河池市图书馆、西藏自治区党校图书馆、新疆的塔城地区图书馆、新源县图书馆、博湖县图书馆、四川阿坝州图书馆、贵州民族学院图书馆、广东省琼中县图书馆等都创建于1971—1976年间。这期间民族图书馆事业呈现出一丝生气。但是这点生气与此间民族图书馆事业所遭到的破坏相比,简直是微不足道。纵观"文革"十年,民族图书馆事业建设基本处于停滞状况。

3. 1976年10月至今民族图书馆事业繁荣发展阶段

1976年10月粉碎"四人帮"以后,特别是十一届三中全会以来,我国民族图书馆事业按照党的指示拨乱反正,逐步回到正确轨道上来。我国民族图书馆事业不仅迅速得到恢复,而且有了新的发展。1978年4月24日,国务院批转国家文物事业管理局《关于图书开放问题的报告》;1978年11月13日,国家文物事业管理局颁布了《省、市、自治区图书馆工作条例》(试行草案);1978年12月,中国科学院颁布了《中国科学院图书馆情报工作暂行条例》(试行草案),进一步明确了各系统图书馆的方针和任务;1980年5月,中共中央书记处专门听取了关于图书馆工作的汇报,通过了《图书馆工作汇报提纲》;1981年7月,国务院办公厅转发了文化部、教育部、共青团中央《关于全国少年儿童图书馆工作座谈会的情况报告》;1981年10月,教育部颁发了《中华人民共和国高等学校图书馆工作条例》;1982年11月,在国家"第六个五年计划"中提出了"基本上实现县县有图书馆"的要求;1983年9月,教育部印发了《关于发展和改革图书馆学情报学教育的几点意见》;1985年7月,中共中央宣传部和文化部在北京联合召开全国图书馆工作会议,讨论了文化部提出的《关于改进和加强图书馆工作的报告》,1987年8月,国务院和中共中央领导同意将《报告》由中宣部、文化部、国家教委、中科院印发全国执行。这些文件及各项方针政策的制定、颁发出台,对于民族图书馆事业的全面发展起了重要作用,各系统、各类型民族图书馆都得到了迅速发展。

民族图书馆事业的规模迅速发展,各种民族图书馆学术机构组织相继建立。1979年,全国除4所规模较大的民族自治区图书馆外,青海、云南、四川、贵州、甘肃等9个省共有262个自治州、县(旗)图书馆。这些图书馆都有鲜明的民族特点,藏有一定数量的民族文字图书,他们利用这些民族文字文献,积极地为本地区各族读者服务,收效显著。

80年代以来,随着整个国家经济建设,特别是民族地区经济的腾飞,国家和各级政府加大了对民族图书馆事业的扶持和资金投入,我国民族图书馆事业取得长足的发展。1984年6月,国家民委、文化部在天津召开会议,决定由北京、天津、上海、南京、西安等5市开展为民族地区捐献图书活动,对口支援西藏、内蒙古、新疆、广西、宁夏等5个自治区中尚无图书馆的263个县(旗),并成立了中央捐献图书领导小组和对应的地方领导小组。短短几个月共捐赠图书26万册,这个活动为改变民族地区图书馆落后局面做了一件有益的工作。

1992年以来,我国政府投入"边疆文化长廊"建设专项补助资金已达50.9亿元,这是跨世纪工程。"边疆文化长廊"贯穿2.1万公里内陆边境和1.8万公里海岸线上的18个省、自治区、直辖市,共286个县(市、区、旗),其目标是到20世纪末在中国边疆地区建成一条由文化馆、图书馆、影剧院、博物馆等一系列文化场所串联起来的文化线,把固定的文化网点和流动的文化服务结合起来,丰富和提高边疆地区各民族文化生活水平,促进其经济和图书馆事业的发展。各民族地区也制定了相应的计划和措施,以促进本地区图书馆事业的发展。多民族聚居的云南省,在边境12个地州市、50个县市、82个重点口岸和重点乡镇。新建和改建17个图书馆、27个文化馆、67个文化站或文化中心。黑龙江省东南边境6市、区、县,吉林省图们边境 5 市、县,内蒙古自治区锡林郭勒盟 5 市、县部分段内已初具规模。广西壮族自治区为配合此举于 1994 年提出了旨在发展图书馆事业的"知识工程",即开展以读书、捐书、建立图书馆为内容的系列活动。到 20 世纪末,将实现农村各乡镇都有一个图书室,其中达到图书馆标准的占 30%,每个乡镇图书馆(室)藏书 2000 册以上。实现每个城区都有图书馆,50 万人口以上的市、县图书馆配置流动汽车图书馆,在全区 50% 的中小学以及大、中型企业设置图书馆,到 2000 年自治区内每 10 万人拥有一所图书馆,人均拥有图书 0.5 册。为此,广西壮族自治区政府规定,凡投资于"知识工程"的企业可享受减免税收的优惠政策,这一举措当属国内首创。

民族地区图书馆工作会议的召开,推动了民族图书馆事业的发展。1982 年秋,由国家民族事务委员会文化司、文化部图书馆事业管理局、中国图书馆学会组成少数民族地区图书馆特别调查组,赴新疆维吾尔自治区首次对民族地区图书馆状况进行调查。调查组在调查中建议召开全国性民族图书馆会议,得到国家民委、文化部有关部门的高度重视。1983 年 7 月,标志着开创我国少数民族地区图书馆事业新纪元的"全国少数民族地区图书馆工作座谈会"在北京举行,这次会议是由文化部图书馆事业管理局、民族文化司、国家民委文化司、中国图书馆学会联合召开的。来自全国 13 个省、市、自治区的 18 个民族的代表 150 人,聚集首都北京共商民族地区图书馆发展大计,并交流了经验。这次会议不仅是 1949 年以来的首次,也是中国有史以来的第一次。与会代表受到中国政府领导人的接见和鼓励,这次载入史册的盛会,对民族地区图书馆事业的发展起到了极大的推动作用。

此后,在新疆的乌鲁木齐、云南大理白族自治州的大理、内蒙古哲里木盟的通辽、西藏自治区的拉萨、吉林延边朝鲜族自治州的延吉、贵州的贵阳市、云南大理白族自治州的大理、内蒙古呼伦贝尔盟的海拉尔又先后召开了第二、三、四、五、六、七、八、九次全国少数民族地区图书馆工作会议。与会代表 600 多人,提交论文 500 余篇,极大地推动了民族地区图书馆事业的发展。

国家和各级政府的积极扶持及各种优惠政策的出台,各种民族地区图书馆会议的召开,促进了民族图书馆事业的全面发展。1996 年,西藏自治区图书馆建成开馆,从而结束了该自治区无区馆的历史。该馆的建成极大地改变了 5 个自治区级图书馆的比例结构,从自治区 80% 有图书馆,一跃上升至 100%。这座位于世界屋脊的西藏自治区图书馆,跳出了封闭式图书馆的老路,突破了传统图书馆的模式,直接紧扣现代化、计算机化这个链条,建成了一座起点高、水平高、标准高的具有民族风格的现代化图书馆。

目前,内蒙古、广西、宁夏、新疆、西藏 5 个自治区图书馆逐渐成为本地区民族文献的存储中心、信息中心和文化交流中心,均为本地区经济、科技、文化发展服务,为各民族读者服务,对促进民族团结和社会进步起到了不可估量的作用。如内蒙古自治区图书馆已经成为全国蒙古族文献收藏和书目中心,现收藏蒙文图书 4 万多册,另有与蒙古族历史文化有关的藏、满及日、俄、西文藏书 10 万余册,成为全国收藏蒙古族文献最丰富的图书馆。

在学会办刊上,各自治区馆走出了一条颇具民族特色的路子。除西藏自治区图书馆外,其他 4 馆均办有专业学术刊物。《内蒙古图书馆工作》用汉、蒙古文出版,《新疆图书馆》用汉、维吾尔文出版,此外,《图书馆界》《图书馆理论与实践》也都具有各自的特点。这些刊物在全国图书馆界颇具影响。

经过多年的建设,我国绝大部分民族自治地方已建立起县级图书馆,在馆舍建设、藏书规模、人员配备和服务水平等方面均具备了相当的水准。

除民族公共图书馆外，其他类型的民族图书馆也发展迅速，且门类齐全。民族系统高等院校图书馆和情报（信息）机构共112所占民族图书馆和情报（信息）机构总数的6%，中等学校图书馆453所占24%，党校系统图书馆212所占11%；中央国家机关和科学研究系统图书馆和情报（信息）机构346所占18%，医疗系统图书馆163所占8%，工会、厂矿、农垦、牧区图书馆83所占2%。全国各级院校图书馆的藏书已达2000多万册，并收藏有大量的民族文献，如中央民族大学图书馆藏有民族文字图书达15万册。1994年10月，成立了"全国民族高校图书馆协作中心"。1994年12月，国家教育委员会在内蒙古大学成立了"民族学科蒙古学文献信息中心"。这些图书馆在民族地区经济建设中也起着重要作用。

各级民族图书馆学术机构组织相继建立。1979年，在中国图书馆学会的指导下，新疆、宁夏、内蒙古自治区图书馆学会先后成立。此后广西及各州、盟、部分县（旗）图书馆学会也相继成立。

1984年2月，中国图书馆学会工作委员会成立了少数民族地区图书馆事业研究组。同年4月，国家民委决定将民族文化宫图书馆改为面向全国的民族图书馆。1989年4月，又经国家民委批准，文化部同意对外改称中国民族图书馆，成为面向全国的民族系统中心图书馆。

进入90年代，少数民族地区图书馆研究组已经不能适应蓬勃发展的民族图书馆事业新形势的需求，成立高一级组织势在必行。1996年1月，经中国图书馆学会批准成立民族图书馆委员会，同年6月在拉萨举行成立大会。民族图书馆委员会由37名各民族图书馆工作者组成。1998年4月，中国图书馆学会第五届学术研究委员会在上海成立，决定设立少数民族图书馆专业委员会，挂靠在中国民族图书馆。专业委员会成员分别由中国民族图书馆、内蒙古大学图书馆、新疆维吾尔自治区图书馆、广西壮族自治区图书馆、宁夏回族自治区图书馆、西藏自治区图书馆、四川省阿坝藏族羌族自治州图书馆等9人组成。其工作方向是迎接新世纪，团结各族会员，搞好学术研究，努力解决学科的理论和实践问题，把民族图书馆的学术研究工作推向新的阶段。

民族图书馆学教育得到很大发展，为民族地区图书馆培养了大批高素质的专业技术人才，使民族地区图书馆专业队伍迅速壮大。

自50年代民族地区开展图书馆学教育以来，民族图书馆学教育发展迅速，特别是进入80年代，民族地区图书馆学教育发展初具规模。1981年中国图书馆学会讲师团到内蒙古、宁夏、甘肃、青海等民族地区讲学。1985年4月，中央国家机关和科学研究系统图书馆学会受国家民委文化司委托，在北京举办首届民族地区图书馆馆长进修班。同年9月，文化部图书馆事业管理局、民族文化司拨专款15万元，委托北京师范大学图书馆学系举办了"少数民族地区图书馆干部进修班"，来自全国13个省、自治区的45个图书馆，共17个民族的51名学员参加学习，经过两年的系统学习，获得了大学专科文凭，目前这些人员都已成为各民族地区图书馆的业务骨干。1990年至1994年间在北京举办了5次民族地区图书馆馆长及业务骨干培训班和研讨班，共有500余人参加了培训和进修。自1985年以来，北京大学、北京师范大学、中央电视大学等先后为少数民族地区培养439名专业人才。各民族地区高等院校及文化行政部门也广泛开展了图书馆学教育。到1993年，内蒙古各高校的图书情报专业大专生已毕业901名，在校生285名。内蒙古文化行政部门举办各类短训班40期，受训

2371 人次。同时开展了具有民族特点的图书馆学教育,编写和翻译民族文字教材,采用民族语文授课。1988 年 9 月,内蒙古大学创办了蒙古语图书馆学情报学专修科,培养了各族学员 87 人,这是中国第一次用民族语言进行图书馆学大学专科教育。新疆维吾尔自治区图书馆学会也采用维吾尔、哈萨克语培训图书馆专业人才。此外,还采用与内地交换馆员、驻馆学习、互相访问等多种培训方式,都收到了较好的效果。

现在民族自治地方图书馆工作人员半数以上是少数民族干部,他们和汉族专业人员一道,团结合作,共肩重任,植根边疆和基层,采取多种多样的方式为各民族读者服务。尤其是地处高原、雪域、山区、牧区、林区、戈壁的工作者,在人烟稀少、交通不便的地理环境中,以特有的手段搞活书刊流通工作。他们创立了马背图书箱、骆驼包、大篷车、帐篷借阅点、汽车流动图书室、自行车书架、图书赶集等多种形式,千方百计地为农、林、牧业生产服务,为贫困地区送去了脱贫致富的金钥匙。他们服务上门,送书到手,结合地区和民族特点,结合经济建设实践,编写科技快报、实用手册、致富信息等。此外,他们还克服经费不足、人力不够的困难,建立和巩固乡、镇(苏木)、村、屯(嘎查)文化站和图书室,各族图书馆工作者为各民族地区的繁荣做出了贡献。

民族图书馆学术研究思想活跃,成果丰硕。民族图书馆理论研究自 80 年代开始取得进展,先后出版了《中国少数民族图书馆概况》《中国民族图书馆理论与实践》《中国民族图书馆同人文集》《民族图书馆工作概论》《中国少数民族图书馆研究》《民族图书馆学概论》《民族图书馆学研究》等及一些民族文献学专著。其中《民族图书馆工作概论》一书对民族图书馆工作从实践经验上升到理论高度加以科学论述;《中国少数民族图书馆概况》一书是第一部比较全面地介绍中国各少数民族地区各种类型图书馆的资料性工具书,曾荣获中华人民共和国成立 40 周年、中国图书馆学会成立 10 周年图书馆学、情报学优秀著作奖;《中国少数民族图书馆研究》一书收录了不同民族、年龄、专业、地区的 26 位民族图书馆专家和学者的 47 篇论文,全方位地反映了中国当代民族图书馆发展中所涉及的领域,充分显示出了中国民族图书馆理论研究所取得的成绩和现实水平。这些专著的相继问世,标志着民族图书馆理论研究工作日趋发展成熟,引起全国同行乃至国外学者的关注。《民族图书馆学概论》则荣获辽宁省第七届社会科学省级优秀科研成果三等奖。

此外,在民族文献联合编目工作方面也取得了丰硕的成果,先后编制了蒙古、藏、满、朝鲜、维吾尔、哈萨克、傣、彝、纳西族象形文字等民族文字文献书目,主要有《全国蒙文古旧图书联合目录》《藏文典籍目录》《全国满文图书联合目录》《全国满文石刻目录》《北京现存彝族历史文献书目》《西北地区民族院校民族文献联合目录》《民族研究参考书目》等。由北京图书馆、中国民族图书馆、内蒙古图书馆、内蒙古大学图书馆、内蒙古师范大学图书馆、内蒙古民族师范学院图书馆、内蒙古社会科学院图书馆联合编写的国家级课题项目《中国蒙古文古籍文献总目》及由此延伸的《蒙古文甘珠尔·丹珠尔目录》都已正式出版发行。

民族文献自动化系统正处在有计划、有步骤地开发与研制建立阶段。中国民族图书馆、内蒙古图书馆、内蒙古电子计算机中心、内蒙古大学、新疆大学等许多单位已捷足先登,在民族文献标准化著录、计算机编目以及开展协作等方面摸索出很多具有实际意义的研究成果。已成功地建立了信息处理系统、数据库、书目管理与检索系统。以蒙古文文献为例,编制和研制成功的就有《蒙古文文献著录规则》、"微机蒙古文图书目录管理系统""现代蒙古语文数据库""蒙文信息处理系统"等。在开发中国少数民族多种语言文献检索方面,有些跨国语种居于世界领先地位。已开发的有蒙古、藏、维吾尔、哈萨克、朝鲜、柯尔克孜、满、傣、彝、壮等 10 余个语种,这些检索系统具有处理语种多、字符庞杂、输入输出方式多、模块复杂等特点。

中国少数民族图书馆还与许多国家和地区图书馆建立了广泛的联系和交往。各馆曾先后接待了日本、美国、英国、法国、德国、印度、蒙古、澳大利亚、越南、意大利、泰国、匈牙利、伊朗、韩国、朝鲜、荷兰、丹麦、西班牙、俄罗斯、吉尔吉斯斯坦等国图书馆专家、学者和旅居海外的藏胞及港、台、澳同行。中国民族图书馆代表团先后出访了印度、日本、蒙古等国。通过国际交往和学术交流,中国民族图书馆界不仅了解了国外图书馆现状和发展趋势,同时也对外介绍了中国民族图书馆事业的发展与成就,既加深了相互了解,增进了友谊,也间接推动了我国民族图书馆事业的发展。

总之,这时期我国民族图书馆事业的规模、民族图书馆学教育和研究等诸多方面都有很大的发展,民族图书馆事业处于繁荣发展阶段。

二、我国民族图书馆事业的现状

新中国成立之初,我国民族图书馆事业基本是空白,各种类型的民族图书馆仅存 14 所。新中国成立以后,特别是十一届三中全会以来,我国民族图书馆事业有了突飞猛进的发展,至今,全国各类型民族图书馆、情报(信息)机构 1920 多所。其中公共图书馆 590 多所,高校图书馆 100 多所,中等学校图书馆 450 多所,党校图书馆 210 多所,中央国家机关和科研系统图书馆 346 所,医疗系统图书馆 163 所,工厂、厂矿、农垦、牧区图书馆 38 个。藏书总量达3000 余万册。民族图书馆的数量、规模发展扩大。同时各级民族图书馆学术组织相继建立,并日趋完善。自治区、地州市县(旗)各级图书馆都设立了图书馆学会组织,1998 年 4 月,少数民族图书馆专业委员会成立。它是在民族图书馆事业飞速发展,原有的少数民族地区图书馆研究组已不能适应蓬勃发展的民族图书馆事业新形势需要的条件下成立的全国性民族图书馆组织,挂靠在中国民族图书馆。

民族地区图书馆学教育规模扩大,专业人员教育日趋系统化、规范化,并由单一层次培养向高、中、低三级多层次发展。各级院校每年为民族地区图书馆培养输送大批专业技术人才,为民族地区图书馆事业的发展提供了人才保障。

民族图书馆理论研究成果显著。近年出版了《中国少数民族图书馆概况》《中国民族图书馆理论与实践》《民族图书馆工作概论》《中国少数民族图书馆研究》《民族图书馆学概论》《民族图书馆学研究》等多部专著。此外,各自治区图书馆还办有自己的刊物《内蒙古图书馆工作》《图书馆界》《新疆图书馆》《图书馆理论与实践》,成为民族图书馆理论研究的阵地,促进了民族地区图书馆事业的发展。

此外,民族地区图书馆在网络化、自动化建设方面也都取得重大发展。

近年来,党和国家加大了对民族地区图书馆的扶持,在计划安排上优先,在经费上实行倾斜政策,使民族地区图书馆事业有了长足的发展。

三、民族图书馆事业未来展望

改革开放 20 年以来,我国民族图书馆事业有了突飞猛进的发展,取得了显著的成绩。但是,由于经济、文化以及地理环境等诸多原因,民族图书馆事业在馆舍条件、专业队伍结构、业务基础工作及图书馆学理论研究等许多方面都与内陆、沿海地区图书馆事业发展有着较大的差距。这些差距的存在,严重影响和制约了民族图书馆事业的发展。

今后必须继续加大对民族图书馆事业建设的力度,制定民族图书馆事业发展的远近期前景目标。近期内,主要加强民族图书馆各项基础设施和业务工作建设。加强馆舍建设,扩大馆舍面积,改善办馆条件;加强民族图书馆学教育,培养造就跨世纪的专业人才,提高民族图书馆专业队伍的素质;加强民族图书馆学理论研究,组织多学科、多层面、多文种的民族文献研究,整理、开发、出版民族古籍,编制联合目录,逐步建立民族文献保障体系;加强民族图书馆业务基础工作建设,实现各项业务工作规范化、标准化、系统化。在民族图书馆各项基础设施和业务工作实现规范化、标准化基础上,积极开展各民族图书馆之间的联合和协作,充分利用人才群体的智能优势,建立民族文献数据库,逐步建成各级民族图书馆区域网、系统网和全国统一的综合性民族图书馆网络,并进而实现全国、国际联网,以实现文献资源共享。

民 族 文 献 管 理 学

第一章 民族文献的特点和类型

第一节 民族文献的定义

学习研究任何一门科学知识,都要从明确该门科学的基本概念和定义开始。民族文献的定义是民族文献学研究遇到的最基本最首要的问题,因为它关系到民族文献的性质、作用、类型等一系列理论问题的探讨和民族文献的搜集、加工整理、分析研究、编译报道等工作实践。定义是巩固人们认识成果的方式之一,同时也是继续深入认识事物的新起点。近年来,文献这一概念已引起人们的极大关注,学术界涌现出了一批有关的文章,对文献的概念、内容、功能等进行了多方面、多层次的论述。这对我们确立"民族文献"概念提供了一定的理论依据。为了准确地阐述民族文献的概念、功能,首先要搞清楚什么是"民族",什么是"文献"。

一、民族

"少数民族"一词在我国不同历史阶段,其含义也不尽相同。在中国共产党第一至四次代表大会有关文件中,除了一般使用"民族""被压迫民族"等词外,同时使用"异种民族""各该民族""弱小民族"来表示内蒙古、西藏、新疆等地的民族。1924 年 1 月,在中国共产党帮助下,孙中山先生主持制定的《中国国民党第一次代表大会宣言》中,第一次使用了"少数民族"一词。中国共产党最早使用这一词是在 1926 年 11 月。中央在关于西北军工作的一个指示中和关于国民军工作方针的决议中都提出:"冯玉祥军在甘肃,对回民须有适当的政策,不损害少数民族在政治上、经济上的生存权利。"在中国共产党的文件里强调提出"少数民族"是在 1928 年 7 月党的"六大"通过的《中国共产党党章》和《关于民族问题的决议案》。此时,"少数民族"一词的内涵比 1926 年时广得多,包括蒙、回、朝鲜、高山、藏和维吾尔等新疆民族,以及苗、黎等南部民族。新中国成立以后,"少数民族"一词袭用下来,普遍用于党和国家文件、法规和社会生活,总之,"少数民族"作为中华民族中除汉族以外的具有平等地位和权利的各民族的统称,已有 60 多年的历史了。现在,"少数民族"这一概念在我国包括 55 个兄弟民族。

二、文献

汉语"文献"一词最早见于《论语·八佾》:"夏礼吾能言之,杞不足征也;殷礼吾能言之,宋不足征也;文献不足故也。"古代学者曾把"文"释为典籍,"献"释为贤人。到近现代,"文献"一词曾被理解为具有历史价值的图书文物资料和与某一学科有关的重要图书资料。国际上通用的"文献"定义,一般是据《文献情报术语国际标准(草案)》(ISO/DIS5127)所载,"在存贮、检索、利用或传递记录信息的过程中,可作为一个单元处理的,在载体内、载体上或依附载体而存贮有信息或数据的载体"。另据《国际标准书目著录(总则)》(ISBD(G))所载,"item(文献)是指以任何实体形式出现的文献,作为标准书目著录的书目文献实体"。目前在我国,有关文献定义主要沿着两个方向依据《文献情报术语国际标准》(草案)(ISO/DIS5127)进行阐述的。一是较为详细的注释性定义:"为了把人类知识传播开来和继承下去,人们用文字、图形、符号、声频和视频等手段将其记录下来:或写在纸上,或晒在蓝图上,或摄制在感光片上,或录制在唱片上,或存贮在磁带上。这种附着在各种载体上的记录,统称为文献。"①二是概括性的定义:其一,"记录有知识的一切载体"(GB3792.1—83《文献著录总则》)。其二,"记录有信息与知识的一切载体"②。后一定义,是目前学术界人士所普遍接受的一种定义。根据这一定义,文献应由以下三个要素构成:①有记录信息、知识的内容;②有记录信息、知识的物质载体;③以文字、图像、公式、声频、视频、代码等作为记录方式。它具有积累性、记录性、传递性、社会性等特点。

三、民族文献

所谓"民族文献",一般是指少数民族文献。"民族文献"是一个历史的动态的概念。人们对民族文献的认识随时代的前进而不断发展,又在实践的检验中不断完善。传统的看法,多侧重于以民族文字与历史价值作为判断的依据,不适于当前,参考国家标准对一般"文献"的定义,民族文献是指记录少数民族知识、信息的一切载体。根据这一定义,民族文献的范围应包括以下3个方面:①凡是论述各少数民族政治、经济、文化、史志、风情、教育、宗教、地理、人物、科学技术等方面的信息、知识载体,无论是国内的还是国外的,中文的还是外文的,都属于民族文献的范畴;②凡是以少数民族文字撰写或出版的各种信息知识载体,不论其论述哪种学科门类,也不论其文字现在是否还在使用,也属于民族文献的范畴;③少数民族作者所撰写的各种著述,无论古今作者,无论学科范围,也属于民族文献的范畴。

第二节　民族文献的特点

民族文献是一种内容庞杂、范围广泛、界线模糊的现象,因此,对它的特殊性只能分门别类地从不同的角度加以描述。下面我们从内容、表述、运动的角度指出民族文献的某些特点。

一、民族文献的内容特点

(1)民族文献内容的广泛性。我国少数民族成分众多,各民族的历史悠久,在民族文献上,表现为内容丰富、种类繁多的特点。可以说民族文献在内容上包罗万象,历史、政治、哲学、法律、宗教、军事、文学艺术、语言文字、地理、天文历算、医药、美术、生产技术等无所不有。

(2)民族文献内容的多主题性。由于生产发展水平和科学发展水平的制约,我国民族文献中记载的大量知识,在现代科学分类的意义上是极为分散的,比如一部《甘珠尔》经,上自

---

① 李纪友等.图书馆专业基本科目名词简释[M].北京:书目文献出版社(今国家图书馆出版社),1984:2—3.

② 倪波,荀昌荣主编.理论图书馆学教程[M].天津:南开大学出版社,1986:26.

天文,下至地理,正论经史,旁述农医,无所不著,无所不论,实际上是一部百科全书。在民族文献里,这类经卷和书籍很多。与此相反,另有一大部分则是散见于各类著作里的内容零散的片断章节。这种情况,在汉文书写的民族文献中甚为普遍。

(3)民族文献内容的准确性。由于民族文献,特别是民族文字文献,大部分是作者身临其境,面临其事的著述,是本民族记录了本民族的活动,本民族表达了本民族的情感……这些民族实录和真情,无论作者在文笔上表现出何等的感情色彩和政治倾向性,文献所涉及的大部分信息内容还是表现出相对稳定的客观效果。从信息层次上说,它属于原始信息,是最基本的信息层次,所以,比较准确可靠。由于民族文献的这种渊源性,它能起到别的信息所不能替代的作用,因此,民族文献的价值无比珍贵。

(4)民族文献内容的有序性。从民族文献实体讲,一般都经过民族文献部门的收集、整理、加工,按照民族文献内容、来源、时间、形式等方面形成有机的联系,因此,民族文献信息比较规范有序。

二、民族文献的表述特点

(1)民族文献载体的多样性。民族文献的载体形式复杂多样是能够想象到的。可以说它是图书、情报、档案三大系统文献形式的集合体。图书、小册子、笔记、账目、碑刻、地图、口碑、传说、手稿、墨迹、家谱……只要具备民族性特征,不论何种载体,都属于民族文献。即使单讲图书,其出版形式之多,装订样式复杂也是其他类图书无可比拟的。除具有线装、包背装、蝴蝶装、经折装等装订形式外,还有书衣护封的经卷在樟木箱中保存的,有在贝叶上印的书,有用菩提九珍书写的书,用银末做材料书写的书,有纯金加400克银子书写的书,还有纯金末书写的珍贵文献等。

(2)民族文献表述语言、文字的多种性。我国有文字的少数民族约25个,如若包括已经消亡的民族文字和兼用两种以上构字法的民族文字,则其种类更多,约有50至60种。这些文种几乎囊括了世界各文种形式。如图画文字有东巴文、沙巴文;象形文字有契丹文、西夏文、女真文、水文、方块壮字、方块白字、方块瑶字;音节文字有彝文、哥巴文、傈僳竹书;拼音文字属拉丁字母(又称罗马字母)的有佤文、壮文、拉祜文等约15种,属阿拉伯字母的有维吾尔文、哈萨克文、柯尔克孜文,属斯拉夫字母的有俄罗斯文等。此外,还有藏文字母、朝鲜字母、傣文字母、蒙古字母等。这些民族文字中,属于古代曾使用过,但现在不再使用的古文字主要有佉卢文、焉耆—龟兹文、于阗文、突厥文、鲜卑文、粟特文、回鹘文、察哈台文、西夏文、契丹文、女真文、回鹘式蒙古文、八思巴文和满文等。用这些文字书写的文献,其学术价值很高,数量难以统计,就迄今所见,多数民族古文字文献数量不多,其中保存十分丰富的是满文文献,据统计有数百万件满文文书档案和大量的满文图书。属于古代使用过,现今仍在使用的民族文字主要有蒙古文、藏文、维吾尔文、哈萨克文、朝鲜文、傣文等,用这些文字记载的民族文献,大都具有历史悠久,数量庞大,内容广泛,版本类型多,书写、装帧精美等特点。还有一些是属于新中国成立后,为一些原来没有文字或没有通用文字的民族创制的拉丁字母形式的15种新文字,其中除壮文正式推行外,其他文字方案仍在推行试验阶段。

有文字的民族书写了本民族的光辉历史,没有本民族文字的民族则世代言传口授,用口碑方法保存了自己民族的文化遗产(有时有文字的民族也采用这种方法),成为一批价值可观的口碑文献。如我国的苗族、土家族、布依族、侗族、黎族、傈僳族、哈尼族、拉祜族、佤族、独龙族、仡佬族、阿昌族等在历史上没有形成自己的传统文字,这些民族历史悠久,传统深厚,在创造历史的长河中,用口碑保存了本民族的神话传说、民间故事、叙事史诗、歌谣、谚语、祭词等传统民族文化。这些口碑文献,不仅内容丰富,而且蕴量巨大,是研究我国民族历史文化不可或缺的珍贵文献。

至于汉文民族文献和外文民族文献,其数量更多,内容更加广泛,这在讨论民族文献的运动特点时再作进一步阐述。

三、民族文献的运动特点

制约信息运动的因素,说到底是用户的需求,用则动,不用则不动。民族文献在空间和时间中的运动有自身的特点。

1. 民族文献运动状态的散布性

信息的分布是信息运动的一种状态。民族文献的分布比其他文献更加分散,即其散布性更加明显。我国少数民族分布的状况是又杂居、又聚居,互相交错居住。各少数民族在经济、政治、文化生活方面,不仅相互影响,而且都和汉族有着密切的联系。在我国,一个少数民族完全居住在一个地方的很少,如藏族居住在西藏的仅是一小部分,其余的大部分都是同其他民族交错杂居在川、滇、甘、青等地。新疆居住有 13 个民族,广西居住着 12 个民族,云南则居住有 23 个民族,就以少数民族最少的江西省而论,那里也散居着回、畲族 1 万多人。从全国来说,70% 以上的县都有两个以上的民族杂居在一起,这一特点反映在民族文献上,其分布的区域性是显而易见的,这是其一。其二,由于少数民族共同的游牧生活,共同的宗教信仰,再加上和汉族的密切联系,文化上的互相沟通,文字上的相互记载就成了必然现象,在我国极其丰富的汉文文献中,其中相当部分文献包含有少数民族的内容。如先秦古籍《诗经》《左传》《逸周书》《墨子》等都有不少有关古代少数民族的记载,是研究古代各民族历史的珍贵史料。正史如司马迁的《史记》,首先为少数民族立传,设有匈奴、东越、南越、西南夷、大宛等《列传》,集中保存了我国少数民族的一批史料。自司马迁始,一部二十四史,除《陈书》《北齐书》外,大都有《南蛮传》《西羌传》和《土司传》之类的民族传记。此外,正史中的《地理志》也记载了不少关于少数民族地区的山川形势和风俗民情。正史以外的专著,如东汉时的《越绝书》《吴越春秋》,晋人常璩的《华阳国志》,宋人范成大的《桂海虞衡志》,周去非的《岭外代答》,元代耶律楚材的《西游录》,明代陈诚、李暹的《西域番国志》,何秋涛的《朔方备乘》等都是研究少数民族的重要专著。其他历史资料,如比较著名的地方志有李吉甫的《元和郡县志》,北宋乐史的《太平寰宇记》、王存的《元丰九域志》等,广述兄弟民族状况。另外,像《资治通鉴》这样一些编年体史书和《册府元龟》《太平御览》《古今图书集成》等类书,也含有大量的民族史料。至于那些散见于历代名人的文集、笔记、杂著、碑刻、墓志中的民族史料,更是数不胜数。特别是新中国成立后,我国的新闻出版事业得到飞速发展。据统计,我国在 1949 年到 1994 年间出版各类图书 1 317 827 种,报纸 2040 种,期刊 7559 种,现在我国各类出版社 540 余家,年出版图书近 10 万种,报刊 8000 余种,其中含有大量属于民族文献的专著、论文、舆图、资料等。其三,国外方面,除侵略者盗走的大量珍贵的民族文献外,一些专家、学者对我国少数民族潜心研究、撰写积蓄起来的研究资料,也是相当可观的文献资源。以藏学研究为例,据有关资料介绍,1978—1995 年国外关于藏学的论文和著作等,就达1000 余项,近年来更有发展的趋势,较著名的如法国石泰安的《西藏的文明》、达维耐尔的

《古老的西藏面对新生的中国》，美国卡拉斯科的《西藏的土地与政体》，日本青木文教的《西藏游记》《西藏文化新研究》等。

2. 民族文献的传递有较大的局限性

由于民族文献读者面窄，印刷量有限，以及发行经费不足等原因，许多新版的民族文献难以进入主渠道发行网。如民族类报刊，约有40%左右不通过全国邮局联合目录征订发行，而采取自办发行的方式向客户直销。这就给各民族文献部门的收集工作带来很大的不便。首先订户弄不清文献及出版发行者的变化情况；其次容易发生漏订、重订、订不到或订了收不到等问题。此外，由于民族文献文种多样，翻译成不同的语言需要较多的时间，有较多的难点，常常还有无法翻译的成分，这都使民族文献在空间和时间中的运动受到局限。

3. 民族文献老化慢、生命力强

这主要是由民族文献的综合作用所决定的。民族文献虽然有不少是历史文献，有的甚至大量出版过，如《蒙古秘史》，但因其中有许多未被探索清楚的东西，所以对研究蒙古民族，研究北方其他民族的关系史，仍然具有实用价值，它的信息意义仍然蕴藏在书的字里行间。又如内蒙古图书馆珍藏的呼伦贝尔盟边境图，受到外事部门的高度重视。另有一幅元朝碑拓，据有关专家考证世界上只有三幅这样的拓片。像这样一些文献，不但具有较高的情报价值，同时也具有珍贵的史料价值。正因为民族文献具有这种综合作用的特性，所以一般不会出现随着时间的推移而失去作用的"代谢"现象。恰恰相反，保存时间愈久，使用价值往往变得愈高。

第三节　民族文献的性质和价值

一、民族文献的性质

关于民族文献的性质，在上两节讨论民族文献的概念、特点时已多有涉及，因为特点与性质是密切相关、一脉相承的。民族文献的性质是民族文献理论研究的一个基本问题，所以需要综合民族文献的实际，深入探讨。

民族文献是文献的一个组成部分。因此，文献共有的性质，民族文献全部具备。同时，民族文献作为特定的文献，它又具有其独有的性质。用矛盾论的观点加以分析，我们可以把民族文献的基本属性概括为5个统一：静态性与动态性的统一，主观性与客观性的统一，积累性与传递性的统一，老化性与再生性的统一，民族性与地域性的统一。

（1）静态性与动态性。民族文献同一般文献一样，它也是一种固化于一定物质载体上的信息，是民族信息的物化结晶，独立存在于人体之外，若没有人作用于它，就处于相对静止状态。而少数民族文献又是供少数民族社会使用的，随时处于纵横交流之中，在不断运动着，所以又是动态的。

（2）主观性与客观性。从民族文献生产的过程来看，它是少数民族客观信息反映到人的大脑，经过人脑加工改造之后，转换成的有关少数民族的观念信息，所以，民族文献所包含的内容，属于少数民族精神信息，是精神财富。因此，民族文献具有主观性特点。民族文献一旦形成，就脱离了人的主观范围，异化为一种客观存在。也就是说，它是一种物化了的思维，凝固了的意识，所以它又具有客观性。

（3）积累性与传递性。民族文献是少数民族物质生活和精神生活赖以进步的重要手段。它可以帮助少数民族把社会实践中所获得的经验传播开来，并且保存下去。如果没有民族文献的积累，就不能继承前人的一切成果，少数民族任何文化科学方面的发现、发明成果，如果不通过民族文献的保存、流传，少数民族科学文化就不会呈现出当代的这种高速发展的状态。信息可以通过各种形式的载体为媒介进行传递，民族文献在时间和空间中不断地运动，才使民族文献得以推广和被利用。民族文献内容的连续性和继承性决定了民族文献的积累性和传递性，从而使民族文献总是处于不断积累和传递使用的连续循环之中。

（4）老化性与再生性。民族文献具有老化和再生特点，不管其内容还是其形式，都存在着这两个特点，一定的民族文献经过人们利用、认识、吸收之后，再经过人的大脑加工和一定方式制作，便可产生新的民族文献，并逐步代替老的民族文献，老的民族文献也便随之老化、淘汰。由于民族文献的内容大部分属于社会科学范畴，其老化性不明显或不存在，但其再生现象和交替现象大量存在。

（5）民族性和地域性。民族文献最大的特点，就在于民族文献所体现出的鲜明的民族性和地域性，只要具备这两个特点，文献就具备了被确认为民族文献的基本条件，民族文献的民族性和地域性反映了民族文献的民族族属特点、民族风格特点、民族内容特点、民族形式特点、民族地方特点和民族传统特点等，因此我们说，民族性与地域性是民族文献的重要特征，是民族文献所特有的、有别于其他文献的特征。

二、民族文献的价值

民族文献的产生与发展是我国少数民族产生、变化、发展的间接体现，它忠实地展示了我国各民族古往今来的全面貌。通过民族文献，不仅使人们了解各民族及民族地区的过去，也使我们看到了各民族亟待发展腾飞的今天。它始终都影响着少数民族地区政治、经济、科学、文化事业发展的现在和未来，因此，民族文献是我国 55 个少数民族光辉灿烂的宝贵的精神财富，有着不可估量的价值和作用。

1. 民族文献对于从事少数民族社会形态的研究具有重要的学术价值

新中国成立之前，我国各少数民族的社会经济形态发展极不平衡，甚至在同一民族内也存在着复杂的情况。与经济制度相适应，少数民族地区的政治制度也很复杂，在一些保持原始公社残余的民族中，存在着原始民主制度，在彝族奴隶社会中存在着家支制度，在西藏存在着"政教合一"的联合专政制度，在西双版纳傣族中存在着土司制度。这种发展上的不平衡，反映了人类社会发展中不同阶级的共性和民族特点，是一部活的人类社会发展史。民族文献在有关少数民族社会形态的研究中，特别是对有关原始社会父系家庭公社及其向阶级社会的过渡的研究，对于了解人类历史上业已消失的古代社会，丰富马克思主义唯物史观，有着重要的学术价值。

2. 民族文献对研究民族族源问题具有重要学术价值

民族文献中一般都有各民族族源的产生、繁衍、迁徙、发展等方面的记载，真实再现了各个民族成败兴衰、分化融合的历史画卷。如著名社会学家费孝通先生在《关于我国民族的识别问题》一文中提到的"平武藏人"即白马人的族属论断，就是由四川《龙安府志》和甘肃《文县县志》中取得的资料。《文县县志》（清光绪二年修本）中说："白马峪在县西南五十里，古白马氏地。"从甘川交界地的这些民族史料中，我们可查知平武、南坪、文县一带，自古就是白马氏的住地。其中,关于这一民族的居住、服饰、风俗习惯等方面的记录,为考证其族属提供了可靠的证据。又如"百越"是我国古代南方少数民族一个古老族群,在一些民族文献中屡屡见之,较早见于《史记·南越列传》《越人歌》《越绝书》《吴越春秋》《后汉书·南蛮传》等书;近则吕思勉《中国民族史》、林惠祥《中国民族史》、罗香林《中夏系统中之百越》等书中都有专门章节论述;关于近几年有关这方面的文献更使我们对"百越"民族的概念有了深化的认识。今天,人们通过民族文献的研究认为,"百越"民族在与汉民族的交往过程中,有一部分融合于汉民族,有一部分则分化和聚合为新的族体,形成今天侗、傣、布依、壮、水、黎、仫佬、仡佬等中国南方的主要民族。民族文献中的家谱、族谱、村史中也有有关民族族源问题的记载,如家谱中记载着家庭的变迁、父子连名制等。

3. 民族文献对于古代疆域史的研究具有重要的学术价值

从历史上讲,每一个民族都有自己或大或小的一定的活动区域。自从夏民族形成的时期起,其周边就有东夷、西戎、南蛮、北狄等古代民族。以后,在西越葱岭、东至日本海、南起长城、北到贝加尔湖的北方广大地区,相继活动有匈奴、东胡、肃慎、鲜卑、乌桓、柔然、高车、突厥、高句丽、契丹、党项、蒙古、女真、满、朝鲜、鄂伦春等一系列民族。他们战严寒、斗风沙、辟森林,开发了北国的边塞沃土;西北的维吾尔、哈萨克等西域各民族,维护着丝绸古道的繁荣;青藏高原上的诸羌部落,逐渐形成了藏族,世世代代镇守和建设着"地球的第三级",并在近代勇敢地抵御了外国势力的扩张;西南的西瓯、骆越、彝、白、壮、侗等族,南方的百越、苗、瑶、畲、京等族在建设海防边疆中都建立了不可磨灭的功勋。黎族之于南海,高山族之于台湾,也都是人所共知的边疆保卫者和开发者。在《旧唐书》卷一九四下《西突厥传》记载着"自白玉门以西诸国皆役居之"。隋唐时期,西突厥人就游牧于天山以北、金山西南一带。到元、清两朝蒙古族、满族的统治在我国历史上有几百年的时间。元太祖建立了横跨欧亚的蒙古大汗国,忽必烈结束了唐末、五代以来辽、宋、西夏、吐蕃等国长期并立和互相争夺的局面,基本上奠定了中国统一的多民族的版图,加强了各民族的联系。到清代康乾盛朝,不仅有明确的疆域范围,而且有完整的地方行政制度,对建立和巩固中国的领土主权,起了关键性作用。

4. 民族文献对我国历史研究具有重要学术价值

在民族文献中,以民族文字和语言记载流传的各民族在统一国家中参与政治、经济、文化等活动的史料,有很多内容是汉文史料不载、漏载或误载的,很多问题是汉文史籍所解决不了的。从而,可以用来补充、校正、完善汉文史料,为我国历史研究提供了珍贵的资料。

在我国几千年的封建社会中,元朝和清朝都是少数民族贵族建立起来的政权。蒙古族早在公元 8 世纪时,蒙文得到了进一步发展。由蒙古族建立起来的元朝从公元 1271 年至1368 年,统治国家长达 97 年之久。满族在公元 1599 年也有了自己的文字。满族贵族建立的清朝政权从公元 1644 年至 1911 年,统治国家长达 267 年之久,满、蒙民族都留下了大量的民族文字文献,这些民族文字文献对于我国历史研究,尤其是元、清两朝的历史研究,具有极其重要的价值。如我国最早的官修满文编年体史书《满文老档》,成为研究清入关前满族的兴起、发展和社会性质以及东北边疆各民族的历史、分布地域和语言文字的珍贵文献。又如关于科尔沁部的历史,史书上不具有系统、完整的记载。内蒙古社会科学院留金锁研究员据蒙文史料中有关科尔沁部的记载,与汉文和其他文种的资料进行对比、考释后指出,科尔沁部并非像有些专家所指出的那样是有共同血缘关系的共族集团,而是指成吉思汗之弟合撒儿领地内的诸百姓而言。留金锁的考证显然不只是补充了汉文资料不足,重要的是纠正了汉文资料之谬误。

5. 民族文献对世界历史的研究也有重要价值

我国的领土和12个国家接壤,全国有近20个民族跨境而居,这一特定的地理环境使我国部分民族史和外国民族有着一定的联系。所以,通过我国珍藏的民族史料,可以对邻国历史研究及世界历史研究提供宝贵资料。如蒙古族文化早在成吉思汗统一各部落之后就得到了长足发展。从13世纪开始,蒙古族开创了书面文字的新纪元。由于蒙古民族所建立的大蒙古汗国横跨欧亚两洲,对世界的历史进程产生过重大影响。所以自19世纪中叶开始在世界范围内形成了研究蒙古民族的专门学科——蒙古学。它所研究的对象包括蒙古民族的社会、经济、风俗、地理、语言、文学、医学等许多个学科,研究范围涉及了欧、亚、非数十个国家和地区。历史悠久,内容丰富的蒙文文献散存于世界各地,我国是收藏最多的国家之一。蒙古族的3个重要历史著作《蒙古秘史》(原名《忙豁仑·纽察·脱卜察安》)、《蒙古黄金史》《蒙古源流》(原名《宝贝史纲》),对于研究蒙古族的历史、语言、文化都有重要的学术价值。其中《蒙古秘史》成书于13世纪中叶,是蒙古族用蒙古文写的最早的历史文学文献。记述了蒙古族的起源,成吉思汗祖先的谱系和生平以及窝阔台朝的史实。其珍贵之处在于详细记载了蒙古族统一各部落而成为庞大的、稳定的并不断发展的民族的全部过程。这部史书受到古今中外蒙古学家的广泛重视,法、德、苏联、日、英、匈牙利、捷克斯洛伐克、土耳其等国都相继翻译出版。

6. 民族文献对研究各民族的宗教信仰和自然崇拜有重要价值

在原始社会,由于生产工具十分落后,人类的劳动生产力水平低下。人类祖先生活在既无基本物质保障,又无法抵御外物侵袭的险恶环境中。人们一方面出自对生活的追求和幻想,一方面对整个自然缺乏认识,因而产生了各种不同的敬慕、崇拜、感激、惊恐等情绪,进而创造出主宰自然和人的神灵,由此产生了原始宗教。原始宗教是自发的产生于尚不具成文历史的原始社会中的、以自然崇拜为主的宗教,但至今仍支配、影响着人们的经济生活和思想观念,它是人类童年时期幼稚世界观的反映。

伊斯兰教主要流行于丝绸之路沿途各民族,而以回族为代表。回族是我国最早以商为本的民族,他们的文化观念正好与以农为本的中华民族的文化互补。

小乘佛教主要流行于傣族、布朗族、德昂族、阿昌族、普米族等西南各族。它将寺庙体系与封建式领属关系结合在一起,融社会教育、学校教育、宗教教育为一体,对社会生活起着极为重要的作用。

喇嘛教属藏传佛教,广泛流行于草原地区,体现为政教合一、注重经典等特点。

少数民族宗教在其产生、发展的过程中,产生了大量的民族宗教文献。如藏文的《大藏经》、回鹘文的《大磨法师三藏菩萨法师传》、西夏文《大方千佛华严经》、蒙古文《七佛如来供养经》以及西南地区傣族的贝叶经、彝族的彝文经、纳西族的东巴经等。

众多的民族宗教文献,大部分是宣扬宗教内容的经文,但其中涉及了有关各民族的政治、历史、地理、天文、历法等方面的资料。在对少数民族宗教的研究中,我们应吸其精华,弃其糟粕,提炼出有价值的部分。

7. 民族文献对于研究畜牧业和农业技术具有重要价值

我国的森林和草原面积比耕地还广,自古以来,狩猎业及动物驯养,畜牧业及其相关的畜产品加工、草场养护等,几乎都是以少数民族为主的,如匈奴族及其先民北狄族养畜事业很发达,殷商时北狄把骑术传入周族,以后,北狄、匈奴又把养马术以及驴和骡传入了中原,对中原地区的农业、畜牧业、军事骑兵的发展以及后来的通讯、驿站等都产生了重大影响。

在农业方面,在岭南地区,早在秦代骆越族就开垦农田,修渠灌溉。今新疆地区的西域各族,在秦汉时代就能种植五谷、桑麻、葡萄等多种作物。我国现在的很多作物如高粱、玉米、棉花、芝麻和葡萄、西瓜、黄瓜、胡萝卜等瓜果、蔬菜都是从古代西域地区陆续传入内地的。

每个少数民族几乎都有自己独具特色的手工纺织业,加工出的服装、锦带等产品,绚丽多彩,风格万千,是国际旅游产品市场的抢手货。其他如新疆的"坎儿井",北方冰雪地上的"爬犁",契丹人的冰柜,蒙古族的饰品加工,西域各民族的果树栽培,储存技术,藏族的酥油制品,京族的海产养殖,满族的人参栽培等,都具有独特的创造。

8. 民族文献对我国文学艺术的研究具有重要价值

长期以来,我国各少数民族在创造物质文明的同时,也创造了相应的精神文明。各民族都留下了不同数量、不同内容的宝贵的民族文学、艺术文献。如鲜卑族民歌《敕勒歌》,元代回族诗人萨都剌的《雁门集》,明朝产生的蒙古族第一部文学著作《蒙古秘史》,清代蒙古族作家尹湛纳希的《一层楼》《泣红亭》,以及11世纪以来产生的维吾尔族叙事长诗《福乐智慧》、藏族史诗《格萨尔王传》、蒙古族史诗《章噶尔》、柯尔克孜族的史诗《玛纳斯》、彝族撒尼人的叙事长诗《阿诗玛》等,都是具有一定思想性、艺术性的著名作品。闻名中外的敦煌、云岗、龙门石窟、克孜尔千佛洞,是汉族、鲜卑族、吐蕃族以及西域各族的艺术家和劳动人民共同创造的,广西左江沿岸的花山崖壁画,据认为系壮族先民在秦代所作,壁画中数以千计的人物、动物、铜鼓、铜锣的形象生动,构图严谨,具有很高艺术水平。南绍白蛮、乌蛮等族所凿剑川石窟的大量石雕,人物姿态生动,具有浓郁的民族风格,在我国石刻史上占有很高地位。汉朝著名的"巴渝舞",是巴族板楯蛮的民间创作。唐朝的十部乐中有多部是从西域西凉、龟兹、疏勒、于阗、高昌等地少数民族那里引进的。我们现在所有的笛、琵琶、箜篌、胡琴、腰鼓、羯鼓、铜钹等很多民族乐器,是汉代以后陆续从少数民族引进的,所有这些都说明,民族文学、艺术是我国百花园中的奇苑异葩,它对我国文学艺术的研究,繁荣社会主义文学艺术,有着重要的作用。

9. 民族文献对研究我国少数民族科技史有重要的学术价值

少数民族对祖国的科学技术事业也做过重人贡献。早在汉魏时期,骆越族就能铸造图案多彩、花纹细致的铜鼓;西域的龟兹是著名的产铁区,冶铁足供西域三十六国之用;西南夷能开采铜、铁、铝、锡、金、银、朱砂等多种矿产,能制作具有高度技术水平的金银镂刻、玉石镶嵌的金玉器具;匈奴族能制造弓、矢、刀、铤、铁剑、铜镞等兵器。同时也产生了许多著名的科学家,如元代回族人扎马鲁丁是著名的天文学家,他所著的《万年历》曾被元朝颁行。他创造了浑天仪等七种科学仪器,在大都(今北京)建立了观象台,为祖国的天文学做出过重要贡献。元代回族人亦黑迭尔丁领导和设计了元大都宫阙的建筑工程,对以后北京故宫和整个北京的城市建筑和发展都产生了影响。元代维吾尔人农学家鲁明善的《农桑衣食撮要》、清代著名的数学家蒙古人明安图的《割圆密率捷法》等著作,都具有相当高的科学水平。

10. 民族文献反映了我国民族文字发展变化的历程

民族语言文字是民族形成的一个重要标志,是民族文化得以延续和传播的桥梁。我国少数民族的多种语言文字,丰富了中华民族的语言文字宝库。早在汉代,西域地区的焉耆、龟兹、于阗等地少数民族便有了拼音文字,说明他们的文字在当时是比较先进的。11世纪维吾尔学者马赫穆德·喀什噶尔编纂的《突厥语大辞典》,以其丰富的内容和学术价值而闻名于世,很早就引起了世界许多学者的重视。

目前,白文、方块壮字、哈尼文、西夏文、佉卢文、于阗文、粟特文、契丹文、突厥文、女真文、回鹘文等大批的民族古文字的古文献已经出版,而这些文字的产生、发展、演变等复杂的文字现象,在民族文献中均有所体现。在世界各个民族的历史发展过程中,曾经创制和流行过一种独立的民族文字的民族并不是很多,而纳西族就是其中之一。东巴经是纳西族用古老的文字记载下来的,人们称这种文字叫东巴文,它是世界上罕见的最古老的原始文字。东巴古文献中所传下来的这种文字,为我们今天研究文字的起源、变化、发展提供了原始的实物见证。

11. 民族文献对我国医药卫生事业的研究具有重要价值

在漫长的历史发展中,我国各族人民长期以来同疾病做斗争,并不断总结经验,这就形成了我国许多少数民族自己的民族医药。特别是其中藏医、蒙医、维吾尔医及傣医等民族医药学,不仅有悠久的历史,而且形成了独特的理论体系,成为我国医药宝库中的一个重要组成部分。早在8世纪末,著名藏族医学家宇伦·元丹贡布就用藏文写下了医学巨著《四部医典》,后经历代名医整理、注释,成为现在保留的"药王山版本",直到今天,这部医典还是青藏高原地区防病、治病的重要工具。其他如蒙古文《临症医药鉴》,彝文《寻医找药》《齐书苏》,纳西族象形文东巴经中的医药书《玉龙本草》等,都是有重要参考价值的医学文献。

12. 民族文献为我国地质、矿产、森林等自然资源的勘察利用提供重要线索

民族文献中有不少记载有关天文、气象、地质、地震、森林等资料和数据,它们的作用往往是考古所难以达到的,为科学研究提供了不可多得的原始信息。如对黄河、长江源头的勘测,黄河水系及流量的探测,青藏公路路线的实地勘查,黄河上游龙羊峡水库和刘家峡水电站的兴建和有关地震资料汇编,新疆塔里木盆地和白龙江流域森林资源的调查,修包兰铁路时对腾格里沙漠的治理,白银、金川两大有色金属矿区的勘探和建设,河西走廊、柴达木盆地石油地质的再勘测,祁连山第四纪冰期冰川冻土考察……总之,民族文献为民族地区的经济建设、科技事业提供了大量的原始信息。

第四节　民族文献的范围和类型

一、民族文献的范围

对于民族文献的收录范围,一般认为应包括3个方面:一是运用民族语言文字记录的文献;二是民族作者创作整理的文献;三是反映少数民族内容的文献。从民族文献的现实和发展考虑,由上述3个方面确定民族文献的收录范围,我们认为是比较符合实际的。这样界定,既能突出民族作者的民族文献的主体性,又能体现当今时代民族文献系统的包容性,而且能在形式上囊括一切传统的与现代的,本民族与他民族的各种手段和载体,这是因为:

(1)用民族语言文字记录的文献,是纯粹的民族文献。语言文字是一个民族的重要特征,是民族文化的结晶,是传递信息的载体。我国各少数民族在长期的发展过程中,用本民

族的语言文字创作和保存了大量的民族古文字文献、民族文字文献和口碑文献。不少著名的民族文字、民族史学、民族医学、民族天文学著作等,是用民族文字出版或抄写的。这些文献,是民族文献中的精华,具有十分重要的民族价值。所以,用民族语言文字记录的文献,是民族文献的重要组成部分。

(2)民族作者创作整理的文献,之所以具有鲜明浓郁、独具魅力的民族风格特点、民族习俗特点、民族地方特点等,一个极其内在的原因,在很大程度上,正是根源于民族作者本身的民族心理素质,可以说,民族文献中独具魅力的民族风格特点,是民族作者的民族共同心理素质在文学创作、科学著述中不同程度的外化和表现。

(3)民族文献的民族性主要是通过一定的民族形式和民族内容而表现出来的,因此,民族内容是我们区别民族文献与其他文献的重要标志,凡是具有民族内容的一切文献,都属于民族文献范畴。

二、民族文献的类型

1. 划分民族文献类型的意义

对民族文献类型的分析与研究,是民族文献学在理论和实践上都必须重点解决的一个课题。首先,从民族文献工作目的来看,民族文献工作的主要目的是为用户提供所需要的民族文献。研究民族文献类型有利于用户正确地判断、选择、使用民族文献。民族文献覆盖地域的大小、专业领域的详略深浅,都与民族文献的类型有密切关系,随着民族文献数量的不断增加,这个问题也日趋复杂。用户需要了解、研究的问题十分复杂,有的要全面概括性的文献,有的要专深、详细的文献,还有的需要有纵横时空等全面相比较的文献,用户只有对民族文献有较清楚的了解,才能更好地使用各种民族文献。

其次,从民族文献事业发展的角度来看,研究民族文献的类型,有利于使民族文献从宏观上达到配置合理,避免和减少不必要的重复和交叉,填补空白缺门,组成若干系列和层次,构成网络,使民族文献覆盖率达到少数民族社会所必要的程度,从而促进民族文献工作向系列化、层次化、网络化方向发展。

再次,从民族文献学的研究角度上看,分析不同类型民族文献的产生、发展过程,科学地总结各类型民族文献的特点和规律,比较不同类型民族文献的性质和功能,都是民族文献学的重要课题,其基础工作就是划分民族文献的类型。

最后,从民族文献的生产管理角度上看,划分民族文献的类型,有利于各级生产管理部门宏观控制民族文献的分布和数量,也有利于民族文献生产者微观决定民族文献的信息含量。

2. 民族文献的类型

文献的类型,是人们按照文献的不同属性对文献所做的分类。民族文献作为特殊的社会产品,在各民族历史发展过程中起着记录、存贮和传播各种知识的作用,并且以不同的方式(文字、符号、形象、声响等),不同的技术手段(写、刻、印、制等),逐渐形成种类繁多的不同类型。

(1)按民族文献内容性质划分,主要有:①指导性文献:党和政府发表的有关少数民族和少数民族地区的决议、批示、法令以及领导人的报告、讲话等有关文件。②科学著作:古今中外民族专家、学者及一般作者的学术论著和资料汇编等。③文学艺术作品:古今中外有关各民族文学艺术理论研究与作品。④通俗读物:在少数民族中普及科学文化知识的出版物,这在民族古文献中不多见,在现代民族文献中则大量存在。⑤教科书:根据少数民族及少数民族地区实际编制印制的大中小学教材。⑥工具书:包括民族文献中的参考工具书和检索工具书。民族文献中的辞书不仅历史悠久,种类繁多,而且形成了独特的编纂方式。⑦记述性文献:古代民族文献中的金石铭刻和简牍、档案等。⑧特种文献:现代民族文献中出现的一些出版比较特殊的科学技术资料,主要包括科技报告、会议文献、专利文献、技术标准、学位论文等,有公开出版的,也有内部发行的。

(2)按学科内容划分民族文献,主要有:①革命导师论民族问题的文献。这类文献主要是马克思、恩格斯、列宁、斯大林和毛泽东等革命导师关于民族问题的论著,同时,还包括对学习革命导师论著的具有辅导性的研究著述。②民族哲学与宗教文献。这类文献包括民族思想和哲学,尤其是中国少数民族哲学思想史的理论研究和资料汇编,以及民族心理学、原始宗教、宗教问题的研究及其资料。③民族学及相关文献。主要包括民族学理论、人类学、民族研究、人口学中的民族人口研究及其统计资料与民族问题有关的其他社会科学方面的综合性资料或论述。④民族政治与法律文献。包括民族问题理论、民族理论和民族政策、民族工作、民族法制及有关文件等方面的出版物。其中,主要是我国民族问题专家和权威的理论著述,党和国家领导人及有关部门的政策性讲话或报告,公开发表的党和国家的民族政策及有关文件,民族区域自治法及学习研究我国民族工作的情况、经验和成绩等,还有关于世界民族问题,社会主义社会民族问题,种族问题等方面的文献。⑤民族经济文献。主要是指从经济学和经济工作角度来研究民族问题的文献,涉及民族经济理论、地区民族经济、民族商品等问题。⑥民族教育、文化、体育文献。主要是关于民族教育的理论性探讨,民族地区文化教育情况的介绍与研究,以及民族体育方面的传统项目、竞技的综述等。⑦民族语言文字文献。这里主要是指从语言学的基础理论来探讨民族语言文字方面的文献,涉及民族语言文字的研究、学习等方面的理论和经验,还包括一些民族语言工具书。⑧民族文学文献。这类文献主要涉及两大方面:一是民族文学的基础理论和发展史及对各种体裁的民族文学作品的研究与评论。二是各体民族文学作品,包括以民族为题材的民间文学和作家文学。⑨民族艺术文献。主要包括民族艺术理论研究,以民族为题材的音乐、绘画、书法、雕塑、摄影、电影以及民族舞蹈戏剧的研究与调查资料等。⑩民族历史和地理文献。主要包括关于民族历史和民族地理方面的著述,此外还包括人物传记、文物考古、社会风俗和地理学方面的文献。⑪自然科学方面的民族文献。这类出版物比较少,涉及的学科主要有天文学、生物学、医药学、农业科学、工业技术等。⑫综合性工具书。包括《辞海》和《中国大百科全书》的各版民族分册,民族文献的篇目索引和书目索引以及各种字典、词典、百科全书、年鉴、手册等。

(3)按文献载体形式划分,可分为纸型和非纸型。纸型就是指一般传统的典籍和书刊报纸等方面的文献,这是民族文献资源的主体。非纸型就是指不以纸为载体的其他文献,如碑文、崖刻、丝帛、竹木、树叶、龟甲兽骨等为载体的文献。少数民族的许多文献就是以上述的不同载体形式遗留下来的。此外还有一些新型载体,如磁带、光盘等。

(4)按文献成型手段划分,可分为印刷型和非印刷型。印刷型包括铅印、油印、石印、胶印等。这种类型的民族文献主要有以下品种:图书、小册子、期刊、报纸等。非印刷型则包括除铭刻、石雕、简牍等外,还有新技术革命所带来的成果,即缩微型、机读型、视听型等。所谓缩微型是指缩微复制品,包括缩微胶卷、缩微平片、穿孔卡片、缩微胶套、胶片活页、缩微印刷品等。它是用摄影技术将手写型或印刷型文献缩摄在感光材料上的资料。因为缩微资料具有存贮信息密度高、重量轻、体积小、价格便宜、便于实现自动化等优点,在各民族文献部门已获得广泛的应用。机读资料是电子计算机能够识别和阅读的资料。这种资料是将文字信息转换成机读代码,按一定格式输入,存贮在磁性载体上(磁带、磁盘等),再由计算机用打印纸、磁带或缩微胶卷等多种介质输出。声像资料是记录声音和图像的资料,又称视听资料或直观资料。它是以感光材料或磁性材料为存贮介质,以光学感光或电磁转换为记录手段而产生的一种文献。其特点是能够传递形象化的情报、信息,具有直观、生动、形象的效果,在科学研究中,声像型文献对于认识罕见的自然现象,探索物质运动的机制和结构有其独特的功能。声像资料的主要品种,按人的感官接收方式可分为 3 种类型:一是视觉资料,包括照相底片、胶卷、幻灯片、无声录像带、无声影片等各种形象记录资料;二是听觉资料,包括唱片、录音带等各种发声记录资料;三是音像资料,包括有声影片、配音录像带等各种能同时显像发声的记录资料。

(5)按文献的加工程度划分,可分为一次文献、二次文献、三次文献。一次文献是刊载科学研究、设计、制造、实验、调查等各方面的直接成果的文献。一次文献中的主要品种有:书籍,包括专著、论文集、教科书、会议录、机关出版物等文献;连续出版物,包括期刊、报纸等;特种科技出版物,主要指标准文献、专利文献、企业单位的技术文件、技术目录、产品目录、材料和设备的价目表等。二次文献是对一次文献进行情报加工的产物,主要是向人们提供一次文献线索的文献。二次文献主要包括书目、索引、文摘等。三次文献是指通过二次文献所提供的线索,对某一范围内的一次文献进行分析综合后而编写的文献。属于三次文献的主要有综述、述评、专题研究报告、百科全书、词典、年鉴和手册等。

(6)按文献记录文种划分,可分为民族文字文献、汉文民族文献、外文民族文献。民族文字文献主要包括 3 个方面:一是以我国历史上古代民族创制或曾经使用过,但现在不再使用的古文字书写、印制的文献,主要有佉卢文、焉耆—龟兹文、于阗文、突厥文、鲜卑文、粟特文、回鹘文、察合台文、西夏文、契丹文、女真文、回鹘式蒙古文、八思巴文、满文等各种文献。二是以我国少数民族在历史上创制并使用,现今仍在行用的文字书写、印制的文献,主要有藏文、蒙古文、维吾尔文、哈萨克文、朝鲜文、傣文等各种文献。三是新中国成立后,为一些原本没有文字或没有通用文字的民族创制的 15 种拉丁字母形式的新文字书写、印制的各种文献,由于这些新文字除壮文正式推行外,其他文字方案仍在试验推行阶段,所以这类文献数量较少。所谓汉文民族文献,就是指汉文文献中有关少数民族的记载。如一部二十四史中,几乎每部正史都有关于少数民族的记载。有些则是汉族作者撰写,记述少数民族的专著,如《蒙鞑备录》《黑鞑事略》《西游记》《皇元圣武亲征录》《元遗山集》《牧庵集》《圭斋集》等都是研究蒙古民族极有参考价值的史料。除此之外,还有许多民族作者用汉文书写的著述。如著名的满族词人纳兰性德的《侧帽集》(后更名《饮水集》)、瑶族的《过山榜》、(亦称《评王券牒》)、回族大学者王岱舆的《正教真诠》等。这些文献可和民族文字文献相互印证,相互补充,对研究少数民族政治、经济、历史及民族关系有重要参考价值。所谓外文民族文献,主要是指用外文书写、印制的民族文献,在国外,如日本、印度、苏联及欧美许多国家都建立许多研究所、学会和国际常设机构,研究蒙古学、藏学、满学、突厥学、敦煌学等,并出版了大量的研究文献。比如关于突厥文文献的研究,国外已有俄罗斯、德国、日本、土耳其、瑞典、丹麦等

10多个国家,出版的主要著作有《古突厥卢尼文献》《古代突厥文献》《叶尼塞突厥文献》《古代突厥语词典》《兰突厥碑铭》《古突厥文字》《吐鲁番之出土之兰突厥文献》《突厥碑文注释》等。

(7)按文献的信息时序划分,可分为古今两大类。所谓"古",其上限应追溯到有图符记载的远古时期,如花山崖壁画等;其下限应放宽到新中国成立以前的所有文献。据不完全统计,我国现拥有满文古籍百万件,藏文典籍60万函,蒙文古籍(不含文书档案)万余种,古壮字文献数万种,彝文典籍万余种数万册,东巴经书2万余册,另外还有相当数量的傣文等其他古籍。研究这些文种的文献,将会重现古代民族的历史画面。所谓"今"的民族文献更是数不胜数。新中国成立后,党和政府十分关心少数民族问题,重视民族文献出版发行工作,目前,全国出版民族文字书刊和音像制品的出版社有30余家,可以用各种民族文字和语言出版各种类型图书、报刊、音像制品及缩微资料。

(8)按民族文献分布地域划分,可分为中外两地。"中"就是指国内所藏。"外"就是指外国所藏的有关我国民族的文献。主要包括3个方面:①外国侵略者抢劫盗走的大量少数民族文献。如八国联军侵华时期的掠夺,一些外国人如法国人伯希和盗窃,使我国大量的民族文献分藏于华盛顿、柏林、巴黎、伦敦、东京、彼得堡等地。②外国的民族与我国边疆少数民族血缘同属、族别无异,他们搜集、整理、研究的文献资料对我国的民族研究有着重要的参考价值,如蒙古族、俄罗斯族、朝鲜族等。③外国的汉学家对我国少数民族的潜心研究。

浩瀚的民族文献资源是少数民族的巨大精神财富,也是中华民族文化的一个重要组成部分。如今民族文献资源越来越被人们所瞩目,越来越显示出自己的巨大能量。

第二章　民族文献工作的内容和作用

目前,我国的民族文献工作已逐步被人们重视,事业已初具规模,从中央到地方正在形成一个有序的系统;民族文献的研究队伍已具有一定数量和质量;民族文献工作的内容正在充实和扩展;民族文献理论的研究开始受到重视。但是与整个文献工作相比较,仍显得起步晚,实践经验不足,发展过程中带有很大的探索性质,民族文献理论体系还没有形成,理论研究还没有跟上,实践缺乏理论依据。为了使民族文献工作能适应我国少数民族地区现代化建设的需要,我们必须迅速着手解决存在的问题,理顺各种关系,加强民族文献理论的研究。

第一节　民族文献工作的价值和地位

我国是一个统一的多民族国家。在幅员辽阔的 960 万平方公里的土地上居住着包括汉族在内的 56 个民族,他们勤劳、聪明、勇敢,在历史的长河中用辛勤的劳动共同创造了中华民族光辉灿烂的文化。

我国有少数民族人口 9056 万,占全国人口总数的 8.01%,分布在全国的 2000 多个县中。少数民族的居住面积占全国的 64.3%,许多少数民族居住在水产、矿产、物产资源极为丰富的祖国边陲以及风景秀美的旅游胜地,在 55 个少数民族中还有 20 几个民族是跨境而居。民族文献是我国文献中不可缺少的部分,它的发展水平直接影响着全国文献的发展。因此,开发民族文献资源,改变民族地区文献工作相对落后的状况,为发展民族地区经济服务,是实现各地区、各民族共同繁荣的重要举措。

建立社会主义市场经济体制是中国发展的必由之路,是一场深刻的社会改革,这将对我国经济发展和社会进步起很大的促进作用。社会主义市场经济体制的确立,不仅为我国今后的社会发展展示出宏伟蓝图,而且为少数民族地区的经济发展注入了勃勃生机。社会主义的现代化,要求民族经济的发展要与全国经济的发展相适应,没有民族经济的发展,要把我国建设成富强、文明的社会主义强国是不可能的。

民族文献是民族地区经济和社会发展的基础之一。民族地区要加快经济发展,接近和赶上全国经济发展的水平,实现中华民族的共同发展和繁荣,就必须提高各民族人民的文化素质,加快科学技术的发展、普及和应用,如果离开民族文献工作,民族经济的起飞也是不可能的。加强民族文献资源建设,大力开发利用民族文献资源,为振兴民族经济服务,是我国民族文献工作在社会主义市场经济条件下面临的严峻挑战。

一、民族文献工作是我国整个文献体系中的组成部分

民族文献工作作为一种客观存在的文献现象,从一开始便存在于少数民族的生产生活实践中。但对少数民族文献工作给予本质的科学的阐述却是近几年的事情。从服务对象上讲,所谓少数民族文献工作,就是在多民族国家内对人口居于少数的民族开展的文献工作。

这一定义阐述了民族文献工作的对象即少数民族成员,然而值得注意的是,如果只考虑具体的工作对象,而缺少民族性的工作内容,那么民族文献工作也只能是一般文献工作的代名词。因此,进一步严格地讲,所谓民族文献工作,在我国是指对汉民族以外的其他 55 个民族开展文献工作。新中国成立后,在党的民族政策的关怀下,我国的民族文献事业有了很大的发展,民族文献工作在保障社会政治稳定、发展民族经济、传递民族文化等方面起到了很大的作用。现在,在全国少数民族地区以及首都北京和一些中心城市,已经形成了民族文献信息网络体系。民族文献工作既是在民族地区开展的文献信息工作,同时又是全国文献信息工作体系中不可缺少的重要组成部分。然而,由于我国民族文献工作起步较晚,民族文献学的学科体系尚存缺陷,在一定程度上也影响和制约了民族文献工作的发展。

民族文献工作的发展,也促进了民族文献学的研究,从而使民族文献学成为文献学的一个分支学科。文献学的任务,在于认识和揭示文献活动的规律性,以形成文献的科学规律。文献的规律存在于文献的一切活动之中,又自始至终地存在于文献的发展过程中,文献学的任务,就是寻找和揭示文献活动的普遍的规律,并以此来指导文献工作的实践。文献的规律包括一般规律和特殊规律。文献的一般规律指文献领域宏观整体上的、共同存在的、普遍的、本质的必然联系。文献的特殊规律则是指文献信息领域的某一层次、某一侧面、某一方面本质的必然联系。文献的一般规律与特殊规律既相互联系又相互区别,一般规律包含特殊规律,但又不能代替特殊规律。民族文献工作是我国社会主义文献事业不可缺少的组成部分,它与一般文献工作存在着共性,文献学中所揭示的有关文献的一般的普遍规律同样对它发生作用并产生影响;另一方面,民族文献工作又有它的质的特殊性和规律,与一般文献工作有着不同和差异。因此,在实际民族文献工作中,除了遵循文献的一般原则和规律外,还要遵循民族文献的客观规律。

二、民族文献工作的发展是我国文献事业发展战略中的重要环节

我国的民族文献事业是新中国成立后才真正发展起来的,民族文献事业发展的历史表明,民族文献不是孤立于社会的系统,它的发展与否与全社会大环境中的各个环节都有密切的关系,同时作为子系统,它还要受到母系统的制约。因此,民族文献事业的发展,除遵循自身的规律外,还必须与社会的方方面面相互协调。民族文献事业是我国文献事业的组成部分,它构成我国文献事业运行整体的重要环节之一,缺少这一环节,民族经济的发展,民族地区社会进步的链条就会脱节,民族文献事业的落后必然影响整个文献事业的发展,而文献事业的落后必然会制约社会经济的发展。在实现各民族共同繁荣的社会过程中,文献事业越来越占据着重要的战略地位。

在我国文献事业发展过程中,民族文献事业的发展举足轻重,它不仅决定了民族地区科学、文化、教育事业发展的程度,而且制约着全国文献事业的发展乃至全国科学、文化、教育事业的发展。因此说,民族文献事业是我国现代文献事业的重要组成部分,实现民族文献事业的发展既是我国民族工作的重要内容,也是我国文献事业发展的重要任务。

综上所述,民族文献工作是少数民族社会的重要组成部分,是少数民族社会文献信息通道,是少数民族社会文献信息收集、加工、存贮、转化、传递、控制中心,它为少数民族社会各行各业收集、处理、传递文献,为少数民族社会、政治、经济、科学、文化发展服务。从文献工作的组成来看,它是其中的方面军,有其独特的工作方式和方法,对整体少数民族社会来说,

它是智力资源、知识喷泉,为广大少数民族地区群众提供丰富的科学知识和信息。

民族文献工作的价值、地位是客观存在的,而且随着少数民族社会、经济的发展而不断变化。这是对整体而言的,至于某一个具体的民族文献部门的价值、地位、作用,就要看它所处的环境,承担的任务,工作效率和社会效益等。

目前,我国对民族文献工作的价值、地位的认识,主流是好的,但也存在着不足之处。如:有的民族文献机构不顾本单位的基本任务和基本服务对象,片面提供高、精、尖技术信息,虽然下了很大力量,但收效不大;有的人看不到民族文献工作的内在潜力,认为搞民族文献工作没有什么前途,脱离民族文献的本行,而去从事某一学科的著书立说和系统研究;有的领导不顾民族文献部门的现有条件和水平,提出一些过高要求,一旦这些要求得不到满足时,就认为民族文献工作解决不了什么问题,作用不大等。这些认识和做法都不利于民族文献事业的健康发展,必须加以纠正和克服。

第二节 民族文献工作的内容和任务

我国自古以来就是一个多民族的国家,各民族都有极其丰富珍贵的有自己民族特点和风格的文化,几千年来,各族人民在创造光辉灿烂的历史过程中,用各种方式记录和保存了内容丰富多彩的民族文献,将这些民族文献加以完善地管理和有效地利用,就形成了民族文献工作。

一、民族文献工作的内容

民族文献工作是指对民族文献的识别、提取、表示、变换、存贮、传递、加工、控制和利用,即民族文献处理的全过程,这是狭义的民族文献工作内容。广义的民族文献工作,是指生产和分配民族文献产品或服务的活动。按这种广义理解,民族科研、教育、出版以及新闻广播等工作,也都属于民族文献工作的范畴。为了更好地提供民族文献产品或服务而实行的民族文献系统建设,也是民族文献工作的重要内容。民族文献工作的外延,还可以扩大到为生产和传播民族文献产品或服务而提供技术支持的活动,如电子计算机、通信设备的制造等。这类活动的成果虽不是直接的民族文献产品,但它是民族文献产品的现代生产基础。

根据以上理解,结合民族文献工作实际,民族文献工作内容大体上可分为业务工作内容和事业的工作内容。

1. 民族文献业务工作内容

民族文献工作从业务上分,有民族文献的搜集、加工整理、分析研究、编译报道、提供利用等工作。按各个环节之间的关系来分,一般把前4个环节叫作基础工作,后一个称为提供利用工作。基础工作是为提供利用提供物质基础和条件;提供利用是民族文献工作为各民族用户服务的直接体现,反过来促进基础工作,两者互相制约,相互促进。

(1)民族文献的收集工作。民族文献的业务工作首先从民族文献的搜集开始。在各民族社会实践和生产活动中形成的民族文献,是以分散状态分布于各社会系统和有关的文献部门,它们不仅数量很多,而且类型复杂,种类繁多。为了广泛地发挥民族文献的作用,便于查找和使用,则要求一定的集中。为了解决民族文献形成后的分散状态和利用要求集中的矛盾,就要将分散形成的民族文献,按照一定的规定集中保存起来,这就形成了民族文献的收集工作。

民族文献的搜集工作是民族文献工作的基础工作,只有搞好民族文献的搜集工作,才能说得上有效地提供民族文献服务,因此,各级各类民族文献部门,都要通过各种渠道,有计划地广泛搜集与系统地积累一定数量的有关民族文献,搞好民族文献资源基础建设。

(2)民族文献的加工整理工作。搜集起来的民族文献数量很大,内容复杂,不便于管理和使用。为了解决民族文献的无序状态与系统查找利用的矛盾,就需要对民族文献分门别类加以系统化,这就形成了民族文献的加工整理工作。

民族文献的加工整理工作实质上就是按照民族文献的内容和形式特征使微观有序的民族文献在宏观上实现有序化的过程。一般做法是在对民族文献进行单元化和微分化的基础上系统化。它一般包括民族文献的浓缩、分类、主题标引和文献信息建设。

①民族文献浓缩是民族文献工作的重要手段,也是民族文献管理的重要方法,对于民族文献管理来说,民族文献的浓缩就是目录、索引和文摘的编写工作。②对民族文献进行分类处理是实现单元化和微分化的民族文献的宏观有序的基本方法,根据民族文献的特点以及不同的管理需要,在民族文献分类处理上应采取一些特殊措施。③为了弥补分类法的局限性以及满足特定主题民族文献的需要,民族文献处理还广泛采用主题法。所谓主题法,就是一种以语言文字为基础,以反映特定事物为中心,不同学科分类和科学技术的逻辑序列,而直接以规范化的语词作为文献主题标识和查找依据的方法。民族文献的主题标引,可以将同一主题集中在同一标题下,并将其按字顺排列起来,组成主题目录;也可以将民族文献输入计算机,建立计算机检索体系。④建立民族文献信息库,这是民族文献处理和公共积累(民族文献资源共享)的根本出路,也是民族文献管理现代化、产业化的重要内容。由于民族文献信息库不仅具有贮存和检索功能,而且还能进行统计分析工作,也为民族文献加工整理本身提供了现代化手段。

(3)民族文献分析研究工作。民族文献分析研究工作是民族文献工作的重要内容之一,主要是指民族文献的深加工,即高级民族文献产品的生产。从民族文献交流的全过程来看,这方面的研究主要服务于对民族文献高层次的需求,它是在充分利用一、二次文献的基础上,经过综合分析,编写三次文献的服务工作。是有明显的科学研究性质,因而,对从事这项研究工作的人员,无论是在学科专业、外语及民族语言文字上,还是综合分析问题的能力上,都有较高的要求。

民族文献分析研究的范围十分广泛,既有党的关于民族政策、方针、法规、区域自治情况方面的分析研究,也有各门科学技术发展和本民族地区技术引进方面的分析研究;既要针对本民族地区发展中的问题,有层次地开展战略性、综合性、长远性的专题调查分析和研究工作,还要参加少数民族经济、社会、科技、文化总体发展战略的研究活动,为领导部门决策提供参考。

(4)民族文献的编译报道工作。民族文献工作者的重要任务之一,就是如何全面、快速而准确地向用户提供所需民族文献,而编译报道则是提供利用的关键手段,一般民族文献单位的工作流程大致可以简单地归结为"搜集—加工整理—分析研究—编译报道—提供利用"这4个环节,编译报道则处于中间环节之一,在这一环节中,加工、分析的深度和广度直接影响民族文献的传递以及服务的效果。

民族文献的编译报道工作,广义地说,就是民族文献信息部门利用二次文献工具向用户揭示通报民族文献的工作。狭义地说,是编辑出版检索类刊物和编译类刊物的工作。即民族文献部门通过各种报道刊物,编辑各种形式的题录索引、简介、文摘、专题报告等二次文献和三次文献,向本民族地区、本系统以及全国范围内广泛深入地报道服务的工作,编译报道工作主要适用于生产、科研、教学等单位的读者,便于他们了解本专业、本行业最新的民族文献。这对于提高民族文献使用价值,促进民族文献传递,加速学术交流起着积极作用。

(5)民族文献提供利用工作。所谓民族文献提供利用工作,就是指民族文献信息部门将搜集来的大量的民族文献信息,经过加工整理、分析研究之后,通过编译报道方式,为少数民族地区生产、科研提供服务的工作。其内容主要包括:①民族文献复制(含静电、缩微、影印等);②民族文献检索(含手工检索、联机检索、代查、查新、光盘检索等);③参考咨询(含即时咨询、专题咨询、专利申请等);④民族文献宣传报道(含书目、索引、文摘编制、新书通报、组织专题文献展览、编制各种联合目录等);⑤情报提供(含定题跟踪、文献综述、情报研究、专题调研报告、情报理论方法研究等);⑥文献翻译(含中外互译、民族语言文字互译、代译等);⑦民族文献交流(含组织专题发布会、信息讲座、音像录放等);⑧民族文献营销(含技术转让、信息产品销售、调剂文献余缺等);⑨用户(读者)培训;⑩接受委托编辑专题资料等。

2. 民族文献事业的工作内容

民族文献事业的工作内容,按其特点和分工的不同,由以下几个方面组成:

(1)各级各类民族文献部门的工作。由于民族文献工作是一项跨行业、跨学科的综合性的社会工作,各民族文献部门根据其工作性质和特点有侧重地从事着民族文献工作。为了更充分地发挥民族文献的作用,需要协调各民族文献部门的工作,实现民族文献资源共享。

(2)民族文献教育工作。为了适应民族文献工作的发展,满足培养专门人才的需要,尽快建立民族文献教育工作,除在综合性民族院校里设立民族文献专业(专修科、专修班)外,各级各类民族文献部门要经常举办各种培训班,尽快建立一支革命化、知识化、专业化、年轻化的民族文献信息干部队伍。

(3)民族文献理论和技术研究工作。在总结我国民族文献工作的实践经验的基础上,逐步建立具有中国特色的民族文献学,广泛开展民族文献学术研究活动。

(4)民族文献宣传、出版工作。通过报纸、电台、电视台、出版民族文献专业刊物、出版民族文献专业著作等形式宣传我国民族文献工作的发展情况,宣传民族义献工作对社会主义建设事业的作用。

(5)民族文献事业的组织管理工作。民族文献事业的组织管理工作在整个民族文献工作中具有重要的意义,其任务是搞好组织领导,保证民族文献工作各环节的协调发展,提高民族文献服务工作效率,使整个民族文献系统始终处于最佳运行状态,能为用户提供最优化的民族文献服务。

二、民族文献工作的任务

民族文献工作的基本任务就是最大限度地满足社会各界对民族文献的需求,以促进民族地区社会、政治、经济、科学、文化的发展。在这个基本任务下,还有民族文献工作的具体任务,每一个历史时期的工作任务,每一个民族文献部门的工作任务。在这里主要谈一下在我国社会主义初级阶段民族文献工作的具体任务。

（1）不断提高和深化民族文献工作的水平和深度，为少数民族生产建设、科学研究和决策管理服务。

（2）加强与社会各界的联系，扩大民族文献工作的社会影响，提高民族文献工作的社会地位。

（3）努力开辟多种多样的信息源，通过订购、征集、交换、复制和编辑等手段，广泛收集图书、报刊、档案、拓片、照片、舆图以及缩微制品和特种文献中具有民族特征，并具有重复使用价值的一切文献。

（4）根据民族文献的内容特征和用户使用习惯，选择或编制适宜的分类表和著录条例，对收集到的民族文献进行分类标引和编目处理，建立完善的目录检索体系。

（5）对各类民族文献中包含的有价值的民族文献进行分析、整理，以多种形式予以宣传报道，并通过口头指导或提供一、二、三次文献等多种形式，解答用户提出的各类涉及民族文献的咨询课题。

（6）加强民族文献载体的保护工作，包括书库管理，清洁卫生，装订修补等。

（7）加强民族文献干部队伍建设。应建设一支思想好、业务强的民族文献工作队伍，加强在职培训，提高民族文献工作者的思想、文化、专业知识水平和业务工作技能，使工作人员中具有民族文献专业知识、掌握外语和民族语言文字以及文、理科专业知识的大学水平的人员达到一定比例。

（8）开展民族文献学研究，特别是民族文献工作规律的研究，发展民族文献学理论和新技术、新方法等。

第三节　民族文献工作的性质

民族文献工作是什么性质的工作，这对民族文献工作者来说是一个重要问题，正确地认识和了解它，对于做好民族文献工作具有十分重要的意义。

做任何一项工作都应了解和认识这一工作的性质，毛泽东同志曾说："大家明白，不论做什么事，不懂得那件事的情形，它的性质，它和它以外事情的关联，就不知道那件事的规律，就不知道如何去做，就不能做好那件事。"[①]因此，我们应该从民族文献工作自身的特点和民族文献工作同其他工作的关系中，认识民族文献工作的性质和规律。

民族文献工作，就其本质来说，它是通过搜集、加工整理、分析研究、编译报道、提供利用民族文献为少数民族社会的政治、经济、文化、科学等活动服务的学术性工作，民族文献工作的性质，可以概括为管理性、学术性、服务性和民族性。

一、民族文献工作是一项管理性的工作

什么叫管理？就是人们根据事物的客观规律、劳动对象和工作特点，运用计划、组织、指挥、协调、控制等基本活动，有效地利用人力和物力，促进其相互配合，发挥最高的效率，以顺

---

① 毛泽东.毛泽东选集(第1卷)[M].北京:人民出版社,1967:155.

利地达到人们预期的任务和目标。管理一词也就是"管辖""处理"的意思。凡是人们在一起共同劳动,凡一切有组织的协作,都必须有管理。马克思曾经指出:"一切规模较大的直接社会劳动或共同劳动,都或多或少地需要指挥,以协调个人的活动,并执行生产总体的运动——不同于这一总体的独立器官的运动——所产生的各种一般职能,一个单独的提琴手是自己指挥自己,一个乐队就需要一个乐队指挥。"①列宁同志在十月革命后不久就指出:"社会主义政党在历史上第一次基本上完成了夺取政权和镇压剥削者的事业,紧接着就要解决管理这个任务。"②民族文献工作的管理性具体表现为:

民族文献工作是负责管理民族文献的一项专门业务,它的任务是科学地管理这些民族文献,为少数民族各项事业服务。所谓民族文献工作,确切地说是民族文献管理工作,有特定的工作对象——民族文献,有一整套管理民族文献的原则和方法,有专门的工作内容。它是通过对民族文献的科学管理,提供丰富的民族文献,为少数民族各项工作服务的一项专业性工作。

我国的文献管理工作可追溯到公元前14世纪,西欧的文献管理工作大约始于公元前15世纪。但较有影响的大规模的文献管理工作始于18世纪后半叶,以我国清代完成的《四库全书》总目提要为标志,从此,文献管理进入发展阶段。传统的文献管理,即藏书楼式的管理,它起到保存文献典籍、文化遗产的作用。在这样一个基础上形成起来的是各种专门的管理技术,如编目、典藏等,以近、现代科学技术成就作为其管理活动的理论和物质技术的科学管理,特别是系统科学为现代文献管理提供了科学的理论和方法。各文献机构不仅仅是为了保存文献,更重要的是提供给用户,使文献得到充分利用。因而,它与社会直接发生联系,这就需要有专门的组织和管理工作,以协调各文献机构和用户之间以及文献机构内部各项工作之间的关系,现实要求文献机构对文献实行科学管理。这主要表现在:①文献资源共享要求文献工作实行标准化,只有推行标准化,才能在尽可能大的范围内实现资源共享。②社会化大生产要求文献工作开展广泛的协作。只有进行分工协作,使文献管理人员责任分明,并且有专门的管理者统一协调,文献工作才能顺利进行。③文献工作有自己固定的程序。这就使得文献工作各个环节如同现代工厂的流水线一样,在经过若干道"工序"之后,完成对文献的加工,使之为用户所利用。

由于文献数量的不断增长,单纯的手工文献管理的工作不能满足科学技术发展的需要,于是,人们便寻找一些新的文献管理技术。其表现为:一是文献工作在人们头脑里的印象开始有所改变,不再只把它视为一项服务工作,而将它与自动处理、数据库和科技信息等工作紧密联系起来,认为这是认识和研究问题不可缺少的工具。于是,文献工作在原有采购、保存等管理职能的基础上,新增加了查检、传递等工作环节,并不断推动了题录数据库的发展。二是在不断构思并开始使用一些新工具、新产品、新概念,诸如关键词表、分析命令、联机检索、数据库、文献处理单位、信息网络等,从而使文献管理工作趋向现代化。三是新的方法的引入,冲击刷新了文献加工的物质、技术环境,并将以新的创新、操作、传递、存贮方式,引起文献政策和信息经济保障体系的变化。

通过以上分析可以看出,自从人类社会有了文献,就有了文献活动。有了文献活动就需

---

① 马克思,恩格斯.马克思恩格斯全集(第23卷)[M].北京:人民出版社,1953:367.

② 列宁.列宁选集(第3卷)[M].北京:人民出版社,1972:496.

要组织与管理。管理贯穿了文献活动的全过程。因此,管理性是文献工作的重要性质之一。

民族文献工作是文献工作的重要组成部分,民族文献工作要遵循文献工作规律,采取一整套适合民族文献特点的科学的理论原则和技术方法,系统地组织和管理民族文献,逐步建立电子计算机检索系统和管理系统,做到管理方法科学化,管理机构高效化,管理工作计划化,管理手段现代化,遵循民族文献和民族文献工作的客观规律进行科学管理,以充分发挥民族文献的作用。

二、民族文献工作是一项学术性工作

学术通常是指较为专门有系统的学问。学术研究活动既包括对新知识的探索创新,也包括对已有知识的整理、分析和研究工作。民族文献工作所从事的是关于民族文献的搜集、加工整理、分析研究、编译报道和提供利用工作。其学术性主要体现在:

1. 民族文献工作不仅是少数民族科学研究的基础和前提,而且参与民族科学研究的全过程,是民族科学研究必不可少的组成部分。

众所周知,搞任何学术研究都离不开充分占有大量文献。正如马克思所说,"一切科学工作,一切发现,一切发明"都是"部分地以今人的协作为条件,部分地又以对前人劳动的利用为条件"①。所谓"今人的协作",就是指人类知识的横向交流,"对前人劳动的利用"就是指人类知识的纵向继承。无论是人类知识的横向交流还是纵向继承,都必须借助于文献,因为文献是人类文化智慧的结晶,是前人和同代人在认识世界和改造世界过程中所取得的经验和知识的总结,是一切精神产品不可缺少的原材料。民族科学研究要面向现代化、面向世界、面向未来,就必须了解和掌握大量的民族文献,特别是反映我国各少数民族地区的现代化建设和改革中出现的新情况、新经验、新观点方面的理论文章,各有关民族学科的学术论著和情报信息等,才能不断开阔眼界,拓展思路,把握住时代的脉搏,不断提高民族科学研究水平。

民族文献工作是为民族科学研究提供文献的工作。民族文献工作者将搜集到的各种民族文献,通过科学的方法进行认真的筛选、整理、加工和分析研究后,以一、二、三次文献的形式迅速提供给科研人员,使他们能够及时了解和掌握本专业及相关学科学术发展动向和最新的科学情报信息,从而节省了他们许多用于寻找、查阅民族文献的时间,承担了他们的部分劳动,使科研工作得到顺利进行,因此,民族文献工作不仅是民族科学研究活动的前期劳动,而且参与了科研活动的全过程,是民族科学研究活动不可缺少的必要阶段,理所当然的具有学术性。

2. 民族文献工作是对民族文献进行收集整理、分析加工、组织存贮、宣传推荐、检索提供的工作,其本身就是一种复杂的科学思维劳动。

民族文献工作的各个环节,包括对民族文献的搜集、加工整理、分析研究、编译报道以及提供利用等,都需要精心地研究。如对民族文献的分析研究和系统收藏;不同用户的阅读心理、服务特点和文献分布规律的研究;民族文献科学管理和民族文献工作运用现代化手段的研究等,这些都是民族文献学理论研究的课题和在实际工作中需要深入研究和总结的经验。只有不断地总结研究,并按照客观规律办事,才能有效地开展民族文献工作。随着我国民族

---

① 马克思,恩格斯. 马克思恩格斯全集(第 25 卷)［M］.北京:人民出版社,1953:120.

文献事业的发展,民族文献工作中将广泛地应用电子计算机技术,使民族文献检索和民族文献管理自动化;应用光学记录技术,使民族文献存贮缩微化;应用现代通信技术,使民族文献传递网络化。为此,民族文献工作者除必须具备民族文献的专业知识,学习文献学、图书馆学、目录学、情报学及各门科学知识,掌握民族文献工作的技能和科学管理的方法,具备一定的民族语言文字和外语水平外,还要进一步学会运用现代化管理方法管理民族文献的业务知识和技能,只有这样才能适应民族文献工作。所以,就探讨民族文献工作本身的规律来看,也体现了民族文献工作的学术性。

三、民族文献工作是一项服务性工作

从民族文献工作同其他工作的关系来说,它属于一项服务性的工作。社会上的服务性工作很多,其中,通过提供民族文献来为各少数民族各项工作服务,是民族文献工作区别于其他工作的特点之一。

民族文献信息部门管理民族文献是为了满足少数民族各项事业对民族文献利用的社会需要,为人们了解情况、总结经验、研究问题、制定方针政策提供民族文献。它是通过收藏和提供民族文献这种特定的方式,为少数民族各项工作服务,为社会主义事业服务的。

民族文献服务工作的内容很多,除了一般基本的文献复制、文献检索、参考咨询、宣传指导以外,还要开展情报提供、文献翻译、交流、信息营销、用户培训以及接受委托编辑专题资料等。除了配合少数民族科学研究搞好一系列学术性服务之外,还要承担为少数民族地区各级党政领导机关决策服务的任务。

民族文献工作的服务性,是民族文献工作赖以存在和发展的基础。在少数民族社会发展的各个阶段,民族文献工作总是为该阶段的政治、经济、科学、文化等方面服务,在服务中发展民族文献工作。如果民族文献工作不为少数民族生产和科研服务,民族文献工作的存在就成问题,更谈不上发展了。所以,我们必须强调民族文献工作的服务性,把服务性放在民族文献工作的首位。

强调民族文献工作的服务性,并不会降低民族文献工作的地位,而是说明这项专门业务的社会地位和作用,它是我国社会主义事业不可缺少的工作。为社会主义事业,为少数民族地区四化建设服务,这是民族文献工作的光荣职责和艰巨任务。民族文献工作者应该了解和认识民族文献工作服务性这一特性,树立明确的服务观点,千方百计地搞好服务工作,为社会主义现代化建设做出应有的贡献。

综上所述,学术性和服务性是民族文献工作的两个基本属性,二者相互联系、相互影响、相互渗透。不能把它们割裂开来、对立起来或绝对化,不能只强调一个侧面而否认另一个侧面。民族文献工作的学术性寓于服务性之中,通过服务性来体现;民族文献工作的服务性渗透着学术性,非学术性的服务也就丧失了民族文献工作的性质,只有正确认识民族文献工作的性质,才能更好地发挥其应有的作用和职能。

四、民族文献工作是一项具有民族特点的工作。

民族文献和各种信息一样,也是一种社会现象,其来源也十分广泛。民族文献工作与少数民族各项事业的联系广泛而密切,已经渗透到少数民族各领域。少数民族社会政治、经济、科学、文化、教育等各行各业都需要民族文献,因而都不能没有民族文献工作,少数民

社会越进步,人们对民族文献的需求就越强烈。民族文献工作将对少数民族各项事业的发展起到重要的促进作用。从这一点上讲,民族文献工作是一项具有民族特点的社会性工作。

从少数民族历史发展角度看,民族文献与少数民族社会发展是密不可分的,我们知道,民族文化是伴随着民族历史的发展而形成的,因而民族的文化与民族的历史是结为一体的,正是由于文化具有历史性,所以民族的传统文化在很大程度上反映着民族的历史,代表着民族的特征。作为汇集各方面文化的载体——民族文献,都是保存民族文化无可替代的宝贵财富。因此,民族文献就成了民族文化的缩影,就成了民族活动的记录。今天我们要了解一个民族的过去,继承一个民族的传统,解决与民族有关的现实问题,只有依靠民族文献,用口口相传的传说是靠不住的,出土金石器物也需要参考文献来鉴定,鉴定的结论仍然要载入文献。因此,民族文献与少数民族社会生活的各方面是密不可分的。

从民族文献工作的对象上看,民族文献工作是通过民族文献为民族地区社会经济发展服务的,民族文献是开展民族文献工作的物质基础,而民族文献的民族性是非常明显的。在内容上,民族文献涉及民族的政治、经济、文化、历史、宗教、习俗等各个方面,反映在学科上有民族政治法律、民族经济、民族文教科技、民族语言文字、民族文学艺术、民族宗教、民族历史、民族医药卫生等;在载体形式上,民族文献又有图书、连续出版物(报纸、期刊等)、特种文献(会议文献、论文、原始调查材料)等,还有一些本民族无文字,而在民间人们世代以口耳相传的形式保留下来的"口碑文献",以及一些有民族文字,由于年代久远、事物变迁、文献残缺,所记载的文字能辨识的人也很有限,还有那些在田野调查、考古研究中获得材料等,都需有通晓民族语言文字的人员,经过认真反复的辨别、认证、研究,才能获得可靠的、翔实的材料。民族文献的这些特点,将形成民族文献工作不同于一般文献工作的业务规律,对这些特殊规律的研究,成为民族文献学研究的重要内容。

民族文献工作的民族性还表现在民族文献服务对象的民族化和服务模式的多样化和专业化以及地域特点等。在下一节中,将集中讨论这些特点。

第四节　民族文献工作的基本特点

我国的民族文献工作是有中国特色的社会主义市场体系中的重要组成部分,是全社会文献系统中的一个子系统。因此,民族文献工作既有我国社会主义文献工作的共性,又具有它自身鲜明的个性。

由于我国少数民族人口分布、历史发展、文化氛围、社会环境、生产与生活方式、产业与经济结构等方面千差万别,不同程度地影响着民族文献工作的形式与内容,也赋予了民族文献工作许多特点。根据民族文献工作的历史和现状,通过理论和实践的研究,大体可归纳为以下几个方面的显著特点。

一、地域的边远性

我国有 55 个少数民族,据 1990 年统计,全国少数民族人口有 9056.7 万,占全国人口的8.01%,少数民族主要分布在内蒙古、广西、西藏、宁夏、新疆 5 个自治区和云南、贵州、青海以及甘肃、四川等多民族省份。

在我国少数民族地区,边远山区是少数民族分布最多的区域。分布在山区和高寒山区的少数民族约有 4000 万人,占少数民族总人数的 40% 以上。南方各地的少数民族,如瑶、侗、壮、哈尼、黎、土家、彝、畲、高山、拉祜、景颇、仫佬、布朗、亿佬、苗、阿昌、普米、独龙、怒、德昂、佤、傈僳等,基本上分布在边远山区;白、傣、纳西及东北的少数民族也部分分布在山区,或者以山区作为自然屏障;藏、门巴、珞巴等民族主要分布在边远的高寒山区。

少数民族居住在草原牧区的人数也占有相当大的比例,在号称全国五大牧区的内蒙古、新疆、青海、西藏、甘南—川西草原,也都集中于从大兴安岭—阴山—贺兰山—横断山一线的边远地区,如蒙古族、哈萨克族和藏族等。

西北地区的维吾尔等少数民族,基本上分布在干旱、半干旱地区。

少数民族居住的山区,地貌复杂,峰峦重叠,绵延千里,起伏不平;干旱、半干旱地区,荒漠戈壁,地域辽阔;青藏高原地势险要,海拔很高。无论是分布在山区、干旱、半干旱地区的少数民族,还是分布在高寒地区或草原牧区的少数民族,都有地理环境复杂和居住地域偏远的特点。正确认识民族分布的这一特性,对于观察分析民族文献工作的现状和制定民族文献工作发展战略具有重要的现实意义。

二、语言文字的多种性

我国少数民族在自己历史发展的长河中,大部分很早就出现了本民族的语言文字。如藏文延续了 1200 多年的历史,蒙古文有 500 多年的历史,维吾尔文、哈萨克文亦有几百年的历史。此外,朝鲜、乌孜别克、柯尔克孜、塔塔尔、彝等民族文字都已形成了比较完整的文字体系,各民族用本民族文字,创造了许多流传久远,丰富多彩的文献,对这些民族文字文献的搜集、加工整理、分析研究、编译报道等业务工作是民族文献工作的主要内容之一,因此,用少数民族语言文字开展各项业务工作,是民族文献工作的特殊要求。

不同的民族有着不同的语言文字,它们在语法、词汇以及表达方法上各有其特点,在民族文献工作中使用民族语言文字,最易生动地反映少数民族的社会生活、心理素质和民情风俗。目前,在我国已经实现了文献著录的标准化。《文献著录总则》就是概括各类型文献共同特点而制定的有关文献著录的原则、内容、标识符号、格式和规则等的统一规定。与此同时,我国又制定了一系列少数民族文字文献著录标准。如《蒙文图书著录规则》就是我国第一部民族文字文献著录标准,在文献著录标引工作中,根据民族文字的特点,充分考虑民族读者的书写习惯和阅读习惯,构成具有本民族特点的款目内容,使其具有了民族特性。

新中国成立后,我国还充分利用民族文献,有目的、有计划地编制了联合目录、索引、文摘等。如《全国蒙文古旧图书联合目录》《全国蒙文图书联合目录》《回族研究资料索引》《民族文献提要》等,这些无一不带着民族特点和烙印,反映各少数民族文化的过去和将来。同时,这些目录索引的编纂,不仅对整理民族文献有着直接的现实意义,而且能使民族文献得到更好的保护,使我国少数民族的文化瑰宝得到开发利用。

三、发展的不平衡性

由于种种原因,我国少数民族地区的经济、社会的发展是很不平衡的,就整个民族地区来说,其内部有多种民族,这些民族的分布、社会发育的程度、经济发展的进度等都有极大差别。例如:部分少数民族在两千年前已进入封建社会,但有的民族到新中国成立前夕还有浓厚的原始社会残余。因此,社会主义建设的起点不同,有的民族是原始社会,有的是奴隶社会,有的是封建社会,有的则不同程度地发展了资本主义成分。同时地理环境条件、生产方式、经营种类、传统特点也都千差万别。例如:有的民族生产生活在平原,有的在山地,有的在盆地,有的在高原的高寒地区,有的在温带、亚寒带;有的在亚热带、热带等,地域性差别很大,各自拥有的资源不同,生产部门不同,经营方式不同,生活方式也不同。

由于我国地域辽阔,地形复杂,少数民族人口众多,历史起点、社会经济发展、文化背景等方面差别极大,所以,我国民族文献工作的发展水平,也必然具有相当大的不平衡性。

四、传递形式的特殊性

民族文献工作是我国整体文献工作的一个组成部分,所以,它具有一般文献工作的共性,但是,正因为它是民族文献工作,所以它又具有许多有别于一般文献工作的特殊性。

民族文献工作最为显著的特征之一就是民族文献交流传递形式的特殊性,新中国成立40多年来,经过反复实践,我国各地逐步摸索出一整套较为适合民族地区特点的信息交流、传递形式,这些形式,有的在多数民族中适用,有的则是在部分或个别民族中适用。归纳起来,大体有如下一些交流、传递形式:马背图书箱、骆驼包、大篷车、帐篷借阅点、汽车流动图书室、自行车书架、图书赶集、背篓书箱等。几十年来,我国的民族文献工作就是从民族地区实际出发,采用适合民族特点的信息交流、传递形式,发展了民族文献事业。如果忽略了民族文献工作的这些特殊性,一味追求正规化,民族文献工作就不会取得今天这样的成果。

五、文献布局的分散性

我国少数民族人口分布具有面广、线长、点多、量大的特点。所谓面广,即占全国8.01%的少数民族,绝大多数居住在占全国国土的64.3%的民族自治地方。所谓线长,即在21 000多公里的国境沿线,居住着33个少数民族,人口2000多万,居住十分稀疏。所谓点多,即有聚居、杂居,还有2100万人口分布在杂散地区,600多万人分布在城镇,民族居住点星罗棋布。所谓量大,即我国少数民族人口有9056.7万,虽然只占全国总人口的8.01%,但比整个德国人口还多,相当于英国和加拿大人口的总和,或相当于澳大利亚人口的5倍。由于上述特点,决定了我国少数民族居住的状况必然是地域辽阔,人口稀少。例如,广西、云南、贵州等省的少数民族人口密度仅在每平方公里50人以下;西藏高原、内蒙古高原及新疆维吾尔自治区,人口密度为每平方公里20人以下。尤其是边境地区、沙漠地带,绵延数千里,人口更为稀少,还有相当广大的牧区,游牧民族长期过着逐草而居的游牧生活,流动性很大,而且一些地处偏远的县、乡、村落之间,有的相距数百公里,既无公路连接,又无邮电通信设施,交通十分不便,信息十分闭塞,几乎与现代文明隔绝。至今还有相当一部分牧区和边远山区,仍处在封闭或半封闭简单再生产状态,基本上没有受到外来文化的渗透和冲击。少数民族的这种人口分布的分散性和地理环境的封闭性,必然导致民族文献布局的分散性和民族文献工作的封闭性,客观上加大了发展民族文献工作的难度,延缓了民族文献事业的发展速度。

六、工作内容的复杂性

由于民族地区特殊的战略地位及其所处的地理环境和由此而形成的生产结构的特点,

加之历史发展的不平衡性,决定了我国民族文献工作的复杂性。从文化背景上看,我国的每个民族在其悠久的历史中,都创造了丰富多彩的民族文化,而不同的民族文化,必然反映不同的民族心理、民族意识、民族感情和民族性格。这种民族文化多元性的特点,会使各少数民族读者在共同的学习生活中,一方面会相互渗透和吸收,相互影响和促进,另一方面,也会产生一定的民族隔阂、民族矛盾和民族纠纷。从语言文字上看,由于我国许多少数民族都有自己的语言文字,所以在各项民族文献工作中,都离不开民族语言文字,这就为工作内容增加了复杂性。从读者(用户)对象上看,虽然少数民族读者(用户)人数相对少一些,但读者(用户)成分都很复杂。有的民族文献机构虽然只有几百或几千个读者(用户),但有时都有几个甚至十几个民族现象。不仅读者(用户)如此,就是民族文献工作人员,一馆由几个民族成员组成的现象也不少见。所以这些使本来较为复杂的民族文献工作又增加了复杂性。

七、国际影响的广泛性

我国内陆边境线长约 21000 公里,全国有 9 个省、自治区,41 个市、州、地、盟,136 个县(旗)分别与周边 18 个国家接壤,居住在边境地区的少数民族有 33 个,占我国少数民族成分的 60%。

我国少数民族人口分布状况,决定了边境民族文献工作必然受到国际性的影响。

首先,由于我国许多民族与国外同一民族跨境而居,他们语言相通,感情相近,地相临、山相连、水相通,在政治、经济、文化、教育、宗教信仰上也会有各种联系。这种联系,在正常情况下,可以加强民族之间和国家的自身发展。新中国建立初期,我国北部边境与原苏联的交往密切,在文献工作指导思想、体制、形式方法等方面受到影响很深,这种影响对边境少数民族乃至全国的影响也是相当普遍的。在中朝、中越、中缅边境,跨境民族也相当多,民族文献工作的往来也较密切,特别是自 1992 年开展万里边疆文化长廊建设以来,全国已有 18 个省、自治区、直辖市的各级地方政府,已经投入建设资金约 14 亿元,共建部门投入资金约 5 亿元,几年来,边疆地区新建、扩建或改建的文化馆、图书馆、文物所、博物馆、工人文化宫、电影院等共建文化设施约 1700 多个,总面积达 80 多万平方米,边疆地区约有 1000 万人受益。这对提高边境少数民族的文化素质,加强国际文化交流,促进跨境民族的自身发展具有重要意义。

其次,沿海、沿边、沿江的"三沿"发展战略,实行全方位开放,使内陆边境的少数民族地区一跃成为改革开放的前沿阵地。由于"三沿"发展战略的实施,促进了边境地区经济贸易的发展,同时也使边境地区民族文献工作更具国际影响。我国边疆民族文献工作与相邻国家的交往会不断增多,影响不断扩大,今后,在友好相处中,必然会给边疆民族文献工作带来繁荣和发展的新局面。

但是,这种国际影响在某种情况下也会带来消极的不利的因素。近年来,国际上一些敌对势力,常常利用跨境民族的"分裂与统一"问题,不断地挑起争执与纠纷,这已成为国际关系中一个重要的不安定因素。在国内,一些分裂主义势力也趁改革开放之机,利用边贸和国际交往加紧进行民族分裂活动,直接影响了边境民族文献工作的安定与发展。据国家出版管理部门的不完全统计,平均每年约有 800 种以上的印刷品从国外流入我国云南、西藏、新疆边境民族地区,造成了极不良的影响,我们应该加强民族文献工作的管理,以抵制外来的不良文化渗透。

八、宗教影响的长期性

我国55个少数民族,几乎全部信仰宗教,特别是边远地区、牧区和高寒地区更为普遍。居住在西部和西南部青藏高原的藏族和部分羌族、普米族,信仰藏传佛教——喇嘛教;居住在西北部干旱半干旱地区的回、维吾尔、哈萨克、柯尔克孜、塔吉克、乌孜别克、塔塔尔、撒拉、东乡、保安等民族,信仰伊斯兰教;主要居住在北部地区的满、鄂伦春、鄂温克、赫哲、锡伯、达斡尔等民族,信仰萨满教;主要居住在西南的傣、布朗、阿昌、德昂等民族,信仰小乘佛教;京、白、拉祜等民族信仰佛教;彝、苗、傈僳、怒、独龙、景颇、佤、纳西和东北地区的朝鲜族,有一部分信仰基督教或天主教;东乡、仫佬、白、纳西等民族中有一些人信仰道教;俄罗斯族信仰东正教;蒙古族信仰喇嘛教。

宗教是一种社会现象,也是一个复杂的社会问题,宗教信仰作为最古老、最深层的历史文化形态,不仅在过去,而且在现在或今后相当长的时期内,都在影响着数以万计的群众,在社会生活中有着不容忽视的影响。千百年来,民族文献工作与宗教紧密相连,并且民族文献工作依附于宗教,这就形成了民族文献工作与宗教的不可分割的关系。以藏族为例:藏族是一个信仰佛教的民族,从创制藏文之日起,在翻译佛经的过程中,藏族文化就和佛教文化逐步结下了不解之缘,并同佛教的兴衰紧密地联系在一起,还在吐蕃王朝时期,佛教文化在藏族地区得到了广泛的传播,留下了以翻译佛经为主要内容的藏文文献。到了公元11—12世纪的时候,以佛经注疏为主要内容的包括历史、传记、语言、文学等多种学科的藏文文献急剧增多。特别是元朝开始,藏族社会实行"政教合一"制度后,寺院成为教育文化的中心和主要阵地,著书立说的学者,同时也是各教派的大师和代表人物,佛教思想成为全社会的指导思想,其文献的思想内容大都与佛教有关,而且大多集中在寺院收藏。寺院的历史越长、规模越大、领地越多、经济实力越雄厚,其藏书的历史也越久,数量也就越多。就目前的情况而言,除了国家图书馆、中国民族图书馆和有关民族院校图书馆及藏族聚居的地方公共图书馆等收藏一定数量的藏文文献外,绝大部分古籍依然存放在藏族各佛教寺院,约占国内整个藏文文献的70%—80%左右,而且各寺院藏书借阅限制很严,一般只供寺属喇嘛使用,寺外人员不予外借,同时还有法位等级的规定,许多藏书只供活佛、高僧使用,一般喇嘛难以见到。有的典籍,甚至不准携出书库门槛。更多的藏书则沉睡书库,长期不曾为人利用。民族文献的这种宗教特点,将会在相当长时期内影响民族文献工作。

九、事业发展的落后性

我国少数民族由于新中国建立前所处的历史发展阶段不同,新中国成立后又是从不同的社会经济形态跨越几个世纪,共同进入社会主义初级发展阶段。这就必然导致许多民族地区经济的先天不足。在国家的大力帮助和支援下,民族地区得到了较快的发展,面貌发生了较大的变化,但是由于许多民族地区仍处于封闭和半封闭状态,使社会经济发展缓慢,生产力水平低下,生产经营简单粗放,经济活动范围狭小,建立社会主义市场经济体制的条件很差,许多人的温饱问题没有从根本上得到解决。这种落后的经济状况,也就决定了民族文献工作的落后性。据统计,目前我国还有178个县、19个县级市没有图书馆,62个县,4个县级市没有文化馆,5934个乡镇没有文化站,而其中少数民族地区都占近一半。此外,诸如馆舍不足、经费短缺、工作人员素质低、设备陈旧、文献利用率低等问题,更是普遍现象。这些虽然是发展中存在的问题,但从侧面也可看出民族文献工作和全国相比,还有很大的差距,民族文献工作者要正视现实,迎头赶上,为少数民族文献事业的发展做出贡献。

总之,民族文献工作涉及我国文献工作的一切方面和全部问题,弄清了民族文献工作的共性和特性,也就抓住了我国文献工作的主要问题。

第五节　民族文献工作的基本原则

民族文献工作是民族工作的重要组成部分,在我国社会主义初级阶段开展民族文献工作,必须遵循以下原则:

(1)党的领导的原则。邓小平同志指出:"从根本上说,没有党的领导,就没有现代中国的一切。"①因此,民族文献工作,也必须坚持党的领导这一基本原则。党的领导的原则,是指在民族文献工作中必须坚持党的民族路线、方针、政策,并把民族文献工作置于党的统一领导之下,在具体工作中,要把有关情况及时向领导汇报,使领导掌握情况,了解工作进程和存在的问题,取得当地党委的重视和支持,民族文献工作才能取得好的成效。每个民族文献工作者都要努力学习民族理论和党的民族政策,积极贯彻落实党的关于民族文献工作的方针、政策和任务,这是发展民族文献事业的核心。

(2)实事求是的原则。邓小平同志指出:"实事求是,是无产阶级世界观的基础,是马克思主义的思想基础。过去我们搞革命所取得的一切胜利,是靠实事求是,现在我们要实现四个现代化,同样要靠实事求是。"②实事求是的原则要求民族文献工作要讲实效,不搞形式主义,少摆花架子,杜绝弄虚作假,在做好调查研究工作的基础上,根据不同情况,切实解决工作中的实际问题。实事求是的原则还要求我们理论联系实际,在工作中不要生搬硬套一般文献工作的经验和方法,而要根据实际情况决定工作方针,这是民族文献工作必须遵循的最基本的思想方法和工作方法。

(3)民族平等的原则。《中华人民共和国宪法》规定:"中华人民共和国各民族一律平等。国家保障各少数民族的合法的权力和利益,维护和发展各民族的平等、团结、互助关系。禁止对任何民族的歧视和压迫,禁止破坏民族团结和制造民族分裂的行为。"③由于历史上的各种原因,民族文献事业发展比较缓慢,各地区、各部门之间的民族文献工作发展也不平衡,有的条件较好,发展得较快;有的条件较差,发展得也较慢。各民族文献机构之间不要因为存在差异而互相歧视,也不应该因工作先进而觉得高人一头。各级各类民族文献机构在工作中要认真贯彻党的民族政策,互相尊重,团结互助,在平等的基础上达到民族文献事业的共同繁荣。

(4)传播利用的原则。为少数民族社会经济发展服务,这是民族文献工作的根本目的,社会主义国家的民族文献工作,最终是为了通过提供民族文献为少数民族各项事业发展服务。因此,传播利用,是整个民族文献工作的基本出发点,支配着民族文献工作的全过程,表

---

① 邓小平.邓小平文选(第3卷)[M].北京:人民出版社,1993:182.
② 邓小平.邓小平文选(第2卷)[M].北京:人民出版社,1993:143.
③ 中华人民共和国宪法第1章第4条。

现于民族文献工作的归宿。这个思想必须贯穿于民族文献工作的各个方面和民族文献管理的各项业务中。民族文献工作的开展,都是为了实现这一目的。整个民族文献工作的好坏,也主要应从是否便于传播利用去检验和衡量。从这个意义上说,传播利用,是民族文献工作原则的一个重要方面。

第六节　民族文献工作的作用

研究民族文献工作作用,就是研究民族文献工作对少数民族社会的构成、发展及其对各种社会活动过程的作用和影响。千百年来,随着少数民族社会的发展,民族文献工作的作用也不断地发生变化。本节将阐述在我国社会主义初级阶段民族文献工作的作用,即信息保证作用、决策咨询作用、中介作用和教育作用。

一、信息保证作用

随着科学的进步,信息在人类社会经济生活中的作用越来越重要。信息作为一种资源,与物质、能源一起被视作当代社会经济发展的重要支柱。从生产力的发展来看,经济技术的发展离不开及时、准确的信息。

我们处在社会这个信息大系统中,无时不在进行着信息的获取和使用,通过广播、电视、口头交流、阅读文献等途径获取有用的信息,但大量的信息是从图书、报纸、期刊等各种文献载体中得到,文献信息和口头信息、事实信息相比,具有科学性、准确性、永久性及编排的规律性,占据着信息资源的60%以上,是人类信息丰富的储藏体,所以广受人类的重视。在国际上许多发达国家不惜投入大量人力、财力进行文献信息的收集、整理与加工,并建立文献信息库,充分利用各网络的文献资源,进行信息处理,实现信息资源共享。

民族文献是我国信息领域重要组成部分。它汇集着少数民族文化成就和科技成果等一切有用的知识。它在空间和时间两个方面反映了少数民族各项事业发展的真实面貌,通过民族文献工作去进行系统的收集、整理和典藏,便可以积累和保存较完整的民族文献信息。它是有关少数民族的重要信息资源,是国家文献信息系统的组成部分之一,通过开发利用,就可以在国家和民族地区的各项事业中表现出明显的现实价值,同时,由于民族文献在其内容和生产方式上具有广泛性和连续性的特征,因而经过民族文献工作者有针对性的劳动,便可以建立起民族文献基础信息库。这个基础信息库既能够以原始文献的形式向社会各界提供服务,又能从基础信息库中提取二次、三次文献,并分析出各类不同的民族专题文献群。在条件成熟的情况下,建立由电子计算机管理的民族文献信息库,并可以与其他相关的数据库联网,实现资源共享。

二、决策咨询作用

决策是将信息化为行为的过程,信息准确与否将直接影响决策的质量。科学化的决策是社会主义经济建设快速发展的可靠保证,而决策的科学化不仅需要高水平的决策者,而且需要为决策者服务的各级情报、咨询、政策研究机构。文献信息部门是信息咨询业的重要组成部分,可以为社会提供大量的决策信息和智力资源。它通过系统地收藏及长期地积累,系统地掌握了世界范围内各个领域的知识、情报、信息及动向。从纵向能反映某一专题领域的最新科研成果,从横向能综合国内外的科学水平,能及时提供给领导和科研人员确定研究课题和主攻方向。

我国民族地区大多位于偏远的、交通不便、信息不灵的山区、牧区,经济水平落后,发展速度较慢,从而与沿海开放地区经济发展的差距越来越大。各级领导是民族政治、经济、文化发展的指挥者与组织者,有效的信息资源开发能为他们及时提供各种信息,帮助他们开阔视野,借鉴"他山之石",做出正确的决策,这对民族地区经济的发展少走弯路、缩小差距、实现各民族的共同繁荣具有重要意义。如通过甘肃省图书馆编辑的《西北地区经济建设资料书目索引》,可以了解西北地区工矿、交通、农村、地质,以及史地等各方面线索和数据,因此,民族文献工作对少数民族地区乃至全国社会主义经济建设的科学、合理的决策,无疑是十分重要的。

三、中介作用

"科学技术是第一生产力"。但是,一切科学技术成果都是知识形态的潜在生产力,它只有进入生产过程才能转化为现实生产力。即科学技术对经济发展的巨大的直接利用是通过对新知识的传播和利用达到的。在这个知识的传播和利用过程中,文献工作是一种强有力的中介。

民族文献工作不仅仅是搜集、整理民族文献信息,着重的是开发利用民族文献,从而起到一种将知识信息转化为生产力的中介作用。它可以超越时空,将过去、现在和未来的有关少数民族的社会知识有机连接成一个整体,成为少数民族社会信息交流的渠道。民族文献工作人员通过向读者(用户)提供民族文献,可以帮助他们及时了解科学技术发展动向,掌握生产技能和科学管理方法,改进工艺,更新产品,节约能源,合理利用原材料,从而降低成本和提高产品的数量和质量,创造经济价值和物质财富,推动少数民族经济发展。

四、教育作用

科技和经济越发展,社会物质生产对人们文化素养的要求便越来越高;同时物质条件越发展,社会物质生活越丰富,人们对精神文明的追求也越来越迫切。在一个社会中,只有在着力于物质文明建设的同时,加强精神文明建设,才能使经济和物质文明得到健康、持续的发展,文献工作作为一种重要的文化媒介,在推进社会的精神文明建设中发挥着重要的社会功能。

由民族文献机构提供的丰富的民族文献信息是少数民族文化的结晶,有效的民族文献工作服务是克服文化障碍、沟通各民族之间联系的有效途径。同时,民族文献又是一种历史的见证,它提醒人们借鉴历史的经验教训,以避免民族间的争斗和文明的衰亡,从而有助于促进民族之间、行业之间的了解与合作。这对我国各民族间的和睦相处是一服有效的清醒剂。

积极参与扫文盲活动是民族文献工作发挥教育功能的重要途径。据第三次全国人口普查统计,我国 12 岁以上的少数民族文盲半文盲约占少数民族总人口的 42%,比全国平均数高 10.73 个百分点,其中 9 个少数民族的文盲半文盲率占 70%以上,云南拉祜族占 83.33%,广西的南丹白裤瑶占 90.5%,还有其他 7 个少数民族的文盲半文盲率在 60.17%—68.01%

之间。革命导师马克思在《资本论》中指出"劳动生产力是随着科学技术的不断进步而不断发展的"。一个民族的文化知识状况,决定其生产力发展水平及程度,提高少数民族科学文化素质,即是促进少数民族发展繁荣的一个重要手段,又是实现少数民族发展繁荣的一个标志。从长远看,决定少数民族进步与繁荣的战略问题是智力开发。文盲充斥、科学落后的民族,必然是经济贫困的民族,只有提高科学文化素质,才能从根本上改变贫穷落后的面貌。

民族文献工作对提高少数民族科学文化水平,培养人才等方面起着重要的作用。它对人们履行持久、长远的或终身的教育职能,能够满足人们活到老学到老的需要,完成学校教育不能达到的延续教育作用。

第三章　民族文献的源流与发展

中华民族文化是由 56 个民族共同创造的一体多元的文化,与曾经璀璨夺目的古巴比伦文化、古埃及文化、古印度文化相比,只有中华民族的文化五千年一以贯之,几经跌宕而经久不息。中华民族优秀文化赖以各民族浩瀚的文献和文化的心理积淀得以传承,得以发扬光大。中国少数民族有着丰富的文献,其中包括大量的口碑文献和金石文献。这些文献数量庞大,文种多样,内容涉及了少数民族的政治、经济、宗教、哲学、地理、历史、文学、艺术、天文、科技等,是今天我们进行有中国特色社会主义现代化建设重要的文献资源。

第一节　古代少数民族文字文献概况

我国少数民族在漫长的历史发展过程中,在不同的历史时期,创造并使用多种文字,并有着较悠久的文字历史。彝文有 2000—3000 年,藏文和傣文有 1300 多年,维吾尔文有 1200 多年,蒙古文有 700 多年,壮族使用方块字也有 1000 多年的历史。有些民族的祖先曾使用过多种文字,现在已成为古文字的就有 20 多种。如佉卢文、焉耆—龟兹文、于阗文、粟特文、回鹘文、察哈台文、突厥文、夏文、契丹文、女真文、回鹘式蒙文、八思巴文、东巴文、古彝文、水书等。在这些古文字文献中有哲学、宗教、文学、法学、经济、天文、历法、医药、地理、农业、手工业等各方面的内容。这些文字虽然多数不再使用,但它们记录下来的文献资料,却为我们研究各民族的历史发展、文化渊源与相互关系提供了重要依据。

一、藏缅语族文献的形成和发展

我国使用藏缅语的民族有藏族、门巴族、珞巴族、羌族、普米族、彝族、白族、哈尼族、傈僳族、纳西族、拉祜族、基诺族、景颇族、阿昌族、独龙族、土家族等 16 个民族。它们之间保持有一定的共同文化特征,但各自又有鲜明的民族特点。藏缅语族语言属于汉藏语系,按语言的亲疏关系,又划分成藏语支、彝语支、景颇语支、缅语支 4 个语支。

藏缅语族的文献在中华民族的文献中占有重要的地位。藏缅语族中使用古老的文字和拥有文献的民族有藏族、彝族、白族、纳西族、哈尼族 5 个民族。现分述如下:

藏族

藏族,是我国具有悠久历史的古老民族之一。主要分布在西藏、青海、四川、甘肃、云南等省区。

藏族自称"博"(bod),汉文史籍中不同时期有不同的称谓。《后汉书·西羌传》中称为"发羌";唐宋时称"吐蕃";元代称"吐蕃""西蕃";明代称"西蕃",谓西藏为"乌斯藏";清初称"图伯特""唐古特",后又改称"藏蕃""藏人""卫藏";至康熙二年,始称"西藏",藏族之称由此而来。

据历史文献记载,生息繁衍在青藏高原的古人是藏族的先民。公元 7 世纪,松赞干布统一青藏高原各部,形成了一个统一的藏族,建立吐蕃王朝,定都逻娑(今拉萨),创造文字,制定法律,统一度量衡,颁行历法,融合周边民族,使藏族逐渐发展壮大起来。悠久的历史,孕育了丰富的藏族历史文化,就其文献而言,在中华民族中,仅次于汉族,居于第二位。

最早的藏文文献资料,有刻在木简上、羊肩胛骨上的,也有写在皮张上的,有刻在石崖、石碑上的,有铸在钟鼎上的,有写在贝叶上,一般是用黑墨或红墨抄写的,直到由内地传入了造纸技术,便开始写在纸上。13世纪从中原传入木刻印刷术后,各地藏区建立了印书场所,开始了雕版印书。

藏文古籍的形成始于佛教经典翻译,历经前后宏期1300多年,形成了浩如烟海的文献,其中最重要的部分大都收集在《藏文大藏经》(即《甘珠尔》和《丹珠尔》)中。

相传松赞干布时,已有译经,但其译本均已不存在,确切与否有待考证。赤松德赞时,已翻译了一些经论,主要是译自汉文的佛经,桑耶寺建成后,从内地及于阗等地聘请了不少师僧进藏,同时,培养出了一大批藏经翻译人才,自此,西藏的译经事业便大规模地开展起来。

836年,朗达玛掀起了长达130多年的灭佛运动,导致了吐蕃王朝的瓦解。这场运动,不但造成了数百年奴隶主割据争权、社会动荡不安的局面,而且使大批文献被毁。这期间出现了两个重要人物米拉日巴和萨班·贡噶坚赞,前者被称作藏族史上的一大圣人,后人以他的事迹写成的《米拉日巴传》已被公认为文学经典著作;后者则著有《因明正理藏论》《三律仪论》《萨迦格言》等多种重要文献。1246年,西藏归附蒙古,结束了长期混战割据的局面,有力地推动了西藏文化事业的发展,佛教的复苏及佛典翻译的复兴就是在这种形势下作为割据势力集团的财富积累逐渐开展起来的。特别是由元大都大量纸墨的传入,更加掀起了新的译经、校经、注经、疏经的热潮,而且文献的编目工作也随之开展。

首先,菊登日比惹墀与卫巴罗思、"王贞"南欧色译师、甲绒人江曲崩等共同把已经译出的所有经卷整理、加工,编成了一部经典目录。同时元帝命庆吉祥等人对勘藏汉译典,将凡有藏文译本者均在汉文目录下加以注明,这就是著名的"至元法宝勘同录"。

14世纪中叶,布敦大师在夏鲁寺重新校订《甘珠尔》《丹珠尔》,同时将"至元法宝勘同录"全部书目附录于其名著《善逝教法史》之后。

15世纪初,永乐帝派遣中官侯显等人进藏,取来梵箧藏经,于1411年刊成《甘珠尔》全部经典,并且还刊出了《丹珠尔》部中的6种最重要论典,保存至今,这对藏经雕版印刷的进一步发展起到了推动作用。

在永乐版刊世的影响下,帐竹王朝执政者主持刊刻的萨迦五祖全集15帙,乃东宗本、南喀桑布刊刻了宗喀巴大师的全集19帙,标明了藏族的雕版印刷已经成熟。

17世纪初,在云南刊刻的《甘珠尔》,成为现在所能见到的在藏区刊印《甘珠尔》最早的版本。

18世纪二三十年代,藏区刻印大藏经之风大盛,与此同时,个人撰述之风也更加兴盛。

19世纪中叶,第三世嘉木样的秘书喜饶嘉指将历代嘉木样协巴珍藏的书编成"罕见书目"。此目分为20类,其最后一类为文集类,计收90余家。

从吐蕃王朝的松赞干布时期创立藏文起,一直到清末民初,藏族人民创作和翻译了卷帙浩繁的典籍,按时间先后顺序,可分为两大类。第一类是吐蕃时期的古藏文文献。它包括佛教典籍、敦煌手卷、金铭石刻和木简。这部分文献记录着吐蕃时期的典章制度、政治机构、经济体系、社会结构、民族关系等方面的珍贵资料,是研究西藏这一时期的文学、历史、哲学、宗教、天文历算、医学、民俗、语言、文字等不可缺少的资料。第二类是 11 世纪以后,历代藏族学者著录和翻译的大量藏文典籍。这一批藏文书是我国现存藏文文献典籍的主体,部分版本可分为木刻本、手抄本、石刻本。据不完全统计,目前在西藏各大寺院及档案馆存有藏文典籍 46 000 多函;甘南藏族自治州的拉卜楞寺藏经卷 60 000 多部(册);青海塔尔寺除大藏经外,收藏藏文经卷约 50 000 多卷;四川德格印经院除藏有经版 217 500 块(双面雕刻)外,还有数量可观并且版本十分珍贵的藏书。北京各单位藏有藏文经典近 20 000 函;其他各地,特别是民间还藏有大量的藏文古籍。1981 年,四川藏文典籍经版征集组仅在德格、白玉、新龙、甘孜 4 个县 16 个区 37 个乡,就征集到印版 130 205 块,典籍 12 657 个(其中印本 11 986 个,手抄本 671 包),"唐卡"(藏族卷轴画)2125 幅,由此可见民间收藏之一斑。

藏文古籍,传统上分为 10 个学科。即通常所说的大五明、小五明。大五明是工巧明(工艺学)、医方明(医药学)、声明(文字语言学)、因明(逻辑学)、内明(佛学);小五明是韵律学、修辞学、辞藻学、戏剧学、星象学。一般又把小五明归在大五明的声明里,统称作五明。这种把各种学科归纳为五明的方法,是从古印度学来的。随着社会的发展,这种方法已不能准确地概括现实生活中存在的学科。所以,藏族学者在图书的分类上早已突破了这框框。粗略地可分为:历史传记、语言文字、医药卫生、天文历算、小说传奇、戏曲音乐、工艺美术、绘画雕塑、营建修缮、因明学(逻辑学)、佛学等。

历史传记类:藏族的历史传记,不但记载了藏族的远古传说和有关文字记载以来的历史,而且记载了汉族、蒙古族、土族、纳西族等国内兄弟民族的历史,对我国古代民族如西夏、突厥的历史,以及我国的邻国印度、巴基斯坦、孟加拉、尼泊尔等国的历史也都有记载,是研究我国历史及国际关系史的珍贵材料。

天文学类:藏族的天文历算有悠久的历史,有丰富的和长期的实践经验,它能准确地推算出日食月食的时间,能预报每年的气候变化,指导农牧业生产。

医药学类:藏族的医药学有 1000 多年的悠久历史,是中国医药学的重要组成部分,是藏族人民长期同疾病斗争经验的结晶。藏族历史上出过许多著名医学家,产生了不少医学名著,如《四部医典》《晶珠本草》《月王药诊》《人体发育八阶段》《藏药配制妙方》等。这些医学名著对于生理、病理、诊断、治疗和对药物的采集、炮制、使用方面,都有系统完整的论述。

文学类:藏族的文学作品和民间文学是极其丰富的,英雄史诗《格萨尔王传》是尽人皆知、名传中外的民间文学,而《米拉日巴传》《仓央嘉措情歌》《萨迦格言》《说不完的故事》《青年达美的故事》《猴鸟的故事》《金蜂玉蜂的故事》以及八大藏戏的脚本,则是脍炙人口、不胫而走的优秀文艺作品。6 世达赖喇嘛仓央嘉措的情歌,题材取自民歌,加以提炼,又回到人民群众之中,对藏族民歌有一定影响。《萨迦格言》中的一些名句,则成为人们待人接物的准则。

哲学类:藏族的哲学著作虽然大多阐述唯心主义的东西,但思想内容却相当丰富,论证的方法也有其独特之处。如果能把头脚倒过来,则其辩证法方面合理的内容,是有其一定的研究价值的,这门学科已经引起国际上藏学界的广泛兴趣。

美术类:藏族地区有许多举世闻名的古老建筑,如西藏的桑鸢寺、布达拉宫、大昭寺、江孜白居寺,以及青海的塔尔寺、甘肃的拉卜楞寺等,其造型、布局、装饰,无论从力学还是美学的观点来看,都是为人所称道的。这些建筑都有修建缘起和修建经过的文字记载。内部的大量壁画,形象地描绘出了许多重大事件的历史掌故。所以这些壁画不仅是引人入胜的美术作品,而且也是栩栩如生的历史画卷。

宗教类:佛学在藏族古籍中占有很重要的地位。由于历史的原因,藏族社会的政治、文化、军事、生产、生活等都和佛教有着千丝万缕的联系。有的佛教经典不仅是单纯言教的,而同时也是哲学古籍。

藏文古籍目录的发现经历了一个很长的历史过程,从公元 8 世纪后期赤德松赞在位之时开始编制目录,至今已有 1000 多年的历史。藏文古籍目录最主要的有《拉卜楞寺藏文书目》,收录藏文万余册;《德格印经院目录》,收录藏版 2000 多部,约 10 000 种;《藏文典籍目录·文集类子目》,收录藏文文集 180 余家;《藏文典籍要目》,其内容及著录项目等与《拉卜楞寺藏文书目》基本相符;此外,还有《丹珠尔目录》和《甘珠尔总目录》等。

彝族

彝族之称,据凉山和云南彝文文献:彝族自称 ni(或音 ne、no),汉译作"彝",主要分布在云南、四川、贵州三省和广西的西北部,是少数民族中人口较多的民族。彝语属汉藏语系藏缅语族彝语支。

彝族有文字,汉文史籍称"韪书",是一种超方言的表意文字,字数达一万多。彝族不仅有悠久的历史,而且有丰富的文献。

彝文文献主要是手抄本,木刻本很少,与宗教有密切的关系。关于彝族文字的发明,民间有种种传说,其中天神赐予之说较为广泛。如"图纳出世后,小时没有文字,长大不识字,长到 15 岁,善良的图纳,朝思又暮想,活在人世间,要在无文字,祖宗不认识,道理更不知,书籍和文字,究竟在人间,还是在天上? 我要去寻找……天上六神主,把五卷理书,赠给了图纳……顺着一阵风,回到人世间"。这样,随着彝族文字的发明,开始使用文字做文献记录。

彝族文献主要由毕摩文献、慕史文献、大众文献组成。早期彝文文献的形成主要由彝族毕摩掌握,毕摩是彝族祭师和彝族古籍的主要拥有者和传播者。在古代的彝族社会里,精神与物质浑然一体,酋长既是整个民族的统治者,又是祭师。毕摩对彝文古籍的发展曾起到过重大的作用。"兹莫毕"制度时期("兹"即君,"毕"为毕摩,就是君长与毕摩联合组织统治集团的时期)政治上相对独立统一,毕摩作为统治阶层,利用特殊的身份推动了彝文文献的发展。毕摩从统治地位中分离出来后,主要从事祭师职业,对彝文文献的发展又一次起到了重要作用,如文所说,彝文古籍的产生与宗教有密切关系,它的传播主要以宗教活动为载体,使用范围主要是宗教领域。传统分类法把彝文文献分为两大类,一类是毕摩用于宗教方面的"毕摩特依",另一类是非宗教用的"卓卓特依"。现有的彝文文献,"毕摩特依"类的书有很大的比重。但毕摩的作用有一定的历史局限性,他们最终没有从宗教圈中脱离出来,没有向更广的范围拓展。为了顺应历史的发展,古代彝族社会中又出现了在毕摩文化基础上转向文学与历史方向发展的业余文化工作者——慕史。慕史具有歌师的性质,博采毕摩以及民间歌手之长,他的出现把彝文古籍推向了更高的层次。慕史撰写的古籍把宗教、文学、历史、天文按学科内容分开,使得彝文古籍所记载的内容层次更清楚、逻辑性更强了。同时篇幅也趋向长篇巨著,写出了恢宏、博大、精深的"慕史"著作。如果说毕摩对彝文古籍的产生和发展起了重要作用,那么慕史则把彝文文献更加推向了学科化。

彝族文字及其文献随着社会的发展从早期的毕摩、统治阶层、慕史等少部分人掌握使用,慢慢地向彝族社会各领域、各阶层扩展。这样彝文古籍的形成就经历了从无到有、从不成熟到成熟的发展过程。从现存资料看,当时彝文的使用已发展到彝族社会生活的各个领域,如公告、家谱、契约、记账、信件、门联等,从而扩展了彝文古籍的内容,推动了彝文古籍的发展,形成了彝族文献体系。彝族文献以它特有的语言、健康的主题、铿锵的韵律反映出彝族人民追求自由、光明,反对剥削压迫的传统思想。

彝族民间早已认识到彝文文献分类的重要意义,创立了本民族传统的分类法。传统分类法是从用途的角度来分的,方法简明,它把整个文献分为两大类:一类是毕摩专门用在宗教方面的经典著作,一类是全民性的普通文献。

彝文文献包罗万象,内容广泛,包括哲学、历史、文学、地理、艺术、天文、医学、农技、宗教、风俗等,所以按其内容性质,彝文古籍又可分为宗教、律历、占卜、谱牒、诗文、伦理、历史、神话、译著、碑铭石刻等 10 类。

彝文古籍数量多而分散,据已知散藏在各地的古籍,约 10 000 多册。北京有 1000 多册;台湾有 1000 多册;四川省博物馆、西南师范学院、中山大学、南开大学等单位,多少不等,均有收藏。当然,更多的是收藏在民间。彝族的历史文化,基本掌握在毕摩(传统文化知识分子)手中,而毕摩又几乎是历次政治运动的对象,故彝文典籍损失惨重,尽管如此,毕摩手中仍有珍藏。十一届三中全会以后,随着各项政策的落实,广大彝族群众陆续献出不少很有价值的古籍。云南禄劝县一位老人一次献出古籍 300 余册,其中绝大部分是清代康熙、雍正、乾隆年间的抄本,还有一部分是木刻印本;老毕摩张兴一次献出 120 册。云南楚雄州彝族文化研究室从民间征集到 500 多册,贵州毕节地区彝文翻译组 1983 年收集到 400 多册,其他地区也有收集。彝文古籍多为抄本,有少量刻本,刊刻时间约在明晚期。彝文古籍蕴含丰富,不仅有宗教祭经、占卜,还有哲学、历史、地理、神话、诗文、天文历算、医药、谱牒、工艺等。

彝文古籍中,著名而影响较大的有《爨文丛刻》《西南彝志》(全书 26 卷,378 000 余字)、《宇宙人文论》《彝族诗文论》《劝善经》《教经》《指路经》《勒俄特依》《妈妈的女儿》《梅葛》《查姆》《阿细的先基》《阿诗玛》及被誉哀牢明珠的明代医书《齐书苏》等。此外,还有大量的碑铭石刻与译著。这些古籍,对研究彝族的文化、历史、民族的形成、迁徙及同其他民族的关系,都是不可缺少的珍贵资料。

白族

白族是我国西南古老的少数民族之一,主要分布在云南省,80% 以上聚居在大理白族自治州、四川凉山彝族自治州、贵州毕节地区和湖南桑植等地,也有少数白族和当地民族杂居。

白族语言属汉藏语系藏缅语族,语支未定。白族吸收了很多古代和现代的汉语,40% 以上是汉唐间的古代汉语。白族语言中的汉语词汇占 60%—70%,汉文是白族长期使用的通用文字,历史上曾用汉字或稍做变化的汉字标记白语,称为“白文”。这种文字,一般认为创制于唐南诏末期,宋大理时期有所发展,到元朝初期已比较完善了。

从 20 世纪 30 年代末以来,在考古发掘、文物抢救、古籍整理、民族文化研究等工作中,陆续发现了不少珍贵的方块白文文献。不同历史阶段的方块白文古籍,在数量上、文字结构上都有所不同,方块白文表现出明显的阶段性发展特点,大致有如下几个发展阶段:

(1)南诏前期的“借汉字白文”古籍。即假借汉字,顺其基本语法、协其语音,以记其先代流传掌故、歌谣、韵语。虽然它还不能算是严格意义上的白文作品,但它们在白文古籍的形成和发展过程中有着重要的地位。

当这种假借汉字的书写方式逐渐普及,为白族文人所习惯使用,成为一种记录白语的手段后,方块白文也就很自然地形成了。因此,这种假借汉字诗作可以看作是方块白文萌芽时期的文献。

（2）早期的方块白文文献，以南诏字为代表。其主要特点：年代较早，有较多的自创字，尚未形成较为固定的造字原则，文字符号奇特，译读难度较大。

（3）初步发展的方块白文文献。佛教文化是白族文化的重要组成部分，它的传入，丰富了白族的传统文化。这一部分古籍以南诏大理国时期的手写白文佛经和大理国《段政兴资发愿文》为代表，其特点：文字体系较为完整，书写方法较为规律，从文字上看，不仅有假借字，也有仿汉字和变汉字。因此，这一时期的方块白文，已成为一种较为成熟的文字形式。

（4）明清时期的方块白文文献，主要以各种碑刻铭文为主。古籍相对较多，材料较为丰富，方块文体也有了一定的发展。

（5）现代方块白文文献。主要是大理地区的大丰曲唱本、剑川地区的本子曲曲本以及大理、河源、剑川、石龙等地的白族民歌唱本等。数量很大，篇幅较长。

现在，从有限的文献材料中，我们可以看到方块白文历史发展的两个总的趋势：

一是"假借"—"仿照"—"假借"的发展过程。即方块白文在经历了不完备的仿造阶段后，没有继续向前发展，而是又返回到假借阶段了，假借汉字成为方块白文的主要书写方法。

二是汉字符号表音作用的不断加强。具体表现在3个方面：①方块白文中音读汉字的不断增加；②在自创字中，以类形声字占大多数；③在使用汉字书写白文时，经常出现"只重其音，不重其义"的特点。

方块白文文献的分类，通常要综合考虑各种因素，包括历史发展阶段、内容、书写材料、文字特征等。因此，白文古籍大致可分为以下几类：白文史籍、白文字瓦、写本佛经、白文碑铭、大本和本子曲曲本、民歌唱词、白文祭文。

《楚古通记》，原著者卷数、成书年代不清，从明代中叶以来，据此书编写或引用此书材料的著作约有十多种。

《创世纪》，全诗长400余行，分为《洪荒时代》（即描述宇宙被毁灭的情景）、《天地起源》（描述盘古重新创造天地的故事）、《人类起源》（又称《二人繁衍人类的故事》）三部分。这部长诗反映出白族先民认识到征服自然主要靠人的力量，人能创造一切，主宰一切。它是研究白族早期历史、文化、经济、民俗的珍贵资料。

纳西族

纳西族主要居住在云南丽江纳西族自治县和维西、中旬、宁蒗等地，现今人口约25万。

纳西族的文字有图画象形文字东巴文和音节文字哥巴文。两种文字都有1000余年的历史。

纳西族社会经过长期的发展，生产形态逐渐从游牧转向定居农耕，母系制转变为父系制，氏族向部落、部落联盟乃至民族演进，其信仰由原来的自然崇拜进入祖先崇拜，乃至神灵崇拜阶段，一种比宗教更高层次的宗教形态——东巴教，获得了产生的内在力量，逐渐形成。同时，隋唐时代，与纳西族相邻的吐蕃王朝境内发生重大的宗教斗争，苯教徒中不少人进入到纳西族地区，纳西族将其融入自己的信仰体系中，继而将一些苯教经典翻译成本民族语言。于是，东巴文字便应运而生。所谓的东巴文字，实际上是从旧有的巫术符号及岩画符号中抽象出来的一批基本字体，然后对其进行各种变体以衍生新字，增加字数，还通过注音、转借等多种手段增强文字表现力，甚至从藏文中借用一些符号而形成的文字体系。从此，纳西族文化史上出现了严格的文献。东巴教祭师东巴为纳西文献的重要传承人。纳西族的文献以东巴文为基础,东巴教教义是纳西文献的基本思想内容,没有东巴教,就没有纳西文献,反之,纳西文献丰富了东巴教,使东巴教的体系更为完整。因此,可以说纳西文献主要是宗教经典,主要为宗教服务。东巴经是一套庞大的图书集成,内容非常丰富,涉及人类起源、语言文字、天文历算、文学艺术等各个方面,也可以称为是纳西族百科全书。

纳西族的文献的内容大多是描绘和歌颂祖国大好河山及丽江田园风光,反映纳西族的民情民俗,主要包括以下几部分:

(1)对前东巴教(巫教)口诵经典的记录;

(2)对受苯教、佛教、道教影响而产生的东巴教新经典的记录;

(3)对笨教经典的翻译;

(4)后世东巴的部分创作;

(5)对部分民间口头神话、传说、故事、歌谣等的记录。

纳西族的古籍除东巴文化外,还有历代文人的汉文著作及医书,如《医龙本草》等。

初步统计,保存下来的东巴经共有 20 000 多本。云南丽江县图书馆和东巴文化研究室存 5000 多本;云南省图书馆和博物馆存 1000 多本;北京图书馆(今国家图书馆)存 4000 多本;中央民族学院存近 2000 本;台湾博物院存 1300 多本;散失在美、法、德等国 8000 多本。

东巴文保存有图画的特征,含义非一般人所懂。因此,东巴文记录的东巴经,只有造诣较深的“东巴”(即纳西族传统文化知识分子)才能解读。东巴经是纳西族传统文化的荟萃,它对研究纳西族社会的各学科都有极大的学术价值,特别是为研究人类的文字起源及其演变,提供了第一手资料。

东巴经约有 500 多卷,700 多万字,分祭风、消灾、求寿、开表、祭龙王及零杂经等 12 类,包含着文学、历史、地理、天文历算、宗教、民俗、民族关系、医药、科技等内容,堪称是研究纳西族历史、社会发展的大百科全书。

《崇搬图》(音译),英雄史诗或称创世史诗,有《古事记》《人类迁徙记》《人类的来源》《么些族的洪水故事》《创世纪》等。这些神话,产生在不同时代,有不同的版本,但内容大体相同,充分反映出纳西族先民对世上万物产生于自然的朴素的唯物史观。

《黑白战争》是描写战争的神话叙事长诗。黑,是恶神;白,是善神。黑叫术,住的地方没有太阳和月亮。白叫东,住的地方太阳明晃晃,月亮亮闪闪。术为了偷取太阳和月亮,导致了黑白战争,几经曲折,代表光明的东,终于取胜。

目前,由纳西族研究人员经过 10 年艰苦努力,已经完成《纳西族东巴占籍译注全集》的翻译整理工作,内收 1000 多种不同的东巴经。同时,一大批研究专著出版问世。云南人民出版社已推出东巴文化研究系列丛书:《东巴文化论集》《东巴文化与纳西哲学》《国际东巴文化研究集粹》等;云南美术出版社出版了大型学术画册《东巴文化艺术》;上海人民出版社出版了《中国原始宗教资料丛编·纳西族卷》,全书 60 余万字,是国际上第一本内容最全的东巴教田野调查资料卷;香港三联书店出版了云南作者撰写的《神奇的殉情》,该书出版不久就由台湾再版。上述书籍均在国内外学术界赢得好评。另外,完成了《微机中、英、象形文检索编辑系统》,首次将东巴象形文字输入电脑,对国内外东巴文古籍的编辑、出版、检索发挥了很大作用。

二、壮侗语族文献的形成和发展

我国使用壮侗语族语言的民族主要有壮、布依、傣、侗、水、仫佬、毛南、黎8个民族,其中壮族、傣族、水族、侗族、布依族、仫佬族都保存有本民族古籍,现重点记述壮、傣、水三个民族的文献的形成和发展。

壮族

壮族是我国少数民族中人口最多的一个民族,来源于我国南方古代越人,以广西壮族自治区为主要聚居地。

壮族有自己本民族的语言,属汉藏语系壮侗语族壮傣语支,也有自己的文字——方块壮字,也称"土俗字""字喃",有假借字、形声字、会意字、汉借字、自造字等5种形式。

壮族的文献主要有创世纪、长诗、神话、壮歌、壮戏和过去一些上层人物用汉文写的述。

唐宋时期,古壮字系统开始形成,主要用于讼牒、碑碣、契约、谱牒、信函、记事及民歌创作诸方面,使用相当普遍,"桂林诸邑皆然",其他壮族地区也如此。

明清时期,道教及小乘佛教传入桂西壮族地区,同时,壮族的原始宗教巫觋也达到准宗教的程度,这样,古壮字宗教经典就大量产生了。巫教经书把民间流传的创世史诗加以充实改造(如《布洛陀》《布伯》等),采用典型的壮族勒脚歌、排歌等格式,使之情节更加完整,内容更加丰富,人物形象更加鲜明,同时,又在其中渗入自己的教义,使之成为巫教宗旨的载体。道教的神职人员把其经典《道德真经》《正经》等结合壮族民间的观念与风俗,加用古壮字重新编写,内容与原文迥然不同。佛教的《金刚经》《地藏经》等也如此,三教的经典不统一,各个方言土语的神职人员互不相属,其经典往往各自编就,内容并不完全一样,这样,就造成了大量经典的产生,它们成了古壮字古籍的重要组成部分。

在民间,壮族民间诗人——歌手、歌师、歌王利用壮族民间故事,汉族古典文学作品及汉族民间传说为题材,创作了大量的民间长诗,其中既有叙事长诗、哲理诗;也有作为歌圩对歌若干套路的底本,它们是古壮字古籍的主体和最有价值的部分。同时,应运而生的壮剧和说唱也成为古壮字古籍的一部分。壮剧是由古老的傩逐步演化的,有师公戏、北路壮剧和南路壮剧等7种。说唱主要有师公调、末伦、比余、天、壮采茶等多种形式。它们大量改编汉族的古典文学作品、民间戏剧和民间文学,大大丰富了壮剧和说唱剧目、曲目。

按现存壮文文献的实际情况,壮族文献主要分为以下几类:①碑碣;②乡规民约及讼牒;③信函;④谱牒;⑤民歌;⑥长诗;⑦壮剧剧本;⑧说唱本;⑨经书;⑩医药。

现影响较大并有代表性的文献主要有《今是山房吟草》及《今足山房吟余琐记》,作者韦丰华,广西武缘人;《布洛陀》《莫一大王》(壮族长篇英雄史诗);《嘹歌·唱畜乱》(反战乱长歌);《传扬歌》(亦称《欢传扬》,壮族伦理长歌)等。

《布洛陀》是壮族创世史诗,主要描述布洛陀造天地、造人、造太阳、定万物、取火种、造米、造牛、造屋、开江河等情节,它对天地、宇宙开成到万物来源均有描述。触及了社会、政治、经济及原始宗教等各个方面,表现了人们征服自然、创造社会的强烈愿望,反映了壮族原始社会生活的基本风貌,它是研究壮族史前社会的珍贵资料。

《传扬歌》意为将做人道理传播人间的歌。明代的《传扬歌》是这类文献的代表,被称为壮人的道德经,全诗2100行,分三大部分:第一,深刻地揭露壮族封建社会"饭土归流"后给人们带来的灾难和痛苦;第二,宣传壮族人民的传统道德观念和伦理观念;第三,反映古代壮族人民朴素的唯物主义宇宙观。长诗语言准确,富于哲理,结构灵活,表现手法多样,具有较高的文学艺术特点。

傣族

傣族分布在我国云南省,有近80万人口,源于古代的百越,族源属于古代百越中"滇越"支系,是云南的土著民族之一。"傣"是本民族的自称。新中国成立前称为摆彝或者摆夷,元、明时称百夷、白夷,唐宋时称黑齿、金齿或白衣,西汉时以滇越称之,东汉时又称为掸。

傣族有本民族的语言和文字,傣语属汉藏语系壮侗语族壮傣语支。傣族有4种不同的文字,即傣仂文、傣哪文、傣绷文和傣端文,新中国成立后对傣仂文和傣哪文进行了改进,改进前的傣文,习惯称为老傣文。

傣文古籍的形成大约始于唐代,按地域划分为西双版纳傣文古籍和德宏傣文古籍。

随着小乘佛教的传入,西双版纳等地也传来了印度的文字系统,最初的傣文只是用于传播佛教,其主要用途是转写佛教经典。因此,西双版纳傣文古籍形成和发展的第一阶段从唐代到元末,这个时期的古籍主要是佛教经典,傣文还不能精确记录民间语言,还不能满足交际的需要,佛经之外的其他古籍为数不多。

西双版纳傣文古籍发展的第二个时期从13世纪后半叶开始,到17世纪初,此时的傣文不仅能转写佛教经典,而且能准确记录傣语。此后,傣文可以用于交际,可以书写文书,可以音译佛教经典和古代印度的文学作品,也可以撰写傣文著作,这一时期,佛教经典大量增加,傣文更多用于官府行文、民间交际和翻译文学作品,如译古印度史诗《罗摩衍那》和《摩诃婆罗多》。重要的代表作有创世史诗《巴塔麻嘎捧尚罗》、法律著作《芝莱法典》、长诗《沾响》以及《谈寨神勐神的由来》和文学理论著作《论傣族诗歌》。

西双版纳傣文古籍发展的第三个阶段从17世纪到20世纪初期,这一时期是傣族古籍最丰富的时期,如今保留下来的傣文古籍,多数是这个时期的作品。19世纪中期,小乘三藏经典基本完备,长篇叙事诗与文学作品被大量记录成文,而且产生了大量历史、法律、农田水利和天文历法著作。

德宏傣文大约创制于14世纪,到18世纪为德宏傣文古籍发展的第一个阶段,这个时期傣文从分散走向统一,傣文除了用来翻译佛教经典外,还逐步在官方和民间通用。

德宏傣文古籍发展的第二个阶段从17世纪中叶到20世纪初。这个时期的傣文除继续翻译佛教经典外,还根据佛本故事演绎出数百部统名"阿銮"的故事系列,同时还大规模地应用于生活,有了许多编年史书和其他民俗著作,傣剧也得到了发展。

老傣文文献内容广泛,几乎包罗万象,大致可分为以下几类:

(1)政治历史类:这是老傣文文献中最有价值的部分,包括史书和政府文牍两种。

(2)法律道德类:最早的傣文法规是13—14世纪的《芝莱法典》。

(3)宗教经典类:佛教经典在老傣文文献中所占数量最大,所译三藏经典号称有84 000部,其中比较珍贵的是经、律、论三藏的贝叶经。

(4)天文历法类:傣族天文历法具有民族特点。

(5)农田水利类:傣族是较早掌握水稻栽培技术和水利灌溉的民族之一。

(6)科技语文类:包括数学、医药、军事、语文等方面。

(7)迷信占卜类:这类书有《法底番》《占卜与命图》《历法与占卜》《历法占卜要略》《驱病避凶书》等。

（8）文学类：傣族民间文学浩如烟海，形式多样。有民歌、长篇叙事诗、神话传说故事、寓言童话、唱词、傣戏等。其中最引人注目的是叙事长诗。

其中，《芝莱法典》是傣族历史上最早的一部法学著作。本书是芝莱当政时颁发的法律，也可能是当时实行的习惯法，经后人条文化后以芝莱之名命名，内容分断案的基本原则、刑法条文及案例分析，体现了封建领主制之初的等级关系、原始农村公社制的财产关系及当时的伦理道德原则，在西双版纳一带长期保持法律效力，对研究傣族法制和当时傣族地区的社会性质和社会风貌有重要的价值。

《萨普善提》，是老傣文文献中极为重要的一部语言学文献，主要解释西双版纳老傣文的字母、发音和拼字方法。第一部分为41个基本字母的分类；第二部分是这些字母的发音方法和发音部位；第三部分讲拼音和拼写方法。本书对研究傣语傣文的演变和发展历史是极为宝贵的。

水族

水族自称"虽"，主要居住在云贵高原东南部的苗岭山脉以南、都柳江和龙江上游，最多为贵州黔南布依族、苗族自治州、三都水族自治县，其次是荔波、独山、都匀和黔东南苗族侗族自治州的榕江、黎平、从江、麻江、凯里等县，以及广西的大苗山等地。水族属汉藏语系壮侗语族侗水语支。

水族的文字古籍是《水书》。它是水族古老的宗教文化典籍，记载的主要是与水族宗教信仰有关的内容，是巫觋用于择日、占卜、召神、驱鬼等活动的工具，很少有关于本民族社会历史的记载。

由于古代生产力与科学技术落后，人们对许多自然现象捉摸不定，不能解释，认为自然界由神秘的超自然力主宰着，"鬼神"控制着人们的命运，从而敬畏"鬼神"。所以《水书》成为水族宗教信仰传承的物质因素。

《水书》多数是数目字、干支历法和象形符号。先书写时日、后记述事件兆象是水文献的行文句式的最基本形式。

《水书》受古代汉文化的影响。采用以"阴阳五行说"相配的干支纪时法，记录原始宗教信仰和民间习俗中的宜忌。

《水书》均系个人传授，其特点是：

（1）采用近似篆书体或图形体或仿汉字古体方块字的方法创制的水族的古老文字书写；

（2）水字只代表水族语言的部分符号，文中需要口语补充才能表达完整的句子；

（3）《水书》各藏抄本多数系从右到左直行竖写；

（4）没有标题，多以书开头两个音节为书名，有同书不同名的现象。

《水书》按用途分为两类：普通水书和黑书；按使用范围，分为读本、阅览本、遁掌本、时象本、星宿本、黑巫本等。

三、苗族文献的形成和发展

苗族是一个历史悠久的古老民族，主要分布在苗岭山脉和武夷山脉。贵州苗族人口最多，以黔东南苗族自治州为最多、最集中，苗族的自称有果雄、仡熊、卯、猛等。

苗语属汉藏语系苗瑶语族苗语支，分为湘西、黔东、川黔滇三大方言。

苗文文献是在苗文产生之后出现的。20世纪初，基督教传入苗族，传教士在不同地区传教,为不同的苗语方言设计了几种拼音文字,除了翻译基督教经书之外,人们还用这些文字记录传统的口传文学,近代以来的苗文只有湘西苗文与宗教没有关系。历史上各地苗族具体使用的文字有如下几种:篆体轩文、克拉克苗文、湘西方块苗文、觉居仁苗文、滇东北老苗文、注音字母苗文。

(1)克拉克苗文是英国传教士克拉克 1896 年在贵州省贵阳市为黔东苗语设计的拉丁字母苗文,不标声调。克拉克和苗语教师使用这套文字记录了 17 个苗族民间故事以及苗族神话《洪水滔天》和《兄妹结婚》,同时还翻译了《基督教小祷书》《马太福音》《圣歌》《苗英、英苗辞典》(未完成)。

(2)湘西方块苗文是由三套组成的。一套是 20 世纪 50 年代创制的,另外两种是被记录在《古文坪厅志》中的"古丈苗文"和苗族秀才石板塘创制的"板塘苗文"。板塘苗文是为了文学创作而创制的文字,主要用于编制苗歌,这些苗歌在编创过程中对新汉语借词完全使用汉字书写。这类苗歌大体分为两大类:一类是取材于中国史书、小说,目的是让苗族人民熟悉社会历史知识,有《十三经歌》《二十四史歌》《三国演义歌》《封神演义歌》《西游记歌》《水浒传歌》等。另外一类是为了唤醒苗族人民的民族觉悟、民族自信心,如《平等歌》《苗族名人歌》《祖先歌》《劝歌》《男耕女织歌》《太阳山》等。

(3)滇东北老苗文是英国传教士柏格理 1904 年 10 月开始为使用苗语滇东北次方言的苗族设计的文字,又称为"波拉文字"。这套文字有大小字母之分,大字母表示声母,小字母表示韵母。1905 年,昭通福音堂以这种文字出版发行了两本宗教方面的书。《花苗一书》(10 页)和《花苗二书》(16 页),署名都是"柏格理·李司提反·张约翰",由成都华英书局印刷,标志着柏格理在苗族地区的传教和波拉苗文在这个地区已开始使用。

(4)觉居仁苗文和注音字母苗文的文献也主要是圣经译文。

苗文文献分为历史、文化教育、语言文字、文学、宗教、天文六类。由于苗文文献形成的历史不长,所以数量也不多。

《居诗老歌》《则嘎老歌》为苗族劳动歌,分别歌颂了居诗老开创并带领先民发明武器打猎,打制农具,刻本记事活动和则嘎老教先民开垦田地,使用水牛犁田,使用稻米酿酒及他自己尝百药治病人,带领族人南迁的事迹。

《苗族古歌》长达 8000 余行,由《开天辟地歌》《枫木歌》《洪水滔天歌》《跋山涉水歌》四部分组成,对研究苗族古代社会历史、风俗、族源等提供了很好的资料,而且具有很高的文学欣赏价值。

四、突厥语族文献的形成和发展

突厥语民族文献古籍是中国文化遗产的一个重要组成部分。突厥语民族在历史上先后使用过古代突厥文、回鹘文和察合台文等不同类型的文字,现分述如下:

古代突厥文文献

"突厥"一词是指我国西北部古代民族的名称,有广义和狭义之分。狭义指公元 6 世纪至 8 世纪我国北方和西北建立突厥汗国的突厥;广义包括突厥、铁勒各部落。

"突厥文"指的是古代突厥民族使用的一种拼音文字。突厥人在我国古代北方少数民族中第一个创制了自己的文字,并用这种文字创作了许多碑铭文献,即取当地之石,精雕细凿而成。古代突厥文碑铭的形成主要经过三道工序:一是古代突厥人已掌握了冶炼技术,能够熟练地开采与打制碑石；二是在碑石上写碑文，从古代突厥碑文的记载来看，在刻写碑文之前，对采集到的石头进行精心打磨、图案雕刻等加工程序，然后才开始刻写碑文；三是工匠根据笔迹刻碑文。古代突厥文碑铭，在建造过程中得到唐朝工匠的大力帮助，所以碑铭的形制风格也受到了中原文化的影响，如《阙特勤碑》《比伽可汗碑》，不仅刻有古代突厥文，而且还有汉文。古代突厥文除碑刻外，也用于写本和刻文，由于纸在当时是十分珍贵的，所以写本的用纸不尽相同，如《古突厥格言残篇》是写于其他文书的背面的。

古突厥文文献内容广泛，涉及政治、军事、宗教、信仰、风俗、组织制度以及突厥各部之间同其他各族的关系、同中原王朝的关系等。

其中，《阙特勤碑》为阙特勒之侄药利特勤撰写，他是我们目前所知道的第一个用突厥语创作的文学家。该碑立于唐玄宗开元二十年，一面画有可汗图腾，另一面为汉文题词，在汉文石碑文右侧刻着两行古代突厥文，从整体上看，碑文保留完整，是古代突厥文碑铭中最重要的"三大碑"之一（其他为《毗伽可汗碑》和《暾欲谷碑》）。

《毗伽可汗碑》立于唐开元二十三年，是古代突厥文、汉文碑铭。突厥文部分为药利特勤所撰，汉文部分为唐玄宗开元二十二年，李融撰写，唐玄宗亲笔御书，内容与突厥文部分无关，是目前保存较好、字数最多的古代突厥文碑铭之一。

《暾欲谷碑》又称巴颜楚克图碑。由暾欲谷所撰写，共存突厥文 62 行，符号不是保存得很好，外观比《阙特勤碑》《毗伽可汗碑》简单，风格不如《阙特勤碑》《暾欲谷碑》庄重，但其叙述动人、自然。

回鹘文文献

回鹘又称回纥，始见于 7 世纪之初，其历史则可以追溯到公元 3 世纪的铁勒，始祖为丁霍。

8 世纪中叶，回鹘人基本上使用古代突厥文字，在回鹘西迁以前不久，开始使用依照粟特文字母创制的回鹘文，直到回鹘迁至吐鲁番后，回鹘文才成为通行文字，9 世纪中期至 15 世纪，回鹘文在中亚、新疆地区广泛使用。

回鹘文文献主要见于新疆的吐鲁番和甘肃的敦煌及河西走廊地区，多数为佛经，也有摩尼教和景教经典。

佛教是回鹘人的主要宗教。回鹘文佛教文献大致经历了 3 个发展阶段：早期的佛教大多译自当地的焉耆—龟兹语。回鹘西迁后，翻译了大量佛经，如《法华经》《大方广佛华严经》《弥勒会见经》等；中期的佛经是现存回鹘文佛教文献的绝大部分，都译自汉文，如《玄奘传》等；后期的佛教文献多为自己创作或改写的作品。

回鹘人早在漠北游牧时期就接受了摩尼教，西迁后，摩尼教与佛教、景教并存。

摩尼教经典存有《二宗经》《摩尼教徒忏悔词》等，此外还有景教经典古籍《福音书》等。

非宗教性的回鹘文文献有公文、契约、文学、字典和医书类等。

公文中最有代表性的是《高昌馆来文》，这是明代目夷馆编辑的一部新疆各地向明朝中央政府朝贺的公文集，回鹘文和汉文对照书写。

回鹘文契约甚多，记录了当时大量的经济活动，直接反映了当时的社会经济情况、阶级关系、民族关系和一般的日常生活。

回鹘文内容广泛，包括历史类、经济类、语言文字类、文学类、宗教类。

回鹘文书写的文学作品很多，有哲理性的诗歌、有传说故事。传世作品有《福乐智慧》

《真理之门》和译作《两王子的故事》《伊索寓言》《五卷书》等。

《弥勒会见记》原书名为《Maitrisimit》27 幕的原始剧本,是我国维吾尔族的第一部文学作品,也是我国现存的最早的剧本。该书是由一名叫圣月的佛教大师从印度语译成古代焉耆—龟兹语,后由一位名叫智护的法师从古焉耆—龟兹语译成突厥语。

《有之重修文殊寺碑》,立于 1326 年,碑高 1.24 米,宽 0.74 米。该碑对研究河西走廊地区的历史和回鹘文学具有重要价值。

察合台文

察合台,成吉思汗次子,在其封地中亚河中地区以及巴尔喀什湖以东以南草原地区建立政权——察合台汗国,是成吉思汗封地中领土最大、人口最繁荣的地区。

察合台汗国时期,随着伊斯兰教的传播,回鹘文被广泛使用,并因其通行于察合台汗国而被称为察合台文。

察合台文时代,是突厥诸族文化兴旺发达时期,这个时期出现了许多闻名于世的科学家、文学家、历史学家和宗教学家。他们继承了前期维吾尔族人和突厥其他诸族的文献著作和口头文学的传颂,吸收了阿拉伯、伊斯兰文化的精华,创作了大量的作品。

察合台文文献古籍的发展大致分为 3 个阶段:

初期阶段,即纳瓦依之前的时期。这一时期著名的突厥哲学家和文艺学家法拉毕的数十种著作,维吾尔人哈吉甫的《福乐智慧》等都是察合台文献中的精品,当时还有许多阿拉伯、波斯著作被译成察合台文。

鼎盛时期,即纳瓦依时代。15 世纪以后,察合台文化出现了一个空前繁荣的新局面,纳瓦依被誉为"语词之王",他极力主张应用"阿鲁兹"格式,即每个双行诗都押有同样的韵角,并把这种格式作为诗歌的主要格式,著名的《巴布尔传》等都应用和发展了"阿鲁兹"格式,一直流传到今天。对察合台文化的发展做出了巨大贡献。

后期阶段,即现代突厥语各民族形成时期。15 世纪以后,原来的察合台文化逐步分化,现代意义上的各突厥语民族开始形成,并开始用各种不同的突厥语进行创作。

察合台文献大致可分为三类:历史类,如《和卓传》等;语言文字类,如《突厥语词典》《库曼语汇编》等;文学类,如《福乐智慧》《真理的入门》《先祖阔尔库特书》等。

《突厥语词典》,作者马赫木德·喀什噶里,是现存最大规模的一部古突厥语词典。词典用阿拉伯文写成,共三卷,分两大部分,第一部分为"序论";第二部分为突厥语词的注释,共收突厥语词 6862 条,内容涉及面广,包括语言、文学、民族、民俗、历史、宗教、天文、地理、数学、医学、哲学、政治、经济、动植物、矿产地质等诸多方面,称得上是突厥语言文学史上的一块丰碑,是一部开语言比较研究先河的巨著。

《福乐智慧》作者尤素甫,是回鹘语写的一部古典文学名著,全诗共 85 章(外加了个补篇),长达 13 000 多行,本书中心内容是教导人们如何得到"幸福的智慧",表达了作者对一系列社会、道德、法制、哲学等问题的看法,在结构上采用对话形式,使得这部长诗具有诗剧的特点,诗中人物以比喻形式出现,不同人物都有象征性价值。格律为"阿鲁兹"格律。把阿拉伯、波斯文学的阿鲁兹格律首次用于突厥语的尝试,不仅是一部重要的文学作品,而且在某些方面可以说是研究当时社会及精神文化的一部百科全书。

五、蒙古文古籍的形成和发展

公元 1206 年成吉思汗统一蒙古高原上的各部落,建立大蒙古国,形成了一个统一的民族——蒙古族。

蒙古族主要分布在内蒙古自治区、东北三省、青海和新疆,其余各省市区都有分布。

蒙古文创始于 13 世纪初,最早用回鹘文字母,称"回鹘式蒙古文"。其后,八思巴以藏文字母为原型,创制"蒙古新字"——八思巴文。14 世纪初,蒙古族语言学家搠思吉斡节尔改革蒙古文,使文字定型为今天的蒙古文。17 世纪,又创制"托忒"蒙古文,专门记写漠西蒙古方言。

纵观蒙古文文献古籍的发展历史,按时间顺序可分为 4 个发展阶段:

(1)13 世纪初期到 14 世纪中期。这一阶段正值蒙古帝国和元朝昌盛时期,同时又是回鹘蒙古文文献、八思巴蒙古文文献的形成和发展时期。因此,这一时期也是蒙古文文献发展的高潮时期,有由其他文字译成蒙古文的典籍,如《资治通鉴》(译为汉文)、《苏布嘉地》(译为藏文),此外,还有碑铭石刻,如《成吉思汗历碑》《窝阔台汗圣旨碑》等。14 世纪初,著名的蒙古族古籍有《蒙文启蒙》《成吉思汗训诫子弟》等。这些古籍成为研究蒙古族当时历史、文化、政治等方面的重要资料。

(2)15 世纪到 16 世纪。这一时期战争连绵,可视为蒙古文文献发展的回落时期。不断的内战对蒙古文文献的发展起到了某种阻碍作用,蒙古族文献古籍相对较少,仅知道两部古籍著作《满帝海哈屯传说》《乌巴什洪台吉传》。这两部古籍,有人认为是这时期的,也有人持否定态度,目前尚无定论。

(3)17 世纪到 19 世纪。这一时期是蒙古族文化新兴时期,是回鹘蒙古文和托忒蒙古文并行时期。许多重要的历史文献、宗教文献、法典文献、语言文献、文学文献如《阿托坦汗传》《蒙古源流》《历史概要》《青史》等以及这一时期译成蒙古文的《甘珠尔》等藏文典籍和《诗经》《元史》等汉文典籍相继问世。19 世纪末,蒙古族近代优秀杰出的学者君尹湛希的四部巨著《青史演义》《一层楼》《泣红亭》《红运泪》问世。总之,17 世纪至 19 世纪是蒙古文文献最宏大、最有影响的时期。

(4)20 世纪前半叶。这一时期是蒙古族历史上以开通民智为主要内容的启蒙思想发展时期,因此,文化、教育、民俗、文学等文献问世较多,如布和贺希格《〈蒙古源流〉序》《初级文鉴》《考察日本教育日记》等。另一方面,这一时期又处在社会动荡、社会变革的年代,因此,是蒙古文文献发展的又一回落期。

蒙古文文献主要分为哲学、历史、经济、政治、法律、军事、文化教育、语言文字、文学、艺术、宗教、天文、医药、翻译、综合性图书、畜牧。

《蒙古秘史》成书于 1240 年,原本是用回鹘式蒙文书写,已佚,现今流传国内的各种版本均来源于明代《永乐大典》中的《元朝秘史》的汉文译本,全书共 282 节,以生动的文学语言和编年史体裁记述了蒙古族的起源和成吉思汗统一蒙古各部、建立蒙古汗国的英雄事迹,以及窝阔台继汗位以后的蒙古族社会、政治、经济、军事方面的重要历史事件。《黄金史纲》是得到国际蒙古学界承认的蒙文三大历史文献之一,是一部出色的蒙古编年史,它的抄本被俄国的瓦西里耶夫盗走。我国最早的刊印本是 1925 年北京蒙文书社出版的特睦格图本。《黄金史纲》产生于《蒙古秘史》之后,《蒙古源流》之前,可称为《秘史》的续编,它补充和丰富了明代汉文文献中有关蒙古的史料。《蒙古源流》是 17 世纪蒙古族的编年史,它记有印度史、西藏史、蒙古史、蒙古佛教史,成书于 1662 年,原名为《蒙古汗统宝鉴》。1777 年,乾隆钦定为《蒙古源流》,以文殿阁版刊行问世,先译成满文,后根据满文又译成汉文,至今在内蒙古保留有十几种《源流》抄本。在这三大文献之外,还有《阿萨拉格齐史》《黄史》《黄金史》《宝联珠》《水晶鉴》《成吉思汗传》《阿勒坦汗传》《月亮的光辉》《内齐禅师传》《如意念珠》等。《阿勒坦汗传》传世仅有的手抄孤本现收藏在内蒙古历史研究所,已整理出版。

又如蒙古族英雄史诗《格斯尔》,大约产生于 11 世纪,现存有 8 种回鹘蒙古文版本和 3 种托忒蒙古文版本,主要描写了格斯尔是一个天神转世,能够呼风唤雨,为民除害,威震四方,深受人们爱戴的雄师大王的故事,反映了当时人民群众美好的社会理想和生活愿望,涉及蒙古族语言、文学、宗教信仰、生活习俗等诸多方面,对研究蒙古族古代社会、蒙古族文学具有十分重要的价值。

六、满—通古斯语族文献的形成和发展

满—通古斯语民族主要居住在我国东北地区,由满族、锡伯族、赫哲族、鄂伦春族、鄂温克族组成,它们有着共同的渔猎经济类型和萨满教信仰。满族和锡伯族有自己的文字,并且留下了大量的文献古籍,现分述如下:

满文文献

满族是满洲族的简称。满族是以女真人为主体,掺入部分汉人、蒙古人等组成的新的民族共同体。

早在 12 世纪初,满族先人女真人创制了女真文,并有女真大字、小字之分。女真文在金代应用了一个世纪之久,留下了一批重要的古籍。明万历二十七年,努尔哈赤命额尔德尼巴克什、噶盖札尔固齐二人创制老满文。老满文的创制是满族历史上划时代的重要事件,它不仅进一步扩大了满族与其他民族的交往,为满族文化发展做出了重要贡献,同时,也为满族文献的形成打下了基础。天聪元年,皇太极命达海巴克什改进老满文,使满文得到了进一步完善,成为清代广泛使用的文字。现存大量的满文文献基本上都是用新满文写成的。

满文文献内容丰富,全面反映了满族及整个清代的社会历史、语言文化、风俗习惯、宗教信仰、民族关系等各个方面。满文古籍从满文创制起至清朝末年止,按时间顺序,满文文献古籍的发展可分为两阶段:

满文文献的初创时期,即满文创制到整个后金时代。这一阶段满文文献古籍的内容以历史文献为主,文字有老满文和新满文,并以新满文为主,如《满文老档》《满洲实录》和《清太祖武皇帝实录》等。

满文文献成熟时期,经历清初到清末整个清代,大约 250 年,使用的文字为新满文。这一时期满文古籍内容丰富,不仅有历史文献,而且有众多的语言、文学翻译、宗教、民俗、军事、地理、医学及自然科学等方面的文献,如《大清全书》《五体清文鉴》、满文诗、满文山歌、翻译《诗经》《三国演义》《几何原理》等。

中国第一历史档案馆、沈阳故宫、台北图书馆是我国三大满文文献宝库。据《全国满文图书资料联合目录》所录,国内 17 个省、市、自治区 48 个单位收藏的满文图书资料 10 150种,拓片 693 种,内容非常广泛。

现存的满文古籍,基本可分档案、著译、碑铭、谱牒四大类。

　　档案类:包括满文"老档"和有关清一代各朝的文书档案。"老档"共40册,原本今藏台湾。"老档"是清朝最早的一部原始资料,它记载女真各部从分散到统一,努尔哈赤建立后金,皇太极改称大清统一东北,并准备进关夺取全国统治中心的阶段史,它是研究满族早期历史的重要文献资料。清朝政府建立后,特别是康、雍、乾三朝,大量公文是用满文书写,因此继满文"老档"之后,又形成了规模更大的"新档",现仅存中国第一历史档案馆的满文档案就有145万余件。大连图书馆还藏有数量可观的满文档案,主要是清代总管内务府题本。经初步整理,该档满文题本约800余件,满、汉合璧题本约1100余件,起自顺治,终至光绪,内容反映清朝政治、经济、文化及社会生活的各个方面,是研究清史的第一手资料。其他省、自治区也有收存。这些档案有的是汉文文献中所没有的。研究清史,离开满文档案不可能是科学可信的。目前,在国内收藏的满文"老档"中,缺少天聪七、八、九年的档案,应设法补齐,完善"老档"。

　　著译类:清政权入关前,皇太极为了军事和政治的需要,在崇德四年间(1639年)令达海等人,用新满文翻译了汉籍《刑部会典》《素书》《万宝全书》《三略》《孟子》《三国演义》等。入关后,又翻译了《水浒》《金瓶梅》《西厢记》《春秋》《明史》《几何原则》《晴雨录》《太上感应篇》《蒙古源流》等,总计80余部。除翻译本外,还有用新满文编写的有关哲学、历史、语言文艺等方面的大量著作,如《皇清开国方略》《满洲祭神祭天典礼》《吕律纂要》《清文汇书》《随军纪行》《百二老人语录》等。据不完全统计,今藏满文书籍(包括满文原著及满译)共800余部。

　　碑铭类:满文的碑铭是不少的,仅《北京满文石刻拓片目录》就收载文献640余种,若加上东北和其他各地的碑刻,其数量更为可观。碑铭是研究历史的重要资料之一。清代的碑刻种类很多,有墓碑、封诰碑、军功碑、寺庙碑、宫殿碑等,大量的则是墓碑和封诰碑,碑文多是满、汉合璧。

　　谱牒类:含玉牒、皇册及王公大臣与满族家谱。清代玉牒保存最为完整,第一历史档案馆收存各种玉牒2600余册。有关藏书单位,收存满文的家谱、族谱,亦为数不少,如收藏在北京一些单位的就有《大清历代帝后宝谱》《镶黄正黄镶白三旗苏完瓜尔佳氏家谱》《纳丹珠承袭世管佐领家谱》《八旗满洲氏族通谱》《蒙古王公谱》等。民间收藏为数可能更多,应组织征集。这些资料对研究满族的历史、社会结构,均不乏参考价值。

锡伯族文献

　　锡伯族的历史比较悠久,主要分布在辽宁、吉林、黑龙江等省及新疆察布查尔锡伯自治县。

　　锡伯族有自己的语言文字,语言属阿尔泰语系通古斯语族满语支,文字则从16世纪开始和满族采用同一种文字。

　　锡伯族的主要宗教信仰是萨满教,萨满教及文化是锡伯族文化的重要组成部分。锡伯族文献由满文和锡伯文组成,流传至今的文献不多,只有《萨满神歌》《辉番卡代的来信》《顿吉纳的诗》及《三国之歌》等长篇叙事诗。

　　锡伯族文献可分为历史文献、宗教文献、文学等。这些文献从不同的角度记载了锡伯族人民积极进取的民族性格、不屈不挠的斗争精神,以及他们对美好生活的追求与向往。

　　《萨满神歌》:从内容上看,主要反映了清代锡伯族萨满祭祀的基本情况,是研究萨满教仪式、观念、神歌和锡伯族萨满教信仰的极好材料,全书为满文抄本,分二册函装。

《三国之歌》是锡伯族的一部长篇叙事诗,大约创作于 1765 年至 1865 年,是根据我国古典文学名著《三国演义》改编而成的,分为两部分:《荞麦花开》和《沙枣花开》。

七、其他少数民族文献的形成和发展

回族

回族主要分布在宁夏、甘肃、青海、新疆、云南、河南、河北、山东、安徽等省、区,呈大分散、小聚居局面。

回族是中国古代从西方来的阿拉伯人、波斯人及其他中亚一带人与汉族、维吾尔族人、蒙古人等组合的一个民族,在文化上曾受阿拉伯、波斯等西亚传统文化的影响,但和汉族关系密切,故汉文化倾向显著。回族使用汉文作为自己的文字。

回族文字文献大致包括 3 个方面:一是回族人所写,内容是有关伊斯兰教的,是当然的回族古籍;第二类是回族所写的诗文集;第三类是非回族人所写关于回族伊斯兰教的著作。

唐代李珣是第一个有著作流传下来的回族作家,有诗歌和医学著作。其妹李舜弦是中国第一位回族女作家。

到了元代,回族人开始形成,古籍渐多,而且水平也渐高,如元代高克慕,著作丰富,有《五经思问》《老庄精诣》等,但均未流传下来,他的著作仅《河防通议》传世。回族人扎马剌丁曾献《万年历》,又主持修了《大一统志》,萨都剌是元代著名诗人,有《雁门集》传世,元代盛行曲,马九皋的曲教很有名。

到明清时期有海瑞的《海瑞集》6 卷,马文开有《马端肃奏议》,丁鹤年有《丁鹤年集》等。王岱舆的《正教真诠》是第一部伊斯兰教汉文译作,另外译有《清真大学》《希克正答》二书,清朝的刘智译有《天方性理》《天方典礼》《天方至圣实录》三部著作,常志等的《回经字汇》等。

晚清时期,回族开始觉醒,出现了大量的报纸杂志,同时,回族和伊斯兰教的著作大量出现,对回族和伊斯兰教的历史、现状等系统的科学的研究也相继问世,在各种论著中,回族和伊斯兰教的关系更为明确,一为民族,一为宗教。

碑刻是回族文献的一个重要内容,碑刻主要是清真寺碑刻和回族人的墓碑。

家谱也是研究回族重要的文献,《郑和家世资料》《何氏家谱》《怀宁马氏家谱》等都是有影响的大族家谱。

回族文献可分为六类:①工具书、书目;②伊斯兰教;③语言文字;④文学艺术;⑤历史、文物;⑥科技。

《秘书监志》11 卷,元王士点、商企翁撰,汇集了元秘书监有关文体,是第一个回族古籍书目,内容不限于天文、历法,是中国和阿拉伯交流的明证。

《正教真诠》,王岱舆撰,共 40 篇,2 卷,上卷 20 篇,主要阐述了伊斯兰教的根本理论,安拉创造世界,安拉是唯一的主宰,穆罕默德是主的钦差;下卷 20 篇,把伊斯兰教义与中国儒家学说结合起来,互为补充。另著有《清真大学》和《希真正答》也是阐述和弘扬伊斯兰教的著作。

西夏文文献

西夏是党项民族在我国西北地区建立的一个封建国家,国号"白高大夏国",简称"大白高国"或"大夏国"。由于地处中原以西,所以自北宋之后,中原人一直称为"西夏",主要分

布在我国宁夏、甘肃的全部及陕西、青海、内蒙古的部分地区,由党项、汉、吐蕃、回鹘、契丹、鞑靼诸族组成。

西夏文献主要指11至14世纪间用西夏文字书写和刻印的材料,这些文献就其数量与价值来讲,在传世的中国民族文献中,居相当突出的地位。

根据史书记载,西夏文献产生于1036年,最早的译本是《尔雅》《孝经》《四言杂字》。

党项人笃信佛教,专门建立了很大规模的译场,由回鹘僧人主持,翻译了大量的佛教经典,到1090年,共译西夏文佛经820部,计3579卷,分装362帖。

同时也翻译了一部分藏文佛经,12世纪末,完成了西夏文大藏经"番大藏经",这是中国少数民族文字藏经刻本中年代最早的一种。

西夏人尊崇儒学,中原儒学在西夏被称为"汉学"。孔子被尊称为"文宣帝"。西夏文文献是中原正统儒学和民间俗文化的结合体,他们翻译《论语》《孟子》《孝经》等儒家经典所据的原本多是当代北宋的注本,而非传统上官方的注疏。

1227年,由于蒙元王朝和西夏王朝一样笃信佛教,所以有党项人重刻西夏文佛经,如《金光明最胜王经》等,到1312年,共刻印190藏,每藏3620余卷。明代以后,随着党项民族和其他民族的融合,西夏文逐渐废弃,就再没有大规模的西夏典籍问世。

契丹文文献

契丹民族源于鲜卑宇文部,最初分布在辽宁西部和内蒙古东部,916年,耶律阿保机称帝,统一契丹各部,国号为契丹,此后几经改易,公元1066年道宗定为大辽,1125年辽朝被女真人所灭,1211年,西辽也告覆亡。此后,契丹人逐渐被周围的民族所同化,契丹文献指公元10世纪至12世纪间用契丹文字记录的材料。

契丹人有两套文字,当时曾一并通用。第一套文字为"契丹大字",当时称为"小简字";第二套文字为"契丹小字",契丹大字创制的同时产生了契丹文献。公元924年,耶律阿保机曾在唐回鹘芯伽可汗的旧碑上刻契丹字以纪功。《五代会要》记载,后唐大臣于928年曾得到两件契丹绢书,此外,据《契丹国志》记载,辽圣宗耶律隆绪曾把唐代白居易的《讽谏集》译成契丹文,由于受唐代的影响,契丹文献主体很可能是诗歌集,由于契丹政府实行"书禁",即对私自刻书以及携书出境的人处以极刑,妨碍了契丹文献的流传,现存成段的契丹文资料只有少量的碑铭、墓志和哀册。

现存契丹小字文献主要有《兴宗哀册》(辽代石刻)、《萧令公墓志》(辽代石刻)、《故耶律氏铭石》(辽代石刻)等。

契丹大字文献有《大辽大横帐兰陵郡夫人建静安寺碑》(辽代石刻)、《故太师铭石记》(辽代石刻)、《耶律廷宁墓志》(辽代石刻)等。

女真文文献

女真又称诸申,是甘肃慎部的一支,11世纪中叶,女真各部逐渐统一,1115年,完颜阿骨打建立金朝,1234年,蒙古人推翻金朝。16世纪努尔哈赤统一女真各部,于1616年称汗,重用"金"为国号,史称后金。1635年,皇太极改金为"满洲",成为后来的满族。

女真初无文字,乃破辽俘契丹、汉人,始通契丹、汉字,建立金朝后,太祖阿骨打命完颜希尹创女真字。女真文字有大小字两种,而以大字者居多。传世女真大字有字书、碑刻、墓志、铜印、铜镜、佛塔题记等,传世女真小字则仅见两符牌。

为了推广新创制的女真字,金朝广设学校教授生员,同时政府颁发的文告、符牌、印章以及官方往来信函,也大量采用女真文,并用女真文撰写历史,设立女真进士科,把通晓女真文作为达官的条件。现存女真文文献有3件纸书和9件石刻。

有《女真杂字》《女真译语》《大金得胜陀颂》(石碑)、《奥屯良弼饯饮题名跋》《进士题名碑》、《奴儿干永宁寺碑》《奥屯良弼诗碑》《昭勇大将军同知雄州节度使墓碑》《庆源碑》《北青碑》(摩崖石刻)《海龙摩崖》(摩崖石刻)等。

印欧语系文献

印欧语系文献包括佉卢文献、焉耆—龟兹文献、于阗文献和粟特文献。现存2000件左右,记录了中亚地区的民族、政治、经济、宗教、语言诸方面的情况,现介绍如下:

佉卢文文献

"佉卢文"只是一种文字符号,佉卢文字是由音节字母组成的,书写方式由右向左横书,这种文字在古代曾使用于印度西北部、巴基斯坦、阿富汗、乌兹别克、塔吉克、土库曼,于公元前3世纪左右传入我国新疆的于阗、鄯善一带,所书写的资料最早者属公元前3世纪,最晚者属4至5世纪,所书写的语言属印度语系的西北俗语,现有的佉卢文文献大都是外国殖民者和探险家在新疆发掘和收购,且都被携往国外。在国外所藏的文献中,以斯坦因在新疆的尼雅、安得悦和楼兰遗址所获最为引人瞩目,文献757件。大多数为古鄯善王国的文书,包括国王政谕、公私信札、契约和籍账,文中出现了5个国王的名字。文献大致可分为木牍、羊皮书、桦皮书、绢书和纸书五类,其中木牍占绝大多数。

焉耆—龟兹文献

焉耆—龟兹文是公元7—8世纪,中国新疆焉耆、库东、吐鲁番等地使用的文字,采用的字母出自印度婆罗米字。

现存的焉耆—龟兹文献的基本形式是纸书和木牍,其中佛教文献占有很大部分,按内容可分为以下几类:

(1)字书。主要有古龟兹语—回鹘语、梵语—龟兹语对译字书。

(2)公文。有商旅通行木简、政令残片等。

(3)账册。主要是寺院出纳账目、经济往来账单。

(4)医书占卜文献残卷。

(5)历史书。

(6)文学作品。包括剧本、诗歌、故事等。其中27幕的焉耆文《弥勒会见纪》被认为是中国历史上最早的一个剧本。

于阗文献和粟特文献

于阗文是公元5—11世纪中国新疆和田一带"塞人"使用的文字,"塞人"又叫塞真人或斯基泰人,中国史书称为塞种,分布在中亚和西亚广大地区。

于阗文所记录的语言今称于阗语或阗塞语,属印欧语系伊朗语族,东伊朗语支,与现在的帕米尔诸语言比较接近。

现存于阗文献中篇幅最大的是佛经写本,著名的佛经有《大般若婆罗蜜多经》《妙法莲华经》《金光明最胜王经》等。

非佛教性的于阗文包括梵语、汉语和于阗语的对照词汇、政府公文、民间函件、账目、文学作品等。

粟特文是古代中亚今乌兹别克斯坦和塔吉克斯坦一带的粟特人使用的文字。

粟特语属印欧语系伊朗语族,在中国文字发展史上粟特文被认为是回鹘、蒙古、满一系列文字的始祖。

现存的粟特文献有木牍、纸书和羊皮书3种,内容多为佛经,如《般若波罗蜜多心经》《金光明经》《金刚般若波罗蜜多经》等。

第二节　古代汉文少数民族文献概况

一、甲骨文、金石铭文中的少数民族文献

古代汉文少数民族文献的发现极为久远,早期的甲骨文献、金石文献都可视为古代汉文少数民族文献的端倪。

在甲骨文中有许多涉及民族方面的文献记载。如刻有民族、部落的甲骨文片屡有可见,在甲骨文中就有族、羌、楚、鬼方、巴蜀等。据陈梦家《殷墟卜辞综述》中所提,甲骨文所见征伐的方国部落有土方、鬼方、羌方、黎方、龙方、马方、印方、虎方及犬、郭、蜀、巴、雀等四十多个。其中以北方及西北地区的土方、鬼方、羌方为主要用兵对象。东南方面主要是大规模地征伐人方、盂方、林方等。

在姚孝遂、肖丁合著的《小屯南地甲骨考释》中所见"乙亥贞……其令入羌"在(《库》310)中辞曰:"辛巳卜,贞,登妇好三千,登旅万,乎伐羌。"羌方是中原主要敌国之一,是西北的民族,彼此之间经常发生战争。"辛巳贞,犬侯以羌自用"。犬侯是一个部落,与中原友好,他们将俘获的羌人用于祭祀。

川东一带的苴、夷、巴,以巴为盟主。川西一带的僰、笮、冉、蜀,以蜀为盟主。还在商代后期,巴一度成为臣服商的"方国"。"庚子卜,代归,受又"郭沫若《考释》谓"归当即后之夔国,其故地在今湖北秭归县境"。而今湖北秭归之地,正是古时巴人活动的范围。至于蜀,也曾臣服于商,甲骨文中即有"蜀射三百""丁卯小,共贞,至蜀,我又(有)史(使)"等记载。在《华阳国志·巴志》中就提到"武王既克殷,以其宗姬封于巴,爵之以子";在《华阳国志·南中志》中记载:"武王伐纣,蜀与焉。"足以印证甲骨文中所述之事。

甲骨文中常见有鬼方之称,武丁时西北方面的劲敌主要是鬼方、土方等,甲骨文上记有:"己酉卜,贞,鬼方易,亡口,五月。""己酉卜,丙(贞),鬼方易,亡,五月。"《易经》中载:"高宗伐鬼方,三年克之","震用伐鬼方,三年有赏于大国",证之卜辞,殷高宗武丁确有伐鬼方的事实,又周为殷属国,震用系周之先人,参与伐鬼方之役,因而得到周王的赏赐。据专家学者的考证,鬼方是西北方面的民族,应是匈奴族的先民。

在《中国甲骨学史》中记有:"贞,(有)来自南氏龟?""来自南氏龟。不其氏?"表明殷墟卜辞所用龟甲大多来自氏龟。氏即致,亦即贡入之意。《今本竹书纪年》"周历王之年,楚人来献龟贝",进贡的龟甲来自南方,而长江中下游正是产龟的地域,也是楚人活动的范围。

西周大约自成康以后,龟卜之事日益减少,一般以筮占为多。究其原因,无外乎筮的蓍草,取材及占卜方法均简易。再者,南方之楚人追随武庚叛乱,周楚交恶,昭王时屡次征伐荆楚,直至"南征而不返"。西周向南扩张的战略失败,南方贡龟来源的中断,亦不失为龟卜减少的原因之一。

随着中原地区社会的发展,甲骨文走完了它的历史过程而被别的一些形式所取代。但

民族地区沿用兽骨记录有关社会实践的事物时有发现,这为我们研究民族的历史、文化、风俗、习惯提供了可靠的资料。如:

西周初年的铜器如《小臣谜》铭文:"虐东夷大反,白懋父以殷八自征东夷。"反映了西周征讨东夷的历史事件。《文物》1976年五期报道陕西省武功县苏坊公社出土驹父盨盖青铜器皿。《驹父盨盖》铭文谈到了南仲邦父命驹父到南诸侯那里,一同会见淮夷,索取贡赋的事,对研究西周一代周王室与淮夷的关系有着十分重要的意义。南仲见于《诗·小雅·出车》诗云:"王命南仲,往城于方,出车彭彭,旗旐央央。天子命我,城彼朔方。赫赫南仲,猃狁于襄……赫赫南仲,薄伐西戎……赫赫南仲,猃狁于夷。"郑玄笺说:"南仲,文王时武臣也。"可见,南仲是文王时镇压讨伐周边猃狁、西戎等民族的大将。

又如:在《小盂鼎》上详细记载了康王时期盂受命征伐鬼方,战役前后进行了两次,最后攻克了鬼方国都。两次战斗共生擒鬼方酋长4人,杀死敌人近4000名,俘虏14 000余人,缴获战车100多辆,马100多匹,牛羊近400头,由此可见战争规模之一斑。1980年,长安县出土的多友鼎,记载了夷王时期抵御猃狁侵扰的情形。其年十月,猃狁进犯京师,武公命多友率他的部队进行抗击,大胜而归。《虢季子白盘》记载了周宣王时抵御猃狁的情形,虢季子白率兵将猃狁阻击在洛河北岸,斩杀了500多名敌人,俘虏了50多名。逨鼎、逨簋则记载了昭王征伐荆楚的事情;虢仲簋、兮甲盘、禹鼎则记载了西周晚期征战南淮夷的事情[①]。

二、先秦古籍中的少数民族文献

先秦古籍如《诗经》《尚书》《左传》《国语》《战国策》《竹书纪年》《山海经》《穆天子传》等都有有关民族的记载。

我国最早的一部诗歌总集《诗经》,收集了周边一些民族或氏族部落的诗歌,蛮风楚韵类杂其间。将民族诗歌收集、整理、汇编成册,看成一种文献收集,应不算是牵强。

《诗经》的产生时代上至西周初期(前1100年),下至春秋中期(前600年),大约为500多年的诗歌创作,最后汇编成书。全书共305篇,分风、雅、颂三部分。《风》即"十五国风",包括周南、召南、邶风、鄘风、卫风、王风、郑风、齐风、魏风、唐风、秦风、陈风、桧风、曹风、豳风,共160篇。《雅》分为《小雅》《大雅》,其中《小雅》74篇,《大雅》31篇,共105篇。《颂》包括《周颂》31篇,《鲁颂》4篇,《商颂》5篇,共40篇。《诗经》具有鲜明的地域特征。"十五国风",其名称大多表明了产生的地域。《诗经》产生的地域非常广,以黄河流域为中心,向南扩展到江汉流域,延及当时中国的大部。《诗经》中的绝大部分诗篇是民间创作,也有小部分是贵族作品。这些诗用朴素而又生动、精练的语言,表现了广阔的社会生活和劳动人民纯真的情感。总之,《诗经》以广泛的题材,深刻的内容,凝练的语言,反映了古代社会风尚以及各个阶层间的变化,具有深刻的思想内容和社会意义。作品的形式是以四言为主,运用了赋、比、兴的手法,朴素优美的语言和自然和谐的音律,生动地描写了上古历史的社会风貌,唱出了各民族人民的心声。

《禹贡》是《尚书》中的一篇。根据目前研究结果证明,《禹贡》并非孔子手笔,最早约成书于公元前300年前后。该书首先假托禹治水后将全国分为九州,并依冀、兖、青、徐、扬、荆、豫、梁和雍州的次序记述了黄河、淮河与长江流域的州界、山川、土地、物产、贡赋、贡道等

---

① 包和平等.中国少数民族文献学概论[M].北京:民族出版社,2004.

方面的情况;然后以导山、导水的形式记述了一些重要山脉、河流的走向。而土田贡赋,便是《禹贡》中的重点,九州每一州都加以详细介绍,其门类有土壤质地、田地等级、贡赋差等,主要贡物和贡物道路等。《禹贡》对民族的情况也有涉及,提到了冀州岛夷、扬州岛夷、青州嵎夷、莱夷、徐州淮夷、梁州和夷、雍州三苗、西戎的昆仑、析支、渠搜等民族。同时,《禹贡》还以文明发达程度和经济水平为标准,提出了五服概念,并具体划分为甸、侯、绥、要、荒五服,也即后来所称的"畿服制度"。《禹贡》在古代典籍中地位颇高,所以后世研究者甚多。

该书是我国最早的一部地理著作,作为儒家经典,对中国历史、地理学术发展有着长远的深刻影响。《禹贡》对周边地区自然与经济状况的记述以及分服处理内地与民族地区关系思想的提出,对中国民族地区与民族地区学术研究的发展均有着十分重要的意义。其纪实性的描述有助于后人了解上古时代自然与社会状况,而推测与设想部分亦为后人研究上古学术史、思想史提供了宝贵的资料等。

《山海经》,作者不详。著作时代,近代学者多认为战国中叶到汉代初年,不是出自一人一时之作。《山海经》是我国古代一部颇为独特的著作。《汉书·艺文志》列入术数略形法类,共13篇。最初见于《史记·大宛列传》。今本18篇,约3万余字。晋代郭璞作注,其后的考证注释有清代毕沅的《山海经新校正》和郝懿行的《山海经笺疏》等。袁珂的《山海经校注》便于初学者。

全书18卷,原图已佚,今本之图为后人补画。分《山经》(五藏山经)、《海经》《大荒经》三类组成。《山经》5卷,即《南山经》《西山经》《北山经》《东山经》《中山经》;《海经》8卷,即《海外南经》《海外西经》《海外北经》《海外东经》《海内南经》《海内西经》《海内北经》《海内东经》;《大荒经》5卷,即《大荒东经》《大荒南经》《大荒西经》《大荒北经》《海内经》。内容涉及古代地理、历史、民族、宗教、巫术、神话、动物、植物等。所记涉及山5000多座、河流300余条、人名140多个、植物150余种、动物120多种、古国和部族150余个,书中也记载了远古神话传说,该书保存着大量资料,为研究远古历史、宗教、天文、地理、哲学、民族、民俗、动物、植物、矿物、医药卫生有重要的史料价值。

三、魏晋南北朝时期的汉文少数民族文献

从公元220年到589年,是中国历史上的魏晋南北朝时期,这个历史中从三国鼎立到晋,出现过短期的统一,而后随着北方各民族的大量移入黄河流域,北方民族在这广大的地区建立了政权,史书上称之为"五胡十六国"。这种封建割据的局面最后由鲜卑拓跋氏建魏统一了中原,史书上称之为北魏,形成了南北对峙的两个政权。

魏晋南北朝时期也是民族矛盾尖锐、战乱频繁、社会动荡不安时期,但同时也是各民族相互交往、相互融合时期。北方民族进入中原相继建立割据政权后,在政治制度上多仿效汉族传统统治方法,并深为汉族文化所吸引,多读汉人经史子传,喜爱汉人文学艺术,号召学习汉文化。如北汉皇帝"刘渊,幼好学。师事上党崔游,习《毛诗》、《京氏易》、《马氏尚书》,尤好《春秋左氏传》、孙吴兵法,略皆诵之。《史》、《汉》、诸子,无不综览。尝谓同门生朱纪、范隆曰:'吾每观书传,常鄙随、陆无武,绛、灌无文,道由人弘,一物之不知者,固君子之所耻也'"。羯族首领石勒亦"雅好文学,虽在军旅,常令儒生读史书而听之,每以其意论古帝王善恶。朝贤儒士听者,莫不归美焉"。北汉的第二个皇帝刘聪(匈奴人)"年十四,究通经史,兼综百家之言,孙吴兵法靡不诵。工草隶,善属文,著《述怀诗》百余篇,赋颂五十余篇"。

前燕第二个皇帝慕容俊"雅好文籍,自初即位至末年,讲论不倦,览政之暇,唯与侍臣错综义理,凡所著述,四十余篇"。前秦皇帝苻融"聪辩明慧,下笔成章,至于谈玄论道,虽道安无以出之。耳闻则诵,过目不忘,时人拟之王粲。尝著《浮图赋》,壮丽清瞻,世咸珍之。未有升高不赋,临丧不诔,朱彤、赵整推其妙速"①。这些都说明了贵族出身的民族文化已经达到了晋士族的水平。

南北朝时期不仅民族帝王们学习汉文,有汉文作品,同时在他们号召下普通百姓亦懂汉文并进行创作,著名的北朝敕勒族民族《敕勒歌》就是明证。据《乐府广题》载:东魏武定四年(546年),北齐神武帝高欢进攻西魏玉壁城失败后,为了鼓舞士气,使斛律金唱《敕勒歌》,神武帝自和之。其歌本为鲜卑语,翻译为汉语,故其句长短不齐。这首歌可能是当时敕勒族的一首民歌,为斛律金所唱,翻译者或许就是通晓汉语的斛律金。而斛律金的高祖倍侯利,在北魏道武帝时(402年前后)即已内附,被赐予"大羽真"及"孟都公"称号,以后世代遂仕于北魏。其兄斛律平,从高欢起义,官至济州刺史,拜爵为公。其子斛律光、斛律羡,均有武功,官至左丞相和荆山郡王。《敕勒歌》:"敕勒川、阴山下,天似穹庐,笼盖四野。天苍苍、野茫茫,风吹草低见牛羊。"气势雄浑,一气呵成,笔法朴质,不加雕饰,却韵味酣畅,声调铿锵。把阴山脚下土地的辽阔、牛羊的肥壮、牧草的丰茂像电影一样展现在读者面前,使人读后如置身于北方草原那苍茫无际的迷人景色之中。金代著名诗人元好问赞赏道:"慷慨歌谣绝不传,穹庐一曲本天然;中州万古英雄气,也到阴山敕勒川。"

拓跋鲜卑贵族建立的北魏政权(386—534年),前后长达近一个半世纪。在这近150年的时间里,尤其是在入主中原、迁都洛阳前后,鲜卑贵族统治下的北魏文化已有了很大的发展,涌现出一批鲜卑族及其他民族的历史学家、文学家、艺术家,并修撰成了一批汉文专著。如:

元晖业(?—551年),鲜卑族史学家,鲜卑贵族出身,河南洛阳人。字绍远。其曾祖小新成曾爵济阴王。父元弼,位中散大夫。晖业"少险薄,多与寇盗交通"。但稍大后便尽去"恶习",转读至贤之书。"涉子史,亦颇属文,而慷慨有志节"②。后官历司空、太尉,加特进,领中书监,录尚书事。后"以位望重,志不伦,为文宣帝所忌,天宝二年(551年),从驾至晋阳被杀"③。元晖业喜爱史学,尽管一生末入史馆,不是专职史官,但其于史学却有所著述。有名者为其闲居晋阳时所撰《辨宗室录》,共40卷,行于世。

元晖,字景袭,鲜卑族史家,鲜卑贵族出身,先祖元遵位列常山王。父元忠,爵阳城公官历侍中、镇西将军。元晖幼沉敏,"颇涉文史"④。北魏世宗元恪即位后,拜元晖为尚书主客郎。曾奉旨出外至民间采集民风民俗。后官至尚书左仆射,诏摄吏部选事。元晖也非专职史官。他也是于以政间暇进行史学著述的。他的代表史著是其主编的《科录》,共270卷。此书集录"百家要事,以类相从",时间是"上起伏羲,迄于晋宋,凡十四代"⑤,是一部记载北魏之前诸子百家事迹的史著。

元勰(?—508年),北魏宗室,字彦和,鲜卑族史学家。鲜卑元氏(拓跋氏)。父为献文帝元弘,兄为孝文帝元宏。太和九年(485年),封始平王,加侍中,征西大将军。后长直禁

---

① 《晋书·载记》

②③ 《魏书》卷19上《济阳王传》

④⑤ 《魏书》卷15《昭成子孙列传》

内,参决军国大事。孝文帝时,被封为彭城王,官中书令。宣武帝时,为侍中,录尚书事,后为太师。《魏书彭城王传》称他"敏而耽学,不舍昼夜,博综经史,雅好属文",以直言著称。元勰身为鲜卑皇族贵胄,辅弼重臣,虽日理千机,亦喜好为文著史。史载:元勰"敦尚文史,物务之暇,披览不辍"①,经过数年之功,撰成《要略》30卷。此书是为历史人物传记,上自"古帝王贤达",下迄于"魏世子孙"。

元顺(495—528年),北魏宗室,字子和,鲜卑元氏(拓跋氏)。鲜卑族史学家。其祖父元云爵位任城王。父元澄,孝文帝朝曾任征东大将军、徐州刺史等职。元顺幼即好学,九岁师事乐安陈丰,初书王羲之《小学篇》数千言,昼夜诵之,旬有五日,一皆通彻②。至16岁时,即通《杜氏春秋》。是时正值北魏兴盛之际,"四方无事,国富民康,豪贵子北,率以朋游为乐,而顺下帷读书,笃志爱古"③。宣武帝元恪执政时,元顺撰《魏颂》呈进。元顺官历给事中、恒册刺史、吏部尚书等职。他从政之余,钻研史学,撰有《帝录》20卷。淡于名利,喜作诗,解鼓琴,曾作《苍蝇赋》以泄怨,有诗赋表颂数十篇,多佚。

四、隋唐五代时期的汉文少数民族文献

在经过魏晋南北朝的长期分裂之后,隋文帝南下灭陈,大江南北复归统一。其后炀帝无道,隋亡唐兴,中国的封建社会出现了继两汉之后的又一个国力鼎盛的发展时期。社会的安定、经济的繁荣,以及由国家的统一所带来的南北各民族融合,都为文化思想界的复兴和发展制造了有利的条件。民族继前代学习汉文余绪,又出现了一批民族史学家、翻译家、音韵学家、文学家、绘画家等。其作品的特点是与汉族作者取得了一致并现出自己某些不同,创作水平达到全国一流。如鲜卑族的元结、元稹,匈奴族的刘禹锡等人都是他们那个时代文坛上的佼佼者。

陆法言,隋代音韵学家。名词,以字行。鲜卑陆氏(步六孤氏)。河北临漳人。生卒年月不详。其父陆爽,博学,与宇文恺等撰《东宫典记》70卷,官至上仪同、宣州刺史。陆法言由于出生于书香世家,学有家风,自幼敏慧好学,初官承奉朗。开皇二十年(600年),因追坐父事除名。陆法言是我国古代著名的大语言学家,对我国的文化曾做出卓越的贡献。他与刘臻、萧该、颜之推等讨论音韵,评议古今是非,南北通塞,隋文帝仁寿年间(601—604年),编成《切韵》一书。《切韵》是一本讲音韵的书,按照反切之发声以分音,收声以分韵,所以谓为切韵。《切韵》共5卷,原书久佚。近几十年来,发现几种唐写本韵书,从而考定《切韵》分一百九十三韵:平声五十四,上声五十一,去声五十六,入声三十二。部目次序不及《广韵》整齐,字数较少。它以当时洛阳音为主,酌收古音及其他方音。唐长孙讷言曾为此书做过注,天宝年间,孙愐重为刊定,名为《唐韵》。后来宋人陈彭年、邱雍等又加以重修,另名为《广韵》。《唐韵》和《广韵》皆系增补修订《切韵》而成。可见,《切韵》实成为唐宋韵书的始祖。它的问世,统一了我国南北书面语言的声韵,是音韵学上一部很重要的著作,也是我国古代著名的一部字典,在我国音韵学史上占有重要地位。

元结(719或723—772年),唐朝官员、文学家。鲜卑元氏。河南洛阳人。字次山,号漫郎、聱叟。春陵丞元延祖子。天宝十二年(753年)第进士、复举制科。奉召,上《时议》3篇。

---

① 《魏书》卷21《彭城王传》
②③ 《魏书》卷19中《任城王传》

擢右金兵曹参军,摄监察御史,为山南西道节度参谋。参与抗击史思明军,屯泌阳守险,全十五城。以功迁监察御史里行。历水部员外郎、著作郎。后拜道州刺史,为民营舍给田,免徭役,流亡归者万余。进容管经使,加左金吾卫将军。大历七年(772 年),罢还京师。卒,赠礼部侍郎。元结有《元次山集》《漫叟拾遗》《箧中集》等著作。前者有《四部丛刊》《四部备要》本,10 卷,附补遗 1 卷,中华书局孙望校本较易得。其中有反映百姓疾苦、揭露官场黑暗的诗篇,也有反映现实,涉及时政的散文。文风质朴近古,注重现实。韩愈在《送孟东野序》里把他与陈子昂、李白、杜甫并列,可见其诗文达到一定的艺术高度。

刘禹锡(772—约 842 年),字梦得。洛阳(今河南省洛阳市)人,一作彭城(今江苏省徐州市)人,自言系出中山(治所今河北省定县),是我国北方民族匈奴族的后裔。德宗贞元九年(793 年)进士。曾与柳宗元等参加王叔文政治集团,搞永贞革新,失败后,贬为朗州司马,改官连州、夔州、和州刺史,历 20 余年。后入朝,官至太子宾客,分司东都,加检校礼部尚书。世称刘宾客,为中唐时期著名诗人。他与韩愈、白居易友善唱和,世人有"刘白"之称。著有《刘宾客文集》。此集又名《刘梦得文集》《刘梦得集》《刘禹锡集》等,编目有所不同。有宋绍兴本《四部丛刊》本、上海人民出版社本等。全集 40 卷,计文章 200 多篇,诗歌 800 多首。其文随事而成,富于哲理,有的借题发挥,寓意深刻。如《天论》宣扬无神论,反对封建迷信,提倡法制。《陋室铭》为千古流传之佳作。其诗各体皆备,有讽刺鞭挞黑暗社会,借物咏史发泄自己愤懑的诗作,亦有怀古写景的作品,其诗风格清新爽朗,音节和谐嘹亮,近体诗写得尤为突出。

元稹(779—831 年),唐朝大臣、诗人。鲜卑元氏。河南洛阳人。字微之。隋朝兵部尚书元岩六世孙,唐舒王府长史元宽之子。幼年丧父,家境贫苦,母郑氏亲授书传。15 岁参加科举考试,唐德宗贞元九年(793 年),明经及第。补校书郎。宪宗元和元年(806 年),任右拾遗、监察御史等职。因得罪宦官和守旧官僚,贬为江陵士曹参军,徙通州司马、虢州长史。十四年(819 年),拜膳部员外郎。后转而依附宦官,并通过宦官的推荐,长庆(821—824 年)初,擢祠部郎中,迁中书舍人,翰林承旨学士。二年(822 年)以工部侍郎为同书门下平章事。出为同州刺史,徙浙东观察使。文宗大和三年(829 年),召为尚书左丞,寻拜武昌节底使,死于任上。元稹擅长于诗,与白居易名相埒,号"元和体",宫中呼其为"元才子"。平素与白居易友善谊深,常相唱和,世称"元白"。早期文学主张也相近,同为新乐府运动倡导者。著述甚多,长诗《连昌宫辞》较著名,有《元氏长庆集》《类集》等行世。作有传奇《莺莺传》,为后来的《西厢记》提供了素材。其中《元氏长庆集》60 集有宋建安刘麟刊本、明万历马元调刊本、国家图书馆藏明正德兰雪堂活字本、《四部丛刊》《四部备要》本、1956 年文学古籍刊行社本等多种。其中有不少讽喻诗和乐府诗同情人民疾苦,讽刺横征暴敛,揭露豪门贵族的荒淫无耻,反对穷兵黩武的侵略战争等,一定程度上反映了当时社会现实,有一定的进步意义。

李珣(约 855—930 年),五代时文学家。字德润。伊斯兰教徒。祖籍波斯(今伊朗)。先祖李苏沙,唐末经商入蜀,定居四川梓州(治今三合)。李珣少有诗名,尤工诗,为"花间派"词人之一。蜀亡后不士,作品中多有感慨之音。著有《琼瑶集》(已佚)。《全唐诗》第 12 函第 10 册,录其诗词 54 首。《花间集》亦选其词 37 首。《全五代词》卷四六,有其渔父歌 3 首。其诗词感情细腻,构思奇巧,生动感人,与一般花间词人相比,其词风格较少浮艳习气,而是清婉明丽。兼通医术,著有《海药本草》,曾为李时珍著《本草纲目》所引用。

崔致远(857—? 年),朝鲜族。字海夫,号孤云。出生在新罗国首都庆州的一个仕宦家庭。自幼聪慧绝伦,勤敏好问,12 岁到长安求学,18 岁中举。877 年任宣州溧水县尉,880 年到淮南任职于诸道行营兵马都统高骈帐下,885 年 3 月以唐朝使节的身份回到新罗,官翰林学士、兵部侍郎等职。后携家隐于江阳郡伽倻山以终。他是我国晚唐著名的朝鲜族诗人。著有《桂苑笔耕》20 卷,《全唐诗外编》上第三编第 20 卷载有诗作 60 首。

五、宋辽金时期的汉文少数民族文献

唐朝灭亡,经过五代十国一段时期动乱后,形成了宋先后同契丹族的辽朝、女真族的金朝长期对峙的新局面。在宋的周围还有羌族的党项族建立的大夏(西夏)政权,回鹘族的一部建立的高昌回鹘政权,以白族为主的大理政权,以及吐蕃、氐、羌等族建立的分散的小国,这种分裂割据的局面,延续了 300 多年。这些政权的相继建立,又使各民族有了比较好的与汉文化交流的客观条件。

辽朝是我国北方游牧民族契丹为主体建立起来的封建割据的地方政权,从兴起到灭亡共 209 年(916—1125 年)间,全面吸收学习汉文化。辽太祖耶律阿保机就非常重视向汉族的学习,他自己就精通汉文。在汉文化影响下创制了契丹文字(大小字),记录契丹语言,同时有不少契丹人学习汉文诗书,用汉文进行创作,改变了契丹族只有口头传说的局面。辽圣宗耶律隆绪善文辞,单以汉曲(短诗小词)论,即有 500 多首;辽兴宗耶律真常与臣下唱和赋诗,有不少汉文作品;辽道宗有诗集名《清宁集》。还有契丹人耶律隆先、耶律资忠、耶律孟简、萧韩家奴、耶律谷欲、耶律庶成、萧孝穆、萧柳、耶律良、耶律纯、耶律常哥等人亦有汉文作品。《辽史》里还引有大量契丹诸帝与许多重臣所写的诏令奏疏等。

耶律倍(898—936 年),又叫义宗倍,小字图欲,一作突欲。为辽太祖耶律亿长子,母淳钦皇后萧氏。倍自幼聪敏好学,辽神册元年(916 年)春,被立为皇太子。耶律倍是契丹族,但对汉文化有较高的修养。据记载,他曾买书上万卷,藏于医巫闾山绝顶之望海堂。据说他"通阴阳,知音律,精医药、砭焫之术,工辽、汉文章,尝译《阴符经》"[1],是一个博学多才的人物。此外,他还善于画辽国本国人物,曾有《射骑》《猎雪骑》《千鹿图》等作品,当时皆入藏于宋秘府,可知他绘画也有相当水平。太祖耶律阿保机死后,述律皇后欲立中子德光为帝,倍乃让位其弟。德光即位(即太宗),对兄多加猜忌,派卫士阴伺动静,并以东平为南京,徙倍居之。在逼迫之下,倍乃泛海投奔后唐明宗李嗣源,赐姓东丹,名慕华;复赐姓李,名赞华。临行时倍对左右说:"我以天下让主上,今反见疑,不如适他国,以成吴太伯之名。"立木海上,并刻诗曰:"小山压大山,大山全无力。羞见故乡人,从此投他国。"遂携美人、书籍浮海而去。此诗表现了他对兄弟猜疑的极端不满。应顺元年(934 年),后唐明宗为养子李从珂所杀。耶律倍认为这是辽国进攻中原的好机会,密报辽太宗,派石敬瑭进攻。后唐清泰三年(936 年),耶律倍为从珂所杀,年仅 38 岁。辽太宗谥曰文武元皇王,辽世宗后又谥曰让国皇帝。

萧韩家奴,《钦定盛京通志》据蒙古语译为萧韩嘉努,字休坚。辽国涅剌部人,契丹族。辽中书令安博的孙子,世袭贵族。约生于辽保宁末年(979 年)。萧韩家奴从小好学,青年时代入南山读书,博览经史,通契丹、汉两种文字,是辽代契丹族著名史学家。兴宗耶律宗真重熙(1032—1054 年)中,同知三司使事,后擢翰林都林牙,兼修国史,成为专职史宗。兴宗曾称之"为时大儒"。萧韩家奴十分重视契丹贵族先世的历史,重熙十三年(1044 年),他向兴

---

[1] 《辽史》卷 72

宗上《请追崇四祖为皇帝疏》,兴宗纳之,"始行追册玄、德二祖之礼"①。这对后世了解契丹先世的历史无疑是大有帮助的。是年六月,萧韩家奴又奉诏与耶律庶成一起广为搜集,将契丹民族自遥辇氏以来的历代事迹进行整理,集成《辽国上世事迹及诸帝实录》20卷。重熙十五年(1046年),兴宗皇帝又诏令萧韩家奴修撰《礼典》:"古之治天下者,明礼义,正法度。我朝之兴,世有明德,虽中外向化,然礼书未作,无以示后世。卿可与庶成酌古准今,制为礼典。事或有疑,与北、南院同议。"萧韩家奴奉诏后,与耶律庶成参阅了中原王朝礼制内容,"博考经籍,自天子达于庶人,情文制度可行于世,不缪于古者",撰成辽朝《礼典》3卷②。这便是以后耶律俨所修《礼志》的蓝本。萧韩家奴的另一史学成就是奉诏将汉文典籍译成契丹文。"又诏译诸书,(萧)韩家奴欲帝知古今成败,译《通历》《贞观政要》《五代史》"③,对汉族文化在契丹民族中的传播做出了积极贡献。萧韩家奴还撰有《六义集》12卷,可惜的是连同所译诸书,今皆不存。

耶律弘基(1032—1101年)又作耶律洪基,辽道宗,辽朝第八代皇帝。1055年至1101年在位。字涅邻,小字查剌。契丹族。兴宗耶律宗真长子,母仁懿皇后萧氏。6岁封梁王,后为尚书令,进封燕赵国王、天下兵马大元帅。1055年即位。在位46年。弘基为人沉静、严毅。初政,能求直言,访治道,劝农兴学,救灾恤患,平赋税,缮戎器,禁盗贼。后因贵族内部争权斗争激烈,朝政趋衰。他能文善诗,诗作《题李俨黄菊赋》为一代佳品:"昨日得卿黄菊赋,碎剪金英填作句;袖中犹觉有余香,冷落西风吹不去。"意向空灵而巧妙。传令者尚有《赐法均大师句》《戒励释流偈》。见载者有《放鹰诗》《君臣同志华夷同风诗》等。清宁六年(1060年),耶律良曾将其诗赋编成《清宁集》,今佚。他还好汉文化,尊尚儒学。设学养士;颁《五经》传疏;求乾文阁所缺经籍,命儒臣校理;多次诏颁《史记》《汉书》,召儒士讲《五经》大义。寿昌七年(1101年)正月,病卒于混同江(今松花江一段)行宫。近年,在其墓中发现汉文和契丹文哀册。

萧观音(? —1075年),回鹘人,辽道宗耶律弘基之皇后,枢密使萧惠之女。姿容冠绝,工诗,善谈论。能自制歌词,尤精琵琶。诗留今者有《伏虎林应制》《君臣同志华夷同风应制》《同心院十首》《绝命词》等。其清宁二年(1056年)随帝出猎赋"威风万里压南邦,东去能翻鸭绿江,灵怪大千俱破胆,那教猛虎不投降",气势磅礴,感情激越,很能体现契丹族勇武立国的精神。因作《怀古》诗"宫中只数赵家妆,败雨残云误汉王,唯有知情一片月,曾窥飞鸟入昭阳"被宫婢单登、教坊朱顶鹤诬其与赵惟一有私,被赐死④。

耶律庶成,辽代中期著名学者。字喜隐,小字陈六,契丹族。皇族季父房之后,检校太师耶律吴九子。自幼好学,通习契丹文、汉文,尤工于诗。兴宗重熙(1032—1055年)初始入仕,补牌印郎君,累迁枢密直学士。曾与萧韩家奴各进《四时逸乐赋》,得兴宗赏识。入宫中,参决疑议。重熙七年(1038年),出使西夏。十三年(1044年)六月,为翰林都林牙。奉命与萧韩家奴、耶律谷欲等编集辽国上世事亦及诸帝《实录》20卷,为元代史家修《辽史》打下了基础。十五年(1046年),编纂《礼书》3卷。后遵诏与枢密副使萧德共修《律令》,辽兴宗在谕耶律庶成修订律令时说:"方今法令轻重不伦,法令者,为政所先,人命所系,不可不慎,卿

---

① ② ③ 《辽史》卷103《萧韩家奴传》

④ 《辽史》卷71、王鼎《焚椒录》

其审度轻重,从宜修定。"耶律庶成与萧德参照古今成法,刊正讹谬,成书以进,兴宗"览而善之"①。他还通晓医药,以契丹医者鲜知切脉审药,并奉命以契丹文译《方脉书》,时人通习,使诸部族亦晓医事,为北方民族医学的发展做出了重要贡献。后为妻胡笃所诬,以罪夺官,贬为"庶耶律"。远使吐蕃凡12年,至道宗清宁(1055—1064年)年间始归,昭雪,诏复皇族,还官。史载有诗文于世,今不传。

耶律俨,字若思,析津府(今北京市)人。契丹族。本姓李,父仲僖。重熙年间开始任官,道宗清宁六年(1060年)受赐国姓耶律氏,封韩国公,后改任南枢密使。耶律俨"好学,有诗名,登咸雍进士等。守著作佐郎,补中书省令史,后拜参知政事"②。耶律俨才华横溢,颇有文才,乾统元年(1102年),曾撰写《道宗皇帝哀册》。乾统三年(1103年)十一月,耶律俨又奉诏纂修"太祖诸帝实录"③。早在道宗临终之前,耶律俨即曾上书:"国史非经大手笔刊定,不能信后。"④并要求著名学者王师儒把绝笔多年的国史修撰继续下去。此奏疏得到了道宗皇帝的批准。历经5载,终于完成了70卷的《皇朝实录》,后称之为耶律俨《实录》。《皇朝实录》为后来编写纪传体《辽史》打下了基础。金朝两次纂修《辽史》都以这部书为基本依据。至元代脱脱纂修辽、金、宋史,仍以耶律俨《皇朝实录》为基础。因而,元人称耶律俨的《实录》为"辽史",并评价说:"俨以俊才莅政,所至有能誉;纂述辽史,具一代治乱,亦云勤矣。"⑤

金朝是北方女真族继辽之后建立的封建割据政权。在一个多世纪的时间里,金统治者女真贵族沿用辽的统治办法,在政治制度等方面亦把中原文化奉为楷模。他们重视汉族文人,实行开科取士委以官职;尊崇孔家儒学,立孔子庙于上京,1141年金熙宗还亲祭孔庙;发展与宋贸易往来,改善民族间紧张关系;号召学习汉文化,将《易》《书》《论语》《孟子》《老子》《新唐书》等译成女真文,并进而鼓励女真人学习汉字,允许他们掌握汉字亦可承袭做官(起初女真人不懂女真文是不许做官的),从而使不少女真人对汉文化非常熟悉。如金熙宗在汉族文士韩昉等人培养下,"能赋诗染翰,雅歌儒服,分茶焚香,奕棋象戏,尽失女真故态矣。视开国旧臣,则曰无知夷狄。及旧臣视之,则曰宛然一汉户少年子也"⑥。海陵王在即位前学作汉诗,曾为人题扇:"大柄若在手,清风满天下。"南下侵宋时,在扬州赋诗,有句云:"提兵百万西湖侧,立马吴山第一峰。"以诗言志,笔力雄健,气象恢宏。金章宗注重文化建设,进唐宋名家文集26部于学士院,他本人亦酷爱写诗,创作甚多,如:"五云金碧拱朝霞,楼阁峥嵘帝子家。三十六宫帘尽卷,东风无处不扬花。"以扇为题的词如:"几股湘江龙骨瘦,巧样翻腾,叠作湘波皱,金缕小钿花草斗,翠绦更结同心扣。金殿日长承宴久,招来暂喜清风透,忽听传宣须急奏,轻轻褪入香罗袖。"把龙骨扇和宫女联系在一起,诗风纤巧绮丽。在章宗的倡导下,女真贵族官员也多写作汉诗。女真人完颜璹、完颜永城、徒单镒、徒单子温、胡麻愈、布辉等人兼通汉文、女真两种文字,有不少汉文著作和译作,为后人留下了丰富的女真族及金代珍贵的史料。

---

① 《辽史》卷89《耶律庶成传》

②⑤ 《辽史》卷98《耶律俨传》

③ 《辽史》卷27《天祚皇帝纪》

④ 《全辽文》卷10引《王师儒墓志铭》

⑥ 《大金国志》卷12

斡道冲(？—1183 年),西夏仁宗(1140—1193 年)时的著名学者,党项族人。斡道冲年幼时即天资聪慧,5 岁时就以《尚书》中童子举。他精四书、通五经,博学广识,是西夏知识分子中有一定地位的学者。斡道冲精通汉文和西夏文,曾翻译《论语注》,著有《论语小义》30卷、《周易卜筮断》等书,对于汉文化传入西夏起了不小的作用。夏仁宗以他为蕃汉教授,为西夏培养精通西夏文与汉文的知识分子。后又擢升为国相,委以治理国家的重任。为官清廉,为相十余年,家无私蓄,仅藏书数床。斡道冲死后,仁宗十分悲痛,下令以其像祭祀于学宫内,并命各州县遵此实行。由此可见,斡道冲当时在学术界的声望地位是很高的。

完颜璹(1171—1232 年),女真人。本名寿孙,字仲贤,一字子瑜。金世宗之孙,越王永功之子,金哀宗正大初封为密国公。璹博学有才,喜为诗,工草书,日以讲诵吟咏为事,多与文士赵秉文、元好问、杨云翼等往来。平生诗文甚多,自删其诗,存三百首,乐府一百首,为《如庵小藁》。晚号樗轩老人[1]。《中州集》评他为"百年以来,宗室中第一流人也"。

元好问(1190—1257 年),鲜卑族。字裕之。太原秀容(今山西忻县)人。因在遗山(今山西定襄县城东十八里)读过书,故自号遗山山人。其先祖系北魏拓跋氏,自北魏孝文帝迁都洛阳后,遂改姓为元。好问 8 岁能诗,公元 1221 年中进士,官至尚书省左司员外郎,金亡不仕,潜心撰著《金史》。他认为"不可令一代之泯而不存"[2]。于是"构亭于家,著述其上,因名曰野史。凡金源君臣遗言往行,采摭所闻,有所得辄以寸纸细字为记录,至百余万言"[3]。著有《中州集》《壬辰杂编》若干卷,专记金末丧乱之事。元好问的古文、诗词修养都很高,是金代的文坛盟主。他的散文结构严密,众体皆学;诗词苍凉沉郁,风格刚劲,有当时北方诗人的特色。遗作 5600 余首,现存 1340 余首。有《遗山先生文集》40 卷,附录 1 卷。最早为元中统严氏初刻本,今不传;今可见者有明弘治十一年(1498 年)李瀚刻本;《四部丛刊》本;清康熙四十六年(1707 年)剑光阁刻本;光绪七年读书山房刻本等。其中凡诗赋 14 卷,各类文章26 卷,附录 1 卷。其文质朴明达,缜密严谨,有韩愈、欧阳修之精气。特别是大量的碑铭、记文,记述了当时上至帝王将相,下及县令文人的生平履历、政绩创作,具有较高史学价值。其《论诗绝句三十首》在中国文论史上有重要影响。元好问编有《中州集》10 卷,附乐府 1 卷,选录金代 249 人的诗作和 36 人的词作,各家都附有小传,为后世保存了若干文史资料。

六、元朝时期的汉文少数民族文献

忽必烈建立的元朝,在中国历史上占有重要的地位。唐朝后期以来,封建割据的宋、辽、金、夏、大理等几个民族政权长期并列的分裂的局面已经结束,实现了国家的统一。有利于国内各民族间的经济文化交流和全中华民族的共同发展,有利于由多民族组成的伟大祖国经济文化繁荣和昌盛。

元朝统治阶级非常重视掌握汉文化。首先是重视汉族文化人才,给他们优厚待遇,豁免身役,并委以官职。元世祖忽必烈身边就聚集了杨惟中、姚枢、郝经、许衡、窦默、刘秉忠等儒学渊博的汉族名士硕儒,以备顾问及讲解儒学。并恢复孔孟庙祀、科举考试、开办学校。鼓励人们学习汉文化。其次,蒙古族入主中原,大批蒙古人及其他民族迁居中原与汉族杂居相处,人民出于交往的需要也迫切要求学习汉文化。另外,蒙古民族以及不少北方其他民族文

---

① 《金史》第 85 卷
②③ 《金史》卷 126《元好问传》

化属草原文化系统,具有开放吸收、兼容并蓄特点,面对优秀汉文化当然采取学习借鉴态度。这样,在有元一代掀起了一个学习汉文化的高潮。出现了不少具有高度汉文化修养的民族作者。如元世祖忽必烈、元文宗图帖睦尔均有汉文作品传世。元文宗图帖睦尔(1304—1332年)在位期间,兴文治,创建奎章阁学士院,命儒臣进经史之书,考帝王之治,推行儒学;命翰林国史院和奎章阁采辑本朝典故,仿唐、宋会要,编修《经世大典》,至顺二年书成。元文宗的《自建康之京途中偶吟》:"穿了毯衫便著鞭,一钩残月柳梢边。两三点露滴如雨,五六个星犹在天。犬吠竹篱人过语,鸡鸣茅店客惊眠。须臾捧出扶桑日,七十二峰都在前。"①描写自己自集庆路北上大都争夺帝位的急切心情并寓之于景物,语言通俗明畅又富诗情画意,具有一定思想内蕴,写早行很有特色。清人顾奎光等在其所编《元诗选》里评此诗说:"真情本色,不雕饰而饶诗意。赋早行无以逾之,结语尤见帝王气象。"还有伯颜、郝天挺、阿鲁威、不忽木、泰不华、月鲁不花、脱脱、阿盖、孛罗、萨都剌、僧嘉讷、傅仲渊、杨景贤等一大批蒙古族汉文作者写有汉文作品。

伯颜(1237—1295年),蒙古族。曾祖述律哥图,在元太祖时为八邻部左千户;父晓古台,从宗王旭烈兀开西域,伯颜因而长于西域。至元十一年(1274年)拜中书左丞相,总兵南下,后官至开府仪同三司、同知枢密院事等。终年59岁,追封淮南王,赠太师,谥忠武(见《元史》卷127《伯颜列传》)。有《丞相淮安忠武王牌》以志其功。以谋略善断著称。他的诗如《过梅岭冈留题》:"马首经从庾岭回,王师到处悉平夷。担头不带江南物,只插梅花一两枝。"②表现了一位指挥有方、骁勇善战而又儒雅风流的统帅在胜利后洁身自爱的心情。

萨都剌(约1300—1348年),元代诗人、书画家。字天锡、号直斋。蒙古族。也有回族、维吾尔族之说。先世大食(今阿拉伯)。后随蒙古军东来,定居雁门(今山西代县)。泰定四年(1327年)进士,历任镇江路京口录事司达鲁花赤、燕南河北道肃政廉访司照磨、经历,有善政。晚年寓居武林(今杭州),常游历山水。后入方国珍幕府。萨都剌以写宫词著名,诗风清丽俏逸,也有豪迈奔放之作。著有《雁门集》8卷,早佚。后有明成化二十年(1484年)张习刻本;弘治十六年(1503年)李举刻本;嘉靖十五年(1536年)刊本;清毛晋汲古阁康熙中刻本;嘉庆十二年(1807年)萨龙光编辑本;1972年上海古籍出版社本等。全集14卷,附诗余1卷,共收诗798首,词15阕。另有《西湖十景词》一集。他的《过居庸关》诗,揭露了战争的残酷,也表示了对和平的强烈向往:"上天胡不呼六丁,驱之海外消甲兵。男耕女织天下平,千古万古无战争。"在阶级社会里,这当然只能是诗人的一种幻想而已。《早发黄河即事》《鬻女谣》《征妇怨》《织女图》反映了诗人对苦难人民的深切同情,用贫富对比的手法,谴责了剥削阶级的骄奢淫逸,揭露了封建社会的阶级矛盾。他的词也以清新俏逸为后世称道。如《登石头城》表现了他词风的特色。《满江红·金陵怀古》更是一首长期脍炙人口的成功作品:"六代豪华,春去也更无消息。空怅望,山川形胜,已非畴昔。王谢堂前双燕子,乌衣巷口曾相识。听夜深寂寞打空城,春潮急。思往事,愁如织。怀故国,空陈迹。但荒烟蓑草,乱鸦斜日。玉树歌残秋露冷,胭脂井坏寒螀泣。到如今只有蒋山青,秦淮碧。"这首词在山光水色的描写中,抒发了青山常在,绿水长流,而富贵荣华如过眼云烟的感慨。抒情写景,遣词用典,都达到很高的境界。被评为"一代词人之冠"。萨都剌善楷书,治篆刻和画。其《严陵钓

---

① 《元诗纪事》第1卷
② 《元诗纪事》第4卷

台图》《梅雀》至今仍保存于北京故宫博物院。

月鲁不花（？—1354年），蒙古族。字彦明，号芝轩，其父脱贴穆耳以千户职戍越（今浙江），月鲁因而精通汉文，顺帝元统元年（1333年）进士，官广东廉访司经历、监察御史、吏部尚书、大都路达鲁花赤、翰林侍讲学士等。公元1354年于海上遇倭寇，力敌不胜遇害，谥忠肃。月鲁不花从小就有很好的文学修养，作文"下笔立就、粲然成章"。著有《芝轩集》，其诗潇洒利落，富有浪漫主义风格。如："师喜已通三藏法，我惭未读五本书。秋风欲赴云泉约，一榻清风万虑除。"（《次韵答见心上人》）"山盘九陇翠岩峣，太白星高手可招。路入松关云气合，天连宝阁雨花飘。"（《游天童山》）在月鲁不花的诗里，还流露出一种超然于世的感情，如《夜宿大慈山次金左丞韵》："昔扶红日勋劳远，今见青山草木稠；把酒不须评往事，海风吹月上西楼。"月鲁不花是十四世纪上半叶接受汉文化较深的蒙古族诗人。

忽思慧，蒙古族（也有认为他是维吾尔族的）。元延祐年间（1314—1320年），他在元廷任饮膳太医，负责宫廷中的饮膳调配工作，专门从事饮食营养卫生的研究，是当时有名的营养学家。他编撰的《饮膳正要》一书，是我国古代第一部饮食卫生与营养学专著。《饮膳正要》共分3卷，卷1讲各种食品，卷2讲原料、饮料和"食疗"，卷三讲粮食、蔬菜、各种肉类、水果等。忽思慧在书中强调营养学的医疗作用，他认为最好少吃药，平时注意营养调剂，不吃药也能治病。他对春夏秋冬"四时所宜"吃什么东西，都有论述。书中还附有许多插图，如每种食物的性状、对身体有什么好处、能治什么疾病等，都一一加以说明。书中还提倡讲究个人卫生，如对饭后漱口、早晚刷牙、晚上洗脚、薄滋味、戒暴怒等，都有论述。忽思慧和他所著《饮膳正要》一书，对传播和发展我国的卫生保健方面，做出了一定的贡献。

脱脱（1314—1355年），字大用，元蒙古蔑里乞氏。15岁为皇太子怯怜口怯薛（宿卫）官。顺帝元统（1333—1335年）间官至同知枢密院事。至正元年（1341年），任右丞相。废旧政，雪诸王冤狱，复科举，政绩甚著。

脱脱主持编写的三部史书为中华的历史学科建设做出了重要贡献，为后世研究宋、辽、金史提供了宝贵资料。其间他主持把宋辽金三朝并列正统，在中国历史上是绝无仅有的事情，显示了华夷平等的思想，确有其进步意义。

《宋史》是记载两宋历史的纪传体史书，它的具体历史时间，起于宋太祖建隆元年（960年）赵匡胤称帝，北宋正式建立，终于南宋赵昺祥兴二年（1279年）元军破崖山，陆秀夫负帝昺投海死，南宋灭亡，共记载了320年的两宋历史。

《宋史》卷帙繁多，是我国的二十四史中分量最大的一部，共496卷，其中本纪47卷、志162卷、表32卷、列传255卷。

书中有关少数民族史料，比较集中的有卷485至卷486夏国传，卷488交阯、大理传，卷490于阗、高昌、回鹘、龟兹、沙洲、拂菻等传，卷491流求、定安、渤海等传，卷492吐蕃之峪厮啰、董毡、阿里骨、瞎征、赵思忠等传，卷493至495西南溪峒诸蛮传，卷496蛮夷之西南诸夷、黎州诸蛮等传。许多重要史料散载于有关本纪和人物传中。本纪如卷1至卷23北宋太祖赵匡胤、太宗赵昊、真宗赵恒、仁宗赵祯、神宗赵顼、哲宗赵煦、徽宗赵佶、钦宗赵桓，卷24至卷47南宋高宗赵构、孝宗赵慎、宁宗赵扩、理宗赵昀、度宗赵禥、益王赵昰、卫王赵昺等；人物传则更多，如卷258曹彬、潘美传，卷260米信、田重进传，卷272杨业传，卷279王继忠传，卷290曹利用、荻青传，卷291宋绶传，卷305薛映传，卷309王延德（大名人）传，卷310王曾传，卷339苏辙传，卷358至卷359李纲传，卷360宗泽传，卷364韩世忠传，卷365岳飞传,卷373 浩皓传等。这些纪、传所载,包括宋朝,对有关民族地区的管辖,两宋与辽、夏、金以及有关少数民族政权、少数民族地区政治、军事、经济和文化等方面的关系。卷85 至卷90 地理志和卷91 至卷97 河渠志所载主要为宋辖区的建置沿革以及河渠的地理情况,也涉及有关少数民族地区。

《宋史》还有一点是应该特别加以指出的,许多少数民族史家为《宋史》的编撰提供了史料或直接参加了编撰,在《宋史》的写作班子里有不少的少数民族知识分子。如康里人铁木儿塔识充任《宋史》总裁官,他是国子学诸生出身,对于修史"多所协赞"。又如斡玉伦徒,字克庄,号海樵子,唐兀人,为大儒虞集弟子;泰不花,伯牙吾氏,至治元年进士;余阙,唐兀人,元统元年进士。他们都是有一定儒学根底的少数民族文学家、史学家,由于他们参加修史工作,对克服汉儒的民族偏见和较为正确地撰写少数民族历史等方面是有好的作用的。在正史修撰中有如此众多的少数民族史家参加修史,也是仅见的。

《辽史》实际修撰只用了不到一年,即从至正三年(1343 年)四月至正四年(1344 年)三月成书。

《辽史》从公元907 年至1125 年,记载辽朝219 年的历史。其中也兼叙辽以前契丹族和辽亡后耶律大石建立西辽朝的历史。《辽史》共116 卷,其中包括本纪30 卷,志32 卷,表8 卷,列传45 卷,国语解1 卷。

本纪记述了辽朝太祖(2 卷)、太宗(2 卷)、世宗(1 卷)、穆宗(2 卷)、景宗(2 卷)、圣宗(8 卷)、兴宗(3 卷)、道宗(6 卷)、天祚帝(4 卷)等九朝的历史。集中反映了辽朝由强到弱、由盛转衰的历史过程。

志分10 目,《营卫志》3 卷,《兵卫志》3 卷,《地理志》5 卷,《历象志》3 卷,《百官志》4 卷,《礼志》5 卷,《乐志》1 卷,《食货志》2 卷,《刑法志》2 卷,各志内容都极简略,营卫、兵卫二志为前代史书所无。

表分《世表》《皇子表》《公主表》《皇族表》《外戚表》《游幸表》《部族表》《属国表》,简明扼要地将有关史事表列出来,既省笔墨,又明事委,值得肯定。

列传45 卷,分后妃、宗室、文学、能吏、卓行、列女、方技、伶官、宦官、奸臣、逆臣、外纪等,共记人物230 余人,事迹简略,且耶律姓氏和皇后家族占百分之七八十,好像是皇族、外戚之家传,因此,列传所记人物面窄。《外纪》述高丽、西夏二国事。

《国语解》1 卷,对书中用契丹语称呼的姓名、称谓、官名、地名、部族名,如"夷离堇"(统军马大官)、"林牙"(相当于翰林官)等,一一做了解释,不仅有助于研读《辽史》,而且对研究契丹族语言文字也有参考价值。但其中释音谬误不少,参以《辽金史国语解》辽史部分订误,则更完善。由于《辽史》成书仓促,错误、舛讹较多,有些史文,更应认真鉴别。

《金史》修撰时间与《辽史》相同,从元顺帝至正三年(1343 年)正式开始,至次年11 月书成。《金史》上起公元1115 年,下至1234 年,记载金朝一代的历史。全书共135 卷,其中包括本纪19 卷,志39 卷,表4 卷,列传73 卷。

本纪部分,首篇为《世纪》1 卷,末篇为《世纪补》1 卷,余则为九朝帝纪。《世纪》追记太祖阿骨打以前从始祖函普到康宗乌雅束的11 代君主的世系,简述了世居长白山到黑龙江之间的女真族在原始社会末向奴隶社会过渡的历史进程,由部落纷争到走向统一,由弱小逐渐强盛的发展状况,从中反映出女真族的社会生活、经济文化的基本情形。《世纪补》,则是将熙宗的父亲宗峻、世宗的父亲宗辅、章宗的父亲允恭作为纪集中分述,三人不曾为帝,都是因其子登极继承帝位后,追封他们为帝的。他们原为诸王,本应列入传记,此书别为《世纪补》立意推尊。但海陵王在帝位时,亦追尊其父为帝,后海陵帝号被削,降为庶人,其父帝号随之被削,但海陵入本纪,其父仍入列传,不入《世纪补》,说明在体例上存在不一问题。

志分天文(1卷)、历(2卷)、五行(1卷)、地理(1卷)、河渠(1卷)、礼(11卷)、乐(2卷)、仪卫(2卷)、舆服(1卷)、兵(1卷)、刑(1卷)、食货(5卷)、选举(4卷)、百官(4卷)等14目,内容比较详细。《食货志》记载了女真在中原实行猛安谋克制屯田的情况和金末货币混乱的情形。《地理志》有关北方各州县的建置沿革,《河渠志》关于修治黄河和北方水运交通,《百官志》《选举志》《刑志》中的有关史实,都具有重要的史料价值。

表分宗室(1卷)、交聘(3卷)2目,凡是有关金与宋、西夏、高丽之间的战争、议和、庆贺吊丧使者往来等史事,都列入《交聘表》内,一目了然,简明扼要。此表为《宋史》《辽史》所无。但其中错误不少。

列传部分,分类较细,将一朝人物分别归入后妃(1卷)、王子(7卷)、诸臣(48卷)、世戚(1卷)、忠义(4卷)、文艺(2卷)、孝友隐逸(1卷)、循吏(1卷)、酷吏佞幸(1卷)、列女(1卷)、宦者方技(1卷)、逆臣和叛臣(各1卷)、外国(2卷)等列传之中,其中,有些人物归类与史实不符。但部分传记叙事较详,可补本纪内容的不足。如:《窝斡传》中记撒八和移剌窝斡领导的契丹部族起义,要比世宗本纪所记详细得多;《国用安、时青传》《完颜仲元传》等详载了红袄军起义情形,则又能补章宗本纪的不足。

书末所附《金国语解》,分官称、人事、物象、物类、姓氏五类,对书中女真文音译的名词注明汉文意义,有助于阅读全书。

需要指出的是,由于中统年间(1260—1264年)王鹗修的《金史》、刘祁写的《归潜志》和元好问写的野史,早已失传,元修《金史》便成了保存至今唯一比较丰富、系统的金代正史。它系统地记载了女真族的发展史,尤其是女真及我国东北各族早期的情况。这些资料多不见于其他史籍。这部史书的"志",写得尤为详细,为我们研究金代各项制度及我国东北地区早期的行政区划、自然条件、物产、山川、民族等,提供了宝贵的资料。

杨景贤(约1333—?年),字景言,号汝斋。蒙古族。自幼聪明好学,精通汉语汉文,擅长音律和辞赋,编写了大量杂剧,是一个富有艺术才能的人。据记载他"善琵琶,好戏谑,乐府出人头地"(《录鬼簿续编》)。他与杂剧作家贾仲明交游50年,互相切磋,在杂剧创作上都有一定的成就。明成祖永乐初年(1403年),特重语禁,由于杨景贤工于隐语(即谜语),以善谜名,故被召入值,以备顾问。后卒于金陵。杨景贤是蒙古族第一个剧作家,共作杂剧19种,有《刘行首》《天台梦》《玩江楼》《偃时救驾》《西湖怨》《为富不仁》《待子瞻》《三田分树》《红白蜘蛛》《巫娥女》《保韩庄》《盗红绡》《鸳鸯宴》《东岳殿》《海棠亭》《两团圆》《风月海亭》《史教坊断生死夫妻》等。现存《西游记》《刘行首》两种。此外,还有小令7首,套数2套。杨景贤的《西游记》杂剧共6本24折,为元杂剧之最长者。有明万历年间刻本;日本昭和三年(1928年)东京斯文会排印本;《古本戏剧丛刊》初集本;《元曲选外编》本等。主要描写唐僧西天取经故事,带有浓厚神话色彩。艺术方面结构谨严、主题突出,语言诙谐风趣,人物形象鲜明。并对吴承恩的《西游记》小说在人物数量,个性特点,故事情节,语言风格诸方面产生明显影响。在元杂剧创作,取经故事流传方面占有重要地位。

元朝的统一,也为各民族与中原汉文化的交流提供了方便条件。除蒙古族外,契丹族、雍古、葛逻禄、唐兀、维吾尔、回回、女真等民族亦有不少具有较高文化修养,许多出现用汉文进行写作的作者及作品。如契丹族的耶律楚材有《湛然居士集》，耶律铸有《双溪醉隐集》；雍古人的马祖常有《石田先生文集》；葛逻禄人乃贤有《金台集》；唐兀人余阙有《青阳集》，昂吉有《启文集》；维吾尔族贯云石有《酸甜乐府》（与人合集）；回族的丁鹤年有《丁鹤年集》，高克恭有《房山集》；女真族的李直夫有《便宜行事虎头牌》等13种杂剧，石君宝有《秋胡戏妻》等数种杂剧。

耶律楚材（1190—1244年），契丹族，字晋卿。辽国东丹王耶律突欲八世孙，金尚书右丞耶律履之子。元太祖铁木真、太宗窝阔台时深受信任，任事近30年，官至中书令。凡蒙古陋俗悉为改革，元代立国规模多由其奠定。耶律楚材不但是元朝著名的政治家，为妥善治理国家，维护民族团结，发展经济文化，做出了卓越的贡献，而且是一位博学多才的著名学者。他通晓天文、地理、历法、医学，工诗文。王鄰在耶律楚材的《湛然居士集》序中曾这样写道："其言赋者，自与贾马争丽。则言诗者，自以李杜争光焰。逞词藻者，不让苏黄。论歌词者，辄轻吴蔡。"《湛然居士集》收有文约百篇，诗660余首。他早期作品不少是反映蒙古骑兵的军功武威和记叙自己鞍马生活的。像"阴山千里横东西，秋声浩浩鸣秋溪。猿猱鸿鹄不能过，天兵百万驰霜蹄"（《过阴山和人韵》）。"西征军旅未还家，六月攻城汗滴沙。自愧不才还有幸，午风凉处剖新瓜"（《西域尝新瓜》）。这些诗句自然天成，不事雕琢，气象宏大，慷慨雄浑，充满着进取精神、乐观态度和对"力"的赞颂之情，对后人诗作有较大影响。清人顾嗣立在其所编纂的《元诗选》中说他"雄篇秀句散落人间，为一代词臣倡"。这种赞誉，并非过分。耶律楚材还是一位古今书画、金石、遗文的学者和收藏家。他仅珍藏的古今书画、金石、遗文就有数千卷之多。在他的主持下，设立的编修所、经籍所，负责修纂和印刷经史，对保护中华民族的文化遗产做出了重大贡献。他追述随军10年生活的《西游录》，记载了我国新疆和中亚东部的见闻，是研究我国历史和地理的一部重要著作。

李直夫，本姓蒲察，人称蒲察李五。女真族人。生卒年月不详。曾任湖南肃政廉访使，是元代前期（宪宗元年—大德十一年，1251—1307年）一位比较多产的杂剧作家。所著杂剧已知的有：《虎头牌》《水渰兰桥》《孝谏郑庄公》《反斗娘子劝丈夫》《伯道弃子》《火烧祆庙》《夕阳楼》《占断风光》《念奴教东》《错立身》《坏尽风光》《风月郎君怕媳妇》等13种，但只有《便宜行事虎头牌》一剧传世至今。《便宜行事虎头牌》又叫《枢院相公大断案》，共分4折，描写女真族的金牌上千户山寿马执法严明，责罚他叔父银柱马贪酒失地的故事。全剧颂扬了执法严明，铁面无私的优良品德。同时还反映了女真族的一些风俗习惯，采用了不少女真乐曲，具有浓厚的女真族民族色彩。

马祖常（1279—1338年），字伯庸。维吾尔族，世为雍古特部，居靖州天山（今新疆），其高祖锡里吉思在金末为凤翔兵马判官，子孙遂因以马为姓。仁宗延祐初科举，祖常乡贡、会试皆第一，廷试第二，授应奉翰林文字，元统中任御史中丞等职，具有较高蒙汉文化修养。曾参与修撰《英宗实录》，译《皇图大训》《承华事略》为蒙文。他的《石田先生文集》15卷，其中诗5卷，文10卷。有元代至元五年扬州路刻本；明弘治六年熊翀刻本；清刻本、抄本；1987年中华书局影印本等多种版本。其文提供了大批历史人物事件资料。其诗"自成一家之言""园密清丽，大篇短章，无不可传者"①。既有反映社会现实内容，又有描写元上都与西北地区风光习俗作品。也有反映元代中国与波斯等西域国家地区经济文化交流的篇章，为研究

① 《元史》卷143

中外交流提供了宝贵资料。

贯云石(1286—1324年),维吾尔族。元世祖忽必烈时的光禄大夫阿里海涯之孙。原名小云石海涯,父名贯只哥,遂以贯为姓,号酸斋,又号芦花道人。曾任元朝两淮万户府达鲁花赤、翰林侍读学士、知制诰、同修国史。29岁辞官归隐,以后就长住杭州。公元1324年5月初八,殁于钱塘正阳门外海鲜巷寓所。精通汉文,善草隶书,工诗文,尤精散曲。其峭厉有法之古文和慷慨激越的歌行乐府,为时人好评。对唱腔也颇有研究,著名南戏海盐腔即得其传授。生前有《贯酸斋诗文集》和《孝经直解》行世,后多散佚不传。保留至今的有散曲小令88首、套数10套、诗38首、词2首、文3篇和《孝经直解》1卷。与汉族散曲家徐再思(号甜斋)齐名,后人合辑二者作品,称为《酸甜乐府》。其中贯云石散曲有揭露仕途险恶、官场腐败,反映社会现实的内容,更多的是描写他隐居避世,陶情诗酒山水以及男女爱情的作品。文字清新自然,音调和谐上口,既有豪放飘逸风格,又不失工丽清阔意蕴。是元曲中之佼佼者,可为了解古代维汉文化交流提供可资借鉴的资料。

段功(?—1366年),白族。元末云南大理第九世总管,他曾从农民军手下救过蒙古梁王,梁王遂以女阿盖妻之。后来梁王听信谗言,命阿盖以孔雀胆毒死段功。阿盖不从,梁王遂派人击杀段功。阿盖绝食而死。段功的儿女发誓报仇,终于得偿心愿。在整个过程中,共有6人留下了8首诗,可以说每一首都是佳作。如段功部将杨渊海闻讯自杀前写的墙头诗:"半纸功名百战身,不堪今日总红尘。死生自古皆由命,祸福于今岂怨人?蝴蝶梦残滇海月,杜鹃啼破点苍春。哀怜永诀云南土,锦酒休教洒泪频。"诗作雄浑悲壮,一气呵成,而且可以看到李商隐《锦瑟》的影子。段功的女儿羌娜出嫁前将一面"誓报父仇"的锦旗留给弟弟段宝,并赠诗二首,其一云:"何彼秾秾花自红,归车独别洱河东。鸿台燕苑难经目,风刺霜刀易塞胸。云白山高连水远,月新春叠与秋重。泪珠恰似通霄雨,千里关河几处逢?"全诗悲凉感人,其中红香与霜刀之比更是鲜明。其余6首诗是阿盖赞美与段功婚姻的《金指环歌》与悼亡诗《悲愤诗》,段功之原妻高氏所盼其归还的《玉娇枝》词、段功所回七律,羌娜赠弟的另一首诗和段宝严词拒绝梁王请求援兵的七律。从这些诗中,我们知道元朝时白族上层贵族不仅人人能诗,而且也较为成熟。

鲁明善,原籍新疆,他的祖父是信仰佛教的维吾尔族。父亲迦鲁纳答思,是元朝著名的翻译家,曾任翰林学士承旨、中奉大夫、大司徒等官职。鲁明善本人以父名为氏,名铁柱,以字行。元仁宗延祐元年(1314年),到寿春郡(今安徽省寿县)做监察官,以后又曾任靖州路达鲁花赤。在寿春郡期间,撰写了农学专著《农桑衣食撮要》(又名《农桑撮要》《养民月令》)一书。《农桑衣食撮要》一书只有11 000字左右,但内容却很丰富,涉及的范围也很广泛,共208条,凡气象、水利、农耕、畜牧、园艺、蚕桑、竹木、果菜以及农产品的收藏、腌制等各种农事活动及农家日常生活常识,无不进行详细记述。正如鲁明善在该书《自序》中所说:"凡天时地利之宜,种植敛藏之法,纤悉无遗,具在是书。"对于《农桑衣食撮要》一书,人们一向给予很高的评价。例如《四库全书总目提要》说:"明善此书,分十二月令,件系条别,简明易晓,使种艺敛藏之节,开卷了然,盖以阴补《农桑辑要》之所未备,亦可谓能以民事讲求实用者矣。"这本书的校订者王毓瑚在新版《农桑衣食撮要》引言中也说:此书"是完整地保存到今天的比较最古的一部月令体裁的农书"。

丁鹤年(1335—1424年),元末明初诗人。字永庚,号友鹤山人。回族人。出身官宦,父职马禄丁官武昌达鲁花赤,遂定居其地。青年时发愤读书,以精通《诗》《书》《礼》三经而负盛名。元末明初,因逃避"反色目人(主要是回族人)"运动,浪迹江湖,贫困潦倒,以教书、卖药为生。明洪武十二年(1379 年),始归武昌。后隐居曾祖阿老丁墓旁,研究"天方之法"(即伊斯兰教义)。

丁鹤年好学广闻,精通诗律。他的诗作咏物喻世,语言优美洗练,情词缠绵悱恻。而且诗作很多,"凡忧国之念皆发之诗歌"(《新元史本传》)。如在《客怀》一诗中,抒发了他在异乡漂泊时生活和精神上的痛苦:"此生何坎壈,终岁客他乡。病骨惊秋早,愁心识夜长。文章非豹隐,韬略岂鹰扬。磨灭余方寸,还同百炼刚。"丁鹤年著有《海巢集》《哀思集》《方外集》《方外续集》等。有《丁鹤年集》传世,共 4 卷,明永乐年间刻本,后清人胡珽收入《琳琅密室丛书》第 4 集,今藏于国家图书馆。另有清影钞本,民国年间刻本等多种。其作品反映他穷困潦倒的坎坷经历及忧国忧民思想,曲折地反映了当时社会现实。另外,描写江南风光的篇章写得清新雅丽,富有生活气息。他的作品是回族较早的书面典籍,受到回族人民的重视。

七、明朝时期的汉文少数民族文献

明朝是元末农民大起义后,1368 年(洪武元年)建立的封建政权。由于在一个相对时期内,中央和地方割据势力之间兵戎相见、互相敌视,所以,明代北方民族与中原汉族的文化交流受到一定阻隔,其汉文创作也暂时出现沉寂局面。即便有些汉文作品流传也多为经后人考证是留居中原的民族所作,其中又多为回族作者的作品。如回族李贽的《焚书·续焚书》《藏书·续藏书》《初潭集》,海瑞的《海瑞集》,金大车的《金子有集》等。

与北方民族不同,南方民族创作的汉文作品较多。如白族的段宝、杨黼、杨鼐、杨南金、杨士云、李元阳、吴懋、高桂枝等,壮族的王桐乡、李璧、李文凤等,纳西族的木泰、木公、木高、木青、木增等,还有哈尼族的龙上登,土家族的田玄、彭鼎,苗族的吴鹤等。

杨黼(?—1450 年),明代白族著名诗人、经学家、书画家。号存诚道人,世称桂楼先生。云南大理下阳溪人。"九隆族之裔"杨连五世孙,元代段氏总管书史杨保继子,世代显赫。据《明史·杨黼传》记载,杨黼"好学,读五经皆百遍,工篆籀,好释典,或劝其应举,笑曰:'不理性命理外物耶?'"又说:"庭前有大桂树,缚板树上,题曰桂楼。偃仰其中,歌诗自得,躬耕数亩,以供甘旨,但求亲悦,不顾余也。"其父母死后,他到鸡足山罗汉堡石窟中隐居 10 余年,寿至 80。杨黼著述颇富,注《孝经》数万言,证群书,均用小篆书写。又著《篆隶宗源》《桂楼集》。以方言作《竹枝词》数十首,今仅存《回文诗》《川晴溪雨》《桂楼歌》和《词记山花·咏苍洱境》(因刻于碑,后人称《山花碑》)。《山花碑》系用汉字记白语,以 20 首诗联为一篇,4 句一首,共 80 句,仿白族调"七七七五"格式写成,在白族文学史上占有极重要的地位,亦是研究白族历史、语言的重要文献。

王桐乡(1420—1505 年),壮族,名佐,字汝学,海南岛临高县人,因其乡多产刺桐,故号桐乡。官高州同知、福建邵武同知、江西临江同知等。为官廉洁,深为世人敬重。晚年辞官归田,写了许多诗文。如《咏刺桐》:"东君三月剪猩红,分著枝头片片工。海国乡村处处有,田家门巷一般同。离披风火欲生烟,料熳晴霞几闹空。地迥幸无车马到,闲看花候毕农功。"(《王桐乡诗三百首》)写春天到来,刺桐花开令人赏心悦目的胜景,颇具南海风光。著有《珠崖录》《琼台外纪》等。他与海瑞、丘浚、张岳崧并称海南四大才子,又称"四绝"。

木公(1494—1553 年),明代云南丽江土官、诗人。字恕卿,号雪山,又号万松。纳西族。丽江土知府木定长子。嘉靖六年(1527 年),袭父职。政事开明干练,以军功赐"辑宁边境"4

字,授中宪大夫衔世袭知府。木公作为丽江地区的土司,十分向往内地汉族的先进文化,他曾从内地请去了建筑、雕刻、绘画和学术等方面的人才,对于促进汉、纳西民族文化的交流,起过一定的积极作用。木公本人也学习汉族文化,十六七岁时,就读完了四书、五经,稍长即能背诵《诗经》《唐诗三百首》及《千家诗》中的大部分篇章。他的诗作,多为五言、七言绝句和律诗,构思清新,格律严谨,开创了纳西族用汉文进行创作的先例,对纳西族文学的发展起了积极的推动作用。木公著有《雪山始音》《隐园春兴》《庚子稿》《万松吟卷》《玉龙游录》《仙楼琼华》等诗集和《木氏宦谱》。与当时文士以诗文唱和,交谊甚厚。张志淳、杨慎、张含、李元阳、贾文元等分别为其诗批点作序。杨慎从中精选百十四首辑为《雪山诗选》,并在《万松吟卷》序中称其"以文藻自振,声驰士林。其所为诗,缘情绮靡,怡怅切情,多摹垂拱之杰,先天之英",给予很高的评价。其诗作分别收在明代《列朝诗选》和清代《古今图书集成》中,得传中土,对边疆与内地及各民族间的政治文化交流起了积极作用。

李元阳(1497—1580 年),明代白族著名文学家、史学家和理学家。字仁甫(一作仁夫),号中溪,别号逸氏。云南大理人。先祖浙江钱塘人。元时远祖李顺官大理路主事,落籍大理,至元阳为第九世。因世居点苍山十八溪中,故号中溪。自幼善学能文,学问博通,明习吏事。嘉靖元年(1522 年),中云贵乡试第二名。五年(1526 年)登进士,初授翰林院庶吉士。历任江阴县令、户部主事,监察御史、荆州(治今湖北江陵县)知府等。政声颇著。后因不愿阿事权贵,绝意仕进。隐居乡里,专心著述。著《心性图说》。与杨士云同修《大理府志》,晚年又重修该书,并修订所纂《云南通志》。文学著作有《艳雪台诗》《中溪漫稿》,今只传《中溪家传汇编》10 卷。在闽中曾校刻毕《史记题评》《十三经注疏》《杜氏通典》等计 764 卷,对祖国经史典籍的传播做出重要贡献。

海瑞(1514—1587 年),回族。广东琼山人。字汝贤,自号刚峰。家境贫寒,为官刚正。1566 年任户部主事时,大胆批评明世宗不理朝政,迷信道教,被捕入狱。世宗死后获释。1569 年任应天巡抚时,曾推行"一条鞭法",力主惩办贪官污吏。后受人排挤。闲居在家 16 年。1585 年再起,官至南京吏部右侍郎和南京右佥都御史,两年后病逝,谥"忠介",他的诗文集《海瑞集》受到人们广泛重视,有明万历二十二年(1594 年)阮尚宾刻《海刚峰先生文集》;天启六年(1626 年)梁子潘刻《海忠介公全集》;清康熙四十九年(1710 年)福州正谊书阮刻《海刚峰文集》;《四库全书·备忘集》等。1962 年中华书局点校本题为《海瑞集》分上下两编出版。其内容十分丰富,有反映作者哲学思想的文章,更多的是反映他主张减轻人民负担,提倡节俭,严惩贪污,抑制豪强,兴修水利,平反冤狱等方面的作品。文笔犀利简洁,结构严密紧凑,对了解明代后期社会政治历史有较重要参考价值。

李贽(1527—1602 年),明代著名思想家、文学家。本名林载贽,后改姓李。号卓吾,或笃吾,又号宏甫,别号温陵居士。回族。泉州晋江(今属福建泉州市)人。出身航海贸易世家。父祖以上几代皆从事航海贸易或担任翻译。嘉靖三十一年(1552 年)举人。历任教谕、国子监博士、礼部司务、刑部郎中。万历五年(1577 年),出任云南姚安知府。因不满朝政,3 年后辞官,隐居山林,著书立说。被统治者斥为"异端之尤"屡遭迫害。万历三十年(1602 年),避居河北通州(今北京市通州)。神宗以"敢倡乱道,惑世诬民"罪名,将其监禁,自刎死。李贽著述有《焚书》《续焚书》《藏书》《续藏书》等大量著作,其中最重要的是《焚书》和《藏书》。万历十八年(1590 年),《焚书》6 卷在麻城出版。书中以锋利的笔触揭露了假道学家的丑态和罪恶。万历二十七年(1599 年),《藏书》68 卷在南京出版。在这部历史巨著中,记叙了从战国到元朝末年的历史,一共800多篇传记。他与以往的史学家见解相反,以自己独特的看法,评论了许多历史人物。例如:他把一贯被骂为暴君的秦始皇,赞誉为"千古一帝";把曾被看作狠毒、淫虐的女皇武则天,看作是一个有才干、有远见,办了一些好事的女皇帝;把一向被谴责为私奔司马相如的寡妇卓文君,看作是勇敢果断、大胆追求自己幸福的侠女;而把一向受人崇拜的道学家程颐和朱熹,看作是只会说假话骗人的伪君子。他在《藏书》中的哲学观点,虽未摆脱王守仁至禅学的影响。但他公开以"异端"自居,提出"穿衣吃饭即是人伦物理"的见解,对封建教条和假道学进行了大胆的揭露,认定《六经》《论语》《孟子》等儒家经典,只不过是当时弟子的随笔记录,并非"万世之至论",反对"咸以孔子之是非为是非"。他的敢于叛逆的精神影响了明末的社会思想,一直到五四运动时期,李贽对于封建制度的抨击,仍然起着解放思想的积极作用。李贽的《初潭集》有明清多种刻本,1974年中华书局据国家图书馆藏明刻本校补标点本较易得。《焚书·续焚书》亦有明清多种刻本,1975年中华书局点校本较好。二书集中表现了作者对道学家鼓吹的封建礼教、伦理道德的批判,对道学家的腐朽和虚伪给予了无情的揭露。内容丰富,文笔犀利,语言简洁,对研究明代哲学思想、社会历史有重要价值。

八、清代编撰的汉文少数民族文献

清朝是以满洲贵族为主建立的中国历史上的最后一个封建王朝。全国各民族的统一进一步得到巩固和发展。这客观上又对民族与汉民族的相互交流学习提供了良好条件。清王朝取得政权后一直奉行满蒙、满汉等"联盟"政策,使这些民族能有更多机会接触汉文化。因而在有清一代民族中掀起了又一次学习汉文化的高潮,产生了比以往任何朝代更多的汉文古籍。

1. 清代官修汉文文献

在清朝,作为统治民族的满族,本来就是建立金朝的女真族的后裔,有学习汉文化的优良传统。皇太极在天聪三年(1629年)就"欲以历代帝王得失为鉴,并以记己躬之得失"[①]。置"文馆",令人翻译汉文典籍。顺治即位入关,大力宣扬"满洲汉人俱属吾民,再无二视之理"[②]。允许满汉联姻,录用前明官吏,沿袭明朝科举取士,提倡"尊孔崇儒",翻译汉典籍,开办学校,仿照汉律制定典章制度。一定程度上缓和了民族矛盾,加强了民族间的交往。到了康熙、乾隆两朝帝王时,更是全面推行学习汉文化。如康熙开"博学鸿儒"科,大量吸收知识分子,纂修《明史》,编纂《古今图书集成》《全唐诗》《佩文韵府》《康熙字典》等。康熙对天文、历法、数学、地理及生物和工程技术等自然科学亦有一定造诣,主持编修了《数理精蕴》《历象考成》《皇舆全览图》等,其中《皇舆全览图》历30载实地测量而成。在发展民族科学文化方面做出了重大贡献。著述有《庭训格言》《朱子全书序》《清圣祖御制文集》等。至乾隆帝时,仍积极倡导汉学,开博学鸿儒、经济、孝廉方正等科,编纂《续通志》《续通典》《续文献通考》和《皇朝通志》《皇朝通典》《皇朝文献通考》以及《四库全书》等。其中《四库全书》用编辑160余人,历10年而成,是我国最大的一部丛书。乾隆帝本人也具有较高的汉文化修养,所作《御制诗》有万首以上。以后各代帝王时期随着满族汉化的日益加深,学习汉文化

---

① 《清太宗实录》卷5
② 《清世祖实录》卷44

已成自然而然的事情。清代官修汉文古籍日盛。

清代官修汉文古籍不仅数量多,内容也十分丰富。涉及文学、历史、哲学、军事、法律、数理、天文、历法等各方面。

（1）起居注

清代满族贵族统治者们早在入关之前就已开始设史官记录帝王言行。但当时尚未设置起居注馆这一专门修史机构。该机构的正式设立是在清入关定都北京后的康熙九年(1670年)。清朝满族贵族所设起居馆内史官为:"日讲起居官,满洲十人,汉十有二人。主事,满洲二人,汉一人(以科甲出身者充之)。笔帖式,满洲十有四人,汉军二人。"①

（2）实录

清代满族统治者非常重视修纂实录,早在入关前的盛京(今沈阳)时期即已进行,定都北京以后,便设立了专门机构——实录馆,修纂实录,并形成制度。有清一代计 268 年,该馆共修成《清太祖武皇帝弩(努)儿哈奇(赤)实录》4 卷、《清太宗实录》40 卷、《清世祖实录》144卷、《清圣祖实录》300 卷、《清世宗实录》159 卷、《清世宗实录》1500 卷、《清仁宗实录》356卷、《清宣宗实录》476 卷、《清文宗实录》356 卷、《清穆宗实录》374 卷,共 10 朝实录。再加上后来民国期间修成的《德宗实录》及《宣统政纪》,共计 12 朝,4433 卷,是清代的历史资料长编、鸿篇巨制,内容翔实,为现存的中国历史上最大的一部实录。清朝历朝实录都有满、蒙、汉三种文本,各抄 5 份,分别存藏。

（3）明史

清朝满族统治者为了专门修撰《明史》,于清初顺治二年(1645 年)设立了明史馆。这是满族统治者为了总结明亡的历史教训,重视历史修撰活动的一种表现,满族统治者于康熙十七年(1678 年)举行博学鸿儒科,命令亲官和各省督抚荐举 143 人。次年,考试诗赋,录取彭遇孙、朱彝尊、汤斌等 50 人,授为翰林官,入明史馆纂修《明史》,明史馆共存在了 95 年,至乾隆四年(1739 年)共 332 卷的《明史》修成付印后才裁撤。尽管明史馆内的史官大多为汉族文人,但其内容、体例却完全遵照满族统治者的主旨进行。明史馆内主要史官有:总裁,如张玉书、王鸿绪、张廷玉等人均担任过此职。其下有诸多具体编撰员,多为入阁翰林。

（4）玉牒

清代满族统治者设立了专修《宗室玉牒》的机构——玉牒馆。所谓《宗室玉牒》,亦即满族皇家族谱。该机构亦设于清初。以顺治十八年(1661 年)开始纂修玉牒,此后每 10 年续修一次,形成制度,并严格格遵守,直至清朝灭亡。所以,有清一代满族皇族爱新觉罗氏之家族谱系、人员状况极为清楚完备。

（5）方略

清代满族统治者为专门记录重大战事始末及重要事件而设立了修史机构——方略馆。康熙年间,每次重大战争结束后,康熙皇帝便敕令设馆修书,记其始末,名曰"方略"或"纪略"。但此时尚未正式设馆。至乾隆年间,才正式成立了方略馆机构,归军机处管辖。但每次"方略"撰毕,即行撤馆。然而因有清一代战争、大事颇多,所以该馆屡建屡撤,形同常设。"方略馆总裁军机大臣兼充掌修方略。提调、收掌,俱满、汉二人,纂修,满洲三人,汉六人。俱由军机章京内派充。汉纂修缺内由翰林院咨送充补一人。校对,无员限。六部司员、内阁

---

① 《清史稿》卷 115《职官志》

中书兼充"①。清代满族统治者敕修的各种方略主要有：康熙朝的《平定三逆方略》60 卷、《平定海寇方略》《亲征平定朔漠方略》48 卷；乾隆朝《平定金川方略》32 卷、《平定准噶尔方略》172 卷、《开国方略》32 卷、《临清纪略》16 卷、《平定两金川方略》152 卷、《兰州纪略》20 卷、《石峰堡纪略》20 卷、《台湾纪略》70 卷、《安南纪略》32 卷、《廓尔喀纪略》54 卷、《巴布勒纪略》26 卷；嘉庆朝《平定苗匪纪略》52 卷、《剿平三省邪匪方略》409 卷、《平定教匪纪略》42 卷；道光朝《平定回疆剿擒逆裔方略》80 卷；同治朝《剿平粤匪方略》420 卷、《剿平捻匪方略》330 卷；光绪朝《平定陕甘新疆回匪方略》320 卷、《平定云南回匪方略》50 卷、《平定贵州苗匪纪略》40 卷等。这些"方略"为研究清代军事战争史提供了重要史料。如《平定罗刹方略》是康熙年间奉敕撰修，全书凡 4 卷，汇辑了平定罗刹前后的有关谕旨、奏议、文牍等文件按时间顺序编成书。罗刹为清朝驻黑龙江北岸的俄罗斯驻军，清康熙年间经常侵扰黑龙江边界，对当地的达斡尔、鄂伦春、鄂温克、赫哲等民族进行野蛮的杀掠，康熙二十三年（1684 年）四月抽调福建、云南、湖广等地军队以及东三省各族人民进行坚决抵抗，在雅克萨战役中，击败了罗刹，双方政府派代表勘定边界，清政府派大学士索额图为议定疆界代表，双方在康熙二十八年十二月签订了《中俄尼布楚条约》，议定了边界。是书对雅克萨大战的经过，尼布楚条约内容及东北各民族抵抗沙俄侵略记载颇详，为研究中国边疆史提供了翔实资料。

（6）政书

清代乾隆年间满族统治者专为修纂汇集由古至今的经济政治制度的大部头政书设立了三通馆。有清一代，该馆共修成《续通典》《续通志》《续文献通考》及《皇朝通典》《皇朝通志》《皇朝文献通考》等 6 部大书，计 1566 卷。这些书既有历史史实，又有现实内容，把以往开创体例的"三通"连贯起来成为"九通"。另外，清自康熙至光绪朝共 5 次敕令修纂《大清会典》，亦由该馆负责。主要包括：康熙二十九年（1690 年）伊桑阿等修《大清会典》162 卷，起自崇德元年（1636 年）迄康熙二十五年（1686 年）；雍正十年（1732 年）允禄等修《大清会典》250 卷，自康熙二十六年（1687 年）至雍正五年（1727 年）；乾隆二十八年（1763 年）允裪等修《大清会典》100 卷，《会典则例》180 卷，止于乾隆二十三年（1758 年）；嘉庆二十三年（1818 年）汪廷珍等修《大清会典》80 卷、图 132 卷、事例 920 卷，止于嘉庆十七年（1812 年）；光绪二十五年（1899 年）昆冈等修《大清会典》100 卷、图 270 卷、事例 1220 卷，止于光绪二十二年（1896 年）。此外。虽不是由"三通馆"修纂，但属于"政书"类的还有官修各种"例书"。满族贵族统治下的清代各级官员办事以成例为依据，皇帝批准新例，旧例即废，所以，各衙门的则例，均为 5 年小修，10 年大修，不断订正。

（7）国史

清代满族贵族在朝廷设置的修史机构——国史馆，该馆成立于乾隆二十五年（1760 年）。其职责是专修清朝国史，纂修帝王本纪、满汉大臣传记、传记长编等。据《清史稿职官志》记载，清代国史馆所设史官有：总裁，为修史总管，"特简，无定员"，掌修国史清文总校；提调，满族、蒙古族、汉族各 1 人；总纂，满族 4 人，蒙古族 2 人，汉族 6 人；纂修、协修无定员；校对，满、汉俱各 8 人。光绪帝执政后（1875 年），又增置笔削员 10 人。所修传记如《清史列传》80 卷，从清初至清末立传的有 2000 多人。

---

① 《清史稿》卷 114《职官志》

（8）地方志

清朝满族贵族统治者非常重视地方志的纂修。清朝在康熙皇帝统一全国后,即命令全国各省、府、州、县纂修志书,此后还规定60年纂修一次,各地的督、抚、守、令以及乡绅,也自行组织人力纂修志书,借以标榜自己的政绩和家世,所以,清代的地方志极多。据朱士嘉编的《中国地方志综录》著录的5832种、93 237卷中,清代所修的即有4655种、76 860卷。清代官修的重要地方志主要有《皇舆全览图》《皇舆全图》《大清一统志》《盛京通志》《热河志》《西域图志》《新疆识略》《台湾府志》《清朝职贡图》等。其中《大清一统志》前后共修3次。康熙二十五年(1686年)始纂,成书于乾隆八年(1743年),全书342卷;乾隆二十九年(1764年)续修,成书于乾隆四十九年(1784年),全书501卷;嘉庆十六年(1811年)再次重修,成书于道光二十二年(1842年),全书560卷,加之目录2卷,共为562卷。因第三次重修始于嘉庆年间,而成书断限为嘉庆二十五年,故习惯上称此书为《嘉庆重修一统志》。其首为京师,下分各省,乌里雅苏台、蒙古、青海、西藏及来往各国。乾隆八年(1743年)重修时体例是每省皆先立统部,冠以图表,首分野,次建置沿革,形势、职官、户口、田赋、名宦,皆统于一省,其诸府及直隶州各立一表,所属州县皆首分野、次建置沿革、形势、风俗、城池、学校、户口、田赋、山川、古迹、关隘、津梁、堤堰、陵墓、寺观、名宦、人物、流寓、列女、仙释、土产。嘉庆重修本在稽考《日下旧闻考》《热河志》《盛京通志》《平定准噶尔方略》等数种书籍的基础上,对乾隆四十九年本做了较大的增补,并于田赋之后增加盐课、关税条目。由于《一统志》是朝廷命修官书,因此,参加编修者多为当时著名学者,加之编修过程中,地方纂修志书汇于中央,为编修总志提供了可信的第一手资料,方使这部内容丰富,考订精详的一部总志得以问世,是研究清代历史地理和行政建置沿革的一部重要参考书。

（9）类书

类书发展到清代,编制愈加精湛成熟。特别是康熙、雍正两朝编纂的类书体例益精,种类很多,规模宏巨,卷帙浩繁。官修类书著名的有《渊鉴类涵》《子史精华》《古今图书集成》等。其中,《古今图书集成》是现存最大的类书。清康熙年间陈梦雷等初编,雍正年间蒋廷锡等重编。全书共1万卷,目录40卷,分6个"汇编",32"典",6109"部",约1.6亿字。6个汇编是全书的一级类目。其中历象汇编包括乾象、岁功、历法、庶征4典;方舆汇编包括坤舆、职方、山川、边裔4典;明论汇编包括皇极、宫闱、官常、家范、交谊、民族、人事、闺媛8典;博物汇编包括艺术、神异、禽虫、草木4典;理学汇编包括经济、学行、文学、字学4典;经籍汇编包括选举、铨衡、食货、礼仪、乐律、戎政、祥刑、考工8典,共32典。每典卜又分若干部。部是该书最基本的单位,部下辑录资料。所辑资料,仍然分类编次,主要的类别项目有:汇考,引述各种古籍资料,穷源究委;总论,辑录经史子集各类古籍中的"纯正"议论;列传,列历代有关人物传记资料;艺文,系辑有关的诗文歌赋;选句,选录骈词丽语;纪事,罗列琐细小事;杂录、外编、汇集难以归入上述诸项的资料。另外,有些需要绘图列表说明的部类,还有图、表两项。所引用的资料,均详细注明出处。该书自问世以来,广为中外学者引用,影响巨大。英国知名学者李约瑟在他的巨著《中国科学技术史》第一卷参考文献简述里说:"我们经常查阅的最大的百科全书是《古今图书集成》……这是一件无上珍贵的礼物。"今天流传的《古今图书集成》有以下版本:清雍正六年(1728年)内府铜活字本;清光绪十四年(1888年)上海图书集成局铅印小字本;清光绪十九年(1893年)上海同文书局石印描润铜活字版印本(附考证24卷);1934年上海中华书局影印铜活字本(附考证24卷)。有关该书检索工具有:日本义部省编的《古今图书集成分类目录》;英国崔理斯编的《古今图书集成索引》和瓦尔伯编的《古今图书集成方舆汇编索引》等。

（10）丛书

清代官修丛书开始于康熙年间,曾先后组织编纂刊刻了《御纂七经》《古香斋袖珍十种》《御选宋金元明四朝诗》以及《律历渊源》等。其中《古香斋袖珍十种》为经史子集四部俱全的综合性丛书,而《律历渊源》则为天文学著作的汇编。乾隆时官修丛书,如乾隆四年(1739年)武英殿刊行《二十四史》、乾隆四十六年(1781年)敕撰刊刻的《辽金元三史语解》。特别是乾隆三十七年(1772年)到四十七年(1782年)纂修的《四库全书》更为丛书中之巨著,部头之大,前所未有。《四库全书》由皇子永瑢等领衔,前后参与其事的有360多人,其中总纂官纪昀等出力最多,收入全书的书,共有3461种,79 307卷;存目有6793种,93 551卷。书成后抄成7部,分藏于北京故宫的文渊阁、圆明园的文源阁、奉天(沈阳)故宫的文溯阁以及热河、镇江、扬州、杭州等7处。因此,《四库全书》就有了文渊阁本、文津阁本……之分。该书按类编排,分经、史、子、集四大类,下分若干小类,再下细分子目,同类书按年代排列。该书的功绩在于保存了大量古代典籍,尤其是元代以前的著作。其不足是排斥不合统治者意愿的著作,或对一部分图书删改过多,使之失去原貌。现存的《四库全书》原本有文津阁本藏于国家图书馆;文溯阁本藏于甘肃省图书馆;文渊阁本藏于台湾"故宫博物院";文澜阁本藏于浙江图书馆。

（11）字书、韵书

清代官修字书、韵书不仅种类繁多,而且编纂水平也较高。如《康熙字典》《佩文韵府》《骈字类编》等,也有大量的满汉对照辞书,如《御制五体清文鉴》《钦定西域同文志》《御定满洲、蒙古、汉字三合切音清文鉴》等,在我国辞书史上占有重要地位。

《康熙字典》是我国古代字书发展史上第一部明确以《字典》命名的字书,是中国古代字典的代表作,清康熙四十九年(1710年)根据康熙皇帝的指令,由陈廷敬、张玉书第30多人编纂,至康熙五十五年完成。康熙帝在序言中说,此书"无一义之不详、一音之不备",改变了长期以来字书"曾无善兼美具,可奉为典常而不易者"的局面,因此"命曰字典"。(御制康熙字典序,载《康熙字典》卷首)全书分12集,以12地支标名,每集分上、中、下3卷。共收单字47 035个,是古代收字最多的字书。特别是对汉字的解释形、音、义兼顾,其解字释词的内容和形式,既是2000多年古代字书的最后总结,又为中国的现代字典奠定了基础。

《钦定西域同文志》是乾隆二十八年(1763年)傅恒等奉敕编成的一部按地区排列的6种文字对照的人名地名辞书。全书24卷,内容主要有天山南北路地名、山名、水名(6卷),天山北路准噶尔部人名(4卷),天山南路回部人名(3卷),青海属地名、山名、水名、人名(4卷),西番地名、山名、水名、人名(7卷)。有的卷还分为若干路或属,如卷1"天山北路地名"内,分为巴尔库勒路、乌鲁木齐路等6部分。书内文字排列顺序为:国语即满文,汉文,汉字三合切音,蒙文,西番文即藏文,托忒文即纪录蒙古语卫拉特方言的一种蒙文(准噶尔语属卫拉特方言),回文即维吾尔文。汉文部分下有用汉文注释语源、意义、转音、地方沿革、地理位置、人物世系任职等内容。如"巴尔库勒路",注释为"回语。巴尔,有也;库勒,池也,城北有池,故名。转音为巴里坤",下边是讲述地方的沿革。又如卷23"西番人名一、喇嘛"中"根敦珠布巴"一条,注释为:"宗喀巴大弟子,生于藏之沙卜图,至卫建扎什伦博寺,为第一世。"此书是研究新疆、青海、西藏地区地理、历史的重要参考书。

2. 清代满族编撰的汉文文献

满族文化继承了女真文化、蒙古文化和汉族文化。满族是一个酷爱学习先进文化的民族。满族文化的大发展,突出的表现在满族的汉文著作方面。比如不少满族文人写有大批笔记类掌故史料著作和奏疏类、专项类著作。如昭梿的《啸亭杂录》10 卷,《续录》10 卷;郭城的《鹪鹩庵笔尘》1 卷;斌椿的《乘槎笔记》2 卷;撰叙的《隙光亭杂识》6 卷、《续识》6 卷;英和的《恩福堂笔记》;震钧的《天咫偶闻》《渤海国志》;那彦成的《那文毅奏疏》;常安的《受宣堂居官说》2 卷、《居家说》2 卷;纳兰性德的《水亭杂识》;鄂海的《抚苗录》;金德纯的《旗军志》;盛昱的《蒙古世系表》等。这些著作大多以自己亲身经历参考可靠史料写成,有对重大史实的如实记述;有关于朝廷典章礼仪和满族风俗习惯沿革变迁的记述,如敦崇的《燕京岁时记》是一部经过调查研究写成的关于北京岁时风土的书,昭梿的《啸亭杂录》就其耳闻目睹清代前期的制度、仪礼、事件、人物杂记成书,对研究满蒙历史有参考价值;有关于名宦学者的旧居故第及其创作情况的调查记载,如震钧的《天咫偶闻》中详细介绍了八旗文人的创作情况及书目;有关于贵戚巨贾的遗闻逸事的记载;有专项史如渤海国、八旗军、蒙古世系的研究;有满族官员受朝廷委派治理安抚民族地区情况的描述,等等。涉及清代社会各个方面,加之作者描绘时间贯穿有清一代,可补清正史之不足。这部分典籍已受到治清史者高度重视,有不少史料出现在他们的著述中,但广泛程度还有待加强。

清王朝十分注重利用传统儒学来笼络广大汉族知识分子。康雍两朝都大力宣扬孔孟之道,推崇程朱理学,不仅下令编纂《朱子全书》,而且还把朱熹由孔庙两庑升祀大成殿十哲之次。一些信奉程朱的“理学名臣”也得到重用,并享受特殊的恩荣和优厚的俸禄。继顺治年间开始组织学者注释经书之后,康熙和雍正也都注重文治,以官修的方式,不仅对《易》《诗》《书》《春秋》等儒家经典重加疏解,而且还荟萃群书,编成《古今图书集成》等一大批类书。乾隆更以“稽古右文”之君自命,大规模地组织学者校勘十三经,二十一史,开馆纂修《纲目三编》《通鉴辑览》及《三通诸书》,并明确肯定“发挥传注,考校典章,旁暨九流百家之言”的汉学“有所发明”“有裨实用”(《办理四库全书档案》,乾隆三十七年正月四日谕)。统治者的优容政策,对学术界整理、研究古代典籍风气的形成,起到了推波助澜的作用,使清代不少满族文人也致力于孔孟儒学和传统经书的研究,出现了一些著名的满族理学家及儒学著作。如阿什坦的《大学中庸讲义》,简献亲王的《周易补注》《方圆二图解》,裕瑞的《参经臆说》,宝廷的《尚书持平》,纳兰性德的《通志堂经解》等。这些著作阐发经书奥义,已汇入中华典籍的洪流之中。

清代满族汉文古籍还有一大批个人创作专集。其中不少是小说诗文作品。有的达到国内一流水平,并产生了世界性影响。如曹雪芹著的《红楼梦》,以满族贵族封建家庭生活的素材为基础,深刻反映了当时中国的社会现实,揭露封建统治阶级内部丑恶腐败的本质,对封建社会进行了有力的抨击,表现出伟大的艺术才能,把我国古典小说创作推到了空前高峰,普遍受到中外人士的高度赞赏,并形成一个专门学问“红学”研究领域。著名的词家纳兰性德著的《侧帽集》和《饮水集》,清新婉转,生动自然。《饮水集》以写情、写景见长,特别是描写东北和蒙古草原风光是一大特点,具有很高的艺术价值。还有文康的《儿女英雄传》,裕瑞的《枣窗闲笔》,鄂貌图的《北海集》,英和的《恩福堂诗钞》,曹寅的《栋亭集》,郭敏的《懋斋诗钞》,郭诚的《四松堂集》,明义的《绿烟琐窗集》,文冲的《一飞诗钞》,舒瞻的《兰藻堂集》,永忠的《延芳室集残稿》,常安的《受宣堂集》,和邦额的《夜谭随录》,盛昱的《郁华阁遗集》,

斌良的《抱冲斋诗集》,奕绘的《明善堂集》,塞尔赫的《晓亭诗钞》,铁保的《惟清斋全集》《熙朝雅颂集》,麟庆的《鸿雪因缘图记》等一大批民族作者的汉文著作,或以其高超的艺术水平,或以其反映民族生活的真实生动,引起人们广泛重视。

在满族文化发展中,出现了不少杰出的女作家、女学者。如科德氏有《琴谱》,完颜悦姑著有《花士果闲吟》,库里雅令文著有《香吟馆小草》,金樨著有《绿芒轩诗钞》,瑞芸著有《白云诗钞》,文筐著有《佩兰轩绣余草》,湘岑著有《梦花阁诗稿》,梦月著有《竹屋诗钞》,莹川著有《如亭诗稿》,兰轩主人著有《兰轩诗》,寿淑著有《簪秋遗稿》,佟佳氏著有《虚舟雅课》《乌私存草》《穗帷泪草》及《宝善堂家训》,乌云珠著有《绚春堂吟草》,恽珠著有《兰闺宝录》《红香馆诗词集》,辑有《恽逊庵先生遗集》《国朝闺秀正始集》《闺秀正始续集》,顾春(即顾太清)著有《东海渔歌》《天游阁诗集》,等等。其中,顾太清被认为是清代第一女词人。

另外,18世纪中叶,"八旗子弟"创作了一种新的鼓词,只有唱词,没有说白,配合鼓板三弦演唱,名为"清音子弟名"。在北京和沈阳等城市流传很广,最为一般市民阶层所喜爱,著名的作者有鹤侣和韩小窗。他们著作的子弟书《借靴》《诗卫叹》《金德报》《露泪缘》流传最广。还有一种民间文艺"八角鼓"唱腔和鼓词,生动引人,直到清末还普遍流传。

总之,在整个清代满族的文化艺术有了很大的发展,并且以他特有的民族风格为中华民族共同文化艺术、科学技术的发展做出了积极的贡献。具体有关满族编撰的汉文文献已用论文形式发表过了,在此省略。

3. 清代蒙古族编撰的汉文文献

清朝满族贵族统治者曾专设理藩院来管理蒙古事务,并制定了不少规章制度以维护满族贵族与蒙古族的关系。归纳起来有:建立盟旗制度,封赐爵位官职,满蒙联姻政策,大力提倡黄教等。其中尤以盟旗制度极大地限制了蒙古族与其他民族包括汉族等兄弟民族之间的交往,限制了蒙古族的发展。

按清政府蒙旗制度规定,蒙古族内部不得互相来往,不许一般蒙古人进入内地,不许蒙汉通婚。同时对蒙古人采取愚民政策,竭力阻止蒙古人学习汉文化。"雍正时制定蒙古人不得识汉字"[①]。道光十九年(1840年)又以法律形式规定:"王、公、台吉等不准延请内地书吏教读,或充书吏。违者照不应重私罪议处,书吏逆籍收管。"[②]咸丰三年(1853年)又谕:"蒙古人起用汉名,又学习汉字文艺,殊失旧制。词诉亦用汉字,更属非是。著理藩院通谕各部落,嗣后当学习蒙文,不可任令学习汉字。"[③]在科举制度方面,清初虽然设置了翻译科,但在满洲翻译和蒙古翻译两项中"满洲翻译以满文译汉文或以满文作论,蒙古翻译以蒙文译满文,不译汉文"[④]。不让蒙古人接触汉文原本。本科考试虽然允许蒙古人参加,但仅局限于蒙古八旗子弟可报考,而且中试名额亦很少,凡此种种,制造了许多限制蒙汉文化交流的障碍。但清朝毕竟是中国空前的大一统时代,人民的自由交往是限制不了的。如内地汉族到蒙古地区从事农耕、经商,蒙古的王公等亦每年可入京一次,特别是不少蒙古八旗兵派往全国各地驻防,加之咸丰以后清王朝内外交困自顾不暇,所以有清一代蒙古民族还是继元朝掀起了第二次学习汉文化的高潮,出现了大批汉文古籍。

---

① 《清稗类钞·外藩类》
②③ 《光绪会典事例》卷993
④ 《清代科举考试述录》

清代蒙古族汉文古籍不仅数量多,而且内容亦十分丰富,涉及文史哲艺术等各方面。其特点是清前期顺治、康熙、雍正朝蒙古人的汉文作品具有一定民族特点。如色冷、奈曼、保安、牧可登等人的创作,多反映军旅生活,充满昂扬豪放、刚健雄浑特色。如奈曼的《壬子二月赴军营作》:"不作边庭看,何愁道路难!缨从丹陛请,剑向玉门弹。饮饯酣春酒,登程破晓寒。为嫌儿女态,一笑据征鞍。"写自己慷慨投军报国的气概,可谓豪情万丈。又如保安的《送友》:"负剑去长征,雄心志未平。廿年牛马走,此日鹭鸥盟。古树荒园秀,疏花细雨明。可怜裘衣敝,风雪一横舟。"写友人年老而雄心未减,感叹自己奔波流离,功业无成,希望像友人那样"负剑去长征",勇赴疆场,壮心不已。这些诗寄托了作者强烈的思想感情,艺术手法上浪漫豪放,与当时汉族诗人诗作明显不同。

另有一些明代以来隐姓埋名的蒙古人大多是元代蒙古后裔。元亡后他们留在中原为了躲避迫害对外不敢称蒙古人,经过几百年在汉族地区生活,已被同化得差不多,其汉文水平也与同时的汉族知识分子取得了一致发展。可这部分人由于隐姓埋名,除少数人可明确其为蒙古人外,大多数还有待继续发现考证,所以人数还比较少。其代表人物是伟大的文学家蒲松龄。蒲松龄的《聊斋志异》继承了魏晋志怪小说、唐宋传奇的传统,加以发展创造,形成了独特的艺术风格,寄托了作者的"孤愤",揭露了封建统治阶级的罪恶,展示了封建科举制度给人们精神上的毒害,歌颂了争取真挚的爱情生活和反对封建礼教的斗争精神,达到了文言小说创作的最高峰。

进入清乾隆、嘉庆、道光朝,不少蒙古人经过较长期的汉文化学习,汉文化水平已达到一定高度,出现了一大批汉文作者及其作品。如梦麟的《大谷堂山集》;博明的《西斋偶得》《凤城琐录》《西斋诗草》《西斋诗辑选》《祀典录要》《前人砚铭集》《蒙古世系谱》等;法式善的《清秘述闻》《槐厅载笔》《陶庐杂录》《备遗杂录》《洪文襄公年谱》《李文正公年谱》《存素堂诗初集》《续集》《存素堂文集》《梧门诗话》等;和瑛的《西藏赋》《回疆通志》《三洲辑略》《读易汇参》《易简斋诗钞》等;松筠的《镇抚事宜》《西招图略》《绥服纪略》《西藏巡边记》《藏宁路程》《西陲总统事略》《新疆事略》《古品节录》《台规》等;白衣保的《鹤亭诗钞》;托浑布的《瑞榴堂集》;柏葰的《薛箖吟馆诗存》;那逊兰保的《芸香馆遗诗》等。由于这些作者都有丰富的阅历,有许多反映现实,描写边疆民族地区风土人情以及中外交往内容的作品,如梦麟诗描写人民困苦,刻画中原黄泛区惨景,具有一定现实意义,其写景诗气势豪放,意境雄浑。博明在滇粤任职多年,描写当地自然风光的作品独具特色,同情人民疾苦的作品具有一定思想深度。和瑛、松筠二位作为多年封疆大吏,熟悉边疆情况,治边有方,深得当地人民的拥戴,其作品刻画描写了西藏、新疆、蒙古地区的自然风光、风俗习俗、宗教信仰及军旅生活,内容充实,风格独特。对了解当时边疆概况、中外交往有一定参考作用。特别是著名诗人学者法式善的出现使蒙古族借鉴利用汉文创作的艺术水平达到了一个新的高度。其诗质而不瘳,清而能绮,为海内学者所仰慕,主持文坛30余年。其史学著作亦具有较高的史学价值,广泛受到史学界的重视。还有柏葰、托浑布、那逊兰保的作品,均达到一定高度。

1840年鸦片战争以后,不少蒙古族作者的汉文作品汇入中华文化洪流,表现抗敌御侮,揭露外夷入侵罪行和朝廷妥协投降腐败黑暗的主题。如柏春的《铁笛仙馆宦游草》、燮清的《养拙书屋诗选》、贵成的《灵石山房诗草》等。特别是延清的《庚子都门纪事诗》,以自己亲身经历反映1900年庚子事变情形,具有较高史学文学价值。他还有《奉使车臣汗记程诗》,专门描写蒙古地区的社会政治,蒙古历史沿革,人民宗教信仰,生活风俗习惯等,民族特色非常鲜明。更可喜的是出现了生活于草原蒙古地区的蒙古族作者汉文作品,如旺都特那木吉拉的《公余集》,贡桑诺尔布的《夔庵诗词稿》,凤凌的《四国游记》《游余仅志》等。表现了蒙汉文化交流的深入。

另外,清代蒙古族汉文古文献还有艺术与科技方面作品。如画家松年的《颐园论画》、布颜图的《画学心法问答》、金石家万选的《金石赏》、继良的《琴鹤堂印谱》、科学家明安图的《割圆密率捷法》等①。具体有关蒙古族编撰的汉文文献已用论文形式发表过了,在此省略。

4. 清代回族编撰的汉文古籍

清代回族编撰的汉文古籍主要分两部分,一部分是回族伊斯兰教创作学者、经师、著译家编撰的汉文古籍,另一部分是回族诗人、文学家创作的汉文作品。

(1)清代伊斯兰教学者、经师、著译家及其编撰的汉文古籍

舍起灵(1638—1703年),清初伊斯兰教学者。回族人。字蕴善,号云山。出自书香门第,自幼受家教学汉文和阿拉伯文。16岁,遵父命去山东济南拜经学大师常志美门下求学,钻研伊斯兰教经典,结业后,曾在襄城、北京、陆川(今河南淮阳县)、沧州等地任阿訇。著有《醒迷录》一书,成书于康熙十八年(1679年)。

马注(1640—1711年),清初伊斯兰教学者。回族。云南永昌(今保山)人。幼家贫,年十五就学。南明永历十一年(1657年),永历帝在云南建国,以经济之才,被推荐为锦衣侍郎。两年后,避隐教读,笔耕自膳。通晓儒、道、佛学,著《经权集》《樗樵集》。后专攻阿拉伯文、波斯文及伊斯兰教经典、古籍。曾赴全国各地寻师、讲学。康熙七年(1668年)秋,离滇赴京,被清宗王聘在旗下教读。著《清真指南》,介绍伊斯兰的历史、经义、哲学、教律、天文、传说等。

刘智(约1660—1730年),清代伊斯兰著译家。字介廉,号一斋。回族。江苏上元(今南京)人。伊斯兰教学者三杰之子。继承父业,攻读儒家经史子集和佛道经书,并钻研阿拉伯文、波斯文、伊斯兰教经典。曾赴山东等地求访遗经,后定居南京从事著译。流传有《天方典礼》20卷,评述正教之源流,真宰之认识,念、礼、斋、课、朝之五功,夫妇、父子、君臣、兄弟、朋友纲常,以及居外、财货、冠服、饮食、婚丧之礼。《天方性理》1卷5章,为明道之书,评述宇宙造化流行之次第,天地人物各具之功能,身体心性显著之根由,身心性命所藏之妙用,以及天人浑化之极致,义理精蕴。另有《五功释义》1卷、《天方字母释义》等。晚年著《天方至圣实录》一书,博采天方群籍,罗列穆罕默德生平事迹。

金天柱,生卒年不详。清代伊斯兰教学者。回族。字北高,江苏石域(今南京)人。文雅有才思,通中西之学。乾隆二年(1737年),官翰林西译馆正教序班。著有《清真释疑》,后人补入宗教及回族史料不少,刻为《清真释疑补辑》。今传世有光绪七年(1081年)京都(今北京)清真寺藏版。

马时芳(1761—1837年),清代思想家、教育家。回族。字诚方,号平泉。河南禹州(今禹县)人。曾为封丘县,巩县(今巩义市)教谕,其学说继师陆象山、王阳明,又颇有黄老之风。主张政治要向权略智数方面发展,处世要注意祸福、利害、盈虚消长,但又反对世儒之空疏迂妄、胶固不通。倡言功利,主张审时度势,崇尚实际,但又讲风水,信鬼神。著有《朴丽子》《马氏心得》《求心录》《风烛学钞》《论语义疏》《黄池随笔》《艺田随笔》《挑灯诗话》等,

---

① 张公瑾.民族古文献概览[M].北京:民族出版社,1997.

均收入《平泉遗书》中。

萨玉衡，生卒年不详。清代经文学家、诗人。回族。字葱如，号檀河。福建闽县（今福州）人。乾隆五十一年（1786年）举人。授陕西洵阳县（今旬阳县）知县。历任三水、白水、榆林、米脂县知县、绥德直隶州知府。榆林府知府。工诗，诗作豪放、欢快，笔调清新。平生著作甚丰。有《经史汇考》《四部录订正》《小檀弓》《傅子补遗》《金渊客话》《秦中记》《曲江杂记》《续郑荔乡五代诗话》《金闽诗话》。晚年自定《白华楼诗钞》6卷，遭火，仅存4卷。又有《白华楼焚余稿》1卷。

马德新（1791—1874年），清代伊斯兰教学者。字复初。回族，云南太和（今大理）人。幼随父习阿拉伯文、波斯文。曾两次赴麦加朝觐。途经许多国家，并在国外学习伊斯兰教经典哲学、法律、文学、历史、天文等，著有《寰宇述要》，阐述历法理论，《天方历源》记历法推算。其《朝觐途记》记述两次出国的经过与行程。回国后，从事伊斯兰教的教学与科研工作。有30余种著译。流传较广的有《四典会要》《性命宗旨》《道行究竟》《礼法启爱》等。

马世焘，生卒年不详。清代儒学家、文学家、教育家。回族。字鲁平。甘肃兰州人。咸丰五年（1855年）举人，主讲于五泉书院，门下多为名士。曾任四川绵竹县知县。能文、善诗，著有《四书集注解释切要》《日新堂诗文集》各4卷。

马联元（1841—1903年），清代回族学者。字致本。新兴（今云南玉溪）大营人。幼随父学习伊斯兰经典、阿拉伯文和汉文，曾到麦加朝觐，留居土耳其、伊拉克、埃及、印度等国四五年，访问学者，考问经典。回国后在玉溪大营讲学数十年，弟子以千计。用阿拉伯文和波斯文为"寺院教育"大学部的初级班编了一套完整教材，浅显易懂，被各地清真寺所采用。首倡"中阿并授"，以汉文翻译了《古兰经选本》，采用汉、阿文对照。倡议刊刻《古兰经》，刻版现存昆明南城清真寺。著作甚富，阿拉伯文著作有《简明伊斯兰法典》《四篇要道》《性理本经》《教典经注》《阿拉伯文法》《波斯文法》《修辞学》等；汉文著作有《辨理明证》等。

（2）清代回族诗人、作家、文士创作的汉文作品

回族在清代也出现了不少汉文作家作品，如丁澎的《扶荔堂诗集选》，沙琛的《点苍山诗钞》，蒋湘南的《春晖阁诗钞》，马文龙的《雪楼诗选》等。这些作品一般有一定的思想内容，艺术技巧较纯熟，在回族创作史上有一定影响，反映了回族人民大杂居小聚居中汉化程度明显又有自己独特的生活习惯、宗教信仰及心理素质的特点。

马世杰（1608—？年）清初诗人。回族，字万长。江苏溧阳人。顺治八年（1651年），被选为贡生，入北京国子监就读。后因耳疾，归故里，在溧江南山设馆教书，间或吟诗作文。其诗多抨击时弊，词意俱新，与弟马世俊同以诗文名于江右，时称"二马"。著有文集，未曾刊印，部分诗作收入沈德潜所编《清诗别裁集》中。

马世俊（1609—1666年），清初文人。字章民，一字甸臣，号匡庵。回族。江苏溧阳人。顺治十八年（1661年）中一甲一名进士。历官翰林院修撰、侍读、会试同考官等职。他家学渊源，多才多艺，集诗人、学者、书法家、画家于一身，著有《匡庵诗集》《匡庵文集》《十三经汇解》《理学渊源录》《李杜诗汇注》等。惜多散佚，今只存诗文集传世。《匡庵诗集》前集6卷，京稿诗集6卷，康熙二十八年（1689年）其子马容校刊印行，收诗818首，保存了马世骏的全部诗作，作品多为揭露封建社会黑暗，同情人民疾苦的诗篇，如《泰山妇人行》《和彭旦今原韵四律》《哭采》《忆采》等，也有大量赞美祖国大好河山的诗篇，如《秦淮灯船竹枝词》组诗，写"秦淮岸上花欲燃，秦淮桥畔草如烟。灯光数点波心见，搅动纷纷载酒船"。笔调清新，景

色优美,情景交融。

丁澎(约1622—1686年),清初诗人。字飞涛,号药园。回族。浙江仁和(今杭州)人。有才能文,顺治十二年(1655年)进士。初官刑部,继调礼部郎中,典河南分试。后以事牵累,谪居塞上五年。在杭曾参加登楼诗社,"西泠十子"之一,有《十子诗选》。仕官后在京与宋荔裳等诗词酬唱,号称"燕台七子"。有合刊诗集行世。著有《白燕楼诗》,在苏杭一带广为流传。诗集《扶荔堂诗集选》12卷,存诗640多首,康熙五十五年(1716年)文芸馆刊印。其诗多反映社会现实,揭露统治阶级残酷剥削的诗作,如《送邗上张谐石之京》《和州》等诗描写了疮痍满目,战乱频仍,民不聊生的社会状况,缠绵沉痛,如泣如诉,惨不卒读,也有一些描绘北国风光,反映北方少数民族人民生活的诗篇,如《东郊十首》《塞上曲》等诗,语言通俗明畅,民族特色鲜明。另有《扶荔词》1卷,收词50余首。大部清丽隽永,一往情深,言近旨远,语有尽而意无穷。康熙二十二年(1683年),曾参与《浙江通志》的编撰。刘智著《天方至圣实录》收入其《天方圣教序》《真教寺碑记》二篇。与弟丁景鸿、丁滢,皆以诗名,人称"盐桥三丁"。

笪重光(1623—1692年),清代诗人、书画家。回族。江苏丹徒(一作句容)人。字在莘,号江上外史,自称郁冈扫叶道人。晚年居茅山学道,改名传光,署名"逸光",号"逸叟"。康熙二年(1663年)进士,官至御史。善诗文词,工书画。书法眉山苏轼,笔意超逸,与姜四溟、汪退谷、何义门齐名,称为四大书家。著有《书筏》《画筌》《曲尽精微》等。

马宥,生卒年不详,清代文学家、诗人。回族。字书渊。江苏溧阳人。幼承父马世俊之家学,博通古文。其诗爽朗刻露,风格自超。著有《砚畴集》《溧诗正选》。其弟马容与之齐名,著有《谷含集》并行于世。

孙鹏(约1688—约1759年),清代回族诗人。字图南,号南村。云南昆明人。康熙四十七年(1708年)举人,官山东泗水县知县,有治声。以诗古文辞见重于世。著《少华集》2卷,《锦川集》2卷,《松韶集》4卷,合称《南村诗集》,收诗500多首。其诗英辞浩气,磊落出群。其《山庄漫兴》亦别有情趣:"油菜开花十亩香,春天蚕豆荚新长。不知满地砇砑石,曾是何人所牧羊。"《滇南文略》及《滇系》中有其遗文,其中论兵之作,雄建可喜。

马汝为,生卒年不详。清代文士。字宣臣,号悔斋。回族。云南元江人。康熙四十一年(1702年)中举,次年中进士,选庶吉士,官翰林院检讨,历元三朝国史、方舆、路程三馆纂修。学行为皇帝所知,馆阁推重。五十年(1711年),典湖广乡试。五十三年(1714年),迁大理寺右寺副,后官贵州铜仁府知府,有政绩。以善书见重于世。今云南丛书中有《马悔斋遗集》2卷,诗文各居其一。其诗质朴,意味深长。曾校阅刘智著《天方性理》一书。

赛屿(1697—1795年),清代回族诗人。字琢庵,号笔山,又号梦鳌山人。云南石屏人。3岁而孤,雍正七年(1729年)中举。乾隆十七年(1752年)任四川珙县知县,在职6年,受劾归里。著有《梦鳌山人诗古文集》《行源堂时文集》,今佚。《石屏州志》《续志》《滇诗嗣音集》《滇南文略》中辑有其遗作。《天方至圣实录》有其序文一篇。

马绍融,生卒年不详。清代诗人、画家。回族。字绳武。甘肃兰州府狄道州(今临洮)人。幼时从师就读,家贫辍学,稍长,经营小商贩维生。乾隆年间,参加甘肃名诗人组织的"洮阳诗社",发奋学诗,时有佳句。通绘画,因而其诗中颇感画意。著有《偷闲集》传世。

沙琛(1759—1821年),清代回族诗人。字献如,号雪湖。云南太和(今大理)人。乾隆四十五年(1780年)中举,嘉庆六年(1801年)任怀远知县,后在怀宁等地任职。所到之处,救灾恤困,定保甲,募义勇,兴学校,民赖以安。后因审案未实,被告发戍边,当地土民集资代为申冤,获嘉庆帝赦免。少负异才,及长亦刻苦自励,著有《点苍山人诗钞》8 卷,于嘉庆二十三年(1818 年)刊印。其诗有反映当时农村现实,同情灾民疾苦的篇章。如《发暮感怀》《悯农》《慨农》诸诗,描写了农民的困苦情状,指出其困苦的根本原因是官府赋税、地主盘剥,并进而质问:"奈何不耕人,珍食自恣纵!"意识到了贫富悬殊,阶级对立。这些诗语言朴质,感情沉挚,具有强烈的现实主义特点。也有一些描绘南方少数民族风土人情和边疆地区奇丽风光的诗篇,如《夏日即事》《安顺诸山》《漾濞山中杂兴》《腊门行效王建荆门行体》诸诗,笔调明快,隽妙之语,峰起迭出。被誉为"滇中人才"。

蒋湘南(1796—1848 年),清代文学家、史学家、诗人。回族。字子潇。河南固始县蒋家集人。幼聪颖,拜光州回族大儒马彭为师,未弱冠即考取秀才。道光十五年(1835 年)中举。曾任河南学使吴巢松和陕西学使周之桢之幕僚,主讲于关中书院和同州书院。一生清苦,但好读书和藏书,自命其藏书楼为"七经楼",是回家一大藏书家。博学多闻,对儒学、"七经"、史学、水利、功法均有研究。善文、工诗,一生著述甚丰。曾修纂《陕西通志》《同州府志》《洛阳县志》《夏邑县志》《鲁山县志》等,是回族第一位方志学家。又著有《周易郑虞通旨》《十四经图志》《中州河渠》《卦气表》《华岳图经》《游艺录》《庐山游记》等,多佚失。现存有《蒋子遗书》数十卷,已刊印者有文集《七经楼文钞》和诗集《春晖阁诗钞》,为其代表作。其中,《春晖阁诗钞》收录了迄今所见蒋湘南的全部诗作。全书 6 卷,有清道光十六年(1836 年)刊刻本,同治八年(1869 年)马氏家塾重刻本。其诗有许多反映现实的诗篇。如五言古诗《捻子》描写嘉、道年间捻军农民起义,指出起义原因是天灾人祸所致,斥责统治者的严刑峻法,希望农民富裕起来,表现了作者比较开明的思想。还有《上河帅粟朴园先生》追述了黄河历史变迁和为害图景,描绘了黄河地理形势及根治方略。《江西水道考》《鄂尔多斯乐府》等诗,考叙了江南水道,描绘了塞北风土人情,具有多方面价值,另有不少山水之作和诗论方面的篇计,也各具特色。

萨龙田,生卒年不详。清代诗人。回族。字肇珊,号燕南。福建闽县(今福州)人。道光十一年(1831 年)举人。曾官芜湖,后又应聘任湖南,邀游于洞庭、衡岳之间。善诗,作品多古朴清新,壮志凌云,表现其不甘寂寞潦倒,勇往直前的精神。著有《湖南吟草》。

萨大文,生卒年不详。清代诗人。回族。字肇举,号燕坡。福建闽县(今福州)人。道光二十年(1840 年)举人。选知县。博学能文,从学者颇多。工诗,作品多反映现实生活,同情百姓悲惨生活,揭露官局对民脂民膏之搜刮。与萨人年合著《荔影壹诗钞》2 卷。

萨大年,生卒年不详,清代诗人。回族。字肇乾,号兰台。福建闽县人。道光二十六年(1846 年)举人,以钦点内阁中书授建宁府教授。善诗,诗作多写实,揭露贪官污吏、高利贷者之丑恶行径,同情闽中百姓之疾苦。与萨大文合著《荔影壹诗钞》2 卷及《白华楼诗笺注》。

萨大滋,生卒年不详。清代诗人。回族。字树堂。福建闽县人。善诗,作品多抨击时弊,感叹当权者之昏庸和怀才不遇的苦闷。著有《望云精舍诗钞》。

马介泉,生卒年不详。清末文学家、书法家。回族。安徽怀宁人。工文辞、善书法。著有《回教考略书后》等传世。另有《晚睛室家书》3 卷,曾刊行世。

撒绪,生卒年不详。清末文学家、书法家。回族。四川西昌人。邑廪生。学有根底,诗文迥然出尘。曾为礼州县官之子。延课近 20 年。善书法。

另外,清代回族汉文古籍还有艺术、医学与科技方面的作品。

改琦(1774—1829 年),清代回族著名画家。字伯蕴,号香白,又号七芗,别号玉壶外史。江苏华亭(今上海松江)人。嘉庆、道光时以人物画负有盛名。其仕女画生动逼真,色彩鲜艳雅致。其花卉画,娟秀可爱。作品有《红楼梦图咏》《百美图》等。通敏多能,善诗句,著有《玉壶山房集》。其中,《红楼梦图咏》是其生平精心之作,共收 48 幅,画家运用了传统的白描手法,通过人物的体态神情,服饰变化,景物衬托,对人物的个性特征进行了深入刻画。构图丰满,线条遒劲而流畅,具有较高的艺术水平。因此在清代画坛上获得了"改派"的声誉,对当时插图艺术的发展产生了较大影响。

穆敬一(1805—1879 年),清代医师,书画家。回族。河南开封人,号理斋。以行医作画为生。其医擅长妇科,有《妇科血症》传世。其书法仿郑板桥、画宗文徵明,且受郑板桥影响颇深,是豫东写意派画家。其画洒脱、俊俏,擅画花卉,成擅画兰花、竹石,形象逼真,寓意深刻。现存有光绪三年的《竹石》条幅、四扇屏 8 帧、横幅 3 帧。

丁洪辰(1800—1875 年),清代兵器家。回族。一名君珍,字淑原,号星南。福建晋江(今泉州)陈棣乡岸兜村人。出身商人家庭。因生活拮据,11 岁即辍学,但于负薪挂角之余,刻苦读书,研究兵法。17 岁随父往浙东经商,业余仍"通三角八线之法",悉心精研天文,改造旧仪,创"象限全周仪",以测度算时准确而名于世。道光十一年(1831 年),出国经商,先后到过菲律宾、伊朗、阿拉伯等地。目睹殖民者的罪恶及殖民地人民之苦难,毅然弃商,立下富国强兵宏愿。受魏源、林则徐等思想影响,开始潜心研究兵器,吸收外国先进技艺,著有《演炮图说》,并仿洋式,自铸大炮 40 门,捐献清廷以抗击英寇。二十一年(1841 年),赐以六品官衔,授广东候补县丞。其著作受到魏源、林则徐、邓廷桢等爱国将领的高度评价。后又参照中西兵器制造资料,写出《演炮图说后编》《增补则克录》《西洋军火图编》等军事著作,是中国近代科技创作之先驱。

5. 清代壮族编撰的汉文古籍

王维翰,生卒年不详。字介宗。壮族。承袭父职为白山土司(今广西马山县地)土巡检。清初著名画家、诗人。其父王一璋是一个热心推广汉族文化的土官。王维翰秉承父教,学习汉族先进文化知识,富于文学才能,尤其精于音乐、绘画,特长于画山水、动物、植物、石头等。眼到画成,随手成画。其画栩栩如生,时人皆奉为"神品"。晚年在洞中隐居,号称芦山先生,著有《芦山诗话》。

张鸿,壮族。生卒未详。号恒夫。广西上林人。康熙壬午(1702 年)举人。善诗文。《峤西诗钞》载其《卖狗行》一诗:"吁嗟狗病因何起?狗病多因为家主。昼夜不眠防御劳,暴客闻声不登户。护得主人金与银,安得主人心与身。待至老来狗生病,便将卖与屠人宰。狗见卖与屠人宰,声向主人全不睬。回头又顾主人门,还有恋家心肠在,世上人情不如狗,人情不似狗情久。人见人贫渐渐疏,狗见人贫常相守。有酒莫饮薄情人,有饭只饲护篱狗。"作者通过狗的忠实信义,痛骂封建社会中"世上人情不如狗"。笔锋犀利,如匕首投枪。

刘新翰(1701—1765 年),字含章,号铁楼。生于桂北永宁州(今广西永福县西北山区)。清代著名壮族诗人。自幼苦读,立志仕途,青年中举,曾多次进京赴试均落第,后被聘湖南同考官。40 岁至武缘县教谕,后主持桂林秀峰书院。不久复出仕途,任江阴县令,为官 4 年,体恤民疾,被誉为"江南第一好官"。后因不满官场腐败,弃官归里。一生写了许多反映社会现实的诗歌,尤其是对辛苦力田的农民寄予极大的同情。如《澄江农劝口号》(二首)中表露出他对农民"衣食足"的喜悦心情。《忧旱》诗对农民"一夫分半粟,九饭度三旬;草木根皮尽,崔苻啸聚频"的情景深表同情。《纳朝》"东村富家儿,贱谷恣抛掷,转眼十年间,饔飧不谋夕",对挥霍浪费的富家子弟给予了谴责,表现了他诗歌强烈鲜明的人民性。其诗多辑入《谷音集》。全书收集古体诗 140 首,约 14 000 多字。今存广西桂林图书馆和广西师范大学图书馆。

农赓尧,生卒年未详。号勉之。广西宁明县人。壮族。雍正九年(1731 年)考取拔贡,次年中举。少年颖异,读书过目成诵,尤工诗文。所著诗文,已汇成帙。太平天国革命后,大部分已经散失,仅存古今体诗 100 余篇,后人编为《农勉之先生遗稿》刊行于世。农赓尧对当时的封建道德极为不满,写诗予以猛烈抨击。如《村女赤脚行》:"君不见,潘妃足下金莲好,稳步香阶尚潦倒。君不见,文君叹息白头吟,极目临邛泪满襟。君不见,回文织就相思字,裹足深闺无限意。"农赓尧也有一些顺口吟成的即兴诗句,简明易懂,有情有景,生动活泼。如《山行口号》:"山路泥泞朔雪飘,忽闻樵女唱归谣。青莎复额斑斓湿,笑语咿哑过木桥。"作者赞美打柴的姑娘在雪花飘洒的严寒日子里,毫不畏缩,挑着柴薪,沿桥唱歌归来。具有浓郁的壮乡生活气息,堪称是一首反映壮族农村生活的优美赞歌。

刘定(1720—1806 年),清代壮族理学家、诗人。字灵溪。出生于广西武缘(今武鸣)地主家庭。自幼受家庭书香熏陶。乾隆十三年(1748 年)中进士、授翰林院编修,后去职返乡掌教,曾主持秀峰、宾阳、阳明等书院。著有《三难通解训言述》和《刘灵溪诗稿》等,对程朱理学研究颇深。在壮族地区,其影响一直延续到近代。

黎建三(1748—1806 年),字谦亭。广西平南(今平南县)人。出身于世代书香门第之家。18 岁中举。后应大挑之选,被派往甘肃赴任,历任安化、海城、金城、安西、山丹等地知县。正直廉洁,关心人民疾苦,办事果断公正,受到百姓拥戴。著有《素轩诗集》6 卷。道光二十一年(1842 年)镌刻本。收入诗歌 380 多首。今存广西桂林图书馆,广西壮族自治区图书馆。黎建三的诗作与他的生活经验有密切关系。他当了 25 年官,经常奔波于西北高原,接触到的社会生活比较广泛,因此,他的诗作多描述居官生活,道途见闻,自然风光,也有些咏物言志、记事抒怀的篇章,思想内容相当广泛、丰富,艺术水平也较高,对了解西北地理风光、社会现实及壮族文人创作具有一定参考价值。

张鹏展,清代壮族著名文学家和诗人。字南崧。广西上林(今田东县东南)人。出身于书香门第,自幼受家庭熏陶,乾隆五十四年(1789 年)进士,曾任翰林院修撰、御史等职,后因主持振济北京城南水灾有功,升太仆、大常寺卿。任内刚正不阿,因得罪朝中权贵辞职归里,先后掌教桂林、上林、宾阳等地书院,并潜心写作,著有《谷贴堂全集》《离骚经注》《读鉴释义》和《兰音山房诗草》等,编撰有《峤西诗抄》,被誉为粤西名家。

何家齐,生卒不详。字燕话,号双镜。壮族。广西永淳(今横县东境)人。清高宗乾隆年间贡生。家道比较清贫,早年曾想博取功名,但郁郁寡欢不得志。最后,只好隐居乡里,饮酒作诗,自我消遣。其诗多反映诗人道途奔波的经历,刻画壮志未酬和隐居乡里的思想情趣,写得情真意挚,颇为感人。如《离家》《出门》《过山庄》《落花》《心病》《草阁》《落叶》《层楼晚眺》《题纸间壁》《春秋》《秋月感怀》等诗,反映了他有志难酬的苦闷心情。《田家》《田园杂诗二首》《示稚畴》《家居》《闲居》《春日田间》《野望》《山隐园》《双镜草堂》《田家四时即景》等多首,描绘了美丽的田园风光,描写了归隐乡里的淡雅生活,表达了怡然自乐的思想感情。今有苏定安辑录的《小隐园诗稿》手抄本,辑诗 250 多首。今存广西桂林图书馆。

覃颐(1761—? 年),字少苏,号栗。壮族。广西全州(今全州县)人。诗人,其诗多反映农民的苦难生活。如在《悯荒谣》中,揭露了人世间贫富不均的情景。"三月犁田时,农家买黄犊。四月五月播田忙,偏向山中喝采葛。六月七月高田枯,无暇荷锄搬辘轳。贷得青苗钱,愿籴红陈谷。富人掉头若不知,穷汉归来愁满目"。还有一些描写自然风光和地方风物的篇章。如《五指峰》刻画出"五峰排指出云边,劈破炎方半壁天。西风曾闻山是掌,南荒今见石如拳"的巍峨形象,颇有气势。这些诗都辑入《怡怡诗草》(又称《怡怡草堂诗存》),计146首。今存广西桂林图书馆。

黄体正(1762—1841年),字其真,号云湄。广西浔州古程乡(今桂平市金田村附近)人。出身书香门第,少年勤学好问,能写一手好文章。清仁宗嘉庆三年(1798年)乡试解元。此后18年内,连续5次进京应试不第。先后任桂林府训导、北京国子监典籍等。后来生多以教授为生,先后在金州、迁江、西隆、桂林、桂平等地各书院主讲。著有《带江园诗草》。由黄益谦订,黄榜书重编,黄杰槐校,光绪十八年(1892年)刊本。全书包括诗草6卷,选诗722首;杂著草6卷,选文42篇;时文草1卷,尺牍草1卷。计65 000多字。浔州府事资州何贴然作序,吴树莹作原序。赖鹤年撰写《黄云湄先生传》,还有谢辅成、孙鹏展、王维新等人题撰诗词,今存广西桂林图书馆。

黄彦坊(1796—1820年),广西武缘县(今武鸣县)人。壮族。从小勤学苦练,尤喜研究地方掌故和民间生活。《武鸣县志》刊载了他很多诗歌,其中不少是富有人民性的佳作。在他的笔下,农民的勤劳和辛酸,跃然纸上。他在《农事纪侯咏》中,从正月写到十二月,每月四句一首,热情地歌颂农民一年到头的辛勤劳动。如七月:"昨夜西风一叶飞,田禾滋秀芋苗肥。荒村星夜闻言语,播麦人人趁月归。"描绘壮族农家不仅白天劳作,农忙季节还要忙到"人人趁月归"的境况。又如十二月:"荞麦于今播欲齐,寒风彻骨雨凄凄,也知入室围炉好,争奈妻儿饥欲啼。"描写在寒冬腊月,当富贵人家"围炉"取暖的时候,劳动人民仍然要冒着"彻骨寒风"出去干活。尽管农民如此辛苦,其处境却十分悲惨:"我邑蕞尔如弹丸,民贫土瘠歇饔飧。况复频年遭大水,言之恻恻心凄酸!""薄田一亩种小米,垂熟又被河沙堆。""呜呼闻此能不悲,频遭此毒是谁为?"这里尤其值得注意的是,诗人当时已经提出了"频遭此毒是谁为?"的尖锐问题。不过,由于他所处的历史条件和阶级地位,还不能直截了当指出造成这个尖锐问题的罪魁祸首究竟是谁,而只能向"苍穹"大声责问:"我其一心疾神妃,神妃脉脉无一语;我其御风责河伯,河伯闻闻频蹙额;我欲拨云问帝庭,我欲入海询龙宫;我欲腾空上紫府,大声呼吁诉苍穹!"

郑献甫(1801—1872年)清代著名壮族诗人。字小谷。出生于象州山村,自幼聪敏笃学。道光十年(1830年)进士,授刑部主事职,因不恋仕途,仅任事一年,便弃官南归从教,游学湖南和江浙等地。学识渊博,一生中创作了许多好诗,《补学轩诗集》中汇集诗人2800余首诗歌,按编年分为《鸦吟》《鹤唳》《鸡尾》《鸥闲》4集,共16卷。诗人创作态度严肃,追求言志写真,主张"诗中无我不如删",反对因袭,"妙在不落套",故作品格调清新,意境深刻,在当时壮族诗坛中享有很高声誉。

黎申产,生卒未详。壮族。广西宁明人。号嵩山,执教数十年,培养了不少壮族文人。作品有《小名录》《宁明州志》《莱根草堂吟稿》等。有诗名。其诗多为感怀之作。如《柳州阻雨谒柳侯祠》一诗:"异服殊音不可亲,生前似厌柳州人。只今身后群尸祝,应觉人情此地真。"通过千百年来人们对柳宗元的崇高热爱,表现了壮族人民对汉族友好的广阔胸怀。

黄体元(1804—1829年),壮族。号梅村。广西宁明人。原为土官后裔,因耿直,被人毒打致死,终年25岁。临终时曾自撰碑文。著有《冷香书屋诗草》4卷。多已散佚。其诗风格清新自然,多描写山水景物。如《邕江杂咏》:"远远歌声遍晓晴,篙工报说抵邕城。货船江面排鳞似,万许桅樯数不清。大船尾接小船头,北调南腔话不休。照水夜来灯万点,满江红作乱星浮。小船纷纷去复回,满江如市月明开。船头刚买鱼生粥,船尾猪蹄粉又来。"写邕江风物,一派南国风光。又如《远眺》,"策杖登山山径斜,游踪过处白云遮。回眸一向平川望,开遍江边红蓼花"。"阵阵轻寒剪剪风,萧疏争向早凋桐。丹枫为厌秋色无,自作明霞十里红"。写天山行远眺时的优美景色,流畅自然,又别具一格。

李锦贵(?—约1865年),壮族。广西上林人。廪生。他在太平天国革命浪潮影响下,率农民起义,攻占了上林、武鸣等地,建立农民政权,是广西"天地会"重要首领之一。石达开曾封其为"纯忠大柱国体天侯"。李锦贵自幼读诗书,通文墨,刚直仗义,孚有众望。他在参加太平天国革命之后写的言志诗,气魄雄浑,风格豪放,如"志气雄豪贯斗牛,生平事业未曾酬。手持三尺龙泉剑,不斩奸邪誓不休"。反映了农民起义军叱咤风云的英雄气概。

韦丰华(1821—1905年),壮族。字剑城,别号大鸣山散人。广西武缘县(今武鸣县)人。其祖父韦有纲、父韦天宝都是有名的进士。韦丰华生活在咸丰、同治年间,同情太平天国农民革命运动,写了不少作品大胆揭露清朝政府腐败无能、祸国殃民,他是清朝末年壮族优秀的文学家。著有《今是山房吟草》《今是山房吟余琐记》《黯然吟集》《耐园文稿》《年谱》等书,而且长期在武缘、宾阳等县的阳明、西邕、岭山等书院教书,培养了很多学生,对壮族文学影响很大。其中,《今是山房吟草》有1926年手抄本,收入诗歌1400多首。陈翰文、黄子怡分别作序,陶天德题跋。今存广西桂林图书馆。散文集《今是山房吟余琐记》共3册,今存广西桂林图书馆。书中阐述他对诗歌理论的见解,自有独到之处。其诗多描写人民苦难生活。如《秋旱即目书感四首》《夜坐盼雨书怀》《诣郡途中即事》《谈时艰有感八首》等诗描写了"粒米贵如珠""十室真九空""纷纷行道客,大半是流移""饿殍几盈野,哀怜浪有情"等惨不忍睹的残酷现实,具有一定现实意义。

石达开(1831—1863年),壮族。广西贵县人。早年丧父,因家境尚较丰裕,故能自幼攻读诗书,颇通文辞,曾赴省应试,举孝廉。曾烧过窑,开过矿,做过生意,为人正直,待人和气。参加太平天国革命后,英勇善战,功勋卓著,被封为左军主将、翼王,是太平天国杰出的领导人之一。有《白龙洞题壁诗》《驻军大定与苗胞欢聚即席赋诗》等诗作存世。其诗雄健激昂有力。如《白龙洞题壁诗》:"太平天国庚申拾年帅驻庆远,时于季春,予以政暇,偕诸大员巡视芳郊。山川竞秀,草木争妍。登兹古洞,诗列琳琅,韵著风雅,旋见粉墙刘云青句,寓意高超,出词英俊,颇有斥佛息邪之慨,予甚嘉之。爰命将其诗句勒石,以为世迷仙佛者警。予与诸员亦就原韵立赋数章,俱刊诸石,以志游览云。'挺身登峻岭,举目照遥空。毁佛崇天帝,移民复古风。临军称将勇,玩洞羡诗雄。剑气冲星斗,文光射日虹。'"(此诗现存于广西宜州市白龙洞石壁之上。在石诗的后面,还有元宰张遂谋、地台右宰辅石蔡亲、户部大中丞萧寿镪、礼部大中丞周竹歧、兵部大中丞李遇隆等人的和诗及刘云青的原韵)。在这首诗中,不难看出石达开的英雄本色和远大的革命抱负。

黄焕中(1832—1911年),清代爱国将领和诗人。字尧文,号其章。广西宁明人。壮族。自幼勤奋好学,精通诗文韬略。青年时曾参加地方团练,后在家乡创办思齐书院,潜心施教。光绪九年(1883年),应聘在黑旗军首领刘永福幕府中参赞军务。逾年,随刘永福参加抗法战争。中法停战后,又从刘永福驻防台湾,抗击日本帝国主义的侵略。光绪二十一年(1895年),清政府和日本签订丧权辱国的马关条约后,仍在台南坚持抗击日寇,后因朝廷一再迫令内渡,怀着极大义愤回师广东。不久又随刘永福移师钦州。暮年解甲归田。写有大量诗词,汇辑成集,名《天涯亭诗草》。

蒙泉镜(约1835—? 年),字芙初。广西武缘(今武鸣县)人。从咸丰十一年(1861年)到光绪十九年(1893年)的三十多年间,共参加乡试14试,但终未得举。50岁以后,派任阳朔教谕,任职10余年。一生穷愁潦倒,忧郁寡欢。著有《亦嚣轩诗集》,1917年广东编译公司排印。收入诗歌240首。今存广西桂林图书馆、广西博物馆。其诗多为宜泄郁结情怀之作。如《中秋寄李应祥代柬》,借中秋月满天的夜景来抒发惆怅的心情。另有一些述事感怀之作有较广泛的社会意义和思想内容。如《感事步韵》(四首)写于中法越南战争之后,沉痛地控诉了卖国投降政策所造成的严重恶果,表达了作者报国无门的愤慨之情。"凭眺山河眼界高,男儿壮士感桑蓬"。"忧国少陵兵燹后,筹边德裕画图中"。"征马萧萧边月下,飞鸢跕跕瘴眼中。低回世事频搔首,翘望燕云思不穷"。这些诗,表达了作者忧愤时事,爱国报国的思想感情,有比较鲜明的时代气息。

韦麟阁(约1835—? 年),广西永宁(今永福县)人。生于道光中期,卒年不详。曾精心研究历史,但功名从未如意。年青时期,曾组织团练并参与围攻太平天国革命军。著有《小舟别墅遗集》,由粤东罗忠勇功武点定,其子韦绣韩、韦绣孟、韦绣邵、韦绣丹编校。1927年石印本。附庚甲诸遗集1卷,附录1卷,孝恭堂集1卷。收入诗歌180多首,今存广西桂林图书馆。其诗多反映阶级压迫的严重性和农民的反抗精神以及关怀世事,抒发爱国思想。笔法质朴流畅,风格浑厚豪迈,具有一定的现实意义。

韦陟云(1850—? 年),字郇五,广西象州(今象州县)人。同治十二年(1873年)中举人。光绪年间,曾在京任户部主事多年。后因受人牵连,闲居在家。著有《红杏山房诗稿》2册,收入诗歌540首,分成《零星集》《榕城集》《象云集》《鸿雪集》《蒸云集》《燕云集》《象云续集》等7集,共4卷。今存广西桂林图书馆。集中诗歌描述旅途见闻和自然风光的篇幅较多,但较有深度和价值的是那些世事感怀之作,如《连城行赠苏大帅》和《南关行赠马大帅》等诗,赞颂了当时驻守南疆龙州边防的大吏苏元春及其副手马盛治抗击法寇、保卫边防的功绩。《大沽口》《渤海即事》等诗描写了战祸给人民带来的灾难。其诗内容充实,手法纯熟,对了解当时社会现实有一定的认识作用。

岑春煊(1861—1933年),原名春泽,字云阶。广西西林县那劳村人,出身封建官僚家庭。光绪十一年(1885年)考取举人。历任光禄寺少卿、大仆寺少卿、广东布政使、陕西巡抚、山西巡抚、两广总督等。著有《乐斋漫笔》。

农实达(1873—1913年),近代资产阶级民主革命者。广西宁明县人。壮族。自幼聪敏好学,14岁中秀才。后赴广州,深受孙中山革命理论影响,毅然弃文习武。积极参加孙中山推翻清政府的工作。辛亥革命后,又积极投身讨袁运动,后于南宁被桂系军阀陆荣廷杀害,有遗诗数篇,载《宁明耆旧录》。

黎慕德,生卒未详。壮族。号鲤庭。广西宁明人。幼聪颖,14岁即为邑诸生。后游学桂林,肄业于逊业堂,为山长曹谨堂所器重。他与农实达、欧显谟、王廷赞、陶赞勋齐名,号称"宁明五俊"。《宁明耆旧诗辑》载其《琼山旅寓度岁》一诗:"犬吠鸡鸣一样声,那堪异国数残更。征衣甫缺新年至,左衽惊看旧感生。旅舍权时安枕席,故乡何日弭刀兵。杞忧到底知无益,且把屠苏酒尽倾。"写在异国他乡过新年的孤独和对故乡亲人的深切怀念,感情真挚热切。

黄君钜,生卒未详。壮族。广西武鸣人。《宁明耆旧诗集》载其《泛舟滇池》一诗:"巨浸苍茫跨数州,呼船载酒放中流,月明一望疑无池,风定遥观似有州。远眺城垣如石点,回看塔庙与云浮。星稀月静闲谁伴,聊把新诗独自讴。"咏月夜泛舟滇池,很有气势。

6. 清代白族编撰的汉文古籍

李倬云,生卒年不详。清代白族学者、诗人。字瑶峰。云南鹤庆州(今大理白族自治州鹤庆县)人。自幼勤学,博览群籍,工古文、善赋诗。康熙四十七年(1708 年)中举,选学正。有多种著述,今存《鹤庆府志》26 卷。光绪《鹤庆州志》中收有其诗文 20 余篇。《稗子行》《农夫叹》《乞儿行》等诗中充满对农民悲惨生活的同情。如,"妇女纷纷携筐筐,齐向荒郊收稗子。晨出暮归收几何,一斗才舂二升米"(《稗子行》)。"小麦费尽稗子空,不果龟肠与鳝腹,富家索债日呼门,医疮何处堪剜肉"(《农夫叹》)。"频岁遭水旱,田亩少所收,忍饥完正赋,不肯辞故邱。有司借名目,无艺日诛求。黠者依险阻,跳梁弄戈矛。软弱守穷巷,钩索仅见仇。血泪洒公庭,系颈等罪囚"(《乞儿行》)。李倬云的诗,富有人民性,且笔锋尖锐,揭露了地主阶级的残酷剥削,说明人民被迫进行反抗的原因。他是一位同情劳动人民的白族诗人。

师范(1751—1811 年),清代白族历史学家和文学家。字端人,号荔扉,别号金华山樵。云南大理府赵州(今凤仪、弥渡县)人。自幼好学,博览群书。乾隆三十九年(1774 年),中举人第二名。初选任剑川州(今剑川县)儒学训导,继奉命办理西征廓尔喀军需,代理知州事,以军功保授安徽望江县知事。任事 8 年,以爱士恤民为己任,兴利除弊,不畏强暴,严惩贪官污吏。兴办教育,在县衙开设"小停云馆",吸收志士学生读史文,研究经典,咏诗作赋,评论现实,考书院诸生学业之进退,亲为讲说,培养了一批有造诣的人才。一生对滇、皖文化做出了杰出贡献。乾隆五十五年(1790 年),参与编纂《滇南诗略》。在望江又完成多种著作的编纂和著述。搜集望江先哲 43 家诗文,成《雷音集》,以讽后学。双辑《二余堂丛书》12 种,以广传播。自著《金华山樵前后集》《二余堂诗文稿》《抱瓮轩诗文汇稿》《小停云馆芝言》等,均在望江付梓。又纂《南诏征信录》3 卷(未刊行)。晚年纂成巨著《滇系》40 卷,分疆域、职官、事略、赋产、山川、人物、典故、艺文、土司、属夷、旅途、杂感等 12 类,博采 400 余种书籍,记录了云南少数民族的许多资料,持论确而取义精,成为一部有名的通志史书,对研究云南地理、经济、民族有重要参考价值。有嘉庆十三年(1808 年)初刊本、嘉庆二十二年(1817 年)刻本、光绪十三年(1887 年)云南官书局重刻本、《云南丛书》本、台北成文出版社 1986 年影印本。

王崧(1752—1837 年),清代白族著名学者和文学家。字伯高,又字酉山,号乐山,原名藩。其父王梅村博览群书,藏书万卷亲授予学业。嘉庆四年(1799 年),中进士第六名,翌年任山西省武乡县知县。在职九年,改革盐政,使归于民,治理漳河,兴修书院,自捐资购置书籍,亲自授课,学风大振。去官后,于嘉庆二十一年(1816 年),应聘主讲晋阳书院,道德学问传遍山西。四年后回滇,门人为绘《乐山讲学图》,且配以绘像,张炜写《乐山先生讲学图记》,以示纪念,在滇受云贵总督阮元之聘,总纂《云南通志》。又集前人滇事之书 61 种,汇为《云南备征志》,与师范《滇系》齐名。后因故托词回乡,不问世事,专心著述。著作甚多,除《说纬》《乐山制义》《乐山集》《道光云南志钞》雕版刊行外,《乐山诗集》《布公集》《江海集》《提钩集》等均未付梓流传。经他校订的《南诏野史》为研究南诏、大理史提供了一个较好的本子。其中《云南通志》于道光十五年(1835 年)成书。全书凡 216 卷,卷首 3 卷,并附有奏折、修志职名。卷1—4 天文，包括分野、气候、祥异；卷5—30 地理，包括图舆、疆域、山川、形势、风俗；卷31—54 建置，包括沿革、官署、津梁、关哨、水利、城池、邮传；卷55—78 为食货志，包括矿产、田赋、经费、物产、户口、盐法、积贮、课程、蠲恤；卷79—87 学校，包括书院义学、庙学；卷88—98 为祠祀，包括寺观、典祀、俗记；卷99—107 武备，包括戎事、兵制、边防；卷108—136 秩官，包括官制、土司、名宦、循吏、封爵、使命、忠烈；卷137—145 选举，包括举人、武科、征辟、进士；卷146—171 人物，包括烈女、忠义、乡贤、孝友、方技；卷172—190 为南蛮，包括边裔、种人、群蛮、贡献、方言；卷190—208 艺文，包括杂著、金石、滇事书、滇人书；卷209—216 杂志，包括古迹、冢墓、轶事、异闻。是书为研究云南历史、地理、民族关系、边防等提供了丰富的资料。有清抄本，今藏云南省图书馆。

李於阳(1784—1826 年)，清代白族诗人。初名李鳌，字占亭，号即园。原籍云南大理府太和县(今大理)人，少年时随父徙居昆明。嘉庆二十四年(1819 年)中副贡，工占文，被时人誉为"昆华五子"之一。后秋试屡不第，专意于诗词赋。著有《苍华诗文集》《游子吟》《紫云集》《社声录》等，今仅传《即园诗钞》14 卷。诗词富于人民性，如《祷雨叹》《泣牛谣》《卖儿叹》《食粥叹》《苦饥行》《米贵行》《邻奴叹》《兵夫叹》《赈米图》等均以现实主义笔法，反映了民间饥寒交迫，卖儿鬻女的悲惨生活。例如《食粥叹》描写一群饥饿的农民，争先恐后地拥向施粥厂讨吃的情景，写得如诉如泣，极其悲惨："厂门开，食粥来，千万人，呼声哀……少壮努力争上前，老弱举步愁颠绊；自晨至午始得食，饥肠已作雷鸣断。"《卖儿叹》描写饥民们靠地主施舍根本无法生活下去，因而被迫携男提女到街头出卖，以求一饱。这首诗写得十分凄惨动人，充分揭露了当时的黑暗现实，在思想性和艺术性上都达到了很高的成就："三百钱买一升栗，一升栗饱三日腹，穷民赤手钱何来？携男提女街头鬻。明知卖儿难救饥，忍被鬼伯同时录？得钱聊缓须臾饿，到口饔飧即儿肉。小儿不识离别恨，大儿解事依亲哭。语儿勿哭速行行，儿去得食儿有福。阴风吹面各吞声，拭泪血凝望儿目。卖儿归来夜难寐，老乌哑哑啼破屋。"(《云南丛书·集部，滇诗嗣音集，即园诗钞》)。在李於阳的诗词中，尽管由于他所处的时代和阶级的局限性，也有某些不健康的成分，但总的来说，仍不愧是一个同情劳动人民疾苦的诗人。

赵辉璧，生卒年不详。清白族诗人。字蔺完，一字子谷，号苍岩居士。洱源县凤羽人。道光丙戌(1826)进士。著有《古香书尾文钞》2 卷，在该书中，有阐述道理之言，有纪人物之传，有赞山川风物之辞，有纪乡邑之文，有抨诗析词之论。他的诗歌理论，强调作诗与做人的一致性。在白族文学史乃至汉族文学史上均有重要影响。

杨玉科(? —1885 年)，清末白族将领。字云阶。云南丽江府营盘街(今属兰坪县)人。同治(1862—1874 年)初，以义勇入清军滇营，隶和耀曾麾下，参加镇压杜文秀回民起义。后屡与杜文秀交兵，升游击、参将、总兵，清廷赐号"励勇巴图鲁"。十一年(1872 年)，掘隧道攻破义军首府大理城，迫杜文秀自杀，升提督，御赐黄马褂。十年(1884 年)，中法战争爆发，自广东率广武军出镇南关(今友谊关)，进驻谅山，设伏大败万余法军，数战皆捷，毙伤大批法兵。因西线主将、广西巡抚潘鼎新不战自退，弃谷松、观音桥、车里和谅山，撤入关内，本人孤军奋战，未能奏效。法军重兵北上，直抵镇南关。十一年初，誓死出关拒战，击退法军，乘胜追击。不幸中炮身亡，妻牛氏亦以身殉夫。清廷追赠太子少保，谥武愍，于大理、镇南关建祠祀之。亦涉足文事，从岑毓英研习春秋左氏传。于驻军处所捐资修浚河渠，改建书院。在滇西兴办工商业。戎马之余，著《从军纪录》2 卷。

赵藩(1851—1927 年),清末民国初白族政治活动家和学者。字樾村,一字介庵,晚年自号石禅老人。云南剑川县向湖村人。诞生于官僚和书香世家。自幼读经史百家,酷爱诗词。同治七年(1868 年),参加地主武装"北路义师",镇压杜文秀起义,两次夺取起义军据点剑川城。光绪元年(1875 年),中举人第四名。购经史子集万卷,捐置剑川金华书院。选易门县训导,后被云南盐法道钟念祖和云贵总督岑毓英选入幕府,因出谋助岑毓英镇压"倮黑夷",被保举候选直隶州知州。十九年(1893 年)以后,奉调入川,先后任筹饷局提调、酉阳州知州、川东土税局督办、保商局督办、按察使、滇黔官运局总办、永宁道等职,三获清帝嘉奖,有"天下监司第一"之称。因感帝国主义侵略之危急和清廷的腐败,写诗文赞扬刘永福所率黑旗军的抗法业绩,抒发对清政府的不满,并同情革命党人。1905 年孙中山成立同盟会后,受革命浪潮推动,虽然为按察使,但积极参加营救革命党人。因营救四川同盟会员谢奉琦不果,辞官回籍。1910 年,响应蔡锷等人领导的昆明起义,在大理筹组"迤西自治总机关部",被选为该部总理。旋被蔡锷任命为迤西道巡按。1912 年冬,被选为众议院议员,于翌年春至北京任职。因对袁世凯独裁不满,遭到迫害,愤然离京返滇。1915 年,参加蔡锷、唐继尧等人领导的讨袁护国运动,担任云南省团保局总办,负责护国军后方治安。1917 年,代表唐继尧赴广州参加孙中山护法军政府的政务会议,被任命为交通部长。1920 年,奉孙中山命,促成滇军参加讨伐桂系军阀。同年辞职回云南,任云南省图书馆馆长,继续整理云南文献资料,总纂《云南丛书》等,同时还参加了反对军阀唐继尧的活动。《云南丛书》分初、二编,共 205 种,1631 卷,为云南历史文献的搜集整理做出杰出贡献。生平著作甚多,已刊行的有《岑襄勤公年谱》《滇中兵事记》《向湖村舍诗初集、二集》《桐华馆梦缘集》《小鸥波馆词抄》《介庵楹句辑钞正、续集》《向湖村舍杂著》等。其杰作成都武侯祠对联,被誉为发人深省的"施政篇"和"治安策"。

赵式铭(1870—1942 年),白族爱国学者。字星海,号韬父。云南剑川人。自幼聪敏,勤奋好学。及长,关心时事,敢于评论时弊。光绪二十年(1894 年),至昆明应乡试,因在试卷中"放言时务",被贬入副榜(副贡)。后在家乡任教,担任高等学堂校长,勉励学生立志救国,洗雪甲午战争的国耻。曾写下这样两副激昂的楹联,"铸万剑以横磨,振起尚武精神,慎勿再为碧眼虬髯笑。障百川而东注,养成合群根性,是所望于青年豪气人"。"内忧未靖,外患方殷,望诸生蒿目时艰,亟为国家筹补救。咎有专归,责无旁贷,欲我辈蓬心顿启,勿将岁月消磨"。曾创办《丽江白话报》和《永昌白话报》,并参与创办《云南日报》。在报上著文宣传救国救民的主张。他相信,只要所有的爱国者团结奋斗,百折不回,视死如归,就能救民众于水火,救国家民族于危亡。他不仅是一个知识渊博的学者和热心的教育者,长期献身于教育事业,写下了许多有价值的学术著作;同时又是一个才华横溢的爱国诗人和剧作家,写下了许多激发人们爱国热情的诗篇和剧作。特别是在光绪、宣统年间,他为了谴责法国侵略越南的罪行而写的一个滇剧唱本《苦越南》,倾注了自己的爱国精神,得到普遍的好评,而且成为滇剧表现现实生活的最早尝试。他在剧本的字里行间,不仅愤怒谴责法国侵略者的罪行,对越南人民寄予无限的同情,表达了中越两国人民之间的传统友谊;同时告诫国人要以邻邦亡国为殷鉴,奋发图强,同仇敌忾,永保祖国的锦绣山河,免遭侵略者践踏。民国后参加"南社""苏州国学会"。1939 年担任云南通志馆馆长,与周钟岳等编纂《新纂云南通志》,先后担任副总纂、总纂。著述甚多,已刊行的有《白文考》《爨文考》《么些文考》《云南光复志》《起源篇、建设篇、西征篇》《考察四川灌具堰工利病书》等。还有《希夷征室诗抄》《浩劫余生录》

《睫巢随笔·楹句》《滇志辨略》《汉书补注》《韬父六十自述》等未刊行。

7. 清代土家族编撰的汉文古籍

田甘霖(1623—1675年),清代湖广容美土官。字特云,号铁峰。土家族。顺治十三年(1656年)袭为容美等处军民宣慰使。创立学宫。吴三桂占其辖地,曾授命。著有《合浦集》《敬简堂诗集》等。其中,《敬简堂诗集》原辑于手抄本《田氏族谱》的《田氏一家言》中。1983年湖北鹤峰、五峰两县统战部及有关单位编辑《容美土司史料汇编》时,将其诗集收编入内。现有97题,182首,其中词6首;有30首有题无诗。《容美土司史料汇编》现存于湘鄂川黔土家族地区图书馆内。田甘霖的诗多为抒怀含志之作,但也不乏关心民生的诗篇,如《友人作催雨诗,依韵更作〈望雨篇〉》等,也有愤世嫉俗的满腹骚情的篇章,如《选佛场诗》四首,《哭文相国先生——时困巴东作》等。其诗韵味隽永,又隐含深意,在土家族文学史上有着重要的地位,对研究土家族社会历史有一定参考价值。

田舜年(约1648—1715年),清代湖广容美土官。字绍初,号九峰。土家族。田甘霖之子。初受吴三桂敕封,后袭容美等处军民宣慰使。屡奉命从征,著有劳绩。习文史,能文章,所交往者多为一时之名士,治学广博,著述颇多。有《二十一史纂要》《六经撮指》《田氏一家言》《容阳世述录》《白鹿堂诗集》《许田射猎传奇》等书行世。其中,《白鹿堂诗集》收入《田氏族谱》的《田氏一家言》中。手抄本存于后裔手中,1983年,湖北鹤峰、五峰两县统战部及有关单位编辑《容美土司史料汇编》时,将手抄本遗稿和《长乐县志》(清康熙年间刻版)中所存15首收编在内。《容美土司史料汇编》现存湘鄂川黔土家族地区图书馆,《长乐县志》今存五峰土家族自治县档案馆和湖北省图书馆。田舜年的诗,有反映局势动乱、言志抒怀的,如《和羽伯得虎韵》《搏得病虎作〈病虎行〉》等;有写景抒情托物言志的,如《荷珠》《荷钱》《荷笔》《山居》等。对土家族文学的发展有一定影响,对研究土家族文学发展史的规律,有重要参考价值。

彭秋潭(1748—1808年),名椒,自号方山居士。湖北长阳县人。土家族。22岁中举,以后"屡试于南宫",直到乾隆四十七年(1872年)才跨上仕途。历任江西吉水、瑞昌、崇仁、弋阳、瑞金等地知县。著有《秋潭诗集》《秋潭外集》《秋潭败帚》《秋潭窃言》和《蟾芝集》等,但多已散失。今存有《长阳竹枝词》计50首,清人张应昌编《清诗铎》录诗2首,《长阳县志》录诗4首,还有3篇书序。《长阳竹枝词》经长阳陈金祥编注(铅印本),今存于长阳土家族自治县图书馆。彭秋潭的诗,题材涉猎广泛。其中有描写土家族地区山川景物的,有描绘民族节日欢乐场面的,有抒发丰收欢愉的,有反映兴办学校、提倡文化的,也有表现农耕辛劳、渔猎艰难的,既有男女爱情、婚聚的幸福之歌,也有生离死别、天灾人祸的哀叹之声,等等。对研究土家族的文学和风情有一定参考价值。

陈景星(1839—?年),清代土家族。别号笑山。从小矢志苦读,博览群书。光绪二十年(1894年)得赐进士。陈氏一生,浪迹江湖,游遍湘黔川楚,古镇东粤。入仕途后,先在齐鲁放赈。暮年流寓泸上,快快而终。一生所著,仅见《叠岫楼诗草》,清同治年间,冯壶川、冉崇文主编《酉阳直隶州总志·酉阳州志》,将其诗集收编在内,木刻本现存酉阳土家族、苗族自治县档案局。1986年,四川涪陵地区民族资料编辑委员会编辑《川东南民族资料汇编》(总第一辑)时,将诗集存诗收编在《文艺》(土家族文人作品第一集)内。现存涪陵地区民委资料室和涪陵地区图书馆。《叠岫楼诗草》分为《壮游集》《磨铁集》《田居集》《尘劳集》《拾余集》《感旧集》《津门集》《耄游集》《泸谈集》等9集,现有诗作600多首。这些诗,大多是伤时感事的作品,也有对人民大众的疾苦深予同情的诗篇,还有一些描写景物的诗作。其诗艺术风格凝重,意境深远。如《谷洞道中》:"野经斜穿入古松,笋舆摇梦睡尤浓。几家屋角留残雪,一路滩声出破峰。猎担人归分麂肉,浑泥草湿认牛踪。前山爱绝斜阳外,深粉施朱十数重。"诗人以白描手法,把土家族的古朴淳风,表现得亲切自然,具有浓烈的生活气息。

田泰斗,生卒年不详。土家族。字一山,原号鲁山。湖北长乐县(今五峰土家族自治县)人。清道光、同治年间在世。自幼聪慧,有才思,家学既早且严。经史典籍,涉猎广博。拔员。咸丰二年出任《长乐县志》分修,他的诗作最早编定为《养心花斋诗草》[咸丰元年(1851年)],后改名为《望鹤楼诗抄》;后又编有《拍一山房诗草》。集诗约200多首。《望鹤楼诗抄》有道光甲辰刻本,李焕春序,现存五峰土家族自治县档案局。田泰斗的诗内容广博,风格凝练,想象奇妙,情景交融,情趣盎然。对土家族文学的发展起到了积极推进作用。

陈汝燮,生卒年不详。土家族。字达泉,号答猿。四川酉阳州山羊乡人。清道光、光绪在世。他虽醉心于"开科取士",欲登官场,但一直未能如愿,曾在雅州知府当幕宾兼教席,在酉阳州总理过保甲事物,以任教讲学为终身事业。著有《答猿诗草》。该书最早收入《酉阳直隶州总志·酉阳州志》(清同治冯壶川、冉崇文主编)木刻本,现存酉阳县档案局。1986年,四川涪陵地区川东南民族资料编辑委员会编辑《川东南民族资料汇编》总第一集时,将其诗收入《文艺》类中,共录诗800多首,存四川黔口地区各县图书馆、陈汝燮的诗题材广泛,内容渊博,艺术风格清新别致,在土家族文学史上占有重要地位。

彭勇行,生卒年不详。字果廷。土家族。湖南省永顺县人。同治年间(1862—1874年)贡生。土家族著名文人。《永顺县志》介绍他"尝讲学于永顺、保靖、花垣等处,湘鄂黔之士,纷来门下请业。诗文悲壮沉雄,淋漓尽致"。著作有《笃庆堂古文辞》《古近体诗》《骈体文》等,惜未传世。流传至今的只有一些零散的《竹枝词》等。载于《永顺县志·风俗志》。他的作品具有较强的人民性、现实性和艺术性,其中有描绘土家族聚居的湘鄂西地区山川景物的,如:"玉屏山上草萋萋,玉屏山下水澌澌,大乡城廓图难画,山外青山溪外溪。"有歌唱土家族人民生产、生活的,如:"料峭小寒春暮时,轻风剪剪雨丝丝,千山万岭桐花白,正是农家下种时。"有反映男女痴情的,如:"黄茉花开碧柳丝,城南门外洗心池。劝郎洗尽闲烦闷,莫洗心头一点痴。"有反映辞家远行的,如:"燕子崖前客燕楼,鸡公山畔晓鸡啼。远行已作辞巢燕,独宿何劳戒旦鸡。"在他的《竹枝词》和古体诗中,洋溢着强烈的生活气息和浓厚的民族感情,使人读后有亲临其境、亲见其人、亲闻其声之感;从他的字里行间,可以清晰地看到土家族地区那山高、谷深、水急、滩多、林密、路险的特色。

田宗文,生卒年不详。字国华,容美(今湖北鹤峰县)人。土家族。性敏好学,尤工于诗。著有《楚骚馆诗集》。原诗辑于《田氏族谱》中的《田氏一家言》中。1983年,湖北鹤峰、五峰两县统战部及有关单位编辑《容美土司史料汇编》时,将其诗收编入内。共计83首,另38首有题无诗。湘鄂川黔土家族地区图书馆均存铅印本。该诗集题材多为伤时感事、述怀表意的赠答之作,诗情色彩浓郁,以悲感哀伤为基调,然而境界开阔,情辞俱美,富有艺术感染力。诗集推动了土家族作家文学的发展,表现了文学的鼓舞、教育价值。

8. 清代纳西族编撰的汉文古籍

杨竹庐(约1770—1850年),清代纳西族诗人。原名仲魁,字希元。云南丽江黄山北麓人。出身农家,长期过田园生活。中秀才,博学多才,爱吟咏,对四时农作观察细微,皆有感而吟,清明自然,不乏警句,如《棕农》:"造化经纬岂不奇,为农田舍最相宜。南阡北陌和烟卧,东播西收带雨披。社日逢晴且挂壁,赛期即醉共推篱。勤劳休羡绫罗好,怎及此间乐靡涯。"对于农民沐雨栉风的劳动,棕衣有很大的作用。作者对它有特殊的感情,写得真实亲切。又如《葵花》一诗:"一轮金色向篱东,品格原来迥不同。占壁留影疏雨碧,短墙花爱夕阳红。孤芳久弃名园谱,独立还如高士风。秉得丹心无媚态,九秋好伴白头翁。"是他为人处世的写照。常与诗友作和切磋,谆谆奖进后生,受到人们的尊崇,被誉为"田园诗人",著有《黄山老人诗稿》数卷。

李洋(约1770—1840年),清代纳西族人。云南丽江大研里人。嘉庆五年(1800年)举人。曾官通海县谕。诗文功底较深。所到之处无不吟咏。在赴京考进士时,从滇到京以诗纪程,尽情描绘家乡景物、寺观和花草。把丽江茶花视作"浓艳滇南第一花"。诗称"清淡漫道荆湘好,此地幽清(指丽江玉泉)胜岳阳"。"玉甲银鳞在涧中,蜿蜒水底现玲珑。无端波动长风起,破浪霎时腾碧空"(《玉龙倒影》)。写倒映在湖水之中的玉龙山影,宛如一条游龙,风起浪涌,似将腾空飞舞。将深情厚谊根植于家乡土壤中,融爱家爱国于一体。其所题文峰寺灵洞上的"南洲第一玉洞"遒劲大字,至今犹存。

马之龙(1782—1849年),晚清著名诗人和作家。字子云,号雪楼。纳西族(一作回族)。云南丽江大研里人。为人正直不阿,博学多才,善吹铁笛,与同乡牛焘并称为"牛琴马笛"。因喜谈古今利弊,在大理的一次科试中,慨然写《锄奸邪,拒鸩毒论》千言附于试卷之后,以"语侵阁臣"被拘留,并褫其秀才衣领。由是意淡功名,自号雪山居士,漫游南北十三省名胜,吟诗著述。寓居昆明时,与五华书院长和戴古村等滇中名士论诗唱和。在诗、文、歌、赋等方面均有造诣。著有《雪楼诗钞》6卷(附《赋钞》1卷)、《临池秘钥》4卷、《卦极图说》1部和《阳羡若壶谱》1卷、《雪楼诗选》2卷等。其中,《雪楼诗选》辑诗209首,卷首附赵藩撰《马子云先生传》。此集诗多记述诗人游览经历,描写山水风光。对故乡丽江,特别是玉龙雪山寄予无限深情。如《柳塘》《洞庭吹笛》等诗:"柳塘春水满,落日垂条缩。鱼鸟自相亲,客来竟忘返。"《游雪山》等诗又寄寓了诗人希望建功立业的雄心壮志,"立品须立最高品,登山须登最高顶"。"人生一世间及壮当有为"。可是,险恶的社会现实,使诗人没有机会一展抱负,陷入了无穷痛苦之中,通过诗人对自己一生不幸经历的描绘,折射出社会的黑暗,知识分子的悲惨遭遇。

桑映斗(约1782—1842年),清代纳西族著名诗人。字沁亭。云南丽江大研里人。自幼得其父悉心指导,勤奋好学,知识渊博,才华横溢。中秀才,原想读书成名,因性格刚强,作文时爱发议论,屡赴省试不第,便长期在乡下教书。目睹战乱期间官绅强取豪夺,农村荒芜,义愤填膺,以诗抒怀,写出很多为人民喊冤叫屈的《大麦黄》《采黄独》《士兵行》《野庙曲》等佳作,勾画出一幅幅纳西族农民的悲惨景象。如《士兵行》,"老翁倚墙涕,自悲骨髓干,大男南陇死,次男维西残;只此膝下孙,暮景相为欢。谓当从戎去,泪眼忍相看;强者赁人去,仍得室家完;老翁携孙叹,何词对上官? 救兵如救火,就道不及餐。强使荷戈去,嗒焉摧心肝。东风吹白发,庭前形影单"。"阿兄负长弩,阿弟携箩筐;阿弟哭何苦,阿兄止路旁。弟言阿兄去,谁负救赢廷;兄言阿兄去,且少衣裳。长痛老父母,饥年已双亡;自云狼与狈,疾病相扶将。长风送归雁,大小必成行;兄去何足道,弟弟勿悲伤"。"勿折连理枝,连理拆不开;勿打鸳鸯鸟,鸳鸯离别哀。结缡曾几日,羽书日夜催;新妇向夫泣,欲言且徘徊。含羞不敢道,柔肠几曲回;累累满枝子,记取庭前梅,妾生不如物,妆奁生尘埃;山前望夫石,千古不成灰"。这种生离死别、血泪交织的悲痛感情,激起了读者对于统治阶级征丁拉夫的无限仇恨!诗人写的两首《万人冢》,还对发动云南战争,造成大量死亡的唐明皇、李林甫提出严厉的斥责。在《六昔诗》里,诗人用雨、雪、豺狼比喻统治阶级及其爪牙,控诉了他们对人民的残害。诗人的斥责,不仅指向过去的统治者,也针对着当时的执政者。桑映斗的诗作原有 2000 余首,多在战乱中散失,现仅存《铁观堂诗稿》(4 册)300 多首。其诗题材广泛,形式多样,爱憎分明,激情充沛,形象生动,通俗明快,广为传抄阅诵,经久不衰,被誉为人民的诗人。

杨昌(约 1784—1847 年),清代纳西族散文家。字东阳,号竹塘。云南丽江大研里人。嘉庆十二年(1807 年)举人。官湖北天门、潜江、谷城、黄梅等县知县。有疏导江流和修堤等政绩。工诗,尤以散文出众。著有《四不可斋》文集。写有游记、杂记、论著及序和跋等;内容广泛,涉及政治、经济、军事和文化;立言精当,论述有据,下笔流畅行云,深得士林叹服,在留存的数十篇文章中,有近 30 篇分别收入云南丛书的《滇文丛录》和《丽郡文征》等集中。

李樾(约 1790—1850 年),清朝纳西族官员。字果亭。云南丽江大研里人。才智出众,博学,善诗文,工于书法。嘉庆二十四年(1819 年)举人,道光十三年(1833 年)进士,入翰林院,为庶吉士,后出任山东定陶等县知县。曾借慈云庵古柏有鹤栖止一事写诗抒怀,自恃有"仙才"和"蓬莱骨",想像白鹤那样绕"琼林树",往"佳处飞",有长久留居翰林院之志,对出任县事委屈不满,有政绩,被称为"循良",卒于任。著作散失。因科名及第,又任过内廷优职。故被称为李翰林,对丽江知识界颇有影响。

牛焘(约 1790—1858 年),清代诗人。纳西族。字涵万。云南丽江大研里人。家道殷实,道光五年(1825 年)优贡生。历任罗平、镇源、邓川等州县儒学。以弹琴咏诗扬名,琴可自谱曲词,弹奏自如,与诗友马子云并称为"牛琴马笛"。诗则求真情实感,豁达自然,反对苦吟拼凑。纵游家乡名胜,熟悉历史典故,通晓民俗风情,总是神情景画融会贯通才吟咏成章。如"六诏遗民概已非,河山风景尚依稀。匏笙芦笛家家吹,白雪梅花处处飞"(《花马竹枝词》)。写云南少数民族地区人们爱在月光下吹笛歌舞。"金江春暖浪淘沙,日日江头数浪花。人比黄金淘易尽,沙随浪去似年华"(《花马竹枝词》)。写时光随浪花流逝的感慨。"水调歌头按六么,此时清兴月同游。却愁惊惹思乡客,只把低声度玉箫"(《吹箫》)。写月夜吹箫,曲调清越,但怕惹起思乡的情怀,只好低声吹度。这些诗作无不散发着浓郁的民族风土气息,如身临其境,体味无穷,传诵至今不衰,有诗集《寄秋轩吟草》3 卷传世。

妙明(约 1793—1862 年),清代纳西族著名诗僧。号雪峰,又名松庵。云南丽江阿喜人。生性诚朴、勤奋。因家贫,自幼被送到净莲寺当和尚。入寺后,努力攻读经书和诗义,利用净莲寺时有名流相聚之机,与马子云等诗人交往密切,刻意琢磨汲取、吟咏。后任寺庙住持,募建"嵌雪楼",经常与诗人聚会,成为有才华的诗人。曾云游峨眉、武当等名山胜景。多有与内地名士唱和的诗作。所著《黄山吟草》《云游集》等诗卷,有木正源、李樾、和勋等作序,称其为"释门而儒行者",其诗奇妙自然,明快乐观,意境宁静,情感真挚,颇有"万缘尘断一蒲团"的佛门功夫和特色。

木正源(约 1795—1878 年),清代纳西族著名作家和诗人。字义民,原名木淳。云南丽江白沙人。诚朴,聪颖有才华。自幼熟读诸子百家的经籍史书,博学精深,擅长理学,认为理学是立人之本。在他还是生员、游学省城昆明"五华书院"时,就得到林则徐的赞许。嘉庆二十一年(1816 年)科副榜,道光十四年(1831 年)科举人。历任晋宁、镇南、宜良诸州县学正。因能以身表率教诲门下而奉为上林典范。卸任回乡后,主讲"雪山书院",任书院山长。著有

《周易集说》6卷、《义民文集》1卷、《义民诗集》1卷和《见闻杂录》1部。其中脍炙人口，历经二百多年传诵至今的佳作是《雪山十二景图》五言近体诗，即《玉湖倒影》《金江劈流》《三春烟笼》《六月带云》《晴霞五色》《夜月双辉》《晓前曙色》《暝后夕阳》《绿雪奇峰》《龙甲生云》《白泉玉液》和《银灯炫焰》。把当时名不见经传的丽江玉龙雪山四季和一天不同时辰的奇观美景一一加以描绘，将传说和对家乡的深情融贯其中，诗画浑然一体，如临其境。由于其言行、诗文在纳西族士林中的影响，逝世后，经公议入乡贤祠。

杨本程（约1796—1840年），清朝官员。字道南，号毅山。纳西族。云南丽江大研里人。出身医道世家。勤奋攻读诗书，道光五年（1825年）考一等拔贡，授刑部七品小京官，广东主政。道光十四年（1834年），中顺天（北京）乡试举人，官刑部主事。其妻和氏，为第一个到北京的纳西族妇女。杨本程专作一首《二弟仲敏携眷至京》诗以纪其事："悲喜两无着，相怜只觉涤。十年妻子面，此日弟兄心。纵目天涯聚，初非梦里寻。团栾终夜坐，不觉月西沉。"表达了作者和久别的骨肉至亲忽然团聚，真是"相对如梦寐"。寥寥数语，情长意浓。

李栎（约1799—1855年），清代纳西族诗人、画家。字秀岐，号西屏，原名李梭。聪敏，有才华，工诗文，所画山水，尤为著名。道光二十四年（1844年）举人。咸丰二年（1852年）进士。初留京任户部广东司主事，后分发到广东为学官。卒于任上。所作诗文多佚。

和钦，生卒年不详。清代纳西族著名书法家。字敬中，号东桥。云南丽江坝区人。少时家贫，聪明好学，道光十七年（1837年）优贡。擅长书法，正、草、篆、隶各体皆工。咸丰年间（1851—1861年），丽江被回民起义军占领后，赴鸡足山寺庙中写诗作文，深钻苦练书法。有《书法》诗曰："草草真真数十体，肥肥瘦瘦万千行。不知手腕酸无力，日日挥毫磨墨忙。"曾先后手抄《史记》《易经》和《文字会室》等全部。所抄佛经一册现存丽江市文化馆。其书法结构严谨，遒健有劲，颇有造诣。同治十年（1871年），选授云南县教谕，办学有成绩，卒于任所。著有《善忘翁诗集》1部。

杨品硕（1811—1894年），清代纳西族诗人。字大田。云南丽江大研里人。贡生，因战事流离，家境困迫。苦心读书写诗。社会安定后，在家设馆教书，写作愈加勤奋。著有《雪山樵吟》1部，其中的"丽江竹枝词"60首，皆为风土民俗佳作。风格纯朴，乡土味浓厚，兼有研究纳西族风情的参考价值。

杨福豫，生卒不详。清代纳西族文人。号淇海。云南丽江大研里人。道光二十四年（1844年）举人。咸丰三年（1853年）中进士。曾任浙江溪、缙、云等县知县。其诗文全部散失。

杨光远（1820—约1874年），清代纳西族书法家。字少堂。云南丽江大研里人。咸丰五年（1855年）举人。寻赴京考进士，因滇中战事频连，长期滞留北京卖字谋生。工各种书体。其书法龙飞凤舞、秀丽健美，所出《拓雪楼临古今名帖》24册，"超脱高妙"，故有"兵戎山隔家山远，书贴京华翰墨春"的赠诗。后任宣威县学正。滇人得其一纸皆传为"墨宝"。

杨昺（约1826—1860年），清代纳西族诗人。字子光。杨本程之子。自幼随父母至北京，从师戴均帆，工诗文词，著有《留春斋诗钞》。咸丰六年（1856年），亲书丽郡各民族声讨刽子手张正泰的檄文，广为传诵，郡陷后，在颠沛流离中死亡。

李玉湛（1827—1887年），清代纳西族诗人和教育家。字韫川，自号一笑先生。云南丽江大研里人。同治九年（1870年）中举，自幼刻苦熟读诸子经史，少年时即补博士弟子员，后负笈昆明五华书院3年，纵览书院藏书，学业大进，功底深厚。青少年时及逢战乱，遂投笔从戎,多在滇西北一带随营过幕僚生活。触景生情,写了很多反映纳西、藏、傈僳、白等民族的民情、风俗、历史和战争实况的各体诗文,形象生动,极富感情。如《黎巴舞》:"左擎牦尾右摇鼓,燕接凫连柳絮飘。窈窕双鬟随进退,纤纤不似小蛮腰。"写"黎巴舞"的优美舞姿,文辞优雅,形象逼真,如临其境,剑川名士赵藩撰《一笑先生墓表》,称其"读书日记数千言,下笔惊其侪辈",颇为尊崇。脱离戎事后,主讲雪山书院,为书院山长,为培植滇西北各族士子贡献半生。所著《一笑先生诗文钞》3 卷被选入《云南丛书》中。

杨泗藻(约 1830—1880 年),清代纳西族诗人。字杏泉。云南丽江大研里人。贡生。成年时,逢咸同战事,与乡友李玉湛一道投笔从戎,奔波各地十余载,每有思念家乡、渴求安定和描述各民族风情的诗作。暮年才得任浙江临江县小官之职。不久因劳积病逝。所著《慎余子诗钞》大部散失。

杨凤友(约 1830—1885 年),清代纳西族诗人。字德辉。云南丽江大研里人。为人诚直,重言行,诗文功底深。曾住阿墩子(今德钦县)援学。同治九年(1870 年),恢复开科后,乡荐进京,中举。回乡后,主讲雪山书院 12 年,从学者众,颇有声誉。著有《韵字通考》1 部。

周曕(1847—1924 年),清末民初纳西族教育家和诗人。号兰坪。云南丽江石鼓人。童年在战乱中度过,中年考取秀才。光绪十五年(1889 年)始中举。曾赴南洋观察振兴实业情况。归国后,任大理和弥等县教谕。卸任后返乡,提倡办小型工业,致力办教育,主讲雪山书院。兴办学堂,任丽江第一任学务总董,热心于教育事业,继丽江县高等小学堂的建立,又先后创办石鼓高、初两等小学堂和兴文小学校,并写律诗,以"创业诚难守亦难""故园所乐培桃李"的精神鼓励办好新学堂。民国初年,与纳西族一些诗人组织"桂香诗社",相聚论新诗,任社长。所著诗文颇多,除刻印《江渔诗钞》集外,余皆焚烬。因其对教育等事业的贡献,获得地方人士特赠的"梓里模范"匾额。

杨元之(约 1848—1892 年),清代纳西族诗人。字用九。廪生。以善写汉、纳两读的诗出名。通晓纳西族民间歌谣,常把民族典故和土语写进诗里。是写汉、纳两读但语意双关的诗歌或对联的第一人。如《重到文峰寺》:"暮多好山色,庭菊冷露滋。佛心徐可觅,佳哉宜意移。"汉意一看即明,而纳西语意则是"不见很久了,山颜喜再现。听闻鸟雀声,声声入心怀",惜其诗篇散失几尽。

王成章,生卒年不详。清代文人。又名王竹淇。纳西族。云南丽江大研里人。性豪放,博学多才。光绪十五年(1889 年)举人。曾任禄劝、永善两县教谕。宣统元年(1909 年)回乡,历任丽江府学务总董、府督学及劝学所所长等职。勤劳尽责,深受地方尊崇。所著《退省斋诗文集》十数卷,被毁无存。

和廷彪(1861—1910 年),清代纳西族爱国将领和诗人。字虎臣。云南丽江白沙人。出身将门,性刚强,富正义感,好读诗书。光绪十一年(1885 年)以北京大兴籍贡生科试中举。历任浙江长林盐道使、广东清远县知县、广西思恩府知府等职。政令清明,悉心时务,注重振兴文教。曾自捐薪俸千余金及在公项内拨款,倡修与创建清远县书院和藏书楼。从内地购买大批书籍,赠给丽江雪山书院,并题楹联鼓励办学,培植人才。每逢国难当头,总是慷慨请战。伊犁事发后,弃文从武,西出玉门关抗击沙俄入侵。中法战争时,积极参加抗击法国侵略者。甲午战争时,组织和统领民团与日本侵略军作战。经常写诗对侵略者进行口诛笔伐。所著《瓯东集》诗 2 卷,杰作《铁甲船》,愤怒揭露清廷的腐败和外强瓜分中国的阴险,指出"船炮非不利""所任者在贤",充分表达了边地民族对苦难祖国的赤诚。故被誉为"人中杰"

"诗中豪"。光绪三十年(1904年),因竭力主战被清廷废黜,从此休官赋闲。宣统二年(1910年)病逝于苏州。

和庚吉(1864—?年),清代纳西族人。号松樵。云南丽江大研里人。光绪十五年(1889年)举人。光绪十八年(1892年)进士,先在京师任兵部主事车驾清吏司,后任四川乐至县知县,迁石柱、秀山、温江、遂宁等县官,清末告退返里,修建"退园",自号"退仙",作诗兴文。著有《退园韵语》《听琴轩墨审》等诗集。

杨菊生(1864—?年),纳西族。名应先,字顺侯。贡生。曾两次由丽江进京会试。后以教学为业。其诗《藏族女郎背水》:"谁家姐妹认依稀,水井旁边夜色微。一曲藏歌齐唱起,满桶载得月明归。"描写藏族姑娘月夜背水、藏歌相和的情景,很富有情趣。

李福宝,清代纳西族文人。字珍五。云南丽江大研里人。光绪十四年(1888年)举人。有才学,又年轻中举,故拜从学者众多。主讲雪山书院,很快成为有名气的书院山长。在知府和地方各界支持下,与王成章主撰《光绪丽江府志稿》。后进京考进士,因科试停止,转而在四川做幕僚,晚年回滇,卒于昆明。

和让(1871—1924年),清代纳西族诗人。又名相香,自号蜗角先生。云南丽江人。家贫,生性憨直,读书刻苦,能诗文,亦工书法。本欲"科名必达",因战乱停科不遂。宣统元年(1909年),选上特科拔贡。曾任四川新津县文官。回乡后一直教书培植学子,是丽江有影响的名师之一。著有《相香诗钞》9册、1500多首。自撰《蜗角先生传》。

周冠南(1875—1933年),变法维新的积极推动者。字鉴心。纳西族。云南丽江石鼓人。出身于书香之家,从小学业优秀,长期受其父振兴实业思想的熏陶,有抱负。光绪二十七年(1901年)举人。后被选送赴日本留学,为纳西族第一个出国留学生,读师范科。积极参加早期同盟会活动。三十二年(1906年)回国,次年丽江府创办《丽江白话报》,是该报的积极支持者和主要撰稿人之一。提倡白话文,宣传变法维新,实业救国,抵御外侮。曾写过开发丽郡矿物资源方面的文章。历任丽江府中学堂、师范学堂、省立第三中学等校校长,为培养边地人才花了大半生心血。后曾任双柏、凤仪等县县长。政绩清廉,宣布永远革除奉献旧制。所遗《留日笔记》2册和《四川水利工程设计草稿》1册,现存丽江县图书馆。

9. 清代其他少数民族编撰的汉文古籍

莫与俦(1762—1841年),字犹人,一字杰夫,又字寿民。贵州省独山州兔场上街人。布依族。清代著名教育家。嘉庆四年(1799年)考取进士,被选为翰林院庶吉士。后任四川盐源县知县,颇有政绩。其父死时,以父忧去职,请终养其母。嘉庆十四年(1809年),自请为遵义府学教授,从事教育,一直干了30多年。在此期间,他取得显著成就,创造了一套具有独特风格的教育思想。他的教育思想,最突出之处是要求学生言行统一,学用一致。他说:"读书讲求实用""经典所载,孰非师法,事事而思其用,则读一卷书,自有一书之益"(《清史稿》卷69)。他的这种教育思想,在当时所起作用是很大的。他招生的办法,也有独到之处,主张以招收下层士民出身的子弟为主,上层听其自便。于是,很快便远近闻名,士人莫不"争请授业"。遵义府学的学舍日益扩大,像蜂房一样地占了遵义市的一半,仍不够学生们居住,可见学生的众多。其门徒后来成为著名学者的也很多,如郑珍、莫友芝、黎庶昌等,均通古博今,被称为清代后期西南地区的文化大师。著有《二南近说》4卷、《仁事本韵》2卷、《诗文杂稿》4卷等。其子莫友芝、莫庭芝、莫祥芝等,皆有盛名。

莫庭芝,生卒未详。布依族。字芷升,别号青田山人。贵州清代著名教育家莫与俦

(1762—1841 年)的第六子。自幼勤奋,才气过人,然屡试不第。后从郑子尹学,晚年曾为贵阳府学古书院山长,潜心传授汉宋学问和文字训诂之学。著作有《青田山庐诗集》2 卷、《青田山庐词》1 卷。还在编《黔诗纪略后编》中做出了重要贡献。《采桑子·郊游》一阕:"春来多是寒天气,闷闭深房,一似娇娘,生怕人看日夜藏。今朝为爱新晴,领略风光,赢得凄凉,竖四横三在锦囊。"阐述了自己怀才不遇的境况和对现实的不满。

莫友芝(1811—1871 年),布依族。字子思,号郘亭,晚年又号眲叟。贵州独山人。自幼好学,七八岁能文。道光十年(1830 年)中举。后经当时著名诗人吴嵩梁举荐于朝。然倦于仕途,遂致力于藏书及著述。著有《唐本说文本部笺异》《声韵考略》《韵学源流》《郘亭知见传本书目》《宋元旧本书经眼录》《书画经眼录》《黔诗纪略》33 卷(明代部分)、《遵义府志》48 卷(与郑珍合著)、《郘亭诗钞》《郘亭遗诗》《郘亭遗文》《影山词》《过庭碎录》《郘亭经说》《资治通鉴索隐》《樗茧谱注》等书。其中《遵义府志》,被誉为"天下郡县志第三",与《华阳国志》《水经注》齐名。莫友芝的诗作简明易懂,清新自然,如《冒雷雨夜归》:"万瓦刮风鸣,南来雨势横。云垂干嶂暗,雷掣半川明。"(《郘亭诗钞》)作者通过片刻小景,把雷雨的声音、气势写得活灵活现,仿佛使人置身于暴风雨中。又如《桃源舟中》:"一片琉璃境,一片欸乃声。舟辞清浪稳,山过绿萝平。远树浮天去,澄江抱月行。花源何处问,桑竹绕春城。"作者由湖水写到桨声、舟行、近山、远树,直到天边的明月,有动有静,绘声绘色,充分表现出他对大自然的爱。莫友芝一生的主要功绩还在于收藏古书,凡宋刻元钞,或购买,或手抄,兼收并蓄,整理考订,经他收藏整理的珍本甚多,所谓"秘册之富,南中罕有"。清代咸丰、同治年间,浙江有个著名藏书家邵位西收藏有很多古本,其中《钦批四库简明》被认为是天下难得的善本,到处传抄,售价非常昂贵;而莫友芝也藏有此书,与邵本完全相同。他还喜欢收藏汉代隶书刻本,所藏汉文碑头篆刻百余篇,与一般藏书家比较,有他独到之处。今贵州省图书馆和遵义图书馆,都保存有他的藏书、遗著和手稿。

王由孝,生卒年不详。布依族。清朝末年贵州人。《布依族文学史》载有其《耕》一诗:"夏日炎深雨季清,乡村四野有人耕。田间只听催工犁,野外遍闻叱犊声。天晓行时朝露稀,夕阳归罢暮云横。晚回饱饭黄昏后,不脱蓑衣卧月眠。"写乡村辛勤耕作的情景,真实感人。

石昌松,清光绪年间举人。湖南人。苗族。应试论文为《理财论》,文中提出"财为国家之命脉,不生之,则源不开;不敛之,则款不集;不节之,则用不度"以及"于衣食之源,畜牧之利,器用之资,以道行之,义取之,德聚之,礼用之"的论点,反映出,关心民疾、抨击时弊的爱国热忱和民主思想。

龙骧(1859—1936 年),清末教育家。湖南凤凰厅吉信营满家寨人。苗族。字云生。幼年家贫,靠父亲守碾坊为生。先后就学于吉信、棉塞或凤凰厅城。光绪十一年(1885 年),湖南乙酉科省试,夺魁。两次进京会试,均因"苗籍"而落第。愤然辞官回乡,以家为馆,办"栖山书院",教授苗族青年。与吴自华(苗族)等一起培养大批苗族人才,深受苗族人民敬重。其诗记录了他一生主要活动和遭遇,内容感人,有《课读》《晋京途中》《咏菊》《感怀》《无题》《杂咏》《病榻吟》等。

龙凤翔(1862—1945 年),清末民国时期文学家。湖南凤凰县唐家桥人。苗族。清末考取秀才。曾赞助湘西地区的辛亥革命和支持反袁斗争。一生写了不少文章、碑文、诗等。在《和叶鸿广先生无聊自叹诗》中,有"知君原是青云客,莫羡林泉避世翁",表达了其思想。作品鼓励人们为实现美好生活而奋斗,对当时军阀混战充满忧虑。著诗抒发对日本帝国主义侵略的极端愤恨,写有"相率同胞逐异类,莫教夷狄肆鲸吞"的抗日诗句。主要诗文有《七夕》《伤事歌》《抗日》等。

石皇玺(1862—? 年),清代民间文学家。湖南永绥(今花垣)板塘寨人。苗族。又名石豹,号板塘。被苗族人民誉为"歌圣"。自编苗歌,自造苗文记载。以这种"苗文"把十三经、廿四史中的故事以及《水浒》《西游记》《三国演义》等译成苗歌,流传于苗族人民中间。编写的苗歌富有浓厚的时代色彩,选题广泛。主要民歌有:《相普相娘歌》(祖先歌)、《苗族名人歌》《劝歌》《调笑歌》《谢媒人歌》等。

岭镇荣(? —1918 年),清末民国初四川彝族土司。岭承恩之族孙。袭任越嶲邛部宣抚司、煖带密士游击、西昌河东长官司、河西抚夷司等职。光绪三十四年(1908 年),以英国传教士巴尔克擅入凉山活动被苏呷、阿侯家人杀死,清廷调兵镇压二姓彝人。他派士兵二千助清军,加总兵衔。结交法国传教士,信奉天主教。与头人合译《地球志》《农作书》《工匠书》《算数书》等。因受军阀欺压,病故于西昌法国人教堂。

安健(1877—1929 年),资产阶级民主革命者。字舜卿。彝族。贵州省郎岱(今立枝特区)人。水西土司之胄。清末诸生。早年接受民主思想,赴日本。1905 年 8 月在东京参加中国同盟会。回国后参加钦廉、河口、广州等地反清起义。辛亥革命后,先后被孙中山任命为中华革命党贵州支部长、贵州讨袁军总司令、川边宣慰使等职。坚决拥护孙中山的"联俄、联共、扶助农工"为中心的新三民主义,深入四川大、小凉山及甘孜、理塘等少数民族地区。宣传孙中山的五族共和、团结救国的革命思想,坚持国共合作,反对蒋介石、汪精卫叛变革命。在昆明病逝。主要著作有《讨清檄文》《贵州土司现状》《贵州民族概略》等。

吴文彩(约 1798—1845 年),贵州黎平县人。侗族,同侗戏的创始人。自幼聪明好学,通汉文,时人称为"土秀才",12 岁(1810 年)参加"老人议事会",后曾当乡老。吴文彩能说善辩,尤喜唱歌看戏。20 岁(1818 年)时,他自编自唱的歌本很多,号称"编歌王"。30 岁(1828年),辞去乡老职务,专门从事侗戏研究。吴文彩的戏剧作品,至今流传民间的很多。大体可分前期、后期两类。前期作品主要是情戏,其次是历史故事戏和劝世戏。情戏中较著名的戏目有《两式银歌》,讲的是同寨中有对男女青年,由于互爱而结合为夫妻,并互相盟誓:"刀砍不断,雷劈不散,白头到老。"后丈夫被拉伕,生死不明,女的由于生活所迫另行改嫁。前夫回来后,思念妻子,请吴文彩做主。吴教他一首动人心弦的情歌,让他弹着琵琶,走村串寨地演唱。其妻听到后毅然离开后夫,与原夫破镜重圆。其夫便以一两二钱银子酬谢吴文彩,故名《两式银歌》。历史故事戏有《开天辟地》《吴家祖宗》《十代清朝》等剧目,讲述人类起源、祖宗来历等,对研究侗族历史有一定参考价值。劝世戏有《酒色财气》《乡老贪官》等戏目,劝告人们为人要正直、孝顺、忠爱,不要贪财好色、伤天害命,等等。吴文彩后期的作品有《李旦凤姣》《梅良玉》《毛宏与玉英》等。这时的戏目,故事情节更加完整生动,戏剧色彩也更加浓厚。吴文彩编著整理的剧目,讲究音韵,不仅要求尾韵统一,对腰韵也很重视。他的作品,流传于贵州的黎平、榕江、从江等县及广西的三江侗族自治县等地。

金简(? —1794 年),清朝大臣。汉军正黄旗人。朝鲜族。金氏。武备院卿三保子。初隶内务府汉军。乾隆中授内务府笔帖式,累迁奉宸院卿,赐姓金佳氏。乾隆三十七年(1772年),授总管内务府大臣,监武英殿刻书,充《四库全书》副总裁,专司考核督催。三十九年,授户部侍郎,管钱法堂,任镶黄旗汉军副都统。四十三年(1778 年),奉命编纂《四库荟要》,署工部尚书。受命赴盛京(今沈阳)查平允库项亏短事,奏定盛京银库章程。四十六年

(1781年),受命总理工部。四十八年,擢工部尚书、镶黄旗汉军都统。翌年,请疏浚卢沟桥中泓五孔水道,并请定三四年疏浚一次。曾以文学获主知,改译辽、金、元三史人地官名,复以三史国语解重加编次,刊于原史之前。五十七年(1792年),调吏部尚书。谥勤恪。

安岐,清代鉴赏家。朝鲜族。安氏。天津人。字仪周,号麓村,亦号松泉老人。名所居曰沽水草堂。以好士称,江淮间文士贫而不遇者,多依以为生。嗜古今书画名迹以自娱。爱书画,精鉴赏,收藏之富,甲于海内。晚年编辑《墨缘汇观》一部,为晋唐以下出画佳品,鉴定纸、墨、印章真伪之权威之作。

长顺(1837—1904年),又作常顺。清朝将领。字鹤汀。郭贝勒氏,达斡尔族。东布特哈(今黑龙江嫩江县境)人,隶满洲正白旗。由蓝翎侍卫而副都统。光绪初,随左宗棠往新疆、甘肃等地,先后出任巴里坤领队大臣、哈密帮办大臣。光绪八年(1882年),奉命与俄使勘定中段分界,据乾隆平准铭勋碑折俄使,因功改都统,进内大臣班。十三年(1887年)任吉林将军。曾奏请修《吉林通志》,聘编修李桂林等来吉修志。光绪十七年(1891年)开修,成于光绪二十二年(1896年),凡122卷,图1卷,附图14幅。全志由志馆人员采访记录,按《盛京通志》成式,酌加损益。是志依据文献档册、二十四史以及元明清各代一统志、《辽东志》《满洲源流考》和当时地方大量文献。志凡十三,即圣训、天章、大事、沿革、舆地、食货、经制、学校、武备、职官、人物、金石、余志。是志虽称《吉林通志》,其实际所载范围包括了今天黑龙江省的许多辖区,吉林只占本志的一半,故其实为黑、吉两省共同的史志。它收集了丰富的史实资料,如农民起义、少数民族起义、明清地方史、沙俄侵华历史、各朝代赋税、租息、边防、海防、兵制、官宦,广及农业、地理、自然资源、牧、林、副、渔、狩猎、矿冶业、手工业、商业、造船业、医药、外贸、动植物等各方面,可称一部体例完备、内容丰富的方志佳作。是研究吉林、黑龙江史地的重要参考资料。有光绪二十二年(1896年)刻本、民国十九年(1930年)铅印本和台北《中国边疆丛书》本、吉林文史出版社标点影印本。

清代其他少数民族撰写的汉文古文献还有很多,由于受篇幅所限,在此不一一论述①。

---

① 本节的撰写参照了高文德主编的《中国民族史人物辞典》(中国社会科学出版社1990版)和吴肃民、莫福山主编的《中国民族文学古籍举要》(天津古籍出版社1990版)的部分内容。

第四章 民族文献的组织管理概述

第一节 民族文献的收集原则与方式

民族文献具有数量大、类型杂、文种形式多样、发行分散以及互相交叉、重复等特点。此外,民族文献中也有质量参差不齐的现象。这就给收集工作带来了一定的困难。民族文献工作者面对具有一系列特点的民族文献,要想方设法,广辟来源,尽量把读者用户所需要的民族文献搜集到手。对于民族文献收集工作,文献信息部门的要求是:明确搜集原则并制订计划;要讲究方法并认真筛选。

一、民族文献收集原则

民族文献收集工作的一般原则主要包括以下几个方面:

(1)各民族文献信息单位要求彼此间分工协作,各有重点,各有侧重,使全国各民族地区、各部门的馆藏文献有个合理的布局,以方便使用。

(2)在保证重点、照顾一般的原则下,保持各自的系统性和完整性。

(3)应有预见性,注意各民族学科水平、研究动向和发展趋势。

(4)注意计划性,应处理好当前需要与长远需要的关系,重点与一般的关系,品种和复本的关系。

(5)保证质量,节约资金,走群众路线。

二、民族文献收集方式

第一,向新华书店或出版发行单位预订。每年全国出版发行各类文献数万种,近亿册,在这些浩如烟海的文献中,民族文献及其他需要文献,都会在新书目录或征订单上反映出来。新书预订是搜集民族文献最经常最可靠的方法,也是获取民族文献的主要渠道。

第二,充分利用直接选购、委托代购、邮购等方式搜集民族文献,以补预订之不足。

第三,在藏书补充的非购入方式中,要注意利用征集、交换、赠送等方式搜集民族文献。通过交换文献,互通有无是文献信息部门获取文献资料的另一途径,它主要是指用本单位出版的或文献信息部门已有剩余的文献同其他有关单位交换本馆需要的文献,用我国出版的书刊去交换海外机构出版的书刊。为进行学术交流,文献信息部门经常会收到有关单位或个人赠送的书刊。另外,科研报告、学术动态、会议文献等特种文献,一般不是通过购买获得的资料,都应留心收集。这是一种增加馆藏,而又少花钱、不增加开支的好办法。贵州民族学院图书馆 1994 年 4 月 21 日就获得了该院原院长安毅夫捐赠的图书资料 810 册(件),其中民族文献 480 册。

第四,直接与从事民族研究和各地县有关部门,以及省内外有关民族作家联系,也可获得很多信息。他们经常与基层接触掌握大量的第一手资料,他们的研究成果也很乐意赠送文献信息部门收藏,通过他们往往得到很多免费的资料。

第五,通过民间访问的方式调查了解本省本地区古代人的著作、私人收藏的珍贵民族文献,以及口头流传下来的民族资料。深入到少数民族地区调查搜集,实地考察是搜集民族文献不可缺少的途径。具体做法,首先通过县志办、民委、乡村基层组织、文化馆、农村剧团、中小学校联系,了解本地区歌手、故事家、寨老、理老、巫师等,与他们接触,取得信任和理解,获取第一手民族文献资料。这些人可以说都是当地民族文化的传承者,他们有本民族渊博的知识,精通本民族古今典籍风土人情等。我国有许多民族有自己的语言,但过去却无文字,对悠久灿烂的历史文化,只能凭借传承者的口耳传授。比如《苗族古歌》就是通过歌手唱出后整理加工的。因此,通过他们我们可以找到很多珍贵的资料。

第六,复印。本馆缺藏,但阅读使用价值又很大的图书,可以向有关单位复印,以充实馆藏,满足读者需求。如贵州民族学院图书馆文献中就有 10 000 余册就是通过复印得来的。

第七,从大量的汉文历史文献中搜集民族文献。①从先秦古籍中去寻找。如《诗经》《左传》《逸周书》《墨子》等。②从正史中去查找。如司马迁的《史记》,首先为少数民族立传,设有匈奴、东越、南越、西南夷、大宛等《列传》,集中保存了我国少数民族的一批史料。③从正史外的其他专著中去求索。如东汉时的《越绝书》《吴越春秋》等。④从其他历史资料中去寻找。如唐李吉甫的《元和郡县志》等。另外,像《资治通鉴》这样一些编年体史书和《册府元龟》等类书,也含有大量的民族史料。至于那些散见于历代名人的文集、笔记、杂著、碑刻、墓志中的民族史料,以及外国人的有关论著,更是不胜枚举,更需留心搜集。

三、收集民族文献应注意的几个问题

第一,领导重视,加强管理。领导重视民族文献资源建设的管理,就是要依据文献信息工作的自身规律,把每个人的分散活动联系起来,形成一个整体。民族文献工作人员积极做好宣传工作,宣传永久性保存民族文献尤其是地方民族文献资料的重要性及意义,以求得上级领导部门和有关业务部门的理解和支持。通过征集、调拨及赠送的途径扩大民族文献搜集面。

第二,随时了解掌握民族文献的收藏与分布。一是要了解和掌握本部门收藏了哪些民族文献,尤其是极具影响的民族典籍和专著,分布在哪些类目中,是根据哪些民族专业的需要购进的,读者运用的情况如何,依据需求的发展变化还应购进哪些民族文献,民族文献管理人员对这一切要心中有数。二是了解和掌握本地区本系统民族文献的收藏情况。三是要了解和掌握全国民族文献的收藏和分布情况。

第三,和本地区各级地方志办公室、图书馆、文化局、档案馆建立经常性的业务联系,通过图书信息交流和资源共享,使它发挥较好的社会效益。

第四,了解和掌握全国文献出版发行情况。据统计,近几年全国每年出版发行的各类图书 50 000 多种,其中中文图书约占 80%,40 000 多种;蒙古、藏、维吾尔、哈萨克、朝鲜、壮等少数民族文字图书约占 6%,3000 多种;其他图书 7000 多种。40 000 多种中文图书中,研究中国少数民族各学科问题的民族著述 500 多种。这 500 多种民族著述是民族文献资源建设的重点和精华,是构成馆藏文献民族特色的主要物质来源。为了满足需要,应该将其采访收藏。全国每年出版发行的连续出版物、非连续出版物中,期刊(含少数民族文字期刊)5000多种,报纸(含少数民族文字报纸)1000 多种。这 6000 多种期刊报纸中,以研究少数民族为

主要目标的约 200 多种,也是民族文献资源建设的重点内容,至于国内非正式出版发行的各类民族文献,国外和港台地区研究中国民族的各种论著,也是民族文献资源建设重点收集的对象,在采访时不应遗漏。

第二节 民族文献的分类、著录和主题标引

民族文献的整理办法很多,有按民族文献原有号码整理的,有按书名、著者的,还有按民族文献类型的等。但最有用处的整理办法就是按学科、专业和按主题、对象,即我们常说的分类法和主题法。

文献分类是一种揭示、组织文献内容(有时也包括形式)的手段。对于多种文献来说是"分"类,对于具体一种文献来说是"归类"。经过分类处理的文献,在内容上构成了一个逻辑体系,这个体系可做排列文献、编制分类目录和各种书目的依据,可供按类统计文献和进行参考咨询工作时的参考。

在民族文献分类过程中,分类人员要对民族文献作者的立场观点及科学内容、实际用途诸方面进行判别,然后将其纳入到分类法体系中去。这是一项具有高度思想性和科学性的学术工作。它要求民族文献分类工作者不但具有正确的立场、观点,一定广度和深度的科学文化知识,而且要掌握和熟悉分类法,包括分类法的基本体系,标记制度和使用特点等。

就目前来看,我国还没有一部公认的民族文献分类法。各文献信息单位大都采用《中国图书馆图书分类法》来类分民族文献,其分类体系大致包括如下内容:

A. 革命导师论民族问题
B. 哲学
  B0. 哲学与宗教
  B1. 心理学与美学
  B2. 一般宗教
  B3. 神话与原始宗教
  B4. 佛教
  B5. 伊斯兰教
  B6. 基督教
C. 社会科学总论
  C0. 民族学理论
  C1. 人类学
  C3. 人口学
D. 政治、法律
  D0. 民族问题理论
  D1. 民族理论、政策
  D2. 民族工作
  D3. 民族法制及文件
E. 军事

F. 经济

    F0. 民族经济理论

    F1. 地区民族经济

    F3. 民族商品

G. 文化、科学、教育、体育

H. 语言、文字

    H0. 语言、文字研究

    H1. 语言学习

I. 文学

    I0. 文学理论

    I1. 各体民族文学评论和研究

    I13. 戏剧

    I17. 民间文学

    I172. 歌谣

    I175. 神话

    I2. 作品集

    I22. 诗歌

    I24. 小说

    I26. 散文

    I27. 民间文学

    I272. 歌谣

    I273. 故事或传说

    I275. 神话

    I277. 谚语

    I28. 儿童文学

    I3. 文学史

J. 艺术

    J0. 艺术理论

    J3. 摄影艺术

    J4. 工艺美术

    J5. 音乐

    J6. 舞蹈

    J7. 戏剧

    J8. 电影

K. 历史、地理

    K0. 一般性民族史

    K2. 中国民族史概述和各代民族史

    K22. 先秦

    K234. 汉

K24. 隋唐

K244. 宋、辽、金、夏

K247. 元

K248. 明

K249. 清

K81. 传说

K87. 敦煌学

K89. 风俗

K9. 地理

N. 自然科学总论

O. 数理科学和化学

P. 天文学、地球科学

Q. 生物科学

R. 医药、卫生

S. 农业科学

T. 工业技术

U. 交通运输

V. 航空、航天

X. 环境科学

Z. 综合性图书

在实际分类过程中,民族文献的分类方法与一般非民族文献一样。首先要进行主题分析,即查明所分析民族文献的研究对象是什么,所属的学科专业,作者是以什么观点和方法进行论述的,是理论的还是应用的……民族文献涉及该研究对象的范围、条件等,主题分析是比较复杂的,要能正确判断可用下列方法:①分析书名、篇名;②检阅目次;③详阅内容简介;④阅读序言或说明;⑤涉猎全文;⑥从民族文献本身了解著者、编辑出版者。了解上述情况后,就可得出这一民族文献的学科属性以及其他特殊属性的正确结论,最后归入最能体现其本质属性的类。其次,类号标引(也叫归类),就是根据主题分析的结果,结合分类规则,在分类表中找到适合的类目,对文献给予相应分类号。再次,组织目录,即按分类号将目录卡片排成与分类法同样的次序,从而通过目录揭示出该文献信息单位收藏哪些属于某个类目的民族文献,以及各个类目的民族文献在内容上的联系,也可用分类成果编制书本式索引。

主题法是一种以自然语言作为文献主题标识和查找依据的检索方法。这种词称为主题词,通常用它来描述和表达文献内容主题。从广义讲,它包括标题词、单元词、关键词和叙词;从狭义讲,主要是指叙词,往往作为主题词的同义语。用主题法整理文献和组织检索工具必须具备两个条件:其一就是必须有科学性强、实用性好的主题词表;其二就是要求文献资料整理人员掌握主题词表的使用规则和方法,同时要有广博专深知识。

主题词表(叙词表)是将文献内容出现的自然语言规范作为检索语言的一种控制术语的工具。它把主题词按一定规则(字顺、音序、范畴、词族)排列起来,因此,它实际上就是一种检索词(标引词)词典。1980 年中国科技情报研究所和北京图书馆组织全国上千个单位共同编制出版了《汉语主题词表》。该词表是一部大型、综合性检索工具书,包括一切知识门类,既适合手工检索,也适合于电子计算机存贮与检索,同时可用来组织卡片式主题目录和书本式主题索引,并在一定意义上可起英汉、汉英简明词典作用。该词表的卷册划分如下:

第一卷　社会科学

  第一分册　主表(字顺表)

  第二分册　索引

第二卷　自然科学

  第一至四分册　主表(字顺表)

  第五分册　同族索引

  第六分册　范畴索引

  第七分册　英汉对照索引

第三卷　附表

主表是标引、检索和组织目录的主要工具。该表的全部主题词均按汉语拼音顺序排列,并在每个主题词下根据需要设有"Y"(用)、"D"(代)、"F"(分)、"S"(属)、"Z"(族)、"C"(参)等参照项,作为选词和扩大检索的依据。

词族索引是把主表中具有种属关系、部分整体关系和包含关系的正式主题词,按其本质属性展开的一种词族系统,它是满足族性检索的重要手段,也是标引和检索文献时查词、选词的辅助工具。

范畴索引,也叫分类索引,它是按照科学范畴并结合词汇分类的需要,把主表中的全部主题词按社会科学、自然科学两大范畴划分为 58 个大类,以便从分类角度来标引和查找某一特定的主题词,范畴索引也是主表的辅助工具。《汉语主题词表》范畴大类"13 民族"大类中主要包括:

13A 民族一般概念

13B 民族问题理论、民族政策

13C 社会制度

13D 事件

13E 文化生活

13F 中国民族

13G 世界民族

英汉对照索引是按主题词英文译名排列的一种索引,为标引和查找英文文献时通过英文译名来选定汉语主题词的一种辅助工具。

附表是主表派生出来的一种专用词汇表,包括世界各国政区名称、自然地理区划名称、组织机构名称和人名等。

采用主题法整理民族文献与分类一样也分 3 个步骤:第一,主题分析。所谓主题,即指民族文献所论述的中心问题或研究的对象,其内容包括:主题核心部分、主题的动态部分和主题的限定部分。主题分析的关键是对主题进行概念的分解与综合过程。对民族文献进行主题分析时要求既要分析书名、篇名,又要详阅文摘、简介、序言、绪论等,必要时还要浏览全文及所附参考文献。第二,标引主题词。即根据民族文献主题分析结果从规定使用的词表中,选取正式主题词,作为民族文献内容的标引词。同时应从标引的一组主题词中组成主题款目,并赋以特殊标记,作为排检用。第三,组织目录。对手工检索而言,就是将标引好主题的卡片按其字顺或音序排列起来,成为主题目录或主题索引,供查用。

民族文献经过分类标引和主题标引之后,必须编制目录或索引。编目既可以通过卡片形式,又可以通过书本式检索刊物的形式。只有经过编目才能供读者查阅。因此可以说,卡片目录或书本式检索刊物是文献信息部门的藏书与广大读者间的重要桥梁,没有这样一个桥梁,读者就无法利用文献信息部门宝贵的民族文献。

众所周知,编目工作的重要一环就是著录。所谓著录就是对某一具体文献的描述,用文字将其内容特征(所属学科、所论述的主题以及内容简介等)、外表特征(文献题名、著者、来源出处、出版地、出版者、出版时间、文献类型、页册数、图表、开本、装订、价格等)以及顺序号、索取号表示出来,使读者从这些特征中,对文献有个概括的了解,以便考虑是否阅读。著录的载体形式有:卡片式、书本式、磁带式,在国内文献信息部门中,大部分都采用卡片目录,即使是书本式目录,多数也是先用卡片著录,然后编排起来送去印刷出版成书本式的检索刊物。

用汉文书写的民族文献的著录与汉文文献著录没什么两样,其著录格式,著录内容基本一致,而用民族文字书写的民族文献的著录问题是一个值得研究的课题。在我国首先提出并推广应用民族文字文献著录标准化的当属内蒙古大学图书馆馆长乌林西拉教授。她提出"我国各少数民族根据本民族文字文献的实际情况及其发展都可以而且应该制定本民族的文献著录标准。"并率先提出并制定了《蒙古文文献著录规则》。为制定民族文字文献著录标准提出了许多宝贵的具有开创性的意见和建议。

(1)根据民族文字的书写习惯,对标识符号做适当变动。如蒙古文、满文及锡伯文都是上下垂直书写,行款从左到右,维吾尔文、哈萨克文字母书写则从右到左,行款横向,只是标识符号需竖立或使用镜像符号。

(2)在著录内容中应反映少数民族的民族特点、风俗习惯以及民族文字文献的特征。如在《蒙古文文献著录规则》中,对各种蒙古文,即现行回纥式蒙古文、托忒蒙古文、八思巴蒙古文、索永布蒙古文、斯拉夫蒙古文、布里亚特蒙古文、卡尔梅克蒙古文,在著录中用文字明确规定:各著录项目用文献本身的蒙古文著录,但当用于目录排检时,再以现行的蒙古文为标目,加以统一;又如为了便于利用和开发蒙古文文献资源,在编制国家书目及全国集中编目时,题名的汉文译名著录于附注项;再如关于蒙古族部分责任者姓氏著录的特殊规定,即以父名首音节为姓氏者,按原题照录,如拉·仁亲,但选取责任者标目时,则先著录责任者的名,后著录父名首音节,如仁亲·拉等。各少数民族都有自己不同于其他民族的特色,这些内容构成了其具有本民族特色的条款内容,在著录时应确切的全面地反映这些特点。

民族文献著录后,就要编制目录。目录的种类是很多的。一个文献信息部门到底设立哪几种民族文献目录才最合适,这应当根据本单位的方针、任务、服务对象以及收藏民族文献的规模、类型等条件来统筹规划,民族文献信息部门的目录种类可多至十几种,最少也有几种。不能说越多越好,但最基本的目录必须设置,而且要处理好各种目录之间的关系,尤其是民族文字图书目录与汉文图书目录之间的关系,充分发挥目录的整体作用。

第三节 民族文献的布局、排架与保护

民族文献经过加工整理一系列工序后,送入书库,必须进行科学的组织管理。文献信息部门的民族文献,由于长期积累,具有数量庞大、类型复杂、内容广泛、文种多样等特点。将这些浩瀚的民族文献组织起来,做到布局合理、组织科学、管理妥善、检索方便,是关系到长久而完整地保管资料,提高文献利用率的问题。

一、民族文献的布局

作为专门的民族文献信息部门来讲,民族文献的布局一般也应分基本藏书、辅助藏书和专门藏书,基本藏书是本单位藏书的基础;辅助藏书一般多是推荐性的民族文献,如借书处、研究室、检索室等部门的藏书;专门藏书往往是由于某一部分民族文献需要特殊的整理、保管,如民族古籍等,或由于特定服务对象的需要才设立的,如专家阅览室等。为了充分发挥民族文献的作用,可按照其利用率的高低,采用"三线制"的办法组织藏书线:一线为开架阅览室,二线为辅助书库,三线为基本书库,并实行分科开架借阅制度,书库里能阅览,阅览室里文献资料能借阅,文献资料与读者接近。这种办法有利于读者利用民族文献。

二、民族文献的排架

民族文献不仅需要正确的组织和划分,而且需要合理的排列。只有这样,才能使众多的民族文献便于管理和查找,文献排列分为按内容排列和按形式排列两种。按内容排列又可分为分类排列法和专题排列法,按文献形式的排列法包括登录号排列法、固定排架法和字顺排架法等。因为民族文献的排列和非民族文献的排列没有太大差别,所以,在此不再赘述。下面简单介绍一下按地域、族别、文种排列民族文献的方法。

(1)由于许多民族文献一般是综合性地概述或研讨某个地区的民族,大都和地点、时间关系密切,所以,这类民族文献比较适合用地域排列法排列。其方法是先"世界"(用 11 表示)各大洲、地区、国家,然后是"中国"(用 12 表示)及其各大区、各省和自治区;以世界各大洲、地区、国家和中国各大区、省和自治区的称谓为专题来分别集中民族文献。其索书号采用数字 + 地方称谓的汉语拼音文字的缩写词 +《中图法》分类号的混合编码。例如:"11YZ·K"表示"1类—世界—亚洲—历史类","12N·I"表示"1 类—中国—南方—文学类"。

各地一般性民族文献排列表

世界一般性民族文献

11 YZ 亚洲	11DF 东非
11 DY 东亚	11XF 西非
11 DNY 东南亚	11ZF 中非
11 NY 南亚	11NF 南非
11 XY 西亚(西南亚)	11EZ 欧洲
11FZ 非洲	11DE 东欧(中欧)
11BF 北非	11BE 北欧

11NE 南欧(东南欧、西南欧)   11 MLNXY 美拉尼西亚

11XE 西欧   11 MZ 美洲

11DYZ 大洋洲及太平洋岛屿   11 BMZ 北美洲

11OXB 澳、新、巴地区   11 LDMZ 拉丁美洲、中美洲

11 BLNXY 波利尼西亚   11XYD 西印度群岛

11 MKLNXY 密克罗尼西亚   11NMZ 南洲

中国一般性民族文献

12B 北方	12XB 西北	12ZN 中南
12N 南方	12SX 陕西	12HN 河南
12X 西部	12GS 甘肃	12HB 湖北
12D 东部	12NX 宁夏	12HN 湖南
12Z 中部	12QH 青海	12GD 广东
12BJ 北京	12XJ 新疆	12XG 香港
12HB 华北	12HD 华东	12OM 澳门
12TJ 天津	12SH 上海	12HN 海南
12HB 河北	12SD 山东	12GX 广西
12SX 山西	12JS 江苏	12XN 西南
12NMG 内蒙古	12AH 安徽	12SC 四川
12DB 东北	12ZJ 浙江	12CQ 重庆
12LN 辽宁	12JX 江西	12GZ 贵州
12JL 吉林	12FJ 福建	12YN 云南
12HLJ 黑龙江	12TW 台湾	12XZ 西藏

(2)专门涉及我国各个民族的各个方面情况的民族文献,其排列方法分为两种情况:①内容涉及两个或两个以上民族者,按《中图法》各类目归类集中排列;同类中,再以书名的汉语拼音字母顺序来编排。②内容专指一个民族者,则以各族称谓为专题集中,各族之间的顺序,按各民族称谓的汉语拼音字母顺序编排;同一民族中,按《中图法》类目归类顺排;再分别按书名的汉语拼音字母顺序排列。两个或两个以上民族的文献按《中图法》分类号表示;专讲某个民族的文献用民族族称的汉语拼音文字的缩写词+《中图法》分类号来表示。例如:"MG·H"表示"蒙古族—语言文字类","YI·P"表示"彝族—天文类"。

中国各少数民族文献排列表

阿昌族	德昂族(原名崩龙族)	仡佬族
白族	东乡族	哈尼族
保安族	侗族	哈萨克族
布朗族	独龙族	赫哲族
布依族	俄罗斯族	回族
朝鲜族	鄂伦春族	基诺族
达斡尔族	鄂温克族	京族
傣族	高山族	景颇族

柯尔克孜族	怒族	维吾尔族
拉祜族	普米族	乌孜别克族
黎族	羌族	锡伯族
傈僳族	撒拉族	瑶族
珞巴族	畲族	彝族
满族	水族	裕固族
毛南族	塔吉克族	藏族
门巴族	塔塔尔族	壮族
蒙古族	土家族	登人
苗族	土族	苦聪人
仫佬族	佤族	夏尔巴人
纳西族		

(3)民族文字图书的排列方法是以文种汉语拼音顺序排列。其排列顺序为:

BA. 白文

BY. 布依文

CX. 朝鲜文

DA. 傣文(傣仂文、傣哪文、傣绷文、金平傣文)

DO. 侗文

EL. 俄罗斯文

HN. 哈尼文

HS. 哈萨克文

JP. 景颇文(景颇文、载瓦文)

KR. 柯尔克孜文

LH. 拉祜文

LI. 黎文

LS. 傈僳文(傈僳文、老傈僳文)

MG. 蒙古文

MI. 苗文(黔东苗文、湘西苗文、川黔滇苗文、滇东兆苗文)

NX. 纳西文

TU. 土文

WA. 佤文

WW. 维吾尔文

XB. 锡伯文

YA. 瑶文

YI. 彝文(规范音节文字)

ZA. 藏文

ZH. 壮文

三、民族文献的保护和清理

保护和管理好民族文献,是民族文献信息部门的重要工作任务,为了保证民族文献完整而长久地提供使用,首先,要在思想上重视,制度上严密,既要加强工作人员的责任心,又要宣传和教育读者自觉爱护民族文献。此外,要注意防火、防潮、防虫、防尘、防鼠等,要注意书库的环境卫生。对于某些民族文献要定期装订和修补。定期不定期地清点馆藏民族文献,可以从中发现工作上的缺点,找出损失的原因,这本身也是保持民族文献安全与完整的一项重要措施。对于保密资料,应当定期清理,并按有关规定进行密级调整工作。

第五章 民族音像文献和电子文献的管理

第一节 民族音像文献概述

一、民族音像文献的兴起和发展

民族音像文献是以磁性材料、光学材料等为记录载体,利用专门的机械设备记录与显示有关少数民族声音和图像的出版物。

我国在 20 世纪初才开始形成音像文献。到 1949 年 10 月中华人民共和国成立止,灌制唱片总数约 3000 张。这些唱片是研究我国近代戏剧、曲艺、音乐发展极为重要的音像文献。随着信息的交流,机关、团体、企业和事业单位在社会实践活动中形成了大量的音像文献。与此同时,音像出版事业也日益蓬勃发展起来。目前国内已有几十家音像制品出版或生产发行机构,负责编录出版各种音像制品。

由于音像文献是用有声语言和图像传递信息,所以它在帮助人们认识某些复杂或罕见的自然现象、探索物质结构和运动机制、丰富文化生活、提高教学与训练效果等方面具有独特的作用。尤其是我国灿烂的少数民族文化艺术,通过音像文献图文声像并茂的记录,更加真实而丰富地展现出其特有的精神风貌。可以说,音像文献是绚丽多彩的民族文化得以充分而广泛传播的优秀载体形式之一。目前我国先后在北京及少数民族地区建立了 30 多家民族出版社,其中民族音像及美术摄影出版社就有近 10 家。十几年来,这些出版社出版了大量有关少数民族经济建设、历史文化、教育、体育、旅游风光等内容的音像制品。如由中国音像出版社出版的《中国民族风情》《中华各民族》等深受广大读者的喜爱。又如我国现有电影制片厂 37 家,其中建在民族自治地方和民族聚集地区的电影制品厂有 5 家。在新中国成立前的 45 年电影史上,少数民族题材影片仅有 2 部。新中国成立后的 17 年间,全国各电影制片厂共摄制反映 18 个民族的影片 45 部。从 1977 年到 1995 年的 18 年间,共拍摄少数民族题材影片 140 多部。我国还在新疆、青海、内蒙古、四川、云南、广西、贵州、吉林等少数民族聚居的省、自治区建立了少数民族语影视节目译制机构,截止到 1997 年,共译制包括故事片、纪录片和科教片在内的 20 多种少数民族语言的影片已达数千部(本),译制的电视片数量更是不计其数。

二、民族音像文献的特点

民族音像文献是以音响、图像方式记录各种少数民族信息的特殊形式载体的文献。其主要特点是:

(1)直感性

声音文献通常以音乐、语言记录人们的社会活动,传播文化知识,它是会发声的文献。照片文献以照片画面的可视形象,逼真而生动地再现画面。录像文献以声音和图像使利用者宛如"身临其境"。可以说,音像文献的直感性超过了其他类型的文献。

（2）真实性

音像文献是人们在社会活动中形成的原始记录，它能把当时的时间、空间、环境、气氛以及当事人如实地记录下来，日后成为最有说服力的历史确证。

三、民族音像文献的种类

音像文献主要包括录音资料、录像资料、投影资料及电影制品等多种类型。

1. 录音资料

录音资料是指单纯记录音频信号的制品，包括录音带和唱片等。需使用录音机、电唱机、激光唱机等设备放音。

（1）录音带

录音带是具有磁性涂层，用于记录和播放各种音响的长带。它主要有三种类型：

①开盘式，音质较好，常用于制作母带，通常带宽 6.3 毫米，缠绕成一卷，磁层在内侧，整盘直径有 8 厘米、13 厘米或 18 厘米的，甚至还有 26.5 厘米的，放唱速度每秒 4.75 厘米、9.5 厘米、19 厘米、38 厘米不等。

②盒式带，由磁带密封于塑料盒内而成，有收带、供带两个轴。盒带尺寸 10.2×6.4 厘米，带宽 3.8 毫米，播放时间 30 分钟、60 分钟、120 分钟不等。

③匣式，又称盒式循环带，带宽 6.3 毫米，放唱速度每秒 9.5 厘米，没有引带和尾带，首尾相接，放唱时反复循环，常用于录制循环播送的节目。

录音带能借助语言、音乐及实际音响的组合效果来反映事物的特征，有如下优点：①具有可听性。录音带提供的是音频信息，这种信息比文字形式的信息更容易接受。②记录密度高，信息量大。录音带体积小，它记录的信息密度比同样面积的纸质文献要高几十倍，便于收藏和管理。③能长期存放和多次使用。在正常情况下，录音带可保存 10 年左右，且可反复播放。④制作和复制方便。⑤运用方式灵活多样。

但是，录音带也有其局限性。录制过程中，易混入噪声；偶然不小心，磁带易洗掉；检索困难；存放过久易变质。

（2）唱片

唱片是利用机械录音方式记录声音的圆形薄片。它是人类最早发明的用来存储声音信息的载体，唱片有两种：

①塑料唱片，有直径 17.8 厘米、25.4 厘米和 30.5 厘米数种，转速每分钟 $33\frac{1}{3}$ 转、45 转、78 转不等，表面有按声音振动规律刻划的螺旋形槽沟，用留声机或电唱机播放。

②激光唱片，是直径 12 厘米的金属圆片，是一种用激光将信息写入和读出的高密度存储媒体，并且对音响信号进行数字化处理，是存储有数字化声频信息的只读光盘，被称为小型唱片，即 CD。播放激光唱片需用激光唱机。激光唱机放唱不靠唱针，而靠激光束扫描唱片进行，因而唱片不易磨损。CD 具有体积小、存贮量大、检索方便、传播迅速易于复制、可以长期保存等优点，是一种优秀的视听文献载体。

2. 录像资料

录像资料是指录有视频信号，并配有音响的制品，如录像带、激光视盘等，需用录像机、视盘机以及与之相配套的显示设备放像。

（1）录像带

它是具有磁性涂层，用于记录和重放图像和音响信号的长带。录像带也分开盘式、盒式、匣式三种，带宽一般为 1/2 英寸（VHS）、3/4 英寸（V-matic）。用于广播的，也有 2 英寸、1 英寸的。开盘式放映时间 30 分钟或 60 分钟，盒式放映时间有 120 分钟、150 分钟、180 分钟、195 分钟几种，匣式放映时间为 60 分钟到 69 分钟。

（2）激光视盘

激光视盘是录有有声视频信号的塑料或其他材料的圆片，习惯上被人们称作影碟（LD、VCD、DVD）要用电视接收机播放，又称激光电视唱片，材质、工作过程类似于激光唱片，放映速度每分钟 1500 转，正反两面均可放映，放映时间 1—2 小时。

录像资料具有下列特点：①能以活动的图像，逼真、系统地呈现事物及其变化发展过程，给读者以视觉和听觉两方面的信息，利于形成感性认识。②录像资料可灵活使用，可快放、慢放、倒放，检索方便。③具有重现力，可多次将录制内容重新呈现出来。④录像资料不用时，可消去已录制内容，反复使用，降低成本。

3. 投影资料

投影资料是指利用透色光技术将拍摄（或绘制）的形象重现出来的制品，包括幻灯片、投影片等，需借助幻灯机、投影仪、阅读器、显微镜等放大设备放映或阅读。

（1）幻灯片

幻灯片是一种透明的胶片，根据一个主题将图像和文字采用照相和绘制的方法制作而成。它分为幻灯平片（或称幻灯插片）和幻灯卷片两种。幻灯平片是单幅透明胶片，由摄影胶卷拍摄而成，分张剪下，四周加装纸板或塑料片框制成。幻灯卷片以 35 毫米、16 毫米胶卷为载体，拍摄有逐张连续投影的静止画面。幻灯卷片有纵向摄影、纵向放映，也有横向摄影、横向放映的，有些幻灯卷片还配有音响。

幻灯片能真实地再现所要表现的内容，且可以根据需要，排成许多不同的序列。但幻灯片成本较高，且易于污损，各图书馆应有选择地收藏。

（2）投影片

投影片是记录有文字或图像的透明胶片，用投影仪或灯光箱在银幕上放映。

4. 电影制片

电影制品是指含有一组连续画面，利用高速放映产生运动效果的一卷胶片。它分为有声影片和无声影片，需用专门的电影放映机放映。又称"电影片"。

（1）电影片规格

无声影片有 16 毫米、普通 8 毫米、超 8 毫米 3 种。16 毫米影片已很少见。普通 8 毫米与超 8 毫米的区别是画幅尺寸不同，普通 8 毫米影片为 4.37×3.28 毫米，每秒移动 16 幅画面。超 8 毫米影片为 5.35×4.01 毫米，每秒移动 18 幅画面。

有声电影片有 35 毫米、70 毫米影片和 16 毫米光学声带影片。也有普通 8 毫米、超 8 毫米的有声片。有声片放映时每秒移动 24 幅画面。

（2）电影制品特点

电影制品的表现力极强，在表现事物的时间性、空间性、运动性方面均优于其他类型的视听文献，其特点如下：①能形象、逼真、系统地描述事物的运动特征，并将运动和声音结合在一起，同时作用于两种感觉器官，给人以真切感。②能将事情与情景戏剧化，极富感染力。

③电影片可重现过去,保留一些具有历史意义的史料。④可集中收看。

但是,电影制品也有制作费用大,不耐高温、潮湿、日光直射,需专门的放映机和放映室等多种缺陷。

四、各种音像文献的使用和保管

1. 录音资料的使用和保管

录音资料包括录音带和唱片,下面就其使用与保管加以介绍。

(1)录音带

正确地使用和保养录音带对于保证录放音质量,延长其使用寿命极为重要,具体说应注意以下几点:①做好使用录音带前的准备工作,检查录音带有无间断性折印,有无霉斑等现象。②录音带要存放于干燥、清洁、凉爽通风之处,避免高温及暴晒,以防其老化、变形,影响音质效果。③录音带保存时应远离强弱场。④盒式录音带应直立存放,不可堆叠平放,以免带盒变形及损压磁带。⑤录音带长期存放应定期取出重新倒带 1—2 次,以免磁带粘连。⑥录音带表面不能用手触摸,以免磁粉脱落。

(2)唱片

①塑料唱片

a. 塑料唱片都很薄,受潮热易变形。存放时应将唱片装入纸袋内,最好平放在凉爽通风和干燥的唱片柜内。相叠放置的片数不宜太多,以防变形。b. 唱片应保持清洁,片槽内积尘后,应用软布与软刷沿音槽轻揩去表面上的尘土,绝不能用水洗。

②激光唱片(CD)

a. 保护盘面清洁,如有灰尘,可用专用清洁刷或软性绒布轻轻沿盘面中心由内向外擦拭。如有污渍,可用清洁的水轻轻清洗,然后自然晾干即可。对于油性污渍,可先用脱脂棉吸拭掉,再用水清洗。切勿使用腐蚀性有机溶剂。

b. 避免盘面受摩擦,虽然 CD 中的信息层距离盘面还有 0.5 毫米的一层塑料,但是盘面的磨损不但影响外观,严重的还会影响使用。

c. 避免盘片受挤压,挤压变形后会严重影响使用。

d. CD 应存放在阴凉、干燥、通风、无灰尘的地方。杜绝高温环境存放、使用。如果保护得当,CD 的保存期可达 20—30 年。

2. 录像资料的使用与保管

使用和保养好录像资料,不仅可以延长其使用寿命,还可以在一定程度上克服信号失落、磁头积垢、跟踪不准等毛病,从而保证其性能的稳定性。具体方法如下:①存放录像资料时,要拿其中心孔或下面的盘缘,切勿挤压盘缘,防其损坏。②储存录像资料时,要求室内温度控制在 15℃—28℃ 左右,相对湿度 35%—80%。放置时应竖直存放,否则容易变形。存放之处要远离磁场。③防止剧烈振动和跌落,以免部件受损。④使用完毕后,应立即装入外盒存放,以免灰尘、污物污染。

3. 投影资料的使用和保管

投影资料中使用较多的是幻灯片,现主要介绍幻灯片的使用和保管。

使用和保管幻灯片应注意以下事项:①取放幻灯片时,一定要拿幻灯片的边缘,不能触摸画面。②幻灯片放映后,必须待其充分冷却、干燥后方可放入盒中。③幻灯片上积有灰尘、污垢,可用软布或脱脂棉轻轻拭去,然后再存放盒中。④幻灯片之间要有间隔,以免磨损画面。⑤存放幻灯片的盒、箱内必须放入干燥剂,并定期更换。⑥幻灯片存放时,应避免光线的照射。

幻灯片如保管不当,受潮后药膜表面会产生霉斑,轻则影响放映效果,重则导致幻灯片报废。因此保存中如发现幻灯片上产生霉斑,应及时清除。轻微者,可将其放入20℃的清水中浸泡10分钟,取出后用软布或脱脂棉轻轻擦拭即可清除。霉斑严重的,可先将幻灯片放在15%的碳酸钠溶液中浸泡5分钟,再用清水浸泡5分钟,取出擦拭干净即可。

4. 电影制品的使用保管

使用和保管电影制品,必须做好防潮、防晒、防磁、防火工作。为防止其储存时损伤,应装在金属片盒中。室内温度应保持在15℃—20℃为宜。影片盒不能叠放重压,易燃片要注意防火。

电影制品如保管不善,影片受潮或水浸,会使影片药膜脱落。彩色片中蓝色最易褪色,如保存不当,会影响其放映效果。

第二节　民族电子文献概述

一、民族电子文献的兴起和发展

民族电子文献是以数字代码方式将图文声像等少数民族信息存储在磁、光、电介质上,通过计算机或者具有类似功能的设备阅读使用,用以表达思想、普及知识和积累文化,并可复制发行的大众传播媒体。载体形态包括软磁盘(FD)、只读光盘(CD-ROM)、交互式光盘(CD-I)、图文光盘(CD-G)、照片光盘(photo-CD),集体电路卡(IC Card)以及网络在线服务等。

我国电子文献的研制工作起步于80年代中期,经过十几年的开拓和发展,取得了丰硕成果,近几年CD-ROM的迅速崛起,标志着我国电子出版业开始进入了一个新阶段。随着电子文献的普及,我国传统民族文献正逐渐进行电子化转换,许多传世之作,曾束之高阁的古籍善本、珍本或孤本通过键盘录入或扫描、语言录入等方式存贮在磁盘或光盘上,或送上Internet,形成了电子版,使世人难得一见的典籍文献资源获得了广泛传播的新渠道,利用率大大提高。尤其是通过扫描方式输入计算机的图像文件形式的电子文献,相当于原作的影印本,具有高度保真的特性,特别适合对各种古籍善本的复制和存贮。大凡古籍的字体墨色、行款格式、纸质的优劣、书写的工拙、刊刻的精细、文字的错讹等文献学属性莫不妍媸毕现,不但能保存原书古香古色的风貌和文献的真实性,而且还可以提供完备的检索功能。例如,由济南开发区汇文科技开发中心研制的"文渊阁《四库全书》原文"电子版,将经史子集四库所有文献通过扫描录入,以图像方式存贮制作成153张光盘,该电子版既可以接原书目录检索,又可以方便地按书名、作者、朝代、盘号、书名等途径检索,而且为方便阅读,系统还提供了标记注释功能,并可按书、册、页为单位翻阅、自动阅览、循放显示、局部放大、剪贴、摘录、打印等。因此《四库全书》原文电子版在使用、存放、搬运、价格等各方面与印刷版相比优势是显而易见的,大大方便了读者和研究者。此外,台湾地区已完成包括《二十五史》《十三经注疏》"古籍十八种""古籍三十四种"、先秦两汉诸子、《大正新修大藏经》等数亿字的古籍资料库,其"瀚典全文检索系统"已在 Internet 上提供了约 1.16 亿字的古籍电子文献的检索服务;台湾所藏敦煌文献,最近也将在 Internet 上公布。英国国家图书馆在几年前已开始实施"国际敦煌项目",通过国际合作,目前已将 6000 多张高清晰度的敦煌文献彩色图片通过 Internet 供各国学者远程访问和下载使用。国内还有近 30 余家单位制作出版了近 500 种 CD-ROM 产品,其中较有影响的民族文献有《敦煌莫高窟》《神奇的西藏》《中华名胜》等。

二、民族电子文献的特点

电子出版业是当今世界上一个方兴未艾的产业,只读光盘和交互式光盘等电子文献的问世,改变了人们的阅读方式,开拓了人们的视野。同印刷文献相比,电子文献具有如下显著的优点:

1. 体积小,信息容量大,便于携带、保存和复制

电子文献记录信息的载体是磁卡、集成电路卡、磁盘和光盘,因此具有信息容量庞大、体积小、易于复制及保存时间久远等特点。一张高密度软磁盘容量即达 1.2M 字节,可容纳 60 万汉字;一张高密度光盘存储容量为 6500M 字节,如果单纯存储文字,则可以容下 30 亿个汉字,容量大约相当于 3000 本厚度 1000 页的图书内容。而一张光盘或磁盘的体积仅相当于一本 20 页左右的小开本图书,且可以无限制地复制和长久保存。

2. 记录信息的媒体形式多样化

印刷型图书只能记载文字、图形、图像等静止媒体信息,而电子文献除了上述媒体外,还记载声音、音乐、视频图像等动态信息,是以图文声像并茂的多媒体形式来传递和记录信息的,具有印刷型文献不可比拟的表现力。

3. 具有可交互性

计算机所具备的处理能力使电子文献不仅能向读者提供信息,而且可以接受读者的反馈,与读者进行信息交流,即所谓交互性。这种性能使人们的阅读质量和方式发生了根本转变,变得更加灵活和富有吸引力。

4. 信息的检索和利用方式灵活

电子文献在计算机技术的支持下,用数据库、超文本或超媒体的形式进行信息组织与存储,因此提供了方便、灵活的信息检索方式。它可以采用关键字、属性等进行随机检索或分类检索,还可以用 Hot Word 进行联想检索。一般而言,任何一种电子文献都能提供几种可选择的阅读方式。

5. 创作和发行速度快

电子文献是在相应的计算机硬件和软件的支持下进行创作、编辑、发行和出版的。具有一定计算机操作技术能力的作家、艺术家、小型独立出版商等都可以利用软磁盘进行操作,并使用调制解调器(MODEM)通过计算机网络和 Internet 公告版,在线服务或直接向用户出版和传递自己的作品。电子文献的创作和发行渠道与印刷型文献相比大大缩短,具有简便、快捷、迅速、成本低等特点。

6. 内涵信息更新快、获取快、传播快

通过网络出版的电子报刊内容更新很快,获取方式也多种多样,且快捷、高效,可以通过电子邮件订阅,可以通过网址在线阅读,还可以通过传真获得等。

三、民族电子文献的类型

根据电子文献的特征,可以从不同的角度对电子文献进行类型划分。

1. 按出版类型分类

这种分类方式可以用图 7 - 1 直观说明:

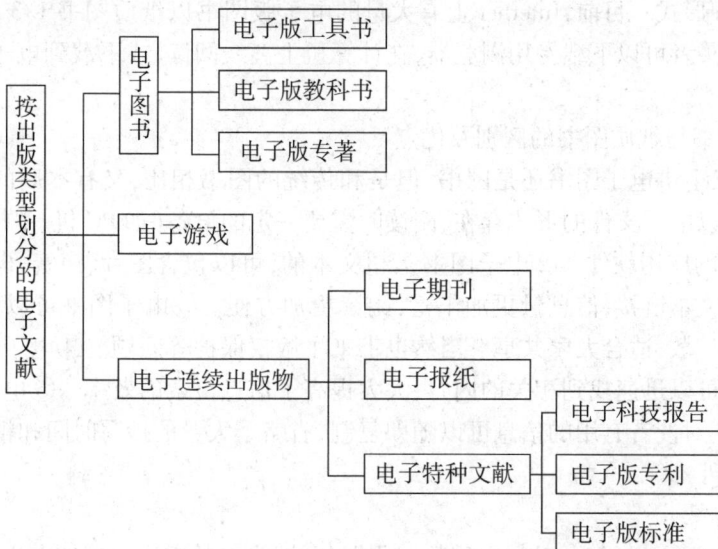

图 7 - 1 　按出版类型划分的电子文献

2. 按发行方式分类

电子文献的发行方式主要包括单独发行,网络发行和联机服务方式,以此为依据划分的电子文献类型如图 7 - 2 所示。

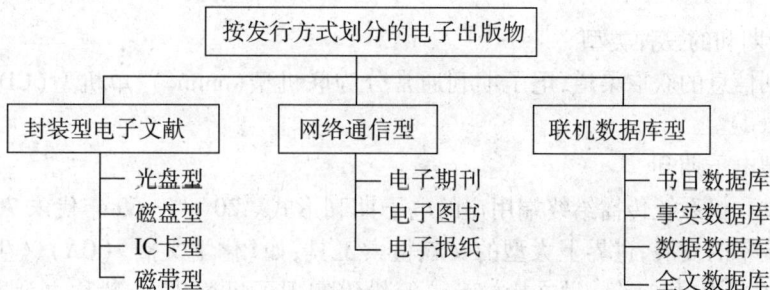

图 7 - 2 　按发行方式划分的电子文献

3. 电子图书

(1)定义

电子图书是相对传统的纸质图书而言的,是用数字化代码方式记录图书内容,并以电子文件形式存储在各种磁或电子介质中的图书。目前,电子图书最主要的载体是 CD-ROM(只读光盘)、IC-Card(集成电路卡)和网络在线服务。

CD-ROM 是当前最常用的一种光盘,CD-ROM 电子图书具有图文并茂、音像效果好、体积小、携带方便、保存长久、易于复制等优点,阅读时需要配备相应的阅读软件。

IC-Card,简称 IC 卡,IC 卡电子图书是将图书内容存储在集成电路板中,并制成规范的、可以与标准专用设备插接的"图书卡"形式。这种图书需要一种轻巧、便携、外形完全似一本书的阅读器进行阅读,这种阅读器配有与计算机、打印机和互联网并接的外置端口。

网络在线服务方式是指可以通过 Internet 或其他信息网络浏览的电子图书,这是当前极具生命力的一种形式。目前,Internet 上有大量的电子版图书以纸质图书 1/3 至 1/2 的价格在网上出售,购买者可以下载专用浏览器,在计算机上离线阅读,或下载到电子阅读器上,以便随时阅读。

(2)电子图书与纸质图书的区别及优点

从某种意义上讲电子图书还是图书,但是和传统的图书相比,又有本质的不同:①电子图书是无形的,以电子文件的形式存在,阅读时需要一定的设备(如 PC 机、手持电脑、电子阅读器等)和特定的应用软件。②电子图书是超文本的,可以包含图片、声音、电影、动画等内容,而且支持超文本链接,信息量更加丰富,阅读更加方便。③电子图书可以无成本任意复制,便于传播和扩散,适合大家共享。当然也带来了版权保护等问题。④电子图书有方便快捷的查找功能,可以迅速找到相关的内容,大大提高了信息检索的效率。⑤电子图书支持剪切、拷贝等功能,对读者有用的信息可以随即复制,省略了大量的抄写时间和精力。

4. 电子期刊

(1)定义

电子期刊(electronic journal),亦称数字化期刊,即指以数字形式存储在光、磁、电子等介质上,并可以通过计算机设备本地或远程读取使用的连续文献。显然,电子期刊不是指期刊出版过程的计算机化,而是指最终产品内容的数字化,或者说是以连续方式出版并通过电子媒体发行的期刊。经过 30 多年的发展,电子期刊已从最初的软盘期刊,第二代的光盘期刊,联机期刊,发展到现在的第三代网络化电子期刊。目前,网络型电子期刊是最具发展潜力的类型之一。

(2)电子期刊的三种类型

根据期刊信息的获取渠道,电子期刊通常分为联机型(online)、单机型(CD-ROM)和网络型(networked)。

①联机型电子期刊

是指通过联机系统传播给终端用户的电子期刊形式。20 世纪 60 年代末 70 年代初,伴随着计算机技术的发展,世界上大型的文献检索工具,如《化学文摘》(CA)、《生物学文摘》(BA)、《工程索引》(EI)、《科学文摘》(SA)等纷纷实现了机读化,一般称之为书目数据库,通过一些大型国际联机检索系统发行其磁带版,这种形式可谓早期的电子期刊。进入 80 年代后,随着联机系统的发展壮大和全文数据库的兴起,联机期刊从以提供书目、索引等二次文献为主逐渐向以提供全文、数值、图像等信息的方向发展,目前,米德数据公司(Mead Data Central)、西部出版公司(West Publishing Company)和 DIALOG 等是这类电子期刊的主要提供者。

②单机型电子期刊

它是一种将期刊内容存储在磁盘、光盘等载体上,通过发行渠道提供给用户,并借助单机读取的电子期刊。单机型电子期刊一般有与之平行的印刷本,其主要载体是 CD-ROM。

由于联机期刊的存取费用较昂贵,而光盘不仅容量大,且可长久保存,价格相对便宜,因此对于广大用户和图书馆来说,CD-ROM 型刊物具有更大的吸引力。

③网络型电子期刊

网络电子期刊的种类很多,目前最通用的分类是以是否有印刷版而将电子期刊分成期刊电子版和只在 Internet 上出版发行的纯电子期刊两种,前者是印刷型与网络型电子版同时发行,其电子版是印刷版的完全翻版或内容格式略有不同,或增加编者与读者的交流;后者是近几年出版的纯电子期刊,是指从投稿、编辑出版、发行、订购、阅读乃至读者意见反馈的全过程都是在网络环境下进行,充分利用了 Internet 在内容表现形式上的丰富性和传播的及时性等优势。这种纯电子期刊全新的出版环境和数字化技术,从本质上改变了信息的传播、交流与获取方式,突破了 300 余年所形成的传统期刊模式,具有无可限量的发展潜力。

(3)电子期刊的优点

①体积小、容量大、密度高

②信息获取快、传播快、更新快

通常一份在网络上发行的电子期刊,在收稿 48 小时甚至 24 小时后即可通过校园网、地区网、国家网及国际互联网在广大范围内提供给读者使用,其传播速度惊人。这种"即时版"的做法不仅是印刷型刊物无法比拟的,同时也使论文发表时滞过长的问题迎刃而解。据调查,目前印刷型科技期刊登载论文的时滞长达 7—14 个月,严重影响了学术交流和科研成果的应用。而电子期刊所构筑的这种即时快速的信息环境,对学术交流产生了极大的推动作用。

③使用方便,便于对信息进行各种处理

电子期刊不仅具有检索功能,还可以单篇论文为单位,对所需信息进行转存、传递、复制、输出等操作,更可以深入到文章的内容,对相关的每一个段落、结论或知识单元进行提取、组合、拼接或再加工。

④多媒体合成,表现生动,图文声像并茂

⑤制作成本低

电子期刊的出版程序因省去许多中间环节而变得简洁,节省了大量人力及纸张、设备。而且,随着技术的不断更新,电子期刊的价格大约每 4 年就下降 50%,这与纸质文献价格大约每年以 15%—20% 的速度上涨相比形成鲜明的对比。

5. 电子报纸

(1)定义

电子报纸是通过通信卫星、海底光缆、计算机网络等多种途径进入用户终端的报纸信息,它是实现报纸"无纸化"革命的成果。通过计算机网络进入家庭的电子报纸,只要在个人电脑上加一个检索器,就可以在显示屏上阅读了。报纸的文章、图表可以随时放大,便于阅读。电子报纸与其他电子文献一样,将成为 21 世纪的普及型读物。

(2)电子报纸的优点

电子报纸除具备电子文献的所有特点之外,还具有以下优点:

①即时性

电子报纸新闻传输速度快,内容每小时就能更新一次,广告也可以随时推陈出新。

②信息丰富、版面灵活、美观

电子报纸因多媒体技术的应用,使信息的表现力极强,完全摆脱了印刷版报纸白纸黑字的枯燥与单调,而且界面美观,影像效果好。

③广告信息完整

电子报纸上的广告不受版面限制,可将商品的信息详细地、有组织地呈现给读者。

第三节　民族音像、电子文献的整序

一、民族音像、电子文献的收集

音像文献和电子文献是检索民族文献信息的重要信息源,尤其是在 21 世纪的网络环境下,馆藏资源的数字化及加强电子信息资源的开发与利用,已经在世界范围内的图书馆界及有关部门达成共识,因此各级图书馆通过各种渠道广泛收集音像文献和电子文献势在必行。主要有以下渠道:

1. 音像文献的收集

(1)选购

从出版发行的各种音像文献中,选择购买适合本馆读者需求的各类型的音像文献,各级民族图书馆应选购民族信息含量大的音像文献。选购是收集的主要渠道,为此,各馆必须及时了解有关音像文献的出版动态,及时选购。

(2)收录

各民族图书馆可设立声像资料部,利用一定的设备录制卫星电视、广播等各种媒体播放的有关民族内容的知识信息。

(3)自制

有条件的图书馆,可以根据需要自行录制一些民族内容的音像资料。

(4)转录或复制

在不侵犯版权的前提下,图书馆可以从民族音像资料藏量大的各民族图书馆转录或复制所需音像资料,以充实馆藏。

(5)赠送

在目前图书经费紧张的情况下,全靠自行购买是极不现实的。图书馆应广泛争取社会支持,依靠各出版机构赠送收集音像文献,以增加馆藏。

2. 电子文献的收集

封装型电子文献(包括光盘型、磁盘型、IC 卡型和磁带型)的发行方式与音像文献相同,因此其收集方式也主要包括上述 5 种。而网络通信型和联机数据库型电子文献因其传播与发行方式主要采取网络在线服务,因此其收集方式主要是购买网上数据库的使用权、开辟网上电子文献的导航系统和建立镜像站点等。

基于电子文献自身的特点,在选购时应注意以下几点:

(1)选购电子文献要注意与硬件设备相配套,电子文献有许多种载体形态,不同载体形态的电子文献需要不同的设备读取。因此,在购买电子文献时,一定要根据本馆所拥有的设备类型选择相应的电子文献。

(2)选购电子文献要注意电子文献运行的软件环境。由于电子文献本身也是一种计算机程序,所以它必须在一定的操作系统环境下才能运行。也就是说,在购买电子文献时,同时要考虑其软件需求。

(3)选购电子文献要注意电子文献的特点。电子文献种类繁多,不同种类其特点各不相同,有的便于检索、有的交互性强、有的媒体丰富、表现力强等,选购时要注意其特点,选择适合本馆需求的电子文献。

二、民族音像、电子文献的分类

为了便于收藏和有效利用,图书馆必须对收集的各种类型的音像和电子文献进行分类和著录,使之形成有序的、利于查检的信息集合体。

音像、电子文献是特殊载体的文献类型,但其分类原则与普通纸质图书是一致的,即要以特定的分类法为依据,遵照各种分类规则,依据文献内容的学科属性和形式特征进行科学分类。有些分类法专门为非书资料设置了复分表,以便集中各种音像文献和电子文献。以《中国图书馆分类法》第四版为例,在总论复分表中设置了"—79 非书资料、视听资料"复分类目,所有音像、电子文献均可以在其主类号之后附加"—79"有关复分号加以载体限定。具体复分类目如下:

—79 非书资料、视听资料

    音像制品(声像资料)等入此。

—791 缩微制品

    缩微胶卷、缩微平片等入此。

—792 录音制品

    唱片、录音带、唱盘(CD)等入此。

—793 录像制品

    电影片、幻灯片、录像带、影碟(VCD、DVD)等入此。

—794 机读资料

    磁带、磁盘、光盘、电子文献、多媒体资料等入此。

从以上类目可以看出,该复分表已经基本包括了目前所有音像文献和电子文献类型,而且类目划分科学、合理、清晰。可见《中国图书馆分类法》第四版是目前类分音像文献和电子文献的首选分类工具书之一。

三、民族音像、电子文献的著录

著录是对各种音像文献和电子文献的内容与外表特征进行分析、选择和记录的过程,从而形成能揭示文献内容及外表信息并提供检索功能的文献目录体系。

按照国际标准化组织的要求,对音像文献等非书资料著录必须做到三统一,即统一著录项目和单元,统一著录项目和单元的顺序,统一著录项目和单元前的标识符号。我国为了建立健全非书资料的规范化检索体系,开展非书资料的国际交流和实现其管理的现代化和网络化,规定对各种非书资料进行著录要遵照国家标准 GB 3792.4—85《非书资料著录规则》。

1. 著录信息源

音像、电子文献的著录信息源依次为:

(1)与文献具有永久性联系的信息源。唱片光盘等本身及其正反面标签、录音带的容器或标签、音像电子文献本身,尤其是其片头部分,电影片、幻灯片的片头、片尾等,这些都是音像、电子文献著录的主要信息源。

（2）包封物。如盒式磁带、录像带、电影胶卷的外盒，唱片、视盘的封套等，还包括封用的纸。音像和电子文献包封物的作用类似于图书的封面，记载信息较全面、详细，它也是音像和电子文献著录的信息来源。

（3）说明书。

2. 著录项目和著录格式

GB 3792.3—85《非书资料著录规则》设置的主要著录项目有：

题名与责任说明项

版本项

出版发行项

数量规格项（或载体形态项）

系列项

资料特殊细节项

附注项

标准编号及价格项

以上 8 个著录项目又分别包括若干著录单元，著录时依据有关规则依次予以记录，并前置一定的标识符，这些标识符是 ISO 统一规定的识别著录项的符号。目前，随着图书馆自动化和网络化建设的飞速发展，文献编目工作机读化已经基本普及，机读目录格式成为音像、电子文献的主要著录格式。依据《中国机读目录格式》及《非书资料著录规则》有关音像与电子文献的著录规则，其主要字段及子字段如下：

（1）题名与责任说明项（200 字段）

子字段标识符	子字段内容
$a	正题名
$b	一般文献类型标识
$d	并列题名
$e	其他题名信息
$f	第一责任说明
$g	其他责任说明
$h	分辑号

在题名与责任说明项，为了便于读者正确选择文献类型，要求在题名后著录文献载体代码。GB 3792.4—85《非书资料著录规则》附录 A"载体名称和代码"列举了各种音像、电子文献的中文名称和代码，可供著录代码时选用。

音像文献的载体代码如下表：

音像文献名称	载体代码
盒式循环录音带	AX
盒式录音带	AH
开盘录音带	AK
唱片	AP

音像文献名称	载体代码
盒式循环录像带	VX
盒式录像带	VH
开盘录像带	VK
激光录像盘	VP
幻灯片	L
电影片	F
立体电影片	FL

例如:2001#$a少数民族舞蹈$b VP

2001#$a牧民新歌$b AK

音像文献的责任者是指对文献知识内容的产生做出贡献,并有权对其影响和效果承担主要责任的个人或机关团体。著录责任者应以主要信息源印载的责任者及其顺序为依据。如果由主要信息源无法判定不同责任者之间的顺序,可按以下原则选择责任者:

录音资料中的有声读物和语言资料,应以原著者为第一责任者,朗读者为其他责任者。音乐资料选取责任者的顺序为:作词、作曲、个人演唱、个人演奏、指挥、演奏团体。但一人演唱或演奏多人乐曲,应以演唱或演奏者为第一责任者。如:

牧民新歌[AK]/周惠昌指挥;中国音乐学院民族乐团演奏

2001#牧民新歌bAKf周惠昌指挥$g中国音乐学院民族乐团演奏

录像资料应依次以编剧、制片人、导演为第一责任者。故事片、文艺片的主演,纪录片的解说,风光片的摄影都可作为其他责任者著录。如:

刘三姐[F]/乔羽编剧:苏里导演

2001#$a刘三姐$bF$f乔羽编剧$g苏里导演

(2)版本项(205字段)

子字段标识符	子字段内容
$a	版本说明
$b	版次和附加版本说明
$f	版本的责任说明
$g	版本的次要责任说明

版本项除记录以制版次数、年代记载的版次形式外,还需记录"翻制版""仿制版""网络版"等音像、电子文献特有的版本形式。

(3)出版发行项(210字段)

子字段标识符	子字段内容
$a	出版地或发行地
$b	出版者或发行者地址
$c	出版者或发行者名称
$d	出版、发行日期
$e	制作地

子字段标识符	子字段内容
$f	制作者地址
$g	制作者名称
$h	制作日期

出版发行项是指音像、电子文献的出版、发行或制作者,而非原文献的出版发行信息。

(4)载体形态项(215 字段)

子字段标识符	子字段内容
$a	特定资料类型标识和文献的数量及单位
$c	其他形态细节
$d	尺寸
$e	附件

$a著录各种音像、电子文献所属类型的名称和表示其组成部分的规模;$c著录有关载体形态数据,如是否彩色、速度、录制方法等。例如:

215##$a 1 Video cassette(V-matic)(30 min)#c col. , sd.

该文献为 U-matic 式彩色盒式录像带,有声,长度为 30 分钟。

215##$a 1 CD(650MB)$d12cm$e 1 booklet

该文献为 CD 一碟,容量为 650 兆,直径 12cm,附 1 本小册子。

215##$a 1 sound reel (50min)$C38cm/s. , 2track, stereo, Dolby processed

该文献为一盘双音轨的立体声磁带,长度为 50 分钟,速度 38 厘米/秒。采用 Dolby 噪音减弱系统。

(5)系列项(225 字段)

子字段标识符号	子字段内容
$a	系列正题名
$d	并列系统题名
$e	其他题名信息
$x	责任说明
$v	卷册标识
$x	系列国际标准连续文献号(ISSN)
$z	并列题名语种

(6)资料特殊细节项:电子资源特征(230 字段)

本项规定适用于远程存取及近程存取的计算机文档,包括网络电子资源和光盘、磁盘等物质载体类电子文献。

子字段标识符号	子字段内容
$a	文件标识和范围

例如:

230##$a 计算机数据(5 个文件)和程序(15 个文件)

230##$a computer program(1 file:1958 statements)

计算机程序,1 个文件,1958 条语句

(7)附注项(300 字段)

子字段标识符	子字段内容
$a	附注内容

本字段记录以上字段未予著录而又必须进一步补充说明的内容。

(8)标准编号项(010 字段或 011 字段)

子字段标识符	子字段内容
$a	标准编号
$b	限定
$d	获得方式和价格
$z	错误的标准编号

我国出版的音像制品从 1993 年 1 月 1 日起开始印有中国音像制品编码(CSRC)。这是参照国际标准音像制品编码(ISRC)设计的我国音像制品标准编码,由国际标准音像制品编码和类别代码两部分组成,两部分之间用斜线"/"分隔。如:

ISRC CN – X05 – 93 – 0004 – 0/A. H

a. 国际标准音像制品编码,是国际标准 ISO 3901—1986《国际标准音像制品编码》所规定的标识音像记录的国际统一编码,它由 12 个包括拉丁字母和阿拉伯数字的字符组成。如:

ISRC NL–B23–84–887–00

国家码　出版者码　录制年码　记录码　记录项码

其中,国家码采用双字母的国际标准代码,我国的国家码为"CN";出版者码用 3 个字符(包括字母和数字)表示;录制年码由录制年份的最后两位阿拉伯数表示;记录码用 4 位或 3 位数字表示(一年内按出版顺序分配);记录项码指一种音像制品中每一独立节目的代码,用 1—2 个数字表示(其中的"0"或"00"表示录像制品的整体记录项码)。

b. 类别代码,由音像文献的载体代码和《中图法》分类号两部分组成,中间用"·"分隔。如:

ISRC CN – C03 – 93 – 0001 – 0/A · G4

载体代码是一位英文字母,录音资料的载体代码为"A",录像资料的载体代码为"V"。

四、民族音像、电子文献的排架

各种音像、电子文献在分类、著录之后,要贴上带有分类号、载体代码和索取号的标签,然后上架入藏,为了方便管理和检索,必须对音像、电子文献进行科学的排架。音像、电子文献的排架通常有以下 3 种方式:

(1)按照音像、电子文献的载体形态排架

音像、电子文献载体形态各异,可以据此将幻灯片、录音带、录像带、电影片、唱片、光盘、磁盘等分别归类排架。这种归类方法排列比较整齐,按类型集中,查检也便利。但这种排架方式不能把同学科内容的音像文献全部集中,不便按内容检索。

(2)按音像、电子文献内容的学科体系排架

这种排架方法是将同一内容的音像、电子文献全部按其分类号集中。这种排架法便于

从内容途径检索。但由于各类型文献形态各异,排列参差不齐,不易整理。

(3)按音像、电子文献入馆的先后顺序排架

这种方法被一些音像、电子文献收藏较少的图书馆所采用。对音像、电子文献入藏较多的图书馆,则不宜使用此法。这种排架法既不利于管理,也不便于检索。

上述三种排架方法,各图书馆可根据本馆的实际,本着便于管理,便于检索的原则选用。同时排架时还要注意以下事项:①排架时给各类音像、电子文献留有余地,便于增补。②排架要充分利用库房的有效面积,节省空间。③库房必须符合科学要求,以避免高温、潮湿、灰尘、电磁场等各种侵害,还要有防火安全措施。

第四节　音像、电子文献的提供利用

音像、电子文献入藏后,各图书馆应积极组织力量,开展多种形式的视听服务。

视听服务是目前图书馆服务的主要发展方向之一,通常指向读者(用户)提供音像、电子文献的制作和使用的一种信息服务。视听服务与现代科学技术的发展密切相关。20世纪以来,摄影、电影、录音、录像、广播、电视、通讯、计算机网络和光盘等技术的发展,不断丰富着视听服务的内容和形式。视听服务涉及的信息载体通常包括:幻灯片、透明胶片、唱片、录音带、录像带、电影片、光盘、Internet等。这些载体及其相应的技术分别具有不同的特点和功能,可用于多种不同的目的。与收集和提供纸质文献服务为主的传统图书馆服务相比,视听服务具有直观、具体、图文并茂、声像共存、方便快捷等优点,但对设备和环境条件的要求较高,费用也较大。

音像、电子文献作为图书馆的信息资源并为读者服务,已有半个多世纪的历史。在欧美等发达国家,公共图书馆从20世纪40年代起,学校图书馆和专门图书馆从60年代起逐步开始提供视听服务。有些国家还设有专门的声像图书馆。在我国,直到70年代后期才有一些图书馆和情报机构开始提供此类服务。但到80年代末还只限于国家、部委、省、市一级的文献情报机构和一些大学图书馆。进入90年代以后,由于电子技术和通信技术的发展,更多的图书馆开展了视听服务。我国一些民族图书馆也相应地开展了此类服务。

音像、电子文献服务是图书馆的一种新型服务方式,也是图书馆现代化的重要标志之一。随着计算机网络技术和通信技术的飞速发展,音像文献也正逐步数字化,电子信息资源表现出无与伦比的发展潜力和社会影响力,图书馆的视听服务正向数字化信息服务过渡。

第六章　民族档案的科学管理和开发利用

第一节　民族档案的特点和作用

一、民族档案的概念

《中华人民共和国档案法》规定："本法所称的档案,是指过去和现在的国家机构、社会组织以及个人从事政治、军事、经济、科学、技术、文化、宗教等活动直接形成的对国家和社会有保存价值的各种文学、图表、声像等不同形式的历史记录。"我国少数民族档案亦称民族档案,它是我国档案宝库中的一个重要组成部分。根据档案法对"档案"的定义,民族档案可以表述为:少数民族政权、个人和历代中央政府在社会历史发展过程中直接形成的反映少数民族政治、历史、经济、军事、天文、历法、医药、教育、文化、哲学、伦理、宗教等方面情况,具有保存价值的各种文字、图表、声像等不同形式的历史记录。

这一定义的基本含义包括以下4个方面:

(1)民族档案的形成主体分为两部分,具体指各个历史时期的少数民族政权以及少数民族知识分子;历代中央政府和各级官员等。

(2)民族档案是"直接形成的",因而是第一手材料,有较强的原始性和权威性,能客观地反映少数民族社会历史发展的真实面貌。

(3)民族档案古朴博大,内容涉及少数民族政治、经济、历史、科技、军事、文化、伦理、宗教等诸多领域,载录极为丰富。

(4)民族档案由于记录符号、载体材料、书写方式和文件名称的不同,所形成的档案种类极其繁多。

二、民族档案的类型

少数民族档案是少数民族历史发展的真实记录,也是少数民族传统文化长期沉淀积累的结果。从少数民族档案形成的主体来看,少数民族档案可划分为由各少数民族自身形成的少数民族原生档案和历代中央政府形成的官方民族档案,这两大类档案按其文字符号的不同又可划分为少数民族文字档案、少数民族汉文档案和官方汉文少数民族档案三大类型;从档案的记录符号看,少数民族档案可划分为文字档案、图画档案、声像档案、机检档案、实物档案等;从档案的载体材料看,少数民族档案主要有纸质档案、贝叶档案、竹简档案、石刻档案、金文档案、照片档案、口碑档案等类别;从档案的记录方式看,少数民族档案的录写主要有手写、刻录、印刷、拍摄等方法;从档案的内容性质看,少数民族档案涉及政治、经济、文化、哲学、历史、军事、科技、文学、艺术、教育、伦理、宗教、医药卫生、天文地理、民族关系、风俗民情等方面;从档案文件的名称看,有诏、诰、敕、谕、题、奏、疏、法规、令、条例、布告、公约、呈文、书、移、咨、信、账簿、契约、谱牒、盟约、碑文、金文、照片等种类;从档案的所属时代看,少数民族档案又可分为古代档案、近代档案、现代档案等。

三、民族档案的特点

1. 民族档案记录的原始性

前述可知,按少数民族档案的记录符号划分,少数民族档案可划分为文字档案、图画档案、声像档案、实物档案等类型,所有这些档案类型都是当事人在有关少数民族历史活动中为阐明思想意图、传播社会、记录历史情况和处理各种事务而形成的,是历史的真实记录,是有很强的档案记录的原始性。具体而论,民族档案的原始记录性主要表现在以下 3 个方面:

一是形成主体的原始性。少数民族档案无论是各少数民族自身形成的少数民族原生档案还是历代国家机构形成的官方少数民族档案都是由当事人在具体的社会历史活动中形成的,因而具有形成主体的原始性。

二是档案形式的原始性。由于民族档案是在特定的历史条件下和具体的社会活动中产生形成的,是历史的真迹,因此,在积累原件的行文笔记、书写格式、公文用语、文末落款、签署日期以及封印签章等方面都具有鲜明的时代特征,体现了很强的档案形式的原始性。

三是档案内容的原始性。由于民族档案都是在当世当时产生的,档案内容如实地记录了形成者的思想、立场、主要活动业绩和历史客观事实,比较可靠地反映了少数民族的社会历史活动的真实面貌,因此具有较强的原始性。

2. 民族档案记事的准确性

由于民族档案,特别是民族文字档案,大部分是当事者身临其境、面临其事的真实记录,是本民族记录了本民族的历史活动。因此,这些民族实录,无论记录者在文笔上表现出何等的感情色彩和政治倾向性,档案所涉及的内容还是表现出真实的客观效果。即使在汉文民族档案中,虽然由于受思想意志、立场观点的限制,在记事的选择和材料的取舍方面都受到了一定的影响,但由于民族档案是在当世当时产生形成的,一些基本的历史事实还是被如实地记录下来,并具有记时记事全面准确的特点。如滇西抗战胜利后,各地傣族土司在小陇川召开"西南边区各司收复善后会议",会议产生的《西南边区各司收复善后会议记录》如实地记载这次会议召开的地点、时间、出席人、会议主席、记录者和本次会议提出的 15 项议案和决议,较为详尽地反映了这一会议的主要内容。据云南大学华林教授考证,关于滇西土司召开小陇川会议目的各说不一,在官方档案中还提及英人参加,策划滇西土司成立"摆夷特立计划委员会"之情形,各方关于"滇西十土司小陇川会议"形成的档案甚多,而《西南边区各司收复等后会议记录》作为这次会议的原始记录无疑对研究"滇西十土司小陇川会议"有实质性的重要参考价值。

3. 民族档案内容的全面性

我国少数民族成分众多,各民族都有悠久的历史,在民族档案上,表现为内容丰富、种类繁多的特点,主要表现在以下两个方面:

一是单份文件内容的广泛性。民族档案中的一些单份文件,如家谱文书、政务文书等内容涉及面广,几乎涵盖了少数民族社会历史发展的各个领域,以现存白族谱牒档案为例,现存白族谱牒档案按姓氏归类主要包括:剑川《段氏家谱》、鹤庆《高氏历代履历宗谱》、大理史城《董氏族谱》、剑川《赵氏宗谱》、祥云《杨氏家谱》、洱源《王氏家谱》、鹤庆《张氏家谱》、剑川《车姓家谱》、剑川《陈氏族谱》。此外,还有湖南桑植县保存的《谷民族谱》《王氏族谱》《钟氏族谱》,贵州威宁的《张姓家谱》等。综观白族谱牒档案的构成,可以看出,家谱族谱的体例一如地方志秉,有序、凡例、正文(即历代宗亲名讳业绩和家族分支世系表)、跋(编修始末)等,涉及本家本族的源流,列祖列宗的业绩德行以及家风家训家规家法,具有较高的史料价值。

二是系统文件内容的全面性。民族档案产生的一个重要特点就是以某一事件、某一问题为中心,形成了一系列全面反映该事件、问题的系统档案。这些档案从不同角度、侧面,对问题、事件做了详尽的阐述。如自明初开始,纳西族贵族就仿效汉族编修自己的宗族谱牒,形成了记述丽江木民土司世系、生平的传袭宦谱、传记。《木民宦谱》原题《玉龙山灵脚阳泊那木氏民贤子孙大族宦谱》,明正德十一年(1516 年)丽江土知府木公纂修,以后各代均有增补,为丽江木氏土司 50 余世父子连名制承袭之谱,谱中所载阿琮以前各代的纪事,反映纳西族原始社会的生产生活和阶级分化的史影。历代事迹毛阿琮始祥,阿良以下各代都有详细记事,反映木氏土司对滇西北的经营。方国瑜先生说:"此为自元代至清初约五百年丽江统治家族之谱系,其势力范围包有滇西北及西康属若干地区,在此区域主编年史多可资证。"①

4. 民族档案记录文字的多种性

我国的民族文字有 50 多种,其中 20 多种是新中国成立以前创制的,有 15 种是 20 世纪 50 年代新创制的。此外,还有一些在历史上使用过,现在已经完全不用或很少使用的文字。

新中国成立之前,有些少数民族已经有自己的传统文字。这些民族包括蒙古族、藏族、维吾尔族、哈萨克族、柯尔克孜族、朝鲜族、彝族、傣族、拉祜族、景颇族、锡伯族、俄罗斯族、壮族等,其中有的传统文字有较长的历史,如藏文、彝文有上千年的历史,蒙古文、维吾尔文、哈萨克文、柯尔克孜文、朝鲜文、傣文等也都有几百年的历史。这些民族文字历史悠久,都有丰富的档案传世。

新中国成立后,有壮族、布依族、苗族、侗族、哈尼族、傈僳族、佤族、彝族、纳西族、白族、土家族、瑶族等民族创制了 16 种拉丁字母形式的新文字。这些新创制的文字,由于在 20 世纪 60 年代、70 年代一度中断推行和实验推行,再加上其他方面的原因,到目前为止,使用范围有限,形成的档案亦十分有限。

除上述列举的文字以外,还有一些曾在历史某一时期使用过但现在已不再行用的文字,这些文字包括突厥文、回鹘文、察合台文、于阗文、焉耆—龟兹文、粟特文、八思巴文、契丹大字、契丹小字、西夏义、女真文、东巴图画文、沙巴图画文、东巴象形文、哥巴文、水书、满文等 17 种,这些文字遗留下来的档案其数量难以统计,但这些档案的价值由于文字的不再行用而显得尤其珍贵。如清代,由于满文文书的重要地位而建立了大量的文书档案,其中"老档" 40 册,记载了女真各部从分散到统一,努尔哈赤建立后金,皇太极改称大清统一东北,并准备进关夺取全国统治中心的阶段史,是研究满族早期历史的重要档案。继"老档"之后,又形成了规模更大的"新档",现仅存于中国第一历史档案馆的就有 145 万余件。

至于汉文民族档案和外文民族档案,其数量更多,内容更加广泛,如清朝档案中有汉、日、缅、俄、英、法、德、西班牙、意大利、荷兰等 20 多种文字的文件。

---

① 方国瑜.《木氏官谱》跋[J].丽江文史资料,(5).

5. 民族档案载体形态的多样性

我国国土辽阔、疆域广大,少数民族大多生活在祖国的边陲。由于每个少数民族所处的地理位置不同,自然和社会生存环境不一,因而导致了文明程度和科学技术发展水平也不尽相同,民族档案载体形态因此呈多样性。

民族档案的载体形态有口碑档案、石刻档案、泥板档案、甲骨档案、金文档案、简牍档案、缣帛档案、纸质档案、纸草档案、草皮档案、蜡板档案、棕榈叶档案、桦树皮档案、胶片档案、磁带档案、电子档案等。有记录吐蕃时期典章制度、政府机构、经济体系、社会结构、民族关系等珍贵资料的敦煌写卷;有记载官方会盟、记功、述德、祭祀、颁赏、封诰的金石铭刻;有用铁笔刻在贝多罗树叶子上的佛经"贝叶经";有雕凿在岩壁上描绘先人生产生活壮观景致的崖画;更有许多民族世代口耳相传的口碑档案……以纳西族碑刻为例,现今留存的反映纳西族历史文化的碑碣、摩崖、拓片、抄本大都是用象形文、格巴文、嗷嘛文、汉文四种文字石刻。此外还有一些东巴画像石刻,按其内容可分为寺观碑、宗祠碑、儒学碑、传记碑、建设碑、诗文碑、记事碑、纪念碑等,重要的有"劝工记""劝学记""封禅记",还有20世纪40年代立的《抗战阵亡将士碑》,这些碑铭属于丽江纳西族古代史、近代史的宝贵档案。

四、民族档案的作用

民族档案是少数民族在长期的社会历史发展过程中产生、积累、形成的,是少数民族优秀传统文化的历史积淀与有形展现。民族档案数量庞大,种类繁多,内容涉及面广,在研究少数民族社会历史、政治法律、经济状况、科学技术、文学艺术、宗教哲学、伦理道德、语言文字诸多方面均有很高的学术研究价值。

1. 民族档案是研究各民族历史的基础

少数民族历史的研究是中国历史研究的一个重要组成部分,民族档案为这一研究提供着不可缺少的条件。例如,现在研究清史的,一般都根据《清实录》《东华录》及各种官修方略等材料。而这些书籍都是根据档案编纂的。特别是民族档案不仅能用以编纂历史,而且能用档案印证历史,例如:关于皇太极的嗣位问题,过去多以顺治《东华录》为据,认为皇太极的汉位是以权术从多尔衮手中夺过来的。而据《满文老档》记载,皇太极的汉位却是努尔哈赤死后,由诸贝勒会议推选出来的;又如关于同治皇帝之死,也曾一直是个谜。不少释说野史都认为同治帝经常暗自出宫宿娼,结果得花柳病致死,但从清宫中同治帝的脉案和吃药配方来看,确由于出天花死亡,这样,档案就印证了同治帝死亡的史实真相。总之,人们在有关历史学术讨论和研究工作中遇到疑难问题,往往能从民族档案中找到佐证材料。

2. 民族档案是研究民族文化的基础和条件

民族文化涉的范围非常广泛,凡论及少数民族的饮食、服饰、住宅、婚丧嫁娶、礼尚往来、文学艺术、科学技术、宗教、哲学、禁忌、节日等内容的均可视为民族文化。

少数民族的文化活动丰富多彩,形成了大量的民族文化档案。仅以纳西族民风民俗活动为例:民族民间文学如民间神话、传说、故事、史诗、歌谣、谚语、格言、祝祷词等;民间音乐如东巴唱腔、口弦曲、比哩调、白沙细东、调经音乐(纳西古乐)等;民间舞蹈如东巴舞、哦热热、阿丽丽、打跳、跳锅庄等;民间美术如东巴画、泥塑、西塑、陶俑、木偶、木雕、石雕、白沙壁画、金沙江崖画;民间工艺如东巴工艺品,丽江铜器、蜡染制品、刺绣、银饰、剪纸、编扎等;民族节日如三朵节、龙王会、棒棒会、火把节、骡马会、转山节等;民居建筑如"三坊一照壁""四合五天井"、木天王府、石碑坊、玉凤楼、喇嘛寺、大研古城、宝山石头城、明清古建筑群等。研究民族档案,能从中发现许多新的材料,为中华民族文化发展史增添许多新的内容。我国文化思想家蔡尚思说:"要研究中国文化就必须注重少数民族的文化研究……有了各兄弟民族的文化史,才能写出真正能够代表中国各兄弟民族的中国通史、中国文化通史之类的著作。"①

3. 民族档案为开展民族工作提供了依据

民族档案是民族工作不可缺少的辅助工具。从事民族工作的人员在处理问题、制订工作计划时,随时都要参考民族档案资料,从中了解党和国家有关民族工作的各项方针、政策和上级指示,为熟悉和掌握各项工作寻找依据和参考,避免工作中出现违反民族政策的情况。以白族谱牒档案为例:白族谱牒档案在规划白族地区发展前景时发挥了重要参考作用。1982 年,威宁"七姓民"被正式定为白族;1984 年,桑植"民家人"被正式确认为白族。这是贵州省、湖南省政府在查阅了大量的史籍,做了深入细致的调查研究工作后才慎重做出的。这当中,除史籍以外,白族谱牒档案也发挥了重要的凭证作用,民族历史是制定民族政策的基础,从白族谱牒档案中可以了解白族文明发展的客观过程,从而更好地研究和制订白族地区经济、文化的发展规划;通过白族档案可以了解白族与周围各民族之间的相互交往、相互依存、相互融合与发展的历史,从而积极促进各民族的团结和共同进步。

4. 民族档案为各民族的生产活动提供必要依据和经验成果

民族档案记载了各民族人民世代同大自然斗争所积累下来的宝贵经验教训,为各民族人民发展生产、搞好经济建设提供了丰富的资料。充分利用民族档案,可以针对各民族各地区的实际情况,促进生产力的发展,繁荣各民族经济,逐步提高各民族人民的生活水平,减少发展中的盲目性。

在我国进行大规模经济建设过程中,曾广泛利用民族档案,例如,在治理黄河、长江、海河、永定河、金沙江、洪泽湖等工程中,都利用过民族档案中的水文资料,查得黄河、长江等历史上最大的洪水流量和最小枯水量,成为设计黄河三门峡水库和长江三峡水利枢纽等工程的重要依据。在发展我国农业当中,曾广泛查阅清代晴雨录和雨雪粮价单等档案材料,掌握了 200 多年气候变化规律和水旱灾害情况,为制订我国农业发展规划提供了有益的参考资料。在研究制定我国历法中,曾利用了大量清代时宪书和万年历书及天文图、表等。在进行基本建设中,如兴修工厂、开矿、筑路、架桥,也参考了民族地区的路矿和地震、地质方面的材料。

5. 民族档案是宣传教育的生动教材

民族档案记载着各民族的历史,通过这些活生生的资料,可以使人们更加了解过去,从而感受到党的民族政策的温暖,感受到中华大家庭的和睦。这对促进各民族之间的团结,维护国家的统一,有着不可忽视的重要意义。如彝书《彝汉史诗》《彝汉史曲》记述了历史上彝族和其他民族尤其是和汉族友好相处,共同开发祖国边疆,反抗封建统治者残酷压迫的历史。开发利用这些彝文档案,能使我们继承发扬民族团结的优良传统,加强各民族团结友爱,促进民族地区的开发建设。

同时,由于民族档案也记录了那些搞民族分裂的人的罪行,也有利于揭露他们的分裂活动和危害,使人们意识到民族团结的重要意义。

---

① 蔡尚思. 中国各民族的血统与文化[M]//蔡尚思. 蔡尚思文集. 上海:上海人民出版社,2001.

第二节 民族档案的科学管理

一、民族档案的管理原则

1. 以历史唯物主义为指导思想管理民族档案

民族档案从总体上说民族档案本身是真实的,它是少数民族历史的直接记录。但并不是所有民族档案的每处具体内容全部符合历史真实,有的文件内容甚至有虚假和为统治者掩饰的地方,例如清代皇帝往往在文件中标榜自己"勤政爱民""励精图治"、与臣民等"共享升平",对诸如此类的内容,必须进行历史的阶级的分析。至于清朝皇族亲贵之间的争权夺利、钩心斗角的丑事,多削而不书,所以在使用这些材料时,一定要进行全面的分析和考察。

另外,由于我国的许多少数民族没有自己的文字,即使有自己的文字,由于各种原因,有关本民族的历史记录很少,所以民族文字档案没有受到足够的重视。而封建史学家或多或少带有大民族主义思想,他们对少数民族记录都采取了主观的甚至粗暴的态度,例如给少数民族侮辱性的称呼,如夷、蛮、野、戎、奴等。在对待这些民族档案时,必须采取科学的、客观的态度。

2. 保持民族档案的原貌

为了维护民族档案的真实性,在民族档案管理工作中应该力求保持民族档案的历史原貌,对于每份文件,凡在其产生过程中所形成的封套、标题、说明、答注,即使是只字片纸,都不能随意去掉或改动。

对于新中国成立前的民族档案,要用历史主义的态度来认识和管理这些民族档案,不能搬用管理现代档案的办法来管理,而应维护古代民族档案本身所固有的次序,按照文件在处理过程中所形成的自然联系进行分类管理,不能"一刀切"。

要尊重民族档案的历史实际,不能用主观想象的观点来改造它。比如有些民族档案因为具有一定的宗教色彩,而被一些人视为"巫师妄说",或概不采用,或随意更改删削,失去本来面目。

3. 民族档案的管理与研究工作同时进行

为了不断提高民族档案的管理水平,应加强研究工作。管理民族档案的研究工作包括两方面内容:一是对民族积累管理业务的研究,诸如对民族档案的产生形成,本质特征,外延范围,分类构成,载体形式,分布保存,价值特点和收集、整理、保管方法等;二是结合民族档案的内容,进行印证历史,考证史料等方面的研究工作。这不仅能提高管理工作的水平,也是对我国学术研究的一种贡献。

二、民族档案的收集

1. 收集民族档案的意义

民族档案在我国全部档案中所占的数量庞大,内容也相当丰富,在现今留存下来的民族档案中,汉文民族档案为数较多,各民族文字记录的档案也不少,有的还较为完整。但是,这些民族档案的保管比较分散,许多民族档案被分散到全国许多地方和单位或散落民间,还有一部分流失到国外。民族档案严重分散的情况,给档案的收集工作带来更加繁重的任务,使得收集民族档案的工作更具有重要的意义。只有首先做好民族档案的收集工作，才能管理好民族档案，发挥它的作用。

2. 收集民族档案的方法

要对全国各少数民族档案进行系统整理，首先要进行世界性的全面普查与搜集。这是因为我国少数民族在历史上不断地迁徙或与周围的民族不断地进行经济和文化交流，使我国现在出现许多跨境民族和世界性的民族并影响深远，使他们的文化成为国际学术界所注目的对象。如藏学、蒙古学、满学、完颜学、敦煌学等在国外都有许多研究所、学会、研究中心。其次，由于清末到新中国成立前帝国主义的侵略，使中华民族的文化受到很大的破坏，一些民族档案被掠劫到国外，散落在世界各地，成为国外研究我国民族地区的重要资料。目前，由于我国改革开放，和世界各国的联系和交往日益密切，我们可以通过各种友好途径和各种学术文化交流寻求各种民族档案的概况，编制流散在国外的各种民族档案目录，并通过国外学术机构获取相关的资料，使民族档案的收集更加完备。

对国内的民族档案，我们可以大规模地在全国各地展开，由于我国民族的大杂居、小群居以及大量的少数民族在千百年的历史发展中不断进行内地和汉族融合，现在更是如此，所以，对民族档案的普查在内地汉族地区也要进行。重点是高等院校、研究机构以及当地的档案馆、文物所、博物馆、图书馆，同时让各族人民也提供资料和帮助，这样才能使流散各地的民族档案发掘出来。

然后重要的是全国各少数民族居住的地区。因为大量的档案特别是口承式民族档案、碑刻式民族档案及实物型民族档案是流传和保存在他们之间的，再加上这里的民族工作者是比较多的，并有许多少数民族的知识分子。他们不仅熟悉本民族的语言、文字和生活、习俗，而且大都精通汉语汉文，在他们的帮助下可以进行大规模的民族档案的普查与搜集工作。在普查和收集工作中，尽量使用先进的科学手段，如录音、录像、照相等，同时要对这个民族的风俗习惯、历史发展、民族语言等知识进行学习和掌握，有计划、有目的地进行调查和搜集，减少盲目性，使调查搜集工作更有成效。

三、民族档案的整理

民族档案必须按照一定的方法进行分类整理，这是管理好民族档案，充分发挥民族档案作用不可缺少的基础工作，只有做好民族档案的整理工作，才能为民族档案的提供利用创造必要的条件。

1. 民族档案的分类

民族档案分类方法很多，归纳起来，主要有以下几种：

（1）年度分类法

这是档案分类时经常使用的分类方法，简便易行，把全宗内的档案按年度分开，每一年的档案集中在一起，保持档案在时间上的联系。年度分类法需要准确地判断档案的所属年度。有的文件上如果没有日期或日期不准确，就会给分类带来困难。在这种情况下，需要分析文件的内容，研究文件的制成材料或从其他外观形式上判断档案的具体年度。

有的文件上有两个以上的日期，并且不属于同一年度，这种情况下就要根据文件的不同特点，确定一个最能说明文件时间特点的日期作为分类的依据；有的文件跨年度，则应以主要内容确定年度。如内容上无法区分主次，则归入文件的最后年度。

（2）组织机构分类法

这是按照立档单位内的组织机构来分类的方法。

这种分类法，符合档案的形成特点，能够客观地反映立档单位各个组织机构工作活动的情况，保持了档案在来源上的联系。

（3）问题分类法

问题分类法，也称内容分类法，是按照档案内容所说明的问题来分类。

按问题分类，要注意以下问题：①类项设置力求符合实际；②类目体系力求符合逻辑；③类项的确定力求逐步完善。

（4）作者分类法

这是按照档案的作者来分类的方法，把同一作者的档案集中管理。

（5）地区分类法

这是按照档案形成的地区或内容所涉及的地区来分类的方法。

（6）文件名称分类法

这是按文件的名称来对档案进行分类的方法。如将计划、总结、报告等各类文件集中在一起进行分类。

事实上，在具体工作中，档案的分类往往不仅采用一种分类方法，而是同时采用两种或两种以上的分类方法。比如可以采用年度——组织机构分类法，年度——问题分类法等。

由于古代民族档案不同于现代民族档案，因此，必须从民族档案的特点和实际情况出发，采取相应的分类法来分类古代民族档案。由于古代民族档案内容丰富，种类繁多，文种多样，因此，形成了许多不同的民族档案分类法。现只介绍一种：

1 民族文字档案

11 民族文字古籍

111 民族宗教与哲学古籍

112 民族政治与法律古籍

113 民族经济古籍

114 民族文化、教育、体育古籍

115 民族语言文字古籍

116 民族文学古籍

117 民族艺术古籍

118 民族历史与地理古籍

119 民族科技古籍

110 民族注译类古籍

12 民族文字文书

121 政治文书

122 法律文书

123 经济文书

124 文化教育文书

125 谱牒文书

13 民族文字官印

14 民族文字金石铭文

141 石刻

142 金文

15 民族、崖画、壁画

2 汉文民族档案

21 汉文民族古籍

（仿民族文字古籍分）

22 官方汉文民族文字文书

221 统治政策文书

221.1 统治政策文书历史文献

221.2 统治政策文书档案原件

222 法律文书

222.1 法律文书历史文献

222.2 法律文书档案原件

223 军事治安文书

223.1 军事治安文书历史文献

223.2 军事治安文书档案原件

224 经济事务文书

224.1 经济事务文书历史文献

224.2 经济事务文书档案原件

225 文化教育体育文书

226 医疗卫生文书

227 边务外交文书

228 驿站交通文书

229 抗日战争文书

230 沦陷区日伪文书

23 官方汉文官印

231 官方汉文官印历史文献

232 官方汉文官印档案实物

24 官方汉文民族石刻

241 官方汉文民族石刻历史文献

242 官方汉文民族石刻档案实物

3 少数民族汉文档案

（仿民族文字古籍分）

31 少数民族汉文古籍

32 少数民族汉文文书

321 政务文书

322 文化教育文书

323 经济文书

324 军事文书

325 法律文书

325.1 司法诉讼文书

325.2 乡规民约文书

326 家族谱系文书

33 少数民族汉文石刻

34 少数民族汉文印章、木刻、全文

341 汉文印章

342 汉文木刻

343 汉文金文

35 少数民族照片、崖画和壁画

351 照片

352 崖画

353 壁画

2. 民族档案的编目与检索

民族档案的编目工作,不仅是整理工作的一个重要环节,而且是整个民族档案管理中一项重要的基础工作。过去长期对档案的编目工作重视不够。当档案的利用工作与基础工作有矛盾时,总是认为档案整理得不快,不能适应社会利用档案的需要;或者埋怨整理方法不科学,不能满足各方面读者的要求。研究少数民族政治经济或某一专题的专家,希望档案按问题来整理;编纂少数民族历史的学者,要求档案按时间编排;研究少数民族人物的教授,希望档案按作者或人物分开;写地方志的同志,要求档案按地区整理。因此,各级各类部门总是强调整理工作服从利用工作的要求。跟着利用者走。此一时期档案按编年体整理,彼一时期又按问题整理。再过一个时期,又根据利用者的需要,按人物或地区整理。实践证明,档案这样反复整理,劳民伤财,最后还是满足不了各方面的要求。要想解决各方面查用档案的要求,就必须做好基本编目工作和编制各种检索工具。

整理工作的编目是基本编目,包括文件或案卷的标题拟写、卷内文件排列、编号、登目、案卷的排列和目录的编制以及档案的内容介绍等。这些工作是日后进行各种专门编目工作的基础,必须扎实地做好。

档案部门还应根据这些基本目录,编制各种目录或专题索引,如编年目录、分类目录、作者目录及地名索引、人名索引以及各种专题索引等。这样档案的整理秩序虽然不变,但通过编目与检索工作,能适应利用者各方面查用档案的要求。

随着档案的开放,档案部门各方面的工作都必须进一步提高,以适应新形势的要求。今后应该把编目与检索工作提到重要地位。对民族档案的加工整理,主要应把一些重要的、利用率较高而又不便查用的档案,在原整理的基础上,逐件进行标题、编号、登目,根据现代科学技术的发展,考虑到今后电子计算机检索的要求,今后民族档案的编目工作,应把手工检索与电子计算机检索结合起来,并实行标准化。在进行文件编目时,应根据电子计算机检索的要求,按照著录和标引规则,逐件填写主题词卡。同时,应该有计划地积累和形成我国历史档案的主题词表。中国第一历史档案馆正与中国科学院计算所合作试验民族档案电子计算机检索。随着我国"四化"建设的发展,民族档案工作也将逐步向现代化迈进。

3. 民族档案的鉴定

民族档案的鉴定工作,主要是要鉴别档案的价值和辨别真伪,考证注释文件。

由于民族档案内容庞杂、种类繁多、文种多样,因此,民族档案的鉴定远远比汉文档案困难和复杂。从书面档案来看,它的文字就有 50 多种,特别是许多已经消亡的民族古文字档案,对其文字的注释已很困难,但大多数的民族书面档案还是能用汉文、其他民族文字档案和民族史等手段来加以鉴定的。金石档案由于相同的档案不多,对其鉴定也可以通过文字档案和民族历史等知识来进行。由于年代久远,许多金石档案的字迹剥落或模糊不清,这些都有必要进行考证,对其所载的内容和史实也有必要进行考证和辨伪的工作。口碑档案和原先载体档案也要对其内容进行鉴定,进而得出各种有用的资料,即从众多的神话和传说中挤掉其虚构的水分,还原资料的内容和本质。在具体的鉴定工作过程中,要进行细致的考证工作。比如在辨别文件真伪时,要从文件的内容、格式、作者、时间、印章、文字、纸张、典章制度等方面来考察,判断文件的作者和时间,不仅要根据文件本身来考证,往往还要通过查对历史年表、职官年表、人物传记等资料来佐证。考证每一件档案,都要全面细致地去求证,切忌主观片面。即或证据不足,宁可存疑,而不仓促判定。否则,会给使用者带来更多的麻烦或造成不良的社会后果。

第三节　民族档案的开放利用

民族档案工作的根本目的,是要管理好民族档案,积极为社会各方面提供档案,为我国的"四化"建设服务,所以,开展民族档案的利用工作是民族档案工作中极其重要的环节。

一、民族档案开放利用工作的原则

根据《档案法》和有关规定的精神,民族档案的开放,必须坚持以下几条原则:

(1)必须坚持维护国家的民族利益。开放民族档案,是为了适应社会主义现代化建设的需要而采取的正确决策。但是开放民族档案,并不是不受任何限制地使用任何档案。在开放民族档案中,必须维护党和国家的利益,只有那些不会损害我们国家的民族利益,可以公开和不需要继续保密的档案,才能对社会开放。其他如涉及国家关系、民族关系、外交问题和未经公布的地下资源等仍有现实机密性的档案,需经一定的审批手续以后才能利用。

(2)民族档案的公布权属于国家及其授权的档案馆和有关机关。利用档案的单位或个人,允许在写作时摘引档案内容,但无权公布档案文件。他们可以和档案馆或相关机关合作,按照协议,经有关上级部门批准后公布出版。

(3)为了开展国际文化学术交流活动,我国也允许一些外国组织和个人利用我国开放的民族档案,但须经过一定的申请手续。

二、民族档案开放利用的方式

民族档案开放利用的方式,与其他档案提供利用的方式基本相同,主要是:

①开辟阅览室。

②向社会公布档案。

③举办展览。

④通过出版档案馆指南、全宗指南和档案目录等形式,向读者报道介绍本馆馆藏民族档案的内容,使利用者了解馆藏档案中是否有其所需档案材料。

⑤民族文字档案的编译出版。编译出版民族文字档案,不仅是开放利用民族文字档案的重要方式之一,而且是保护档案原件、长远留存史料的重要方法。由于历史和现实的原因,许多民族文字档案得不到及时的开放利用。随着形势的发展,人们对民族文字档案的需求量越来越大,但由于档案管理方面一些政策性杠杠没有随着时代的发展而变化,虽然在民族文字档案的编译出版工作方面取得了一定的成绩,但仍然存在着不少问题,工作进展不是很快,它与形势的要求差距很大。如以满文档案的编译出版工作为例,仅仅靠为数不多的几个档案工作人员的努力是远远不够的。因此,国家在民族文字档案的管理政策方面应当具有相当大的灵活性,让社会相关领域的人都参与进来,采取内外结合等方式,让更多人充分利用民族文字档案。

第七章　民族文献工作的现代化管理

当代科学技术正以空前的规模和速度在发展,并广泛应用到生产和社会生活的各个方面,使物质生产和社会生活的各个领域都发生了深刻的变化,人类正面临着新的发展前景,进入了一个新的阶段。人们往往把这个新的阶段叫作信息社会,或称信息时代。在以农业生产为主的自然经济社会中,人们所追求的生产和生活所需要的一切几乎都是物质材料,如粮食、布匹、房子等;在工业生产为主的商品经济社会中人们所追求的除物质材料以外,还有能源;那么,在信息社会中,人们追求的是知识和信息。信息的活动成为人们生产和生活的主要内容,信息与物质、能源一起将构成信息时代的社会基础。信息与能源、材料已成为当今世界的三大支柱。民族文献工作作为信息工作的一种,在新的形势下,必须适时地实现变革,以适应信息时代的要求。

第一节　民族文献工作实现现代化管理的意义

近二三十年来,世界上各经济发达国家的文献信息工作,正在经历一场技术革命,文献工作开始从传统的手工操作的管理、服务,逐步转向以电子计算机为中心的自动化、网络化的管理方法,科学技术的革命浪潮,推动着文献工作向现代化迈进。其目的是采用现代科学技术所提供的先进装备和手段,解决文献工作面临的种种难题,改善文献管理,提高工作效率,更好地为社会各方面服务,使文献能在社会发展中得到充分有效的利用。

我国的民族文献事业,在党和国家的重视关怀下,经过 50 多年的建设,已发展成为初具规模的社会主义民族文献事业,但随着四个现代化建设的发展也存在着许多亟待解决的问题,只有通过民族文献工作现代化,才能较好地解决新形势下出现的新问题。

一、民族文献工作实现现代化管理的必要性

1. 只有现代化才能解决民族文献工作面临的各种复杂问题

少数民族地区经济、社会、科学文化的发展,使民族文献数量日益增长,社会各方面对民族文献的需求越来越迫切,传统的工作方法,已无法解决出现的越来越尖锐的矛盾,主要表现在:①民族文献数量越来越多,给保管带来一系列问题。②面对浩如烟海的民族文献,仅靠传统的工作方法和落后的技术设备,很难迅速而准确查找出用户所需要的民族文献。③许多保护技术方面的问题,如纸张霉烂,字迹褪色等还未解决。④由于管理方法和手段落后,检索工具单一,民族文献的加工、存贮、传递缓慢,使许多民族文献没能得到开发利用。

总之,传统的工作方法,落后的技术装备同面临的新情况之间,出现了许多不好解决的难题。只有锐意改革民族文献工作,运用科学管理方法,采用先进的技术设备,把民族文献工作从传统的手工操作转移到现代化的基础上来,实现民族文献工作现代化,才是解决上述矛盾的主要途径。

2. 只有现代化才能使民族文献工作为少数民族地区四个现代化建设做出更大贡献

我国的少数民族大多居于祖国的边疆,民族地区幅员辽阔、地大物博、资源丰富,但由于历代统治者对少数民族的偏见以及造成的事实上的不平等,使少数民族地区相对落后于内地和沿海地区。新中国成立后,我们党和政府非常重视民族地区的发展,各民族经济文化上的差距已大大缩小,可数千年造成的中华民族之间经济文化等方面的差距依然存在,这是社会主义条件下存在民族问题的一个重要原因。我国的民族问题现在更多地表现在少数民族和民族地区迫切需要加快经济文化建设问题上,加快相对落后的少数民族地区经济文化的发展,既是各少数民族利益的要求,也是整个中华民族共同利益的要求,同时也是民族地区社会稳定、政治稳定和国家长治久安的基础。

民族文献工作的现代化,直接影响到民族地区经济文化事业的发展,民族地区缺少的不是物质和能源,而是知识、情报、信息、人才,如果民族文献工作在民族地区健康发展起来,那么,对民族地区经济、文化、教育事业的发展将起到极大的推动作用。

开发利用民族文献资源是少数民族地区实现四个现代化,赶超国内外先进水平的必不可少的手段。无论是民族经济建设,还是民族科学研究,都必须详细地占有民族文献,了解过去做过、达到何种程度,今后的发展趋势是什么等,才能确定工作的目标和方向,如果闭目塞听,我们就会以可贵的人力、物力重复他人劳动,走人家走过的道路,民族地区"四化"建设迫切需要民族文献工作者迅速、准确、全面、系统地提供民族文献,提高民族文献加工、存贮、传递的效率和速度,只有这样,才能适应民族地区"四化"建设事业对民族文献工作的要求,为民族地区"四化"建设做出应有的贡献。

二、民族文献工作实现现代化管理的可能性

1. 民族文献工作的发展具备了实现现代化的条件

经过 50 多年的建设,特别是党的十一届三中全会以后,少数民族地区经济文化事业有了突飞猛进的发展,民族文献事业的发展也令人瞩目。民族文献的整理、出版、研究机构已遍及全国各地,在北京、辽宁、吉林、黑龙江、内蒙古、甘肃、宁夏、新疆、青海、云南、贵州、四川、广西、广东、海南、河北、河南、西藏、浙江、福建、山东、湖南、湖北等省、市、自治区相继建立了民族文献整理研究所、出版社以及相应机构,可以用各种民族语言文字出版各种类型图书、报刊、音像制品和声像制品及缩微资料;配合民族地区科学文化事业的发展,从中央到各民族自治地区普遍建立起各种不同类型的民族文献机构,保存着数千万册(件)民族文献,并进行了大量的整理、编目和开发利用的工作;为了适应民族文献专业干部成长的需要,民族文献教育开始得到重视,全国部分民族院校和民族地区大中专院校,已经建立了文献专业,各级民族文献部门还加强了在职干部的培训,民族文献专业干部的素质正在发生可喜的变化;民族文献理论与技术研究工作空前活跃,基础理论研究成果丰硕,现代化技术的研究也逐步开展起来。总之,经过 50 年的建设,我国的民族文献工作的全面发展和实现现代化提供了最有利的条件。

2. 现代科学技术的发展为民族文献工作现代化提供了物质基础

如电子计算机、通信技术、缩微复制技术、声像技术、网络技术等为民族文献工作现代化提供了技术基础。同时,现代管理科学的产生、发展尤其是信息论、控制论、系统论的出现,为民族文献工作现代化提供了新的管理方法。

综上所述,民族文献工作现代化是客观形式的需要,是民族文献工作发展的必然趋势,它不仅有助于人们去开发利用民族文献资源,而且对少数民族经济、社会、科学文化的发展都有着不可估量的作用。

第二节　民族文献工作现代化管理的内容

民族文献工作现代化不仅是技术装备和手段的自动化、网络化。全面理解现代化,应有三方面的含义:一是民族文献工作技术现代化,是指用先进的技术装备武装民族文献工作,实现工作手段的现代化,使之能广、快、精、准地完成各项任务;二是民族文献工作组织管理现代化,以系统论、信息论、控制论等现代化的科学理论为指导,运用科学管理的方法、手段来研究和处理民族文献工作中的规律性问题,使民族文献工作更趋于完善;三是工作人员专业化,建设一支具有现代科学技术知识和业务知识的专业干部。现代化的技术装备和掌握现代化技术的人,以及科学管理,构成了民族文献工作现代化的 3 个要素。

一、民族文献工作技术现代化

1. 电子计算机在民族文献工作中的应用

应用电子计算机是民族文献工作现代化的中心课题,它在民族文献信息工作的应用范围很广,几乎所有民族文献工作的业务环节都可以利用电子计算机。例如,利用计算机建立民族文献检索、编目、统计、借阅、库房管理,对民族文献进行收集、登记、报道以及财务、人事、行政等管理工作,办公室自动化等,这样,就使民族文献工作在一定程度上实现了自动化,用户获得完整的、全面的、最新的民族文献的可能性增加了,获得民族文献的范围扩大了,速度加快了,从而使民族文献的利用越来越趋向社会化。但就目前国内外使用计算机的情况看,主要是建立计算机文献检索和编目系统,库房自动化、借阅、统计等系统,或者在某一方面、某一部分工作中使用计算机,因此,民族文献部门应从自己的实际情况出发,逐步建立起具有民族特色的自动化系统。

2. 光学技术在民族文献工作中的应用

所谓光学技术的应用,即指缩微技术与复印技术的应用,使用缩微技术所得到的胶卷(片)、缩微印刷品,统称为缩微资料。它解决了文献保存和流通等一系列问题。目前由于激光技术的发展,还可以做到高密度信息存贮,进而实现缩微化。民族文献经过缩微处理后,具有体积小、成本低、携带方便、查阅快速、保存期长等优点,保管和使用都非常方便。特别是近年来缩微技术的进步与自动化程度的提高,产生了文献缩微与电子计算机结合的新产品,为民族文献的存贮和检索开辟了广阔的前景。静电复印技术在国内外已成为相当普及的办公用具,利用复制技术获得文献,具有速度快、效率高的特点,是提高服务质量和工作效率的一种有力手段。目前,我国许多民族文献部门都购置了静电复印机,开展复印服务,给予用户很大方便。

3. 声像技术在民族文献工作中的应用

声像技术是指录音、录像、电视、电影等技术,这是电化教育的重要手段,也被广泛应用于文献的传递之中。声像制品与其他类型文献相比,具有直观、真实、生动、信息量大等特点,近年来发展很快,像唱片、录音带、录像带、电影片、幻灯片等声像技术的"软件",在国内外已广泛出版发行,文献部门已普遍进行收藏和传递利用。这些声像制品对于传播科学技术知识,提高服务效果都有着独特的作用。

4. 现代通信技术在民族文献信息工作中的应用

现代通信技术主要是指电话、电缆、传真、光导纤维通信、人造通信卫星和公用数据传输网络技术等。其中人造通信卫星是发送和接收信息的最新和最有希望的通信工具,不仅频道宽、信息多,而且费用低。由于电子计算机与现代通信技术相结合而产生的计算机网络技术,为文献信息网的扩大和发展提供了新的物质条件。加入文献网络,不仅可以共享文献,而且还可以进行采购、编目等方面的协作。因而就出现了以电子计算机为基础的各种文献协作系统和一些大规模的联机情报系统。

5. 民族文献工作过程的机械化、自动化

在这方面,除了电子计算机的应用外,在民族文献的传递、收藏、装订、保护、书库设备等方面采用各种机械化设备,以加快速度、提高效率、减轻工作人员的劳动强度,创造良好的工作条件。

二、民族文献工作管理现代化

管理现代化就是把民族文献管理工作信息化、最优化。它是以科学管理为基础,着重应用现代化科学技术的理论、方法、手段等研究和处理民族文献工作的规律性问题,使民族文献工作更趋于完善。民族文献工作管理现代化的内容,主要包括以下 4 个方面:

1. 管理思想现代化

实现管理现代化,首先要树立先进的管理思想,学习科学的管理理论,继而采用与之相适应的组织机构、组织行为、管理方法和管理手段,才能达到预期的目的。所谓管理思想现代化,就是指以科学理论为指导,根据民族文献工作的客观规律和民族文献的特点,进行合理的组织、计划和控制的科学管理方法。民族文献工作者要实现管理思想现代化,就必须努力学习和借鉴国内外先进的管理经验和管理方法,只有通晓管理,并具备一定的专业知识,才能把民族文献工作做好。

2. 管理方法科学化

管理方法是人们为了使被管理系统的工效不断提高,在管理活动中为达到目的,所采取的手段、措施、途径等。管理方法科学化,就是由过去单纯用行政领导和宣传教育方法,演变为行政领导、法律、经济、宣传教育、咨询顾问等方法的综合。

3. 管理机构高效化

有效的管理来自有效的组织。组织机构是发挥管理功能,完成管理目标的工具。衡量民族文献管理机构的设置是否合理,应以机构效能发挥的大小为标志。所谓高效化,是指在民族文献机构,应当目标明确,任务清楚,渠道通畅,稳定适应,实行计划管理、信息管理和工作责任制。

4. 民族文献工作标准化

标准化是对民族文献工作进行科学管理的一种手段,也是实现民族文献工作现代化的前提。科学管理要求民族文献事业建设和民族文献工作达到标准化。民族文献工作标准化是民族文献工作科学管理的重要内容,要实现科学管理,在各方面都必须标准化,没有标准化,就没有科学管理。科学管理的水平越高,标准化的程度越高,标准化水平是衡量技术水平和管理水平的尺度。

三、民族文献管理人员专业化

人是管理活动中最活跃的因素,民族文献工作的机构由人构成,现代化的技术由人掌管,管理的职责由人完成,政策、法令、规章制度由人制定和执行。建立一支训练有素的民族文献工作专业队伍是搞好科学管理,实现现代化的关键因素。

应当看到,民族文献事业是一个需要长久运作,长久改进,不可能一蹴而就的业务,人才的水平与稳定性是最大的关键。在这样的机构中我们需要的是专业人才,高水平的专业人才。我们需要一支稳定的,能长久奋斗的专业队伍。在资金密集与设备密集的第二产业中,人们的主要精力或许会放在资金筹集、生产线建设和设备购置上,但是,在信息产业中,最核心、最重要的是人的组织。建立一支好的专业队伍将是压倒一切的任务,专业队伍就是信息机构的生命线。因此,要搞好民族文献工作,首先要发挥民族文献工作人员的积极主动性、创造性,努力提高民族文献信息工作人员的知识水平和管理能力。造就一批既能掌握新技术、又能熟悉民族文献专业的人才。邓小平同志曾说过:"靠空讲不能实现现代化,必须有知识、有人才。没有知识,没有人才,怎么上得去?"①干部专业化,对于民族文献管理工作现代化有着特殊重要的意义。

第三节 我国民族文献工作现代化管理的现状

民族文献工作的现代化管理是以电子计算机为中心、为主导的。因此,民族文献工作现代化的程度都是以电子计算机的技术水平以及在民族文献信息工作中应用的广度与深度来衡量。

一、我国民族文献部门应用计算机的情况

我国民族文献部门研制和应用计算机的情况与国内其他文献部门基本上是同步的,而且在民族文字计算机处理,多语种文献计算机管理方面取得了可喜成绩,下面分别介绍一些研制和应用的情况:

1. 民族文字信息处理工程

我国的民族文字信息处理的研究应用始于70年代后期,发展于80年代,到90年代初,几乎中国各少数民族文字完全和汉字同步地实现了电脑化处理,其重量、大小、外观形状、颜色等已毫无二致,只是软件不同。这是电脑技术为各民族文字平等发展创造的全新的技术条件。1991年,由中央民族大学语言研究所和计算机系联合研究编著了《中国各民族文字与电脑信息处理》一书,从理论上对我国各少数民族文字进行微机处理所面临的各种问题做了全面透彻的研究,并对这一领域中所取得的成果做了详细介绍。事实表明,在电脑面前,各种文字并无优劣高下之分。现今电脑处理技术及产品的先进与落后,已主要不是文字本

---

① 邓小平. 邓小平文选[M]. 北京:人民出版社,1983:37.

身属性差异所致,而是经济实力大小,管理是否科学合理,用户是否广大等因素造成的。

2.《汉语主题词表》与民族文献主题标引

利用计算机检索文献,必须使检索者的语言与计算机所用的语言一致,这就要求编制出规范化的检索语言,即主题词表,这是实现计算机检索的基本要求。我国《汉语主题词表》现已出版,它的编制出版为建立全国统一联机信息检索网络创造了必要条件,对我国文献工作现代化具有重要意义。但是,《汉语主题词表》并不能很好地反映少数民族的历史和现状,有关词条无论在深度上还是在广度上都不能准确地标引民族文献,为了解决这一难题,目前已提出两种方案:一是编制《民族学科主题词表》,具体方法就是在《汉语主题词表》的体系下,增编民族学科主题词,在对民族文献进行主题标引时,二者同时使用。二是无须单独建立《民族学科主题词表》,在对民族文献进行主题标引时,可在《汉语主题词表》中增加少数民族语文与汉语对照索引,在附表中增加民族机构和宗教机构,在辅助部分范畴索引中扩充民族宗教类等。这两种方案都有一定的合理性,但都尚处在研究阶段,离实施还有一定距离。

3. 计算机在我国民族文献部门的应用情况

目前,我国有相当一部分大、中型民族文献部门购进电子计算机,有的已投入使用,有的尚处于试验阶段。就其投入使用的系统来看,多数用于文献编目、情报检索、流通管理、期刊管理、文摘索引编制等,如早在1985年内蒙古自治区图书馆与内蒙古电子计算机中心联合研制成功《微机蒙文图书目录管理系统》,1995年,内蒙古图书馆又建立起符合国家标准的《蒙文书目机读目录数据库》。该数据库以C语言控制,用户界面良好,数据库组织是系列库采用多级索引的形式,实现了全屏幕编辑和可变长格式的存贮处理;原始数据为代码形式,代码可转为蒙文国际码和其他代码;系统有7个检索点,检索速度快;采用蒙文MARC格式控制数据格式,以蒙文MARC格式输出数据,实现数据共享。该项成果的先进性在于它实现了标准化,采用标准建立蒙文书目数据库在国内外均为首例,填补了我国蒙文文献事业上的一项空白,对促进我国各少数民族文献实现计算机化、自动化发挥重要作用。

此外,在开发我国多语种文献检索方面,虽然起步晚,但发展很快,已在诸多方面居世界领先地位。从已开发的多语种系统看,它涉及的语种有汉、朝鲜、蒙古、维吾尔、哈萨克、柯尔克孜、藏、傣、彝、壮及越南文等10余种。根据其编目特点,分为三大类:即汉文编目子系统、蒙文编目子系统和维文编目子系统。

(1)汉文编目子系统。根据文献编目的特点和传统的书写习惯,汉文编目子系统可以对汉文、日文、朝鲜文、藏文、彝文、壮文、傣文、越南文等进行编目。它与西文系统完全兼容,只要多文种字符集和相应的操作系统支持,数据的输入、显示、打印均可以由左向右横向处理。

汉文编目子系统是取百家之长,根据我国的国情,要求该子系统对汉文、日文、朝鲜文、藏文、彝文、壮文、傣文、越南文等文献进行编目、查目、输出MARC记录,编辑输出各种编目产品等。汉文编目子系统需要多语种环境,若没有专用操作系统支持,只有用CC-DOS,在应用级解决多语种字符的输入与处理问题。

(2)蒙文编目子系统。该子系统可以对蒙古文、满文文献进行编目,蒙文和满文的传统特点要求直行显示(从上到下)和打印,从左向右换行,其单词换行有特殊要求。在输出编目卡片时,要求在卡片上有限的空间内直行打印,加之蒙文和满文单词转行时不能截断跨行,所以,若一行所剩空间装不下最近一个单词,则另起一行。这样,卡片只能上方对齐,下方则显锯齿状,参差不齐。蒙文编目子系统具有查目、查重、检索和统计功能,除生产机读目录外,该子系统还输出编目卡片、书本式目录和专题目录。根据实际需要,它能适时地打印新书通报。

(3)维文编目子系统。该子系统可以对维吾尔文、哈萨克文、柯尔克孜文文献进行编目。根据维吾尔文、哈萨克文、柯尔克孜文排版、书写等特点,它要求从右向左,横向显示与打印。它不仅要对操作系统进行改造,而且还需在应用软件中增加专用模块。

维文操作系统是在 CC-DOS 版本上改造新模块而成的,它不仅保留了 CC-DOS 的全部功能,而且还能直接处理维吾尔、哈萨克、柯尔克孜等语种的文献信息。

二、缩微复制技术的应用

近年来,国产复制设备的种类型号日渐增多,质量也大有提高,有很多民族文献机构添置了复印设备,开展了复印服务。自 1984 年我国激光全息超缩存储系统成套设备问世后,缩微技术也在民族文献部门广泛应用。如中国民族图书馆缩微和复制出版了汉、蒙、藏、维、哈、朝、满、彝及英、日、梵文等多种文字的馆藏民族文献 500 种,317 000 册,提供给全国 500 多个单位使用,产生了良好的社会效益和经济效益。

三、现代化民族文献信息人员的培养

现代化的民族文献信息人员包括民族文献研究人员、系统分析与系统设计人员、程序设计人员、机器操作人员、机器维修人员等。民族文献部门采取调入一批,派出培训一批的办法,初步解决了专业人才缺乏的局面。目前许多民族文献部门与有关部门联合搞集中培训,并把学习重点放在民族文献专业与计算机应用相结合的实际操作上,取得明显成效。如内蒙古图书馆、内蒙古师范大学图书馆、新疆大学图书馆、新疆图书馆、大连民族学院图书馆等都已配备了相应的专业人才。

四、民族文献工作标准化

文献工作现代化的关键之一是文献工作标准化。我国自 1979 年成立全国文献工作标准化技术委员会以来,文献标准化工作已取得很大成绩,对我国少数民族文字文献工作的标准化给予了应有的重视,早在 1984 年 9 月,中国标准化综合研究所就提出了《关于蒙文图书著录规则作为国家标准颁布的建议报告》,从此,我国少数民族文字文献标准化工作进入了探索时期,经过 10 多年努力,已经取得部分研究成果。

(1)关于标识符号问题。在保持原符号意义的基础上,采用变通方法进行标识。如对从右至左横书的民族文字改用镜像符号;对从右至左上下直书的文字改用转向符号。通过这样的变通方式来适应民族文字文献著录的要求。

(2)关于文种选择问题。此问题涉及使用多种文体的民族,如蒙古文有 7 种文体,著录时,各项目可用文献本身的语种著录,而做标引时,应统一为一种文体,即回鹘式蒙古文,以利排检。

(3)对著者进行标引问题。各少数民族姓氏取法不一样,关于这方面的标引,要制定准则。如蒙古族取名方式是父名首字音节加子名,如特·达布林,选取责任者标目时,则先著录责任者的名,后著录父名首字音节,如达布林·特等。

(4)框架结构问题。在编制民族文字文献著录标准时,对采用何种框架结构为好,意见

尚不一致,归纳起来为两种类型三种体系。

单一型是按民族文字文献的类型,分别编制与汉文文献类型著录标准系列相对应的各民族文字文献著录标准系列。

综合型是将民族文字的各文献类型汇集于一个著录规则,制定"文献著录规则",使它既具有较大的兼容性,适应不同类型的著录要求,又具有良好的现实性,能客观地反映民族文字文献的现状。使各个少数民族只要有一个民族文字文献著录规则,就能满足实际工作的需要。综合型的民族文字文献著录规则,有两种不同的体系:一是综合型分列结构,即《蒙古文文献著录规则》的结构;二是综合型集中式结构,即《简明英美编目条例》第二版的结构。

单一型及综合型两种都有自己的特点,单一型的民族文字文献著录标准是系列完整;综合型的民族文字文献著录标准是集系列标准于一个标准。从我国民族文字文献的实际出发,综合型的民族文献著录标准更适宜些。

五、民族文献工作现代化网络的发展

文献信息机构建立计算机自动化网络系统,这在世界上许多国家和地区早已实现。我国内陆和沿海地区城市,如北京、上海、深圳等,他们的大中型文献信息机构也已经或正在建立计算机自动化网络管理系统,少数民族地区文献部门的现代化网络建设则刚刚起步,如新疆大学图书馆已经初步建立了集成化系统,目前开通运行了图书采访子系统和图书编目子系统,现在在加紧建设馆藏文献目录数据库,将要开通运行馆藏文献目录公共检索子系统、流通事务管理子系统和光盘数据检索系统,新疆大学图书馆集成化系统的建成,将对新疆地区文献信息机构计算机自动化网络系统的建立,打下良好的基础。

总的来说,几年来我们在民族文献工作现代化方面做了许多工作,取得了一定成绩。从全国来看,民族文献部门由于一些特殊原因,目前的现代化水平较之内陆及沿海地区还存在着一定差距,这就要求我们民族文献信息工作者认真思考,从民族文献工作实际出发,制订切实可行的规划,分阶段实施,逐步达到民族文献工作现代化。

第四节 我国民族文献工作实现现代化管理的步骤和方法

民族文献工作现代化的实现,由于起点条件较差,而我们又只能从这个起点开始前进,所以必然是一个较长的发展过程。在这个过程中,要做到少走弯路,快见成效,就必须从民族文献工作实际情况出发,立足于现实,逐步建立民族文献工作现代化体系。

一、民族文献工作实现现代化管理的基本步骤

1. 从思想上提高对民族文献工作现代化的认识,充分认识民族文献工作现代化对发展民族文献事业的必要性和迫切性

通过多种方式开展对民族文献工作现代化的研究和宣传,使民族文献信息工作人员对现代化有个大概的了解,使他们认识到,既不能把现代化看成遥远的事,也不可能在短时间就会实现,从而需要做艰苦、细致的工作。

2. 组织人员总结经验,探索适合民族文献工作现代化的道路

民族文献工作现代化,不是一个部门一个单位的事情,它是一项复杂的系统工程,需要依靠社会的力量、集体的力量进行研究、探索。从目前的具体情况看,有的民族文献单位已经购置了部分现代化设备,配备了专业人员,条件比其他民族文献单位好得多。因此,可由这些民族文献单位牵头,集合全国民族文献机构的力量,扎扎实实地去研究、探讨。一方面,进行深入细致的调查研究,分析总结国内外文献工作现代化的经验教训,摸索我们自己前进的道路。另一方面,利用现有的设备和条件,进行可行性实验,积累经验,为将来的普及树立样板。在此基础上制订全国民族文献工作现代化的发展规划和实施方法。

3. 要组织力量加速民族文献工作标准的制订

标准化工作是民族文献工作现代化的重要基础,没有标准或有了标准不严格执行,就会产生混乱。民族文献工作标准包括民族文献专业术语标准、民族文献分类法、著录法的标准,此外,还有民族文献机读目录标准、缩微复制品标准、声像资料标准等。民族文献工作在实现现代化过程中,必须大力推进标准化,并为实现国际标准化积极创造条件。

4. 加强和扩大新技术人员的培养和用户教育工作

培养掌握现代化民族文献学理论和方法的专业人员,是实现民族文献工作现代化的关键问题。它直接关系着我们实现现代化的速度,关系着现代化设备的利用率。没有知识的现代化,就难以实现民族文献工作现代化。因此,我们必须采取各种方法,进行多层次的现代化人才的培养,培养办法可以是组织民族文献在职人员学习现代技术知识,或争取懂得计算机等现代化技术的专业人员来民族文献部门工作。加强民族文献工作人员与计算机等专业人员对彼此业务的相互了解与交流。为了使用户充分利用民族文献,就必须对用户进行教育,培养他们掌握使用计算机技术,教会他们如何利用民族文献,交给他们打开民族文献知识宝库大门的钥匙,培养他们自我学习、努力进取、积极创新的能力。用户教育工作,对民族文献工作现代化有极大的促进作用。

5. 要努力做好使用计算机前期的准备工作

民族文献部门一般来讲人员较少,经费比较困难,专业人员也不足,要推广使用计算机系统,在宏观指导上不可强求一律,要坚持有限目标,突出重点,从易到难,分段实施。还应强调协作攻关,避免重复浪费,搞闭门造车。由于各单位的工作要求和具体情况不同,使用计算机前首先要进行可行性研究,即对本单位的性质、任务、现状做具体分析,对使用计算机解决什么问题进行充分论证,在证实会得到实际效益时才做出决策。不可一哄而起,轻率决定。在决定采用计算机后,要在可行性研究基础上做系统分析。首先要研制出系统目标,然后进行自动化系统的工序分析、工作量分析、费用分析、时间分析。最后通过这些分析,写出系统说明书。进行这项工作时,既要考虑当前的需要,满足内部要求,又要顾及外部的兼容性。一个计算机系统的处理功能、工作效益、应用范围和服务质量,主要取决于系统的设计和应用软件的编制。所以软件的选择、开发和引进是一个非常重要的方面。民族文献部门在使用计算机前就要考虑到根据已有的国家标准,结合本单位的实际情况做好软件的开发与应用。

6. 建立民族文献网络,实现民族文献网络化

网络化是民族文献工作现代化发展的高级阶段,它是以最节约的方式进行民族文献工作现代化建设的办法,也是最大限度地发挥计算机效用的办法。当建立了一部分自动化系

统后,就根据它的不同类型、特点,用通信线路连接起来,形成区域性、系统性和现代化民族文献信息网络。网络化可以使网络内的信息资源得到协调和平衡,以满足在不同地理环境下的用户对民族文献的需求。现代化的民族文献网络,不单纯是电子计算机网络,还包括机构化及工作内容和服务方式网络化。

7. 积极开展学术研究工作,为民族文献工作实现现代化提供理论依据

民族文献工作实现现代化涉及的问题方方面面,必须从理论方法、决策上给予充分的探讨,不仅研究民族文献管理工作的过去和现在,而且还要研究民族文献管理工作的未来;不仅研究民族文献工作自身的产生和发展,而且要研究民族文献管理工作同少数民族社会的关系及其演变;不仅要研究当代科学发展的现状,而且要研究当代科学,尤其是新技术革命给民族文献管理工作带来的挑战;尤其是要把民族文献工作现代化这一课题结合民族地区政治、经济、文化以及社会的需求进行综合探讨,吸收国内外发展文献事业的经验和教训,总结民族文献工作的发展历程,在此基础上制定民族文献事业发展战略。

二、民族文献工作实现现代化管理的具体方法

1. 大力推广和应用微型计算机

计算机是民族文献工作现代化的中心,但是常规的电子计算机价格昂贵、技术复杂,不适于我国一般民族文献部门,因而使得现代化工作难于开展,电子计算机的应用成为常规技术,是微型电子计算机出现以后才实现的,因为微型计算机的价格越来越低,而性能越来越高,从而使微机在民族文献部门得到广泛应用。由于民族文献事业发展相对缓慢,在现阶段采用微型电子计算机是一条可行的道路。

2. 把计算机化、缩微化与标准化有机结合起来

将目前建立的实验性计算机检索系统,早日变成实用的检索系统,并以检索为突破口,建立起各种计算机系统,最终形成网络,使其网络化。缩微化也要全面开展,力争在若干年内实现重要民族文献缩微化,并把民族文献缩微与计算机结合,使民族文献缩微库成为巨大的外存储器。标准化更是现代化的重要内容,不搞标准化,检索体系、目录中心、机读目录、数据库、计算机网络的建立,都会遇到各种各样的困难。由于我国的民族文献工作,长期处于分散、手工业方式的状态,各项业务工作还缺乏基本技术标准,给实现现代化造成很大的不便。所以,要搞计算机化、缩微化,就更需要早日实行标准化,标准化进展的速度,直接影响现代化进程。

3. 选择实现现代化的最佳途径和方法

民族文献工作实现现代化,必须对不同类型的民族文献部门,采取不同的途径,采用现代化的技术和设备。大中型民族文献部门条件比较好,办起事来比较快些,小型民族文献部门相比之下难度就大些。条件好的小型民族文献部门每年购买一些现代化设备,自行试验,摸索经验,并从中培养锻炼出自己的人才。大中型民族文献部门除多争取经费添置先进设备外,可与有关部门协作配合,把计算机在民族文献部门中的应用作为科研项目,共同研究和实验。如内蒙古自治区图书馆与内蒙古电子计算机中心配合,共同研制成功"微机蒙文图书目录管理系统"。这样弥补了人员不足,又解决了资金紧张的困难,同时又培养了人才。

4. 处理好传统技术与现代化技术的关系

我国民族文献工作的现代化,由于起点低、基础差,所以必然是一个较长发展过程,也是

传统技术与现代化技术长期并存的过程。现代化技术,从全面来说,必须经过一个从低级向高级的过渡阶段;从局部来说,我们可以一开始就向相当先进的技术发展,但先进技术只能由重点建设逐步走向普及,而不可能一下子就普及到先进水平,也并不排斥原有的,合乎规律的传统技术方法。因此,只有将传统技术与现代化技术有机结合起来,才能使民族文献管理工作在近期内就能提高工作效率和服务质量,取得显著效益,有利于加速民族文献工作现代化。

5. 充分发挥民族文献事业管理部门的组织领导作用

实现现代化,应由各级民族文献事业管理部门负责民族文献管理现代化的统一规划、指导和组织实施。比如,现代化建设的投资、计算机和微机制品的统一造型、应用软件的统一开发和共享、重要课题的协作分工与合力攻关、手工管理与现代化管理的衔接、现代化技术人才的培养等。并及时总结经验,解决各种问题,以推动民族文献工作现代化的进程。

图书馆员论

第一章　图书馆员的劳动属性、特点和社会职能

第一节　图书馆员的劳动属性

图书馆作为教育、科学、文化事业的一个社会实体,其基本功能是保存和传递文献。"保存"包括对文献的搜集、整理、加工、组织管理等;"传递"包括内阅、外借、复制、检索咨询等对文献的各种利用。保存和传递概括了图书馆的全部工作,构成了图书馆基本职能的不可分割的两个方面。只有具备了保存的物质基础,才会有传递的实际内容;通过传递利用,进一步完善保存体系。二者互相依存,形成一个有机整体,从而反映出图书馆员最基本的社会活动,决定了图书馆员的劳动属性。

一、图书馆员的劳动属于保存人类文化遗产的劳动

从我国灿烂的科学文化发展史上看,图书馆员对繁荣我国科学文化、保存和发展历代文化遗产都做出了重要贡献。

人类的历史,是一个继往开来的发展进程。没有社会文化的继承,就没有社会的发展。继承的系带和桥梁是文献,文献记载着自古至今人类历史的发展和演变,记载着人们征服自然的手段和进程,是帮助人们认识世界、改造世界的珍贵文化遗产。收集和保存文献,是继承和发扬文化的前提条件。图书馆员从产生之日起,就担负起了保存文化遗产的社会职能。无论是古代的藏书楼,还是现代的图书馆,都按照一定的原则和范围,将社会上分散而又零乱的文献搜集起来,经过长期积累,建立起系统完整的藏书体系,成为社会文献收藏储存的中心。从古代的甲骨文和竹木简策、近代的手写本和印刷品,到现代的声像资料和机读目录,之所以能够世代相传,留存至今,汇集成人类智慧的宝库,不能不归功于历代图书馆员对文献的精心收藏和妥善保管。他们的历史功绩在于保存了各民族丰富的精神财富,再现了绵延几千年的社会发展历史,推动了知识的继承和发展,促进了人类文明的进步。

二、图书馆员的劳动属于创造社会精神财富的劳动

图书馆是终身教育最理想的学校之一,图书馆的大门为所有的人敞开着,读者可以自由借阅自己所需要的书刊资料,以文献为老师,进行系统的自我教育。经过不懈的努力,不仅可以获得一般的基础科学文化知识,而且可以自学成才。图书馆是一切求知者的良师益友,起着"导演"和"参谋"的作用,促进社会教育事业的发展。目前,发达的西方国家,已开始在图书馆进行培养人才的实验。如美国费城图书馆,在宾夕法尼亚教育部门的支持下,每年拨出 900 万美元的教育经费,建立一个终身学习教育中心。几年来,4000 多名自学者在该中心受到各科专业知识教育,有不少人,通过考核,达到大学毕业的文化水平。国外图书馆的这种做法,对于我国图书馆如何培养人才有着一定的启发和借鉴作用。

三、图书馆员的劳动属于科学研究的学术性劳动

科学劳动是社会的一种劳动,它具有明显的连续性、继承性和创新性。任何科学研究工作都必须从搜集、掌握、熟悉各种文献开始。从中借鉴前人和他人的劳动成果。因此,科学劳动所使用的资料,不仅包括实验设备和多种物质资料,而且还包括各种文献等知识形态的资料。科学工作者,只有从各种文献中获取自己所需要的专业知识、数据、观点、图表等,才能在前人的基础上实现科学创新。所以,教学、科研人员都把图书馆和实验室当成自己的左右手,离开了它们,就像体力劳动者缺少了手中生产工具一样,必将一事无成,特别是在新技术革命席卷全球的今天,世界上不少国家都把科学家队伍、实验技术装备、图书情报系统、科学劳动结构以及全民教育等有机结合起来,作为社会的科学能力予以积极发展。

马克思指出,科学劳动"部分地以今人的协作为条件,部分地又以对前人劳动的利用为条件"。这里"前人的劳动"指的正是凝聚在各种文献中的科学知识;"今天的协作"中一种特殊的方式,就是图书馆所进行的文献信息交流工作。图书馆利用文献将知识创造者与知识利用者联系起来,使他们进行科学劳动的协作。也就是说,现代社会化了的集体劳动,不仅包括了科学家的研究工作,而且还包含有图书情报工作者的文献工作。据统计,科学工作者在科研活动中,要用30%—50%的时间查阅文献,而图书馆员所进行的收集文献,解答读者咨询,编制书目索引、文摘、评介等文献服务工作,就代替了科学工作者的前期劳动。在知识激增的今天,正是图书馆员的辛勤劳动,才保证了科学家能在办公室里,直接从"信息库"提取到各种资料,进行比过去效率高得多的现代科学劳动。

同时,图书馆的工作属于知识性的工作,它以文献为工作对象,其学术性和专业性都很强。图书馆的各项工作,如文献的采选、整理、保管、流通、参考咨询等都带有学术性,都需要精心地研究,才能掌握其客观规律。这说明图书馆员的劳动贯穿于科学研究的各个环节,促进着自然科学、社会科学、技术科学、应用科学之间的渗透。图书馆员是科学家集体中的一员。

四、图书馆员的劳动属于传播社会文明的劳动

图书馆是社会精神文明建设的重要阵地。宣传共产主义思想,向人们进行思想政治教育工作是图书馆员应尽的职责,对提高人们的共产主义道德水平,弘扬优良的社会风尚,其作用都是不可低估的。为人民服务的图书馆员是崇高的劳动者。

图书馆员的劳动对象是读者和文献,而对千差万别的读者的需求,图书馆员要在知识的海洋中导航,要和广大读者一起探索人生的真、善、美;要把人类极其丰富的文化科学知识信息进行采集加工、组织、传递并转化为亿万读者的智慧和才能;要充分挖掘知识的潜能使其迅速转化为社会能源和社会生产力,这无疑是一种艰苦复杂的精神劳动,是一项细致而特殊的系统工程。图书馆员既是人类科学文化的传播者,也是人类文明的继承、发展的忠实保卫者。

第二节　图书馆员的劳动特点

图书馆员是社会文明的传播者,也是人类社会精神财富的创造者和保护者,因此,图书馆员的劳动具有精神劳动的性质。其劳动特点可概括为以下几个方面:

一、图书馆员劳动的继承性

图书馆员的劳动具有重大的社会效益和社会价值,是任何劳动不能代替的。人类在自己的历史发展长河中,创造了灿烂的科学文化,它像阳光雨露一样滋养着一代代新人。图书馆员就是人类科学文化继承、发展、创新的桥梁和纽带。归根到底,图书馆员的劳动目的是通过人类物化的智力资源进行"双开发",培养社会建设人才的工作,是有意识、有组织地改造自然,改造主、客观世界,培养教育人的工作。人们借助于图书馆员的劳动,根据社会和自我的教育发展需要,不断吮吸着智慧的乳汁,获得知识的更新、充实和发展;借助于图书馆员的组织、管理和宣传辅导活动,不断提高信息的鉴别力、消化吸收力以及自我教育的各种能力和劳动本领。在这里,图书馆员扮演着教师和工艺师的角色,赢得广大读者的爱戴和赞扬。这是因为他们从事着管书育人的劳动,关系着千家万户、亿万读者的健康成长;关系着国家、民族、社会的未来。所以,图书馆员的劳动又是一种具有重大社会责任的劳动,具有重大的社会效益和社会价值。

二、图书馆员劳动的复杂性

图书馆员劳动对象之一的读者是图书馆的主人。他们是有着不同理想,不同的知识储备,不同的心理能力,不同的学习需要、兴趣、爱好、意志、情感品质和行为方式的读者,是有着不同的个性特点的读者。再从文献工作的角度看,文献的登记、采集、整理到投入流通使用要经过几十道细致的劳动工序,并且有许多是手工操作,通常都是脑力劳动和体力劳动并重,既劳累又复杂。在诸多"找门路、问是非"的读者中,在书山学海中,迅速、准确地提供有益的精神食粮和情报信息,善于鉴别知识信息,掌握读者需求的思想脉络的变化,运用行之有效的教育方法和技巧,这无疑是一种艰巨复杂的精神劳动。没有强烈的事业心和对读者高度的责任感、时代感,不经过大量细致的艰苦工作,不付出艰辛的劳动是无法胜任的[①]。

三、图书馆员劳动的科学性

劳动对象及其过程的复杂性,要求劳动在组织和管理上的科学性。科学是客观规律的反映,图书馆员除应掌握图书馆工作的规律外,还应综合运用心理学、教育学、社会学、伦理学、数学、物理学、生物学、生理学及其有关新老三论等学科的普遍规律进行工作。同时,图书馆员是借助于文献情报信息为中介和读者一起通过再生产文化科学知识的过程而参与社会生产力的再生产的。在这一过程中,图书馆员的劳动效益,取决于图书馆员自身的思想道德素质和科学文化素质,从事图书情报工作的技能和技巧,良好的心理品质和职业道德等。为发挥这些因素的综合效应,就必须使他们构成一种合理结构的有效系统,没有较丰富的心理学、教育学、科学修养的图书馆员,不可能在图书馆事业上做出杰出贡献;不了解读者心理,只能是一个平庸的图书馆员;不懂个性心理,不能了解读者,提高服务质量只是空谈[②]。

---

① 李广建.信息资源管理专业人员的职业特征、职业及素质[J].图书情报工作,2000(6).
② 韩立栋,孔庆芝.论高校图书馆员的学者化[J].图书与情报,2000(3).

四、图书馆员劳动的创造性

创造性,泛指具有一种不断追求、不断奋进、艰苦创业,向着更完善、美好的目标前进的志向并且努力实现它。图书馆员的劳动对象是复杂的,读者的需求是五花八门的,层次有深有浅,读者通常都会在口头上或实际行动上向图书馆员提出各种难以预料的问题。社会是不断发展的,会经常向图书馆员提出新的挑战。既没有也不可能都有现成的答案。任何一本书刊不可能预先设计好图书馆员的一切行为模式;任何一种现代化的技术装备都不能代替图书馆员的活动;任何图书馆集体的帮助都不能取代图书馆员个人的努力。在诸多教育服务活动中,照本宣科是无法真正引导读者的,照搬别人的经验也可能导致失败的后果。在这里,没有高尚的情感和自我献身精神,没有自强不息、艰苦奋斗的创业精神,没有深沉地对事业的热爱和诚实的劳动,没有丰富的科学文化知识,哪能在塑造读者又塑造自己的岗位上开发出读者心灵深处的能源呢? 在这里,图书馆员无疑扮演的是出色的学者的角色。因此,我们说,图书馆员的劳动量和效益,取决于他的自觉性和创造性劳动。

五、图书馆员劳动的艺术性

图书馆员的劳动之所以是一种艺术,就在于它是科学性和思想性的和谐统一,是图书馆员和读者双方活动的和谐统一;就在于它能拨动读者的心弦,激发读者的感情,能发挥文献情报信息的潜在价值,开发读者的智力、培养读者的能力,使读者学有所得,并得到美的享受。图书馆员每时每日都要同广大读者和千万册书刊打交道,要接受读者的审察,自然应特别注意服务态度,不断提高服务质量。要加强职业道德修养,除了必须有思想政治素质外,还应研究自己的劳动心理特点和心境、表情、声调、动作乃至装束打扮等。要文明服务,讲究言语表达和微笑、眼神传递艺术,要注意分寸,给读者以心理暗示和良好的情绪感染,不断提高求知兴趣,激发学习动机,提高阅读效果,尤其是与新读者接触时更要具有艺术家和社会活动家的风度,给读者留下良好的印象,不被读者怀念的图书馆员不是好图书馆员。

六、图书馆员劳动效益的隐蔽性

从图书馆的工作性质来看,图书馆员的劳动包括:书刊资料采购、整理、分编、阅览、流通和典藏人员的劳动;参考咨询人员的劳动;视听复印、光盘检索等技术服务劳动以及行政管理人员劳动和其他后勤人员劳动,等等。按劳动是否物化在物质产品中,图书馆员的劳动可划分为生产劳动和非生产劳动。如图书馆复印工作人员劳动和期刊装订工作人员的劳动,将劳动物化在物质产品当中,生产出新的使用价值,这种劳动具有生产劳动的表现。而图书馆采编、参考、读者服务及行政等人员的劳动则表现为书刊资料的收藏、管理与利用的劳动,属于不物化在物质产品中的劳动,即非生产性劳动。在图书馆员劳动中,后者是占主导地位的,因此,从总体上看,图书馆员的劳动是属于非生产劳动。

在社会主义条件下,图书馆员的劳动作为非生产劳动既不创造物质产品,也不创造社会纯收入,那么,图书馆员的劳动效益主要表现在哪里呢? 图书馆员的劳动效益,其表现形式与物质生产劳动效益的表现形式不同,图书馆员的劳动效益比较不容易被人们所觉察,物质生产部门投资(包括劳动)的经济效益可以很快而准确地从量上计算出来,而图书馆员的劳动投入则不能做到这一点。图书馆员劳动效益的产生是由读者利用图书馆以后形成的。这种效益主要表现在增强了读者的智能,满足了读者的精神消费要求,从而带来了社会效益和经济效益。

物质生产劳动表现在物上,从量上可以准确计算出来。图书馆员的效益作为一个整体,从社会来看主要表现在人上。从量上不能简单计算出来。因为,由图书馆员劳动带来的人们智能提高所产生的效益,是一个一经形成便将无限受益的漫长过程。劳动效益这种一经产生便随着时间增长的性质,人们称这为"陈酒效应"。

图书馆员的劳动既然存在效益,那么同时就存在零效益和负效益问题。所谓零效益,即某一劳动提供后获取的收益近乎为零。所谓负效益是某一劳动提供后产生有害的效果。图书馆员劳动的负效益主要表现在对有害书刊资料的收藏管理和利用不当,以及图书馆员在劳动过程中出现的错误和失误等。随着我国图书馆事业的蓬勃发展,图书馆员的劳动必将日益创造出越来越多的社会效益和经济效益。而将负效益控制在最低限度,这是由我国社会主义制度所决定的。

图书馆员的劳动是一项光荣的劳动。它虽然不直接创造社会财富,却对社会财富的创造影响极大。他们的劳动效益不易为人们所觉察,而他们默默无闻的劳动却促使了人们智能的提高,所产生的社会效益是受益无穷的。因此,图书馆员应当受到全社会的尊重。

第三节　图书馆员的社会职能

图书馆是时代的产物,图书馆是孕育图书馆员的摇篮。

一、图书馆员的社会地位

1. 图书馆员是一种具有独特地位的社会角色

大家知道,图书馆是一个服务性机构,图书馆员的工作带有较强的服务性,是极为普通的劳动者。但是,在人类文明的承继递续中,在一个国家的社会发展中,有着特殊的重要作用。图书馆员的特定职能并不要求向工人、农民或科学家、艺术家那样的物质文明和精神文明的创造,而是担负着传递历史和现实的人类文明成果的任务,在社会中进行着独特的活动。

书刊资料记载着人类历史的发展和演变,记载着人们征服自然界的手段和进程。它是当代人之间,上代人与下代人之间交流的信息。今天,信息已经和能源、材料一样,构成自然界资源的三强,是生产力、竞争力和经济成就的关键。而图书馆员的职业角色集中体现在它是信息资源的组织者和传递者。图书馆员掌握着世界范围内各个领域的知识和动向,对国家制定经济、外交、科学技术等方面的战略、规划和政策,起着"参谋""顾问"和"尖兵"的作用。我国搞"四化"建设,要掌握国内外详尽的各种资料数据,还要借鉴外国科学技术现代化的成功经验,这显然离不开图书馆员的劳动。科学研究也是如此,图书馆员担负着科研的前期劳动,帮助科研人员在浩如烟海的书刊资料中,查找所需资料、数据、节省他们1/3的时间,从而把宝贵的精力用在主要的科研工作上,为国家多出成果、早出成果。随着新技术革命的到来,图书馆员将更直接参与经济建设,担负的责任会更大。

2. 图书馆员是一种具有较强专业特点的社会角色

图书馆员这种职业角色,具有明显的专业特点,必须经过特定的专业训练和专业实践,具有特定的专业知识和专业能力,这集中反映在对信息资源的开发利用上。

书刊资料中蕴藏着巨大的无形财富,需要人们去发掘和利用,才能把书刊资料的可能使用价值变成现实的使用价值,把知识形态的潜在的生产力转化为物质形态的现实的生产力,使丰富的资源转化为真正的财富。当今,以每日 40 亿单元爆发,我们要高密度、高速度输入和输出信息,必须对信息资源进行不同层次的开发,向文献的深度和广度进军。

表层开发:这是传统的图书馆业务工作,即对馆藏书刊资料进行整理、分编,建立健全完整的目录体系,提供借阅、复制等一般性服务。

浅层开发:开展图书宣传、辅导、参考咨询活动、编制文摘索引、专题汇编等二次文献,较好地满足读者的需要。

中层开发:围绕生产、科研中的重点课题,跟踪服务,取得较好的社会效益和经济效益。

上述几种开发,均属于知识的简单再生产。

深层开发:即知识的深度加工,属于知识的扩大再生产。如许多省市图书馆相继创办的信息报之类刊物,即是图书馆员的深层开发,浓缩出版物资源,提供知识性产品,为党政领导机关决策服务,为经济建设服务,这种深层开发与图书馆传统的服务方式不同。它要深入到文献的内容,是从文献内容中选择、编辑社会需要的缩微化知识的劳动,它不只是提供知识、信息的标题,还需要将其核心内容报道给读者。这是一种学术性的劳动,与一般的服务性劳动不同。既需要了解社会需求,又要具备较高的学科知识。

3. 图书馆员是一种具有综合职能的社会角色

图书馆员的基本职能是文献资源的收集、整理、存储、开发和利用。在这种基本职能的活动中,它集合了多种其他社会角色的职能,是管理者,是研究者,是教育者等。这些角色、职能在图书馆员的活动中,不是简单的拼凑或累加。也不是频繁的角色变换,而是极为有机地综合为图书馆员角色的一种整体的独立的职能。

图书馆员是教育者,尽管图书馆员的工作服务性较强,但这不是生活性的服务工作,在社会教育中发挥着特殊的作用。图书馆员通过提供书刊资料,交流知识信息,进行知识传授,使读者在书山报海中吸取各种养分,陶冶情操,提高科学文化水平,向科学的高峰攀登。这是一种培养人、塑造人的活动,是有目的、有计划、有组织的增进人们的知识技能,影响人的思想品德的活动。

图书馆是社会文化教育机构,是校外课堂,是没有围墙的大型社会学校。在这里,图书馆员辅导读者学会利用图书馆,学会使用各种工具书,学会检索各种书刊资料,进行再学习,为两个文明建设服务。

纵观人类历史,曾有多少思想家、政治家、文学家、科学家,都是通过图书馆员的辛勤劳动来占有资料、占有知识、占有信息而有所作为的。尤其在今天,终身教育已历史地取代了一次性学校教育。人们要适应时代的需要,更新知识,掌握最新科学技术,就离不开图书馆,离不开图书馆员。

伴随着图书馆作用的发挥,社会对图书馆的要求越来越高,图书馆员对人类承担的责任也就越来越重,对社会的影响和作用也就越来越大,其社会地位及其待遇将随之改变,这是必然的、毫无疑义的。

二、图书馆员在图书馆工作中的地位和作用

在图书馆工作中,图书馆员是中心环节,图书馆工作过程中的任何因素只有通过图书馆员的积极而有效的活动,才能发挥其应有的效益。图书馆工作从某种意义上说,就是馆员与读者的相互作用的过程,或者说图书馆工作的目的是在馆员与读者这两个主体的相互作用的过程中实现的,而图书馆员在这个过程中起主导作用。

要办好一个图书馆,需要解决好馆舍、设备、藏书、经费、工作方法等一系列问题,但关键在于解决馆员的问题。革命导师列宁在近一个世纪前曾经深刻地指出,图书馆员是图书馆事业的灵魂,这是极其重要的论断,因为图书馆员是"图书馆活动的管理者和组织者,是使藏书与读者发生关系的枢纽,是使藏书由潜在价值变为现实价值的关键,图书馆工作的好坏,图书馆社会作用的大小,都取决于图书馆的干部"[1]。英国图书馆学专家哈里森说,"如果说,图书馆的成功与否完全依赖于工作人员的质量和专长,这一点也不夸张""即使是世界上第一流的图书馆,如果没有能够充分挖掘馆藏优势的、讲究效率的和训练有素的工作人员,也难以提供广泛而有效的读者服务"[2]。我们看到,所谓图书馆落后,根本的和主要的是图书馆人员落后,技术、设备上的落后是次要的。正如印度图书馆学之父——阮冈纳赞所指出的那样:"不管图书馆坐落在什么地方,开馆时间和设备情况怎样,也不论看管图书的方法怎样,一个图书馆成败的关键还是在于图书馆工作者。"[3]另一位印度图书馆学专家沙尔玛也说:"如果没有合适的人员去管理图书馆,那么最好的图书馆也是等于名存实亡和毫无用处。"[4]

由此可见,在构成图书馆的五个要素当中,图书馆员是决定性因素。图书馆的质量取决于优秀的图书馆员,图书馆员在图书馆工作中处于中心地位,是激发图书馆事业发展的内在动力。

三、图书馆员的任务

图书馆是一项社会事业,每时每刻都得到各行各业的支持。同时,图书馆员每时每刻都利用图书馆收藏的大量文献为广大读者服务。图书馆员的一言一行都对读者产生影响。因此,图书馆员要清醒地认识到自己在办好图书馆中的决定性作用,意识到自己的神圣义务和光荣职责,提高觉悟,学好业务,掌握本领,尽职尽责,更好地为读者服务,从而实现图书馆的社会价值。

革命导师列宁曾经深刻指出:"值得公共图书馆骄傲和引以为荣的并不在拥有多少珍本书,有多少 16 世纪的版本或 10 世纪的手稿,而在于如何使图书在人民中间广泛地流传,吸引了多少新读者,如何迅速地满足读者对图书的一切要求……"[5]图书馆员的任务就是积极主动地、千方百计地、迅速准确地为读者提供他们所需要的一切书刊资料,用习惯说法就是

---

① 陈素.图书馆员的社会地位初探[J].图书馆学研究,1989.
② 吴慰慈,邵巍.图书馆学概论[M].北京:书目文献出版社(今国家图书出版社),1985.
③ 哈里森.图书馆学基础[M].北京:书目文献出版社(今国家图书出版社),1987.
④ 阮冈纳赞.图书馆学五定律[M].北京:书目文献出版社(今国家图书出版社),1988.
⑤ 沙尔玛.图书馆的组织管理[M].广东中心图书馆委员会,1984.

"为书找人"和"为人找书",全力提高图书馆的整体精神文明水准,真正把图书馆办成一个没有围墙的社会大学。

在社会主义初级阶段,图书馆员面临着新的任务和新的课题。

图书馆员为建设社会主义精神文明服务,是新的历史时期赋予图书馆员的历史责任和神圣使命,这是因为,图书馆只有做好为社会主义精神文明建设服务的工作,才能使图书馆的办馆方向和"二为"方针落到实处。尤其是当前,我们面临着艰巨而复杂的改革和建设的历史重任,面临着国际国内迅速发展的形势,图书馆工作者认识自己的这一历史责任,比任何时候更为需要。目前,国内虽然安定团结的政治局面日益巩固,治理整顿取得了初步成效,但工作中多年积累下来的一些深层次的政治、经济和思想理论问题远未得到彻底解决,社会主义伟大事业在实践中又常常会出现许多新的问题、新的情况,一些事让人民群众接受、认识,还需要一个过程,这都需要我们图书馆为捍卫党的路线、方针、政策多做宣传教育工作。图书馆员作为"精神文明窗口"的管理者和组织者,应肩负起宣传马列主义毛泽东思想,为精神文明建设服务的使命,为推进马列主义毛泽东思想的传播,为我国改革和社会主义现代化事业的顺利发展向人民群众提供更多的思想武器和精神动力。

图书馆员的历史责任还在于运用丰富的馆藏资源,针对当前社会面临的重大问题,如计划经济与市场调节问题,产业结构如何调整问题,如何认识与解决"市场疲软"问题,稳定与发展问题等,选择那些对解决和探讨这些问题有较大参考价值的书刊资料推荐与提供给读者学习、参考。图书馆员提供给读者的材料越丰富,越有利于读者利用马克思主义的立场、观点和方法认识这些问题,解决这些问题,愈有利于读者打开思路,找到问题的正确答案。

图书馆员的历史责任还在于图书馆员要通过书刊资料的开发与利用,努力提高全民族的科学文化素质。特别要用优秀的革命书刊来激发广大读者的爱国热情,提高他们的民族自信心、自尊心和社会责任感。激发广大读者奋发向上的民族精神,为振兴中华,实现"四化"建设大业而自强不息,奋斗不已。

图书馆员的历史责任还在于广大图书馆员必须用精神食粮去作用于读者的精神世界,要不遗余力地做好读者的阅读导向工作,为造就新一代"四有"新人而无私地奉献自己。

第二章　图书馆员的素质

第一节　图书馆员的思想政治素质

在图书馆员诸多素质中,思想政治素质处于主导、统帅地位。

一、图书馆员思想政治素质的内容

一个合格的图书馆员,在思想政治素质方面必须具有:

1. 坚实的理论基础

它包括:用革命理论武装自己的头脑,树立共产主义的世界观和人生观,把握社会发展规律,自觉为共产主义奋斗终生;用共产主义思想体系去观察、处理一切社会问题,指导自己做好工作。

2. 坚定的政治立场

它包括:坚持四项基本原则,坚持走社会主义道路;坚决贯彻执行党的路线、方针、政策,在政治上同党中央保持一致;全心全意为人民服务,坚决同一切破坏社会主义的敌对势力做不懈的斗争。

3. 正确的政治思想

它包括:对图书馆事业有献身精神,始终如一地热爱本职工作,保持旺盛的进取精神,热爱图书,热爱读者,树立"读者第一、服务至上"的观念,最大限度地满足读者需要;积极配合社会思想教育工作,以革命书刊、优秀读物引导读者努力学习马列主义毛泽东思想的基本原理,树立共产主义理想,加强社会主义精神文明修养。

4. 高度的政治热情

表现为:对"四化"建设满腔热忱,积极投身到"四化"建设的洪流中去;支持和促进改革,锐意进取,勇于创新,能够不畏困难,开拓前进。

5. 高尚的道德品质

它包括:公而忘私的共产主义精神;高尚的无产阶级情趣;忠诚无私的优秀品质,谦虚朴实的美德。

二、图书馆员思想政治素质的作用

图书馆员的思想政治素质是根据建设社会主义精神文明的战略方针提出来的要求。我们建设社会主义精神文明的目标,就是要提高人们的道德水平和科学文化知识水平,使更多的社会成员成为"有理想、有道德、有文化、有纪律"的社会主义新人。图书馆员思想政治素质的作用表现在以下几个方面:

1. 思想政治素质决定图书馆员素质的优劣

思想政治素质是图书馆员的精神支柱,是图书馆员素质的灵魂。它决定着图书馆员的政治信仰,制约着图书馆员的道德原则,影响着图书馆员的科学文化素质、能力素质及身心素质,也就是说,凡是图书馆员有意识、有目的活动,都会受到思想政治素质的制约和影响。

2. 思想政治素质决定图书馆员的办馆方向

革命导师马克思、恩格斯在《共产党宣言》中指出:"任何一个时代的统治思想始终都不过是统治阶级的思想。"图书馆宣传什么,反对什么,从来都有自己的政治标准。其主要地或根本地表现并不在于藏书性质或读者成分等方面,而是体现在图书馆员开展的各项活动的目的性以及效果上。比如记载人类知识、智慧的书刊资料,它反映了人类改造和征服自然的成果和事迹。图书馆员可以利用馆藏古代典籍、地方史料文献,向读者介绍祖国优秀的科学文化遗产和祖先们改造河山的勤劳勇敢的优秀品质,以及近代维护祖国独立,反对帝国主义侵略的斗争事迹,反对和批判民族虚无主义和崇洋媚外心理,培养人们爱国主义思想和民族自尊心。

3. 思想政治素质决定图书馆员对工作的态度

从表面上看,图书馆员似乎并不直接创造什么价值,也没有什么固定的经济效益。但是有一点是肯定的,就是他们创造的财富和价值,正是反映在其他劳动者的生产技能和劳动效果的提高上,反映在人们的科学知识,学问素养的增长上,从而反映在整个社会物质财富和生产力的提高上。这些作用,都是要通过图书馆员,为科学研究人员,为教师,为技术人员,为一切需要文献情报信息的读者勤勤恳恳服务之中才能取得。如果一名图书馆员不具备良好的思想政治素质,甘为他人作嫁衣裳的思想品德是做不好图书馆工作的。社会主义图书馆员的思想素质要求图书馆员在充分认识到自己工作的重要作用的同时,努力培养自己对本职工作的高度责任感和事业心。在工作中兢兢业业,认真负责,在推动整个国家的建设事业和社会发展方面做出自己应有贡献。

4. 思想政治素质决定图书馆员的工作效益

图书馆工作是一种学术性、技术性和创造性都很强的工作,同时也是一种复杂、细致而烦琐的工作。图书馆员没有认真负责的态度,严谨细致的作风和埋头苦干的劲头,是做不好图书馆工作的,一个图书馆从整体来说是一个系统,每一个人只能在一个子系统中某一个环节上工作,而这些环节又是相互关联的。图书馆的每一本书,从预订到借到读者手中,要经过六、七道工序。在这个过程中,任何一个环节出了差错,都会影响整个图书馆的工作效率。只有上下一股劲,左右相配合,共同努力,才能圆满完成图书馆的整体任务。如果没有良好的思想政治素质,没有忠诚于党的图书馆事业的思想和集体主义精神,就不会对平凡、琐碎的图书馆工作产生一种自豪感、责任感。就不可能持之以恒,在工作中取得成效,因此,思想政治素质对图书馆员做好图书馆工作具有重要的促进作用和保证作用。

5. 图书馆员优良思想政治素质影响读者思想政治品德的形成

图书馆员对读者所进行的知识性服务工作,实际上是一种广义上的教育工作。图书馆员通过书刊流通、图书宣传、阅读辅导等,向读者传播马列主义毛泽东思想以及党的路线、方针、政策,教育人们逐渐形成共产主义的思想体系和辩证唯物主义世界观,提高人们的认识水平和思想觉悟,培养人们的高尚品德,激励人民群众生产、工作的热情,引导广大青少年做有理想、有道德、有文化、有纪律的一代新人。因此,图书馆员决不可忽视自己的思想政治素质,把坚持为社会主义精神文明建设服务作为自己重要工作内容,以自己优良的思想政治素质,去影响、作用于广大读者。

第二节 图书馆员的道德素质

道德是立身之本,也是立国之本。没有道德的社会,绝不会成为文明的国度。

道德属于精神文明的范畴,它不仅反映着人们的精神面貌,而且也是推动人们前进的一种巨大的精神力量和精神支柱。

所谓道德,就是人们需共同遵守的一种社会规范,是调整人们之间以及个人和社会之间的关系的行为规范的总和。

所谓职业道德,就是一定的职业要求具有一定的特殊的社会行为规范。图书馆员的职业道德,就是图书馆员在其工作岗位上进行文献情报信息收集、整理、传播和利用过程中所应遵循的行为规范和准则。

一、确定图书馆员职业道德规范的原则

确定图书馆员职业道德规范的准则和依据

1. 以共产主义道德规范为准则

共产主义道德是人类历史最进步、最高尚的道德,社会主义社会的各种职业道德都是在共产主义道德的指导和影响下形成的,都应该体现共产主义道德的基本精神。诸如全心全意为人民,共产主义的劳动态度,爱护公共财物,热爱科学,坚持真理,爱国主义和国际主义等。图书馆员的职业道德规范,应能体现无产阶级和广大劳动人民群众的根本利益,应能有利于促进图书馆工作的改善和图书馆事业的发展。规范的基本原则应该是全心全意为读者服务,为实现四个现代化服务。

2. 以图书馆工作的职业特点为依据

在社会主义社会里,各种职业道德规范除了必须具备以共产主义道德为准则的一般性要求外,还必须具有符合各自职业特点需要的特殊性要求。社会主义图书馆是通过书刊资料的收集、整理、保管、传播和利用为无产阶级和广大劳动人民群众服务的科学、文化、教育机构,图书馆工作的基本目的是为了最大限度地满足广大读者的阅读需要。图书馆的这种不同于社会其他行业的特殊工作性质,要求图书馆必须具备一支又红又专,全心全意为读者服务的专业干部队伍。

确定图书馆员职业道德规范的原则

①读者自由利用图书馆的原则:它要求图书馆员应当保证读者自由利用图书馆和获取必要书刊资料,其中包括要平等对待读者,不徇私情等。

②图书馆的社会服务原则:它主要体现图书馆作为社会客观精神资源的收藏者和传播者的作用,图书馆员应依据社会需要做好服务工作。

③图书馆人才培养原则:它真正体现了图书馆员对读者的帮助的职责的原则。图书馆员应当帮助读者探索和研究,改造和创新,使来馆的读者个个都有可能成才。

④图书馆员的研究职责原则:图书馆员应当热爱自己的职业,应当研究专业,应当为图书馆的未来设想。

此外,确立图书馆员职业道德规范应当与图书馆立法结合起来,在加强图书馆立法工作

的同时,加强图书馆员的道德培养和教育。这样做的结果会使人们对图书馆员更加向往,会使人们对图书馆员更加尊敬和信任,使图书馆员不仅在客观上,而且在人们的心目中赢得真正的荣誉和地位。

二、图书馆员职业道德规范的内容

(1)坚忍执着的专业思想

这条规范要求图书馆员树立坚定的事业心,要正确认识图书馆工作,认识这项工作在两个文明建设中的重要作用,才能培养自己对工作的高度责任感。

(2)熟练精湛的专业技术

这是体现图书馆员为读者服务的实际工作能力。如果仅有为读者服务的思想而没有为读者服务的实际本领,没有与本职工作相适应的专业技术是不行的。而且图书馆工作学术性和创造性都很强,它需要具备一定的专业知识和技能。

(3)谦虚礼貌的文明作风

这条规范要求图书馆员加强自我修养,在与读者接触中,应态度和蔼,语言简练,恰如其分地运用礼貌语言,真正做到热情而不虚假,尊重而不造作,保持良好的服务态度,求得满意的服务质量。

(4)助人为乐的服务精神

这是体现图书馆员的品质和能力,正确处理与读者关系的大问题。它要求图书馆员以读者利益为前提,千方百计地为读者解决问题,用实际行动做好服务工作。这条规范要求图书馆员要把读者的困难,当作自己的困难,要"急读者之所急,想读者之所想",提倡助人为乐精神。

(5)认真负责的工作作风

共产主义态度是职业道德基本规范之一。它要求每个劳动者都要把劳动看作是公民的光荣职责,从而建立起高度的事业心和对工作极端负责的态度以及忘我的献身精神。这条规范要求图书馆员对待工作一定要认真负责,作风正派,对工作精益求精,尽善尽美。尤其是对读者提出的咨询、查目、借阅与要求,都要认真负责处理,绝不可办事拖拉,敷衍塞责,要有较高的职业责任感。

(6)先人后己的高尚风格

处理图书馆员与读者之间矛盾时,应提倡先读者后自己。在保证满足读者要求的前提下,建立起图书馆与读者利益相结合的新型社会关系。这条规范要求图书馆员不得以工作之便将新书在采编、加工、入库过程中,留下来自己先阅读,使新书不能入库流通,或者利用热门书拉关系、走后门等不正之风。

(7)团结互助的协作精神

这是推动和促进各项工作的重要因素。这条规范要求图书馆员在馆内搞好团结,加强联系,互相支持,相互配合搞好全馆工作。对馆际之间要加强横向联系,搞好协作,推动地区范围内图书馆资源共享的社会化。

(8)珍惜图书的优良品质

图书资源是国家的宝贵财富,是图书馆活动的物质基础。因此,珍爱藏书对图书馆员不仅是个要求,也是一条必要的工作纪律。这条规范要求图书馆员爱护书刊资料,想方设法延长它的使用寿命,要做到:加工要仔细,藏放要合理,外借多宣传,回收常检查,损坏勤修补,藏书防损伤,进剔手续清,管理讲科学。

(9)甘为人梯的崇高品德

图书馆员的工作是一项平凡而琐碎的工作,成天和书刊资料打交道,成千上万的书刊资料从图书馆员手中经过。这其中需要图书馆员付出许多艰辛以及脑力劳动和繁重的体力劳动。图书馆员又面对成千上万的读者,向它们提供各种各样的服务,回答解决他们各种各样的问题。图书馆员的劳动成果,通常是体现在他人的成功、成名、成才之上的。因此,没有甘为人梯,"甘为他人做嫁妆"的崇高品德,是做不好图书馆工作的。这条规范要求图书馆要有奉献者的胸怀,充分认识图书馆工作的重要作用,努力培养对图书馆工作的高度责任感和事业心,在工作中兢兢业业,发挥爱馆如家,爱护图书,关心读者的主人翁精神,为他人铺路,做无名英雄。

(10)文明整洁的卫生习惯

讲文明、讲卫生,是社会主义精神文明的重要内容之一。要使馆容、馆貌做到美化、净化,图书馆员本身要有严格的要求,坚持做好卫生工作,给读者创造良好的学习环境。这条规范要求图书馆员讲卫生、勤打扫,个人衣着要整洁大方,工作室内要窗明几净,给读者以良好的印象,为他们提供一个安静、整洁、舒适的学习环境。

以上规范贯串着一条主线,即以共产主义思想为核心。图书馆员自觉遵守职业道德规范,不仅对改造自己,把自己培养成为有理想、有道德、有文化、守纪律的劳动者起着重要作用,同时也对建设社会主义精神文明的窗口——图书馆,发挥出不可低估的作用。

三、图书馆员职业道德的作用

1. 有利于图书馆员树立职业责任感

图书馆员只有经过职业道德的培养和陶冶,才能成为热爱专业、忠于职守、又红又专的图书馆员。1982年5月,胡乔木同志在团中央纪念"五四"座谈会上讲话时曾强调职业道德的巨大精神作用。他说,职业道德是对职业特有的光荣感、责任感,能把人们思想推向崇高的境界。他要求各行各业都要建立起共产主义的职业道德。实践证明,在图书馆界,无论是老一辈功臣模范,还是新一代先进工作者,他们都是最讲职业道德的楷模。正因为他们为全国20多万图书馆专业工作者树立了榜样,激励着人们加强职业道德的训练,才改变了旧社会图书馆那种老气横秋、书斋衙门种种劣习,树立了社会主义图书馆员的新形象,从而赢得了党和人民的信任和赞扬。

2. 有利于图书馆事业健康发展

图书馆事业既是向全社会提供精神文明实体部分的"社会大学",又是科学技术研究事业的一部分。发展这一事业必须具备两个基本因素:一是要有一定的物质条件,才能给图书馆事业以必需的装备;二是要有一支热爱图书馆事业,献身图书馆事业的专业队伍。这支队伍既要有高超的学术水平和熟练的专业技能,又要有良好的职业道德修养。

从新中国成立到现在,图书馆员在图书馆学的研究、教学和各类服务中,取得了数以万计的成果,其中有的达到很高的水平或有重要意义的突破。这些成绩的取得,都有一个共同特点,就是发挥了集体主义精神,是社会主义协作攻关的产物。在许多项目的研究过程中,无论是年过花甲的老专家,承上启下的中年骨干,还是风华正茂的年轻人,他们都具备不求名、不谋利的共产主义品德;严谨求实,勇于探索的科学态度;互相支持,互相配合的协作精神。例如,《中国图书馆图书分类法》的编制出版,就是突出的事例。马克思曾经说过:"只有在集体中,个人才能获得全面发展其才智的手段。"①这一至理名言已充分为我国图书馆学研究所证实。相反地,不讲道德,追名逐利的人,尽管拥有许多知识和技能,由于精神空虚,道德崩溃,也不能成为科学的主人。

当然,这还只是图书馆学研究的一个方面,而更为广阔的天地是服务在生产、科研、教学第一线的图书馆员,他们在积极满足读者对知识需求的无数先进事迹中,无不闪耀着美好职业道德的思想火花。因此,我们可以毫不夸张地说,图书馆的职业道德,正在越来越明显地、有力地推动着我国图书馆事业向现代水平前进。

3. 有利于全社会形成良好的道德风尚

当代图书馆事业作为社会的一个子系统,已经渗透到社会经济、生产、生活的一切领域,是接触社会较广的行业之一。它的社会功能正在日益增强,涉及亿万人民对科学文化的追求,影响着社会各界对"四化"贡献的大小,它的发展越来越受到人们的关注与期待,而图书馆员的职业道德也就牵连着亿万读者的心弦。面对整个社会,图书馆员职业道德的模范作用,是促进社会安定团结的重要道德因素之一。

第三节 图书馆员的科学文化素质

图书馆员的科学文化素质是指图书馆员在图书馆实践中所具备的科学文化知识结构及其程度。图书馆员科学文化素质的优劣,智能水平的高低,直接关系到图书馆职能的发挥。

一、图书馆员科学文化素质的内容

1. 比较系统的马克思主义哲学知识

马克思主义哲学知识,是我们一切工作的指导知识,这已是人所共知的。在图书馆员的科学文化素质中,应把这门知识放在最重要的地位。学习马克思主义哲学的目的,总的来说,是为了树立辩证唯物主义。学习马克思主义哲学的目的,总的来说,是为了树立辩证唯物主义与历史唯物主义的世界观,掌握科学方法论,并以它指导、观察和处理一切问题。

2. 精深的专业知识

对于任何职业来说,都有一个扎实的专业基础知识的要求,因为没有这一起码条件,就不可能胜任本职工作,有所发明创造。一个好的图书馆员应有自己的学科专长,特别对和自己工作有关的学科应有较系统的了解,这是提高工作质量和服务质量所不可缺少的条件。

3. 必备的图书馆学科知识

凡是与图书馆业务有关的知识都应尽量掌握,包括图书馆学、目录学、情报学、文献学等的基本知识,这样才能适应不断发展的图书馆业务。

4. 广博的相关学科知识

现代科学发展的重要特点之一就是综合性,这一特征就要求图书馆员的知识结构不能

---

① 马克思,恩格斯. 马克思恩格斯选集(第1卷)[M].北京:人民出版社,1953:82.

仅限于本专业的知识，而要一专多能，以博济专、以深带广、博专结合。这是国内、国外图书馆工作实践所证明了的成功经验，也是信息时代对图书馆员所提出的起码要求。

5. 基本的工具性知识

这里所说的工具性知识主要是指外语和古汉语知识，外语和古汉语是从事图书馆工作的必备工具。在国际交往日益频繁的今天，图书馆的外文书籍日益增多，如果没有一定的外语水平是难以胜任工作的。同时，如果掌握了古汉语，便能在更广阔的领域里接收和传递信息。图书馆员如果具备这样工具性的知识，自然就能发挥更大的作用。

二、图书馆员科学文化素质的作用

图书馆员的科学文化素质在整个图书馆员素质中占有重要位置，是图书馆员从事图书馆工作的最基本的素质。

1. 有利于图书馆员适应当代科学技术的迅速发展

当代科学发展的形势是：分化急剧，代谢迅速，应用周期越来越短，知识产品的密集程度和知识索取的自动化程度越来越高。首先，当代科学的整体性、渗透性越来越强，知识的专一性和综合性越来越显著。边缘学科的层出不穷，各学科间的相互渗透，填补、丰富了学科间的交叉空白地带。许多横断学科的出现，使得传统学科的界限越来越模糊，人们要看懂一种杂志往往需要具备四五种学科基础知识。与此同时，知识的分类越来越细，研究课题越来越专，在每一狭小的专业内要取得突破性进展，都要以雄厚的知识群体作后盾。其次，学科理论的高度抽象性和更替性越来越突出。由于近代以来一度遍及各个领域的控制论、信息论、系统论和近年来风靡一时的耗散结构、突变论、协同学等横断学科的创立与普及，现代数学以及电脑软件科学的发展，使得当代学科中一些高度概括抽象性的原理出现，各具体学科的特殊规律多不胜数。"信息革命"的澎湃浪潮激起学科内部结构的迅速分蘖，知识更替周期大大缩短，人脑要以传统的方式应付这样的知识吞吐量，已出现"危机感"。再次，知识的创新性和批判性越来越鲜明。由于新兴学科从基本结构到研究方法都出现了新特点，使得传统学科很多惯用概念和一般规程已开始不能适用了。一些依赖于直觉的、过去认为不证自明的"公理"，现已变得相当可疑，有的甚至被证明是谬误。最后，科研工作的社会协作性和综合性越来越强。当今许多学科我中有你，你中有我，没有各学科专家们的广泛协作配合，要取得进展是困难的。

上述科学技术的形势和特点告诉我们：今天，智力不再仅仅是知识的思维了，它也是尽可能更好地面对整个环境的行为。谁具备适应世界的能力，谁就是有才智的人。面对形势的特点和要求，每一位图书馆员都有必要对自己的知识智能结构进行一番冷静的思考，全面的审理、评估和调整。经常注意吸收新知识，消化新知识，勤于思考、探疑，"小疑小进，大疑大进；一番觉悟，一番长进"。图书馆员只有在科学文化知识上不断地"大进""长进"，才能有效地开展图书馆工作，在图书馆工作实践中富有预见性、开拓性和创造性。

2. 有利于提高图书馆员的专业服务效果

在图书馆的全部活动中，图书馆员的活动是最基本、也是最主要的活动。而图书馆员的科学文化素质是提高专业服务效果的基础。正如古人所云："水之积也不厚，则其大舟也无力。"

图书馆收藏着大量科学文献资料，它是汇集科技最新成果的情报基地，也是组织利用世界文献资料的基地。图书馆员进行科学情报的传递工作,不仅为科学研究提供所需要的文献资料,而且还传播最新的科学知识和科研成果,报道国内和国际上科学研究的现状和发展动向,帮助科学工作者掌握世界上科学的先进水平和进展趋势,以便探索自然的奥秘,攀登科学技术高峰。图书馆员如果没有优秀的科学文化素质,要在科学研究中发挥"耳目""尖兵""参谋"的作用是不可想象的。因此,当今的图书馆员要想胜任图书馆工作,提高服务水平,必须高度重视自己的科学文化素质的提高。

此外,图书馆员的科学文化素质还有利于图书馆员成功地总结图书馆工作经验,推动科研工作的进行。

3. 有利于图书馆员自身品德的完善

图书馆员的知识结构、文化素养有利于确立热爱图书馆事业,献身图书馆事业的思想。人们通常认为,思想空虚与知识贫乏是联系在一起的,而智慧、觉悟又是与知识水平紧密相关。当我们对某项职业的知识缺乏足够的了解,就不能产生一种自觉意识去尽力从事这一职业,正如目前有极少图书馆员自叹图书馆工作"无后门""无油水"而不安心现职工作一样。当我们具备了优秀的科学文化素质,认识到图书馆工作在人类社会发展中的巨大作用时,我们就不能不为自己从事的职业而自豪、奋发,产生崇高的使命感。同时,图书馆员具备优秀的科学文化素质,能够涵养人的品德情操,促进人格的完善。高尔基在《文学的世界性》一文中说过:"人的知识越广,人的本身也愈致完善。"图书馆员掌握了丰富的知识,就能提高道德认识和道德觉悟,增强识别美丑的能力;就能正确地把握自我、评价自我,自觉用图书馆员道德规范去调节自己与他人、与社会的关系。知识最富有的人,往往也是最谦虚、最知道不足的人;只有那些"半瓶醋"则因自己差半截而时时担心被同伴们埋没,处处表现自己,盲目自大。图书馆战线上许多做出卓越贡献的优秀分子,他们学识是那样渊博,但对同行们是那样宽和、谦逊,对读者是那样平易近人,而在名利得失问题上又是那样的自律、高尚。面对这些图书馆员,人们不只敬重他们学业上的重大成就,更敬重他们的高尚人格。还是高尔基说得好:"只有知识才是力量,只有知识能使我们诚实地爱人,尊重人的劳动,由衷地赞赏无间断的伟大劳动的美好成果;只有知识才能使我们成为具有坚强精神、诚实的、有理性的人。"

第四节 图书馆员的心理素质

图书馆活动是人的社会活动。图书馆员与读者以文献为媒介,互相接触交往,他们都在这些活动中,实现着一系列的心理过程。例如图书馆员的服务态度,业务技能,读者的动机、目的,阅读倾向,还有他们在这些活动过程中所表现出来的不同兴趣、不同感情以及意志和个性特点等,都是图书馆活动中的心理学问题。

一、图书馆员心理素质的内容

辩证唯物主义认为,心理是客观现实在人脑中的主观反映。因此,图书馆员的认识过程、情感过程、意志过程以及所有心理素质的形成和发展,都是客观现实在图书馆员头脑中的反映。根据马克思主义的观点,也是人的特征——意识产生的决定性因素。所以,图书馆员积极的心境、情绪和毅力等,这些心理素质也就根据他的特殊环境、特殊劳动而构成了他的特殊内容。

1. 轻松愉快的心境

心境,是一种微弱、平静而持久的情感状态,也就是平常所说的心情。心境一经产生就不只表现在某一特定对象上,而是在相当长一段时间之内,使人的整个生活活动都染上某种情感色彩。心境有积极和消极之分,积极的心境使人朝气蓬勃,处于欣喜状态,头脑清楚,求知欲旺盛,能提高工作、学习效率;而消极的心境则使人消沉,常处于一种被动的抑郁不欢状态,因而影响工作和学习。

职业和环境对图书馆员的心境提出了很高的要求。图书馆员服务对象包括工、农、商、学、兵、干部、知识分子等各种职业、各种年龄、各种文化程度的读者。图书馆员不仅以外借、阅览、参考咨询、文献检索、书目情报活动等来满足广大读者的不同需要,而且还要以自己的志趣、才能、性格、情感、意志、心境去影响读者。由于图书馆实践活动的需要,一般地说,图书馆员谦虚谨慎,严格要求自己,处处想读者之所想,急读者之所急,在图书馆员与读者相互作用、相互反馈影响下,图书馆员与读者的思想感情是和谐、融洽的。

2. 平静稳定的情绪

情绪,是人对现实世界的一种反映形式,但又不是直接的反映,它是人对现实是否符合人的需要和社会需求而产生的一种情感上的体验。这种情感体验亦有积极和消极之分,如高兴、激动、热情、爽朗、幽默、兴奋等,就是积极的情绪体验。而与之相反,如悲观、苦闷、冷淡、惆怅、愤怒、失望、沮丧等,就是消极的情绪体验。图书馆员的情绪是由其特定的职业活动所决定的。在一般情况下,图书馆员应该有自己控制情绪的能力,以积极的情绪体验激发和感染读者。在为读者服务过程中,对读者以诚相待,真心实意地为读者服务,用自己真诚的感情去感动读者心灵。尽量让读者在茫茫书海中找到所需要的书刊资料。这就要求图书馆员经常表现出亲善、平静与幽默的情绪,毫无保留地贡献出自己的精力、才能和知识,甘为他人作嫁衣裳。

3. 广泛的求知兴趣

兴趣是人们在认识活动中积极探求某种事物或从事某项活动的倾向。人的各种活动都是由一定的动机所引起的。动机是激励人的行为以达到一定目的的内在原因,是在社会生活实践中形成和发展起来的,表现为一种意向、愿望或兴趣。图书馆活动中最现实最活跃的动机成分,是认识兴趣。认识兴趣是力求认识世界,渴望获得文化科学知识和不断探求真理而带有情绪色彩的意图活动,也就是求知欲。这种认识兴趣,对图书馆员和读者都是必要的。古今中外的许多科学家、发明家之所以取得重大成就,其原因之一,就是具有浓厚的认识兴趣或迫切的求知欲。对图书的兴趣和广阔的求知欲,是图书馆员为完成其工作任务的重要心理品质之一。

图书馆是知识的宝库,旧知识浩如烟海,新知识日新月异,图书馆员面对这知识的汪洋大海,怎样学习,怎样工作,又怎样能很好地完成服务任务以满足对不同年龄、不同兴趣、不同要求的广大读者的需要。一个缺乏知识的人,要为求知识的人服务,是很难想象的事;一个没有求知兴趣的人,想求得知识,同样是难以想象的事。因此,作为一个图书馆员,不仅要掌握图书馆学的基本知识,还要了解和熟悉各门学科的基本知识和主要内容,只有具有广阔的求知兴趣,方能通过多种途径获得多方面的知识和技能,为读者服务,从而赢得读者尊重,也使自己的工作不断深化。

4. 坚忍不拔的毅力

在图书馆工作实践中,主观和客观,都存在着许多困难,如果图书馆员没有不怕困难的意志品质,就不能很好地完成工作任务。

毅力是一种意志行为,是一种有目的的行动,它和克服一定困难相联系。长期不懈、持之以恒、不怕困难、知难而进,是图书馆员具有坚忍不拔的毅力的重要特征。搞好图书馆工作,总是既要有旺盛的精力,又要有坚强的意志。图书馆员要坚持不懈地了解读者,熟悉馆藏,坚持不懈地探索图书馆工作规律和改进工作方法,坚持不懈地积累知识和总结工作经验。如果图书馆员缺乏果断性、勇敢性和坚定性,就不可能严格要求自己。在面临困难的时候,就会在困难面前无所作为。因此,图书馆员坚忍不拔的毅力不仅为实现图书馆工作目的所必需,而且也是每一个图书馆员都应具备的心理素质。

二、图书馆员心理素质的作用

心理健康的图书馆员表现为智力正常,具有从事图书馆工作应具备的一般能力和特殊能力。这是做好图书馆工作所应具备的最基本的心理条件。

1. 有利于图书馆员与读者建立良好关系

心理健康的图书馆员在服务工作中可以使读者产生一种愉快的感情体验。图书馆员在接待读者的过程中和颜悦色,笑容可掬,可使读者产生一种愉快而友善的情感,从而愿意与图书馆员接触,少顾虑,并敢于提出咨询。图书馆员与读者互相尊重,感情融洽,便会产生良性循环,读者因此也对图书馆更加留恋。可见,图书馆员的心理素质在图书馆读者服务工作中的作用是十分重要的。图书馆员应该以身作则、满腔热情地对待每一个读者,以自己愉快、乐观的情绪去感染读者。

2. 有利于最大限度地发挥图书馆员的身心潜能

心理健康的图书馆员总是对自己的生活、工作感到相当满意,学习、工作和生活总是乐观的。在他们中间,虽然聪明才智不尽相同,但是没有心理障碍,其智慧和专长都能充分发挥出来,并能取得一定成就,获得成功的喜悦。这些反过来又促进他们学习、生活和工作的乐趣。如果不是这样,由于种种心理障碍,比如因生活平淡无味,缺少社会活动的条件,或者总是抱怨社会地位不高、整天怨天尤人,以致把学习、工作和生活看成是负担,使自己的聪明才智无法发挥,这就不能说是心理健康了。

3. 有利于提高图书馆员心理挫折忍受力

俗话说,"人生逆境十有八九"。同样,图书馆员在工作和生活中不可能事事都一帆风顺,在通向目标的过程中,经常会遇到各种各样的困难和障碍。当目标不能实现,需要不能满足时,就会产生不愉快的情绪状态,引起心理挫折。健康良好的心理素质,对于预防和克服图书馆员的心理挫折具有积极的防卫作用。可以提高图书馆员心理挫折的忍受力,维持心理平衡和自尊、自信、自爱的心理,能够提高工作效率,保持愉快的心境,从而提高对各种环境的适应能力。心理健康和思想觉悟高的图书馆员,一般对挫折的忍受力大,面对挫折,能够泰然处之,不急不躁,寻觅排除挫折的良方妙策。而思想觉悟不高、缺乏良好心理素质的图书馆员,在挫折面前,往往束手无策,表现茫然,甚至唉声叹气、心灰意冷。久而久之,不仅会影响图书馆员的思想情绪,还会产生精神疲劳和神经衰弱,造成体质下降,影响工作质量和工作效率。因此,作为图书馆员应树立百折不挠的精神,增强克服困难的毅力,变挫折为动力,变逆境为成功。

第五节　图书馆员的能力素质

能力素质是图书馆员渊博知识、工作热忱得以充分发挥的实际工作本领。当今,能力素质被视为一个图书馆员能否为图书馆事业建功立业的前提条件。

一、图书馆员能力素质的内容

图书馆员要实现传播知识、对读者进行教育,促进科学文化事业发展的目的,就必须具备良好的能力素质,方能高效率地运用知识来为读者服务。

1. 阅读能力

熟悉馆藏、了解各种图书内容、推荐图书、阅读指导、解答咨询、开展科技服务等,都需要图书馆员阅读大量的书刊资料。阅读是图书馆员获得专业知识和其他学科知识最基本、最经常、最有效的手段。这就要求图书馆员具备一定的阅读能力,从而提高服务质量和工作效率。

2. 专业能力

图书馆员除掌握一般专业技能外,还应具有使用各种工具书的能力。诸如有进行书目、文摘、编译、题录、索引编写的能力和对读者进行阅读指导的能力,除此之外,还应具备口头和书面表达能力。

3. 分析能力

不论对图书内容,还是对读者的阅读需要、阅读心理、借阅规律,都需要进行分析和研究。这就需要图书馆员有良好的心理素质,能深入调查研究,勤于思考。

4. 管理能力

图书馆在收集、整体、保管、传播和利用文献等方面,都涉及管理这门科学。科学的管理办法基于图书馆员的管理能力,这里包括图书馆工作的计划、组织与评介、人员配合、经费安排、藏书分配、各相关机构或系统间的协调和合作等。组织者的管理能力和工作人员的管理能力,无疑是图书馆科学管理的根基。

5. 创造思维能力

图书馆员不仅是人类文明的传播者,而且是人类文明的创造者。图书馆员的劳动绝不是单纯的借借还还,而在搜集、整理、传播文献的劳动过程中,孕育着创造,进行着创造。要创造就必须具备创造思维能力。创造思维能力是一个人的诸种能力中很可贵的能力。有创造思维能力的图书馆员才能一边为读者服务,一边搞科学研究,对图书馆事业的发展做出巨大贡献。

6. 科学研究能力

图书馆员的工作是科学研究的前期工作,图书馆员是科研人员的一部分。图书馆的各项工作,包括对文献的搜集、整理、保管、流通等,都需要精心的研究。因此,图书馆员必须具备科学研究能力。也只有这样,图书馆员才能适应图书馆的学术性工作,为图书馆事业发展做出贡献。

7. 开展社会活动的能力

图书馆是人们共同使用文献财富的一种组织形式。图书馆藏书被读者利用得越充分，图书馆员的社会作用就发挥得越大。图书馆员为读者使用藏书创造条件，开展全民性的社会服务活动。图书馆员不应是"两耳不闻窗外事"的"藏书家"，而应广泛地接触社会，了解社会，同社会保持紧密联系，向社会做调查，掌握社会环境对图书馆所产生的各种影响以及读者参加社会活动情况等，这就要求图书馆员要有较强的社会活动能力，并要做出很大努力才能做好。

总之，当代图书馆员应具备的能力是多方面的。随着时代的进步，图书馆事业的发展，图书馆员必须具备更多的能力，成为"全能型"人才。

二、图书馆员能力素质的作用

1. 是实现图书馆社会职能的重要保证

图书馆员是图书馆的灵魂，图书馆员的能力素质是图书馆实现其社会职能的重要保证。图书馆的社会职能归根到底就是通过开发文献信息资源进行社会教育，图书馆馆藏文献是人类思想的结晶。它为图书馆员从事智力开发、进行社会教育提供了丰富的、雄厚的物质基础，但是，由于社会对文献本身存在着的认识上的局限性，图书馆馆藏文献并不是都能在同一时间里被读者全部利用的，这就要求图书馆员熟悉馆藏文献，了解读者阅读需求，为传递文献信息创造条件。如果没有必须具备的能力素质，是不可能有效地开发馆藏文献资源的。

图书馆员进行社会教育与教师不同，他的特点是利用自己所收藏的书刊资料向读者进行宣传教育。广大读者通过书刊资料的学习和利用，不断丰富自己的知识，提高自己的科学文化水平。社会各阶层的群众，从专家学者、工程技术人员到学校学生和少年儿童，只要具备一定的阅读条件，都可以成为图书馆的读者。就教育内容而言，图书馆的藏书包括了各个知识门类，涉及的范围极为广泛，图书馆读者的需要多种多样，能力比较全面的图书馆员，就能够适应各种读者在掌握基础知识，开展科学研究和进行社会实践等方面的不同需要，同时根据所担负的任务，确定的读者对象来组织藏书，开展宣传图书、指导阅读工作。有能力的图书馆员还可以利用图书和各种视听资料，开展内容广泛，形式多样的教育活动，提高广大读者的科学文化水平，从而推动社会的文明与进步。

2. 是开拓图书馆学新领域的必要条件

在当今世界，许多学者和有识之士越来越认识到图书馆在科学研究中发挥着"耳目""尖兵""参谋"的作用，图书馆员正面临着一个崭新的图书馆科学领域。只有充分认识能力素质的重要作用，才能主动迎战、夺取胜利。

首先，有助于图书馆员适应学科更新、发展的需要。

图书馆学的发展，不仅表现在图书馆学内部的不断分化，而且，随着图书馆社会化的形成和发展，图书馆学与其他学科的联系得到加强，出现了科学综合化的趋向。这对于搞图书馆工作而又缺乏能力素质的图书馆员无疑是很严重的挑战。图书馆员只有具备了优良的能力，才能迅速地掌握新知识、新学科，以便胜任图书馆工作。当前已经没有任何一所高等院校能够培养出掌握所有新学科的图书馆员。何况新学科还将随着时间推移层出不穷而令图书馆员应接不暇，在这样的情况下，最积极的办法就是让图书馆员具备优良的能力素质，以进取的学习能力去适应学科更新、发展的新趋势。

其次,有助于图书馆员掌握和运用新的工作方式和手段。

当代科技发展对图书馆员的工作方式方法施加了巨大的影响,提供了新的物质基础和技术条件。目前,在发达国家中,图书馆的工作方式正在向自动化的方向发展。除了电子计算机在图书馆的应用之外,缩微视听设备的应用,也使图书馆工作手段发生了革命性的变革,所有这些,如果离开了较高的能力素质,都是不可思议的。由此可以断言,能力素质出类拔萃的图书馆员才配作图书馆科学领域的开拓者。

第六节　图书馆员的身体素质

身体素质是人体活动的一种能力,指人体在运动、劳动与生活中所表现出来的力量、速度、耐力、灵敏及柔韧性等机能能力。图书馆员特定的生活环境和工作特点,要求图书馆员的身体素质要全面发展,而重点应体现在具有较强的耐受力,反应敏捷,精力充沛等方向。

一、图书馆员身体素质的内容

1. 体质健康,耐受力强

图书馆员只有身体强健,才能精力充沛、心情舒畅地学习和工作。

耐受力是指有机体长时间活动与疲劳做斗争的能力。耐受力表现在图书馆员身上,主要看他对长期的图书馆实践活动的承受力如何。图书馆工作一向被认为轻松,没什么体力劳动,这完全是一种误解。今天,即使图书馆的一些部门实现了自动化和机械化,吃苦耐劳的体力功也得提倡。比如像国家图书馆这样的大型图书馆,每年进书六七十万册(件),流通六七百万册(件),新书要有人搬,还要经过采访登记,分类著录、写号贴标、进库上架等加工,最后才能投入流通。每个环节都要有人去搬它。至于每年六七百万册图书流通,更需要图书馆员逐册从架上取下来送给读者,再从读者手中接过来逐册归架。图书馆的书库工作人员每天持书负重行走十里、二十里,这当中的体力辛苦可想而知。需要有健康的体魄来承受这种艰苦劳动的重负,无论是取书归架、分类编目,还是开展社会读书活动,都需要付出巨大的体力和脑力。这种职业劳动的特点决定图书馆员必须具备强健的身体和坚毅的耐受力。

2. 博闻强记,心灵手巧

图书馆,特别是大型综合性图书馆,它所藏的知识,可以说是古今中外全人类的知识,如此广博的知识,图书馆员要全部知道是不可能的。但图书馆的工作性质,要求它的从业人员要博闻强记,则是完全应该的,也是完全可能的。所谓“博闻”,通俗地说就是多知多懂,而且知道得越多,懂得越多越好。所谓“强记”,就是记得牢,记得清,记得多,不能什么都要去查找。没有记忆就没有知识积累,博闻也就成了过眼烟云,随知随忘。对于图书馆员来说,不但对各门学问、各种知识要长于记忆,对各门学问、各种知识的出处更要长于记忆,乃至对于书名、刊名、篇名、作者、译者、加工者,也是记得越多越好。因为图书馆的工作,不仅是读者要什么能给什么就算做好了,而是应针对读者的研究课题,将读者不知道的新资料、新知识也提供出来。图书馆员,要尽可能地多知书多记书,不但对书的内容要大略知道,对书的分类、主题及传本源流、版本优劣等也应大略知道。这样为读者服务时,就能得心应手,令读者满意,从而充分发挥图书馆的效用。图书馆内部工作同样需要工作人员博闻强记,采访工作要求多知多懂才能真正胜任,分类编目要求多知多懂才能分编准确,至于参考咨询人员,那就更得见多识广,记忆力惊人,否则选书就会盲目,分编就会混乱,咨询就会走弯路而事倍功半。因此博闻强记是图书馆员必备的素质。

图书馆的工作,不都是知识性、学术性很强的工作,还有一些属于技术操作性质的技能工作。如打字、贴标、写号、抄片、刻片、印片、排片、检字、倒架、归架等,并不含多深的知识,却有很多技巧在里边。身体素质好,操作熟练,就能多快好省;身体素质不好,技术不熟练,就会少慢差费。60年代前期,图书馆界曾涌现过一批操作能手,他们可以多快精准地闭眼打字;他们一口气可以背出许多汉字的笔画,使卡片排检多快稳准;他们一天可以刻出六七十张卡片蜡纸,而且字体隽秀,笔画勾净,格式端庄;他们一天可以刷印二三千张卡片,而且敷墨勾净利落,字迹清楚、美观;他们一天可以取书600种,归架上千种,而且整齐准确无误。今天,电子计算机正在推动着图书馆的自动化进程,对图书馆员的操作技能提出了新的要求。图书馆员要不断学习,掌握新的知识和技能,适应新的工作。

3. 反应敏捷,精力充沛

反应敏捷和精力充沛是图书馆员身体素质的重要内容。反应敏捷是以人的中枢神经系统的功能作为物质基础的,而只有在人体各部分健康、协调的发展中使人精力充沛的情况下,人的神经系统才能思维敏捷。因为在精力充沛的情况下,中枢神经系统处于兴奋状态时,对思维起到促发启示的作用,反之对人的视听能力、敏感性、分析和理解问题的能力将起到衰减和抑制的作用,因此,一个图书馆员要想获得敏捷的素质,必须保持精力充沛。

图书馆历来被看作社会课堂,担负着进行社会教育的重要任务,图书馆除了具有渊博的知识、多元的能力之外,很重要的一点便是要具备反应敏捷、精力充沛的内在素质。在图书馆员的职业生活中,反应敏捷主要体现在感知、智能、思维3个方面。

图书馆员感知的敏锐性,要求图书馆员熟悉馆藏文献,了解读者的阅读心理、阅读需要和阅读倾向,有针对性地开展图书宣传、阅读辅导活动。

图书馆工作是传递信息、交流知识的一项复杂劳动。信息内容广泛、知识结构复杂,它们涉及各个行业、各个学科领域,而读者的需求又是多方面、多层次的。这就要求图书馆员对各学科,包括社会科学、自然科学、工程技术等知识有一个轮廓的了解,还要对这些学科目前的发展情况有一个大概的认识。如果图书馆员没有浓厚的学习兴趣,较强的求知欲望,是做不好图书馆工作的。

反应敏捷体现在图书馆员的智能方面,主要是应变能力,分析综合能力和创新能力,要求图书馆员不仅有较强的组织能力与社会活动能力,还要讲求艺术。善于言谈,善于选择对象,善于抓住机遇,善于利用各种场合,将图书馆拥有的知识信息发布出去,把图书馆业务服务的范围、方法、方式介绍出去,沟通双方的思想,增进彼此的了解,从而创造性地开展读者服务活动。

思维是人类大脑特有的功能,思维敏捷是图书馆员的必备素质。图书馆员在开展情报服务活动的过程中,读者会不断地要求图书馆员提供针对性最强、时效性最新、品质最高、最实用的信息与资料。这就要求图书馆员不仅要有较好的情报意识修养,而且还必须具有敏捷的思维和创新意识。

(1)要对新学科、新知识有较好的了解,并善于分析、判断和综合研究,迅速做出反应,从浩瀚的情报中捕捉那些极有价值的东西。

（2）有些情报往往带有很大的隐蔽性，有些情报又往往正处于萌芽的状态，图书馆员要有犀利的洞察力和科学的预见性，拨开迷雾，找出原形。

（3）有些情报随机性、偶然性与散布性很强，图书馆员要有高度的想象力、记忆力与综合力，把片断的、点滴的、瞬息的现象和材料串联起来加以思索、理顺和提炼，并做出相应的对策，使它们得到充分的利用。

图书馆是知识的宝库，图书馆员应该成为智能开发的典范。图书馆情报服务工作本身就是创造性活动，在进行创造性思维的同时，要突出敏捷的特点，做到灵感一动，万念归一，豁然开朗。

二、图书馆员身体素质的作用

身体素质是图书馆员诸多素质中的一个方面，它的重要作用在于它是图书馆员的思想道德、科学文化、能力等各种素质的基础，即"德、智皆寄于体"。图书馆员的身体素质在他的职业活动中起到不可忽视的作用。

1. 图书馆员健康的体质，是完成图书馆工作任务的前提

有一些人看来，图书馆工作是清闲的，是"风吹不着，雨淋不着"的好差事，有些人抱着清闲、求安逸或养老的思想走入图书馆，其中不少是"老、弱、病、残"，他们没有事业责任感，图书馆变成了养尊处优的"图舒馆"，严重地影响了图书馆工作的正常开展，降低了图书馆的社会地位，影响了图书馆事业的健康发展。

图书馆员的劳动是十分辛苦和复杂的，有一位读者曾对读者工作人员这样描写："一个图书管理员不仅是一次又一次重复，上千次地把图书送给读者手中，而他们工作的苦衷，以及没有在星期天和节日休息也鲜为人知，他们也是有孩子的母亲、父亲，他们假日里应该和其他父母一样同孩子一道上街、游园，但他们没有这样！"读者对读者工作人员的这几句话，一方面赞扬了读者工作人员，另一方面也道出了要做一名读者工作人员没有一点甘愿吃苦和利他精神是不能做好读者工作的，读者工作人员不是单纯的图书递接，也不仅是计算借书的人数册数，还要懂得图书分类编目，并且还要善于把读者读书兴趣纳入一定的轨道，要启发读者自学精神，要在读者中间进行大量、细致的指导工作。读者工作人员的劳动，既有搬动上千上万册书，不厌其烦一次又一次为读者取书拿书，手脚不停的体力劳动，又有帮助读者正确利用图书馆，查阅目录，宣传图书，推荐图书，指导阅读的脑力劳动，如果没有一个健康强壮的身体作保证，是无法去完成如此艰辛、复杂的劳动的，这就是图书馆员身体素质的重要之所在。

2. 图书馆员健康的本质，有利于组织开展各种社会活动

随着社会经济和改革的深入发展，图书馆的服务对象日益广泛，工作范围和服务内含不断扩大。图书馆不可避免地与公众发生联系。图书馆员为了争取图书馆的经费，增进社会公众对图书馆的了解，更新图书馆的形象，开展一系列的社会活动，图书馆员健康强壮的身体，是开展一系列社会活动的重要条件，而且图书馆员健美的体格，可以给读者树立良好的形象。读者对精神饱满、体态健美、整洁大方的图书馆员，存在一种愿意接近和寻求服务的心理需求，并能放心地进行借阅交往。

第七节 图书馆员的风度仪表

风度仪表是一个人的德、才、体、魄等各种素质在社会交往中的综合表现所形成的独特风貌。

一、图书馆员风度仪表的要求

风度就是人的言谈、举止、态度,风度仪表虽然不是图书馆员的主要素质,却是图书馆员内在素质的真实表现。风度仪表有不同的表现形式,有的敏捷机灵、有的老成持重、有的坚毅果断、有的温柔细腻、有的潇洒大度、有的文静典雅、有的热情洋溢、有的含蓄深沉、有的幽默风趣、有的庄重大方、有的雍容华贵、有的朴实自然、有的豪迈粗犷、有的文质彬彬,如此等等。图书馆是社会文明的窗口,图书馆员是人类文明的传播者。因此,图书馆员的风度仪表,无论在宏观和微观、群体和个体等侧面,都将产生在其他职业成员所不能比拟的广泛而深刻的社会作用。

图书馆员的风度仪表美,是美好心灵的一种表露,是内在优秀品质的表现,是图书馆员在馆员生涯中逐步形成的。善于修饰"润色"自己的外表行为,是图书馆员的职业需要。在这个以管书育人为中心的知识领域,要使人与人之间的交往变得愉快、亲切和高尚,就必须讲究礼节、风度和仪表。

图书馆员的职业活动从形式到内容都是丰富多彩的;其年龄、专业、情趣、社会阅历也呈现多层次状态。图书馆员的风度仪表,也依据各自的心理、形体、气质、爱好、生活习性和实践,形成自己比较稳固的外部特征,如果从教育和培养意向出发,图书馆员的风度仪表大体可列为下述模式。

1. 衣着朴实整洁而不呆板

朴实整洁而不呆板是对图书馆员衣着的基本要求。服饰具有较明显的表达功能,现代社会随着人际间交往的扩大和人们审美情趣和心态的变化,人们对服饰越来越重视,通过服饰人们可以表现自己,了解别人,影响别人。服饰整洁、得体给人的外部形象好,有利于人们对图书馆员产生良好的第一印象。反之,衣冠不整,邋里邋遢定会使人感到厌恶。一个人的服饰既表露情感,又显示智慧,更可透露出自己的人生哲学和人生观,是一个人的素质修养的"自我延长"。所以,每位图书馆员都应格外讲求服饰艺术,在着装时,要着眼于职业需要,应整洁、朴实、得体、文雅,与环境、季节、年龄、体形、性格、身份统一和谐,避免不整洁不得体的服饰。

2. 稳重端庄而不娇饰

这一条是针对图书馆员的仪容举止而言的,稳重就是举止得体,庄重潇洒,不卑不亢,落落大方,坐有坐样,站有站样,体态活泼而不失端庄。英国哲学家培根说过,相貌的美高于色泽的美,而秀雅合适的动作美,又高于相貌的美,这是美的精华。图书馆员要在举止上严于律己,严加自我规范,凡事从自我做起,从身边小事做起,要特别注意举动不可轻浮,说笑不能放肆;作风不可散漫,行为不可粗俗。图书馆员履行的是管书育人的工作,要善于控制自己的情绪,切不可装腔作势,大发威严,无论在什么情况和场合下,都应沉着、冷静、谨慎、有条不紊、从容不迫。以稳重的举止,端庄的仪容,大方的体态,给读者以稳重、亲切的感觉。

3. 活泼开朗而不轻浮

图书馆员富有朝气,活泼开朗能给人以生气勃勃、坦率而豁达的良好形象。如果遇事不沉着,素常言行不庄重,是不符合职业规范要求的。一般说来,图书馆员要精力充沛,意志坚强,生动活泼,反应迅速灵活,情绪兴奋,外倾性明显。但不可轻浮,应该养成自己沉着安静等内倾性特点。这样,图书馆员就能既积极、活泼、有朝气,又稳重、沉着、刚毅,在充满朝气的愉快环境中和读者相处,始终保持积极、主动、活泼开朗的工作情绪,精神振奋,充满信心地完成工作任务。

活泼开朗而不轻浮,轻松愉快而不懒散,不是人天生就有的,也不是在某种场合硬装出来的,而是在日常生活和工作中逐渐培养起来的,也是性情气质的自然表现,图书馆员只有有意识地进行培养和完善,才能具有那文静潇洒、质朴开朗、彬彬有礼、刚毅果断、稳重沉着、爽快大方的风度。

4. 热情大方而不做作

热情是融化图书馆员与读者隔阂的阳光。娜·康·克鲁普斯卡娅说过:优美的举止是总的文明的一个组成因素。并坚决反对日常生活和行为中老爷派头。图书馆员,尽管心地善良,但如果总是一味地严肃,板着面孔,动辄训斥,就未免使人望而生畏,收不到预期的服务效果。当然,如果心无诚意,那就更为虚伪和可鄙。图书馆员的待人之美,当以善为基础,没有实质的善,无论表演得怎样热情大方都是不足取的。

图书馆员风度中包含的言谈、举止、态度、作风,一般都是在待人接物的过程中表现出来的。在现代社会,各种关系中最根本的是人际关系。图书馆员的诸多素质,通过人与人的交往过程显示出来。在待人接物方面,最基本的要求是热情大方,而不矫揉造作。除此之外,还要善于掌握分寸,尽量避免因言语或动作失误而引起读者的不快,一个有分寸感的图书馆员,还表现为对别人的言行失误不幸灾乐祸和故意大惊小怪。但对那种不拘形迹的亲昵态度和轻浮、放荡行为,要坚决反对。一个图书馆员要在读者眼里热情而不俗气,富于真情实感而不做作,就应该像鲁迅先生说的那样:有真意,不粉饰,少做作,勿卖弄,才能真正得到读者的尊重。

5. 谦逊文雅而不庸俗

语言是人们社会交往中传递信息、交流思想感情的重要工具,因而言谈不能不是人的内心世界的表露。谦虚文雅、高尚优美的言谈,反映着美好的思想品质、趣味、情操和文化教养。图书馆员的言谈其在风度上的表现应该是和气、文雅、谦逊、温和而有礼貌,不讲粗话脏话,不强词夺理、恶语伤人,工作和日常生活中的谈吐不鄙陋野俗。特别要摒弃语言表达中的冷漠、骄横和庸俗,同时避免用任何不容商量的要求或命令的语气。这就能为我们赢得信任,和周围的人建立亲切的友好关系,有助于完成一个图书馆员的神圣使命。

二、图书馆员风度仪表的作用

图书馆工作以传播知识、交流情报、施教于人为宗旨,与社会和读者建立了颇为广泛的联系。在这广泛且相互依存的联系过程中,无论是信息的传递与智力的开发,还是情感的沟通与心理的交融,图书馆员的风度仪表都起着广泛而深刻的社会作用。

1. 图书馆员的风度仪表对图书馆形象的影响

图书馆是精神文明和物质文明的窗口。图书馆员的行为举止、情态、仪容等形象,在某种意义上说,是图书馆形象的化身。在图书馆工作中,图书馆员的风度仪表不但在展示着自己的文化修养、道德水准和精神风貌,而且也具体反映着图书馆的文明程度。从服务于社会、服务于读者的角度看,图书馆员理想的风度仪表是以广博的学识、高尚的品格和卓越的才能为依托的。文明、潇洒、热情、诚恳和有修养是图书馆员完美形象的重要标志,也是体现图书馆文明的重要标准。

2. 图书馆员的风度仪表对图书馆读者的影响

图书馆员的风度仪表是读者认识图书馆员的最初感知。图书馆员的风度仪表应符合其职业特点,对读者有一定的示范作用。整洁大方的仪容、热情爽朗的风貌和良好的服务态度,能给人留下良好而深刻的印象;而窝囊冷板的形象,粗野无礼的作风却会使人望而生畏,假如读者在借阅当中遇到了困难,图书馆员不仅积极热心地为他们提供服务,而且又千方百计地使他们的"选择"愿望和目的得到满足,这种行为就是图书馆员内在优秀品质的表现。反之,对读者不屑一顾,一问就烦,冷言冷语或故意封锁图书资料,这种行为不仅影响了读者情绪,损害了读者利益和借阅效果,而且对自己和图书馆的整体形象也带来不良影响。

第三章 图书馆员的群体结构

第一节 图书馆员的群体结构及其优化

人员能力的挖掘与开发是一个非常重要的问题。图书馆要适应时代,搞好工作,提高地位,必须提高图书馆员能力,包括个人的、群体的。在社会上,任何人都不能脱离集体单独生活,而是处在一定的群体中。因此,群体结构能力的发挥,在一个单位中起着很大的作用。在图书馆,如何使图书馆员群体(包括整个馆的群体和各部组的群体)结构科学化、合理化,便是一个举足轻重的问题。

人员群体结构的优化,是实现图书馆科学管理、发挥整体功能的重要手段。优化结构的人员群体应该是互补益、相协调、自适应、多功能、高效能的有机体。

一、图书馆员群体结构优化的意义

首先,有利于产生群体内聚力。群体内聚力是指使成员在群体内积极活动和拒绝离开群体的吸引力。历史的经验和科学的结论都表明,群体成员之间的相互作用和感情,对于群体任务的完成起着重要作用。结构优化的人员群体,能够产生出"个体力"所不可比拟的"群体内聚力"。也就是说,一个人不论怎样提高自己的能力,也毕竟是一个人的能力,而结构优化的群体所产生的能力,却等于每个成员的能力之和再加上一个"集体力",从而起到 $1+1>2$ 的增值效果。

其次,有利于发挥创造力。我国是在自己所特有的国情下建设具有中国特色的社会主义四个现代化,因此,不能盲目搬套别国的模式,必须走前人没有走过的道路。我们的图书馆事业也必须符合中国的国情,必须在社会主义初级阶段理论的指导下,走自己的路,这就迫切需要各图书馆发扬敢于创新的精神,进行创造性工作,只有结构优化的人员群体,才能充分发挥每一个体的积极性,从而激发其创造性,并协调一致地产生整体的创造力,以适应图书馆事业发展的需要。

再次,有利于实现图书馆现代化。我们所处的时代,需要科学社会化、社会科学化,要求学科高度的综合和细密的分工。这就对各类图书馆都提出了严峻的挑战,同时也对图书馆员提出了更高的要求。图书馆更要适应这个要求,单凭个人的知识才能是远远不能达到的,而结构优化的人员群体却适应于时代的要求,在充分发挥个体能力的同时,发挥最佳人员群体优势,加快实现图书馆的全面现代化。

最后,有利于达到工作高效化。工作高效化,是人员集体力、创造力和图书馆现代化的有机结合而产生的综合效应。工作高效化的主要标志,表现为有效地为读者服务,推进图书馆现代化的进程。人员群体只有实现知识化、专业化、严格化,才能使图书馆事业适应新时代、新任务的需要。

二、图书馆员群体结构优化

总的说来,图书馆员群体结构优化的内容,必须符合实现图书馆现代化的要求,具体地说,包括以下 7 个基本要素:

1. 年龄互补

年龄互补,是指人员群体应有一个合理的老、中、青比例,应有一个与各层次工作相适应的平均年龄界限,并且在经常的调整中实现动态的平衡,一般而言,年龄结构优化的人员群体,应是从事本事业的最佳年龄区段的人才占较大比例,"老马识途"的老年人才、"中流砥柱"的中年人才和"风华正茂"的青年人才都应占一定比例。年龄梯次拉开,建立较稳定的人才梯队,这就是图书馆员群体结构的年龄顺承效应。年龄结构是一种自然结构,从整体上看,调节其结构不是随人的意志为转移的,但具体到各个部组,则有很大灵活性,可以根据工作特点,制定出年龄的最佳结构。

2. 知识协调

这是要求将具有较高文化知识的人才个体,进行合理组合,使群体具有综合的知识,包括社会科学知识、自然科学知识。人员群体所在的部门越重要,其成员的知识应当越完备;人员群体的工作性质和管理方式的不同,其成员的知识结构也要有所区别。图书馆高级与中级人才一般都具有一定的理论基础和实践经验,于是在部门配员的问题上,一定要讲究高、中、初三级知识层次的人才配比,使各级知识有一定的比例,力求实现较佳的配比。这样,才能使群体成员的各种知识相互联系、相互作用、相互补充、相得益彰,形成最佳的整体功能。

3. 专业相济

这是指对各种不同专业的人才个体按其所担任的职责,进行合理组合,形成一个互相调剂、互相补充、门类齐全、成龙配套的人员群体,在专业结构优化的人员群体里,从单个的成员看,只有"一能",从全体看,却变成了"多能",只有充分利用各类人员的特长和作用,取长补短,即分工协作,消除内耗,方能实现专业互补,人尽其才,形成集体的合力。

4. 智力叠加

智力结构主要是由观察能力、记忆能力、思维能力、想象能力、行动能力五大要素构成的。一个优化的图书馆员群体的智力结构,应当由帅才型、将才型、智囊型和实干型人才按一定序列和比例构成。在这样一个智力结构优化的人员群体中,智囊型人才(顾问及广大关心图书馆事业的人员)提出方案,帅才型人才(馆级或部级领导)做出决策,然后由将才型人才(部组级领导)组织实施,最后由实干型人才(不脱产领导和工作人员)具体完成,化虚为实,这样,单个的不完备的智力经过叠加形成了统一的完备的智力群体。

5. 气质相容

是指具有不同气质类型的人员的协调组合。由于先天遗传和后天实践的影响,人们的气质是不尽相同的。人们的气质在生理学上大体分为多血质、胆汁质、黏液质、抑郁质等类型,即通常所说的活泼型、安静型、奔放型、迟缓型等,更多的则是其中的混合型。每种类型的气质,都有其好的一面和不好的一面。多血质、胆汁质的人,比较适合于从事要求做出迅速灵活反应的工作;黏液质、抑郁质的人,比较适合从事持久、细致的工作。在一个气质刚柔相济、动静共存的人员群体里,不仅可以最大限度地优化每个成员的气质,而且还能充分发挥每个成员气质的优势,各抒己见,各展其能,互相制约,互相促进,协调一致,从而产生一种无形的向心力,形成一个有力的战斗集体,发挥多功能和高效的作用。

6. 组织合理

合理的组织形式,应当符合人数精简、人员精干、职责明确、层次衔接、工作配套的原则。人数精简,是指群体成员配备适度,既无多余,又无不足。人员精干,是指群体的每个成员都具有胜任现职工作的知识和能力。职责明确,是指群体中的每个成员都清楚自己的职位、责任、权利,互相尊重,互不干涉,各司其职,各献其功。层次衔接,是指人员群体的组织层次具有紧凑性,既无重叠,又无空档,构成反馈回路。工作配套,是指人员群体中,既有负责全面工作的,又有独当一面工作的;既有果敢有力的决策者和执行班子,又有足智多谋的参谋、咨询班子,还有敏捷灵活的督促、反馈班子。具备上述特征的组织形式,有利于完成图书馆员群体所担负的工作任务,有利于发挥人员群体的整体功能。

7. 沟通灵敏

群体沟通是群体之间或群体成员之间,传达思想、观念或交换情报信息、完成目标的过程。沟通由发动者发出信息,经过一定的沟通渠道,传达给接受者,然后再把接受的信息的反应反馈给发动者,这就构成了沟通的全过程。一个人员群体的优化程度,不仅取决于成员之间的相互了解和支持,更重要的取决于信息沟通的灵敏程度。即是说,人员群体奋斗目标的规划和认同,人员群体意识的形成和强化,人员群体行为的组织和协调,都有赖于灵敏的沟通。因此,图书馆要建立一套畅通的沟通渠道网络,使每一个体都成为信息的发动者和接受者,将上级指令、个人的工作、计划、建议等迅速无误地传递。

从以上七大要素类的分析中可以看出,群体成员及其在年龄、知识、专业、智力、气质等方面的配比,是图书馆人员群体结构的实体因素;组织是人员群体结构的存在形式;沟通网络,则是人员群体结构优化的调节工具。这七大要素、三项职能之间的高度协调统一,就可以使图书馆人员群体产生最佳的整体功能。

第二节　图书馆学情报学研究人才的群体结构

图书馆学情报学研究人才群体的结构优化是通过研究人才的学历、年龄、职称、知识、组织等结构的组合是否优化加以衡量的,是通过人才的稳定和流动实现的。

在促进科学发展的诸因素中,人才起着关键作用。一部科学技术发展史,往往就是一部人才成长史。图书馆学情报学的发展也是如此。可以说,建立一支数量多、质量高、结构合理的人才队伍,是发展图书馆学情报学的关键。

一、图书馆学情报学研究人才群体结构优化原则

所谓群体结构优化的原则,就是群体在结构上达到协调、合理、优化的程度,各子系统都能以最佳的状态去实现总体目标。图书馆学情报学研究人才群体优化,就是使图书馆学情报学研究人才在群体结构上达到协调、合理、优化的程度,做到数量精干、素质优良、结构合理、充满活力,以适应未来社会主义现代化建设、科学技术发展和图书情报事业发展战略的需要。

实现图书馆学情报学研究人才队伍最优化结构,应符合下列基本原则:一是能适应图书馆学情报学科研的需要,有利于各种图书情报活动的实施;二是能适应图书馆学情报学学科建设的需要,有利于相关学科的相互交叉和技术综合,用于知识更新,形成比较完整的知识体系;三是能形成学术梯队,使图书馆学情报学研究人才群体保持正常的新陈代谢和持续发展的能力;四是尽可能地降低内耗,减少磨损,提高群体的积极性,使每个成员都能充分地发挥专长。

图书馆学情报学研究人才群体的结构优化主要是通过图书馆学情报学研究人才的学历结构、年龄结构、职称结构、知识结构、组织结构等方面的组合是否优化加以衡量,是通过图书馆学情报学研究人才的稳定和流动实现的。

二、图书馆学情报学研究人才群体结构优化的内容和要求

1. 应具有高层次的学历结构

学历是图书馆学情报学研究人员基础理论、科学研究能力的重要标志,是保证图书馆学情报学研究的基本条件。一般来说,图书馆学情报学研究人员群体中拥有高学历的人越多,学术水平越高。图书馆学情报学研究人员的图书馆学情报学研究过程,是综合运用自身知识和能力的过程,图书馆学情报学研究人员只有掌握系统的高层次知识,才能有效地、创造性地开展图书馆学情报学研究。

尽管我国在图书馆学情报学研究人员群体的学历方面提出一些要求,这几年学历比例提高较快,他们来自 50 余所图书情报学院(系、专业)或受过"五大"(函大、电大、自修、夜大、走读)教育,组成了一个由研究生、本科生、专科生、中专生等不同层次的集合体。但是由于历史的原因,图书馆学情报学研究人员学历低的状况在短期内很难根本扭转。有很多图书情报部门,前几年补充了大量的本、专科毕业生,他们大都处在图书情报工作第一线,工作任务很紧,又面临新老交替的节骨眼上,难以将他们都抽出来攻读学位或脱产学习,只能有计划地逐步地解决他们的学历问题。

2. 具有新老交替的年龄结构

一般来说,图书馆学情报学研究人才群体的年龄结构应体现老中青三结合的原则,既要有富有经验、能把握方向的老同志,又要有年富力强、承上启下的中年同志,还要有思想敏锐、奋发有为的青年同志。合理的年龄结构应当有利于出人才、出成果。

图书馆学情报学研究人员从事的是创造性的脑力劳动,需要有旺盛的精力和高度的创造力。然而人的一生中并不是所有的年龄段都能满足这个要求。从生理学角度看,人的记忆力在超过一定年龄后,往往会衰退,而理解力却随着年龄的增长而增强。这样,一生中只有在记忆力和理解力都处在高峰期时,才能表现出较高的创造力。据统计,杰出的科学家做出重大贡献的最佳年龄在 25—45 岁之间,其最高峰值为 37 岁左右。而首次做出贡献的最佳年龄为 33 岁左右。有人做过诺贝尔奖获得者平均年龄的统计,物理奖为 35.5 岁、化学奖为 41.7 岁、医学奖为 39.5 岁,总的平均年龄为 38.8 岁。

要使图书馆学情报学研究人员年龄结构合理,关键是各个年龄段的比例合理。我国图书馆学情报学研究人员年龄段存在不可忽视的问题,即图书馆学情报学年轻研究人员的比例过大,今后要逐步做到:新老交替,不出现断层,不产生拥挤,使老退、新进处于平衡状态。

3. 具有比例适当的职称结构

图书馆学情报学研究人员合理的职称结构应具备的基本条件:一是作为理想的图书馆学情报学研究群体,必须拥有各种职称,能掌握与本专业有关的各种知识的人才,如果某种职称的图书馆学情报学研究人员欠缺或匮乏,那就是不合理的结构;二是在完成科研工作方面各种职称的图书馆学情报学研究人员搭配合理、通力协作,各自发挥积极作用,能形成总体优化的状态;三是各种职称的图书馆学情报学研究人员组合到一起,能相互弥补缺欠而又各自充分发挥专长,成为一个有机的整体,如果内耗过大,造成人才浪费,其结构也是不合理的;四是形成一个合理的学术梯队,有学科带头人和学科骨干,有利于图书馆学情报学研究队伍的长远建设。

4. 具有最佳的知识结构

图书馆学情报学研究队伍的知识结构包括两方面:个体知识结构和群体知识结构。群体知识结构合理不等于个体的知识结构都合理;个体知识结构合理,也不等于群体知识结构就合理,但二者有密切的关系。个体知识结构是学科群体知识结构的基础,学科群体知识结构是个体知识结构的总和。

图书馆学情报学研究人员个体最佳的知识结构,应包括3个方面:一是在他主攻的学科领域里,对该学科的全部内容及其理论基础有较深的造诣;二是对相关学科有广泛的了解并在某些方面钻研较深;三是具有广博的知识,并能熟练地掌握一门以上的外语。

目前我国图书馆学情报学研究队伍知识结构状况不尽合理,主要表现在以下两个方面:一是专业分科过细,知识面较窄。多数图书馆学情报学研究人员对本专业的理论知识掌握的较好,有些人甚至造诣很深,但因我国图书馆学情报学教育专业设置的过窄过细,图书馆学情报学研究人员的知识范围受到一定的限制,很多图书馆学情报学研究主要是侧重于文科知识。二是重文轻理。目前普遍有一种误解,似乎图书馆学情报学研究主要是侧重于文科知识,而理工科触及较少,用途不大,因此造成文科毕业生过剩,农林、水利等理工科人才缺乏等状况。要完善图书馆学情报学研究体系,实现图书馆学情报学研究现代化,就必须尽快扭转实际上已经形成或正在形成的"重文轻理"现象,实现图书馆学情报学研究队伍知识结构的调整和补充,做到"拾遗补阙",使图书馆学情报学研究队伍的知识水平在深度和广度上有个大发展[1]。

5. 具有协调的组织结构

按人才学的观点,人才之间可形成各种各样的组织结构。用形成的方法分类,大体可分为两种:一种叫自组织;另一种叫他组织。由于学术观点相同,有共同的志趣,通过自己认识、自己交往而形成的叫自组织;反之,由上级委派、组织分配而形成的叫他组织。世界各个国家除了社会制度不同外,它们所具有科学研究能力及条件也不相同。因此,各国的科学研究人才的组织结构都各有其特点。在国外,图书馆学情报学研究大多属自组织的。他们人虽不多,但办事效率非常高,像英国伦敦图书馆分类法研究小组正是依据这种组织创造了举世瞩目的成果。而在我国,还要从我们具体条件诸如图书馆学情报学发展水平、图书馆学情报学研究队伍等出发,不能照搬照套。目前我国图书馆学情报学研究和国外还有相当的差距,所以,在组织图书馆学情报学研究人才结构问题上也应采取我国迎接新的技术挑战的方

---

① 何庆来.论创建图书馆最高科学研究机构[J].图书馆杂志,2000(3).

针:一方面应积极鼓励自组织在若干项目或领域内有所突破;另一方面还应利用合理的组织,集中力量缩短我们和别人的差距,如成立相关的研究所等,完成重要的图书馆学情报学研究工程。这在我们社会主义国家有其特殊的优越性,正是利用这种形式,我国组织了庞大研究队伍完成了《汉语主题词表》和《中国图书馆图书分类法》的编制任务,且这两项工程都获得国家科学进步奖。

三、在稳定与流动中保持研究人才群体结构优化

从辩证的观点看,稳定与流动是一事物的两个方面,相辅相成,相互依存。稳定是相对的,流动是绝对的,只有通过合理的流动才能达到结构优化的稳定。从系统化的观点看,系统元素的稳定和流动,反映了系统与环境的作用关系,稳定是系统相对于环境的稳定,流动也是系统元素在系统与环境间的流动,系统的稳定是系统在一定环境中保持自身独立性的必要条件,没有这种基本稳定,就无法形成系统稳定的目标,也无法维持系统正常的活动。流动是系统与一定的环境进行物质、能量和信息交换的重要途径。一个与外界没有物质、能量和信息交换的孤立系统,其内部的任何有序结构最终都将受到破坏,而发展为一种均匀、单一、僵死的状态。只有与外界物质、能量和信息交流形成开放系统,才能获得发展的活力,不断走向新的有序和稳定①。

图书馆学情报学研究队伍建设要保持稳定的合理的结构,也必然要遵循这种稳定与流动的基本原则。一方面,由于图书馆学情报学人员从事的科研工作需要知识、经验的积累,并具有长期性的特点,因而必须保持相对的稳定;另一方面,图书馆学情报学研究人员的学历、年龄、职称、知识结构都是随着时间的变化而发生变化,结构的合理又必然通过人员的流动不断被打破,重新组合,实现新的合理结构,即在稳定与流动的结合中寻找最佳的组合方式。

保持图书馆学情报学研究队伍的结构优化,处理好稳定与流动的关系,一是应根据图书馆学情报学研究队伍的实际情况和图书馆学情报学研究队伍的建设目标,恰当地划分其稳定层和流动层,并通过一定的定量分析,把握合适的稳定率和流动率;二是建立良性的运行机制,在政策和措施上保证各种结构比例的合理调节,使流动渠道畅通;三是通过加强思想政治工作,提高图书馆学情报学研究人员待遇,改善图书馆学情报学研究人员的工作、生活条件以及良好的学术氛围等,增强内部的凝聚力。

第三节　图书馆领导班子的群体结构

在现代图书馆领导活动中,要实施科学领导,提高领导效能,不仅需要领导者个人具备一定的领导素质,同时,领导班子的结构也必须科学化。

一、图书馆领导班子结构科学化的重要性和必要性

1. 领导班子结构科学化的含义

领导班子结构,是指领导班子内部的组成情况,是领导成员及其各种因素排列组合的形

---

① 李炳穆.理论的图书馆员和信息专家的素质与形象[J].图书情报工作,2000(2).

式。它包括领导班子中人数的多少,排列的次序,职务的分工,以及年龄、知识、专业、智能等结构。领导班子结构科学化,就是上述诸因素在一个班子内的科学组合。

2. 领导班子结构科学化是提高领导效能的重要因素和条件

任何一个事物或系统,其内部结构对其整体性能都具有决定性作用。只有依靠结构的联系,才能把诸因素变成一个完整的事物或系统;只有通过结构的中介,才能把构成事物或系统诸因素的属性和功能变为事物或系统的整体属性功能。领导班子结构也是如此。一方面,领导班子的结构决定了领导班子有领导的功能;另一方面,领导班子结构是否科学化,决定了领导功能的大小和高低。结构科学、合理的领导班子,在其内部,就会互补、互利,使之协调统一,正常运转;在其外部,就会形成整体的优化功能,适应环境的需要,也就是适应领导"四化"建设的需要。结构不合理、不科学的领导班子,尽管构成因素很好,但由于相互间联系松散,组合不当,其整体功能往往很小,甚至是负的。

3. 领导班子结构科学化是图书馆现代化建设的客观要求

图书馆现代化建设必将对领导工作提出一系列的客观要求。总的说,是实行科学领导,提高领导效能。具体地说,领导班子结构科学化,是对图书馆现代化建设实施系统性、创造性、科学性和高效性领导的需要。

二、图书馆领导班子群体结构科学化的基本内容和要求

按照革命化、年轻化、知识化、专业化的方针选拔干部,建设各级各类图书馆的领导班子,是实现图书馆领导班子科学化的关键。应当在坚持革命化的前提下,改革领导班子诸方面的结构,使之科学化,做到:

1. 梯形的年龄结构

领导班子的年龄结构是指不同年龄干部的比例构成。一般地说,是指年轻干部、中年干部和老年干部的比例构成。

领导班子的年龄结构是非常重要的,一个年龄构成合理的领导班子,有利于发挥不同年龄的干部所具有的领导优势,克服不同年龄的干部所难免的劣势,使之互补互利,从而提高整体领导效能,当前,对图书馆领导班子年龄构成的要求应该是:

(1)任何一个领导班子的年龄构成都应是梯形的,而不是平面的。图书馆领导班子当然也不例外,图书馆领导班子不是越老越好,也不是越年轻越好,而是老、中、青合理搭配,形成一个梯形的年龄结构。

(2)不同层次、不同类别的图书馆的领导班子应有不同的年龄结构。图书馆领导班子的年龄构成不能是一个格局,应有层次、类别之分。一般地说,大型图书馆和专业性较强的图书馆的领导班子年龄结构可以稍高一点,而中小型图书馆和基层图书馆的领导班子的年龄构成就要相对低一些。

(3)实现动态平衡,保持年龄结构的稳定性。任何一个领导班子的年龄构成状况都是相对的,而不是绝对的。随着时间的推移,合理的年龄结构可以趋向不合理。因此,领导班子成员一定要做到有进有出,实现动态平衡,经常保持年龄构成的合理性和相对稳定性。

2. 较高的知识结构

图书馆领导班子成员具有较高的知识结构是图书馆现代化建设所必需的。领导班子成员知识广博,专业水平高,并且构成合理,有助于实施内行领导,提高领导效能。特别是社会

主义现代化建设的今天,不断提高领导班子的知识结构水平,这是一个不可逆转的总趋势。一个知识结构合理的领导班子,不仅组成领导班子的成员要有较高的知识水平和专业水平,而且知识结构不能是一个格局,不同层次、不同类别的领导班子,应有侧重和不同的要求。

3. 合理的专业结构

图书馆领导班子专业化不等于专家化。在生活中并不是每个科学技术专家都有组织管理才能,都是领导和管理的行家。我们应该从图书馆领导班子所担负的任务来选拔各类优秀干部,保持各类人员的合理比例。各类专业干部要注意互相团结,取长补短,充分发挥不同专业的特长,共同完成领导班子的职责和任务。实践证明,领导班子专业结构合理,一些复杂的领导工作,往往能够迎刃而解;专业结构不合理,有些工作和任务,就难以完成。

4. 较好的智能结构

所谓智能,是人们运用知识的能力,表现为各种不同的工作能力。人们的智能不仅有水平的高低,而且有类型的区别。在领导班子里,高低智能、不同类型的智能相搭配,就能发挥班子整体的智能功能,产生领导效能优化的结果。比如,智能组织类型的干部适合做全面的领导工作;智能创造类型的干部适合做调节和政策性强的工作;智能操作型的善于做具体业务的领导工作。一个班子里,必须有头脑清醒、能力全面,善于做组织管理的干部;必须有思路敏捷、考虑问题周到,能出谋划策的干部;必须有脚踏实地,坚忍不拔,稳打实干的干部等。

5. 协调的素质结构

这里所说的素质,主要是指人的心理特征,以及由此产生的气质和性格差异。领导班子协调的素质结构,是指不同类型素质的领导成员的协调组合。

图书馆领导班子协调的素质结构是值得重视的。领导班子的心理相容,主要取决于领导成员的生活信念、理想与世界观的一致性。但是领导班子成员中的气质和性格,对于领导班子心理相容、协调一致,也有一定影响。因此,具有不同气质类型和性格特点,又能互相补充、协调一致、合作共事的素质结构,才可以是多功能、高效率的领导班子。

6. 精干的职能结构

无论哪一层次、类别、部门的领导班子,都要在充分发挥领导者个人职能的基础上,体现整体的领导职能。因此,精干的职能结构,必须体现这样几点:一是人员精,凡是领导班子中的成员,都必须符合干部"四化"的要求,都具有胜任现职工作的组织领导能力;二是职数少,一个人能干的工作,决不两个人去干,不能因人设事,尽量减少领导成员职数;三是职能明确,不但领导班子成员的职位要明确,而且要在工作中各司其职、各负其责,协调一致地把工作搞好。

三、要充分发挥图书馆领导班子的群体效能

图书馆的管理领导是一项集体活动,领导班子是作为一个整体在起作用,而不是哪个人的个人作用。要施展集体的智慧才能,充分发挥领导班子的群体效能,重要的是选择好图书馆馆长,按照干部的"四化"标准选拔各级各类图书馆的主要领导及领导班子的其他成员。这几年,有一批行政领导能力强的专家、研究员担任图书馆馆长或党组织书记及其他领导成员,有利于提高图书馆领导干部队伍的素质,改善领导班子和群体结构。他们对过去"左"的表现感受较深,非常拥护党的十一届三中全会以来的路线、方针、政策,拥护党的改革开放的政策和十年来改革取得的巨大成绩。他们讲究务实,笃信知识的力量,办事严谨,真正按图

书馆规律办事,尊重事实,能与人合作共事,取长补短,使班子充满生机和活力。这对领导班子的建设提供了质量保证。如何才能充分发挥领导班子的群体效能,主要领导或班子成员应具备以下几点:

1. 必须有全心全意为人民服务的献身精神

献身精神应当是选拔干部的重要的综合性指标。是干部职业道德的集中表现。要有为共产主义事业献身,为图书馆事业献身的崇高品德。这几年担任图书馆领导工作的干部绝大多数是热爱图书馆事业,忠诚图书馆事业的。他们生活上是清苦的,工作上是辛苦的,而政治上立场是坚定的。具有高度职业责任感和认真负责的态度,是德才兼备的干部,且德放在首位。清康熙帝说:"论才必以德为本,故德胜才谓之君子,才胜德谓之小人。""观人必先心术,次才学。心术不善,纵有才学何用?!""心术"指德。不同历史时代"德"有不同的含义。现在图书馆的领导干部多是新中国成立以来党培养出来的知识分子。他们坚信马列主义,具有唯物史观,对党有深厚的感情。有坚强的党性,廉洁奉公,不为名利,开拓进取,有胆有识。他们有一种崇高的使命感,知道手中的权力是党和人民赋予的,决不谋私利。

2. 要有相应的组织领导能力和威信

图书馆领导要求决策能力、协调能力、表率示范作用方面都是较好的,并要创造性地把上级意图具体化为本馆的工作任务。能用战略眼光审时度势,把握全局工作,善于听取决策性的意见,善于辨别下级汇报材料的真伪程度,对问题综合归纳能力强,及时下达明确的指令任务。协调能力强,要有统领全局和其他成员的能力。其他成员对主要领导起互补的作用,而不是起相"克"的耗散作用。领导班子从组织领导和管理方法入手,对下级做正确的政策引导。强烈的事业心促使他们有奋斗拼搏和排除干扰的胆略气魄。领导班子要有威信,要人家服,不能靠"任命书"的作用,而要"以德取威""以情取威"。"德高"方能"望重","正己而后正人,自治而后治人",要有"一身正气两袖清风"才能真正为人师表。

3. 要勤于学习,善于学习

《礼记·学记》云:"虽有佳肴,弗食,不知其旨也;虽有至道,弗学,不知其善也。故学然后知不足,教然后知困。"作为图书馆主要领导人,要善于学习,虚心进取,适应新形势要求。要学习马列主义和图书馆学理论,学习业务知识,学习别人的先进经验,同自己的实际相结合,经过再创造,使之富有生机和活力,不断增长自己的才干。不善于学习的同志,故步自封,提高较慢。图书馆的领导有的是图书馆学专家,个人刻苦钻研精神强,他们当图书馆领导有一定优势,但也得不断学习,研究如何进行图书馆体制改革,加强图书馆的科学管理,努力提高服务质量和提高领导艺术的问题。

4. 做团结的表率

《史记·廉颇蔺相如列传》载:越国大将廉颇对上卿蔺相如不服气,多次骄横无礼。蔺相如一再退让,他认为将相不和于国家不利,廉颇后来悔悟,就身背荆杖去见蔺相如,虚心认错,请求责罚,于是将相和睦,赵国更加强盛了。图书馆主要领导要团结方方面面的人,甚至和自己意见不合或反对过自己的人。领导成员个人素质好,事业心强,品质好,这些是团结的基础。但人各有异,如性格差异,智能水平差距不尽相同。为发挥班子整体效能,主要领导要一视同仁,不能搞亲疏。团结是搞好工作的基础。主要领导尽快熟悉下级、同级、上级。对上级要认真接受指示,对同级要思齐,相互取长补短,真诚相处,团结合作。对下级和群众要爱护、关心、信任。大度待人,要有宽宏的气度。对同级、下级的一些失礼、失辞之处及细小过失要能够宽宏相待,正确处理。古人蔺相如以国为重,不计私仇,大度待人的故事应引以为训。

5. 主要领导要会用人

要善于用人之长,充分有效地发挥班子成员的专长,调动各方面的积极因素,为办好图书馆共同努力。这一点是十分重要的。历史上汉刘邦打败项羽在今河南洛阳南宫设宴庆功时总结说:"夫运筹帷幄之中,决胜于千里之外,吾不如子房;镇国家,抚百姓,给馈饷,不绝粮道,吾不如萧何;连百万之众,战必胜,攻必取,吾不如韩信。此三者,皆人杰也,吾能用之,此吾所以取天下也。项羽有一范增而不能用,此其所以为我擒也。"

6. 主要领导应当是执行民主集中制的典范

这一点是发挥领导班子群体效能的保证。汉·杨雄《法言·重黎》载:"汉屈群策,群策屈群力。"李轨注曰:"屈、尽也。言汉能屈己以用群臣之策,群臣能屈己以悦群士之力,故胜也。"领导班子集中了有头脑,有才干的优秀干部,因此,对图书馆的重大问题要广泛讨论,充分听取他们的意见,集中大家的智慧。要认识到有了成绩不是哪个人的,是集体的成绩。要激励大家出谋划策,努力工作。主要领导不要因计较面子、权的问题,而把自己的意见强加在其他同志头上。工作中充分发扬民主,广泛听取意见,又能集中正确的建议和意见,及时做出决定指导工作。这样做,班子威信很高,很团结,也有生气,群体效能就能发挥得好。作为主要领导,在工作出现失误时,敢于主动承担责任,努力挽回损失,这也是很重要的。不能把责任推给其他成员,过多地指责批评别人。

总之,在深化改革,全面提高图书馆服务质量,最大限度地满足人们对文献资源需求的今天,急需在任用图书馆领导干部、加强图书馆领导班子建设上有新的突破。坚持德才兼备、又红又专的干部标准,大胆使用政治可靠、思想品质正派、有组织领导能力和真才实学的同志任图书馆领导,充分发挥馆领导班子的群体效能,为建设社会主义精神文明和物质文明做出应有的贡献。

第四节　图书馆编制定员的原则和方法

一、图书馆编制定员遵守的原则

①适应性原则。图书馆员队伍发展规划要适应社会政治、经济、文化发展的需要,要适应图书馆事业发展的需要。

②可行性原则。图书馆员队伍发展规划要实事求是,从实际出发,结合本单位的实际情况,一切不切实际的东西都不利于图书馆员队伍建设。

③预见性原则。根据图书馆员队伍的历史、现状、对人才需要进行科学预测,并留有余地,以便调整,补充和完善。

④整体性原则。图书馆员队伍发展规划是整体事业发展规划的有机组成部分,因此,要上下一致,综合平衡,统筹兼顾。

⑤指导性原则。正确的规划确定后,应严格加以执行,并在实施过程中不断修改、补充,以保证规划的约束性和指导性。

二、图书馆编制定员的内容和意义

整顿劳动组织,按定员定额组织工作,是提高图书馆社会效益和经济效益的重要途径,也是图书馆改革的重要内容。图书馆的劳动组织工作,就是科学地组织人们进行劳动,合理使用人员,采用先进的劳动组织形式,正确处理内部的分工协作关系,从而调动劳动者的积极性,不断提高劳动产出率。

图书馆的编制定员应包括定员总数和各部门(如外借、阅览、辅导、采编等)的定员人数。定员总数是各部门定员人数之和。在定员总数中,一般分为两大部分:从事读者服务工作的直接服务人员;从事管理和内部加工、业务辅导的非直接服务人员。这两类人员在图书馆中都是不可缺少的。定员时要合理地确定他们之间的比例关系,非直接服务人员配备过多,不利于提高工作效率。要在搞好职工生活,保证各项业务工作正常进行的前提下,充实直接服务人员。随着科学技术的发展和图书馆服务工作机械化、自动化水平的提高,如借阅工作将逐步实行全开架,这样直接服务人员的负担将会大幅度地下降,而非直接服务人员,如采访等部门人员的比例将会有相对提高的趋势。定员工作总的要求是有利于事业的发展,更好地满足广大读者的需要,从实际出发,要合理分工。分工一定要强调合理,要与图书馆的规模相适应,不能绝对化,既要发挥职工各自的专长,又要防止分工过细,相互扯皮,忙闲不均等现象。

定员工作的核心是定员水平必须先进合理。所谓先进就是要贯彻高效率,满负荷和充分利用工作时间的原则,一类馆的定员是否先进,可以与同类馆进行比较,或同本馆历史上最好水平进行比较来评价。任务完成得好,用人相对地少,工作效率就高,就是先进;所谓合理就是从实际出发,切实可行,经过努力能够达到各类人员的比例适当,各项工作都有人去做,而不是无人负责。先进合理的定员应建立在精干的组织机构、先进的服务手段、合理的劳动组织、先进可靠的劳动定额和充分发挥职工积极性的基础上。图书馆在进行定员工作时,要参照上级颁发的有关规定和定员标准、本馆的特点以及同类馆先进的定员水平,充分考虑到提高工作效率和挖掘潜力的可能,力求做到人尽其才,人事相宜,还要注意保护职工的健康。由于大部分实行多班制工作方式,还应按班次轮休组织形式,计算确定定员人数。

三、图书馆编制定员的方法

计算定员人数的基本依据是计划期的馆藏数、读者队伍状况、开放时间、工作效率和所置的机构等。由于各馆的具体情况不同,及馆内各部门的工作性质不同,所以,计算定员的具体办法也就有所不同,一般有以下几种方法:

(1)按规模定员。就是根据图书馆的藏书数(或座位数)、读者队伍状况定员,这是我们通常采用的一般办法,主要适用于外借、阅览等直接服务部门。如有藏书3—5万册的外借处,一般要配备4个人。

(2)按劳动效率定员。就是根据计划期规定应完成的工作任务和工作人员的工作效率(定额)来计算定员人数,公式如下:

计算所需的定员人数 = 计划期应完成的工作任务/工作人员的工作效率×出勤率

计划期应完成的工作任务一般应按计划期可能拨入的购书费和书价进行预测。计划期的时间单位一般以年、月表示,工作人员的工作效率即工作定额,采用的形式和时间单位应同表示生产任务的形式和时间单位相一致。采用现行定额时还要考虑定额的超额系数。这种定员方法适用于有劳动定额的人员,如采编等部门。

(3)按岗位定员。就是根据工作岗位的多少、各岗位的工作量、工作人员的工作效率、开放时间和出勤率等因素,计算所需的定员人数。

(4)按组织机构、职责范围和业务分工定员。这种定员方法主要用于确定管理人员的定员人数。

上述几种方法在定编时,可以灵活运用,或者结合利用。确定定员的程序:首先,根据各自的实际情况绘制组织系统图,然后根据各部门的特点,采用各种定员方法确定各部门的定员人数,再确定管理人员的定额,最后计算总定员人数。既要定人员的数量、还要注意定人员的质量确定经济责任制,把责、权、利结合起来。

四、图书馆编制定员的要求

图书馆的定员工作,政策性强,涉及面广,必须加强领导,充分发挥行政组织的作用。

(1)提高对定员工作的认识。搞好定员工作是整顿劳动组织,提高图书馆经济效益的需要;也是加强劳动纪律,搞好职工队伍建设的需要。那种"定员无用""人多好办事""宁缺毋滥"等思想是错误的。目前,图书馆的经费还很有限,不搞定员,盲目地增加人员,势必会造成"人吃书"的后果。为了调动图书馆在节约用人方面的积极性,要改革劳动管理制度,克服长期以来形成的"铁饭碗""大锅饭"等弊病,财政部门的经费拨款,不应以人数为拨款的依据,要把节约或浪费劳动力同图书馆的经济利益挂钩,认真解决缺员补不上,多余人员处理不了,硬性安排图书馆并不需要的人员等问题。

(2)从实际出发。不同情况的图书馆定员可以有所不同。原来已经搞过定员,管理基础比较好的馆可以把重点放在修行和提高上。原来没有搞过定员、管理基础经较差的馆,则应集中必要的力量和时间,从无到有,建立起适合实际工作需要的定员管理制度。在同一个馆内部,也要根据各个不同部门、各类人员的不同情况,提出不同的要求,采取不同的办法。

(3)坚持群众路线。职工群众最熟悉自己所从事的工作,哪里需要配备几个人,哪里劳动力有浪费,哪里工作应如何改进,他们最清楚,在定员工作中,发动群众开展"四查"活动,是一项行之有效的办法。所谓"四查"就是查劳动组织是否合理,看非直接服务人员和管理人员的数量;查工时利用情况,看工作效率的高低;查人力的使用情况,看有无窝工浪费现象;查劳动纪律,看劳动管理是否健全。通过"四查"揭露人力使用上的不合理现象,针对存在的问题,找出原因,拟定改进措施,并认真地组织实施。

(4)加强定员管理。图书馆的定员标准不是固定不变的,随着图书馆服务项目的变动,服务手段的改进,劳动组织的改善,工作人员业务、文化水平的提高,定员标准必须相应地调整,才能适应图书馆事业发展的需要。但是在一定时期内,图书馆中的业务水平和组织条件又有其相对稳定性。这种稳定性正是制定定员标准的依据。所以,定员工作既不可不变,又不可多变,必须加强对定员制定、修订、贯彻的管理。

图书馆的定员标准是依据一定的人数与图书馆现有的职工人数制定的,往往是有变化的。所以,必须及时地、妥善地处理好人员余缺问题。如果人多了不抽调出来,人少了不补充,那定员会流于形式,不能发挥应有的作用。加强定员管理必须建立和健全各项劳动管理制度,如用人制度,考勤制度,退休、离休、退职制度等,还要根据具体情况,做好人员的平衡、调剂工作,保持职工队伍的相对稳定。

第五节　图书馆专业人才的选拔

一、图书馆专业人才选拔的标准

图书馆专业人才选拔的标准或规格,取决于时代的客观要求,图书馆的性质、目的和任务,也取决于图书馆职业的特殊要求,社会主义时期图书馆员的人才标准及其素质,无论在思想政治、道德修养方面,还是在知识能力、身心健康方面,都有一定的标准和要求,这在本书图书馆员论第二章中有明确阐述。我们应坚决抵制那种把图书馆看成"图舒馆""养老院",而将一些剩下的、所谓可有可无的人员,甚至老弱病残人员充实到图书馆队伍中来的错误做法,严格把握选拔图书馆人才的标准,把那些既具有良好的政治品德,又具有优秀的图书馆理论知识,出色的业务水平和身心健康的同志充实到图书馆队伍中来。

二、图书馆专业人才选拔的措施

为了确保图书馆专业人才的选拔,必须有完整而得力的措施加以保证。根据我国图书馆实践和图书馆发展的需要,拟采取下列措施:

1. 对在校生进行重业教育

图书馆学教育在校生,由于缺乏对图书馆职业的深刻了解,或屈服于社会上旧传统观念和世俗偏见的压力,或经不起某些因素的诱惑,不愿学习图书馆学专业,有的甚至改学其他专业。因此,图书馆学教育部门要从思想教育入手,使他们了解图书馆在社会发展和人类进步中的地位和作用,以及图书馆在社会主义现代化建设中的战略地位和作用;了解图书馆员的过去、现在和将来;了解图书馆员是光荣的、令人尊敬的社会职业,从而树立立志从事图书馆工作的志向。同时,还应在社会上广泛宣传,并根据实际情况与可能,制定和实行有效的政策和措施,不断提高图书馆员的社会地位。

2. 保证图书馆学专业毕业生不改行

图书馆学专业学生毕业后不应改行,优秀毕业生应优先分配到各有关图书馆当图书馆员,不合格的不予分配。当前,我国图书馆事业还比较落后,在专业人才严重缺乏的情况下,保证图书馆学专业毕业生不改行,优秀毕业生优先分配,这对于不断充实和提高图书馆专业人才队伍,逐步改变我国图书馆事业的落后面貌,从而更好地适应"四化"建设发展的需要,有着不可忽视的重要作用。

3. 对图书馆员的工作情况定期考核

图书馆员是推动图书馆事业发展的主力军。图书馆事业的发展,在很大程度上取决于图书馆员的数量,特别是图书馆员的质量。目前,我国图书馆专业人才队伍的现状是数量不足,质量不高,专业结构也不合理。改变这种状况,是一项带有根本性质的战略任务,否则,图书馆事业的蓬勃发展就是一句空话。

为了尽快建设一支能适应时代要求的有较高政治素质和业务素质的图书馆专业人才队伍,除提高图书馆学专业教育质量,培养新的合格图书馆员,充实图书馆专业人才队伍以外,建立对现有图书馆员的在职学习与培养,实行定期考核,职务评定和晋升制度,以及实行严格的筛淘制,也是一项行之有效的重大措施。所谓定期考核,就是对图书馆员的政治素质、业务素质、工作能力及实际表现等方面进行全面的考核,以确定图书馆员的任职和晋升资格。定期考核是职务评定和晋升的依据,这一措施的实行,有利于克服过去平均主义的弊端,督促和鼓励图书馆员不断提高自己的素质和能力,也有利于各项政策在图书馆专业人才队伍中的落实。与定期考核制度相配套,应严格实行筛淘制,即对现有图书馆员中考核不合格者,进行必要的调整、调任其他方面的工作。今后不能再调不合格的人到图书馆工作,保证图书馆专业人才队伍的质量。

第四章　图书馆员的社会活动

第一节　图书馆员的社会活动

现代图书馆是一个开放系统,要充分发挥图书馆的社会功能,提高图书馆的社会地位,图书馆员必须处理好各种社会公众关系,开展有效的社会活动。

一、图书馆员开展社会活动的意义

图书馆作为一种社会组织,与整个社会联成一体,社会的支持对图书馆的生存和发展至关重要。在商品经济迅速发展的今天,图书馆必须适应社会,为社会需要服务,必须和社会建立密切的联系,否则就会被历史所淘汰。图书馆员开展社会活动的意义主要表现在以下几个方面:

1. 通过社会活动,可以提高图书馆员的社会地位

长期以来,图书馆在社会上、图书馆员在人们的心目中的地位比较低。原因是多方面的,其中重要原因之一就是宣传不够。任何一项事业需要发展壮大,都应取得全社会的关心和支持,要人们支持他所不了解的事业是不可能的。图书馆也一样,要提高图书馆员的社会地位,大力宣传图书馆是一个重要途径。图书馆员可以通过多种渠道,利用一切社会舆论来进行宣传,使人们懂得图书馆工作的重要性。同时还应不断提高服务质量,以赢得读者信任,提高图书馆的社会声誉。正如印度图书馆学家阮冈纳赞所说:"一个人的地位要靠自己争取而不是靠他人赋予,图书馆员的地位也一样。取得一定地位对于我们并非易事,它要求付出这个职业对社会有用的努力,要求这个职业的每个成员向社会提供最好的服务。"

2. 通过社会活动,可以确立和强化读者观念

图书馆员开展社会活动的根本目的,就是为了在社会公众中树立良好的图书馆形象和声誉,而这种良好形象和声誉的建立必须保障图书馆与社会公众之间的双向信息传播渠道的畅通。对于图书馆这个社会组织来说,社会公众就是广大的读者,任何图书馆工作和任务的确定,都始终和读者问题联系在一起。因此,图书馆员对待读者的态度如何,直接影响图书馆的声誉和形象。在读者与图书馆的双向信息交流中,应该是图书馆←→读者的相互动态作用。图书馆向读者发出信息传播主要通过图书馆员,现代读者希望图书馆能满足其文献信息的占有欲望,能从图书馆员那里得到最满意的服务,这就要求图书馆员不断提高思想素质与文化素质,同时要熟悉读者的职业、爱好、阅读兴趣,使彼此关系更为密切与和谐。

3. 通过社会活动,可以为争取社会力量办馆创造机会和条件

近年来,图书馆经费不足直接影响到图书馆的生存。在这种情况下,仅仅依靠国家按计划提供资金已无法摆脱资金短缺而带来的困扰,必须另辟蹊径筹集资金,争取社会各界包括组织、团体、个人的捐赠和资助是一项重要经济来源。西方有些图书馆特别是公共图书馆正是靠社会的资助来维持的。

要争取社会力量的支持,图书馆员应打破传统观念,广泛开展社会活动,通过命名馆名、设陈列室、挂纪念匾等方式,为捐赠资助者"树碑立传",以达到预期目标。当然更重要的是提高图书馆的知名度、荣誉度,才能赢得社会成员的信任,才能争取社会各方面力量的合作和支持。

4. 通过社会活动,可以促进图书馆内部工作的优化

图书馆员开展社会活动必须以良好的工作业绩为基础。因为要使图书馆能在公众中树立起良好的形象和声誉,自身的工作要扎实、过硬,不能弄虚作假。要看到图书馆员服务质量的高低对图书馆信誉和形象具有重要作用。为了做好内部各项工作,图书馆员之间的和谐、友善、团结是必不可少的。从而达到社会活动所要求的"内求团结、外求发展"的目的,为图书馆工作增添活力。

二、图书馆员开展社会活动的对象

开展任何社会活动都有一定的活动对象,图书馆员开展社会活动的对象主要是指那些和图书馆有关系的组织与社会公众。

1. 读者

在现代图书馆中,图书馆员与读者的关系是最经常、最活跃、最重要的关系,为读者服务是图书馆一切工作的根本出发点。失去了读者,图书馆工作也就没有意义,也就不能取得社会对图书馆价值的承认。图书馆员服务质量如何,要通过读者来检验,图书馆形象也首先在他们心中树立。图书馆读者数量多、分布面广、影响大,图书馆员与读者的关系如何,在一定程度上也会影响到其他关系。同样,读者本身也是互相影响的,每个读者在接受图书馆员的服务之后,还会通过他的影响作用,促进或抑制他人利用图书馆的行为,从而在更广的范围影响别人对图书馆的利用和评价。

2. 领导机构

任何类型的图书馆都是社会的一个单元,都有自己的上级领导机构,处理好与领导机构的关系对图书馆具有重要意义。领导机构的重视,特别是政府的重视往往能促使有关部门对图书馆加以重视。图书馆有许多棘手的问题在政府的督促下往往比较容易解决。

3. 社会单位

社会单位主要包括图书馆所在地的地方政府、社会团体以及城镇组织等。搞好并保持与有关单位的和睦友好关系,是图书馆事业发展不可忽略的条件。一般地说,社区单位主要指地方行政机构、新闻界、文艺界、出版界、教育界、工商界、企业界等。图书馆与所在社区单位必然发生千丝万缕的关系,社区是图书馆生存和发展的基础,处理好与社区的关系,可对图书馆工作开展起促进作用。图书馆所面临的各种关系都可以从社区关系中反映出来。如社区公众往往是图书馆稳定的服务对象;社区的政府是代表国家管理社区各项公共事务的机构;图书馆员多数是社区的居民,图书馆与社区的关系在一定程度上会影响到图书馆员及家属与社区公众的关系。

4. 社会知名人士

社会知名人士即指那些在社会上有较大影响力的人物,如党政负责人,财贸界、金融界、文艺界、新闻出版界的要人,科技、教育、学术界的专家学者以及知名的华侨、港澳同胞等。图书馆与他们建立良好的关系,是十分必要的。图书馆员可以利用他们的知识和专长,为图

书馆建设提供有益的咨询意见。同时,还可以通过他们与社会广结良缘,争取获得更多的信息和财物资助。我们有 3000 万华侨和 500 多万港澳同胞,他们都有着浓厚的民族感情和优良的爱国主义传统,对家乡文化事业的建设,一向是满腔热情地给予帮助。所以,华侨和港澳同胞,应是我们开展社会活动的重要对象之一。

三、图书馆员开展社会活动类型的主要方式

1. 宣传型

所谓图书馆员的宣传型社会活动,就是运用多种传播方式,或利用新闻传播媒介以及举办各种形式的专题活动和会议等,向社会公众充分地展开宣传,以形成有利于图书馆的社会舆论和社会影响,在公众心目中树立和塑造起一个良好的社会形象,让社会更加了解图书馆,认识图书馆的职能作用,从而使图书馆获得公众的更多支持和合作,扩大图书馆的社会影响,提高图书馆的知名度和社会地位。

图书馆员经常采用的社会宣传形式有:

(1)运用多种传播方式

包括编印各种工作通讯、工作动态、情报简报、参考资料等,赠送和分发给图书馆特定的公众对象,让他们能及时了解到图书馆的工作动态,以取得他们的认可及支持;通过宣传栏、宣传橱窗、墙报、黑板报,进行用户教育和宣传,吸引他们利用图书馆的兴趣。

(2)举办各种专题活动

面向社会公众举办服务成果展览会、各种主题的演讲会、读书报告会、经验交流会,以及各种各样的专题讲座等。由于涉及面广,常能收到较满意的宣传效果。

(3)利用新闻传播媒介

向报社、杂志社、广播电台、电视台等新闻传播媒介投送新闻稿件、专题报道,或邀请新闻记者前来采访,其传播速度快、影响大,一般能营造良好的舆论环境。

2. 交际型

通过社交活动、人际交往来加强图书馆员同社会各界的联络、沟通,增强信息交流,以达到增进感情、协调及理顺图书馆与社会的关系,促进相互间的理解和合作,这就是图书馆员交际型社会活动。

图书馆员交际型社会活动的主要原则是协调关系,增进感情,减少摩擦,尽量为图书馆创造一个良好的、融洽的人际环境。为此,通常采用的活动形式有:

(1)加强与读者的信息沟通

协助组织读者联谊会、图书评论协会、图书馆之友等社团活动,协调图书馆员与读者关系。通过这些联谊活动来维系读者关系,形成图书馆员与读者的双向沟通,既使读者了解图书馆,包括它的性质、任务、现状以及它的政策措施、服务手段等,又让图书馆员及时掌握读者的需求,便于调整措施,使知识的传播及情报信息的传递、交流更加准确、及时。

(2)加强与社区的沟通联系

包括向公众宣传介绍图书馆,征求社区公众对图书馆的意见和要求;与社区组织负责人建立密切的联系。积极参加社区举办的和公众共同关心的活动。如爱国守法、环境美化、文体活动、读书活动等,履行社会公民的义务和责任,为社区的物质文明和精神文明建设服务。如收集和利用各种地方文献为生产建设服务,举办各种培训班、学习班,提高社区公众素质,

丰富社区的文化生活。

（3）开展正常的人际交往

通过正常的人际交往，如拜访、座谈、祝贺、信件往来等来协调同政府的关系、新闻界的关系及社会知名人士的关系，争取他们的重视、关心和支持。例如增加财政拨款、接受社会捐赠、建立图书馆事业基金会、通过新闻界广为宣传、提高知名度等。

3. 服务型

"读者至上，服务第一"是图书馆工作的宗旨，图书馆员服务型社会活动正是围绕这个宗旨来开展工作的。图书馆员通过为读者提供各种优质服务，千方百计地满足读者对文献资料、情报信息的需求。以自身的实际活动，优良的服务质量来赢得社会公众的信赖和好评，从而达到树立良好形象及提高美誉度，提高社会地位的目的。

服务型社会活动的形式有：

（1）开展各种专题咨询活动

图书馆配合各个时期的中心任务，举办有关方面的咨询活动，邀请专家、学者、社会名人亲临现场指导，为社会各界人士提供各种咨询服务。既方便了群众，为他们解忧排难，也扩大了图书馆的社会影响，维护了公众心目中的图书馆形象，能收到较好的社会效益，深受社会公众的欢迎。

（2）定期举办服务宣传活动

图书馆每年或每月定期举办一次开展优质服务的宣传周、宣传日活动，不断改善服务态度和服务手段，提高服务质量，拓展新的服务项目，以优质高效的服务，获得社会公众的信赖和好感，不断扩大读者队伍，吸引更多的读者利用图书馆，充分发挥图书馆的社会职能作用。

（3）不定期召开读者座谈会

图书馆每年不定期地召开几次有读者参加的座谈会，通过交流征询读者意见，既密切了同读者的联系，也帮助图书馆员及时收集到反馈信息；此外，还可开展让读者评选"你最满意的图书馆员"活动，通过这些活动来评估图书馆员的服务工作质量。也可常年设立意见箱、意见簿，让读者随时都可向图书馆提建议和批评，以便及时采纳他们的意见，改善服务。总之，服务工作的优劣好坏直接影响到图书馆的信誉、形象乃至地位，千万不可忽视，而服务型社会活动之目的，正是要努力提高图书馆的信誉、地位及维护图书馆在社会公众心中的美好形象。

第二节　图书馆员的学术活动

图书馆是学术性机构，作为图书馆员，不仅自己学习研究，还要组织读者学习研究，加强图书馆的学术活动，对于提高服务质量，提高图书馆的社会地位具有重要意义。

一、图书馆员开展学术活动的必要性

1. 从搞学术活动与图书馆业务工作的关系来看是必要的

图书馆员搞一些专业性较强的学术研究活动与图书馆的业务研究及经常的对外服务工作是有内在联系的。图书馆员如果能够把学术研究与本身业务联系起来，那么这两者之间

就能互相促进,相得益彰。尤其对搞情报检索、参考咨询等工作的同志,这两方面的工作更是相辅相成、容易收效的。一个没有一定的文献知识、目录学知识和图书馆学某些基础知识的图书馆员不可能准确、迅速地为读者提供相应的文献资料及必要的知识,也不能使自己与读者的科学研究工作有所沟通。这样,即使服务态度热情,也难有实益于读者,比如有人要查阅有关本地方的地方文献,图书馆员让他自己查目录,大约只会找出本馆所藏的和本地有直接关系的文献,而倘若图书馆员对自己所负责的这一摊业务认真研究,就可以帮助读者推荐有间接关系的书刊资料,或者拿出自己的研究成果及整理出来的较有系统的有关资料,这样,他可以通过自身的治学感受来理解读者。因而,图书馆员在自己研究的基础上分门别类编制出的各种专题目录、索引以及摘要等二次文献资料,将会对读者有莫大帮助。这无论是对事业的发展还是对他们自己的学问均有益处,同时,在为读者服务之中,又可借机了解社会上某些学科的研究动态及情况,不至于埋头故纸堆中。总之,搞学术研究不能脱离具体业务的理论和实践,而所谓业务,又必须体现在本职工作与科研活动相结合的基础上。

2. 图书馆员搞学术活动是由于科学的进步和社会对图书馆工作要求的急速提高决定的

目前,科学发展极为迅速,各门科学领域的研究相互交叉渗透,出现了许多新学科。这对广大科学工作者来说,所需信息量不断增多,那么,图书馆将怎样适应这一新形势呢?它的职能在不断地深化、扩大,已不可能再局限于原来的少年人的学校、成年人的大学以及教育活动的中心,而应发展为一个各门科学的学术研究活动中心。当代的图书馆不该只起保存、宣传、传递文献资料及最新科技情报的作用,它还应该培养出这样一批人:即除社会上各专业科学工作者之外的,在图书馆内工作、占有大量资料并具有一定专业基础知识的图书馆员,并靠他们来为科学事业的发展服务。这批人要能充分地利用主客观的有利条件寻求课题,发现科学空白点,这就不仅是为社会及科学事业提供资料,而且是直接地为学术的发展做出贡献了。这才是现代图书馆及图书馆员面临的新任务。从这一点上来看,它也将同高校一样担负起双重的任务:首先要保证为读者服务,其次要在学术研究上做出成果。这二者可以有机地结合起来,即与作为读者的社会上各学科专业人才共同利用书刊资料进行学术新探索。否则,使既具备专业知识、有研究能力,而又占有着如此丰富资料的人却只单纯地做借书、还书的事务性工作,或被动地跟着社会上提出的研究课题跑,使他们不能发挥其条件优势,这实际是埋没、浪费人才,是极可惜,不应该的。

3. 从图书馆员知识结构的多样性来看也是必要的

人们由于各自的社会环境、教育程度和主观努力等因素的不同,而使其所掌握的知识也都有很大的差别。在一个集体中,合理而完整的知识结构通常由低、中、高3个知识等级的人按一定比例组成。作为图书馆,道理相同。但因各馆的类型与任务等各有特点,这3种成分的比例也不一样,但大体上必须保持相应的搭配。

据统计,现国内省、市级公共图书馆员中,平均约有1/3左右受过各专业的大学本科或专科教育,但其中专门受过图书馆学教育者则寥寥无几。这些人中的一部分同志,由于有志于科学发展事业,往往不满足于仅仅完成一些一般事务性的、尽管有些是业务性很强的工作。也有一些在图书馆工作多年的,颇有经验、自学很有成效的同志也是这样。由于占有资料的便利条件,促使他们有愿望、有兴趣、也有能力搞一些与曾学过的专业有关的或自己喜爱的课题研究,这是很自然的事情,同时无疑也是对整个社会有利的,他们的努力应该得到支持。

美国耶鲁大学图书馆长拉瑟福德·罗杰斯在我国一次讲学活动中谈到这样一个观点：图书馆领域中的两条河流，即文献学与图书馆学，完全汇合在一起了。他所管理的一个著名的医学图书馆，有5个参考图书馆员，在图书馆学院受过专门训练，他们不仅在图书馆而且也在医院和医务人员一起工作。这里所说的虽然是专业图书馆，但要求图书馆员都具备一门精深的专业知识，这一点在综合性图书馆中也是很必要的。美国对图书馆员资格的要求很高，除了其已受图书馆学的专业训练外，并须有专门学科研究院的学位，图书馆员兼有学科专家的资格，就其所学范围内，协助读者，必可充分发挥查询服务的功用。我国图书馆界在《评定图书馆专业干部业务职称实施细则》中对馆员一级以上的人员也提出了"比较系统地掌握图书馆学或其他专业的基础理论和专业知识""具有较广博的科学文化知识，对图书馆学或其他某门学科有较深的研究"等明确要求。

有人说，图书馆员应是个"杂家"，懂得越多越好。这当然好，然而，如果只多（杂），对什么事物都只知表皮而不知就里，或知之不全、不深，对工作来说则利少，对个人来说则益少。所以，既要强调图书馆员知识面的宽与广，使其能很好地适应馆内各项工作，更要强调其知识的深与专。这样，他在本身所熟悉的领域中创造的成果会更显著，贡献会更大。因此，广中应求专，专中需见博。

二、图书馆员开展学术活动的方法和内容

图书馆员开展学术活动有3个方面的内容，一是开展图书馆学术研究活动；二是搞好学术性服务活动；三是组织读者开展学术活动。

1. 图书馆学术研究活动

图书馆员是图书馆的灵魂，图书馆的所有任务都是在图书馆员的积极参与下完成的。而学术研究，尤其是图书馆学研究是各类图书馆的共同任务。《中华人民共和国省（自治区、市）图书馆工作条例》指出："省馆要有计划地进行图书馆业务理论和技术方法的研究。"《普通高等学校图书馆规程》指出："高等学校图书馆应积极开展学术研究，组织学术交流活动。"图书馆员之所以在图书馆学研究中有举足轻重的作用，是因为他们有着自身的优势。首先，图书馆员处在图书馆工作实践中，容易发现和提出实践中的问题。所以，他们在科研选题方面具有及时性和针对性的特点。从某种意义上说，图书馆员的学术研究，代表甚至引导着图书馆学研究的方向。其次，他们掌握第一手材料，有着丰富的经验。图书馆员是理论与实践相结合的中介，一方面，任何先进的图书馆学理论只有经过图书馆员的认同才能进入图书馆工作实践之中；另一方面，实践中的经验也只有经过图书馆员的不断总结才能上升到理论，才能对图书馆工作起指导作用。再次，他们充分占有图书资料。学术研究离不开文献资料，而图书馆员的学术研究在资料方面具有明显的优势。他们在工作中熟悉馆藏，尤其对研究领域的文献知己知彼，充分掌握和利用已有研究成果，使研究的起点放在已有的基础之上。图书馆员所具备的关于文献检索和利用的知识技能，以及他们在文献利用方面所拥有的一定"特权"是其他任何人员所不能比拟的。

2. 学术性服务活动

图书馆工作是一种学术性很强的工作，工作质量和水平的提高，取决于管理人员掌握图书馆知识技能的程度，取决于图书馆员文化素养与学术研究水平的高低。学术研究是提高专业水平的有效途径。它可以根据事物发展的规律预见事物发展的趋势，把我们的工作引

向正确的方向。只有经常性地认真地进行学术性服务活动,才能不断地提高工作效率和服务水平。因此,我们必须纠正当前流行的错误观点,即认为经过一次(长期或短期)的培训就可以在专业技术方面终生合格的思想。事物总是在发展变化的,而在发展的不同阶段总会显示出不同的观点和产生不同的问题。马克思主义告诉我们,只有在实践中认真总结、检验并不断发展的理论,才会对实践起到真正的指引作用。不能靠吃老本生活,要接受新事物,研究新问题。只有这样,才能在发展图书馆事业,开展学术性服务活动中有所作为。因此,图书馆要倡导和支持图书馆员开展学术性服务活动,把它真正当作图书馆的一项硬任务来抓,尽可能地为学术性服务活动提供方便条件。

3. 组织读者开展学术活动

组织读者开展学术活动是图书馆学术活动的主要方面,读者中有许多能人和专家,这些同志是我们的核心读者,也是我们主要的服务对象,因此,我们有必要把他们组织到图书馆的社会活动中来,这是一项很有意义的工作。做好做坏就看图书馆员有无学术水平了。如果组织得对头,这项活动对学者专家本身的科研有帮助,他们便乐于参加;组织得不好,瞎指挥,弄得人家啼笑皆非,再组织就难了,所以要慎重从事。

组织读者搞学术活动,一般有两种形式:一是组织学术报告,二是组织技术咨询和智力开发。

图书馆搞学术报告的目的是为了推广科学技术,提倡精神文明,这是图书馆的本分。另外一个目的就是开发馆藏。图书馆搜集、整理了许多书刊资料,一般利用率却很低,中文不到30%,外文不到20%,做一次学术报告后,自然引起许多人对这一问题的兴趣,他们自然便会到图书馆找这方面的书刊资料。那些利用率不高的书刊资料便会被利用起来,也就是提高了图书馆的效率。

所谓智力开发,是将"活的智力"和"死的智力"相结合,创造新的价值。"活的智力"便是那些专家学者,"死的智力"便是书刊资料。书刊资料只有靠有才智的专家学者运用到实践中,才能产生新的文明和文化,促进"活的智力"和"死的智力"相结合,便是我们图书馆员的伟大使命。我们开展技术咨询、知识顾问的活动,把读者中有专长者组织起来,发挥馆藏潜力,这就是情报文献能源发挥了作用。

如果能做到这一点,图书馆的面貌将大为改观。图书馆不光是文献情报中心,而且是学术中心,社会智囊和政治规划的参谋部,人机结合的专家系统,也是知识产业的一支生力军。图书馆的社会地位也将大大提高。

总之,作为图书馆员,不但自己学习研究,还要带动和组织读者学习研究。不断探求真理,发挥鲁迅先生提倡的战斗韧性精神,甘愿在追求真理的道路上为人类历史的发展做出有益贡献。

三、图书馆员开展学术活动应注意的几个问题

(1)处理好工作与科研的关系,不能因为学术研究而影响实际工作。要结合自己具体的工作性质,采用适当的方式进行学术活动,通过学术活动来促进工作。

(2)注意理论与实际结合,要善于根据自己的工作实际和专业特征来选择和确定研究课题。学术活动要有利于图书馆学和图书馆工作的发展,有利于自身专业素质的提高。

(3)图书馆要有组织有计划地引导图书馆员的学术活动,对于取得研究成果的给予适当

的奖励。

(4)图书馆应健全学术研究机构,建立学术业务档案,把学术研究活动当作评定图书馆员的工作能力和工作质量的重要指标。逐步形成图书馆的学术研究空气,使图书馆真正成为一个学术性机构。

总之,图书馆员的学术活动是图书馆工作的一个重要方面,不仅对提高工作质量有积极意义,而且对图书馆员自身的完善也极为重要。让我们携起手来,为塑造良好的图书馆和图书馆员的形象而共同努力。

第五章 馆长的职责与素质

第一节 馆长的地位和职责

图书馆馆长的概念包括两个含义,一是表示一种职务,二是表示担当这种职务的人。作为一种职务,有其特定的内涵和标准,认识这个职务,并使占据这个位置的人称职,是图书馆管理中需要研究和解决的一个极为重要的问题。

一、馆长职务

图书馆一经出现在社会上,馆长职务也就同时产生了。馆长职务是一个时代概念,随着图书馆事业的发展,馆长职务的含义、内容和标准也不断在丰富、发展和扩大。

决定馆长职务特征的因素很多,它的含义和标准受多方面的影响和制约。

馆长职务首先取决于图书馆工作的性质、任务、规模和类型,同时亦受图书馆职能的制约。图书馆活动的特殊规律,决定了馆长职务的性质和特点。

馆长职务还受图书馆发展阶段的影响。不同历史发展阶段的图书馆,对馆长职务都有相应的要求和标准。封建藏书楼的主要职能是保存文化典籍,因而形成了与这个阶段相适应的馆长职务,近代图书馆的主要特征是把文献提供给读者使用,组织文献流通,开展服务活动。这个特点,赋予馆长职务新的内容。当代图书馆已经是一种技术、物质和人力资源的复杂结合,虽然不直接制造物质财富,但它参与了社会劳动、科学研究和文化教育的全过程,已深入到社会生活的各个领域,发展图书馆事业是智力开发,现代科学技术的应用使图书馆工作不断向自身的广度和深度发展,从而使馆长职务又有了新的含义。认识馆长职务,要从图书馆发展的具体阶段出发,放在特定的历史阶段中去考查。

产生图书馆和使图书馆事业发展的根据是社会需要,同时也取决于人们对社会需要的认识程度,以及社会为图书馆事业发展所能提供的条件和为此做出的决策,图书馆事业的发展水平同社会的经济基础、文化水平、政治形势息息相关。因此,馆长职务受当时社会条件的制约,其含义和标准也是这样。馆长职务发挥作用的程度,当以广阔的社会背景为前提。

任何一个图书馆都是图书馆事业的一部分。图书馆事业效能的发挥,取决于所有图书馆作用的充分发挥,某个图书馆作用的发挥,都离不开其他图书馆的协作和促进,却受整个图书馆事业的影响。因此,馆长职务受制于图书馆事业的发展程度。认识馆长职务,不能局限于某一个图书馆,而应开阔视野,着眼于图书馆事业的全局。

二、馆长职责

图书馆工作的所有方面,都在馆长的领导之下,在馆长的众多职责中有主要和次要之分。主要职责更能反映馆长职务的本质,明确馆长的主要职责,是做好馆长工作的前提。

将管理科学应用于图书馆研究,是明确馆长职责的一把钥匙。管理是人类社会活动的基本方式之一,是人们的一种有意识活动。在一切管理行为中,都存在着管理者与被管理者。管理者称为管理的主体,被管理者称为管理的客体。管理的主体是人,管理的客体包括人,还包括物。管理主体的责任在于组织客体的理想活动过程,管理的实质是管理主体的计划、决策、组织和协调等控制客体的活动。

图书馆管理的主体是人和由人组成的集体。图书馆本身存在着管理体系,它是有层次的一级一级展开的,具有多级结构的特点,从馆长以下的工作人员,既是管理的主体,又是管理的客体。馆长处于管理层次的最高层,是管理的中枢,其最基本的职责可以表述为计划、决策、组织和协调图书馆的各项工作。

制订工作计划是图书馆管理的重要内容之一,是组织高效劳动的主要手段。没有计划,图书馆工作便失去了目标。馆长的责任是根据社会对图书馆的要求,并从图书馆的实际出发,以可行性原则做指导,预见并确定图书工作所要达到的目标,同时制定出为达到目标所采取的步骤、措施和工作方法。计划制订之后,馆长的责任就是督促各部门积极完成计划,随时掌握工作的进程,解决计划执行中出现的问题,从而推动图书馆工作的开展。

决策是管理的组成部分,管理和决策密不可分,管理最先通过决策表现出来。图书馆管理的第一个含义就是决策。图书馆工作的开展,首先取决于馆长做出的决策,这将决定图书馆管理的成功或失败。决策是馆长职责的表现形式之一,他拥有对图书馆工作的最后决策权,其职责就是根据不同时期的不同情况,对全馆性的工作做出决策,同时参与并指导各下属部门做出相应的决策,为保证决策的科学性和可行性,馆长在决策之前应进行缜密的调查研究,制订出多种方案,进行科学论证,比较分析不同方案的利弊,然后做出最优化的选择,形成相应的决议或规定,发出相应的指令,决策一经做出,就监督各部门认真贯彻执行,应保证决策的权威性,防止成为一纸空文。

制订出工作计划,做出相应的决策,并不是管理工作的终结,管理体制目标的实现尚有待于具体的组织工作,需要通过组织把工作具体开展起来,馆长的职责就是根据本馆的性质、任务,设立相应的机构,并根据各机构的性质和特点,划分好各部门的工作范围,明确规定各部门的职责和任务。要实行计量管理,为各项工作规定出具体的数量指标,使每个人都明确自己承担的工作定额和责任。还要重视图书馆工作的规范化和标准化,制定相应的条例和制度,并狠抓工作效率,严格劳动纪律,同工效低的现象做斗争。

协调图书馆的各项工作,是馆长的另一项重要职责。协调的重要性来源于图书馆的系统性,系统是客观存在的。任何事物都可以被视为系统,都可以分为若干个分系统和子系统,而它自身则从属于另一个更大的系统,图书馆作为一项社会文化事业,从属于文化系统。就图书馆自身而言,它是由各种要素和各个环节组成的系统。组成图书馆的要素是人、物、法。人即图书馆员和读者,物即图书和设备,法即管理体制方法和规章制度。图书馆工作的主要环节是对书刊的搜集、整理、保存和流通,组成图书馆的各种要素和各个工作环节,都是相互联系、相互制约、相互作用的。

组成图书馆系统的各种要素和各个环节之间又存在着错综复杂的矛盾。要使图书馆系统达到既定的目标,需要进行控制和协调,即通过管理体制手段来把握其进程。图书馆系统性这一特征使馆长必须承担起协调工作这一基本职责。馆长的地位犹如交响乐队的指挥,他的职责是驾驭图书馆工作的全局,通过组织、控制和协调,演奏出美妙的乐章,就是及时解决各部门、各环节、各工序之间的矛盾,做出合理的裁决。通过协调,可取得各部门和各环节的和谐一致,使图书馆各项工作协调发展,使图书馆整体的作用得到充分的发挥。

现代管理主要是人们对自身活动的自我控制,基本特征是对人的管理,管理工作是通过组织和协调馆员的活动来进行的,管理的目的是通过协调和控制馆员的活动取得的,馆长在决策、计划、组织和协调图书馆工作中,离不开馆员这一因素,干部管理的好坏,是决定图书馆工作的成败的。

图书馆员是由业务研究人员、业务技术人员、业务辅助人员和业务管理体制人员组成的群体,他们都在图书馆中占有相应的比例。馆长的任务是从图书馆的实际出发,选定不同类型和不同文化程度的人员,实现人才比例的最优化,并确定合理的知识结构,实现智能构成的最优化。同时,还要加强人才培养,不断提高人员素质,坚持不懈地提高干部的政治思想水平、科学文化水平和专业水平。馆长在选才上的任何疏忽和不负责任,都将自食其果,直接影响图书馆工作的开展。

馆员作为被管理者,是能动的管理客体,具有主观能动性。馆长的责任就是充分调动每个人的积极性,使他们的聪明才智得到充分的发挥。襟怀坦白、光明正大、任人唯贤、知人善任、奖惩分明和对人的信任与尊重等,都是馆长调动馆员积极性所必需的。馆员积极性发挥的程度如何,是检验馆长领导艺术的重要标尺。馆长是否有能力,是否能胜任工作,主要表现在能否调动每个同志的积极性上。任何干部管理上的不善,都是馆长履行职责中的失误或失职。

第二节　馆长的政治素质

作为一名馆长必须具备的政治素质应该包括政治思想、道德品质、工作作风这样 3 个方面。

一、要坚持坚定正确的政治方向

馆长是党和国家图书馆方针政策在图书馆的贯彻执行者,是图书馆工作的具体规划实施者,是图书馆员的带头人。因此,在政治上要坚持正确的政治方向,具体地说,起码要做到以下几点要求:

1. 具有一定的马克思主义理论水平

马列主义毛泽东思想是我们国家各项工作的指导思想。现在馆长的工作纷繁复杂。社会上的各种信息常常反映到图书馆里来,需要馆长去鉴别;图书馆的改革工作需要馆长去定向;内部体制改革中的一些具体问题需要馆长去拍板,等等。这些鉴别、定向、拍板工作,都是对馆长马克思主义理论水平的考验。图书馆员的思想工作要靠馆长去做。实践证明,做思想工作,还是离不开讲"大道理","小道理"要讲,但必须服从马克思主义理论的"大道理"。另外,我们面临的许多问题,有些即使方向明确了,在具体途径上、方法上还会遇到许多困难。这一切都需要我们认真学习马列主义毛泽东思想,从中去找立场、找观点、找方法,用以指导我们的工作。以上说的是改造客观世界。改造我们的主观世界也需要学习马列主义毛泽东思想。在大是大非面前有的人认识清楚,有的人不那么清楚;在大风大浪面前,有的人立场坚定,旗帜鲜明,有的人不那么坚定,不那么鲜明。归根结底,是由每个人的世界观决定的,是由每个人的马克思主义理论水平决定的。因此,一位馆长,马克思主义水平的高低,决定着他办馆的方向和效果。

学习马列主义毛泽东思想,主要应该学习马克思主义哲学、政治经济学、科学社会主义、中共党史等。当前应按照党中央的号召,特别要重视学习马克思主义的哲学理论。

怎样学习马克思主义的基本理论? 第一,认真读原著。比如学习毛泽东同志的哲学思想,就要认真地读《矛盾论》《实践论》。读原著,对于完整地、准确地理解毛泽东思想是十分重要的。读原著,要注意了解该篇文章的写作背景,了解作者是在什么情况下,针对什么问题讲的。这样才能正确理解,不至于断章取义。第二,要结合党的方针政策学,结合党的重要文件学。比如江泽民同志《在庆祝中华人民共和国成立四十周年大会上的讲话》,就是党中央的一份重要文件,我们认真钻研,不但可以明了我党的重大方针政策,也能从中学到马克思主义的立场、观点、方法。因为这篇重要讲话通篇都贯穿着马克思主义的理论与当前我国实际相结合这一基本原则。这种学习对我们的帮助会更直接、更明显。第三,要在实践中学。学习马克思主义,必须与自己的实际工作结合起来,用理论去指导实践。学与做脱节,等于没学。第四,要多思。有些人也学,就是收效甚微。原因就是没有动脑。他们总想从马克思主义的理论中,找出现成的办法来,直接就能解决本单位的具体问题。这是不现实的想法。任何理论都只能给人以原则,都必须经本人的思考,与本单位实际相结合,才能发挥作用。多思,就是找到理论与本单位实际的结合点,从而找出办法来。

2. 坚持四项基本原则,反对资产阶级自由化

这是对每一位馆长最基本,也是最重要的政治素质要求。它要求我们在思想上、政治上同党中央保持一致,立场坚定、旗帜鲜明地保卫我们图书馆这块阵地不受干扰,不受污染。因此,这就要求我们馆长自己首先树立共产主义的坚定信念、有一定的马克思主义水平,能辨别是非,能看清形势,能做正确抉择。

3. 正确理解和贯彻执行党和国家的方针政策

能不能正确地理解和贯彻执行党和国家的图书馆方针政策,关键看馆长的图书馆思想是否正确,图书馆思想的核心问题是为谁服务和怎样服务。对前一个问题,我们口头上的回答可能都会一致的,但能不能实现,要看第二个问题做得怎么样,即怎样服务。也就是通过什么途径,用什么方法服务。

正确的图书馆思想有一个形成过程。在坚定地把握住服务目标以后,关键是要有具体措施保证服务目标的实现,每一个馆长对这些措施都有一个实践摸索的过程,一旦成熟,他的图书馆思想也就基本形成了,也就是他贯彻落实图书馆方针的具体措施。因此,每位馆长都要把图书馆的总目标分解为具体要求,结合本馆实际一条一条地制订出实现这些要求的具体措施。年终都要认真总结,长善救失,不断完善。坚持下去,就会形成自己的图书馆思想,在理解和贯彻图书馆方针上,也就深入了一步。

4. 有鲜明的法制观念。社会越发展,法制的作用就越突出

因为社会越发展,各种关系就越复杂,因此,也就需要制定各种各样法律规范去指导和约束人们的行动。我国的法制建设正在逐步完善,面对着越来越健全的法制社会,作为馆长必须有鲜明的法制观念,要知法守法,学会用法律去处理各种关系。

首先应该以法办馆。这就要求馆长了解我国的基本法律和与各级政府有关图书馆的法规、条例,明确图书馆的权利和义务,严格按法律办事。

其次要以法治馆。除去依国家和各级地方政府颁布的法规办事以外,图书馆内部的管理,规章制度的制定也要有法律意识,这样可以避免许多不必要的矛盾或失误。所以馆长要学一些法规法理的基本知识。

第三要学会用法律保护图书馆集体利益和馆员个人利益,用法律去处理各种社会关系。过去一些图书馆发生的涉及与社会某方面的矛盾,长期得不到妥善的解决,往往就是因为没有很好地利用法律这个武器。因此,馆长不但要懂有关图书馆的法律法规,还得懂一些有关民事、刑事、交通、治安、经济等有关法律,知道遇到什么问题该依据哪一个法律去处理。一位馆长懂得基本的法律知识,并能运用法律这个武器,对图书馆工作的开展是大有好处的。

二、要有堪为师表的道德品质

馆长作为一馆的领导,其一言一行都对全馆职工起着重要的影响作用。领导馆员,当然需要科学的行政管理手段,但在图书馆这个特殊环境里,馆长的威信高低,对于领导工作的实施也有很重要的作用。馆长威信的形成固然有许多条件,如能力、业绩等,但比较起来道德品质高尚与否起着直接的、决定的作用。古人说:"其身正,不合则行;其身不正,在合不行。""身正"靠什么? 靠理想信念,靠道德品质。

1. 有为社会主义图书馆事业献身的精神

馆长应该确立起共产主义的人生观、世界观。邓小平同志说:"世界观的重要表现是为谁服务。"因此,有为社会主义图书馆事业而献身的精神就是共产主义人生观、世界观的体现。这是许许多多优秀馆长为之奋斗的目标,也是为他们长期实践所证明了的真理。他们把自己的工作岗位和"四化"的宏伟目标、共产主义的理想联系起来,他们对社会主义的图书馆事业具有坚忍不拔的毅力和信心;他们任劳任怨,实干苦干,他们的全部经历就是全心全意为人民服务精神的生动写照。无数优秀馆长在总结自己的经验时,都把热爱图书馆事业,献身图书馆事业作为最重要的一条。无数馆员在被问及馆长应该具有什么样的素质时,也把有献身图书馆事业的精神放在第一条。

目前,我国图书馆的条件多数还比较艰苦,馆长的工作相对来说比较繁重。再加上图书馆员的辛勤劳动在短时期往往见不到成效。社会上一些不良风气的影响,也增加了馆长工作的难度。因此,做一名图书馆馆长,必须有终身从事图书馆事业的精神;必须有克服各种困难的信心和毅力;必须有明确的办馆目标和办馆理想,有不实现理想决不罢休的精神。对事业只有充满无限热爱之情,才会有用之不竭的动力。如果仅仅把它当成维持生计的职业,按酬付劳,斤斤计较个人得失,那无论如何也不会成为优秀的图书馆馆长。

2. 要为人正直,廉洁奉公

为人正直,在道义上应做到不为势利所左右而能主持公道,对全体馆员要一视同仁,公正待人。在物质上应该做到不取不义之财。当前,廉洁奉公更有其特殊意义,它不仅是道德修养的需要,也是保证我们自己不犯错误,党的事业不受损失的需要。过去说图书馆是"清水衙门",现在"以文补文""有偿服务"的发展,使我们一些图书馆在经济上有了改善。在这种情况下,馆长如果不恪守廉洁奉公的准则,就会自觉不自觉地被金钱所左右,甚至可能被腐蚀而犯错误。馆长做到为人正直、廉洁奉公,能使馆员对馆长产生信赖感、安全感,这对建立馆长的威信是十分重要的。

3. 要忠诚老实

忠诚是指对党组织忠诚,对上级领导部门忠诚,对群众忠诚。老实是当老实人,说老实话,办老实事。馆长是代表党和政府在办馆和管理图书馆,当然应该对上级党组织和政府如实反映情况。虚报冒领,最终是使党的事业、党的威信受损,个人也会在馆内失去群众的信任,从长远观点看于国于己都不利。对群众要忠诚老实,应该心地坦白,除去组织机密不该说的以外,应该向群众敞开心扉,做到思想上沟通,才能有感情上的交融。作为一名馆长绝对不能要权术整人,那样只会使群众憎恶;也不能靠迎合某些人的落后心理,去博得他们的支持,那样会丧失群众的信任;更不能靠霸道,那只会使群众离心离德。忠诚老实是取得组织和群众信任、赢得上下支持的最有效的办法。

4. 爱护职工

馆长热爱图书馆事业的具体而生动的体现就是爱护图书馆员。爱护馆职工可以有政治上的关心,生活上的照顾,工作上的帮助等方面,还应该表现在尊重人上。

馆长要熟悉每个馆员的优点,对他们的每一长处都能如数家珍。当然缺点也应该了解,但首先了解优点。这是尊重人的第一点。

馆长要用人之长。了解每个人的长处不是最终目的,如何发挥这些长处,使它能为图书馆的工作做出有益的贡献才是目的。个人因用其长而得到提高,图书馆因用其长而受益。这是尊重人的第二点。

馆长要甘做人梯,为尽可能多的馆员创造发挥他们才能的条件,满足他们在事业上的追求,帮助他们在图书馆工作上有所成就,这是尊重人的第三点。试想,如果每个馆员都充分地发挥了积极性,而且水平越来越高,馆长的工作不就好做了吗?

尊重人的第四点是有容人之量。馆长的一切办馆意图一般都要通过馆员来实现,而每一个馆员又都有自己的个性特点。馆长要把全馆人员的积极性都调动起来,除去其他因素之外,还必须有容人之量。就一般情况而言,馆员和馆员之间,馆长和馆员之间关系比较融洽,在重大原则问题上,分歧就较少。当然,由于种种原因,产生一些矛盾也是不可避免的,是正常现象。馆长应该做到大事不糊涂,小事不计较,心胸开阔,有容人的气度。

容人,首先要容人之长。要看到别人的长处,容忍别人超过自己。特别是馆级干部之间,馆长要真心诚意地学习别人的优点,接受别人比自己高明的见解。

容人,还要容人之短。特别是对一些青年馆员,他们在许多方面还不成熟。我们要承认人的思想转变有个过程,要承认作为馆长有责任帮助他完成这个转变。当然,容人,不是"容忍",更不是放任自流,而是不急躁,有耐心;不嫌弃,有爱心;多帮助,要细心。

容人,还包括善于听取别人对自己提出的不同的意见,甚至是反面意见。对于馆长与馆员的分歧,馆长应该求同存异,多采纳一般馆员的建议,这对于调动馆员的积极性是大有好处的。在领导班子内部,要尽量尊重其他干部的意见,让人把话讲完,尽量避免个人说了算。否则为一些小事闹矛盾,互相"拆台"闹纠纷,内战不休,内耗不止,图书馆是办不好的。

按系统论的观点,馆长的责任就是追求"$1+1>2$"的管理效益,而尊重人就是取得这种效益的真谛。

三、要有脚踏实地的工作作风

馆长的作风决定图书馆的馆风。馆风在馆内起着教育作用、凝聚作用和约束作用。任何一个优秀馆长始终都在致力于馆风的建设,而馆长带头是馆风建设的关键因素。欲振馆风,先正己身。对馆长的工作作风的要求可以提许多条,但主要有:作风正派,以身作则;实事求是,一切从实际出发;密切联系群众。

1. 作风正派,以身作则

作风正派的含义,从广义来说,应该指实事求是,不浮夸;踏踏实实,不好大喜功;深入群众,不浮在上面;能抓住主要矛盾,不是事务主义;工作计划性强,不拖拉等。从狭义上讲就是不搞邪门歪道。当前社会上一些不良风气在引诱我们的馆长,一些不坚定的人就很可能丧失原则,干起不符合原则,不符合政策法令的事。对于这些事,不管出自什么理由,都是应该禁止的,为个人不行,为图书馆这个小集体也不行。

以身作则,从思想、政治、工作、生活多方面,馆长都应该以身作则。这里集中谈一下在图书馆常规管理工作的以身作则。常规管理馆馆都有,年年都抓,为什么效果大不一样?关键在于馆长本身的作为。如果馆长本身有强烈的教育意识,也就是说馆长能够从图书馆的一书一报,馆员的一言一行,规章制度的一条一款中挖掘教育的因素,意识到这对馆员的全面发展起到潜移默化的影响,那他就会主动地积极地抓常规管理。常规管理的内容,都是大家司空见惯的东西,如果馆长见怪不怪,面对零乱书刊,懒散的行为,不文明的语言不以为然,那这个图书馆的馆风肯定抓不好。所以,要求馆员做到的,馆长首先做到,而且要认认真真、踏踏实实地抓,带头去抓,抓实、抓细、抓严。抓实,就是抓什么工作一定要抓出结果来,不要布置完就完了。抓细,指布置要仔细,要求要具体,检查要到位。抓严,就是要严格按馆规馆纪办事,好的必须表扬,做不到的、违反的必须批评。简言之,馆长既要做行为规范的"则",也要做工作规范的"则"。

2. 实事求是,一切从实际出发

这一作风是我们党的优良传统之一,做任何工作都离不开它。在贯彻党和国家的方针政策时,要从本馆的实际出发;在学习别人的好经验时也要从本馆实际出发。什么好的理论,好的经验如果不与实际相结合也不会发挥其指导作用。我们个别图书馆习惯于赶"潮流",搞"花架子",结果当了十几年、几十年的馆长,不能形成本馆的特色,不能形成本馆的优良传统,原因之一就是贯彻方针政策、学习别人经验没有做到实事求是,不能从本馆实际出发,拿出反映本馆实际的措施来。

实事求是的工作作风,反映在处理一些具体问题,特别是处理人的问题上,要避免主观主义,忌带个人感情色彩,要深入调查研究,按照事情的本来面目,实际情况去解决,否则造成的损失是很难弥补的。

3. 密切联系群众

这也是我们党的优良传统之一。对图书馆这个特殊的环境,它有着特殊的意义。我们知道,图书馆管理的核心是对人的管理。对人的管理主要是沟通与协调人际关系,从而最大限度地发挥人的积极性。以取得最好的管理效益。管理中的组织职能,就是根据每个人的特长,把他们都放在最恰当的位置上,以构成图书馆工作的最佳组合。所谓协调,就是在图书馆工作运行过程中,不断调整各种关系,使之能正常运转。对人的组合和关系的调整,不了解人,不知道人与人之间的关系,不了解工作的现状是不行的。要了解人,就要深入到群众中去,在图书馆,馆长主要应该了解馆员,而了解馆员最好的办法就是深入到图书馆工作第一线去。这种深入了解,不仅能了解馆员的劳动状况,还是对馆员的一种鼓励和推动,也是沟通馆长与馆员思想感情的重要途径。这种深入不能只是检查式的深入，应该与馆员一起，共同研究、出主意、想办法，与馆员一起分享成功的喜悦、分担失败的煎熬。馆长与馆员心相通、志相同、情相近，这才算真正密切联系群众了。

馆长是图书馆的总负责人。对馆长素质的要求，特别是政治素质要求应该高一些，在深度和广度上也是不断地发展的，每位馆长都应该朝这个目标努力。政治素质的形成过程，是一个实践的过程。只要在实践的过程中自觉学习，不断提高，每个馆长都可以攀上馆长素质的高峰。

第三节　馆长的职业道德素质

一、馆长职业道德的含义

馆长的职业道德是社会主义国家党政机关工作人员职业道德的组成部分，是共产主义道德原则和规范在领导图书馆工作中的具体体现，即馆长在调节图书馆与社会之间、馆员与馆员之间、馆员与读者之间关系中的行为规范。加强馆长的职业道德修养，是培养和造就革命化、知识化、专业化图书馆领导者的需要。有了关于馆长的具体的职业道德标准，就能对馆长的职业行为做出恰当的评价，促进馆长树立共产主义的理想观、道德观和人生观。

馆长是图书馆行政、业务上的领导者，其职业道德如何，直接影响所在图书馆的馆员的职业道德建设。古人说："择己教人是逆政，正己教人方为顺政。"只有正其身，方能行其令。通过这样的表率和带头作用，必然带动和促进全馆的职业道德建设，进而充分发挥图书馆的教育职能和情报职能，积极为教学和科研服务。

二、馆长职业道德的基本内容

馆长是图书馆的领导者和组织者，也是一名普通的图书馆员。因此，其职业道德的基本内容，也要贯彻"忠于共产主义事业的集体主义，为人民服务的献身精神和共产主义的劳动态度"这一基本原则，既要有一般领导者的职业道德要求，又要有一般图书馆员的职业道德要求，撮其要点，基本内容如下：

1. 有坚定的政治方向和甘当公仆的品质是馆长职业道德的基本要求

一是同党中央保持思想上、政治上、行为上的一致，坚持四项基本原则，坚持和执行并服务于党的纲领路线、方针、政策，忠实地维护党、国家、集体、人民的利益。二是牢记党的全心全意为人民服务的宗旨，做社会的公仆，作风正派，克己奉公，忠诚地为人民服务，为图书馆事业的发展服务。

2. 有强烈的职业情感，忠于职守

做好本职工作是馆长职业道德的基础。馆长必须热爱和忠诚于图书馆事业，坚守岗位，认真负责，兢兢业业，要具有强烈的事业心，这是图书馆的领导者在管理中的地位和作用所决定的。据心理学家调查，人的事业心不同，其观察、记忆、思维、想象、操作等能力均会有差异，其求知欲和献身精神也有显著的区别。这就是说，事业心越强，他们各种积极性和能力就发挥得越好。馆长具有强烈的事业心，就能处处、事事对人民负责，大公无私、全力以赴地做好工作。

3. 有正确的职业指导思想和职业意识

职业指导思想和职业意识是馆长职业道德的核心。职业指导思想,亦即业务指导思想,馆长作为主要决策人,必须树立起以社会效益为最高准则的思想,正确处理好"藏"与"用","有偿服务"与"无偿服务"等的关系,充分发挥图书馆的社会效益。

馆长的职业意识,一是体现在对图书馆性质、职能、地位和作用有深刻认识上,要努力争取各级领导和社会的重视,使事业得到更快的发展,这是馆长的基本职责。二是体现在对图书馆工作特点有深刻认识上,馆长只有明确认识图书馆工作的特点,把握图书馆工作规律,才能进行有效的组织和指挥,把各项工作搞得更好。三是体现在图书馆的资源共享的观念方面。只有树立起资源共享的观念,才会主动加强馆际之间的联系,搞好图书馆协作,更好地为读者服务。

4. 正确行使职业权利,履行职业义务

社会分工不同,人们从事的职业也就不同,无论从事什么工作,忠于职守都是最起码的义务。馆长要充分认识到自己所承担的责任,有强烈的道德责任感,从而自觉地投身于图书馆事业之中,尽职尽责地履行馆长的职业义务,正确行使职业权利,在工作中,坚持原则,实事求是,廉洁奉公,恪尽职守,兢兢业业,勤勤恳恳地完成党和人民交给的任务。古语云:"在其位,谋其政。"党把一个干部放到了重要的岗位上,不谋其政就是失职,就是缺少起码的职业道德。

三、馆长职业道德修养的途径和方法

人是道德的主体,道德寓于人的思想和行为之中。实践表明,要成为一个具有良好道德品质的人,就必须通过正确的途径、运用正确的方法,有意识地加强道德的自我修养。馆长的职业道德修养是指馆长按照职业道德要求所进行的"自我教育"。

1. 坚持四项基本原则是馆长职业道德修养的政治前提

《中共中央关于社会主义精神文明建设指导方针的决议》指出,社会主义精神文明建设"必须是坚持四项基本原则的精神文明建设"。这一论述阐明了四项基本原则与精神文明建设的关系,四项基本原则对精神文明建设(包括职业道德建设)的核心作用。那么,作为馆长,其政治目标、政治态度集中到一点,就是看他能否坚定不移地坚持四项基本原则,能否以四项基本原则作为自己的行动指南。从行为发展的角度来看,这是我们树立正确的职业理想、职业目标、培养良好的职业道德的前提。

2. 树立共产主义世界观是馆长职业道德修养的思想基础

共产主义世界观是人类历史上最科学的世界观和方法论,是共产党人和无产阶级改造客观世界和主观世界的强大思想武器,馆长担负着平凡而又伟大历史重任,更应当努力学习马克思主义,在实践中不断改造自己,完善自己,树立共产主义世界观,并且以此为指导,去履行自己的职责。人们的道德观念是由人们的世界观决定的,作为馆长要培养自己良好的职业道德,就必须首先树立共产主义的世界观,为职业道德修养打下坚实的思想基础。

3. 加强自我改造是馆长职业道德修养的有效方法

自我改造是人以自己认识世界、改造社会的能力,对自己的自我锻炼,这种自我改造必须从图书馆的工作实际出发,结合工作实践,加强道德品质上的磨炼。工作实践是职业道德品质的源泉。馆长加强职业道德修养,必须把忠于职守、全心全意为读者服务作为职业工作

的出发点,把建设社会主义现代化图书馆和满足读者需要作为从事职业活动的最高目的。这一切必须亲身实践,只有在实践中,才能加深对职业意识、职业荣誉的理解、认识,从而深刻理解和自觉地接受职业道德原则、规范,不断确立、充实自己的职业理想。这样,才能真正形成职业道德的意识和行为,才能把共产主义的道德理论同具体的工作实践结合起来,成为具有高尚职业道德和革命情操的社会主义图书馆工作的领导者。

第四节　馆长应具备的文化专业知识

馆长是图书馆的总负责人,全面主持图书馆行政工作。其涉及范围广泛,管理对象复杂,接触问题繁多。为领导好图书馆各项工作,馆长必须具有多方面的知识,具有较丰富的文化专业知识是馆长履行其职责,搞好图书馆管理的基本前提和条件之一。

那么,馆长应学习哪些文化专业知识呢? 具体地说,应包括以下几个方面的内容:

一、精深的某一学科专业知识

馆长应学有所长,这是由馆长在图书馆中的角色地位决定的,因为馆长既是图书馆工作的领导者,又是馆员的指导者,还是图书馆改革的探索者。要想当一个称职的馆长,首先必须当一个合格的馆员。因此,作为馆长来讲,要求馆员做到的,自己首先必须做到。为有效地进行管理,并带领馆员一道不断探索图书馆工作规律,提高服务质量,馆长在业务水准上,应精通图书馆某一主要学科的知识,并能成为该学科领域上的行家里手。他对该学科的理解、应用等都应有其独到之处,他能及时发现馆员在工作实践中的经验、成果并加以推广,也能够指出他们的缺陷,加以引导。馆长只有深入学科领域之中,取得点上的经验,才能以点带面地推动图书馆工作的改革。唯其如此,也才能真正树立起自己的威信来。

二、系统的图书馆学科基本知识

图书馆工作以图书馆服务为主,馆长应以领导图书馆服务工作,促进服务质量的全面提高为管理工作的重点。为此,馆长应系统学习和掌握图书馆学科基本理论知识,为提高自己的指挥能力和总结经验、探索图书馆工作规律的能力打好基础。馆长所应学习和掌握的内容主要有:

(1)图书馆学基础知识:图书馆学是研究图书馆现象及其规律的科学。它主要研究图书馆的本质、目的、职能、图书馆与社会的关系、图书馆活动的内容、原则和方法等。馆长学习这门学科的基础知识,可加强对图书馆基本问题的认识,树立正确的图书馆思想,更好地指导图书馆实践。

(2)心理学基础知识:心理学是研究心理活动的形式及其规律的科学,它有许多分支学科。馆长除应学习普通心理学基础知识外,要重点学好图书馆管理心理学知识。图书馆管理心理学是研究图书馆管理实践中人的心理活动及其规律的一门新兴学科。馆长若能了解、掌握以上心理学科的基础理论知识,就可参照并运用它们分析图书馆工作实际,制定合理的管理改革方案,充分地调动馆员的积极性,更好地完成图书馆各项工作任务。

(3)中外图书馆发展简史:根据我国和世界图书馆改革与发展中所面临的一些重要问

题,有选择性地学习一些中外图书馆思想、制度演变、沿革的史实,可以帮助馆长更好地认识图书馆发展规律,继承和借鉴国内外历史上的优秀成果,提高图书馆理论水平。

(4)图书馆科学研究基础知识:其内容主要有图书馆科学研究的特征、基本原则、步骤和方法;图书馆科研课题的选择;研究对象的选择和组合;研究方法的选择和应用;图书馆统计基础知识;图书馆科研论文的撰写等。馆长通过学习,了解图书馆科研的初步知识,掌握开展图书馆科研活动的基本手段、技术,一方面可提高自己的科研能力,有益于图书馆管理经验的升华;另一方面,也有助于对图书馆科研的指导。

三、广博的相关学科知识

作为一名合格的馆长,除应懂得马克思主义基础常识,熟悉党和政府有关方针政策,掌握图书馆管理的基础知识,了解与图书馆管理密切的现代管理的主要方法与基本技术以及上面所述的专业知识和图书馆学科知识外,还应具有广博的与图书馆管理工作相关的其他社会科学和自然科学方面的基础知识。馆长应勤于学习,勇于实践,善于探索和总结,通过"实践—学习—探索—总结"的循环往复过程,不断汲取各种新经验、新知识、形成自己独特的知识体系结构。

总之,馆长应根据党和国家的要求,结合自身情况,努力学习,积极求知,使自己成为知识渊博,具有较高科学文化素养的人。

第六章 图书馆员优良心理品质的培养与馆长的管理理念

第一节 图书馆员优良心理品质的培养与矫正

图书馆员心理品质客观上存在着很大的可变性与可塑性,其形成和发展尽管有赖于大脑结构和技能的特点,但更主要的是取决于馆员的社会生活条件,依靠后天的自我修养和实践活动,以及接受思想教育和品质培养等。例如,图书馆员注意力的培养,就是与懒散性做斗争的过程中逐步实现的,就是在克服漫不经心的疏忽心理,锻炼自己把注意力集中在为读者服务的行为上而逐渐形成的。

培养与矫正馆员的心理品质,是一件极其细致而艰苦复杂的工作。图书馆员的各种心理品质都是以其一定的社会心理背景为基础的,往往是难以准确把握的。一则它具有个性的差异性,复杂多样,千姿百态;另一方面它又具有动态的变化性,随时受着外界因素和内在因素的影响而发生变化。要想在培养或矫正馆员心理品质的工作中获得理想的效果,就必须掌握图书馆员的普遍心理与特殊心理,了解其个性心理特征和心理背景,从心理活动规律出发,利用外部条件对其主体施加影响,科学地调动其内在动力,进行有效的引导和培养,使其心理品质逐步符合更高的要求。

一、优秀图书馆员应具备的心理特点

图书情报教育实践表明,优秀图书馆员,大致具有如下心理特点:

①坚持四项基本原则,忠诚于图书馆事业,具有献身精神。

②对读者有深厚的情感,善于了解读者的个性特征和需求。

③对书刊有浓厚兴趣,惜书如命,用书如神,知书如数家珍。

④改革意识强,有克服困难的坚强意志,能艰苦创业,勤俭治馆。

⑤知识广博、兴趣广泛、多才多艺。

⑥情绪稳定、乐观,有较强烈的责任心、时代感。

⑦有较强的阅读能力和教育能力,善于做读者工作。

⑧心胸坦荡,人际关系好,有一定威信。

二、培养与矫正图书馆员优良心理品质的方法与措施

1. 抉择正确的主导欲求

图书馆员的心理欲求是多方面多层次的,既有物质生活方面的欲求,又有精神生活方面的欲求。图书馆员优良的情感品质与意志品质,如果没有一个正确的主导欲求作为精神支柱是不行的。例如,希望有满意的经济收入;希望有合理的地位与待遇;希望有业务进修提高的机会;希望有一个美满幸福的家庭;希望有发挥潜在能力的机会;希望受到别人的尊重和赞赏;希望有胜任工作的能力;希望有职位升迁的机会;希望在事业上有所成就,乃至希望

有套理想的住宅和家具等。一般来说，图书馆员的主导欲求，往往以图书馆员的个人思想认识水平和接受社会各方面影响的程度而确定，把自己认为最有意义、最值得珍重的需求视为主导欲求。有的图书馆员看重物质欲求，有的则侧重精神欲求；有的珍视个人利益，有的珍视社会利益和读者利益等。当代青年图书馆员对于新学科、新书刊，对于新观念、新思想和改革创新有着巨大的兴趣和热情，甚至表现出一种强烈的饥饿感。

图书馆员同时有许多欲求时，应该把物质欲求与精神欲求结合起来，把个人利益与社会利益的欲求结合起来，把需要和可能结合起来，正确处理多种欲求之间的关系及其矛盾，抉择正确的主导欲求，确立把个人愿望与图书馆事业融为一体的主导欲求，一般可以通过如下措施进行：

（1）树立崇高的理想和抱负

"志不立，天下无可成之事"，每个图书馆员都要树立崇高的理想，立志当一个优秀模范图书馆员，把个人的兴趣、爱好和欲求同本职工作和人生追求结合起来。这将会对图书馆员的主体心理活动产生深远的影响，成为主导欲求的心理基础。

（2）明确本职工作的社会价值和主体含义

图书馆员的劳动不但具有社会价值，即其劳动对社会物质文明和精神文明建设的贡献及其影响，还具有主体含义，即其劳动对满足主体生理需要与心理需要的关系及其程度。二者都反映了图书馆员的心理欲求。一般言之，图书馆员对于欲求目标的价值看得越大，估计能实现的希望越大，其激发的力量也就越大。使其随时感受到自己的劳动成果对社会贡献与个体需要的现实意义，让其主体的活动在意识上形成一个反馈的体系。这种领悟，将会极大地激发图书馆员的责任感和荣誉感，由此推动其追求与巩固正确的主导欲求。

（3）激发积极的专业（职业）兴趣

兴趣能强烈地吸引人去追求某些可能使主体获得满足的事物。它是从事某项活动的一种特殊的内部驱使力，对引导他们抉择正确的主导欲求有着重要作用。

图书馆员的专业（职业）兴趣是在图书馆学教育的各种实践活动中逐渐形成的。有由事物或行动本身引起的直接兴趣，有由事物或行动的目的和任务引起的间接兴趣。故此，一方面应努力认识本职工作所含有的学问，激发浓厚的专业兴趣，积极创造学习、进修和研究的机会。另一方面，图书馆员必须明确本职工作的任务和要求，并有意识地提出新的更高层次的要求，确保专业兴趣的稳定性。图书馆员专业（职业）兴趣的激发，可以促使其自觉地学习本领和加强个人修养，积极进行创造性劳动。

（4）获得工作、生活条件一定程度的满足

一般言之，人的初级欲求的满足，可以激发对高级欲求的追求。因此，要引导馆员抉择高级的主导欲求，在现有条件下，尽可能地满足其初级欲求，以刺激其高级欲求的产生。满足图书馆员的初级欲求，一般可以采取物质上的合理满足与情感上的心理满足互为补偿、同时兼顾的方法。这就要了解图书馆员的生理欲求、家庭社会环境、经济能力、婚恋情况及工作条件等，关心他们，尽力协助解决。同时，因势利导，指引他们根据国力、馆力、社会条件和个人条件去看待这些欲求的满足水平。此外，还应为图书馆员达到高级欲求创造条件，如安排更能发挥图书馆员作用的适当的工作岗位，提供参加民主管理的机会等，使之保持旺盛的上进欲望。

2. 增强自我意识能力

所谓自我意识,系指人脑对该个体所交往的周围关系及其所处的社会地位的一种反映。它主要就是借助内部言语和思维,以自我分析、自我批评、自我体验、自我监督和自我修养等形式,认识到个体所处的人与人的社会关系、人与己的相互关系,以及在各种关系中自己的责任和义务。自我意识能力的增强,能使人们主动根据国家和社会的需要,发扬自己个性中的优点而自觉抑制个性中的缺点。

所谓个体品德,是指个人依照理想的道德原则或行为规范所进行的各种心理活动,是社会道德现象在个体头脑中的反映。在图书馆教育服务活动中,道德原则和行为规范有它的特殊内涵。

要把立德和立法紧密地结合起来,狠抓职业道德和行为规范,把"忠于职守,勤恳工作,全心全意为读者服务"作为基本原则,做有理想、有道德、有文化、有纪律的"四有"人才。

为此,必须建立正确的读者评论和集体舆论,提高馆员对职业道德的认识,促进是非观念和名誉心理的健康发展。一次正确的读者评论和集体舆论,往往会形成一种无形的压力,促使馆员的活动和行为逐步规范化。也可抓住活动中的某些现象或事件,引导馆员进行评价,确立一种正确的观念,使他们掌握一定的品德标准,引起情感上的体验和思想上的重视,在心理上形成对个人品德的调整与控制。

要注意发挥榜样力量,促进品德觉悟程度的提高。对优秀模范馆员的模仿,有不可忽视的心理效果。要宣扬和表彰优秀模范图书馆员的高尚品德,扩大榜样的影响力和吸引力,让图书馆员都有一个美好的品德心象,不断地改造其品德面貌。

要利用情感对主体活动的影响力,调动其热爱图书馆事业的传统情感,促进为读者服务教育的现实情感;利用对比、展望、思索,激发建设现代化图书馆事业的潜在情感等,一般都能产生一定的心理效应。

法制教育与行政维持,对提高自我意识能力也是必不可少的强化手段,特别是及时正确运用奖励和惩罚,对于图书馆员心理活动的定向控制,效果都是较为明显的。

3. 改善客观环境,为形成舒畅和谐的心境创造条件。

心境是与意识联系而体验的情感状态,是一种比较微弱的、但能在较长时间影响主体的言行和心理面貌的情绪状态。有了某种心境的图书馆员,其情绪可以由原来引起的事物,迁移到同类甚至毫无关系的其他事物,形成某种态度倾向,并较长时间地在图书馆员行为上表露出某种情绪色彩,直接影响劳动态度和劳动效率。

有的放矢地改善客观环境,形成舒畅和谐的心境,以控制某些不利于品质修养的心境的蔓延扩散。

(1)美化服务环境

优美洁净的服务环境,不仅是图书馆员生理上的需要,也是心理上的需要。美的东西最能直接打动图书馆员的心灵,使图书馆员得到一种内心的欣喜与满足。它对保持和提高图书馆员的精神面貌和服务效益都有着不可低估的实际意义。

不可低估墙上张贴的几张名画、阅览室(工作室)或阳台上的几盆鲜花的作用。尽力美化服务环境,努力提高服务环境的舒适度,使图书馆员在劳动中能获得美的、愉快的享受,保持精神振奋的心理状态,将会有助于陶冶图书馆员良好的心境。

（2）不断提高和改善设备水平

图书馆是社会文明的窗口,其先进的技术设备,不仅能使图书馆员摆脱烦琐、粗重的部分体力劳动,而且使他们对劳动充满乐趣。这对激发图书馆员的劳动热情和职业自豪感,提高劳动效率和服务水平,作用尤为明显。尽可能改善服务设施和操作工具,力求劳动条件符合图书馆员的生理特点和心理要求,有利于积极心境的形成和稳定。

（3）建立健全图书馆员的业务档案和各项规章制度,搞好劳动组织管理

科学地组织图书馆员的劳动,不仅能够充分发挥图书馆员的劳动能力,还能够使他们心情舒畅、精力充沛、团结协作、在劳动中保持饱满的积极情绪。科学地安排劳动岗位、组织劳动班组(科、部),使之具有内动力、内聚力和合作力。合理安排服务项目、服务方式、服务时间,必要时,亦可试行弹性工作制度,切实做到既方便读者又保证图书馆员体力与精力的恢复,并有一定时间充实更新知识结构以及安排家务与娱乐等,这有利于图书馆员积极心境的培养。

4. 协调人际关系

图书馆员相互间的关系、图书馆员与读者的关系、图书馆员和图书馆馆长的关系等是否融洽、健康、友爱、对图书馆员的心理健康影响很大。首先,要求加强自我修养,具有高尚的职业道德、健全的人格、容忍的气度、奋发的精神和温和的仪容,"心底无私天地宽";其次,要善于处理人际间的利益关系和心理冲突,自觉促进同志间、图书馆员与读者之间、上下级之间的相互了解和理解,互相尊重,互助互爱,形成和谐欢乐的劳动群体,使每个成员都共同感受到集体的温暖和劳动的喜悦,由此为整个集体创造亲密无间的人际关系,有力地影响图书馆员的心境朝着健康的方向发展。

5. 改善生活和劳保条件

图书馆员应按职务与相应的人员享受同等待遇,按不同工种享受国家规定的相应的劳保待遇。馆长要十分注意关心他们的生活,关心他们的政治进步、业务培训和文化娱乐生活,做好劳动保护工作,帮助他们解决生活、学习、工作中的实际困难,解除后顾之忧。可以使图书馆员实际体验到自己的社会地位、安全感和荣誉感,尝到工作与生活的乐趣,从而转化为良好的精神力量。

第二节　馆员的心理素质与馆长的管理理念

馆长是图书馆的组织者和领导者,在图书馆中是最有影响力的人。馆长在图书馆的主要作用,就是依据上级的要求和图书馆的实际制定工作目标、计划,做出决策,并为实现图书馆的工作目标和决策,科学地用人、理财、管物、办事,掌握时间、空间和信息,建立科学的管理指挥系统[①];另一方面馆长要发挥激励作用,提高馆员接受和执行图书馆工作目标的自觉性、积极性,努力提高工作效率和质量。馆长要组织和激励馆员实现图书馆的管理目标,就必须了解在图书馆管理活动中馆员的心理现象及其规律,懂得图书馆管理心理学的知识,努力提高工作水平。

---

① 包敢. 馆长的现代化视野与视点[J]. 情报资料工作,1996(4).

一、应用激励理论,激励馆员的工作积极性

激励是运用某种外部诱因调动人们的积极性和创造性的过程①,馆长懂得一些激励管理知识,便于有效地激发馆员的工作积极性。馆长要在懂得激励理论知识的前提下,掌握以下激励方法:

(1)需要激励:需要是人们对客观需求的反映。人们不仅有自然性的需求,更重要的是有社会性的需要和精神性的需要。精神需要对社会需要、自然需要具有制约作用,而自然需要、社会需要又对精神需要具有基础作用。人们的需要是多样的、多层次的、多结构的。满足馆员健康合理的需要,可以调动馆员的积极性。需要激励就是通过对需要的满足,来引起和增加积极行为动机的方法。例如,馆员有改善物质生活条件的需要,提高政治地位的需要,个人特长、才能要求得到发挥的需要,进修和深造的需要以及改善业余文化生活的需要。这些精神需要、社会需要和自然需要得到合理的满足,都能有效地激励馆员的工作积极性。

(2)目标激励:目标是指行为所要达到的预期结果。目标对人的行为具有重要意义,明确的目标是动机形成的外部条件。图书馆工作有了明确的目标才有明确的方向,从而控制馆员的行为向预定目标努力,目标可以起到导向的作用。目标可以给人以力量,克服工作中遇到的种种困难,目标可以给人以鼓舞,增强馆员工作的热情,目标具有激励作用。图书馆的目标也可以把馆员团结起来,为了共同的目标互相配合,团结协作,目标具有聚合的作用。馆长科学合理地提出目标是调动馆员积极性的一种重要途径和领导艺术。馆长选择目标时,一方面要根据上级的要求,另一方面要考虑到馆员的激励效应。确定选择目标时,要注意目标的价值性标准,即有先进性和较高的社会价值,同时对提高馆员的水平,满足馆员精神和物质的需要有现实意义。目标要具有可行性标准,即科学可行,是经过努力可以达到的较高标准。目标要有整体性标准,即具体目标要服从图书馆的整体目标和长远目标,形成完整的目标体系。馆长懂得目标选择的标准和目标设置的心理原则,将有助于馆长实行科学的目标管理,激励馆员的积极性。

(3)强化激励:强化激励是运用奖励和惩罚等强化手段进行激励的方法。馆长在运用强化手段进行激励时,要遵循有效性原则、及时性原则、相符性原则、针对性原则,使强化手段切实有效,及时兑现,赏罚得当,有功奖励,有过罚过。在运用奖励手段时,要注意物质激励与精神激励相结合,以精神激励为主,物质激励为辅。奖励时还要注意创造有效的心理气氛,奖励要公正,实事求是,方式要多样化。惩罚要惩前毖后,与人为善,轻重适宜,公平合理。

(4)感情激励:通过情感交流利用积极的情感体验形成馆员积极的工作态度,从而激发馆员的积极性和创造性。对馆员政治上的关心、工作上的支持、思想上的理解、生活上的体贴,都可使馆员产生积极的情感体验,使馆员感到馆长是代表他们利益的,是和他们息息相通的,馆长要真心实意地关心、理解、尊重和信任馆员。这是正确处理干群关系的重要原则,也是激励馆员积极性的有效方法。

(5)参与激励:参与激励是通过民主管理的途径,组织馆员参与图书馆各项重要工作的

① 王垒.组织管理心理学[M].北京:北京大学出版社,1993.

决策,从而激发馆员的积极性。参与决策有助于形成馆员的主人翁责任感,并能自觉地积极地执行、落实各项决策。建立健全馆员代表大会制度,是参与激励的重要途径。

二、帮助馆员形成正确的态度,提高馆员工作效率

人们在社会生活条件影响下,对人对事都会逐步形成相对稳定的心理反应倾向——态度。如,有人对工作认真负责,一丝不苟,有人则马马虎虎,得过且过;对同一件事,有人赞成,有人反对;对同一个人有人肯定,有人否定。各种态度在很大程度上决定着馆员的思想表现、工作行为和生活方式。馆长为了带好队伍,就要帮助馆员形成正确的态度,改变错误的态度。态度是由认识、情感和意向3种因素构成的。认识是态度的基础,情感是认识转化为行为意向的关键。态度是个体在社会生活中逐步形成和完善的,态度总是针对某种对象而产生的,态度的三个要素在通常情况下是协调一致的,态度形成后又是相对稳定的,态度可从人们的言语表情及行为中间接地进行分析和判断,了解仍要听其言,观其行。因此,态度具有社会性、针对性、协调性、稳定性和间接性等特点[①]。

影响态度形成和改变的因素是错综复杂的。个人和集体的愿望、目标能否实现、馆员的认识水平、智力发展水平、个性心理特点、个体与组织的关系、态度系统本身的特点诸因素,都影响态度的形成和改变。馆长要使馆员端正态度就要注意从提高认识入手,晓之以理,动之以情,导之以行,组织馆员参与有关活动,使他们通过亲自感受,改变错误态度。要做好宣传教育工作,宣传要讲求权威性强、针对性强、说服力强。对难以改变的态度也要坚持原则,逐步提高要求,创造条件,使之改变。

三、准确把握馆员的个性差异,合理使用人才

俗话说,做人的工作要“一把钥匙开一把锁”。这反映了个性的千差万别。个性反映了每个人都有自己不同于他人独特的精神风貌。馆长了解馆员的个性差异可以有的放矢地加强管理。

馆长要根据气质进行管理。气质是指心理活动进行时的速度、强度、灵活性、稳定性和指向性等动力特征。馆长在管理工作中,首先要正确理解气质类型没有好坏之分,不涉及人的道德品质。有人办事快而粗,有人慢而细,这反映了心理活动的动力特征,而不是个性的优劣。多数人的气质类型是混合性的,典型的气质类型较少。其次,馆长要根据馆员的气质类型差异安排工作,进行管理。馆长要发挥各种气质类型的积极因素,克服消极因素,取长补短,做好工作。

馆长要根据馆员的能力差异进行管理。馆员的专业能力是做好图书馆工作的重要保证,是顺利完成图书馆工作的必要的心理条件,馆员应具备的专业能力是多方面的。馆长了解馆员的能力结构和能力差异,对组织、培训、提高馆员的能力和合理使用人才都有重要意义。

馆长要根据馆员的性格差异进行管理。性格是表现人的态度和行为风格的心理特征。馆员的性格在工作中直接影响馆员和读者之间的信息传递,良好的性格可以帮助创造愉快而有动力的工作气氛和工作积极性。馆长了解馆员不同的性格特征,才能有针对性地帮助

---

① 杨子江.劳动积极性形成的内因与外因[M].江西社会科学,1998(11).

馆员发扬长处,克服缺点,做好工作。

四、关心馆员的心理健康,创造顺畅的心理环境

俗话说,"人生逆境十有八九"。同样我们的馆员在工作和生活中不可能一帆风顺,在通向目标的过程中,经常会遇到各种各样的困难和障碍。当目标不能实现,需要不能满足时,就会产生不愉快的情绪状态,引起心理挫折。这时,馆长要了解馆员在受到挫折时出现的攻击、退让、固执、妥协等行为表现,分析挫折产生的主观因素和客观因素,了解不同的人对挫折的耐受力。馆长要对受到挫折的馆员持正确的态度,对非理智行为能忍让、宽容,耐心帮助,从实际出发努力改变受挫折的客观环境。要帮助受挫折的馆员正确认识产生挫折的原因,在理智上得到调整,在感情上受到安慰,使其自尊心获得补偿,树立百折不挠的精神,增强克服困难的毅力,变挫折为动力,变逆境为成功[①]。

心理健康的馆员首先表现为智力正常,具有从事图书馆工作应具备的一般能力和特殊能力。这是做好图书馆工作所应具备的最基本的心理条件。其次,情绪健康,热情、兴奋、愉快、乐观等积极因素占主导地位,并能控制情绪,保持稳定。再次,个性健全,性格开朗,心胸坦荡,言行一致,表里如一,稳重灵活。最后,心理适应,馆员对社会环境、对领导、对同事、对读者,在人际关系上能保持良好的心理适应,自尊但不自傲,自重但不自夸,自强不息,排除挫折,不断进取。

由于主客观各种原因,馆员心理健康方面出现问题是经常的。如,有些馆员对自己的职业缺乏满意感,情绪不稳定,心情不愉快。有些馆员和领导者的关系不融洽,由于不受重视不被信任,而对领导者不满意,情绪苦闷。还有些馆员工作负担过重,长期疲劳,影响心理健康。

馆长要重视和关心馆员的心理健康,针对造成心理健康问题的原因进行分析,改善干群关系,处理好各种人际关系,创造心情舒畅、生动活泼的心理环境,帮助馆员战胜心理挫折,正确对待工作和生活中令人紧张的事件,培养良好的个性,使我们的馆员健康而和谐地发展,紧张而愉快地工作,更好地发挥他们的积极性。

五、协调组织好人际关系,增强群体凝聚力

图书馆人际关系是图书馆员之间、领导者之间、干群之间和馆员与读者之间在工作关系的基础上建立起来的心理联系或心理距离。图书馆人际关系的好坏,影响图书馆精神文明建设,影响团结,影响工作,影响馆员的情绪和精神风貌。

搞好图书馆的人际关系,关键在馆长。在干群关系上,馆长要正确对待馆员,团结馆员。对喜欢接近领导的人,不偏听偏信;对与自己关系比较近的人,要严格要求;对自己有成见的人,不以权压人;对有特长的人,要扬其所长;对有影响的人,要尊重信任。在领导成员的关系上,为了共同的目标,既要讲原则,又要讲团结、讲友谊、讲谅解、讲支持。总之,馆长要根据人际关系的知识和图书馆人际关系的特点,建立人与人之间的平等、团结、友爱、互助的新型关系,协调组织之间、馆员之间的人际矛盾,使心向一致,互相配合,共同完成图书馆的工作和管理目标。

---

① 刘志刚.图书馆员的心理健康[J].情报资料工作,1998(2).

六、加强自身的修养，提高领导水平

馆长是图书馆的领导者，必须以自己的言行影响和改变馆员的心理和行为，从而提高办馆水平，这是馆长的影响力。构成馆长影响力的因素，一方面是权力性的影响力，另一方面是非权力性的影响力。

权力性的影响力是由馆长的权力和地位决定的。馆长掌握着一定的人权、财权和指挥权，可以采取行政手段做出决定，处理问题。馆员要服从馆长的决定和指挥。构成权力影响力的主要因素是传统因素、职务因素和资历因素。这是权力赋予馆长的影响力。

非权力性的影响力是由馆长的品格因素、才能因素、知识因素和情感因素所构成的。馆长的非权力性影响力，虽然没有权力性影响力那种明显的约束力量，但它却能发挥权力性影响力所不能发挥的激励作用和领导作用，具有非权力性影响力的馆长才能充分发挥权力性影响力的作用。所以有威信的馆长是图书馆中最有影响力的人，可以把图书馆办得有声有色，生气勃勃，把权力与非权力两种影响力有机地结合起来，从而取得最佳领导效果。

馆长要做好工作，一方面要正确地使用权力性影响力，行使权力要持审慎态度，秉公办事，具有无私精神，决不能滥用职权，以权谋私，要"罚不避亲，赏不避仇"。要善于授权，善于指导和监督。另一方面要努力提高非权力性影响力，提高政治素质和马克思主义理论水平，加强品德修养，以身作则，努力学习图书馆学知识和图书馆管理知识，懂得政策、法规，提高决策分析能力、组织协调能力、业务实施能力、社会活动能力和语言文字表达能力，从而提高领导水平和办馆水平。

七、培养集体荣誉感，加强馆风建设

馆风是图书馆全馆职工共同具有的思想作风和行为习惯。建设优良的馆风，既是全馆职工为之奋斗的共同目标，又是激励大家的教育力量。一所图书馆不仅应当具有一般水平的良好风气，还应具有较高水平的独特风尚。

馆风是一种无形的力量，它是整个社会风气的重要组成部分，它既受社会的影响，又直接影响社会。馆风的优劣，对图书馆工作有极大的影响，馆风也是衡量、评价图书馆质量的重要标准，它是馆员精神风貌的集中反映。良好的馆风可以抵制不良倾向，促进、激励、感染和熏陶馆员弘扬正气正风，增强集体凝聚力。

良好馆风的形成必须创造一定的心理条件。树立远大的理想和奋斗目标是形成良好馆风的思想基础，在这种基础上倡导的主张、风尚和行为准则才具有感召力。形成良好的馆风要创造有利的心理气氛，造成声势，使所倡导的行为作风深入人心，形成制度，长期坚持，培养集体的光荣感、自豪感是形成良好馆风的感情基础。馆员对图书馆集体具有光荣感和自豪感，才能自觉地爱护图书馆，维护馆风，发扬馆风，抵制歪风邪气，谴责破坏馆风的人和事。在形成良好馆风的过程中，要正确运用心理定式和强化规律，注意搞好第一次活动，处理好第一个问题，办好第一件事情，以好的开始引导和影响以后的活动。对好人好事好风尚要及时表彰、肯定，对不利于馆风建设的人和事，要及时引导，促进转化，正确运用表扬和批评的措施。形成良好的馆风，图书馆领导和领导班子成员的模范作用是关键因素。馆长要以身作则，要依据馆风形成的心理条件，通过反复的教育、训练，使馆员继承和发扬良好的馆风，

加强馆风建设。

　　总之,馆长要懂得图书馆管理心理知识,结合图书馆的实际情况,调动馆员的工作积极性,合理地使用人才,加强业务队伍的建设和馆风建设,优化服务环境,推动图书馆改革,提高管理水平。

传统文化名著导读

第一章　中华元典　源远流长

文化元典

所谓文化元典，是指诸文明民族的原始性文本。每个民族都有自己的文化元典，如印度有吠陀文献和佛典，波斯有《波斯古经》，希腊有柏拉图、亚里士多德等先哲的论著，犹太及基督教有《圣经》，伊斯兰教有《可兰经》等，这些都被相关民族或在某一文化圈视作"元典"。在中华文化系统中，堪称"元典"的是《易》《诗》《书》《礼》《乐》《春秋》等"六经"。因《乐》亡佚，中华元典实为《五经》。另外，某些先秦典籍也具有"元典"性质。如《论语》《孟子》《大学》《中庸》《老子》《庄子》《墨子》《孙子兵法》《茶经》《黄帝内经》等。中国的文化典籍，人们常用"汗牛充栋"来形容。而在这浩如烟海的典籍世界里，较初元、较根本的只有几种，那就是被视为儒家经典的《诗》《书》《礼》《易》《春秋》。它们不仅是儒家经典，也是先秦诸子共同的源头。"中国传统文化的各个分支，若求其源，都可以追溯到这些古老典籍，他们当之无愧享有'元典'之尊"。

《周易》

《周易》又称《易经》，简称《易》。相传此书是周代人写的，所以名为《周易》。《周易》分为《周易古经》和《周易大传》两大部分。《周易古经》有上下篇，由卦、爻两种图像和说明卦象的卦辞、说明爻的爻辞两种文字构成，共六十四卦，三百八十四爻，被视为中国古代最古老的一部卜筮占卦之书，但其中也含有一些哲学思想。《周易大传》共有 10 篇，所以又被称为《十翼》，是儒家学者对《易经》所做的各种解释。在先秦典籍中，《易传》是思想最深刻的一部书，是先秦辩证法思想发展的最高峰。

《周易古经》和《周易大传》到底是何时何人所作，历史上说法不一。相传伏羲画传，文王作辞；马融、陆绩等说："文王作卦辞，周公作爻辞"；司马迁、班固说："孔子作传"，这就是"人更三圣，世历三古"（《汉书·艺文志》）。我们的认识是：《易经》卦爻辞是逐年编纂而成，当时的编辑者是谁，无法具体确定，姓氏早已失传。《易传》70 种 10 篇，作者是否一人，姓氏为何？虽已失传，然从其思想内容考察，可以推定乃出于战国或秦汉时期的儒家后学之手。

《周易》一书致广大而尽精微。在哲学方面，该书把万物之源归结为阴阳的相互作用，提出"刚柔相推，变在其中"的朴素辩证法观点，并包含有数学、天文、历法等方面的科学内容，一部中国哲学发展史，从头到尾，不论是哪个朝代，哪个学派，都没有离开过《周易》。不管唯物主义还是唯心主义，它们的理论来源均在《周易》，所以我们着重介绍一下《周易》的哲学观。

关于唯物主义观念。《易经》从人们生活经常接触的自然界中，选取了 8 种事物作为说明世界上其他事物的根源。这 8 种自然物中，天地又是总根源，天地为父母，产生雷、火、风、泽、水、山 6 个子女。这就是一种十分朴素的万物生成的唯物主义观念。

关于运动变化的观念。变化发展的观念是贯穿在《易经》中的一个基本思想。《易经》中的"易",就是讲变化的,即承认事物是发展变化的,例如,六十四卦中的第一卦《乾》卦,以龙为比喻,龙从"潜"到"现",由"跃"到"飞",象征着事物发展变化的过程。利用变易思想来观察事物发展,是一种唯物辩证的观念。其实,《易经》对每卦的每一爻都做出一般原则的说明。认为事物在刚开始时,变化的迹象还不显著,继续发展下去,变化就深刻化、剧烈化,发展到最后阶段,超过了它最适宜发展的阶段,于是就出现了相反的结果。事物本来是有前途的,超过了它的极限,反而没有前途了。现代人所谓"真理再往前走一步就是谬误"就是这个道理。《易经》善于从交感的角度观察万物的动静变化,并认为凡有动象、有交感之象的卦是吉利的,有希望的,因为它符合事物发展的规律。

关于矛盾对立和转化的观念。在卦爻辞中反映自然界中矛盾对立的现象:明—晦,天—地,枯—华(荣),西南—东北,东邻—西邻。而且在卦爻辞中也反映了社会上矛盾对立的现象:大君—小人,小人—大人,夫—妻,父—母等。但对立的矛盾是可以相互转化的,也就是说,坎陷可以转化为盈满,土丘转化为平地,平的转化为不平的,往可以转化为来。这种矛盾的事物相互转化的观念,显然是人们在社会生活中,对于日月递照、暑往寒来现象的观察和对殷周之际人事代谢的思考,显示了古代原始的辩证思想。

总之,这些最简单的命题,概括了变化的普遍性和永恒性,肯定了对立面的相互转化是事物最根本的规律,并深刻地说明了变化的根源即潜存于对立面的相互作用。这些朴素辩证法思想,在先秦哲学中以及对后世哲学思想的发展具有巨大的影响。

在历史方面,《周易》通过象征天、地、雷、风、水、火、山、泽等八卦形式,推测自然和人事的变化,记录上古社会政治、经济、军事、中医药等方面的情况,具有较高的史学价值。

在文学方面,在《周易》的诗文中,保存了不少名言、警句、成语和寓言式的故事。寓言是文学作品的一种体裁,结构大多简短,主题是借此喻彼,使得深奥的道理从简单的故事中体现出来。《周易》的卦爻辞中有些具有寓言的特点,也提出了一些文学理论,后来刘勰在《文心雕龙》中大加引用和发挥,对后代影响较深。《周易》中成语极多,如"不速之客""匪夷所思""穷则思变""见仁见智""自强不息"等;警句如"见善则迁,有过则改"(《益·象辞》)、"二人同心,其利断金"(《系辞·上传》)等。这些成语和警句至今我们还在运用,仍然有它的生命力。《易经》中还保存了数量可观的民歌民谣,有些和《诗经》中的诗歌不相上下,有人甚至认为《易经》是"甲骨卜辞"至《诗经》间的桥梁,在诗歌发展史上占有重要地位。在其他方面,如化学、教育学、书法和绘画等方面都可以看到《周易》思想在其中留下了很深的痕迹。

《周易》在中国文化中的地位和影响是极大的。《周易》为传统经学中的"六经"之一,班固《汉书·艺文志》"六艺略"将六经排序为:易、书、诗、礼、乐、春秋。唐陆德明称《易》为"六经之首"。汉代儒学上升为官方正统思想,儒家经典已经成为天下儒生必读之书。宋朱熹去六经中的乐经,合四书,称"四书五经"。《周易》生生不息的进取精神、"有天地然后有万物"的有序的宇宙图式构成了儒家思想的主干,形成了积极进取、乐观向上的文化精神。而《周易》又为道家之经典,老子和庄子的智能与《易》的智能何其相同,"安不忘危"的生活辩证法,"以屈求伸"的处世哲学,成为善处危世的失意人哲学,它们共同练就了中国人在逆境中求生存,善于自我心理调节的本事和坚忍不拔、吃苦耐劳经得起大灾大难的顽强性格。北京大学哲学系教授张岱年先生曾说:我多年思考这一问题,认为中国文化的基本精神的集中表述是《易传》中的两句话，一句是"自强不息"，一句是"厚德载物"。所以我们要深入地认识中国传统文化，就不能不好好读一下《周易》。

古往今来，为《周易》一书注释解说者不止千家，但大致上可以分为象数、义理、图书三派。"象"包含现象、符号两层意义。汉代《易》学基本上属象数派，多着重于文本的解释；宋代胡瑗、程颐借解释《周易》来论述道德义理，这属于义理派；宋代邵雍利用道教的先天图、后天图来解释《周易》，这属于图书派。其他注本还有三国魏王弼、晋韩康伯的《周易注》，唐孔颖达的《周易正义》，唐李鼎祚的《周易集解》和宋朱熹的《周易本义》，清焦循的《易学三书》等。高亨是当代著名学者，是今人研究《周易》最有成就的专家。他的《周易古经今注》写于1940年，新中国成立后曾于1957年由中华书局出版，1984年出版了重订本。此书不用汉、宋人的旧注而自立新解，颇多创见。他的另一部著作《周易大传今注》也是对易学研究的一个重要贡献。尽管两书注解难免也有牵强之处，但却可以说是今人注《周易》的最权威的著作，非常适合我们阅读。

《诗经》

《诗经》是我国第一部诗歌总集。它堪称我国诗歌传统的起点和源头，并以其伟大的文学成就彪炳史册。

《诗经》原名《诗》，或称"《诗》三百"，后世才称为《诗经》。它被列为儒家"六艺"之一。《诗经》存目311篇，其中有6篇有目而无辞，所以实有305篇。《诗经》在当时是为配乐演唱的乐歌总集。

《诗经》主要献自公卿列士，有部分来自于民间，又经过周王朝各代王官、乐师加工修订。由于流传较久，经过的人手较多，因而具有集体创作的性质。《史记·孔子世家》称"古者诗三千余篇，及至孔子，去其重，取可施于礼义"，定为"三百五篇"，这就是孔子"删诗"说，但据后人推算，这种说法不足为信。《诗经》的确切年代已难以一一考定，可大致论定作于西周初年至春秋中叶（前11—前6世纪）约500年间。

《诗经》按照《风》《雅》《颂》分类编排。《风》即"十五国风"，包括《周南》《召南》《邶风》《鄘风》《卫风》《王风》《郑风》《齐风》《魏风》《唐风》《秦风》《陈风》《桧风》《曹风》《豳风》，共160篇。《雅》分为《小雅》《大雅》，其中《小雅》74篇，《大雅》31篇，共105篇。《颂》包括《周颂》31篇，《鲁颂》4篇，《商颂》5篇，共40篇。

"风"指的是音乐曲调，《国风》即指诸侯所辖地域的乐曲。"雅"即"正"，又与"夏"通。周王畿一带原为夏人旧地，周人也自称夏人。王畿是政治、文化中心，其言称"正声"或"雅言"，即标准音。宫廷和贵族所享乐歌为正声、正乐，《雅》指相对于各地"土乐"而言的"正乐"。《小雅》《大雅》之分，主要依据于音乐的不同和产生时代的远近。《颂》用于朝廷、宗庙祭神祀祖，它以诗、乐、舞合一的形式祈祷神明、赞颂王侯功德。因而，《颂》诗大多简短，音调缓慢，韵律欠规则，不分章，不叠句。对神和祖先的虔诚崇拜，反映了奴隶制社会神权和王权的至上地位。《颂》在当时最受尊崇，但从文学角度看，价值远不如《风》和《雅》。从创作时间来看，《周颂》最早，主要为周初之作，《鲁颂》较晚，是春秋时鲁国的宗庙祭乐，《商颂》是春秋殷商后裔宋国的庙堂乐歌，而不是商诗。

《诗经》具有鲜明的地域特征，"十五国风"，其名称大多表明了产生的地域。《诗经》产生的地域非常广，以黄河流域为中心，向南扩展到江汉流域，延及当时中国的大部。

《诗经》里的诗都可以入乐供演奏歌唱,又可以藉诗言志、美刺、观俗,在春秋时广及诸侯政治、外交和社会生活的祭祀、朝聘、婚礼、宾宴等各种典礼仪式。孔子认为诗有"兴""观""群""怨"的作用,便概括了《诗》的感染、认识、教育和讽刺作用。春秋时政治、外交场合公卿大夫"赋诗言志"比较盛行,赋诗者借用现成的诗句断章取义,暗示自己的情志。公卿大夫交谈时也常引用某些诗句。这扩大了《诗》的应用范围,后发展为战国的"著述引诗",对后世产生了较大的影响。

《诗经》的思想内容非常广阔。它们从各个方面反映了当时的社会生活,对于周人的建国经过、周初的经济制度和生产情况,以及某些重大的政治历史事件,都有直接或间接的反映;对于人民所遭受的痛苦、西周后期以迄春秋的政治混乱局面、统治者的残暴和丑恶行为,揭露得尤为深刻。具体说来,可以分成周民族的史诗、颂歌、怨刺诗、婚恋诗、农事诗和征役诗这几类。

周民族的史诗主要保存在《小雅》中,共有 5 首,记述了从周始祖后稷诞生到武王灭商的一些传说和英雄史迹。它以粗线条较完整地勾画出周族发祥、创业、建国、兴盛的光辉历史。因为远古传世的史诗极少,所以这组诗显得格外珍贵。其中有对战争场面绘声绘色的描述,对军阵、军容、战车、战马都做了描写。描绘战争时既有整体的鸟瞰,又有局部的特写,写出了雄伟壮观、惊天动地的大战场面。

《诗经》还开创了古诗的"美刺"传统,诗歌这种鲜明的功利性和实用性主要体现在颂歌和怨刺诗中。其中庙堂或宫廷乐歌大多为歌功颂德而作,出自乐官或公卿列士之手。这类颂歌在《颂》诗中保存最多,在《雅》诗中也有一部分。它们有的颂帝王歌天命,有的颂战功扬王威,有的则属颂宴饮赞嘉宾。这一类诗比较直接地反映了王公贵族恣意享乐的生活,具有一定的认识意义。与颂歌异调的是怨刺诗,这类诗主要在《雅》诗和《国风》中,前人称之为"变风""变雅"。《雅》诗中的怨刺诗大多是公卿列士的讽喻劝诫之作。有的借古讽今,有的针砭时弊,指斥昏君,有的斥责奸佞。《国风》中的怨刺诗更多的是对统治阶级种种无耻丑行的揭露和嘲讽。在讽刺中蕴含着深沉的怨愤,反映了广大下层民众正直的人格和高尚的情操,抒发了他们不平的心声。比起《雅》诗中的怨刺诗,《国风》中的怨刺诗内容更深广,怨愤更强烈,讽刺也更尖刻,具有更激烈的批判精神。这些怨刺诗在文学史上闪耀着特殊的思想光辉。

《诗》三百,精华在《国风》,而《国风》中又以婚恋诗最为精彩。"婚恋"是指以恋爱、婚姻为主题的诗歌。这类诗中包括情歌,体现了男女之间炽热的情感。另有一些恋歌则表现了青年男女对礼法压迫的反抗及其内心的创伤。弃妇诗也是婚恋诗中的一部分,这类诗最能反映社会问题。《国风》中的许多弃妇诗,真实地再现了在有中国特点的宗法制度下,处于社会最底层的劳动妇女受压迫、受凌辱,以至被遗弃的悲惨命运。

农事诗在《雅》《颂》和《国风》中都有,而最杰出的作品,当推《国风·豳风·七月》。这是一首饱含血泪的奴隶之歌,充分揭示了奴隶们内心的悲苦和哀伤,真实而生动地展现了一幅古代奴隶社会的生活图画。

征役诗的主题主要是怨兵役之苦,抒怀乡之情,忧父母失养,思远方亲人,也有一些反映爱国思想的诗篇。这些诗歌,或慷慨激昂,或委婉沉郁,歌调虽然不同,但都展现了高尚的心灵和威武的气概。

在艺术上,《诗经》由于作者不一,内容各异,因而艺术风格不尽一致。如《雅》和《颂》中的一些庙堂和宫廷乐歌，呆板无生气，艺术上没有多少值得称道之处。但《国风》和《小雅》中的优秀诗篇，则具有鲜明的艺术特色。主要体现在以下 3 个方面：

（1）直抒胸臆的特色。无论是反映社会生活的婚恋诗、农事诗，还是积极干预时政的怨刺诗，抒写民间疾苦的征役诗，无不直面人生，表达真情实感，不作无病呻吟。真实、真率是这类诗歌反映现实生活、抒发情感的重要特征。

（2）赋、比、兴的手法。这 3 种表现手法，是《诗经》的基本艺术技巧。对于赋、比、兴的含义，人们侧重不同，解释大同小异。简而言之，赋即铺陈直叙，比即比喻，兴即起兴。《诗经》根据不同内容的需要，分别采用不同的手法。其中，赋是最基本、最常用的表现手法，比、兴运用也很广泛。三者相对独立，各有特点，但又交互为用，互为补充。

（3）讲究声律节奏的语言。《诗经》的语言是经过加工提炼的书面语，同时，又因都是入乐之作，其用语特点，多与入乐有关。《诗经》的句式以四言为主，节奏为每拍二句。这种四言二拍的形式，也是为适应当时入乐的需要。当然，为适应内容表达和感情抒发的需要，有时也变换句型。并能恰当运用比拟、对偶、夸张、排比、层递等多种修辞手法。用韵讲究从容、婉转和自然。《诗经》语言朴素优美，节奏鲜明，韵律和谐，写景抒情都富于艺术感染力。

（4）联章复沓、回环往复的特点。这也同《诗》皆入乐有关。《诗经》中的诗歌大都采取围绕同一旋律反复咏唱的形式。一首诗分为若干章，各章字、句大体整齐划一，仅改变其中少数词语，以适应反复咏唱的需要。这种形式也体现了民歌的艺术特征。

《诗经》作为中国文学史上的一座丰碑，奠定了我国古代诗歌的优良传统，哺育了一代又一代的诗人。对后代文学有着深远的影响。

《尚书》

《尚书》是我国古代最早的一部历史文献，它收录了春秋以前历代史官所收藏的政府重要文件和政治论文。《尚书》是研究我国古代历史、文学、哲学不可缺少的重要文献，同时，它又是我国儒家经典之一，对封建社会的各个方面产生了极其深刻的影响，以下我们就从著作真伪，政治思想和文学价值 3 个方面来介绍一下《尚书》。

1. 著作真伪

《尚书》由于成书时代久远，所以它的著作权和真伪问题一直是学者们争论的焦点。大约在先秦时代《尚书》已有了定本，但这部书究竟是什么人在何时所作，一直难以考证。汉代的学者大多认为《尚书》是孔子编纂的，但这个说法自宋代以来就受到了怀疑，两种相反的意见一直争论到清朝末年，现在也没有得到解决。《尚书》在汉代形成了两种版本，一种是今文，一种是古文。对于这两种版本的研究就分成了两大派：一派是今文学派，一派是古文学派。研究《尚书》首先必须弄清楚今文和古文的区别和真伪。

今文《尚书》是汉代伏生所传。据《史记·儒林传》记载，伏生是济南人，曾经在秦始皇时担任过博士。秦始皇焚书的时候，伏生曾经把《尚书》暗中保护在墙壁中，由于战乱，伏生一度流亡在外。汉朝建立后，伏生回来搜求原来暗藏在壁中的《尚书》，丢失了数十篇，只剩下 28 篇。伏生便以这 28 篇《尚书》作教材，在齐鲁之间教授门徒。汉文帝听说伏生能治《尚书》，便打算召见他。但这时伏生已经 90 多岁了，无法行动。汉文帝只好派晁错去济南跟伏生学习《尚书》。由于这部《尚书》是用汉代通行的文字写成，所以这部《尚书》被称作今文《尚书》。古文《尚书》是相传为孔安国所献的。据记载，汉代鲁恭王为修建自己的宫殿而毁坏了孔子的住宅,在推倒的墙壁中发现了古文《尚书》,有《礼》39 篇,《书》16 篇,后来孔安国把这些书献了出来。

在汉代,今文学派和古文学派的斗争是非常尖锐的。从表面上看,今文和古文的区别在文字,用汉代通行文字写经书,传授这种经书及其学说的称为今文学派;用战国时文字写经书,传授这种经书及其学说的称为古文学派。从实质上看,却不仅仅是这样。今文在汉代,特别是西汉时代,受政府支持属于官学;古文则是"在野巨儒"的私学。一般说来,在解经时,今文学派注重"微言大义",而古文学派则注重文字训诂;今文学派竭力把经书和神学迷信相联系,古文学派虽然还未完全摆脱神学迷信的羁绊,但却竭力把经学和神学区别开来而表现出一种唯物主义倾向。所以,总的来看,古文学派比今文学派要进步一些。但是,后来经过历代的学者考订,确定古文《尚书》是伪书,所以我们对于《尚书》思想内容的探讨,当然也只限于今文。

2. 政治思想

今文《尚书》28 篇从时代的角度区分共有《虞书》2 篇、《夏书》2 篇、《商书》5 篇、《周书》19 篇。这 28 篇文章,涉及原始社会末期、奴隶社会中夏商两个朝代,还有春秋之前的周王朝的政治历史,范围相当广泛。尤其是《尚书》与政治的联系更加密切。因为,统治者为了维护统治,非常注意总结历代统治经验,《尚书》就是应这种需要产生的。

奴隶社会的"政治"是神权政治。考察神权政治演变过程,是研究《尚书》内容的重要方面。从《尚书》的记载来看,神权政治基本上可以分为两个阶段。商以前是第一阶段,商以后是第二阶段。

在《尚书》中,属于商代以前的一共有 9 篇,其中虞夏 4 篇,商代 5 篇。虞夏 4 篇,显然属于后人的追记或假托之作,不能把它当作真正的历史。商代的五篇基本上是真的,从这 5 篇的记载可以看出,当时神权政治是相当权威的。如《汤誓》中有"夏氏有罪,予畏上帝,不敢不正",这是商朝的开国之君汤讨伐夏朝的讲话,汤在这里认为夏朝有罪,得罪了上帝,所以他不敢不讨伐夏。这样,这场王朝战争成了神的旨意,就得到了神的庇护,其他还有"有夏多罪,天命殛之"(《汤誓》),"先王有服,恪谨天命"(《盘庚》)。这里的"天"和"上帝"便是宇宙的最高主宰,天子是代天行令的人,所以不但一般人要绝对服从上帝的命令,就是天子也要服从上帝的命令,他是代表上帝来行使征讨和赏罚的。这就是神权政治的基本内容。通过这种神权政治,奴隶主阶级把自己的统治加以神化,把自己的意志解释为上帝的命令,以便随心所欲地剥削压迫奴隶,并使奴隶心甘情愿地屈服于这种剥削和压迫。这就是神权的实质。

但是,殷商王朝的被推翻,给宗教神学带来了危机。尽管殷纣王宣布他是"有命在天",但是殷王朝还是被推翻了。这样宗教神学便失去了它的权威性。同时在殷末周初的社会大动乱中,周朝统治者逐渐认识到人民的力量,认识到像过去那样为所欲为地压迫剥削劳动人民是行不通的。基于这种认识,周初统治者对传统的宗教神学做出了修正。这样,便开始了神学的第二个阶段。周初统治者对神学加以修正的重要标志,就是提出了"德"。这个"德"不但跟"天"有联系,跟"民"也有联系。"德"是上天意志的体现,只有推行"德"政,上帝才不会断绝天子的大命,并使他永保大命。同时也只有推行"德"政,才能获得"民"的拥护,因而后人把这种思想归纳为"敬德保民"或"敬天保民"。这种"敬德保民"的思想在《尚书》中占有极其重要的地位,周书 19 篇,从不同的角度,反复强调了这一点。但是,周初统治者并没有把自己的统治完全建立在"德"的基础上,除了"德"之外,周初统治者还提出了"罚",并且把"德"和"罚"结合在一起,叫作"明德慎罚",虽然说是"慎罚",但从《尚书》的记载上看,这种罚也是十分严厉的。

总的来说,《尚书》中的"敬天保民"思想,对后代影响很大。《左传》的"民本"思想,就是在《尚书》的基础上发展起来的。《尚书》中的"明德慎罚"思想对后代影响也很大。后代统治者的"恩威兼施""宽猛相济"的思想也是在《尚书》的基础上发展起来的。因此,深入研究《尚书》对于明了我国封建社会统治方式具有重大的意义。

3. 文学价值

从文章体裁来讲,《尚书》属于散文,这些散文,最为古老,它的风格不但与秦汉以后的散文有很大差别,就是和秦汉以前的散文,如《左传》和《国语》等书也有很大的差别。因此这些古老散文在写法上的特点具有非常重要的文学价值。

首先是佶屈聱牙的语言特点。《尚书》由于时代久远,很多语音语义多与后来差别很大,而且《尚书》很少或不用"也""乎""哉"这样的文言虚词,所以读起来非常拗口。它代表了在《国语》《左传》以前书面语言发展的重要阶段。

其次,运用比喻说理。《尚书》的有些篇章已经注意运用比喻来说明道理。比如《盘庚》中,盘庚说服臣民迁都时,把旧都比作"颠木",把新都比作"由蘖"(仆倒及砍伐的树木冒出的新芽);把散布流言所起的影响之大,比作燎原之火;把不听告诫而造成的危险,比作乘船不愿渡过河而坐待船的朽烂。这些比喻都十分恰当,不仅把抽象的道理说得很形象,而且读起来亲切感人,能够收到较强的艺术效果。

再次,《尚书》在记叙人物的语言时,尽量通过描摹把人物谈话时的口气、感情表达出来。如《盘庚》中写盘庚的训话,《周诰》中写周公的训话,都给人以如闻其声,如见其人的感觉,这些写法都对后代影响很大。

从篇章结构上来看,周书以前的篇章尚不够严整,有些篇章可能有错简,不免有些凌乱。周书19篇,结构大都比较严谨。如《无逸》在叙述上就条理清晰,层次分明,较以前有很大的进步。总之,《尚书》不但在我国思想史上,也在我国散文的发展史上占有一定的地位,它为春秋以后散文的发展奠定了基础。

《礼记》

《礼记》又称《小戴记》《小戴礼记》,可能是孔子弟子及其再传、三传弟子等所记,编纂者是西汉今文经学家戴圣。

《礼记》是战国至秦汉间讲礼文章的选集,为十三经之一,是儒家经典著作。与《礼记》共同列入十三经的还有两部礼书,即《周礼》和《仪礼》。这3部著作合称"三礼"。《诗》《书》《礼》《乐》《易》《春秋》"六经"之名,始见于《庄子·天运》。其中,《礼》经大概指的是《礼古经》。西汉时立于学官的"五经"中的《礼》是指《仪礼》17篇而言。《礼记》只是关于《礼》的"记"。清代邵懿辰《礼记通论》说:"《礼》之有记,犹《易》之有十翼,《春秋》之有三传,虽各自为篇,实相比附。"《礼记》是解释、说明《礼》的,而非经本身。自从东汉学者郑玄为《礼记》作注后,其地位逐渐上升,到唐代,已与《周礼》《仪礼》并列进入"九经"之中了。

西汉初河间献王共得到关于礼学的著作131篇。西汉末,刘向考校整理经籍,共检得214篇,戴德删去其中重复的部分,辑为85篇,这就是《大戴记》,戴圣又将《大戴礼》加以删节,整理为 46 篇,这就是《小戴记》。东汉末年,马融传《小戴记》又增补了《月令》《明堂位》《乐记》3 篇,共 12 卷,49 篇,这是我们今天看到的《礼记》。

关于《礼记》各篇的作者,一般认为《中庸》是孔子的孙子孔伋所作,《缁衣》为公孙龙所作,《月令》为吕不韦所作,《王制》为汉文帝时的博士所作,其他已不可考。

夏商两代都已经有了各自的礼。到周代,为了限制诸侯僭越,以下犯上,更制定了从典章制度到风俗习惯的详细礼法。《礼记》是关于礼的论文集,所以它的内容很庞杂,礼制的内容、礼制产生和变迁的历史、礼论等。

礼可以划分为吉礼、凶礼、军礼、宾礼、嘉礼五类,称为五礼。

吉礼,就是祭祀的典礼。因为祭祀是"国之大事",所以吉礼为五礼之首。对上帝、日月星辰、社稷、五岳、山林川泽以及四方百物的祀典,都属于吉礼。

凶礼,一般指丧葬,还包括对天灾人祸的哀悼等。

军礼,主要指战事,包括校阅、出师、乞师、致师、献捷、献俘等。还包括一些需要动员大量人力的活动,如建造城邑、田猎等。古代大规模的狩猎是依军事组织进行的,实际上也就是军事训练和演习,所以也包括在军礼的范围内。

宾礼,指诸侯对天子的朝觐,各诸侯之间的聘问和会盟等。

嘉礼,包括冠礼、婚礼、投壶礼、射礼、乡饮酒礼、立储等。

所以,礼不仅是社会生活中的各种规定和仪式,更主要的还是政治法律制度。正如章太炎《检论》所说:"礼者,法度之通名,大则管制、刑罚、仪式是也。"

关于礼的起源和变迁,《礼运》一篇做了概括的描述:"夫礼之初,始诸饮食。其燔黍捭豚,污尊而抔饮,蒉桴而土鼓,犹若可以致其敬于鬼神。"认为礼起源于远古原始社会的祭祀活动,大体上是不错的。《礼运》提出历史上有过"天下为公"的"大同"时代,"大道之行也,天下为公,选贤与能,讲信修睦。故人不独亲其亲,不独子其子,使老有所终,壮有所用,幼有所长,矜、寡、孤、独、废疾者皆有所养,男有分,女有归。货恶其弃于地也,不必藏于己;力恶其不出于身也,不必为己。是故谋闭而不兴,盗窃乱贼而不作,故外户而不闭,是谓'大同'"。进入阶级社会后,"大道既隐",私有制、君主世袭制、人与人之间的矛盾战争产生了,礼成为上层建筑的一部分。它规定了统治阶级和被统治阶级的严格区分,规定了社会各个等级的尊卑贵贱,成为维护当时社会等级的有力工具。

下面说一下《礼记》中《礼运》《乐记》《中庸》《大学》等篇体现儒家鲜明思想的内容。

《礼运》的作者认为,"人情"是"喜、怒、哀、惧、爱、恶、欲",应以"人义"来治七情,使君子小人各得其所。礼还是道德修养和各种人伦关系的基础。从自身的道德修养开始,修身、齐家,进而治国、平天下。按照礼的规定,便能处理好夫妇、父子、兄弟、君臣、朋友五种关系,人人都依礼的规定去做,便不会犯上作乱,天下也就太平了。《礼运》记载孔子论礼的话:"夫礼,先王以承天之道,以治人之情,故失之者死,得之者生……是故夫礼必本于天,殽于地,列于鬼神,达于丧、祭、射、御、冠、昏、朝、聘,故圣人以礼示之,故天下国家可得而正也。"充分表达了古代统治阶级对礼的极端重视。

"治人情"还要用"乐"。《乐记》说:"凡音之起,由人心生也;人心之动,物使之然也。感于物而动,故形于声。声相应,故生变。变成方,谓之音。比音而乐之,及干、戚、羽、旄,谓之乐。乐者,音之所由生也,其本在人心之感于物也。"外物感动人心,产生感情。感情形于声,声有变化,成为音;把音调谐和起来,形成歌咏,再加上盾、斧、羽、旄的动作配合,就是乐。音乐既然表现感情,声调就随感情而变,所以音乐反映世情。乐利用声的大小清浊不同互相调配,构成"和",它作为上层建筑可以使人"血气和平,易风易俗",达到天下皆宁的目的。

中庸是儒家讲人性修养的一种境界——"和而不流""中立不倚",既不太过,也不不及的境界。这样才能有完善的人性,即成为有德之人,从而达到"君惠臣忠""父慈子孝""夫义妇顺""兄友弟恭""朋友有信"的"五达道",以及"智""仁""勇"的"三达德"。还有一种常人难以做到的道,需要"修身"来达到,这样才能治国平天下。这样做的目的是达到社会的"和"。《中庸》里反映了辩证法的思想,有关于对立面和发展变化的观念。

《大学》中提出三纲领——明德、亲民、止至善,八条目——格物、致知、诚意、正心、修身、齐家、治国、平天下。也可以说这都是"修身"的内容。"格物""致知""诚意""正心"是修身的方法,是明德。"齐家""治国""平天下"是修身的功用。修身达到最完全的程度就是"至善"。格物指的是知识方面,人应把格物和修身结合起来,为修身而求知识。这样就把个人与社会结合起来,表现了儒家的入世思想。

礼对中国古代社会和文化有非常重要的意义。我们研究古代社会,要了解其等级和阶级的构成,研究古代的典章制度,要把握其原则和精神,理解我国传统文化,尤其是儒家文化,《礼记》是一部重要著作。

《春秋》

《左传》是《春秋左氏传》的简称。它是我国第一部记事详备完整的编年体史书,也是优秀散文的典范,它的思想内容和艺术形式都有不少新特点,标志着史家之文发展到了一个崭新的阶段。

《左传》又名《左氏春秋》《春秋古文》《春秋内传》等。与西汉初年写定的《春秋公羊传》《春秋穀梁传》合称"春秋三传"。《左传》相传为春秋时左丘明所作。左丘明约与孔子同时或稍前。《左传》记事起自鲁隐公元年(前722年),终于鲁悼公十四年(前453年),共255年内周王朝及诸侯各国之间某些重大历史事件。比《春秋》增多27年,它包含了鲁国的国君十二公在位的年代,这十二公便是隐公、桓公、庄公、闵公、僖公、文公、宣公、成公、襄公、昭公、定公、哀公。《左传》大约成书于战国之初,与《国语》成书同时或稍后。

《左传》比较真实地反映了当时的社会现实,诸如统治者集团的内部矛盾,大小统治者荒淫残暴的罪行和他们所造成的战乱给人民带来的苦难,具有一定的进步意义。《左传》又是一部称先王之政、述五霸之业的史书。从它的内容来看,主要是代表春秋战国之际的奴隶主阶级改良派的思想。民本思想是其思想内容上的新特点,主要体现在如下几个方面:

首先,《左传》记事表明了民重于天、民为神之主、民重君轻、民为邦本的观点。这是因为春秋时期,神权政治日趋没落,人的作用日见突出,严酷的现实斗争,使神权衰落,君权受到冲击,民的地位较以前大为提高。

其次,《左传》非常重视民心的向背。一些政治家、思想家悟出了得民则兴、失民则亡这一真理,悟出了民心向背不仅决定着统治者的个人成败,而且直接关系着战争的胜负和国家的兴亡。这正是民本思想的突出表现。

再次,在讲天、神、君、民关系方面,以民为主,主张政治上听取国人的意见。这体现了当时比较开明的政治家的思想。

另外,《左传》重视舆论,尊重民意,这也是《左传》民本思想的一个突出表现。

《左传》的编撰者在思想上也存在着一定的矛盾，既有进步的倾向，也有消极保守的方面。首先，《左传》维护旧礼制、宣扬血缘宗法的思想很突出，对当时一些革新措施颇为不满。作者本着"实录"精神，无情揭露了暴君的丑行，但又反对"弑君"。《左传》的编者站在奴隶主阶级改良派的立场，认为暴君的行为和弑君的行为都是对于现存礼制的破坏。《左传》编者在社会变革的时代，对于旧制度的瓦解十分痛惜。其次，《左传》对妖怪、神鬼、占卜、报应之事，也屡屡称道，不厌其烦。

《左传》中还保存了许多礼俗制度。例如僖公六年楚逢伯述武王受降的礼节，成公二年及十六年晋韩厥、却至称敌国君臣军中相见的礼节等，不胜枚举。至于朝聘会盟之中，升降揖让献酬授受，以及坛场乐舞服章玉帛等，都为研究古代文物提供了佐证。

《左传》一书的散文艺术，不论记言还是记事，都有新的发展和新的特点。超过了《尚书》和《春秋》，也超过了思想相似、文风相近的《国语》。叙事之工、辞令之美，已经达到这一历史时期的散文的最高成就。

《左传》散文艺术最突出的成就是长于叙事。《左传》构思工巧，结构严谨。记事精妙优美，达到了微而显、婉而辩、精而腴、简而奥的辩证统一，出现了结构空前完整、细节异常生动的鸿篇巨制。《左传》记事叙述完整，文笔严密。在叙述战争和复杂的事件时，能够做到有条不紊、繁简适当。其中最引人注目的是对战争的描述。《左传》描写战争，结构完整，情节精彩，运笔灵活，并不局限于正面的战斗场面描写，而能着眼于战争的前后左右，描述战争的来龙去脉和胜败的内外因素。编著者以历史家的卓越识见，不仅生动具体地写出战争中间的各种动态，而且善于揭示战争的前因后果，总结战争的经验教训。即使是写小的战役，也能写得有头有尾，交代清楚战争的过程。《左传》中描述战争的篇幅大多能写得波澜起伏、跌宕多姿。并且还能以简练形象之笔，描写战争中的人物和事件，绘声绘色。这样描写战争，不仅前所未有，而且后难企及。《左传》对当时的一些著名战役，如僖公十五年的秦晋韩之战，僖公三十二、三十三年的宋楚泓之战，僖公二十七年的晋楚城濮之战，僖公三十二、三十三年的秦晋殽之战，宣公十二年的晋楚邲之战，成公二年的齐晋鞌之战，襄公十八年的齐晋平阴之战，定公四年的吴楚柏举之战等，都有非常出色的描写。《左传》之所以善于写战争，是有其时代原因的。春秋战国，是一个战争极为频繁的时代，书的编著者生于战乱之时，对战乱之事耳闻目睹，不必搜奇，便能涉笔成趣。

《左传》散文艺术的另一突出成就是善于写人。《左传》虽然以年为经，以事为纬，并非自觉地描写人物，但全书涉及了形形色色的历史人物，对于每一个重要人物都附带在叙事之中，活泼地将其性格描画出来，又善于从人物的语言、行动和其他的细节中描绘形象，突出性格。全书有姓名可稽者，接近3000之多，其中形象较为鲜明、具有一定个性者也为数不少。作者通过一系列政治、军事、外交活动的描述，刻画了许多各具性格特征的人物形象。例如写晋文公重耳避骊姬之乱出亡19年，历经狄、郑、卫、齐、宋、曹、楚、秦诸国，备尝艰难困苦，饱经磨炼，终于称霸诸侯。作者成功地刻画出了一个胸怀大志、深谋远虑、坚定沉着的国君形象。又如子产，作者也是以浓墨重彩着力描绘的。他刚出场便一鸣惊人，表现出政治家的卓识远见。他在矛盾重重中受命为相，敢于革新，采取了一系列内外措施，使动乱的郑国得以安定，由弱小变为强大，受到四方诸侯的敬重，子产也赢得人民的拥戴。此外，如虚伪狡诈、老谋深算的郑庄公，德高望重、达观机智的晏婴，积极进取、厉行改革的吴王阖闾，忍辱负重、志在雪耻的越王勾践等，都堪称《左传》中出类拔萃的人物形象。此外凡是个性具有特点的人物,《左传》都有所描绘,例如卫献公的神气骄傲,鲁昭公的好讲面子,都使人如闻其声,如见其貌。《左传》所记的人物,未必能纤细无遗,但与其他古书所记对照起来,却少有重复之处。

工于记言也是《左传》散文艺术的一个突出成就。尽管《左传》以记事为主,但记言也很多,并且比以记言为主的《国语》更富于文采。文章已从前代的诰、命、训、誓中发展为委婉动听的外交辞令。这是因为,春秋以来,由于诸侯之间斗争尖锐,列国外交空前频繁,行人往来聘问,非常讲究辞令。辞令委婉有力,是《左传》文章最突出的特征。有些外交辞令还远远超过问答的范围,形成了长篇大论,这是论辩文章的重大发展。例如僖公四年齐率诸侯之师讨伐楚国,楚国的使臣与管仲的一段对话;又如僖公十五年阴饴生与秦伯的一段对话;还有襄公二十一年、二十五年、三十一年子产回答晋国质问的几番对话,都针锋相对,颇富于文采。像这些精彩的对话,在《左传》中不胜枚举。这些外交辞令经《左传》采录后精心提炼,都已成为千古传诵的美文。从《左传》中,一方面可以看到美妙生动的口语文章,另一方面还可以看到对内对外文告的惯例。

《左传》对于后代的散文影响非常深远。尤其是唐宋以后,古文家取法先秦,对《左传》极为推崇。《礼记》上有一句话:"属词比事,春秋教也。"《左传》对于属词比事这一点是非常注重的。属词是指文辞的结构,比事是指事实的贯串。后来的史家文家从这里面得到无穷的启发,因而开辟了无穷的境界。自古文章之美,难于兼善,长于说理的未必长于叙事,长于叙大事的未必长于叙小事,《左传》却是应有尽有。总而言之,从一部《左传》里面学文章的技巧,是学不完的,它对后代撰写历史著作和叙事散文都有较大影响。

第二章　仁义至德　道学政行

儒家最基本的精神是仁与义，又称"孔孟之道""仁义之道"。仁者爱人，义者宜也。"为仁者爱亲之谓仁，为国者利国之谓仁"。儒学的主要内容是道、学、政、行。道是儒家的理念系统，学是儒家的学问系统，政是儒家的管理系统，行是儒家的规范系统。

先秦是中国儒家的发生期，其代表人物是孔子。儒家对中国传统文化的特点、发展趋势以及中华民族整个价值观念、思维方式、民族性格都产生了极其深刻的影响。

"六经"（《易》《诗》《书》《礼》《乐》《春秋》）曾被先秦诸子共同尊奉为学术源头。经孔子删订，孔子弟子的发扬，汉人传注及后来历代学者的辗转相袭而流传至今。其中《乐》亡佚之外，其他5部经典成为儒家思想和中国古代传统文化的核心内容。除《五经》之外，还有《四书》系统也成为后世儒家的重要经典。据有关专家考证，《四书》的提法有一个历史的过程。先是唐代韩愈等对《礼记》中的《大学》《中庸》倍加推崇，到了宋代朱熹又把它们和《论语》《孟子》一起合称"四书"。从此，"四书""五经"就成了儒家最基本的经典。

除"四书""五经""之外，儒家经典还有"七经""九经""十二经""十三经"等说法，都是不同时代的经书增演而成。到宋代最后形成"十三经"，即《易》《书》《诗》《周礼》《仪礼》《礼记》《左传》《公羊传》《谷梁传》《论语》《孝经》《尔雅》《孟子》。

《论语》

《论语》是反映孔子思想的一部书，孔子是生活在2500多年以前的人，为了更好地了解《论语》，我们先来介绍一下孔子的生活年代和他的生活经历。孔子（前551—前479年）名丘，字仲尼，春秋鲁国人，生于鲁国昌平乡陬邑（今山东曲阜东南）。祖先原为宋国奴隶主贵族，因在统治集团内部斗争中失势，移居鲁国，父叔梁纥做过陬邑小吏。孔子3岁丧父，孤儿寡母，生活十分贫困，长大后曾做管仓库和管放牧的小吏；30岁时开始收徒办学；51岁时曾在鲁国做官，一年之内连升三级；但因为与当权者的思想和利益不合，很快就被罢官。以后他周游列国，到过卫、曹、宋、陈、蔡等国，一边办学，一边向各国君主宣传自己的主张，但都没有得到采纳。他一生的主要活动就是教育，他是中国第一个开办私学的人。在此以前，中国的教育都是由王室、官府掌握，没有民间的私学。到了春秋时期，王室衰落了，诸侯国强大起来；诸侯国又互相争夺、兼并，有的壮大，有的灭亡。原来王室和官府里掌握文化知识的人，有的就流散到民间，于是开始有了私学。这是当时社会文化发展中的一个大变化。孔子就在这样的背景创办起了第一所私学。他的弟子，据古代文献记载，说有3000之多，现在从古籍上可以查到姓名的有70余人。他的弟子有的从政当官，有的收徒讲学，传播孔子的思想，这样逐渐形成了一个儒家学派。战国时期，儒家学派成为"显学"，但它只是一个民间的学派，没有为当权者所接受。在社会剧烈动荡、变革的情况下，儒家学说被认为是不合时宜的，所以孔子一直很不得志。孔子和他的学生经过14年的艰苦奔波，最终还是在年近70岁时返回了鲁国，于是他便开始集中精力传授知识、整理古籍，直到73岁去世。

《论语》之"论"是论次编纂之意，"语"即孔子及其弟子的言语。这部书是由孔子的弟子及其再传弟子编成的,它以语录体的形式主要记载了孔子与弟子讨论问题时的言论,也有一些关于孔子日常行为方面的记录和孔子弟子的言论。全书没有严密的体系,共有400多章,分成20篇;各篇没有中心内容,只是以这一篇第一章的头两个字作篇名。比如第一篇,因为第一章的第一句是,"子曰:学而时习之……"所以篇名就定为"学而",这个篇名与内容之间完全没有关系,因此,我们没法从书的目录了解其大致内容。《论语》全书只有16 500余字,内容却极为丰富,是儒家最重要的经典,也是后人了解孔子思想的最基本的一本书。其所体现的孔子思想学说大致可以概括为如下方面:

以"仁"为核心的政治伦理思想。孔子思想的核心是"仁","仁"的基本含义是仁爱,"仁"即"爱人",具体来说,就是"己所不欲,勿施于人""己欲立而立人,己欲达而达人","仁"的最高境界是"博施于民,而能济众"。"仁"不仅指主观的道德修养,也指客观的伦理教化,即按照周礼所规定的秩序,调整统治阶级的内部矛盾,维护"君君臣臣父父子子"的等级制度的和谐状态。孔子认为,执行"仁"必须以"礼"为规范,"礼"指统治阶级规定的秩序,包含政治制度、道德规范等内容。"仁"与"礼"互为表里,"仁"是目的,"礼"是实现"仁"的保证,在孔子看来,通过"克己复礼"便可以使"天下归仁"。"仁"是道德的最高标准,孔子大力提倡以"仁"为核心的伦理道德,宣扬"以德为政",只有做到了"仁",才能最好地处理人与人之间的关系,使社会安定,国家由乱变治。在汉代进入巩固发展的封建社会以后,他的政治伦理学说深为历代统治者所遵奉。

哲学思想。孔子虽然相信天命,承认有鬼神,但在社会实践中却始终强调人的主观努力,注重人事,"子不语怪力乱神"。他认为"未知生,焉知死""未能事人,焉能事鬼",对鬼的迷信程度不像殷人那么深,多少含有唯物论的成分。不过孔子仍是宿命论和有神论者,他的哲学思想基本上属于唯心主义的范畴。在他看来,天仍然是自然与社会的最高主宰,天命不可抗拒,所以君子"畏天命",孔子所讲的天是有意志有人格的神,而非自然的天。《论语》中还反映出孔子的一个重要的哲学思想——中庸。中庸就是以中为用的意思,其哲学意义即折中、平衡。孔子的中庸思想包含着丰富的辩证的观点,如"乐而不淫,哀而不伤""温而厉,威而不猛,恭而安"等,而且孔子在强调折中的同时又强调权变,并不拘泥顽固,如"无适无莫,无可无不可"。

教育思想。孔子是中国第一位伟大的教育家,在丰富的教学实践中,孔子建立了系统的教育理论,总结出不少可贵的经验和行之有效的教学方法。他主张有教无类,并亲自实行"自行束修以上,吾未尝无诲焉";主张以德为先,全面发展,"志于道,据于德,依于仁,游于艺";在教学方法上,他贯彻因材施教的原则,教学有明确的针对性,根据不同人的不同个性,甚至根据一个人在不同场合不同时间的具体表现,进行恰如其分的教育。他循循善诱,运用启发式的教学方法,"不愤不启,不悱不发";他强调辩证地对待学与思的关系,在《为政》篇中说,"学而不思则罔,思而不学则殆",把学习与思考统一起来。同时,他重视实践,提倡学以致用,《学而》篇曰:"学而时习之,不亦说乎!"他所讲的"习",有温习复习和实习实践两种含义。这样,就使孔子的治学思想有了一条比较正确的认识路线和一套行之有效的教学学习方法。

文艺思想。孔子不仅是先秦诸子中最重视文艺的人,也是中国美学史、文学批评史上最早对文艺进行系统论述的理论家。对文学艺术的衡量标准,他提出了文质说,主张文与质,形式与内容相统一,《雍也》篇中明确提出:"质胜文则野,文胜质则史,文质彬彬,然后君子。"与文质说相联系,他还提出"善美"说,主张文艺作品应当尽善尽美,高度的思想性与完美的艺术性相结合。在文艺作品的社会作用方面,他提出了兴观群怨说,"诗可以兴,可以观,可以群,可以怨。迩之事父,远之事君;多识于鸟兽草木之名。"其中注重文艺的政治和教化作用,可算是中国最早的文艺评论,对后代文学尤其是诗歌的发展和文学批评都有很大的影响。

《论语》是一部优秀的语录体散文集,除了内容以外,它的艺术特色也相当突出,对后代散文的发展有着深远的影响。一方面,它语言简练形象、雍容和顺、意味深长,有高度的概括力和精深的哲理性,字里行间闪烁着智慧的光芒,具有经久不衰的艺术魅力。另一方面,它还善于通过神情语态的描写展示人物形象,如孔子思想深沉、学识渊博、循循善诱、不忧不惧的哲人风度;子路的直率、鲁莽、刚烈;颜渊的安贫乐道、温雅贤良等,都刻画得鲜明生动,具体传神,具有非同一般的感染力。

《论语》中孔子以"仁"为核心的思想的基本范畴和基本概念,涉及人类社会的政治、经济、伦理道德、科学技术、教育和哲学等多门学科。在中华民族的思想和文化发展史上,影响最大,时间最长,程度最广最深。中国历史悠久的灿烂文化、中国在世界上被誉为"文明古国"和"礼仪之邦"都与孔子思想分不开。中华民族讲道理的文明传统,宽厚宏廓的伟大气派,扶颠持危、当仁不让、见义勇为的崇高风格,可以说主要源于孔子思想。《论语》也被翻译成了多种语言,在世界上受到了越来越广泛的称道。

《论语》的版本,在西汉时有 3 种:《鲁论语》《齐论语》和《古论语》。今通行的有清康熙年间内府刻本、《十三经经文》本等。较好的注本有:三国魏何晏的《论语集解》、梁皇侃《论语义疏》、宋朱熹《论语集注》、清刘宝楠《论语正义》、近人程树德《论语集释》、杨树达《论语疏证》等。中华书局 1980 年出版的近人杨伯峻的《论语译注》,是为了帮助一般读者正确阅读《论语》原文而著的,初读《论语》从此入手较好。

《孟子》

孟子(约前 372—前 289 年),名轲,字子舆。邹(今山东邹县东南)人。战国时期思想家、政治家、教育家。他是继孔子之后的又一位儒学大师。后世多以他与孔子并称"孔孟",将儒学形象化地称作"孔孟之道"。战国时,"思孟学派"不过是儒学一派。唐韩愈倡"道统说",扬孟抑荀,才定孟子为孔子之道的唯一继承者。此后,孟子被历代封建统治者奉为孔门儒学正宗,有"亚圣"之称。

孟子所处的战国时代正是我国古代一个大动荡大变革的时期。一方面,社会生产力进一步发展,但适应生产力发展需要的相对稳定的政治局面却尚未出现。这时不仅周天子徒具虚名,各国诸侯也渐为各国大夫所架空,不论是新兴的地主阶级,还是被压迫被剥削的农民和小生产者,都希望结束这种诸侯大夫割据的局面,建立一个统一的、中央集权的封建帝国。另一方面,社会纷争,统治纪律松弛,此时的文化、学术思想却得到了繁荣发展,形成了"百家争鸣"的激烈讨论局面,各种学术流派风起云涌,互相之间既大加批驳、挞伐,又相互吸收、融汇。孟子正是在这种社会、文化背景下站出来,作为儒家继承人,忠实地为维护儒家地位而激烈斗争,同时,他又受到时代影响,对儒家有所变革和发展。

孟子受业于子思门人,曾游说齐、宋、滕、魏诸国。因政治主张被时人视为迂阔而不见用,晚年退而与弟子万章、公孙丑等著书立说,作《孟子》一书。司马迁《史记》有"轲退而与万章之徒序《诗》《书》,述仲尼之意,作《孟子》七篇"一段话,一方面指出《孟子》一书共有7篇,另一方面也可以看出,《孟子》是由孟子本人和他的学生万章等人共同完成的,但主要作者还是孟轲自己,而且基本的思想是他在生前完成的。《孟子》一书共有35 000字,主要有两方面的内容:一方面是道德观,另一方面是政治观。《孟子》将这两方面的内容结合起来,形成了中国古代最有影响的一种政治观——儒家的伦理政治观,也叫作道德政治观。下面我们从伦理观和政治观两方面对《孟子》加以介绍。

1. 伦理观

首先"性善论"是孟子思想的基础和出发点。关于人性问题,是战国时期诸子百家争论的热点之一。在当时关于此问题的看法有3种:一种是认为"性无善无不善",即"食色,性也";一种认为"性可以为善,可以为不善";还有一种认为"有性善,有性不善"。孟子否定了以上的3种观点,提出自己的"性善论"。孟子认为人性至善,并说"人无不善,水无不下"(《告子·上》)。性善来源于人的4种本心,第一种是恻隐之心,即爱心。他举出一例:人看到小孩要掉到井里去时,会产生怜悯之情,而牛羊则没有这种感情。这种天赋的道德因素只有人才有。第二种是羞恶之心,知道羞耻。第三种是辞让之心,指人应懂得谦让。第四种是是非之心。由此"四心"就派生出仁、义、礼、智四种道德。将恻隐之心这种天赋道德因素加以扩充发挥出来就形成了"仁";将羞恶之心发挥出来便是"义";有辞让之心就应知道人服从礼仪规则;有是非之心就会将真假是非区分开来,就有了智慧。他认为这4种本心与生俱来,就像人生来都有四肢一样,人人都是相同的,但之所以有的人不能成为善人,并不是其人性本质有差别,只在于他不去努力培养、扩充这些本心而已。因此,人性虽有善的本性,也需要不断培养。

孟子"性善论"应用于社会的一个重要内容,即是由此而建立起来的社会伦理关系,这就是他的仁义观。仁,即性善的意思,这是一个人性情的基础,孟子反复提到"仁",称"仁者爱人""仁者无敌""仁也者,人也"(《尽心·下》)等。仁与义的区别,在于仁是从自我的人格修养角度讲的,而义则是从对待他人的态度上讲的。孟子的"仁"和墨子的"兼爱"虽然在本质上有相通之处,但孟子却对墨子的"兼爱"大加贬斥,因为孟子认为"兼爱"所提倡的爱无差等,有违孝悌之道,"是禽兽也"。从中可以看出,孟子的"仁"是时时刻刻和现实社会、和他所提倡的"礼""乐"相融合而存在的,仁义礼乐应当构成一个完整不可分割的伦理思想体系。

在性善论、仁义观方面,孟子不同于前代和同时代其他儒家的 个重要内容就是对人的重视,极力宣扬个体人格之美。他充分肯定了个体人的主体地位,指出"天下之本在国,国之本在家,家之本在身"。由这种独立人格出发,孟子就极力肯定一种自强不息、勇于进取、敢为天下先的人性,推崇战胜苦难终有所为的人生,"天将降大任于斯人也,必先苦其心志,劳其筋骨,饿其体肤,空乏其身"。孟子十分注重自我人格道德的修养,"我善养我浩然之气",这种至大至刚的浩然正气,具体表现为崇高的气节、志向和人格,认为"富贵不能淫,贫贱不能移,威武不能屈",才能算得上大丈夫。这些耀眼的思想光芒,不但是孟轲思想的精华,也是中华民族优秀品格的生动体现,作为一种民族精神,它具有巨大的思想动力,2000多年来,对无数仁人志士产生过极其深刻的影响。

2. 政治观

孟子性善论、仁义观应用于社会的一个重要内容,也是孟子一生所追求的,便是"仁政"

思想。性善、仁义归根结底要为政治服务。在战争纷乱的战国时代,孟子认为只有推行仁政才能统一天下,历史上能够完成统一大业的君主,都是施行仁政的,而这种仁政的具体表现有4点:对于知识分子,要"尊贤使能,俊杰在位";对于商人要减轻他们的负担;对于耕者要恢复井田制,而不要另加赋税;对城市居民要免除他们的住宅税等。这些主张都体现了新兴地主阶级关心生产、爱护劳动力的方面。同时,孟子指出,促使君主推行"仁政"的方法有两个:一是应当有一个相对独立的知识分子(士)阶层,可以较自由地对君主的政治提出批评和建议,督促君主的行为;二是君主应当有反求诸己的自省精神,"仁者如射,射者正己而后发,发而不中,不怨胜己者,反求诸己而已矣"。

在孟子的政治观中有一个很突出的观点,就是"民贵君轻"的民本思想,他认为"民为贵,社稷次之,君为轻"(《尽心·下》)。这些观点对后世影响极大,黄宗羲在《明夷待访录》的《原君》《原臣》两篇中就表达了这种"民本"思想,具有极强的战斗性,这种思想在今天也是难能可贵的。

需要指出的是,孟子讲仁政,推行王道政治,主张关心人民疾苦等,在后世起过一定作用。但是,这种以民为本的政治依赖于人治(即依赖于治者的觉悟和实际措施),这和近代社会的法制不同,与近代以民为主体的思想政治学说并不一样。还有,"仁政"主张以道德服人,其理论依据只是"性善",是"恻隐之心",因此,他的学说不可避免地带有软弱性。

除了思想理论方面的成就外,《孟子》一书在中国文学史上也占有重要地位。孟子以好辩著称,故书中文章气势充沛,感情强烈,巧譬善喻,笔带锋芒,富于鼓动性和论战性。书中的许多比喻和寓言故事如"五十步笑百步""揠苗助长"等都十分精彩,有的小故事如"齐人乞墦"已初具后世小说的雏形。

清以前为《孟子》作注的约有75家。其中主要的注本有东汉赵岐《孟子章句》、宋朱熹《孟子集注》、清焦循《孟子正义》、戴震《孟子字义疏证》、近人杨伯峻《孟子译注》等。其中杨伯峻《孟子译注》以朱熹、焦循注本为主要依据,参考其他论著写成,目的在于帮助一般读者比较容易而正确地读懂《孟子》原文,很适合大学生阅读。

第三章　上下五千年　文明耀史章

早在 4000 年前,我国就有了历史的记录。在中国,历史学是一门早萌、早熟的学科。这些记载历史兴衰治乱和各种人物以及制度沿革等的历史书,被中国人(从统治者到老百姓)视作治世的范本和生活的教科书。

我国的历史书庞大精深,种类甚多。一般来说,主要包括正史、编年史、纪事本末、别史、杂史、诏令奏议、传记、史抄载记、时令、地理、职官、政书、目录、史评等类。从留存"册六""编六"字样的甲骨文字片来看,商代史官已经在计划大规模编写史事。"惟殷先人,有册有典"。周灭商后,学习和继承商代文化,设"五史",即所谓大(右)史、小史、内史(左)、外史和御史,其分工明确:"大史掌国之元典,小史掌邦国之志,内史掌书王命,外史掌书使乎四方,左史记言,右史记事。"西周时,已出现有系统文字记载的历史文献;这就是《尚书》、古《史记》、太史所作的《春秋》以及《周志》等。但流传至今的只有《尚书》。春秋中后期,诸侯争霸,天下大乱,以"赞治"为宗旨的史学得到长足发展。如晋国的《乘》、楚国的《梼杌》、鲁国的《春秋》等,都是当时著名的史书。据传墨子曾见过"百国春秋"。然而,在众多的诸侯国国史中,传世者仅为鲁《春秋》。西汉时期,司马迁作《史记》,创纪传体,南宋袁枢著《通鉴纪事本末》,创通鉴纪事本末体。杜佑的《通典》、郑樵的《通志》和马端临的《文献通考》属于从宏观上汇通古今典章制度的力作,而《唐六典》《元典章》等则属于专记一代典章制度的专史。别史有《东观汉记》等对正史多有补充。少数民族的史籍代表有《蒙古秘史》《青史》等,方志有全国性的总志,也有省、地、县一级的地方志,数量庞大。史学理论著作有刘知幾的《史通》、章学诚的《文史通义》等。

《战国策》

战国之史保存于后世的很少,最主要的代表是《战国策》。这部著述既称战国"杂史",又号"纵横家言"。它既是重要的历史著作,也是一部优秀的散文集。它标志着史家之文的发展攀上了一个新的高峰。

《战国策》作者不可确指。但就其"纵横"色彩看,原本出于战国末或秦汉之际纵横家之手,并非一人一时一地之作。未经辑录前,曾有《国策》《国事》《短长》《事语》《长书》《修书》等各种不同的名称和本子。在刘向之前,这部书已经有人编次过,但未订名,编次也很杂乱。西汉末年,刘向校订群书,去掉重复,互相补充,编定 33 篇,始定名为《战国策》。今本《战国策》分为《东周策》《西周策》各 1 篇,《秦策》5 篇,《齐策》6 篇,《楚策》4 篇,《赵策》4 篇,《魏策》4 篇,《韩策》3 篇,《燕策》3 篇,《宋策》《卫策》合而为一和《中山策》1 篇。所以,继春秋之后,到楚汉之起,包括 245 年间的史事,从中可以看出战国史上的重大事件。其书体例,与《国语》相同,是一部国别史,是研究战国史的重要资料。但书中多有夸张虚构之处,与史实不尽相符。

《战国策》汇集了战国时代一些重要史实和游说谈资,其中所记之事在当时社会上多有流传。战国是一个崇尚游说的时代,纵横家是战国时期最活跃的人物,其言行事迹受到当时人们的关注。纵横家的言论,在战国这样的乱世颇为盛行。汉朝一统天下之后,纵横家便也失去了其活动余地。但作为一代之史的《战国策》,它反映了社会政治生活的某些重要侧面,而且,由于它本身多反映纵横家的言行,因而《战国策》代表了战国时代的文风。

《战国策》间杂儒、墨、道、法、兵诸家而倾向于纵横家,所记人物主要为活跃于各国政治舞台上的谋臣策士,在思想内容上出现了如下新的特征:

首先,反映在政治观上,主要为崇尚计谋策略,尊奉机巧权变。策士的计谋谋略成了决定一切的因素。而所谓的"计谋",乃是策士们以实现某种功利为目的,为人或为己所谋划并实施的一套巧妙的策略。反映在人生观上,即公开宣扬追求权势富贵,争名逐利,这与儒家的重"义"非"利"针锋相对。

其次,在讲天人的作用时,《战国策》不再讲敬天、爱民,却反复宣传贵士、重士,强调游士的作用。这是民本思想的发展。《战国策》主要反映了苏秦、张仪一流游士的思想倾向,他们讲究权术,追求个人富贵。《战国策》一书所反映的游士思想,不能一概而论。

《战国策》的基本内容是以纵横家的思想为主,但也杂有儒、道、法各家的思想,它也描写了不少儒家、道家等的言论。总的来说,《战国策》的思想内容是比较复杂的,主要原因在于:到了战国,诸子百家的思想不免互相吸收,纵横家虽然主要从事的是政治活动,但在学术上,他们常是杂学各家的。另外,由于《战国策》成书不在一时,编辑也出自多人之手,刘向最后编定之前,简策相当错乱,书中杂有各家文字,这是在所难免的。

和许多优秀的古典文史名著一样,《战国策》也存在某些局限性,需要我们去粗存精。主要表现在有若干史实和说辞出于编造,不可尽信。另外,过分夸大说客的作用。《战国策》中最不可信的,无疑是六国的君主只要听了游士的一番游说,马上表示要"敬奉社稷以从"。合纵连横的决策既然是关系到国家生死存亡的大计,六国之君不太可能仅凭一席谈话就把国家的命运交付给一个说客。《战国策》中有一部分篇章对功名利禄津津乐道,思想境界卑下,是书中的糟粕。"士为知己者死",这也是《战国策》某些篇章着力宣扬的思想,具有一定的局限性。

《战国策》打破"编年"限制,以人物的游说活动为记述中心,并以此统率记言、叙事,描绘了形形色色的人物形象。上至国君、太后、公子王孙、谋臣武将,下至说客策士、平民百姓,涉及者相当广泛,其中尤以"策士"的形象最为突出。这些策士,大多具有崇尚计谋、巧于权变、明于时事、长于辩难的特征。例如苏秦、张仪、陈轸、公孙衍这四位纵横策士的头面人物,在《战国策》中分别有三十六章、五十三章、十九章、三十章叙及其人其事。作者既注意写出他们的共性,也描绘出其独特的个性。有些章节,还写出了世上的人情冷暖,人物的精神状态,已接近有声有色的人物传记。《战国策》多为一章一事,一人之事又分见于各章。尽管这些篇章不相连属,但通过一系列的描述,便多方面地展现了人物的性格特征。即使身份相同或相似的人物,也写得多姿多彩,不雷同。

从文学角度看,《战国策》也取得了多方面成就,不愧为一部影响深远的散文杰作。《战国策》具有十分突出的文章特点,最能代表战国时代的游士风格。历来评书的人,尽管对书中的思想看法不同,但对它的文辞大都持肯定态度。《战国策》的文辞颇具特色,表现如下:

首先,由于游士们的思想是打破传统的,说话是无所顾忌的,因而形成文章,便具有了放言无惮、直言不讳的特点。

其次,战国时游士的地位较高,受到尊重,游说诸侯时,他们往往抵掌而谈。于是,形成文章,也具有了气势雄壮、纵横驰骋的特征。策士说辞,大都酣畅流利,明快犀利,故其论形势,析利害,陈己见,破敌说,无不气势恢宏,文雄词隽。

再次,战国游士的游说,是为了说动人主。因而,为了"扶急持倾",他们说话常常危言耸听。所以,形成了《战国策》言语耸人听闻的特征。

再有,一些游士们游说诸侯时,能列举事实,博引史事,并不抽象说教,而是注重语言的具体形象。策士们为阐明某种观点,使对方确信不疑,常引古证今,以古例今,展现一幅幅鲜明的历史画面,使对方得到启示和教益。

另外,由于战国时"君德浅薄",文化水平较低,游士为了说服君主,非常善用通俗的比喻,以及一些寓言故事。比喻多以日常生活中习见的事物为喻体,令人一目了然,少有晦涩难解之处,这样一来,文字也更加形象生动。《战国策》载有近70则寓言故事,散见于各策之中。这些寓言故事大多具有通俗有趣的特点。其中,许多故事已成为脍炙人口的名篇,如"画蛇添足""狐假虎威""骥服盐车""土偶与桃梗""江上之处女"等。

总之,《战国策》的语言是精妙奇伟的。辩丽横肆是其总体风格。《战国策》的语言又是通俗的,非常接近于当时人民群众的口语,极少生僻的词汇、别扭的句式或怪异的表达方式。即使是引用《诗》《书》、成语,也能把古语、今语、口语自然、和谐地熔为一炉,构成浑然的艺术整体,产生感人的艺术魅力。与《国语》语言的平实自然和《左传》语言的委婉含蓄相比较,其风格显然别是一家。《战国策》一书不像《国语》《左转》那样侧重记言,而是既有纵横驰骋的文章,又有凭空虚构的故事。其中某些片断,已经初具独立成篇的人物传记的特征,这对于后代的传记文学和传奇小说都很有影响。《战国策》纵横恣肆的文风、富丽华赡的文采,对后世作家如贾谊、苏洵、苏轼等,都有重大影响。在史学史上也具有巨大影响,司马迁的《史记》就采取了战国纵横说辞九十多条。后来晋孔衍修《春秋后语》,记战国之事,内容也多采《战国策》。宋代司马光的《资治通鉴》和吕祖谦的《大事记》在述及战国史事时,也都离不开《战国策》。

从以上这些特征来看,《战国策》一书基本上仍是史家记事之文的发展,它主要记载了战国这一历史时期一部分纵横家活动的史实。同时,也不乏虚构成分。所以后代著录此书,有的将之归入史部,有的则归入子部。但从散文的发展来看,《战国策》不仅兼有史家记事之文和纵横家言论汇辑的性质,而且具有历史散文和诸子散文的综合的特征。

《史记》

《史记》原名《太史公书》,西汉司马迁撰。

司马迁(前145—?年)字子长,夏阳(今陕西韩城)人。中国古代的史官是世袭的,相传司马迁的祖先,自唐虞至周时代掌管天文,任史官之职。司马迁在史官家庭中长大,受到良好的文化熏陶,并且勤奋好学,10岁就能通读古文史籍,还向儒学大师孔安国学习古文《尚书》,向董仲舒学习公羊派《春秋》。他父亲司马谈任太史令,知识广博,熟知天文地理,写过《论六家要旨》,分析了先秦到汉初阴阳、儒、墨、名、法、道六家学术流派的特点,精辟而且深刻。司马谈对司马迁说:"自获麟以来,四百有余岁,而诸侯相兼,史记放绝。今汉兴,海内一统,明主贤君忠臣死义之士,余为太史而弗论载,废天下之史文,余甚惧焉,汝其念哉!"(《史记·太史公自序》)司马谈有意继承古代史学传统,弘扬汉代辉煌,论载"天下之史文",但终未如愿,临终时曾嘱托司马迁:"余死,汝必为太史。为太史,无忘吾所欲论著矣。"(《史记·

太史公自序》）司马谈死后,司马迁继任太史令,他接受父亲修史的嘱托,开始收集史料。司马迁能够接触到"石室金匮之书",即皇家藏书,掌握了相当丰富的史料。司马迁20岁时曾经到东南一带游历,在会稽探访大禹遗址,去长沙水滨吊屈原,广泛深入地领略风土民情,搜集轶文逸事,从而加深了对许多历史记载的理解。司马迁游历和任职期间的交游使他有机会接触到各个阶层的人物,从而得到许多历史知识。这些都成为《史记》丰富的材料来源。

天汉二年(前99年),汉武帝派李陵随贰师将军李广利征讨匈奴,李陵兵败投降。司马迁为李陵辩护而下狱遭宫刑,身体和精神均受到摧残。出狱后司马迁忍辱负重继续撰写《史记》,因此在写作中融入了较多的怨刺和慨叹,通过著述抒发心中的抑郁不平。

"史记"原来是史书的泛称。司马迁所著的史书自名《太史公书》,也称作《太史公百三十篇》《太史公记》,汉末习称作《史记》,这是我国第一部纪传体通史。全书由十二本纪、十表、八书、三十世家、七十列传组成,各部分相互配合形成一个有机的整体。本纪按帝王世代顺序记叙各朝的兴衰,世家记录诸侯和贵族之家的历史,列传记录各个阶层不同类型的历史人物,十表谱列帝王侯国之间的大事,八书系统地记述典章制度的沿革。司马迁以五体分立的方式组织史料,纪传的同时兼及政治、经济、文化、军事、制度等,互相补充、贯通古今,展示了波澜壮阔的社会生活图景。人物传记的排列基本按时间顺序,又注意各传记之间的内在联系,相类的人物相连,既有单个人物的分传,又有几个类似人物合为一篇的合传。

《史记》富有实录精神和批判精神,司马迁对搜集到的史料力求准确,较真实地描写出社会各个方面的情况。《史记》"不虚美,不隐恶",不回避汉代的最高统治者,《高祖本纪》既写刘邦统一天下的功绩,也写了他贪色、奸猾的市井无赖嘴脸。《孝武本纪》肯定了汉武帝,但在《平淮书》《酷吏列传》中写出了汉武帝的多欲政治与酷吏政治的因果联系,暴露了武帝与酷吏相互利用的关系。另一方面,司马迁对于忠而被谤、死而无悔的伍子胥、屈原,重义轻生、慷慨赴死的聂政、荆轲及情操高尚的平凡人给予肯定和赞扬。在《游侠列传》里有对为统治者贬斥的游侠的赞扬。司马迁在书中歌颂了一种积极豪迈勇于建功立业的人生观、价值观。

《史记》的人物刻画历来为人所称道。《史记》的本纪、世家、列传中写了4000多个人物,上自帝王将相下至市井细民,其中重要的有数百名,这些人物都富有鲜明的个性特征。不同类型的人自然迥然有别,同一类型的人也各有特色。同样是好士,信陵君与孟尝君、平原君、春申君各有风貌。司马迁在刻画人物时,把握住他的基本特征加以渲染,使之个性突出。同时,司马迁更注意人物性格的丰富性、多重性,例如项羽的个性,既爱人礼士又妒贤嫉能,既残暴又常念及百姓疾苦,还兼有风云气概和儿女情,使形象真实富有底蕴。司马迁还运用互见法刻画人物的不同侧面。《高祖本纪》写刘邦的雄才大略、知人善任及他的发迹史,却在别人的传记中写到刘邦的另一面,《项羽本纪》通过范增之口写他贪财好色,《樊郦滕灌列传》写到他战败逃跑为保全自己把女儿推到车下的卑鄙行径。

《史记》写人记事注意联系广阔的社会背景。

司马迁出色地塑造了一批悲剧人物形象,使全书具有悲剧色彩。司马迁的悲剧命运使他在人物身上寄予深切同情。"信而见疑、忠而被谤",最终自沉汨罗江的屈原;"力拔山兮气盖世"的项羽;刺秦的荆轲;立过丰功伟绩却遭猜忌被杀害的白起、蒙恬、韩信、李广,读来不能不令人感动。

《史记》还善于构造富于戏剧冲突的情节,来表现人物间的矛盾冲突,使传记更为生动,如《项羽本纪》中的鸿门宴。

《史记》的文章常常夹叙夹议，敢于发表自己的见解。同时许多篇章也极富抒情性，如荆轲刺秦前的易水送别，悲壮而且动人。其语言风格洗练通达、朴拙浑厚、气势沉雄、形式自由、不拘一格。并且语言还能因内容的不同而各具特点，达到与内容的和谐统一。

司马迁在《史记》中大力弘扬人文精神，给后代作家以鼓舞和启迪。《史记》总结发展了先秦历史著作的成果，开创了纪传体，此后 2000 年的正史都依据这种格局。以人物为中心，篇末发议论的文章结构也为小说所学习，这在唐宋传奇和《聊斋志异》等文言小说中尤其突出。唐代韩愈反对浮靡文风提倡的古文运动，继承了《史记》内容、形式方面的优良传统；宋代的欧阳修、苏洵、苏轼、苏辙、曾巩、黄庭坚，明代的前后七子、李贽、归有光和公安派都极推崇《史记》，唐宋以来的古文发展史上，《史记》几乎有"文统"的地位。《史记》还多为后代小说戏曲所取材，其塑造人物、设计情节的基本手法为后世的小说创作提供了经验，比如运用符合人物身份、性格的语言，通过琐事显示人物性格等。并且司马迁所塑造的人物之精神气质也鲜明地影响着后世戏曲小说对艺术形象的塑造。

《史记》代表了我国古代历史散文的最高成就，鲁迅称之为"史家之绝唱，无韵之离骚"。宋代郑樵说："使百代而下，史官不能易其法，学者不能舍其书，六经之后，唯有此作。"苏辙在《上枢密韩太尉书》中说："太史公行天下，周览四海名山大川，与燕赵间豪俊交游，故其文疏荡，颇有奇气。此二子者，岂尝执笔学为如此之文哉？其气充乎其中，而溢乎其貌，动乎其言，见乎其文，而不自知也。"归有光是明代的文章宗匠，他在《五岳山人前集序》中说："余固鄙野，不能得古人万分之一，然不喜今世之文，性独好《史记》。"他的《评点史记》开创了品评、分析《史记》文章的先河。《史记》还被译成几国文字，国外有许多学者研究《史记》，又以日本汉学家的研究成果为多。著名的有泷川资言的《史记会注考证》、池田英雄的《史记补注》等。

《史记》的注疏著名的有三家，刘宋裴骃有《史记集解》，唐司马贞有《史记索引》，张守节有《史记正义》。

《汉书》

《汉书》作者实际上有班彪、班固、班昭、马续 4 人。其中又以班固为主。班固字孟坚，东汉扶风安陵（今陕西咸阳市东）人。约生于公元 32 年，卒于 92 年。是我国著名的史学家、文学家，出身于世代官宦之家，从小聪敏过人，博古通今。其父班彪，才高而好述作，因不满于刘向、扬雄、刘歆、卫衡等所编写的《史记》续篇，认为"其言鄙俗，不足以踵前史"且"褒美伪新，误后惑众，不当垂之后代"。于是他"采前史遗事，旁贯异闻"，作《史记后传》65 篇。班彪逝世时，班固 23 岁，他在居丧期间潜心阅读其父遗作而决心完成其未竟事业，20 岁开始编写《汉书》。30 岁被人控告"私改国史"而被逮下狱。其弟上书辩白，汉明帝审阅书稿后，非常赏识他的才能，因此赦免他的罪行并任他为兰台（皇朝图书馆）令史。次年，升为秘书郎，又写成 28 篇列传和载记，深得明帝赞许，因获许撰写《汉书》，从此以著述为业。

公元 89 年，班固跟随大将军窦宪远征北匈奴，大胜而归。3 年后，受窦宪谋反案牵连而免官，后被洛阳令种兢逮捕入狱而亡，时年 61 岁。

班固死时，还留有"八表"和《天文志》没完稿，汉和帝命班固之妹班昭补作，令班之同乡马续协助编写《天文志》。

《汉书》为我国第一部纪传体断代史,分十二纪、八表、十志、七十传,共100篇,81万字,记载了汉高祖元年(前206年)至王莽地皇四年(23年),共229年的历史。全书体例大致依照《史记》,改称"本纪"为"纪","书"为"志","列传"为"传",取消"世家"而并入"传"。

十二纪:叙述汉高祖至汉平帝十二代帝王的政绩,按每个人纪传的体裁,编年纪其大事。

八表:前六表分别谱列王侯世系,后二表是《百官公卿表》《古今人表》。前者根据后代档案资料写成,讲述了秦汉官制设置情况,各种官职的权限和俸禄的数量,并用简表列明汉代公卿大臣的升降迁免,清晰地展现了当时的官僚制度和官僚的变迁。《古今人表》把汉以前的历史人物分成九等,因只记古人,不记汉朝人,后人多有指责此表不合断代的体例。

十志:是《汉书》的精华部分,上承《史记》的八书,又比八书记事丰富、系统,规模宏大,下启后世各正史"志"的撰修。十志包括《律历志》《礼乐志》《食货志》《郊祀志》《天文志》《沟洫志》和新创的《刑法志》《五行志》《地理志》《艺文志》。

《地理志》记录西汉的行政区划、历史沿革和户口数,及各地风俗民情、物产经济情况,是古代地理学的重要著作。

《艺文志》考证了各种学术派别的源流,记录了古代书目和书籍分类法,是我国现存最早的一篇目录学著作。

《食货志》由《史记·平准书》演变而来,记述西汉的社会经济情况,总括了西汉一代经济制度对前朝的沿袭和变革,尤其叙述了周朝至王莽时期的土地制度及货币制度。

七十传:是谱列西汉人物的传记。其中有一显著特色就是较多地收入了所传人物的著述,主要偏重于有关当时政治、经济的策论,也收入了不少抒情、记事、议论的文章。此外,"传"中还有关于少数民族的《匈奴传》《西南夷、南粤王、闽粤王、朝鲜传》《西域传》。

《汉书》一出,影响很大,在当时及整个魏晋南北朝时期,声望甚至在《史记》之上,其贡献不仅在史学和文学上,我国的地理学、目录学、经学都莫不受其影响。刘知幾评说:"如《汉书》者,究西都之首末,穷刘氏之废兴,包举一代,撰成一书。"(《史通·六家》)这种评价是精当的。《汉书》可谓"博洽",班固堪称良史。当然,与司马迁相比,班固缺乏民主性的批判精神(封建正统观念太强)。但他更为忠于史实,纠正了《史记》的一些考订不详之处,对于某些历史人物如汉高祖、汉武帝的评价更为公允。章学诚评论说,"迁书一变而为班氏之断代,迁书通变化而班氏守绳墨,以示包括也"。"迁书体圆用神,班氏体方用智"(《文史通义》)。

《汉书》的思想特征大致有如下:

(1)维护正统,批判丑恶:司马迁对汉高祖、汉武帝的品格多有批判,而班固则极力歌颂刘邦建国的功能,并按五德终始的相生说排出帝运传递的次序,从理论上证明刘邦伐秦建汉是继周之火德,竭力神化刘邦称帝是自得"天统"。同时,他也称颂汉武帝时期的人才之盛,并对武帝的雄图大略加以高度评价。从史学意义而言,这种评价比《史记》更为公正,因为评价历史人物的主要标准不应该是人品的高低。

从传统的封建道德出发,《汉书》也暴露了皇权的争夺,外戚的专横,鞭挞了封建统治阶级的骄奢淫逸,反映了人民的痛苦生活。如《霍光传》记盖长公主与燕王刘旦谋反,事发自杀,同谋上官桀等人全部族诛,霍光死,霍氏谋废天子,事泄,霍氏皆诛灭。这些都揭露了统治阶级的争权夺利;《王莽传》中对于王莽执政后以无情手段削除政敌,剪灭异己,毒死汉平帝,导演"禅让"丑剧给予了严厉的批评;《东方朔传》极写上林苑之奢华;《咸宣传》则写人民的痛苦生活及反抗。

这些篇章都充分地显示出班固的良史才能和封建道德尺度。

(2)阴阳灾异思想:《班固》虽对神学迷信有所怀疑,但宣扬天人感应灾、异迷信的东西仍然很多。他称述"推阴阳言灾异"而"纳说时君着明"的学者如董仲舒、夏侯始昌、夏侯胜、刘向、谷永等人。高度评价董仲舒,称其"始推阴阳,为儒者宗",并大篇幅引用这些"阴阳学者"的言辞以论述时政。《楚元王传》中引用刘向给元帝成帝上的奏谏,大言灾异,肯定刘向与董仲舒同是近于"命世"之才的人,甚至把五行灾异说看成一种社会规律。《天文志》中将五星迟速和日月薄食等天象变化与政治祸福联系起来,典型地反映了班固的时代局限。

(3)尊儒思想:《汉书》特撰《儒林传》一文,详细记述西汉一代儒学发展的流派及其演变,并为许多儒学大师立传,述其事迹。称萧亮"身为儒宗,有辅佐之能,近古社稷臣也"。对于以儒学居相位的公孙弘、蔡义、韦贤、匡衡、翟方进、孔光、马宫等人,都称为"传先王语,其醒藉可也"。当然,班固也指出了持禄保位,违离道本的"群儒之患"。但他还是将儒家置于最高位置,称其"于道为最高"。可以说,《汉书》体现了"以圣人之是非为是非"的政治思想。

(4)爱国思想:班固的"爱国思想"与民族感情在《汉书》中表现得很突出,这具体表现在对一批爱国英雄人物的刻画上,如《苏武传》《卫青霍去病传》《赵充国传》《陈汤传》等。《苏武传》中,班固热情地赞扬了苏武坚贞的民族气节,充分展示了他不怕威逼,不受利诱,艰苦斗争的高风亮节;《陈汤传》中,班固精心描写并高度评价了有勇有谋,袭杀郅支单于而立功绝域的陈汤。

《汉书》不仅是史学杰作,同时也是文学杰作。与《史记》相比,班固缺乏激情昂扬的乐观态度,而更为平实崇雅。文学成就虽不及司马迁,但也有自己的长处。

(1)人物艺术:在娓娓而谈的叙事过程中,以简练准确的笔调勾画人物,重点突出,层次分明,结构严密。《霍光传》重点写3件事,而霍光的个性,一生荣辱鲜活欲出。先写霍光受武帝托孤遗诏,辅佐昭帝,后在争权过程中将同受遗诏的上官桀、桑弘羊等族诛,委政13年,威震海内,百姓充实,四夷宾服。次写霍光废昌邑王,谋立宣帝,突出了他迅速果断、思虑周详、有谋有略的大臣品格;再写霍光死后,霍氏诛灭。其文前后既写霍氏的奢侈荒淫,专权阴险,又写宣帝对霍光谦让却又怨惧的矛盾心态。从而将霍光一生得失充分展现出来。霍光生前死后众事纷繁,矛盾层出不穷。班固叙事,不加雕饰,却能有条不紊。难怪李景星称之为"在《汉书》诸传中当为第一"(《四史评议》)。

《陈万年传》,陈万年一生没有惊天动地的大事,班固却在娓娓而叙中将一个专以谄媚为事而平庸无能的老滑头刻画得入木三分。

(2)语言艺术:《汉书》语言不似《史记》气势雄放,但简洁规范、质直朴实、韵味深长,往往在典雅慎严的记述中,表现出对世态的观察和对人物的评价,褒贬自隐显其间。如《张禹传》写张禹以精习经艺的大儒身份而成为成帝的老师,多受尊宠赏赐,却无政绩可言。文字虽不多,却将一个奢淫、偏私、贪婪、圆滑的官僚形象传神地描绘出来。

《汉书》喜用古词,比较难读。东汉末年已有服虔、应劭作注。至唐代颜师古汇集前人23家的注释,纠谬补缺,完成了《汉书》的新注。

清代乾隆、嘉庆以后,研究《汉书》的人大为增加,但多从局部进行考证。清末,王先谦集各家的解释纂成《汉书补注》,近人杨树达又着有《汉书补注》和《汉书窥管》等书,可供参考。

中华书局近年出版的标点本《汉书》,采用王先谦的《汉书补注》为底本,并参校其他3种版本,可谓目前最好的读本。

《史通》

刘知幾(661—721 年),字子玄,唐徐州彭城(今江苏徐州)人。历任高宗、武后、中宗、睿宗、玄宗五朝。知幾自幼博览群书,喜读历史,20 岁中进士,任获嘉县主簿,自此更为专心史学。39 岁时由获嘉县调至京城任定王府仓曹,不久被派去与李乔、徐彦伯、张说等编撰《三教珠英》,于长安元年(701 年)成书 1300 卷。次年起,开始担任史官,先后与人合撰有《则天实录》《氏族志》《睿宗实录》《中宗实录》等。曾于长安四年,暂罢史职,自撰《刘氏家乘》15 卷及《刘氏谱考》3 卷,刘知幾身处史馆,一切都得听从监修旨意,自己的高见卓识难以发表,因而于长安二年(702 年)自撰《史通》,以见其志。景龙四年(710 年)完成。

《史通》是我国第一部史学理论专著,因论述范围甚广,几乎囊括历史学的全部问题,可称为古代史学通论。全书分内、外两篇,各 10 卷,内篇 10 卷 39 篇,外篇 10 卷 13 篇,共 52 篇。但内篇中《体统》《纰缪》《弛张》3 篇早已亡佚,所以只有 49 篇流传下来,其篇目编次如下:

内篇:六家、二体、载言、本纪、世家、列传、表历、书志、论赞、序例、题目、断限、编次、称谓、采撰、载文、补注、因习、邑里、言语、浮词、叙事、品藻、直书、曲笔、鉴识、探赜、模拟、书事、人物、校才、序传、烦省、杂述、辨职、自叙。

外篇:史官建置、古今正史、疑古、惑经、申左、点烦、杂说上、杂说中、杂说下、五行志错误、五行志杂驳、暗惑、忤时。

这 49 篇文章广泛而深刻地阐述了史学观点、史学方法、史学源流、史学体例、历史编纂、史家修养诸方面的认识。第一次对唐以前的中国史学做了全面而系统的总结。本文将依次对上述内容加以扼要说明,但首先要介绍贯穿《史通》的史学基本精神——通识,因为它是《史通》的灵魂之所在。

"通识"就是要融会贯通、批判创新地看待问题。刘知幾给自己规定的任务就是对以往的史学进行综合批判,辨其指归,殚其体统,"因其旧义,普加厘革"。他志在"上穷王道,下挨人伦,总括万殊,包吞千有"。"通识"精神的形成,既得之于刘知幾的学识胆魄,又得之于前人的优良传统。刘知幾继承了左丘明、司马迁、班固、陈寿等人的史学传统,发扬了王充的唯物战斗风格,从而形成了自己的"独断之学"。

"通识",首先体现于治史宗旨上,刘知幾非常强调史学的功能,他认为史家治史不仅要区分善恶,劝善惩恶,而且还要把史学作为治国安民的工具,史学与现实密不可分,史家应担当起"述往思来、继往开来、古为今用"的历史责任。

其次表现于通古今之变,刘知幾主张博通、变通。这既是史学精神,也是一种治史方法,《史通》之通就是既通古今又通左右,它是一部上下贯通,左右旁通的史学著作。

下面看看《史通》的主要内容:

1. 历史观点:自秦汉以来,神学历史观、天人感应说一直盘踞在人们的心头。刘知幾反对天命史观,批判阴阳灾异之说,他认为王朝的兴替、人事的成败,并非天命使然,而是人事的结果。《杂说上》阐述如果将成败归之于"命"和"运"的支配,就不能说明历史真相,更不能总结出有益的经验教训。当然,在这进步的观点中也还带有局限性,他的"人事"主要从帝王将相的德与才着眼,这就不可避免地陷入了唯心的英雄史观。

历史观上还有一个重大问题,即古今关系问题。历朝以来,人们认为今不如古。刘知幾大胆"疑古",他认为"今不一定不如古,古犹今也""后之视今,亦犹今之视昔"(《言语》)。

他看到了历史的发展变化,察觉到了历史发展的阶段性,把历史划分为上古或远古、中古或中世、近古或近世,并且明确指出"古今不同,势使之然"(《烦省》)。"势"是一种客观的、不以天命或个人意志为转移的、促使时代推移和社会变化的力量。

刘知幾的这种历史观站得高,看得远,对后世产生了深远影响。

2. **史学方法**:刘知幾提出的治史方法,除了贯通全书始终的原始察今的"通变"之法外,还有许多方法值得一提:

(1)"求名责实"法:刘知幾评论史家、史书时,总要先从事物分析中概括出一个标准,然后用以衡量评论对象,判明曲直和名实是否相符,这种方法运用得很普遍。

他认为"本纪"在于"列天子行事",所以批评司马迁将仅为诸侯的西楚霸王列入本纪。批评陆机《晋书》:"列纪三祖,直序其事,竟不编年。年既不编,何纪之有。"(《本纪》),批评范晔《后汉书·皇后纪》本该为传,却称为纪。

(2)历史比较法:刘知幾采用这种方法进行比较的范围相当广泛,有史家之间、史书之间的比较,有史书不同体例的比较,有不同历史时代的比较,也有文史的比较等。

在史家比较中,他把左丘明、司马迁视为"君子之史",吴均、魏收视为"小人之史",把司马迁、班彪视为"史之好善者"。董狐、南史视为"史之嫉恶者"(《杂说下》),又在《自叙》里把自己同扬雄作了细致入微的比较。

在史书比较中,典型地体现于《春秋》三传的比较评论中,他的根本意见就是:"盖《左氏》之义有三长,而二传之义有五短。"

3. **史学源流体例**:关于史流史体,刘知幾有著名的六家二体之说,这也是他历史编纂学体系中的重要部分,实质上可以归之于史籍目录学和史部分类法,这是《史通》一书的重要内容和最大特色。书中主要以《古今正史》《史官建置》考证史籍源流,以《六家》《二体》《杂述》阐明史体分类及发展。

六家:是刘知幾在探讨古代史书编纂的整体构想中,根据史体形成和源流派别,将正史归纳为《尚书》《春秋》《左传》《国语》《史记》《汉书》6 家。这些流派相继发生和发展,各有特定的背景条件和得失。

他认为《尚书》记言,记人物不能尽其生平,记史实不能评其年月,同时,由于单独记言,致使某些大事缺而不载。并指出《春秋》记事的主要特点就是"属辞比事",但其记事过于简单,记言又过于简略,以至于"缪公诫誓"这样重要的言论,也缺而不录。《左传》则依照《春秋》编年之体,叙事详博。刘知幾认为它不遵照古人之法,言语与事件都在记叙之中,然而繁简得当,使读者乐读不倦。《国语》分国,反映了春秋时期诸侯割据的历史状况。《史记》创纪传体通史体例,是秦汉大一统的政治需要。《汉书》演而为断代,则反映了封建王朝更替的现实,便于为一姓之王朝服务。

二体:刘知幾认为,时移世异,《尚书》等六家之体久已不用,只有《左传》和《汉书》二家沿用下来,六家(渐)归二体,即纪传、编年二体。这二体各有各的长处、短处,二体不可偏废,应该"并行于世"。但是由于纪传体更适合反映封建制度,因而被统治者大力提倡而处于独尊地位。所以《史通》将主要精力用于剖析纪传体,专门篇章有《本纪》《世家》《列传》《表历》《书志》《论赞》《序例》《题目》等十几篇。

杂述:在六家二体的基础上,刘知幾将编年、纪传二体列为正史,其余就称为杂述,分为编记、小录、逸事、琐言、邵言、家史、别传、杂记、地理书和都邑等 10 种。

刘知幾这种分类方法基本合乎历史实际,立论高远而全面系统,但其中也有偏激之见。例如他将《汉书》抬到纪传史之祖的位置,贬低了《史记》的创例之功,实际上是偏好于班固而抹煞了司马迁的功劳。未免有源流倒置之嫌。再如他评论表志,就有很多任意褒贬之处。他在《表历》中指责《史记》列表是重复烦冗,《杂说上》又肯定司马迁的创表之功。至于书志,他是责备得多而肯定得少。尤其对于影响深远的《天文志》《艺文志》,他力主删除。先批评《史记》作《天官书》,又指责班固循其例而作《天文志》,进而攻击晋隋史家篇目更多。总之,他全盘否定了史家作天文志的功绩。而对于《艺文志》,他则认为不全属当朝之事,应该删除。《艺文志》具有极高的学术价值,刘知幾严格地按一定标准加以否定则未免因噎废食。

4. 史家修养论:在这方面,刘知幾提出了著名的"史才三长论"和"书法直笔论"。

史才三长:是指史才、史学、史识三条长处,《史通》里没有明确提出"史才三长"这句话,但评论史学时处处都以才、学、识作为尺度,并分别就三者进行了极为周详的阐述。

史才:是指史书的表达形式,包括文字表达及选择、组织史料的能力和史书编纂等;史学:是指史事,即材料;史识:指研究历史的观点和方法。三者缺一不可。

史才,主要见于《载文》《言语》《浮词》《品藻》《校才》《烦省》《点烦》《叙事》篇里,刘知幾认为好的历史著作,必须善于叙事,必须以"简要"为主,还要做到"用晦",即用简约的文字表达出字面以外的内容。

史学,刘知幾主张博学多闻,综览群书,广采众说。他认为"博闻",是积累丰富的史料,扩大眼界,是治史的基础,但"博闻"还要同"择善""辨伪"结合起来,要对史料加以分析、鉴别。

史识,刘知幾提出了著名的"善恶必书"的书法直笔论。"直书其事"是我国史家的优良传统,刘知幾系统总结了这一传统,在《史通》中着《直书》《曲笔》两篇,明确地把"直书"作为编纂史书的基本原则,在《惑经》《疑古》篇中,对儒家经典《尚书》《春秋》大胆提出批评。

《史通》一书,还提示了旧史记载失实的原因,这个主要在于史家为当时统治者威势所慑,及史家的品德修养所致。由此,刘知幾提出"兼善""忘私"的观点,即史家要善于兼取众家之长,不为个人的好恶所蔽。

史才三长论和书法直笔论是深具远见卓识的,但也由于时代限制而不可避免地带有浓厚的封建伦理色彩的和封建等级观念。

《史通》自问世之日起,人们就对它一直褒贬不一。刘知幾的好友徐坚则高度评价此书,说:"为史氏者,宜置此座右也。"(《新唐书·本传》)目录学家晁公武也肯定《史通》"备载史策之要"。当然,有些批评也并非毫无道理。如宋祁说他"工河古人,而拙于用己",就有一定道理。

但不管褒贬如何,《史通》总结了我国史学的发展,肯定了史学的地位和作用,明确史学研究的方向,促使史家注重历史观和方法论,从而建构一个相当完整的理论体系,它标志着我国封建史学理论的确立。

明清学者对《史通》的注释颇为不少。大致有明代利瓦伊桢、郭延年的《史通评释》、陈继儒的《史通订注》及王惟俭的《史通训故》,清代黄叔琳的《史通训故补》。浦起龙在博采众家之长的基础上作《史通通释》而使前者皆废。后来学者都在《通释》基础上进行补订工作,如陈汉章《史通补释》、杨明照《史通通释补》、罗常培《史通增释序》。评论《史通》的则有吕思勉的《史通评》、张舜徽的《史通评议》、程千帆的《史通笺记》。今人注本最完善的则是张振佩的《史通笺注》。

《资治通鉴》

北宋司马光主编。司马光(1019—1086 年),著名史学家、政治家。字君实,陕州夏县(今属山西)涑水人。世称涑水先生,谥号"文正"。官至翰林学士、御史中丞。通诗善文,著有《司马文正公集》《稽古录》等。后来因为反对王安石变法,退居洛阳 15 年,专心主编《资治通鉴》。

《资治通鉴》(以下简称《通鉴》)是我国第一部编年体通史,记载上自周威烈王二十三年(前 403 年),下迄五代周世宗显德六年(959 年),包括周、秦、汉、魏、晋、宋、齐、梁、陈、隋、唐、后梁、后唐、后晋、后周在内的 16 个朝代共 1362 年的历史。共 294 卷,另有考异、目录各 30 卷,合为 354 卷。

《通鉴》的编书目的,约有两方面:①在研究学习历史的过程中,发现当时史书中没有一部比较简明完整的通史,让学习的人感到很困难,以至史学大义"行将灭绝"。为挽救这种史学危机,他决定编一部新的史书,一要求简明,二要求通贯,用以取代繁重的十七史。②从政之后,鉴于北宋中期社会危机日趋严重,内而民怨沸腾,外而辽、夏侵扰,国势倾颓。"以史自负"的司马光,企图通过历史的编写,"叙国家之盛衰,著生民之休戚",来总结历史经验,为巩固当时的封建政权服务。所以,他在《进资治通鉴表》中,希望宋神宗"鉴前世之兴衰,考当今之得失,嘉善矜恶,取是舍非",借以改进政治,安定国家。

《通鉴》体大思精,在史学和文学等方面取得了伟大成就,具体表现在:

1. 为历史编纂学提供了极为宝贵的经验

①《通鉴》是一部集体编纂的历史著作。司马光很好地发挥了主编统筹全局的首脑作用,并对全书的体例、书法、史料的考订、文章的剪裁,乃至句法的锤炼,都严肃认真,一丝不苟。协修是刘恕、刘攽和范祖禹,司马光的儿子司马康担任检阅文字的工作,下面还有许多专门抄写的书手。编写分 3 个步骤:最先是收集史料,按照年月顺序,标明事目,剪贴粘连起来,叫作丛目,要求史料尽量详备。第二步,对丛目加以考订,说明取舍理由,作为附注,叫作长编,原则是"宁失于繁,毋失于简"。丛目和长编大都由协修人员负责编写。最后由司马光就长编所载,考其同异,删其烦冗,修改润色,写成定稿。前后经过 19 年的时间才编成这部以年为经、以事为纬的巨著。这种编纂方法为后来学者所经常使用。②司马光在运用史料时还建立了考异方法。由于《通鉴》采集繁富,往往一件事用三四个出处写成,其间传闻异词,势所难免,既要选择其可信者从之,又要考辨其同异,辨证谬误,以明去取之故。把这些属于考辨的内容单独分开,作为《资治通鉴考异》(以下简称《考异》)30 卷,与《通鉴》并行,这是司马光的又一大创造。《四库全书总目提要》评论《考异》时说:"修史之家,未有自撰一书,明所以去取之故者,有之,实自光始。"后来胡三省注释《通鉴》,又将《考异》散注于正文之下,方便读者阅读。不过至今也还有《考异》的单行本行世。③在体例上还有一个创新,就是编写了《目录》。以前的史书目录,都限于纪传体,至于编年史是按年记事,头绪繁多,详略不一,不好编目。但司马光克服了困难,用年表之法,为目录之体,方便了读者检阅。

2.《通鉴》占有了广泛而丰富的历史资料

司马光奉诏编书,把书局放在崇文院,所以有条件利用丰富的国家藏书。他"遍阅旧史,旁及小说,简牍盈积,浩如烟海"。《资治通鉴》的取材除十七史以外,还有野史、文集、谱录等。根据近人张煦侯对《通鉴》和《考异》所引各书加以考索,分为正史、编年、别史、杂史、霸史、传记(附碑碣)、奏议(附别集)、地理、小说、诸子 10 类,共计 301 种。今人陈光崇重加考订为 359 种,可见其引书之富。《通鉴》内容虽以政治、军事为主,但经济、文化等方面也有反映。另外,《通鉴》所引之书"已半亡佚",不少资料赖以保存。

3.《通鉴》把编年体升华到一个新的高度,形成了史学上的"通鉴体"

既保持了编年体的以时间为记事中心的优点,又吸收了纪传体以人物为中心的优点,形成记人记事相对集中的纪传体式的编年体,而成为别具一格的"通鉴体"。之后,宋代刘恕的《通鉴外纪》、李焘的《续资治通鉴长编》、李心传的《建炎以来系年要录》、朱熹的《资治通鉴纲目》、袁枢的《通鉴纪事本末》,明朝薛应旗的《宋元通鉴》,清朝毕沅的《续资治通鉴》等,都继承了《通鉴》的体例,在中国古代通史领域形成了"纪传体"和"编年体"并驾齐驱的趋势。

4.《通鉴》结合史实的史学评论为我们提供了借鉴

司马光在《通鉴》中,对他认为重要的历史事件和人物都做了评论,据统计共有 218 条:"臣光曰"119 条,前人论 99 条。这些评论是《通鉴》的重要组成部分,对事实和人物有解说和总结作用,既反映了司马光对史实的精辟分析,为现实服务;又可反映他的史学思想,提供研究他的思想资料。

5.《通鉴》是一部文学性很强的史学著作

司马光善于刻画人物,对人物的心理活动、特征、言谈、议论等方面用力很深,常常把人物放在具体的矛盾中去刻画,使笔下的人物各具个性,栩栩如生。叙事特别生动逼真,如对赤壁之战的描述,对李愬雪夜入蔡州的记叙,均堪称文学佳作。所以前人常把他和司马迁相提并论,称为前后"两司马",俱为史学界巨擘。

《通鉴》有代表性的评价。由于它的伟大成就,从它一问世,人们的评价就很高。宋神宗说:"前代未尝有此书,过荀悦《汉纪》远矣!"朱熹说:"温公(指司马光,追封的号)之言,如桑谷麻粟。"强调它的实用性。胡三省说:"为人君而不知《通鉴》,则欲治而不知自治之源,恶乱而不知防乱之术。为人臣而不知《通鉴》,则上无以事君,下无以治民。为人子而不知《通鉴》,则谋身必至于辱先,做事不足以垂后。"强调它对君主、臣子和一般人都有教益。《四库全书总目》说它"网罗宏富,体大思精",从学术上评价其特点。王鸣盛说:"此天地间必不可无之书,亦学者必不可不读之书。"梁启超说:"简繁得宜,很有分寸,文章技术,不在司马迁之下。后世有欲著通史者,势不能不据为蓝本,而至今卒未有愈之者焉。"现代著名历史学家岑仲勉说:"《资治通鉴》是我国极负盛名之通史,论到编纂的方法,史料的充实,考证的详细,文字的简洁,综合评论,确算它首屈一指。"评价很完备。从南宋到现在,研究《资治通鉴》已经成为一门学问,可称为"通鉴学"。今人崔万秋着有《通鉴研究》,张须书名就叫《通鉴学》,陈垣著有《通鉴胡注表微》,都为一时大作。

《通鉴》在古代最好的版本,是清朝胡克家翻刻的元刊胡三省注释本,而且学者章钰校勘、考证并汇集了宋、元、明各本的长处,1956 年中华书局就是根据这一版本点校出版了今本《资治通鉴》。

由于《通鉴》原书卷帙太过浩繁,通读不大方便也不容易。可读一些选本作为深入了解的基础。比如郑天挺主编的《资治通鉴选》。首先,可通观选本的目录,以对选本内容有综合了解。在阅读的过程中,应参看注释,可解答疑难。有必要还可看胡三省的原注,再要深入,可旁览明末清初严衍的《资治通鉴补正》。其次,以选本的选文为主要的阅读对象,可以兼看北宋以前的相关史书。因为《通鉴》太多版本,对比阅读,可以找出异同。比如,读《张骞通西域》时,可同时阅读《汉书·张骞传》。其他依次类推。再次,在正式阅读选本选文之前,可以先读附录。因为这些附录的学术性比较强,对司马光等人的情况可了解得更清楚。当然,不可避免的,阅读本书时要有辩证的眼光。因为这本书写作的一大目的就是"鉴于往事,有资于治道",是为统治阶级服务的。

《帝王春秋》

作者是清末民初的资产阶级革命者易白沙。易白沙(1886—1921 年),原名坤,字越村,湖南长沙人。因为他居于白沙井,又羡慕白沙陈文恭的为人,故更名为白沙,并以"白沙子"自署其名。易白沙乃是将门之后,人说将门出虎子,但是易白沙与其兄培基却独好学。白沙6 岁即能诵《论语》《孟子》,数百日之后仍能牢记不忘;12 岁就已经通读《五经》和《资治通鉴》,可谓世间罕见之奇才。因此年仅 16 岁就主永绥师范学校,其拥皋论学,连老先生都倾叹不已。后迁教于安徽,主怀宁中学。易白沙虽然年少,但貌宇凝重,接人待物以诚以信,所以人们不仅钦服他的学问,更叹服他的为人,以至于朱孔彰、邓艺孙、马其旭、姚永朴、姚永概、方伦叔等皖中耆宿都相与推重,引白沙为忘年交。

易白沙早年曾读郑思肖的《心史》以及梨洲(黄宗羲)、船山(王夫之)、亭林(顾炎武)等遗明大家的遗著,深晓满清入关代明江山旧事,于是遂发驱逐鞑虏,恢复中华之志,故与国民革命党要人相交,随后走上推翻晚清的革命道路。1911 年,辛亥革命爆发,武昌首义之后,易白沙便积极游说皖中诸将响应,援助武昌的革命党人,所以安徽的起义仅次于湖南。安徽巡抚朱家玉逃走,于是怀宁无人主持大局,易白沙便组织学生为青年军,保卫乡里。后来,孙毓筠任督抚,主持安徽,而当时有一个瞎了一只眼人称"王瞎子"的人担任巡防统领,他本是盗贼出身,于是打家劫舍、强抢民女,无恶不作。易白沙不惧强暴,上书都督陈述王瞎子的罪恶,孙毓筠于是召王瞎子议事,准备在会上诛杀他。但是人人惧怕王瞎子的武威,无人敢先动手。此时,易白沙便冲上前,率领青年军击杀王瞎子,断其右臂,王瞎子开枪打易白沙,不中,人们蜂拥而上,一举击溃王瞎子。于是皖中父老皆说是易白沙一军救了安徽父老。

1912 年,袁世凯夺取了辛亥革命的胜利果实,并在上海谋杀了国民党元老宋教仁,于是东南沿海的革命党人起兵讨袁。易白沙也从怀宁回到长沙起兵讨袁。讨袁失败后,易白沙逃亡日本,他与章行严一同创办《甲寅杂志》,以笔为枪,批判袁世凯的罪行,以至于袁世凯用重金收买。后来袁世凯称帝,全国各地纷纷发表讨伐檄文。易白沙亦南北奔走,曾先后执教于湖南省立师范、天津南开、上海复旦等大学,但是都是不久便辞行。后张勋又率辫子军进京,拥立末代皇帝溥仪,于是孙中山组织护法军,南北相持几达 4 年之久。此时的易白沙,已经悟出光有军事武装是远远不够的,而要想彻底革除封建帝制,必须先改变人们的思想,于是著《帝王春秋》。

《帝王春秋》共 12 篇,写于民国十年即 1921 年 5 月,易白沙深愤袁世凯的称帝之举,于是在序言里慷慨陈词:"帝王宰治天下,不独攘夺人民之子女玉帛,并圣智仁义之号,亦盗而取之。"认为帝制只能使得民不聊生,国家衰微,即使有善政,也不过只是渣矿中的零金而已。于是他"举吾国数千年参贼百姓之元凶大恶,探其病源,以示救民之道"。他想用揭示帝制的腐朽和反动来拯救数千年来受帝制毒害的民众,唤起他们的自由之心和民主意识。在此书中内容分为人祭、杀殉、弱民、媚外、虚伪、奢靡、愚暗、严刑、奖奸、多妻、多夫、悖逆12个篇目。

作者在第一篇《人祭》中引用《后汉书·汉阴老父传》"请问：天下乱而立天子耶？理而立天子耶？立天子以父天下耶？役天下以奉天子耶？"作为开篇之问，继而博采群书，将我国史籍中有关帝王的史实分别采录阐述，以便揭露历代帝王荒淫腐朽、残暴害民的罪恶，并指出当时军阀割据乃是帝王宰制的余孽："今日武人割据，增兵筹饷，时时发生内讧；人民争夺家产，父子兄弟凶凶争讼者举目皆是。"其危害是巨大的，故他认为只有彻底铲除封建帝王旧制，才能真正解救人民于水火之中，因为遗业之制"不即废除，是一家尤有一帝也。督军之制不即禁绝，是一省尤有一帝也。省省称帝，家家有王，安得谓之共和"。

作者不但旁征博引，以示帝王旧制的危害，还在各篇附加按语、评论，对封建帝制进行批判。因而此书不仅为文史工作者提供了教学和研究的丰富资料，具有一定的学术价值，而且对当今人们认识封建帝王的罪恶，热爱民主与自由，珍惜今天来之不易的生活也具有相当的教育意义。可惜此著成书不久，作者竟在当年即民国十年（1921年）端阳日（夏历5月5日）夜半乘小轮赴明朝大儒陈白沙故里陈村时，投海身亡！其家人在海上搜寻10天，但是求尸不得。易白沙其实性情本恬淡，曾对章炳麟说道："夫淡泊以明志，宁静以致远，虽奇才不能越也。"而且在治学方面也很有成就，年方二十便治诸子学、诸子群史以及《说文解字》，均有记述，最后成书《帝王春秋》，乃是十余年革命经历，激于袁氏帝制而发。是应时陈论，厥志维均。但他为雪国人之愤，不惜牺牲自己的生命来警醒世人，是何等的悲壮！多少仁人志士为国家为民族抛洒青春与热血甚至生命，这些壮举与牺牲，应该为后人所铭记。

革命志士易白沙所著的《帝王春秋》，曾在1924年由中华书局以繁体字直排印行，后1984年岳麓书社改用简体横排，并改正了一些文字和标点上的讹误，但对书中引文未符合旧籍的部分一仍其旧，不予改动。今所见书多为岳麓书院简体版。

关于革命志士易白沙的传述不多，在《帝王春秋》一书中，录有余杭章炳麟的《易白沙传》和其兄易培基的《亡弟白沙事状》，可作为了解易白沙虽短暂但光辉人生的参考。

《文献通考》

《文献通考》的作者是马端临，字贵与，号竹州，饶州乐平人（今属江西）。生于南宋理宗宝祐二年（1254年），卒于元泰定帝泰定元年（1324年）。马端临的事迹记载比较少，《宋史》《元史》没有为他立传，在《文献通考·自序》中也没有叙述，在《南宋书》和《新元史》中虽然有传，但字数相当少。很可贵的是，在《文献通考》的《进书表》《抄白》和清初编修的《乐平县志》中保存了一些马端临的有关资料，故而可知他是南宋后期马廷鸾的儿子。马端临是一位学识渊博的学者，他的父亲曾经任过史官，家中藏书很多，马端临有机会阅读大量的图书，因而相当有学问。他的父亲去世后，马端临在短期内做过慈湖书院、柯山书院的院长、教授以及台州路学教授等职务，一生大部分时间在家乡著书、讲学。其著作主要有：《多识录》《大学集传》《义根守墨》等，而《文献通考》是其最重要的代表作。

根据《抄白》所记载，《文献通考》编写大概花费马端临20多年的时间，一次偶然的机会被道士王寿衍发现，然后奏报朝廷，在元英宗至治二年（1322年）由官府刊刻印行。此书分为24门，共348卷，分别如下：《田赋考》7卷，《钱币考》2卷，《户口考》2卷，《职役考》2卷，《征榷考》6卷，《市籴考》2卷，《土贡考》1卷，《国用考》5卷，《选举考》12卷，《学校考》7卷，

《职官考》21 卷,《郊社考》23 卷,《宗庙考》15 卷,《王礼考》22 卷,《乐考》21 卷,《兵考》13 卷,《刑考》12 卷,《经籍考》76 卷,《帝系考》10 卷,《封建考》18 卷,《象纬考》17 卷,《物异考》20 卷,《舆地考》9 卷,《四裔考》25 卷。《文献通考》是一部典章制度通史,在中国史学史上占有重要的地位。

1. 从体例上来看,发展了分门别类编纂材料的方法

《文献通考》全书分为 24 考,每考都是按照时代排比,并且有小序,每考还有子目。与唐代杜佑《通典》比较而言,其中田赋等 19 考是根据《通典》的 8 门加以分解补充的,如《选举考》《学校考》原来在杜佑《通典》的《选举典》中,《郊社》《宗庙》《王礼》等 3 门原来在《礼典》中,等等。但是《经籍》《帝系》《封建》《象纬》《物异》5 考却是马端临的独创。其中 76 卷的《经籍考》是一部极其重要的目录学著作,对后世影响甚大。杜佑《通典》中《兵典》仅仅叙述用兵方法,《兵考》则详细论列古今兵制的沿革。

2. 内容广博,网罗宏富,材料珍贵

《文献通考》记载起自上古,终于南宋宁宗嘉定年间。就内容而言,实在是为《通典》的扩大和补充,在中唐之前以《通典》为基础,并做了适当的补充,中唐之后则为马端临广搜博采的结果,尤其是宋代部分,当时《宋史》还没有完成,而马端临所见到的宋代史料最丰富,所以其中很多为《宋史》所没有。在典章制度方面,成为两宋史料中最真实可靠的部分。

3. 独特的编著方法

清代考据学可谓发达,但马端临《文献通考》已经开其先河,那就是创造了文、献和注相结合的方法。“文”指叙事,就是从经史、会要和各种传记中抉择材料,原原本本地把事实摆出来;原则是:取“信而有征”舍“乖异传疑”,就是对于可靠的资料采用,对于不可靠的存疑。“献”是论事,把历代比较有名的人对各种历史现象、历史人物和历史事件的评论都采录在其史实下面,这一点可以让人们更充分地认识历史的本来面貌。“注”就是按语,就是马端临对历史上别人的记录和论断的看法,这一点很有启发意义。

4. 可贵的史学思想

在大量的按语中,可以看到马端临的出众的史学思想,有些看法今天也有很大价值。唐代杜佑的《通典》将《食货》放在全书最前面,显示了他对国家经济的重视,宋代郑樵将《食货》移到了《选举》《刑法》等之后,到了马端临再次将《食货》列于全书之首,并且增加为 8 门,因而马氏的看法要高于郑樵。马端临看问题并不走极端,比如对秦国商鞅变法和唐代杨炎的两税法,马氏虽然否定了这两个人,但并不否定变法的重大历史意义。《文献通考》对五代、宋记述较翔实,记述混乱的五代时期,参加过唐末农民起义的张全义,曾经为恢复洛阳一带的经济做了大量的努力,但欧阳修《五代史记》,却因为张全义出身“群盗”,简单地记载了几句,马端临则详细叙述,并有自己的看法:“全义本出‘群盗’,乃能劝农力本,生聚教诲,使荒墟为富实。观其规划,虽五季之君号为有志于民者,所不如也。贤哉!”指出虽然是有志于百姓的君主恐怕也不如他,可见评价很高。

在《文献通考·自序》中,马端临指出司马光《资治通鉴》“详于理乱兴衰,而略于典章经制”,因而要补充司马氏的不足;其次,认为杜佑的《通典》叙述仅仅到唐天宝年间,“不无遗憾”,所以立志以《通典》为蓝本,重编一部“贯穿二十五代”关于典章制度的专书。如上所述,马端临的确取得了非凡的成就,但是也存在不容忽视的问题。这是一部规模宏大的典章制度专书,有些部分容易流于简略,比如《职官考》全录《通典》,对于五代也叙述寥寥无几;

再者,《经籍志》内容全面,但大多依据晁公武《郡斋读书志》、陈振孙《直斋书录解题》,不能完备。因此学者对《通典》和《通考》的评价是:前者以精密见称,后者以博通为长,各有其独特的优点,应相互补充参证。《四库全书总目提要》给出了公允的评论:"大抵门类既多,卷繁帙重,未免取彼失此。然其条分缕析,使稽古者可以案类而考。又其所载宋制最详,多《宋史》各志所未备,按语亦多能贯穿古今,折衷至当。虽稍逊《通典》之简严,而详赡实为过之,非郑樵《通志》所及也。"

《通志》《通典》《文献通考》都是以贯通古今为宗旨,而且都以"通"字为书名,故合称"三通"。《文献通考》通行的刻本有清乾隆年间武英殿校刊的三通合刻本,并附有考证,其后复刻的一般都以此为底本。1988 年 11 月浙江古籍出版社出版的"十通本"《文献通考》是目前比较不错的版本,并且有"十通"索引,方便查找利用。

《明史》

《明史》332 卷,包括本纪 24 卷,志 75 卷,表 13 卷,列传 220 卷,清代张廷玉等奉敕撰。《明史》的修撰,开始于康熙十八年(1679 年),完成于乾隆四年(1739 年),前后经过了 60 多年,最后由张廷玉奉表将书呈上,故署其名,是我国历史上编修时间最长的一部官修史书。

张廷玉,(1672—1755 年),字衡臣,号研斋,安徽桐城人。张廷玉是大学士张英次子,康熙三十九年进士,授检讨,历任侍讲学士、内阁学士、刑部侍郎。雍正期间,升礼部尚书,曾经做过保和殿大学士,和鄂尔泰同为军机大臣等。因为非常周敏勤慎,为清世宗所倚重。乾隆四十年,以老病回归故里。谥号文和,有《传经堂集》。

清统治者入关建立政权后,明遗民与农民军合作,坚持抗清。到了康熙初年,清政权慢慢稳定,抗清斗争转入低潮。明遗民相当重视《明史》的修撰,比如黄宗羲有《明文海》《明史案》;顾炎武有《皇明修文备史》,这些都是为修《明史》而准备的史料。清朝统治者抓住这个机会,于康熙十八年(1679 年)下诏修撰《明史》,并以开设博学鸿词特科的名义,网罗在野的名人才士。这不仅是一般的编修史书,同时更主要的是让明遗民全身心地投入到修书中,消磨他们的反清意志,达到巩固清朝统治的目的。

《明史》编修的基本过程和这一过程中的历史真相。康熙十八年开始编修《明史》,其中像黄宗羲、顾炎武这样的明遗民本来热心于编修《明史》,但不愿意和清朝统治者合作,于是黄宗羲不得不让儿子黄百家和门人万斯同参加,但是他为这项工作提供了巨大的史料资助,并成为解决主要问题的关键人物;顾炎武的门人潘耒也参加编书,顾氏的外甥徐元文和徐元一兄弟在朝中做官,有问题多向潘耒请教。

关于《明史稿》署名王鸿绪撰的问题。在编修《明史》过程中,起到最大作用的当属万斯同,虽然他不是正式纂修人。康熙十七年(1678 年)他被推荐为博学鸿词,第二年来到北京参加《明史》的编修,但他不署名,不受俸,只是以馆外人的身份参加修书,历时 19 年之多。万斯同对明代掌故特别熟悉,因而做出了巨大贡献。《明史》全部经过万斯同审阅定稿,在康熙十三年(1691 年)初稿完成。后来万斯同去世,同时明史编修馆中旧人越来越少,而王鸿绪因为曾经长久地担任总裁,于是在康熙十三年(1674 年)把列传稿删定为 205 卷,呈送于朝廷,雍正元年(1723 年)把整理的纪、志、表合为全稿进呈上去。至于万斯同原来的稿件已经不可见到,只有这部《明史稿》流传于世。但黄宗羲、万斯同等几十个学者的成果被王鸿绪窃取,他的《明史稿》实际是建立在数十位学者的心血上,这一点不可置疑。

《明史》的最后完成是在《明史稿》的基础上改编修订的。雍正二年(1724年),下诏根据旧稿撰成定稿,经过15年的时间,到了乾隆四年(1739年)《明史》最后成书奏进,因为张廷玉是总裁,故署其名。《明史》全书共332卷,目录有4卷。

《明史》在官修史书中成就很高。张廷玉在进书表中就讲,"惟旧臣王鸿绪之史稿,经名人三十载之用心",是肯定万斯同等人的工作。比较而言,其他的历代官修史书,大都是以国史、实录为依据编成。而《明史》则不同,在康熙年间参加修史的人,大都有浓郁的爱国思想,这促使他们认真踏实地去努力编修《明史》,能够集中精力、并且花费更多的时间一心扑在史书的编修上,因而质量较高。其次,就《明史》本身的体例和内容而言,有很多的成就:

(1)本纪。建文皇帝和景泰皇帝在"明实录"中是分别附于《太祖实录》和《英宗实录》下的,但在《明史》中就分别单独成篇《恭闵帝纪》和《景帝纪》。

(2)志。《明史·艺文志》的突出特点是,仅仅著录明代的著作,这一点不同于以往的史书"求博不专",对于更好地、更清晰地认识明人的撰述有很大帮助。另外,明朝270余年的历史中,为了维护其统治而设立的厂卫制度等,在《刑法志》中有细致的叙述。

(3)《宰辅表》和《七卿表》,前者关于宰相和大学士,后者关于六部尚书(吏、户、礼、兵、刑、工)和都御史。《七卿表》采自谈迁的《国榷》,能够采纳他人之长为己所用,比前代诸史进步。

(4)列传。关于少数民族的史料记载,比如《土司传》和《西域传》,记载了各民族之间的往来史事,对于民族史的研究多有裨益。关于宦官有《阉党传》,关于农民战争有《流贼传》。以上所列反映了明代比较突出的社会问题,可以从中寻找到集中而系统的各种资料。

当然《明史》存在的问题也不少。概括来说主要有3个:第一,仇视农民起义。《流贼传》中对农民起义多有污蔑之词,《流贼传·序》讲:"盗贼之祸,历代恒有,至明末李自成、张献忠极矣。史册所载,未有若斯之酷也。"第二,极力宣扬封建伦理道德、纲常名教。在讲南明历史的时候,对能够自始至终跟随唐王、桂王的各位大臣,就称颂其尽忠守节等封建道德。另外专门列《忠义》《孝义》《列女》3个类传,大肆渲染忠孝节义等封建思想。这些无非是为了维护封建的统治,让百姓臣民都俯首帖耳。第三,歪曲史实、详略不当。关于清朝的兴起就有模糊其词、不合史实的地方。说清朝先世出于满洲,根本掩讳女真、建州、金可汗等称号,否认与明朝统治者建立过从属关系。清先世本来出自女真族建洲部,他们的酋长在明朝初年就受封为建州卫世袭指挥,后来增加三卫,历代向明廷"朝贡"。万历年间由努尔哈赤统一各部,并公开举兵抗明,建立后金汗国;皇太极时,改国号为清,并向关内发展,《明史》对此就多有歪曲。另外,对在南明史上出现的很多抗清斗争的事件也简略不提,安排详略方面很不得法。

乾隆四年(1739年),《明史》撰写完成后,就刊行于武英殿,跟后来刊行的各史合为二十四史。民国张元济有百衲本《明史》,后面附有《明史考证攟逸》42卷,为吴兴刘氏嘉业堂刊行,中华书局有点校本《明史》。

《廿二史札记》

《廿二史札记》36卷,清人赵翼撰。赵翼,(1712—1814年),著名史学家、文学家。字耕松,号瓯北,江苏阳湖(今江苏武进)人。他的父亲赵宽,字子容,以授徒为生。赵翼自小随父亲在私塾读书,对古诗文辞特别感兴趣。乾隆六年(1741年),赵翼才15岁就父亲去世,因为他的学行优异,继承其父职务,因此在其后的几年中以教家塾为生。乾隆三十一年(1766年)曾被授予广西镇安府知府,三十八年(1773年)回到家中,从此以读书赋诗为乐,开始了他的著书生活。主要著作有:《瓯北诗抄》17卷;《檐曝杂记》6卷;《唐宋十家诗话》12卷;《皇朝武工记盛》4卷;《陔余丛考》43卷。《廿二史札记》为史学论著代表作。

此书为清代三大考史名著之一,其余二部分别为钱大昕的《廿二史考异》和王鸣盛的《十七史商榷》。《廿二史札记》名为二十二史,实际所考证二十四史,因为其中的《旧唐书》和《旧五代史》没有计算进去。

《廿二史札记》在初期并没有受到足够的重视,虽然赵翼、钱大昕、王鸣盛的3部著作并称三大考史名著,但不同的是:赵翼侧重于史学,而其他两位则侧重于经学。恰恰是由于这个原因,赵翼的史学成就虽高,但不被一般士人所看重。因为清代学术以经学为中心,虽然乾嘉时期考据学盛行一时,却并没有将《廿二史札记》提高到相应的高度。但这部著作在史学上具有特殊的成就,是读二十四史的入门之书。

赵翼考辨史事,用归纳法将各种重要数据汇集一处进行系统地论述,或者对史事的真伪做出判断。魏晋时期,九品中正制产生,并在此后保持了数百年的影响。《廿二史札记》第7卷中有《九品中正》,就阐明了六朝时期上层社会的特点及其和政权的内在关系。世人讲"上品无寒门,下品无世族",反映了当时高门豪宅的显赫,庶姓寒士则被阻塞一边。直到隋唐时期才出现选举制度的变化,这样支配选举数百年的制度,在史书中却没有明确而系统的记载,故而《廿二史札记》填补了这一缺陷。就宋代而言,赵翼集中而又深刻地论述了统治者是如何压榨百姓,他们内部又如何享受各种待遇。诸如《宋制禄之厚》《宋恩荫之滥》《宋恩赏之厚》《南宋取民无艺》等,大都反映了以上诸问题。《宋制禄之厚》总结击中肯綮:"恩逮于百官者惟恐其不足,财取于万民者不留其有余,此宋制之不足为法者也。"至于明代,在《明内阁首辅之权最重》中,详细地说明了明代统治机构的特点。《明代先后流贼》中对正德年间河北流民大起义、福建邓茂七起义、江西和四川等地的起义军活动均有具体介绍,有利于了解明代阶级矛盾和斗争。

就赵翼使用的史学方法来讲,横的看是比较分析的方法,对纪传体史书体例和编纂,对各史书的史料价值的高下、编写方法的优劣、所运用的书法和编写经验都有一些有益的评论。比如《史记》和《汉书》;《南史》和南朝《宋》《齐》《梁》《陈》四部史书;《北史》和北朝《魏》《齐》《周》《隋》四部史书;《新唐书》和《旧唐书》;《新五代史》和《旧五代史》;《宋》《辽》《金》三部史书。比较《史记》和《汉书》时,有《史汉不同处》将两部书直接比较,从中看出它们的得失。对《宋书》《齐书》有一定的看重,比如《宋齐书带叙法》《齐书类叙法最善》,此中着重讲了带叙法、类叙法的优势,很有独特见解。《魏书》有"秽史"之称,《魏书多曲笔》《北史魏书多以魏收书为本》,指出《魏书》固然有很明显的缺点,但也有可取的地方,不可一笔抹杀。赵翼的论评能中肯綮,很有说服力,值得借鉴。纵的看在考辨中综合运用了以经治史的方法,即以经证经、以史证史。赵翼在所用的数据上,对正史的纪传表志做相互比较校勘,用本史互相证明,或用各种史料相互证明,掌握的非常严格。

另外《廿二史札记》很重视史实的真实性,通过考异、辨识、纠谬等各种形式,对史书记事进行了辨析和订正,对于深入认识各书的史料价值,对于正确利用史料都有裨益。而且考史注意于社会的变革,历史的变化,大有继承顾炎武"经世致用"的思想,在当时是非常可贵的。

但是,《廿二史札记》也有很多缺点,比如记事谬误很多,主要原因在于粗疏散漫。第6

卷《裴松之三国志向注》篇，称"松之所引书，凡五十余种"，而所列书名已达 151 种，是非常明显的前后不相符合，而且所引书目有更多的谬误。再如卷 15《北朝经学》说"在朝知名之士十余人"。根据《隋书》和《北史·刘炫传》都是"知名之士十余人"，大概是"七"因为与"士"形相似而误增的。第 27 卷《辽燕京》认为"辽以巡幸为主，有东西南北四楼曰捺钵"，究其实际，四楼为具体的建筑，各有固定的地点，四捺钵为随皇帝所到的地名而称呼的，并非实际建筑，地点并非固定，赵翼却把两者换了。还有就是比如 30 卷《元杖罪以七为断》，"囊加台以妄言惑众，杖一百七"，这件事中被杖打者是杜岩肖，根据《元史·文宗纪》"以其妄言惑众"，于是使杖人者成为被杖的人了。诸如以上的失误还是相当多的，但是《廿二史札记》对史书有单独的论述，也有综合的考察，全面地探讨了二十四史，因而在史学领域里开辟了一条新的路子，其成就是突出的。

《廿二史札记》后来逐渐引起了人们的重视，梁启超在《中国近三百年学术史》第 14 节中说："其职志在考证史迹，订讹正谬。惟赵书于每代之后，常有多条胪列史中故实，用归纳法比较研究，以观盛衰治乱之源，此其特长。"中华书局有《廿二史札记》，在《提要》中说"在清代史学书中，其实用盖在钱大昕《廿二史考异》、王鸣盛《十七史商榷》上也"，把《廿二史札记》放在钱、王两书之上，评价是有道理的。

《文史通义》

清代章学诚撰，共 8 卷，分内外篇。另外还有补遗、补遗续各一卷，共收入文章 150 余篇。章学诚是一位著名的文学家、史学家、目录学家，生于乾隆三年（1738 年），卒于嘉靖六年（1801 年），字实斋，号少岩，会稽（今浙江绍兴）人。他的父亲章镳在乾隆七年举进士后，数十年未仕，在家乡教书为生，后来侨居应城数十年，在此期间，章镳为章学诚请了老师柯绍庚。少年章学诚不怎么聪明，身体也不好，直到十五六岁后才对史学发生兴趣，并逐渐有了独到的见解。乾隆二十五年，他曾经赴顺天府参加乡试，但未中。二十七年再次落第，其后于三十年、三十三年均没考中，乾隆四十三年举进士。曾经做过国子监典籍。曾主持北方各书院讲席，编修各种地方志。精于史学，所修方志见解精辟，在校雠学上提出"互着""别裁"两种方法。

《文史通义》是研究文史的名著，其中包含丰富的思想，史学理论也有重大成就，在方志理论上有独特建树。

章学诚在《文史通义》中表现了他的杰出思想，能够远承先秦诸子朴素的自然思想，近承明末清初进步思想家经世致用思想。首先是朴素的自然天道观念。《文史通义》对天和道做了唯物主义的辩证分析和说明。《内篇》第六《天喻》说"夫天，浑然而无名者也"，在《匡谬》中说"盈天地间惟万物"。并指出了世界的物质性，认为世界万物离不开变化，认为"一阴一阳谓之道，是未有人而道已具也"，反映出规律是先于人而存在的观点。其次，表现出社会发展进步的思想。内篇第二《原道上》说，"法积美备，至唐虞而尽善焉""至成周而无遗憾焉"，就是说，社会是逐步发展到文明时代的，是有它的必然趋势的。再次是蕴含了丰富的经世致用的思想。章学诚提出了社会改革的思想，在其学术理论上多有表现，比如《天喻》就以制定历法来说明今胜于古："如治历者尽人功以求合于天行而已矣，初不自为意必也。其前人所略而后人详之，前人所无而后人创之，前人所习而后人更之。"经过章氏的浅显的说明，可以明白他的观点就是，社会是进步的，人不必泥古，后人的认识应该比前人高出一筹。并且在章氏的思想中,常常闪耀着厚今薄古的观点。内篇4《说林》讲得好:"所谓好古者,非谓古之必胜乎今也。正以今不殊古,而于因革异同求其折衷也。"古人有他的局限性,学古更应知今,研究过去是为了从过去吸取经验教训,不是为了盲目好古,学者应该知古,但最终还是知今更为重要。

章学诚在外篇《家书》中说:"吾于史学,盖有天授,自信发凡起例,多为后世开山。"章氏在史学方面的确有独到的见解。史学理论上的重要贡献有如下几个方面。首先是他在"皆史"说,并论述了史料和史观的关系。王守仁在《王文成公全书》卷一中就表达"皆史"的思想,章学诚将经书等同于史,在外篇3《报孙渊如书》中说:"特圣人取此六种之史以垂训者耳。子集诸家,其源皆出于史。"同时他反对空谈义理,强调经世致用。其次,认为历史学家应该具备才、学、识三才,还应该具备史德。唐代刘知幾就提出"史才有三长""三长谓才也,学也,识也"。大体来说,才是文字的表达能力,学是史料的组织能力,识是对史实的判断能力。但,章氏认为,"刘氏之所谓才学识犹未足尽其理也",说"文史之儒,竞言才学识,而不知辨心术,以议史德,呜呼可哉!"可见史德是根本的立场和观点问题,所以史家还需要史德。再次,章学诚对撰写历史和注意学风是相当重视的。认为撰述历史不可能是纯客观的,要有鲜明的立场,有对史料的组织能力,在文字上有感染力。这在他的《文德》《文理》《质性》《俗嫌》等篇章中均有论述。另外,章学诚还提倡写通史,反对刘知幾贬低通史的意见,内篇4《释通》中说"通史之修,其便有六:一曰免重复,二曰均例类,三曰便铨配,四曰平是非,五曰去抵牾,六曰详邻事",并指出通史的两个长处,可以具"剪裁",可以"立家法"。

方志学理论是章学诚在实践中总结出来的,梁启超在《中国近三百年学术史》第十五讲中说:"方志学之成立,实自实斋始也。"从章氏的一生来看,穷困不得志,无法完成他为国家修史的愿望,不得不依附于地方官吏,编纂方志,但却取得了丰富的成就。他对自己的成果也颇自负,比如对乾隆四十九年编成《和州志》就非常满意。在《文史通义》中保存了章氏的大量的方志思想。①首先认为方志并非一般的地理书,而是保存地方文献的史书。应该说章学诚的一大贡献就是确立了方志是历史而不是地理,反对向来认为是地理书的观点,就此还和戴震进行过辩论,说"方志如古国史,本非地理专门",认为如果像戴震那样修方志,"考沿革者,取资载籍。载籍具在,人人得到考之",就无法做到"切于一方之实用",达不到经世致用的目的。②从体例上来讲,撰写方志应该是合乎史书的要求,这还来源于他的"六经皆史"的思想,在外篇3《与石首相明府论修志》中说:"志为史载,全书自有体例。"③更重要的思想是,章学诚主张在各州县设立编修方志的机构。《州县请立志科议》中,认为撰写方志和设立修志机构是相辅相成的,应该并重。通过设立修志科,可以保存丰富的地方史料,不需要高明的史学家也是可以办到的。州县设立了志科,地方文献得以保存,为后人修史提供了方便。

《文史通义》的版本有清道光十二年(1832年)在开封刊刻的所谓大梁本,其中内篇5卷,外篇3卷,后面附录有《校雠通义》3卷。1985年中华书局出版了1948年叶瑛的《文史通义校注》11卷,其中内篇5卷,外篇3卷,并附有《校雠通义》3卷,主要内容基本和大梁本相同。此外,1920年还有吴兴刘承幹刊刻的《章氏遗书》50卷,其中《文史通义》内篇6卷,外篇3卷。《文史通义》初无固定体例,基本内容按内外篇编排,章学诚去世时没有编成定本,篇目次序互有出入,主要内容则为辨章学术、考镜源流,对校雠学等也提出了独到的见解。

第四章　百家争鸣　光耀千秋

在中国图书的四部分类（经、史、子、集）中，子部是第三类重要典籍，它汇集了春秋战国间的诸子百家书，也包括秦汉以降以诸子百家自命的典籍。历代典籍对诸子范围的界定是不相同的，汉代司马谈在《论六家要旨》中谈到诸子有 6 家，即阴阳家、儒家、墨家、名家、法家、道家，班固在《汉书·艺文志》中将诸子范围扩大为 10 家，除了上述 6 家外还有纵横家、杂家、农家、小说家，而《隋书·经籍志·子部》中提到的诸子有 14 家，除上述 10 家以外，还有兵家、天文家、历数家、医方家。至清代，湖北崇文书局汇刊《百家全书》，荟萃历代子书，内有儒家 22 种、兵家 10 种、法家 6 种、农家 1 种、术数 2 种、杂家 28 种、小说家 16 种、道家 15 种。现代史学家范文澜在《中国通史简编》中认为当时最著名的，只有法家、道家、儒家、墨家、兵家 5 家。

目前，各家的著作可考见的主要有：法家，管仲的《管子》、李悝的《法经》、商鞅的《商子》即《商君书》、韩非子的《韩非子》等；道家，老聃的《老子》（又名《道德经》）、庄周的《庄子》（又名《南华经》），另有《关尹子》《列子》被认为伪作；儒家，除了"六经"之外，有孔丘的《论语》、孟轲的《孟子》、荀卿的《荀子》等；墨家，墨翟的《墨子》（另有《隋巢子》等已亡佚）；兵家，孙武的《孙子兵法》、孙膑的《孙膑兵法》等。除了这几"家"外，还有未列入的其他各"家"也各有自己的著述。总之，那时著作之多，如满天繁星，数不胜数。

《列子》

列御寇，战国隐者，生平事迹不可详考。《庄子》书中时常提起。大致生活于庄子之前，与庄子性格相类，崇尚清虚无为，顺性体道，穷而不肯出仕。著有《列子》一书，班固考订为 8 篇，现已失传。今本《列子》是魏晋人托名伪作，以老本《列子》为底本，集众家之说而成，但是成就极高，文气简劲宏妙，内容首尾呼应，思想自成体系。故被列入道家四部经典之中，奉为《冲虚至德真经》，列子也被尊为"冲虚真人"。

《列子》最大特色就是运用大量故事阐明自己的思想，思维理论水平已达到相当的高度。主要体现于他的宇宙观与辩证法之中。

宇宙观：列子的宇宙观是以"通、易、机"三结合来探讨道与物的关系。他提出："有生不生，有化不化；不生者能生生，不化者能化化。"所谓"生者""化者"，指具体事物；所谓"不生者""不化者"，则指"道"，它是对世界总体的称谓。是世界的本质，比具体事物更为根本。"道"的特性就是"往复、疑独"，也就是说，"道"在永恒的循环运动中化生万物，而本身却无增无减，独立不改。

在"道"的基础上，列子提示出宇宙万物的生成过程。他说："有太易，有太初，有太始，有太素。太易者，未见气也；太初者，气之始也；太始者，形之始也；太素者，质之始也。"这是一个物质生成运动过程，由此一直发展到"天地含精，万物化生"。"太易"就是气的本体，是一种比有形之气更为原始的物质，万象世界都由它聚散变化而来。这样，就用"太易"把"道"与"气"统一了起来。

同时,列子也十分强调"种有几"和"万物皆出于机,入于机"的观点。"几"就是"微",指极细微的质素;"机"就是自然。总的意思就是说:"万物自身的来源都有几微,几微来自于自然,化为万物,万物复又化为几微,归回自然。"这一观点是通过对有关生物进化的描述而得出的,实质上就是肯定了非生命物与生命物在物质基础上的统一。

列子通过对"道、易、机"三者的阐述,从不同侧面表现出"道"与"物"的有机统一,论证了世界的物质统一性。合而言之,"道"是"气",是"几";分而言之,"道"是体,"气"和"几"则是具体运动状态。

辩证法:列子丰富的辩证思想主要体现在他对物质与运动的关系、时空无限与有限的统一的论述之中。

列子指出,运动是事物的普遍规律,物质与运动同为一体,不可分割,物质在运动中发展,诚如张湛所注解的"化不暂停,物岂守故"。一物向他物的转化是绝对的,任何事物的常任性则是相对的。基于此,列子在《汤问》中回答了物质如何运动的问题:"物之始终,初无极已,始或为终,终或为始,恶知其纪。"这就是说:世界总体的运动转化无始无终,具体事物则有始有终,每一事物都是世界总体长链上的一个环节,一事物的终结,就是另一事物的开始,因此在物的始终相续的运动转化中任何事物都不是孤立的,世界万物都是普遍联系的。

最可贵的是,列子还意识到物质运动转化的无限性,就在于其本身结构层次的无限。他提出"无则无极,有则无尽"。第一个"无"是虚空的意思,指宏观世界,第二、三个"无"就是没有之意。"有"是指微观世界。那么,"无则无极",是指宏观世界的无限,"有则无尽"就指微观世界的无限。此后,他又提出"大小相含,无穷极也",命题使宏观与微观统一起来,其意味就是物质层次结构是无穷无尽的,而每一层次结构又都包含有限与无限的相互对待。他既说"天地不得不坏"又说天地"含万物也故不穷"。其实就是说天地作为一个特定层次结构,在时空中的存在是有限的,而天地自身包含着无限的结构层次,各层次之间的运动和转化又是无限的,无限存在于有限之中,有限包含无限。

除此之外,列子还较多地论述了"养生"与"体道"的关系,"行"与"智"的关系,以及"命定论"的观点。

《列子》全书8篇,篇次如下:《天瑞》《黄帝》《周穆王》《仲尼》《汤问》《力命》《杨朱》《说符》。下面分篇进行简要介绍。

(1)《天瑞》:瑞指符瑞,列子认为,道是世界存在的本质或规律,它无形无象,却是万物生息的根本原因。自然界的阴阳变化,四时变迁都与之契合,有如符瑞之有信,故以"天瑞"为此篇名。全篇14段可分3部分:

第一部分:从物质本体、宇宙生成和生物进化的角度阐明"道"的属性,形成了他独特的自然天道观。

第二部分:用"子贡倦于学"等3则故事提示"道"与具体事物的关系,"道"与运动的关系;从有限和无限,特殊和普遍的辩证中丰富了"道"的内涵。

第三部分:用"杞人忧天"的故事指出"道"的本质在于虚默无为,人也应遵循"道"的规律以笃守虚静的态度对待人生。其中"盗亦有道"的"盗天"思想,强调按道的规律征服自然,对后世影响不可低估。

(2)《黄帝》:黄帝本是传说中的华夏各族的祖先,战国至汉初时,与老子同被尊为道家创始人,据说"清静无为"为他首倡。本篇以"清静无为"为主旨,用19个神话和寓言故事阐明"养生"和"体道"的关系。

19 个故事大致可分为 4 层：

①借黄帝梦游华胥氏之国，提出"至道不可以情求"。意即不可用固定的概念（常情）去把握自然总体及其变化规律。接着又以"姑射神人""列子师老商""列子问关尹""列子试射"及"范氏之子"5 个故事，强调顺乎自然而无私，至诚至信可感物。

②以"梁鸯饲虎""津人操舟""吕梁济水"等下层劳动人民的故事说明他们处事都自然地与客观规律相契合，阐明只有通过长期的实践，才能达到对至道的直觉体验。

③以"海上沤鸟""赵襄子狩猎""神巫季咸"三则故事，说明养生之道，在于不可有机心，应该含藏己意，和同于物，做到"至言去言，至为无为"。

④用"列子之齐""杨朱之沛""杨朱过宋""纪子斗鸡"四则故事阐明养生之道在于谦虚谨慎。

最后，本篇提到了智力与教化在养生体道中的作用。

（3）《周穆王》：本篇 8 个故事，似乎都在说明世界万物"如梦如幻""虚妄不实"。周穆王西游而悟存亡变化在须臾之间；老役夫梦为人君其乐无穷，樵鹿争辩觉与梦难分；华子病忘入梦却返真。但其宗旨与佛教的"幻化生灭"有根本的不同。

首先，列子是在肯定世界物质本体的前提下谈觉与梦，其主旨在于强调不要为表面形象的纷纭变化所迷惑，而应该把握道的本质。其次，列子并没有将觉醒与梦幻混为一谈，他提出觉醒时有梦幻，梦幻时有觉醒，并在此基础上尝试解释成梦的原因。

（4）《仲尼篇》：本篇由 12 个故事和 3 段议论杂纂而成，同《黄帝》一样，都谈认识论。但《黄帝》侧重于"养生""体道"，本篇则强调如何遵循"道"的本性去认识世界。

一开始，他就借孔子和颜同的对话，提出无知无为，方能无所不知，无所不为。接着，他分别以几个故事阐明如何做到"无知无为"。①必须顺物之情而不任逞意志；②要内观反省，不假于外；③要善于含藏，要大辩若讷，大巧若拙；④要忘怀彼我是非，就是克服名言概念的局限。

最后，本篇以关尹喜的话做了总结，他认为"物自违道，道不违物"，也就是说只有人去违反规律，规律不会违反人。他要求破除一切主观成见，顺应自然，如实反映客观世界。但他过分强调耳目感官和名言概念的局限性。

（5）《汤问》：本篇借用 15 个海外奇特故事来打破人们智力上的局限，开拓人们的眼界。

在"殷汤问于夏革"的故事中，列子针对人们各种认识局限，阐明了时空的有限与无物辩证统一的关系，用"南人祝发裸身""詹何垂钓""公扈与齐婴"等故事强调事物在相互作用中所产生的均衡。

"大禹迷途""小儿辩日""火浣之布"等故事说明天下之大，即使是圣人也有不知道的事，断不可固执己见。

"匏巴鼓琴""薛谭学讴""钟期知音""甘蝇善射""偃师造偶""造父学御"等故事则说明强中自有强中手，不可自以为是。

"愚公移山""夸父追日"两则故事相并提出，一褒一贬，愚公忘怀以造事，无心而为功，是顺道而行，教导人们不要急功近利。夸父则是违道而行，"恃道以求胜"，徒有勇力而无理智。

（6）《力命》：本篇主要阐述命定论观点。共 13 段，分两个部分。

第一部分：运用"力命问难""北宫与西门""管仲与鲍叔""子产诛邓析"等故事，揭露了

"穷圣而达逆、贱贤而贵愚、贫善而富恶"的事实。然而它却将这些事实的原因归之于"命",一种无可奈何的必然性:"生生死死,非物非我,皆命也。"

第二部分:劝导人们要"知命安时","季梁请医""杨布问难""东门吴丧子"等故事说明,只有相信命运,才能忘怀寿夭、荣辱、安危;而信命则不能被社会上大量的偶然现象所迷惑,应该洞察其中的必然性。

最后,本篇总结全文,提出"谋事在人,成事在天"的命题,它认为士、农、工、商趋利而逐势,是人事;而水旱、成败、否泰则非力所能,是命使然,是天意。

(7)《杨朱》:本篇直承先秦的"杨朱"学说而略有不同,它直接反对礼义纲常,强调顺从人的本性,享受当生的快乐。

全文18个段落可分为4个部分:

第一部分:针对与礼教互为补充的功名利禄,以尧、舜、伯夷、叔齐、管仲、田恒等人的不同遭遇,说明礼义荣辱不过是人生的"重囚累梏",人的本性在于享乐,生命短促,贤如尧舜,恶如桀纣,死后也不过一堆腐骨,人们应该"且趣当生,奚遑死后"。

第二部分:享乐的目的在于重生贵己,无论贫富,都不能累生。它提出:"损一毫利天下不与也,悉天下奉一身不取也。"基于此,它又提出"智之所贵,存我为贵",就是说,每个人发挥主观能力以保存自己都是合理的。

第三部分:承认人是感性实体,有追求享乐的权力,但人人纵情享乐,在现实中则行不通,于是,它只能让人把欲望内敛,要人各安其性,制命在内。

第四部分:申明"名"也并非空无一物,"今有名则尊荣,亡名则卑辱,尊荣则逸乐,卑辱则忧苦",因此,名不可执着也不可抛弃,全以是否遂顺人性作为取舍的标准。

(8)《说符》:此篇可说是对全书的总结。符本是古人传达命令或调兵遣将的凭证,后引申为"符信""符验"等意。本篇"符"则指事物的普遍联系,"说符"就是解说人的主观意识、行为必须与客观规律相"符",以求"心合于道"。

全文分3个层次阐述了如何才能"心合于道"。

①必须在纷纭万象中见微知著,知事物的本质原因,以知善恶之来去,祸福之所倚。用"关尹教射""列子不受粟""晋文公伐卫""赵襄卫攻翟""九方皋""歧路亡羊"等十几个故事就说明此意。

②必须力克骄盛。"河梁济水""詹何论治""寝丘之封""腐鼠之祸"就反复告诫人们,凡事考虑长远才能取得先机。

③必须遵循道的规律而不凭借智巧,"至为楮叶""郄雍视盗""白公问孔"就着意于此。当然,它并没有一概抹杀"智巧"。如"孟氏二子""宋国兰子""半缺等人"的故事,就强调了"智"的作用,说明人们应该不失时机地主动把握事物变化的条件和环节。

本篇还指出了妨碍"心合于道"的种种因素,如"爱旌目拒食""不死之道""正旦献鸠"等说明不要贪求空名而应求实。"疑人窃斧""枯梧之树"则反对主观主义,"白公虑乱""齐人攫金"则告诫人们不要纵欲而迷性。

本书8篇文章,前后一贯,首尾一体,不仅具有极高的思想价值,而且文学造诣也颇为深厚。柳宗元甚至将它置于《庄子》之上。

《列子》版本较多,主要有《四部丛刊》的张港注本《列子》以及汪继培校本和杨伯峻的《列子集释》。

《老子》

《老子》传说为老子所作,一般认为,老子即李耳,字伯阳,谥曰聃,又称老聃或老子,楚国苦县(今河南鹿邑)人,曾任周王室的守藏史,管理王室图书,又称柱下史。周王室衰微,他就弃官而去,不知所终。他与孔子同时但长于孔子,道家传说与儒家传说中都有孔子问礼于老聃的记载。传说老子西游过函谷关,关令尹喜远望紫气浮动,知有真人将至。不久果见老子骑青牛而来。关令尹喜请老子留下真言,老子遂作道德五千言,即《道德经》,亦称《老子》。但据后世学者考证,《老子》一书并非成于老子,而是成于后人之手。有如《论语》之为孔子语录,《老子》一书也大体荟萃了老子的语录并基本上反映了他的思想,大约于战国前期由道家后学纂辑、整理、加工而成。今存《老子》共八十一章,分上、下两篇,上篇三十七章,又称"道经";下篇四十四章,又称"德经",合称《道德经》。

"道"和"德"是老子哲学的基本概念和最高范畴,"道"包含"法则"和"普遍规律"的意思,老子把它看作产生和支配万物的精神实体,"德"则是"道"的基本特征和体现。《老子》五千言,文约而意丰,意蕴深邃,具有较为完整的思想体系,在先秦诸子中独树一帜,其主要思想可以概括为以下几个方面:

1. 以"道"为核心的哲学体系

老子哲学是以"道"为核心的,"道"这个字作为名词,在《老子》这本书里一共出现了74次。《道德经》的第一章说:"道可道,非常道;名可名,非常名。"意思是道是不可以说的,不能给一个准确的描述的,如果你能够描述出来,那就不是真正的道了。任何一个名词、名称,如果能给出极其明确的界定,这个名称也是可变的,也就不是一个根本的名称。这是老子对于"道"的一个基本观念,由此可见,老子认为"道"是不可以界说的。在第二十一章他又说:"道之为物,惟恍惟惚。惚兮恍兮,其中有象。恍兮惚兮,其中有物。窈兮冥兮,其中有精。其精甚真,其中有信。自古至今,其名不去。"意思是,"道"是一种恍惚的东西,不能界说,但是其中有象和物,物是东西本身,象是它表现的现象,象和物本来是一表一里两个方面,代指所有的万物万象。这些万事万物都在恍惚的道里,所以人能看见的是窈冥,是黑暗,看不见的,其中却有最精粹、最光明的东西,这种光明、精粹的东西,里面有"信",就是可信的真理。在第二十五章中他说"道""强为之名曰大,大曰逝,逝曰远,远曰反",意思是我们勉强形容一下"道"就是一种伟大的东西,因为它大,所以周行不已,因为周行不已,所以就远,没有限制,因为没有限制,所以它又回来,又循环。

归纳一下老子关于"道"的种种说法,可以总结出"道"的3种含义:一是他认为"道"是我们具体世界的原始,或者说是宇宙的本体。一切万物,芸芸众生,基本就是道。二是"道"无法界说,也不能感知。三是"道"本身还有规律的意思,道总是周行不殆的,使整个天地万物运转,所以叫作"道"。也就是说,"道"既是一个本体性的东西,同时又是人生遵循的一种规律,也是天地万物的规律,这就是老子的本体论和宇宙论。

2. 对立转换的辩证法思想

《老子》五千言还包含有极为丰富的辩证法思想。《老子》触及到了矛盾普遍存在的原理,他提出了一系列的矛盾概念:大小、高下、前后、生死、巧拙、美恶、胜败、有无、贵贱、荣辱、雌雄等,他认为这些矛盾与对立普遍存在于世界万事万物之中,而且对立的双方处在相互依存之中,"故有无相生,难易相反,前后相随,恒也"。对立双方是相互依存的、又是相互成就的。"有之以为用、无之以为利",即"用"之所以发生作用,是因为有"无"为它作铺设。对立双方更是相互转化的,这是因为矛盾的双方是相互包含的,我中有你,你中有我。以福祸为例,"祸兮,福之所依;福兮,祸之所伏",世界上没有纯粹的福与祸,福和祸是相互包含的,福中有祸,祸中有福。某一种祸有时会以福的形式表现出来,而某种意义上的福又有可能是另一种意义上的祸。所以,祸之与福,相倚相伏。不过,对立的转化,并不是一蹴而就的,它有一个量的积累过程,因此,要达到某种质的跃进,不能不有所准备。此外,《老子》的辩证法可以说是来自实际,返诸现实的。他深刻的意识到:正向的努力有时会招致负向的效果,事物往往依循着对立面的方向发展,这是主观意愿与实际效果的对立,有鉴于此,老子提出了一种以反求正的辩证法:"将欲翕之,必固张之;将欲弱之,必固强之;将欲废之,必固兴之;将欲夺之,必固与之。"即要使某一物向负面转化,必须使之达到正面发展的极致。而事物正面发展的极致,也正是它即将向负面发展的征兆。

3. "无为而治"的政治思想

老子的哲学思想反映于人世社会,便产生了"无为而治"的政治主张和"小国寡民"的社会理想。老子并没忘怀政治,仍欲治天下,不过是想以"无为"作手段达到"无不为"的目的。他倡言顺乎天道自然,清静无为,认为世道浊乱皆因"有为"而起,在《老子》看来,"大道废,有仁义。智慧出,有大伪,六亲不和,有孝慈。国家昏乱,有忠臣"。仁义礼智等道德规范、社会制度恰恰是社会动乱、贫困的祸根。因此在《老子》一书中,有不少激烈的社会评论和政治批评。老子反对用刑、礼、智来治理国家,他反对重税,反对强大的兵力,反对工商业,反对知识和文化,认为这些都违反了无为而治的原则。老子一再提醒统治者,如果违反这一原则,就会引起人民的变乱,以至无法维持和巩固自己的统治。与此相应,老子描述了乌托邦式的理想社会,极力颂扬"小国寡民"的美好生活,甚至主张回到结绳记事的原始社会中去:"小国寡民,使有什伯之器而不用;使民重死而不远徙;虽有舟舆,无所乘之;虽有甲兵,无所陈之。使人复结绳而用之。甘其食,美其服,安其居,乐其俗。邻国相望,鸡犬之声相闻,民至老死不相往来。"这是那种贫富均等,无阶级、无压迫的原始共产主义社会在《老子》作者意识中的回光返照。

老子是道家学派的创始人,在中国思想史上占有重要地位,道家学说长期影响着中国社会各阶层的思想,在中国封建社会里成为唯一可以与儒家学说相抗衡的最大的思想流派。魏晋南北朝的玄学,宋明的理学,都和道家思想有密切联系。在政治方面,汉初黄老学说提倡休养生息的政策,就是以老子自然无为思想为主要内容的政治学说。

老子又是我国古代伟大的辩证法家。其思维方式异于传统、常人、时俗,是一种否定思维方式,带有强烈的批判色彩。对于我们民族内柔外刚、含蓄谦让性格的形成,无疑有着重大的影响。

老子还是我国文明社会的伟大批判家,中国传统文化所注入的大无畏的批判精神,首源于老子对文明社会批判的深刻性、彻底性。道家较之儒家更具有人民性,历史上农民起义也多半打着由道家演变出的道教的旗帜,其因在此。

《老子》五千言,以韵文的形式为之,这部道家学派的开山之作,古往今来 2000 余年,对其研究皆经久不衰。特别是最近十余年来,中外学者的研究呈持续上升的态势,范围更大,视点更多。新中国成立 30 年间,有关老子、道家的研究文章总计 170 篇,年均不足 6 篇,而1987 年仅《哲学动态》部分目录索引所载,该类研究文章即有 60 篇。我国典籍浩繁,许多国家有所翻译,唯《老子》译本最多。20世纪80年代中,美国《纽约时报》曾将老子列为世界古今"十大作家"之首,足见《老子》的价值与影响。

《庄子》

《庄子》是战国中期著名哲学家庄子及其门人、后学的著作总集。庄子,名周,大约生于周安王二十二年(前380年),卒于周赧王二十年(前295年)。庄子曾担任过管理漆园的"漆园吏",所以有时也称庄子为"漆园",但他在职不久就辞官不做了,后来便从事讲学著述。庄子生活清贫,曾"往贷粟监河侯"(《庄子·外物》),但庄子气节非常高,不媚权贵,视浮华如烟云,曾拒绝了楚威王的千金之聘,而自甘于"隐君子"的卑微地位。同时他也不以贫困而颓唐。当初魏王见他衣衫褴褛,曾问他何以如此困顿,庄子答道,自己只是生活上遭遇贫困,并非精神上有所困顿,因为他始终致力于道德的推行。庄子对于生死持达观态度,妻子死了,非但不哭,反而敲打瓦盆歌唱;临死之前,弟子准备厚葬,庄子却说宁愿以天地为棺椁。庄子的朋友不多,门徒也有限,当时学术界的名人中只有惠施同他经常往来,《庄子》一书中便有不少惠施与庄子两人的辩论,可以看出他们既亲密无间又针锋相对的友情。庄子求学务博,广泛涉猎,但其思想总体上还是与老子一脉相承的。

《庄子》之书以"庄子"标题,但其文章并不都是庄周自己作的。今郭象本内外杂33篇中,只有内7篇出自庄周本人之手,其余外杂26篇,皆为弟子后学所作。因此,近人研究《庄子》的思想,倾向于把庄学与庄周后学分别开来。

庄子的学说,大致可以分为天道自然观、人生观和认识论3个方面:

1. 天道自然观方面,突出表现为"道"论

老子是道家学派的创始人,因为他创造并阐述了有别于天道、人道的"道"的观念;和老子一样,庄子也以"道"作为最高范畴,并且进一步明确了"道"的性质、作用及其普遍性。庄子所谓的"道",主要有2个内容:一是指世界的本原;二是指认识的最高境界。庄子认为"道"是天地之宗,万物之母,就连鬼神都是"道"的产物。庄子肯定"道"是真实的客观存在,它的存在是无条件的,在空间上无穷无尽,在时间上无始无终。庄子认为"道"有生命,"道"的生命就是万物的生命,万物的生命也就是"道"的生命,因此"道"无处不在,它是万物存在的依据,决定着自然界和人类社会的存在秩序和发展方向。但是"道"又是玄妙莫测的,人不仅不能凭借感官去认识,不能依靠理性思维来把握,甚至无法用语言来表达,只能通过超越感官和思维的知觉体验去认识,这也就是所谓"体道"。庄子认为最高的认识境界应该是脱离具体事物、无差别、无是非、无好恶的,这样的境界就是"道",达到如此境界,就是"真人"。

2. 人生观是庄子思想的核心,主要表现为对人生困境的认识和超越,对绝对的精神自由的追求

庄子认为"道"法自然,因此所谓合乎"道",就是顺应自然。"自然",也是庄子学说中一个极为重要的概念,它是指事物非人为的本然状态。庄子指出,要达到"自然"的境界,必须无我无为,摒除一切人为的智谋、德行和工巧,因为天道无为,如果追求这些虚伪的东西,将不利于人的自然天性的发展。

庄子还认为,"道"就是虚无。虚无才能容物,因此"道"是包容并且拥有一切的。庄子强调"道"是虚无,是希望从根本上破除人对于世俗利益的执着追求。他认为,人之所以得不到自由,是因为失去了"自然本性",而"自然本性"的丧失,则是由于人的精神受到身心内外

的束缚所致。人要达到精神上自由的境界,不仅要破除外在条件的束缚,尤其要破除对于自我的执着,要忘记自我,即用"无我"来实现"真我"。"无我"不仅要求超功利、超道德、超对待,而且要求超越生死,超越自己耳目心意的束缚,这样才可以和自然融为一体,从而达到精神上的自由境界。

庄子将"道论"引申到人生修养方面,又构成了他"贵己养生"和"重神轻形"的理论。庄子认为"道"化万物,而"道"与万物的中介则是"气",因此生命既是"道"的产物,也是"气"的凝结。"气"聚则生,"气"散则死。所以享有生命并不值得欢喜,面临死亡也不需要恐惧,生与死的界限以及由此引起的悲喜之情,在庄子那里都已不复存在。庄子认为生命能随着自然循环变化,因而主张开阔心胸,强调"相忘",忘怀生死、忘怀名利、忘怀世俗规范,从而保持恬静自适的心境。

在庄子看来,人既然生而为人,当然有其形表,但"形"为宾,"神"为主,如果为"形"而伤"神",则是本末倒置。因此,应当泯灭喜怒哀乐之情,保持无心、无知、无情、无欲的心境,避免是非彼此的世俗意识侵袭身心。这样才可以心灵清净、萧然无累,才可以与天地交流而邀游于自然。庄子重"神"轻"形"的思想,对后世影响极大,中国人的人生追求、艺术精神,与此密切相关。

3. 认识论方面,庄子强调认识对象的易变性以及对象间差异的相对性

庄子首先讨论了"有"和"无"的关系问题。庄子反对将世界的本源规定为有或无,而把"有"和"无"视为事物的两种属性。而这两种属性是相互统一的,在庄子看来,"有"和"无"不仅没有本体论的意义,甚至没有宇宙生成论的意义,"有"和"无"仅仅是指事物的两种属性:"存在"或"不存在"。

庄子认为,事物处于永恒的运动变化之中,他将事物这种不息的运动、变化状态形象地比喻为处在"天钧"之中,"钧"是指一种不停地转动着的转盘。事物处于如此频繁的运动中,它们甚至难以保持其质的规定性,事物彼此之间的差异也是相对的,"天下莫大于秋毫之末,而泰山为小;莫寿乎殇子,而彭祖为夭"(《齐物论》)。大与小、寿与夭无不是相对而言的,事物间的差异性是没有什么实际意义的。庄子最后归结说:天地与我并生,万物与我为一。宇宙间的万物都可以泯尽差别,归于齐一,这就是所谓的"齐物论"。庄子在"齐万物"的同时,还要求"齐是非",摒弃任何关于是非的观念,因为世间根本不存在认识正确与否的标准。他认为这主要有两种原因:第一,认识的虚幻性。庄子认为,人的认识如同梦幻一般,是不确定的,人生如梦,对于世界的认识也如同梦幻一般,并非真实。第二,认识者的认识角度与认识能力等主观因素决定了他们的认识必然是片面的,非决定性的,正如王嫱、丽姬,在人看来是美女,但鱼看见她们就沉入水底,鸟看见她们就高高地飞走,麋鹿看见她们就赶快跑掉了,这并不是她们长得不美,而是因为个体从不同的认识标准来衡量就会有不同的认识结果。

以上3点是从学术角度来看的,而从文学艺术角度来看,《庄子》也为先秦诸子散文之翘楚,如郭象在注释《庄子》时所做的评价:"其所以不经而为百家之冠。"鲁迅对《庄子》做过高度的评价:"其文汪洋辟阖,仪态万方,晚周诸子之作,莫能先也。"(《汉文学史纲要》)。郭沫若更说:"不仅'晚周诸子之作莫能先',秦汉以来的一部文学史差不多大半在他的影响下发展。"(《庄子与鲁迅》)

庄子是第一个将浪漫主义运用于散文创作的散文家,就浪漫主义创作艺术而言,庄子的

散文与屈原的诗歌堪称战国文坛之双璧。《庄子》将深刻的哲理形象地寓于扑朔迷离、真伪莫辨的虚构情节之中,在超越现实的艺术氛围里巧妙地表达思想,把读者引入一个超时空、不辨上下古今的恢宏壮观的艺术境界。

作为先秦时代著名的哲学家,庄子对传统和现实的激烈批判、追求个人自由的浪漫主义精神、仿佛得自天籁的精辟见解、广阔的知识领域、汪洋恣肆恢诡谲奇的文笔,使《庄子》一书在中国哲学史、思想史和文学史上都产生了相当巨大的影响。

《商君书》

《商君书》是战国时期法家代表商鞅等撰,又称《商君》或《商子》。商鞅是战国中期的政治家、思想家,约生于公元前390年,卒于公元前338年。他出身于卫国国君的疏远宗族,故称卫鞅或公孙鞅。后来,他为秦孝公所重用,任左庶子施行变法。为了赢得人民的信任,他曾把一根大木头立在国都的南门,下令说谁要把木头抬到北门就赏十金,但是大家都疑惑而没人做。商鞅又下令如有人抬就赏五十金,这时有个人试探着抬了过去,商鞅马上就赏给他五十金,并通过这件事赢得了百姓的信任。在推行变法的过程中,秦国太子知法而犯法,商鞅毫不留情地惩罚了他的师傅公孙贾和公子虔。随着商鞅新法令的推行,秦国迅速富强起来,商鞅因功被封于商(今陕西商县东南商洛镇),号商君,人称商鞅。但是,在秦孝公死后,太子即位,为秦惠王。公子虔等人告商鞅谋反,商鞅逃跑不果,最终被捕,车裂而死。作为一位政治改革家,商鞅的结局是极其悲惨的。以下我们就《商君书》所体现的商鞅的哲学观点、变法主张和政治思想加以介绍。

1. 哲学观点

《商君书》在哲学上以朴素的辩证观点看待历史的发展变化。他认为,随着历史和时代的变化,国家的政治措施也必须相应地改变。商鞅坚决反对守旧复古的主张,认为没有什么固定的法和礼。他提出"治世不一道,便国不必法古",肯定了必须变法,才能强国利民。商鞅还认为历史的发展是有阶段的,"上世亲亲而爱私,中世上贤而说仁,下世贵贵而尊官"(《商君书·开塞第七》)。虽然其中他以"亲亲""尚贤""贵贵"这些观念的东西来阐述历史发展变化的原因,但还是没有抓住根本所在,还是不科学的;然而,他终究是意识到历史是发展的,明确反对孟轲"法先王"的守旧观念,提出"不法古,不修今"的正确主张,指出"周不法商,夏不法虞",都是由于"当时而立法,因事而违法"之故,那么秦国当然也不必效法西周了。商鞅的这种历史观是进步的,以此观察社会的历史和现实,他自然而然就大力倡导变革学说,成为变法的先驱和主持者。

2. 变法主张

首先,商鞅废除井田制,这一变革摧毁了奴隶主的生产关系,解放了生产力,为建立封建的土地制起了巨大的作用。其次,他废除了西周的分封制度,建立郡县制度,与此同时也就取消了贵族的特权,特别是军权。《商君书》上说国旧宗室贵族没有军功的不再列入宗室的姓名册,这就在政治上比较彻底地取消了奴隶制的世袭制度,为把权力集中在封建的中央政府手中打下了基础。再次,商鞅施行重农政策来发展国家经济,施行重战政策来加强国家的武力。最后,商鞅提出以法治国,主张"壹刑",就是刑无等级,从卿相将军以至大夫庶人,犯法必纠。同时他认为以法治国必须实施赏刑并用的方针,而且赏要厚、刑要重才能见成效。他还非常重视法治教育,使人人知法而不敢犯法。

3. 政治学说

商鞅深刻地阐明了把握住"势",把握好"数"的观点。所谓"势"就是国君的权力,也就是国君所凭借的客观形势;所谓"数",即术也,就是国君驾驭群臣、推行政令的方法和手段。换句话说,就是要求一国之君善于运用客观形势之中的规律性的东西。这里的"势"和"数",就叫认清形势、服从规律。商鞅比其他法家更富有战斗力,他具备军人的性格,这使他深刻体会到政治的成功应该建立在军事上,所以他把统一的政治目标建立在以军事为基础的政治制度上。展读《商君书》,我们深深感到,秦国在商鞅的治理之下,全国人民埋头奋斗的只有农耕和兵战两件事,而农耕的目的就是为着兵战。全国统一政策、政令都必须对准这个目标。全国各阶层及各行业的人士,直接或间接都必须撤去任何阻力,让这些政策、政令畅通无阻。这是一种极具军事目的性的政治制度。为了农战,商鞅不但反对游谈、商贾和技艺,而且反对诗书礼仪,在《勒令篇》中,他把礼乐、诗书、孝弟、仁义等都看作"虱",总称为"六虱",这是韩非《五蠹》的先声,也是同儒家传统思想最明显的分歧,也是对于在奴隶社会中形成的一套礼乐制度的全盘否定。

《商君书》的思想内容是受前辈法家著作影响的,如李悝、吴起等。虽然就整个思想体系来说,这部著作还不够成熟,但是总的来说,商鞅的哲学观点、变法主张和政治学说是顺乎历史发展的进步潮流的。正是由于商鞅在秦国实践了自己的政治主张,建立起了新兴的封建制度,奠定了富国强兵的坚实基础,雄才大略的秦始皇才有可能灭亡了六国,完成了统一中国的大业。郭沫若先生从历史发展的高度肯定了商鞅的不朽功绩:"秦王政后来之所以能够统一中国,是由于商鞅变法的后果,甚至于我们要说秦、汉以后的中国政治舞台有由商鞅开的幕,都是不感觉怎么夸诞的。"(《十批判书》)

在这样的思想指导下,《商君书》就不可能太讲究文辞,因此它的文风是质朴的,但是也不是完全不要文采。在《禁使》《定分》等许多篇章中,比喻手法都得到了恰当地运用,而且语言的简洁透辟也是本书的一个语言特色。

今人研究《商君书》有以下 3 种版本取得了较好的成果。首推高亨注译的《商君书注译》,附有《商君书》新笺,中华书局 1974 年 11 月出版,还有陕西人民出版社 1975 年 12 月出版的《商君书新注》,齐鲁书社 1982 年 10 月出版的《商子译注》都在校勘、注释、译文等方面做出了许多有益的探讨,订正了前人的错误。今天阅读《商君书》,从这 3 种书入手比较好。

《荀子》

《荀子》是先秦哲学家荀况所作。荀况,又名孙卿,赵国人,约生于周慎靓王二年(前 319年),约卒于秦王政十六年(前 230 年)。荀况是先秦诸子百家的集大成者,也是先秦儒家的最后一位代表人物。据史书记载,荀况学问渊博,颇富秀才,曾多次游学齐国,3 次担任齐稷下学宫的祭酒。荀况后来前往楚国,深受春申君的赏识,被任命为兰陵令。公元前 238 年,春申君被李园杀死,荀子废居兰陵,"序列著数万言而卒,因葬兰陵"(《史记·孟子荀卿列传》)。

荀子生活在战国后期,对于这一时期中国社会制度的性质,学术界尚有不同看法,但对中华大地实现统一这一点没有异议。"统一"二字可以作为那个时代背景的集中概括。统一最突出体现在强国的兼并战争上,尤其是秦国的兼并战争。荀子将 20 岁时,秦国对关东诸侯的攻势越来越凌厉,可以说,自秦昭王起,秦国实际已开始进行统一中华大地的战争,这样的战争伴随着荀子全部的生涯,在他死后不到20年,秦王政终于统一了中国。统一的趋势也表现在经济上,战国后期,由于商业和交通的发展,各个地区在经济上彼此间的联系和依赖已相当密切。政治、经济的统一趋向必然在意识形态领域有所反映。思想上的"兼并"战争也在进行。由春秋时代开始出现的百家争鸣发展到战国后期,出现了总结、合流的趋势,当时最著名的折衷、调和学派是后人所称的杂家。《汉书·艺文志》形容杂家是"兼儒墨,合名法,知国体之有此,见王治之无不贯"。荀子的思想也是在对诸子的批判总结中产生的,是诸子合流的产物。这里,我们主要介绍一下《荀子》一书所反映的唯物主义自然观、认识论、人性论、逻辑论。

1.《天论》篇主要论述了荀子的唯物主义自然观

荀子的自然观有以下几个内容:第一,"天道自然"。荀况认为,"天"就是客观存在的自然界,它是无人格、无意志的,荀子把"天"规定成"莫知其无形"的物质体(《天论》);把"神"规定成自然界那具有阴阳风雨等隐秘神妙的功能。这种"不事而自然"的天道观对先秦哲学最后摆脱神学的束缚有极大的促进作用。第二,"天行有常"。荀况认为,"天有常道","地有常数",天地都有固定法则,它"不为尧存,不为桀亡"(《天论》),是不以人的意志为转移的,人们只有遵循天道,才能获得良好的效果,否则,必然受到天道的惩罚。第三,"天人相分"。中国古典哲学,无不将"天人合一"奉为其人生理想的终极境界。荀况却不以为然,他认为,天地人并立为三,人世间的殃祸兴亡,纯由个人的行为与人事制度所决定,与天无关,应该把天道与人事区分开来加以考察,该由人事负责的不能推诿于天。能够明确天和人的区别,那便可以说是德行高尚、深明事理的"至人"了。第四,"制天命而用之"。荀子认为如果将天视作高不可攀、不可战胜的庞然大物而加以盲目的颂扬,还不如将天看作一般的动物那样,可以加以畜养而予以利用、控制。他提倡"敬其在卫者",也就是重视人类固有的潜力,而不必"慕其在天者",也就是不必一味地期待客观条件转向有利自己的方向。

2.《解蔽》篇主要论述了荀子的认识论

首先,荀子肯定客观世界是可以认识的,而人类又是具有认知世界的能力,这是一种典型的可知论。《解蔽》:"凡以知,人之性也;可以知,物之理也。"他认为人类进行认识活动的器官是"天官(眼、耳、鼻、舌、身)"和"心",通过"天官"感知外物,再通过"心"将感觉印象进行分析、辨别和验证,从而形成概念和判断。其次,荀子还研究了有效、正确认识的方法,以及错误认识"蔽"产生的原因。他认为,要进行正确的认识,必然达到"虚一而静"的心境,"虚"指"虚心",即要求人们时刻以开放的心态来对待新异的知识,不固执己见,不因循守旧。"一"是指"专心",即面对纷繁复杂的客观世界,我们在认识事物时不能平均用力,而是要分清主次轻重,必须有所专一。"静"是指"静心",即我们在思考认识问题时,必须排除一切杂乱的思绪和偏狭的一己之见,才能获得真理。在提倡这种"虚一而静"的认识方法的同时,荀子还分析了错误认识"蔽"产生的多种根源,并指出要"解蔽"就必须发挥理性作用,尊重客观世界的自身规律。

3.《性恶》篇着重论述了荀子的人性论

荀子提出了"性恶论",首先,荀子将"性"定义为"生之所以然者谓之性"(《正命》),然后,他又指出"今人之性",生而有"好利""疾恶""耳目之欲""好声色"等欲望,如果任情恣欲,那便会万恶滋生,礼仪文理为之荡然无存。在这里,荀子把自然的情欲等同于人性,这是片面的。但在一定条件下,又是相当深刻的,因为人性中确实有流于邪恶的倾向。荀子从

"性恶论"出发,提出了"化性起伪"的学说,强调后天教育,用礼义之道改造人性,这正是人类社会设立道德规范的根据所在。与"性恶论"相联系,荀子还阐述了他的国家学说。他认为,国家并非固有的,它有着一个产生与发展的过程。人类社会、国家制度、风俗礼仪的制定都是为了有效地制约人们之间彼此对立的欲求,以制止争端,使人的欲望得到有限度的、合理的满足,并维持人类自身的存亡。

4.《正名》篇论述了荀子的逻辑思想

首先,荀子探究了名言(概念)的功能。他认为,"制名"(制造概念)目的在于"指实"(表现客观实在)。概念是用以"明贵贱"和"辨同异"的,它既有认识功能(辨同异),又有社会功能(明贵贱)。其次,荀子还说明了概念成立的根据与基本原则。他认为,人们对事物的命名虽然有主观随意性的一面,但它主要还是要受到事物的性质和社会习俗的制约,这就是所谓的"约定俗成"。那么,制定概念的原则如何呢?荀子认为名是受实制约的,实相同者名也相同,实相异者名也相异,单名可以说明清楚的则用"单名"(如白、马),否则就用"兼名"(如白马)。如果二者没有什么相违背的则用"共名"(如马)。最后,荀子还分析了"共名"与"别名"的关系。他在这里将概念分为"别名,大别名;共名,大共名"。"大共名"指最高的类概念(物),"大别名"指个别具体的概念(如鸟、兽)。"共名"和"别名"指一般的类和较低的类概念。荀况认识到,概念分类时,"共则有共","别则有别",这实际上已意识到了概念的种属联系,这是很成熟的逻辑思想。

《荀子》一书具有鲜明的艺术特色,首先他善于运用比喻,他的政治哲理散文通过巧用比喻,使抽象的道理具体化,有深入浅出的妙处。《荀子》中的比喻不但多而且好,堪称先秦诸子用比之冠。其次,《荀子》一书十分注意句子的对仗和音节的协调,如《劝学》中的"积土成山,风雨兴焉;积水成渊,蛟龙生焉",都是比较工整的句子。在其他各篇中,也不乏类似的句子。

后人对于荀子的评价非常多,结论差别很大。这是因为,荀子的思想作为先秦诸子合流的产物,具有相当的复杂性。其中主要的评价有3种:一是认为荀子是儒家最重要的继承人之一,如司马迁、归有光、汪中等;二是认为荀子不属于儒家正统,更多的带有法家的色彩,如韩愈、朱熹、章太炎等;三是认为封建礼教的根源就是荀子的学说,并对其大加批判,最有代表性的就是谭嗣同。这些观点出入极大,纠缠千年,充分说明了荀子思想的包容性和深刻复杂性,并使我们认识到对其进行深入了解的重要性。

《墨子》

《墨子》是墨翟学派的著作集。墨翟,人称墨子,是春秋末年战国初年的鲁国人,是墨家学派的创始人。墨子虽然生为鲁国人,却长期在宋国做官,担任过宋国大夫。墨子交游广泛,他有一批非常忠于自己的弟子,形成一个有严格纪律的社团。这个社团有自己的纲领,它和现在的帮会不同,它不仅是职业的联系,还有共同的社会奋斗目标,有共同的人文理想,它的领袖叫"巨子",墨子可以说是第一位巨子。当时墨子所在的宋国是一个贫弱小国,被夹在虎视眈眈的诸大国之间,苟延残喘。墨子为了宋国的安全,曾先后多次带弟子奔走于齐、卫、楚诸国之间,制止了鲁阳文君攻郑,说服公输班放弃攻宋的计划,墨子因此而备受各诸侯国君主的崇敬。

《墨子》现存15卷53篇,亡佚18篇,实有35篇。其中一部分是反映墨子本人的思想、事迹和活动的，还有一部分是后期墨家的思想言论。其中，《尚贤》《尚同》《兼爱》《非攻》《节用》《节葬》《天志》《明鬼》《非乐》《非命》《废儒》这11篇，是反映墨子本人思想的。下面我们来介绍一下《墨子》的思想内容。

1. "兼爱"的伦理思想

在先秦诸子中，《墨子》一书最重要、最有影响的学说是它的"兼爱"思想。墨子认为，天下所有的罪恶和祸害都是因为天下人不相爱，交相恨。因此，他提倡"兼爱"，认为"诸侯相爱，则不野战；家主相爱，则不相篡；人与人相爱，则不相贼"（《兼爱》中篇）。就是认为，爱心是协调一切社会矛盾最有效的因素，只要实行最广泛的爱，那么，就一定不会出现以强凌弱、以众劫寡、以富侮贫、以贵傲贱、以诈欺愚的压迫现象。这样，天下自然就会出现一派君惠臣忠、父慈子孝、兄弟和顺、人人相亲的美好景象。那么，怎样才能做到"兼爱"呢？《墨子》认为，兼爱的原则只有一条：视人如己，就是"视人之国若视其国；视人之家若视其家；视人之身若视其身"，在墨子看来，个人利益和他人利益，家庭的利益和社会的利益本来是一致的，这个原则，和后来列宁讲的"我为人人，人人为我"是相通的，如果我们真能做到这一点，那么对我们个人和社会都是非常有益的。另外，"兼爱"里还有一个很重要的部分就是"兼相爱，交相利"，他认为爱，不光表现在情感上、思想上，也表现在有利于别人，在利益上相互帮助，以此来体现兼爱的思想。在墨子这里，义和利是统一的，不是超功利的，兼爱必须建立在交相利的基础上，这是兼爱思想的一个特点。

2. "尚同"的政治思想

墨子政治思想的核心是"尚同"，即要求"同天下之义"，就是要确定天下的指导思想，使臣民们有所归依，有所遵从。换言之，也就是要牢固地确立统一的国家意识形态。其思想的实质，是自上而下的、绝对的等级统治，是要强调君主集权。在社会普遍混乱的当时，这是一种符合历史发展趋势的进步主张。通过后来法家的继承和发扬，君主集权亦即成了2000年封建政治的基本格局。

"尚贤"是"任人唯贤"，即要求各级官员都由贤者、胜任的人员来担任，是从"尚同"派生出来的，是一种政权实现"尚同"的重要途径。它的特异之处在于：突破了原来的阶级眼界，对于人的一切原有的社会、政治、经济地位，特别是由宗法血缘关系而取得的地位，都不予以承认，而提出了在贤能面前人人平等，这在当时的变革意义是十分巨大的。

同时，墨子还对天下大害的攻战提出了激烈批评，这就是"非攻"。"非攻"所反对的，只是侵略战争。它并不一般地反对战备和战争，而是明确地肯定战争的工具——武器的作用，非常强调战备，还直接地提倡正义的战争。墨子一生，为了止攻救守，奔波不息。

3. "节用"的经济思想

墨子经济思想的特色是重视生产、崇尚节俭。从人类必须依靠劳动生产才能生存的观点出发，墨子把生产状况的好坏、物质财富的丰乏提高成为内政、外交、军事等能否取得成功的前提。为了提高生产效率，墨子已经知道发挥劳动者的生产积极性和分工的重要，他还谈到了同一生产过程中内部的劳动分工以及体力劳动与脑力劳动的区别及联系，孟子的"劳心""劳力"思想实际上也发端于墨子。为了发展生产，他还非常重视劳动力以及人口的增加，成了中国历史上第一个系统地论述人口问题的思想家。墨子消费思想的总原则，就是"节用"，分而言之，为"节用""节葬""非乐"，这些观点一方面批评了儒家"厚葬""久丧""撞钟鸣鼓"等繁文缛节造成极大的浪费，另一方面他也针对"以人殉葬"等奴隶制恶习，当时

"天子杀殉,众者数百,寡者数十;将军大夫杀殉,众者数十,寡者数人"(《节葬》下)。但是,墨子"非乐",认为音乐不应该有,这是他思想中消极的方面。

4．"非命"的哲学思想

墨子的哲学思想,首先表现在主观性与客观性的关系问题上。他注重主观能动性,即"尚力",反对"宿命论"即"非命"。墨子认为,事在人为,无所谓命定,他否认有"宿命",并进一步分析了"命"这一观念产生的根源,就是平庸懒惰者用来推卸职罪的口实,他强调"尚力","赖其力则生,不赖其力则不生"(《非乐》上篇)。墨子虽然反对"宿命论",崇尚"人力",但他却肯定"天志""鬼神"的存在,并以之作为贯彻自己"兼爱"思想的最终保证。不过,墨子所谓的"天志"已不是指人格化的"天帝"的意志,而是指一种类似于"公民意志"之类的东西,它实际上成为衡量人的言行举止是善是恶的总标准。墨子设立"鬼神"的存在,既是为了给他的政治理想披上一件绝对权威的外衣,以利于为统治者所接受和贯彻。

墨子哲学思想的另一个重要组成部分是认识论。在认识论方面,墨子首先探讨了认识的起源,他认为判别是否具有认识的唯一标准是"耳目之实",也就是只有感官对客观外物发生了作用,才能有认识的发生。否则,"莫见莫闻",是不可能产生认识的。这是相当朴素的感觉论,具有鲜明的唯物论倾向。墨子又进一步说明了认识的结果必须与实际相符合的认识论原则,他要求把名与实联系起来,以其实定其名。最后,他就认识的标准问题提出了著名的"三表",也就是真理的三个标准。墨子在《非命》的上篇中说:"上本之于古者圣王之事;下原察百姓耳目之实;发之为刑政,观其中国家百姓之利。"意思就是说,一方面要考察历史上尧舜这样的圣王是否说过,是否符合古代的真理;另一方面要看是否符合老百姓的经验和感受;第三方面是将其用于治理国家,看看是否对国家百姓有利,是否具有社会效益。这就是说要从历史根据、现实经验和社会效益三方面予以判断。

墨子的思想在中国历史上产生了巨大的影响。墨子改革现实、尚贤使能、重视生产、强调节俭、讲求实效的治国方略,在后世以至今天,都发生过也还可以继续发生进步的作用。维护和平、反对侵略的"非攻"也仍然是今天国际关系的一个准则。他的道德思想充满劳动的气息,他本人的人格,大公无私、言行一致、劳身苦心、牺牲自我、强力从事、热诚救世、见义勇为的崇高精神,至今还闪耀着不朽的光芒。秦汉以后的所谓墨家亡绝,亡了的只是作为学派的墨家。墨家的精神则绵延不绝而未尝灭亡,在历代统治者的政策和学术思想以至民族精神中,都存在着它的积极影响。正如蔡尚思先生在《中国古代学术思想史论》中所说的:"墨子的大部分思想与精神,在中国思想文化史上是无比伟大的。中国出了一个墨子,是最值得中国人骄傲的!"

《公孙龙子》

《公孙龙子》是战国著名的名家大师公孙龙所著。公孙龙,字子秉,赵国人,约生于周显王四十四年(前325年),约卒于秦孝王元年(前250年)。公孙龙生活的时代大约在赵惠文王与赵孝成王之间。这个时代是赵国由盛而衰的时期。赵国通过赵武灵王的"胡服骑射",很快就兴盛起来,成为战国七雄之一。赵惠文王又重用廉颇、蔺相如,使赵国更加强大。但是此时,随着秦国势力的逐渐增长,赵国的地位也在逐渐下降,所以才有"完璧归赵"与"渑池相会"的事情发生。随着赵孝成王的"长平大败",赵国遭受致命的打击,此后,赵国每况愈下,败势不可逆转,灭国只是时间的问题了。公孙龙就生活在这样一个时代和这样一个国家里。他曾一度作为平原君的门客,并受到厚待。公孙龙并不是一个纯粹的思辨哲学家,他关心时政,并经常为平原君出谋划策。他曾出使燕国,说服燕王"偃兵",可见公孙龙在当时是相当善辩的,其辩才几乎到了天下无敌的地步。公孙龙生前煊赫一时,名声甚隆,在其周围聚集了不少"辩者",形成了名家学派。

公孙龙的著作原有14篇,但大半已经失散。现存《公孙龙子》一书,共有6篇。其中《迹府》一篇是后人编集的有关公孙龙的事迹。《白马论》《指物论》《通变论》《坚白论》《名实论》等5篇基本上是公孙龙的著作,是研究公孙龙哲学思想的主要思想资料。我们根据现有的资料,分别介绍一下他的政治思想、逻辑思想和哲学思想。

1. "以正名实而化天下"的政治思想

在战国中期,各诸侯国都进行了变法。由于当时人们的意识常常落后于变化了的存在,因而人们往往用旧观念来看待新出现的事物。于是,社会上便出现了不少"名(名称、概念)实(实际内容、实际事物)散乱"的现象。面对这种名实混乱的情况,公孙龙"疾名实之散乱",主张用"正名实"的办法来治理天下。他的口号是,"以名实而化天下"(《迹府篇》)。他认为,古代贤明的君王之所以能治理好社会,就是因为能够按照"审其名实,慎其所谓"办事。因此,他主张名实不能混乱,名实应当相符。他尤其主张当时君臣之间的等级名位不能弄乱,否则就会产生君臣混乱,国家不稳的状况。而只有君臣名位正,国家才能强大,国运才能长久。从这里可以看出,他是站在维护封建君权的立场上来说话的,因而对于巩固当时新兴地主阶级的统治是有利的,这是他思想在当时进步的一面。

当然,公孙龙的思想也有消极的一面。虽说公孙龙在诸侯国内要用"正名实"的办法来维护已经建立的封建秩序,这种主张具有一定的进步性。但是,他又主张在诸侯国之间实行偃兵的政策,即偃旗息鼓,不要打仗。这就是反对当时的统一战争,企图维护战国时代的那种封建割据的局面。很显然,在七国称雄,非用暴力战争不能统一中国的情况下,公孙龙的这种论调只能起到阻碍社会进步的作用。

2. "名应当实"的唯物主义逻辑思想

公孙龙的哲学思想和他政治思想一样,也具有两重性。一方面,为了维护诸侯国内的封建新秩序,他反对名实混乱的现象,主张按照以实定名的原则来"正名实",即主张抛弃当时的旧概念,而用新名称、新概念来反映新事物,巩固新秩序。这是符合当时社会发展要求的,因而,他的名实理论也具有明显的唯物主义倾向。另一方面,他又提倡"偃兵""兼爱",这就违背了社会发展的要求,脱离了实现全国统一的现实,因而他的哲学思想又陷入了唯心论和诡辩论。下面我们就从他的逻辑思想谈起。

公孙龙为了实现他"正名实而化天下"的政治主张,首先着重研究了逻辑学上的名与实的关系问题,《名实论》就是他这方面理论的代表作。《名实论》一开始就对"实"下了定义:"天地与其所产者,物也。物以物其所物,而不过焉,实也。"这就是说,凡是天地以及天地所产的一切东西,都是物。而那个物的实际的存在就叫作"实"。而"名"就是对实的称谓:"名,实谓也。"因此"名应当实",名必须与实相符,只有这样的用名才是正确的,就这一点来说,公孙龙的名实观在逻辑上是合理的。同时,在《名实论》中,他对"物"和"实"所下的定义还带有唯物主义的倾向。他认为"实"就是天地及天地所产的物的实际存在。这显然是把物当作客观的第一性的东西,而"名"则是第二性的东西。公孙龙主张以实为基础,来调整与实不符的概念和名称,从而克服当时社会上出现的"名实散乱"的现象;而孔丘所主张的则是以名为基础,使已经变化了的实际去符合旧有的概念和名称。公孙龙的《通变论》是《名实论》思想的进一步发挥。在《通变论》中,公孙龙强调在事物关系发生变化的情况下,名实关系仍然不能相乱,他举例说,牛和羊混合在一起,牛仍然是牛,羊仍然是羊,牛羊的名实不变,牛羊决不会因为混合在一起就能成为鸡或马的。

3．"白马非马""离坚白""物莫非指"的形而上学与唯心主义的哲学学说

《白马论》是公孙龙的一篇著名论文,他的诡辩论思想集中体现在这篇著作中。在文中,公孙龙遵循他的以实定名原则,认为白马的名只能称谓白马这一实,马的名只能称谓马这一实,白马与马这两者不论是名还是实,都不是一个东西。但是,在这里,公孙龙虽然看到了白马与马的差异性,但否认了白马与马之间的同一性,否认了概念之间的类属关系,即共名与别名之间的内包关系,否认了白马应该包括在马这一类中的事实,从而得出了"白马非马"的诡辩论结论。之所以如此,是因为他把特殊(白马)与一般(马)形而上学地加以割裂的缘故。当然,就提出特殊和一般这对范畴并加以论证这一点来说,公孙龙的思想在当时确实是一个创见,对人类认识史也是一个有益的贡献。

《坚白论》主要讲事物不同属性之间的关系问题。《指物论》主要讲事物本身究竟是怎样构成和怎样存在的问题。这两篇文章集中地反映了他对于客观世界的看法。"离坚白"是《坚白论》的一个主要命题。其中公孙龙首先分析了"坚"和"白"这两种石头的基本属性,他认为,"坚"这一属性是可以用手摸而眼看不到的,"白"这一属性是可以看到而用手摸不到的。然后,他便夸大了这两种属性的差异,否认它们的同一性,认为坚与白是两个独立存在的东西,不能同时存在于一个具体的事物——石头中。这样就是说事物的属性可以脱离事物而存在,坚与白就不是事物本身的属性而成为抽象的概念了。公孙龙又认为这些概念是可以独立隐藏的,这就在实际上承认了在现实世界之外,还有一个虚构潜在的概念世界的存在。从而,公孙龙哲学思想的客观唯心主义的实质便非常明显了。

《指物论》把"离坚白"思想进一步地系统化、理论化,并上升到哲学高度上来加以概括和阐释。《指物论》涉及了一个更根本的问题,就是什么是"物"的问题。公孙龙在《指物论》中抛弃了《名实论》中对物的定义,给"物"下了一个新的定义,叫作"物莫非指"。而"指"就是指独立于事物之外的共相属性,如白、坚这些概念。公孙龙认为具体存在着的事物,都是由各自独立存在的共相属性所组成的,如白石就是由白、坚等这些各自独立存在的共相属性所组成的,因此,他说"物莫非指"。同时他还指出,事物的共相属性、事物的共性,是不依赖于个性,不依赖于具体事物而独自潜藏着的,不仅如此,它还组成具体事物,这明显带有客观唯心主义的色彩。

从公孙龙的这个哲学思想来看,他的哲学一方面坚持了以名定实的唯物主义原则,另一方面又远离现实,专注概念的分析,从而陷入了诡辩与唯心论的泥潭。而他这种多元的客观唯心论,正是他安于封建割据状态这一政治要求的反映。

《韩非子》

《韩非子》是战国韩非等撰。韩非生年不详,卒于公元前233年。如果假定他的年龄小于荀子而与李斯相当,那么可以认为他约生于公元前281年。他是韩国的宗族公子,以国为氏,因而姓韩。韩非口吃,不善言辞,但他擅长写文章。他曾和李斯是同学,共同向荀子学习,李斯自己承认不如韩非。韩非身处战国末期,兼并战争频繁,而韩国作为一个小国弱国,

处在一片内忧外患中。在外,韩国横遭强邻侵凌,国土日削,濒于危亡之际,韩国一直臣服于强秦,才得以苟延残喘;在内,韩国的朝政也混乱不堪,韩王极其暗弱昏乱,以至于财利多者买官以为贵,有左右之交者请谒以为重。有功不赏,有罪不罚,完全是一派"亡国之风"。面对这样的局面,韩非多次上书规劝韩王实行法治,但都未被采纳。当时有一个叫堂溪公的老者说,行礼辞让、修行藏智是身全名遂之道,而设立法术度数以犯众怒是很危险的,劝他不要舍安全之道而行危险之路。但他却不以为然,而义正词严地表示"立法术,设度数,所以利民萌便众庶之道也",认为法术度数是有利于民众的一种手段,充分显示了其提倡法治的决心和信心。为宣传其政治主张,韩非写了十余万字的论文。秦王嬴政读了韩非的《孤愤》《五蠹》等著作后,赞叹说:"寡人得见此人与之游,死不恨矣!"当他从李斯口中得知文章的作者是韩非后,便马上命令进攻韩国,索取韩非。韩王只得派韩非出使秦国。但韩非到秦后并未受到信用,因为他敢于直谏,遭到了秦国大臣李斯和姚贾的谗害。秦王下令将韩非治罪。韩非想见秦王解释清楚,却没能得见。李斯派人送去毒药,逼迫韩非自杀。不久秦王后悔,下令赦免,而韩非已死于狱中了。

韩非的著作经其后学编次成《韩非子》一书。全书共有 50 篇,约 10.8 万字。《史记·老子韩非列传》说韩非"作《孤愤》、《五蠹》、《内外储》、《说林》、《说难》十余万言"。所提到的篇名,今本《韩非子》内都有,所说的字数与今本亦略相符。韩非的思想,丰富多彩,它涉及政法、哲学、社会、财经、军事、教育、文化等各个领域,但就其主体而论,则是他的政治思想。以下我们从 3 方面介绍一下:

1. 法。韩非所说的法,是一种"编著之图籍"的法律条令。可见,它首先是一种成文法,而不是一种习惯法,具有客观性和固定性。其次,它又是"布之于百姓"的公布法,而不是一种秘密法,是一种积极的防范措施,而不是一种消极的制裁手段。这些都是法制进步的表现。再次,它又是"著于官府"、行于臣民的"宪令"。可见,它是一种君主的统治工具,是一种专制法。君主有制定法律和依法治理臣民的权力,但绝不会受到法律的制裁,进一步提高了君主的地位,使他凌驾于群臣万民之上了。总之,韩非所说的法,具有这样的性质:它是成文的、公之于众的、用来治理臣民的。表面上,它是君臣万民共同遵守的行为准则;实际上,它不过是君主治国的工具,这就是韩非之法的真正实质。

法作为君主统治臣民的工具,主要包括德赏和刑罚两大方面。德赏用来奖赏守法有功的人,刑罚用来惩治犯法的人,它们是韩非之法的基本内容。法的制定应该考虑到以下几项原则:立法应考虑到它的功利性;立法必须因时制宜,适应时势的需要;必须统一,并保持一定的稳定性;法令必须适应于人的性情,容易了解,便于实行;法应该详尽明了;制定法律时,必须贯彻厚赏重罚的原则,使法律起到赏善罚恶的作用。以上这些都是制定法律时应当考虑到的原则,它极大地丰富了我国古典法制理论的宝库,但从韩非主张统治权、赏罚权都必须掌握在君主手中这一点来看,这立法权当然也是君主独掌了。这是他立法思想的一个缺憾。

立法重要,执法更重要。因此,韩非还特别论述了法的实施原则。首先他主张加强法制教育,明示法令,使法成为人们行动的准则。他甚至主张取消所有其他的教学内容,只上法律课,这种观点当然太偏颇,但是这对于加强民众的普法意识却是非常有益的。其次,韩非主张执法时对大臣和平民要一视同仁,赏罚分明,以维护法律的严肃性。除了君主以外,所有的臣民一旦触犯法律,都必须惩处。法治的可贵,就在于打破封建贵族的特权,它既反映了当时贵族势力的低落和平民地位的提高,同时也反映了人们平等意识的增长,这是人类文明的进步。再次,韩非认为执法必须严格审慎。他虽然主张厚赏重罚,但这不是没有节制和尺度的。在执法时绝不能任意妄为,既不能因为仁爱而有过不罚,无功受禄,也不能任意虐杀臣民。最后,韩非虽然反对儒家所谓的"仁义",但他并不完全否认道德教育的力量,他主张用"毁"和"誉"来辅助赏罚,就是用道德的力量来促进法治的实行。

2. 术。相对于法所具有的成文的、公开的、客观性和固定性的特点,韩非所谓的术就是不成文的、秘密的,是一种君主对臣下的统治手段,它比法要复杂得多。韩非认为在术中形名术是最重要的,形名术主要是考察臣下的言论和行动实绩是否相符,臣下的官职和政绩是否相符。这种形名术是考察群臣的一个较为公允的方法。赏罚是治国的必要工具,而形名术又是赏罚的必要工具,没有形名术,赏罚就会失当,国家就难以治理了。所以形名术既是术治最重要的一种,同时也是法治的基础。除了形名术外,韩非还论述了一系列的用人术,这包括严格把握用人标准,任用德才兼备的人;不论贵贱,以功受官;不听毁誉,以法择人;专职专任,责任明确;基层选拔,逐级提升;用人权必须为君主独掌。这些所谓的术,从积极方面来看,是帮助君主充分发挥群臣在政治中的作用,以加强行政效率,巩固统治;从消极方面看,防止君主统治权被篡夺的治臣止奸之术,是非常阴暗卑劣的,虽然这是当时政治的反映,但也不能不受到后人的非议。

3. 势。韩非所谓的"势"都是指统治权而言的,包括用人权、赏罚权等。他认为只有统治权掌握在手里才是真正的统治者,才能统治民众。而君主要做到这一点,必须注意以下几个方面:一是君主必须"独擅"权势,绝不可以把权势借给臣下使用。因为无论什么权落到臣子手中,对君主都是不利的。二是君主不可以与臣下分享权力。舵手多了要翻船,权力分掌,必然造成政治局面的混乱。三是要运用法治赏罚来巩固君主的权势。君主手中的权势包括赏罚权、执法权等,所以君主可以利用赏罚、法令来巩固自己的权势,如此往返,则君主的权势就至高无上了。四是要防止大臣篡权。

由此可见,韩非主张的法治、术治、势治的结合,就是为了达到君主专制独裁的目的。因为如果没有法,就没有一个统一的行为准则,赏罚就无所适从,术治就难以应付,国家就会混乱,君主的权势也就不能巩固。没有术,法就会被破坏,君主的权势就会被篡夺。而没有势,就是亡国,更无法谈法治和术治了。所以,只有法、术、势相依而治,才能建立起一种大一统的君主独裁统治,这在当时是符合时代要求的。

此外,《韩非子》具有很高的文学价值,它理应在我国古代文学史上占有重要的地位。韩文中那冷静切实的思考,精辟透彻的议论,峻急劲疾的气势,鞭辟入里的剖析,细密严谨的结构,气象万千的文体,喷薄而出的激情,酣畅传神的人物描写,机智诙谐的语言技巧,蔚为文学大观。这多方面的文学成就,不但形成了韩文深刻明切、严峻峭拔、雄伟森严、激越犀利、生动机智的基本风格,使它成为古代论说文中别具一格的楷模,从而对后世的各种散文体式,甚至骈文、笔记小说之类都产生了深远的影响。因此,可以说,《韩非子》不仅是我国思想宝库中的一部伟大的巨著,而且也是我国文学史上一颗璀璨的明珠。

第五章　心是菩提树　何处染尘埃

佛教最初产生于公元前 6 世纪印度的恒河流域,后来逐渐发展成一种世界性的宗教。一般认为,佛教最初是由中亚传入中国的,其确切年代已经很难稽考了。根据有关文献记载,一般都把佛教传入中国的时间定在两汉之际。

中国佛教有一个十分突出的特点,就是非常重视把佛教经典从梵文翻译成汉文。印度佛教之所以能在中国扎下根来,以至于在中国出现全新的佛教传说,这是一个重要的条件。中国早期佛典汉译事业主要由一些从西域地区来华的僧人主持,如东汉时的安世高、支谶,两晋时的竺法护、鸠摩罗什,南北朝时期的菩提流支和真谛等。与此同时,还出现了中国僧人去西域取经的现象。如曹魏时代的朱士行,东晋时的法显,唐朝的义净等人,而他们当中最杰出的代表,就是唐朝的玄奘。他主持的佛经翻译水平非常好,不仅系统全面地反映了当时印度佛学的全貌,文字也异常精审通达,同时还纠正了许多旧译中的错误,被后世称为“新译”。玄奘因此与鸠摩罗什、真谛、不空一起并称为中国佛教史上的四大翻译家。

佛教在中国的传播与发展并不仅仅是一种简单移植,它实际上也是一个再创造的过程。到了隋唐时期,由于社会经济的高度发达,佛教也得到了空前的发展。最为重要的是,在政府的大力扶持下,中国佛教界以强大的寺院经济为基础,逐渐形成了三论、天台、法相、华严、律、禅、净土等大的宗派,从而使中国佛教达到了最盛阶段。它们与印度佛教相比有许多不同的地方,尤其是天台宗、华严宗、净土宗和禅宗最具特色,可以说是中国化的佛教在理论和实践两个方面的代表。每一个宗派都拥有自己的佛经要典。

《华严经》

《华严经》,佛教经典,全称《大方广佛华严经》,另称《杂华经》。目前认为《华严经》的编集经历了很长时间,大约在公元 2—4 世纪中叶,最早流传于南印度,以后传播到西北印度和中印度。从后汉以来,此经的别行本在中国虽陆续译出不少,但它的传弘还不见兴盛。到了东晋佛驮跋陀罗的 60 卷本译出以后,此经才受到汉地佛教学人的重视,对它传诵、讲习乃至疏释的情形也渐行热烈。如最初参与此经译场的法业,曾亲承佛驮跋陀罗的口义而撰成《义记》2 卷;随后刘宋求那跋陀罗曾讲解此经多次,北齐玄畅更对此经随章逐句畅加。

1.《华严经》的翻译。大本《华严》的译出,在中国佛教史上说来,是一件有深远影响的大事。虽然已有支谶译的《兜沙》(一卷,出自《华严·如来名号品》)和之谦译的《菩萨本业》(一卷,出自《华严·净行品》和《十住品》)等经的问世,但是,这些卷帙很少的经本,只能算是大本《华严》的一些零篇断简,远远不足以反映大本《华严》的全貌。直到东晋的佛驮跋陀罗译出 60 卷本的《大方广佛华严经》,大本《华严》方才同中国佛教徒见面。

佛驮跋陀罗(359—429 年),是释迦族人,3 岁时父亲去世,5 岁丧母,少年出家,聪慧过人,“博学经教”,而以“禅律驰名”。“至年时期,与同学数人俱以习诵为业,众皆一月,贤一日诵毕,其师叹曰:‘贤一日敌三十天也’”。至关中后因与罗什门下的意见不合、风格各异而受到排斥。到庐山,与慧远一见如故。后又结识了刘裕,并受到刘裕的尊敬。

《华严经》汉译本有 3 种：①东晋佛陀跋陀罗译，60 卷 34 品，称《旧（晋）译华严》或《六十华严》。②唐实叉难陀译，80 卷 39 品，称《新译华严》或《八十华严》，自中唐以后，以新译华严经流传最广。③唐贞元中般若译，40 卷，称《四十华严》，为经中《入法界品》的别译，全名《大方广佛华严经入不思议解脱境界普贤行愿品》，简称为《普贤行愿品》。此外，传译该经中某一品或一部分的亦不少。从支娄迦谶译此经别行本《兜沙经》（《如来名号品》）开始，至唐时止，据法藏《华严经传记》所载，这类别行译本有 35 部之多。其中唐译《八十华严》品目完备，文义畅达，最流行。

2.《华严经》的义理。自中唐以后，以新译华严流传最广。此经以九会说法组合而成，称释迦初成佛后在菩提场、普光明殿、帝释天宫、夜摩天宫、兜率天宫、他化自在天宫等处说法，入三昧，显现神变，于海印定中显现佛果地无量无碍、庄严无比的境界，以因果缘起理实法界为宗，说菩萨以菩提心为因而修诸行，顿入佛地的因果，显示心性含摄无量、缘起无尽。此经主要发挥辗转一心、深入法界、无尽缘起的理论与普贤行愿的实践相一致的大乘瑜伽思想。汉译实叉难陀的 80 卷本，主要讲菩萨的十信、十住、十行、十回向、十地等法门行相和修行的感果差别，以及依此修行实践证得广大无量功德等，最后宣说诸菩萨依教证入清净法界、颂扬佛的功德海相等。中心内容是从"法性本净"的观点出发，进一步阐明法界诸法等一味，一即一切、一切即一、无尽缘起等理论。在修行实践上依据"三界唯心"的教义，强调解脱的关键是在心（阿赖耶识）上用功，指出依十地而辗转增胜的普贤愿行，最终能入佛地境界即清净法界。所提出的十方成佛和成佛必须经过种种十法阶次等思想，对大乘佛教理信旨的发展有很大影响。

此经的义理，为古今佛教学人所一致尊重。从南北朝以来，以判教著称的江南三家都将此经判为顿教，而以其他经典判为渐教或不定教。其时北方七家判教的步调虽参差不齐，但也把此经判为诸教中最高的圆教或顿教、真宗、法界宗等。此后隋吉藏立三转法轮，以此经为根本法轮；天台颢智立化仪四教，以此经列为顿教，又立化法四教，以此经列为别兼圆教；唐窥基立三时教，以此经为中道教；贤首宗师则以此经判为五教中的一乘圆教，或十宗中的圆明具德宗。都显示此经在佛教中向来被认为是最圆顿的经教。

关于《华严经》的教义，不做过多评述，这里只就《入法界品》中的一些有关情况，略作介绍，从中可以看出一些特点。

《入法界品》是《华严经》的最后一品。是全经的高潮，也是全经的归宿处，内容是：主人公善财童子，为了在现生之中能够完成菩萨行业，在文殊菩萨的指点之下，连续参访了 53 位（即所谓的"五十三参"）"善知识"（这里，"善知识"义近"导师"），从而达到了"一生取办""即身成佛"的目的。在这 53 位"善知识"中，男性 42 名，女性 11 名，他们之中，出家僧尼，只有 6 名（五僧一尼）。其余除了文殊、弥勒、普贤这 3 位"著名"的大菩萨和佛母摩夜夫人外，便是长者、居士、国王、天神等。

善财是一位"家内有五百宝器，盛满众宝"的豪富之子，这样一位富家子弟，要"发心"修行，祈求成佛。

3.《华严经》的流传。《华严经》在隋唐时弘传极盛，终于出现了专弘《华严经》教观的华严宗。7 世纪中，新罗僧人义湘来唐受学于智俨，回国后成为朝鲜华严宗初祖。8 世纪中，此经在日本已有流传，后有唐道睿东渡弘传《华严经》，为日本华严宗初祖。

关于此经古来传播的情形是这样的，相传佛灭度后，此经在印度曾经隐没，后龙树菩萨弘扬大乘,便将它流传于世。龙树还造出《大不思议论》十万偈以解释此经,现行汉译的《十住毗婆娑论》16卷,便是该论的一部分,为此经《十地品》中初二地的解说。在这以后,世亲菩萨也依此经《十地品》造出《十地经论》,发挥了《华严经》的要义,金刚军、坚慧、日成、释慧诸论师又各造出了《十地经论》的解释(日成、释慧两释现存有藏文译本),可以想见此经在古代印度曾经部分流行一时。至于全经在当时当地流传的情形不详。

4. 关于注疏。在印度有龙树的《大不思议论》(一部分汉译为《十住毗婆娑论》),此外有世亲的《十地经论》和金刚军、坚慧的《十地品释》等。中国的注疏甚多,最主要的有隋吉藏《华严经游意》1卷,杜顺《华严五教止观》1卷;唐智俨《华严搜玄记》10卷、《华严孔目章》4卷、《华严五十要问答》2卷,法藏《华严经探玄记》20卷、《华严经旨归》1卷、《华严经文义纲目》1卷、《华严经传记》5卷、《华严一乘教义分齐章》(又称《五教章》)4卷、《华严经问答》2卷、《华严策林》1卷、《华严经义海百门》1卷、《华严游心法界记》1卷、《修华严奥旨妄尽还原观》1卷,澄观《华严经疏》60卷、《华严经随疏演义钞》90卷、《华严法界玄镜》2卷、《华严心要尖门》1卷,宗密《华严原人论》1卷、《注华严法界观门》1卷、《注华严法界观科文》1卷、《华严心要法门注》1卷等。此外还有新罗元晓、太贤、表员等人的注疏。

《金刚经》

《金刚经》相传为佛弟子阿难听佛祖释迦牟尼说法,记述佛祖与须菩提的对话而成。

公元402年,中国佛教大师鸠摩罗什首次将《金刚经》翻译成汉文。以后,北魏菩提流支、南朝陈真谛、隋达摩笈多、唐玄奘、义净等人都先后翻译过此经。其中罗什译本流传最广。

鸠摩罗什(343—413年)祖籍印度,他的父亲属一婆罗门,为传播佛教来到西域龟兹,娶龟兹王妹生下罗什。罗什自幼聪明过人,7岁出家,遍学经籍,在西域享有盛誉。前秦王苻坚慕名而灭龟兹国,掳走罗什。后秦姚兴,深崇佛法,为罗什建长安逍遥园。罗什就此收徒译经,名震关中。一生译经35部294卷,是我国佛教的四大译经家之一。

《金刚经》是佛教最重要的一部经典,自一出现,就广为流传,影响深远。佛教各派竞相习诵此经,僧人讲经传法都以此经为本,甚至连目不识丁的老妇幼孺,都能背出部分或全部,我国历代封建统治阶级也对此经倍加推崇,唐玄宗将它和儒家的《孝经》、道家的《道德经》相提并论。明成祖编纂《金刚经集注》,敕令天下读诵奉行。

《金刚经》全称《金刚般若波罗蜜经》,又名《金刚能断般若波罗蜜经》或《能断金刚般若波罗蜜多经》。"能断金刚"喻此经中所阐发的真理如同金刚,无坚不摧,无往不利,"般若",意为"智慧";"波罗蜜多"原意为"到达彼岸",在此指佛教所说的解脱一切烦恼痛苦,达到自在自如的境界。经名总的含义是:以金刚不坏之志与大智慧而求乘度彼岸,解脱一切苦厄烦恼。

《金刚经》的认识系唯心主义二元论,其修行之法与目的在于悟入无余涅槃,度灭众生,就是心进入无偏颇、无限清寂的境界,化度入不生不死之地。

阅读《金刚经》,有必要弄清四相的含义。相,就是现象,事物。四相具体指的是我相、人相、众生相、寿者相。四相都是我相的不同表现。我相,是四相的总称。众生在因缘和合的生命体上,总是执有一个常恒不变的自我,因而总有一种强烈的自我感来支配着自己的思维和行动。由此产生"我爱""我见""我慢""我痴""我贪"。人相,我们的生命体以人的形式出现,就叫人相。人以万物之灵自居,又呈现各种形式,如男人、女人、黑人、白人、大人、小人。众生相,五蕴的假合构成生命体,依此众缘聚成生命体,就叫众生,众生随着业力的不同,构成各种各样的相,就是众生相。如:根据生命体的4种受生形式的不同,有胎生、卵生、湿生、化生各相;根据生命形式的五大种类,有天道、人道、鬼道、地狱道、畜生道各相。寿者相,有情随着业力所招感的一期生命,从生到死这个过程,称为寿者,一个人希望自己的生命体得以无穷无尽地延续下去,就叫寿者相。

阅读《金刚经》,也要明白它解决的是"心"的问题。即"降伏其心",就是"降伏内心中的烦恼因素",如何降伏心中的烦恼呢。《金刚经》告诉我们就要从悟解"空""无住"入手。"空"就是空幻、虚无;"无住"就是不执着。人处于纷纭世界中,执着于我又执着于法,因而起贪念、嗔念、痴念和种种烦恼,如果能以般若大智,通达空,不住于我相,人相、众生相、寿者相,不住色、声、香、味、触相,那么烦恼自然不生,其心自然降服。

另外,要了解什么是"发菩萨心"及"行菩萨道"。菩萨,并非佛殿中供奉的菩萨雕像,也并非神话小说中无所不能的神灵。梵语菩提萨埵,简称菩萨,汉文译为觉有情,是指已经觉悟而又能让人觉悟的有情的现实中的人。在佛教中是对大乘行者的称呼。做菩萨首要条件就是发菩提心。菩提心是发心形式之一,就是发广度众生之心,不为自己求安乐,但愿众生得离苦。广行六度四摄,圆成无上佛果。这样,发菩提心就要建立在无我的基础上,以慈悲为怀,这种慈悲叫作"无缘大慈,同体大悲",就是说对众生的帮助,不存在任何条件与关系。慈悲度人,所度不是一个两个,而是一切众生,而且救人救到底,不是暂时的局部的救,而是以根本解脱的无余涅槃去救拔众生。发菩提心之后,就要行菩萨道。菩萨道着重于利他,在利他中完善自己。其德行主要就是六度四摄。六度是指六种到达彼岸世界的方法,即布施、持戒、忍辱、精进、禅定、智慧。四摄是指四种令人受道的方法,即布施摄、爱语摄、利行摄、同事摄。布施摄指若有众生乐财则布施财、乐法则布施法,使因此生亲爱之心,依我受道。爱语摄指随众生根性而善言慰喻,使因此生亲爱之心,依我受道也。利行摄指起身噍善行利益众生,使因此生亲爱之心而受道。同事摄指以法眼见众生根性、随其所乐而分形示现,使同其所沾利益,由是受道也。

其次,要明白经中所阐述的"如何得见如来"。如来不以身相见。佛陀有三身:法身、报身、应身,法身才是真佛,报身、应身都是幻化。认识法身不是从色身去认识,但又不可离开色身,经曰:"如来者,即诸法如义。"就是说,如来以诸法真实相为身,如来真身遍及一切地方,只看是否具有认识的智慧。

再次,要了解《金刚经》所提倡的修行风格是以日常生活作为发起因缘。也就是说平常的穿衣吃饭睡觉都可修行。修行就是修正行为,在日常生活中表现为修正错误的思想、语言、行为。

然而,最重要的是我们要了解《金刚经》"如来实无说法"的真正含义。如来说法49年,《金刚经》本身就是说法,但经中却多次提到如来没有说法。究竟是何原因呢? 其实它所揭示的就是:诸法真实相,不可言说。但不说,众生就不会知道离言法性的存在。为令众生通达离言法性,不得已于无言中而起言说。众生不能仅从说法的言语中悟法,而要用心去证悟,去到达彼岸世界。而且不能用有所得的心,去执着任何一种相,起心着相,心就必然是妄心,相也必然是妄相。不着于相,然后才能悟佛。

布施时,要不住色生心,才能成就无限布施;不住色身相,才能见如来真身,不住福德相,方能成就无量福德。这就是《金刚经》的精要所在。总之,本经告诉我们:在度生时,不住我相、人相、众生相、寿者相,就能广度无量众。

《成唯识论》

玄奘(602—664 年),盛唐著名佛学家。中国佛教史上的四大译经师之一,俗姓陈,原名祎,洛州缑氏县游仙乡凤凰谷陈村(今河南偃师缑氏镇陈河村)人,出生于官宦之家,祖父陈康,曾做过北齐的国子博士,父亲陈惠,曾任隋朝的江陵县令,玄奘兄弟 4 人,他排行最末。5 岁时,母亲去世;10 岁时,父亲病死,第二年,随其二哥长捷同到净土寺。

玄奘自幼聪明好学,11 岁时能背诵《法华经》。隋炀帝末年,天下大乱,洛阳更加混乱,于是玄奘与长捷离开洛阳前往长安,在庄严寺向道基法师学习佛法。此后,二人到达蜀地听各高僧讲法。21 岁时,在成都受戒正式出家。接着,他又走出巴蜀,周游各地遍求佛法,沿路经过荆州、扬州,然后又从燕赵之地北上京城向道岳、法常、僧辩学习佛法。

贞观三年(629 年),玄奘踏上西去印度求法的漫长征程。他穿越西域几十个国家,历尽各种艰难险阻,终于到达印度最大的佛寺——那烂陀寺。玄奘在这里向住持戒贤学习瑜伽、顺理、显扬、对法等经论。5 年过后,又开始周游印度各佛寺学习佛法。在钵伐多国,他学习正量部的根本论、摄正法论、成实论等。在杖林山,他向胜军大师学习唯识抉择论、意义论和无畏论。此后回到那烂陀寺,向戒贤辞行回国。回国途中,受印度戒日王的邀请召开无遮大会,从而被认为是印度第一高僧。

贞观十九年,玄奘返回京城,受到僧俗各界隆重欢迎。玄奘从这时起致力于翻译佛经和弘扬佛法。他召集僧人,先译出《大菩萨经》20 多卷,接着又翻译了《显扬圣教论》20 卷、《大乘对法论》15 卷、《西域传》12 卷等。终其一生,共译佛经 73 部,1330 卷,约 1000 万字。

《成唯识论》是玄奘解释世亲大师的《唯识三十论》的论著,可说属于集注性质。它成为中国佛教唯识宗的最重要的经典之一,同时也是中国哲学史上的一部名著,一般认为是继承了印度大乘佛教的无着、世亲、护法 3 位大师的瑜伽一系的学说。据说玄奘编纂《成唯识论》就是以护法的注解本为底本,再参阅其他 9 家注解杂糅而成。其书逻辑严密、思辨精细、体系完备,主要论述了八识,即 8 种认识方法,形式上不分章,按篇幅大致相等的原则分为 10 卷。本篇导读,则要按其内容的逻辑结构,将原书分为 6 部分进行介绍。

1. 论破我执和法执:这是佛教理论关注的中心问题之一。众生由我执和法执而流转生死、轮回六道,由破我执和破法执而见道证道、成圣成佛。这一论在阐明造论宗旨,总体批判我执法执之后,进而对破我执和破法执分别进行论述。为理解此论,必须弄清一些主要范畴。

"我空"和"法空":这对范畴也称"人我空"(生空)和"法我空",又称"人无我"(众生无我),"法无我"。我空,是指所有人或所有众生都没有实在的自我;法空,是指一切事物都没有心之外的实在的本体。

"我执"和"法执":我执,是指对自我的执着。形式各种各样,印度外道的我执主要有 3 种,第一种是认为自我的主体始终不变,普遍存在,体积像虚空一般无量无边,能在各种地方造业并因而受苦或享乐;第二种是认为自我的主体虽始终不变,但体积不确定,能根据所进入的身躯的大小而有所收缩或舒张;第三种是认为自我的主体虽始终不变,但极其细微,如同一个物质基本单位,在身内暗中运转,做各种事,造各种业。此外,还有小乘学派 3 种我执。而所有我执，根据来源可分为两种，即"俱生我执"和"分别我执"。"俱生我执"是指不依赖外在力量，与生俱来，自然而然地生起的我执。它有连续的和间断的区别。"分别我执"指需依赖外部条件，要依靠错误的教义及错误的思辨而生起的我执。"分别我执"有两种：一是根据错误教义所说的五蕴的形相，生起心中的自我影像加以分别思量，将其执着为实在的自我；二是根据错误教义所说的自我的形相而生起心中自我影像加以分别思量，将其执着为实在的自我。对我执的破斥，基本观点就是没有实在的自我。既然实我不存在，就没必要"我执"。

法执：是指对外在事物的执着。外道各教派的法执多种多样，但根据其来源，大略有两种，即"俱生法执"和"分别法执"，俱生法执与各种生命形态共存，不依赖错误的教义及思辨，自然地无条件地生起，它也有连续的间断的之分。分别法执，是由外部条件的力量形成，要依赖各种错误的教义及思辨才能生起。它也有两种，一是根据错误教义所说的五蕴、十二处、十八界的形相，生起心中的影像而加以思量推测，将其执着为实在的事物；二是根据错误教义所说的事物本体等的形相，生起心中的影像加以思量推测，将其执着为实在的事物，对法执的破斥，基本观点就是没有实在的事物，既然实物不存在，就没必要"法执"。

2. 论第八识：第八识具有超经验的性质，它的名称很多，如，阿赖耶识、异熟识、一切种识等。第八识没有间断又始终变化。能够认识由它自己变化而来的3类对象，种子、众生的身体、身外的物质世界。第八识含藏了善、恶、无记性等各种事物的种子，佛教的修行就是要舍弃一切污染的种子，转染成净。本论除了说明第八识的名称、性质、功能以外还对它的存在进行了论证。理解本论，需理解"种子说"与"心识的结构说"。

种子，是一种比喻的说法，指第八识能生起现实中的各种事物的功能，种子是因果的载体，善恶活动在第八识中形成了自己的种子，这种子没有遇到合适条件时，就不断引生新种，因而随生随灭；遇到时，就能产生各种现实事物，而现实事物又不断形成自己的新种。这样，所有的因都能产生确定的果。

心识结构说：唯识的心识结构说是"四分说"，它认为，心识生起时，包括4种成分，相分、见分、自证分、证自证分。相分指识的认识物件；见分指识的认识作用；自证分是对见分的证知；证自证分是对自证分的证知。

3. 论第七识：这部分主要论述第七识的性质和存在。它也是一个超经验性的概念。第七识的名称是"意"，它的特性就是思量，还有烦恼心所、随烦恼心所，故其伦理性质属污染性，或说是"有覆无记性"。它也有认识作用，并且总是追随第八识。佛教修行就是要制伏和断除第七识的污染性，所以，修行到一定阶段，其污染性就能被制伏进而被断除。

4. 论前六识：本论简略说明了六识名称的由来、六识的作用、伦理性质以及六识的相应心所并论述了六识的活动与间断问题及其与八识之间的相互关系。

名称：根据六根（六种认识机制）的差异，六识名为眼识、耳识、鼻识、舌识、身识、意识；根据六境（6种认识对象）的差异，六识名为色识、声识、香识、味识、触识、法识。

作用：认识辨别六境。

心所：就是伴随心的活动而产生的心理活动或心理功能。心所的类别有6类51种，即遍行心所5种、别境心所5种、善心所11种、根本烦恼心所6种、随烦恼心所20种、不定心所4种。

5. 论一切唯识：本论详述唯识之理，它首先对3类识所变化的一切现象做了总结，进而依照唯识教义和理论唯的成立进行了论证,对于本论,需要弄清以下范畴。

五类唯识:唯识学将一切事物分为 5 类,识法、心所法、色法、心不相应行法、无为法。

四缘说:佛教认为一切事物都由"缘"而生起,唯识学认为缘有 4 种,即因缘、等无间缘、所缘缘、增上缘,因缘是事物生起的根本性、决定性的缘;等无间缘是事物得以延续的缘;所缘缘是心和心所的认识得以产生的缘;增上缘就是对事物的生起起帮助性作用的缘。

三自性三无性:三自性是指依他起性、遍计所执性、圆成实性。依他起性是指一切事都根据别的事物而生起,都由一定的缘而生起;遍计所执性是指对依他起的事物执着为具有实在的本体;圆成实性是指对一切事物远离遍计所执性如实地认识到其依他起的本性。三无性是以三自性为基础而相应建立的生无性、相无性、胜义无性。

6. 论修行证果:本论阐述唯识学的修行理论。修行理论是唯识学乃至一切佛教理论的归宿。唯识学的修行理论的特色是将修行分为 5 阶段,即资粮位、加行位、通达位、修习位、究竟位。资粮位是准备性的阶段,所做的修行主要是 6 种或 10 种波罗蜜多;加行位是为了见道而做出的有针对性的刻苦修行阶段,所做的修行工行主要是暖、顶、忍、世第一法;通达位是见道的阶段;修习位是为求功德圆满而继续修行的阶段,此阶段要修十胜行、断十重障、证十真如;修习阶段圆满,就进入究竟位,即佛果位,证行大涅槃和菩提二种转依果。

综上看来,《成唯识论》就是以其严密的逻辑思辨阐明唯识的基本意义:一切有为或无为的现象,或有独立主体的"实有",或无独立主体的"假有",都不离识,即"一切唯识"。

《坛经》

慧能(638—713 年),俗姓卢,唐朝著名佛学大师,禅宗六祖之一。他的身世各种记载不一,根据宋《僧传·慧能传》可见,其父原在范阳做官,大约在唐高祖武德年间,被贬到岭南新州(今广东新兴县),慧能出生不久,其父死于贬所,他由母亲抚养成人。长大后,以卖柴维持生活,赡养母亲,因而只字不识。后因偶然的机缘,他听人读诵《金刚经》,于是下定决心,不远千里从广东赶往湖北黄梅县,拜冯茂山弘忍禅师为师。

一天, 弘忍大师令众弟子作偈,大弟子神秀呈上偈语:

身是菩提树,心如明镜台。

时时勤拂拭,莫使有尘埃。

慧能得知后,请求别人代他写两首偈语:

菩提本无树,明镜亦非台,

佛性常清净,何处有尘埃。

——其一

心是菩提树,身为明镜台,

明镜本清净,何处染尘埃。

——其二

弘忍大师见后,心知慧能"根器",因而当夜秘密"传法"于慧能,并叫他带着袈裟连夜逃走。三日之后,弘忍大师仙化。

慧能从黄梅逃往岭南,混迹于农商渔猎之中长达 16 年之久,后来遇到南海大师印宗,因与大师弟子谈论风幡之动,而被大师认出。就此在印宗的主持下,慧能剃发、受戒。不久,慧能带领徒众到曹溪"开山"传教。

《坛经》是慧能弟子法海对其"传经"的记录本，现存最早版本为敦煌写本，书名全称是《南宗顿教最上大乘摩诃般若波罗蜜经六祖慧能大师于韶州大梵寺施法坛经》。全书朴质无华，不加修饰，仅有12 000多字。以后，唐代僧人慧昕（身世不详）改编《坛经》，书名为《六祖坛经》，分上、下两卷，共11门，约14 000字，据考证，惠昕本至少在慧能死后100多年才出现。

全书可分为8部分：

一、叙述慧能开堂说法的盛况

二、叙述慧能的身世经历

三、大梵寺"说法"内容。这是主体部分，慧能的基本思想、《坛经》的基本理论，都在其中

四、惠能弟子们的"问答机缘"，其中也说明《坛经》系禅宗"宗旨"，以及"南能北秀"与"顿渐"的意义

五、慧能对他的"十大弟子"宣讲"三科""三十六对"法门

六、慧能临终遗言

七、叙述慧能"入灭"时的各种"祥瑞"及安葬、立碑等情况

八、叙述《坛经》传承情况并再次强调坛经的重要意义

阅读《坛经》，首先要把握它的基本理论，即"无念为宗，无相为体，无住为本"。无念，具体说，就是"于一切境上不染名为无念；于自念上离境，不于法上生念"。也就是说，面对世俗世界而不受制于世俗世界，认识境界而不对境界产生爱着，所以"无念"绝不意味着"百无一念"，简言之，无念就是无妄念，无邪念，无杂念。无相，《坛经》解释说："无相者，于相而离相。"也就是说，无相就是不着于相。但《坛经》并非仅停留于心体状态层面上，而着重于它的应用。一切修为，它都以"无相"加以限定。如"无相戒""无相忏悔""无相偈"等。如此说来，"无相"就是修，"修"就以"无相"为体。无住，就是"心动"，就是不执着，《坛经》将这一观点概括为"无住者，为人本性"；"人的本性"就是"念念不住，前念今念后念，念念相续，无有断绝。若一断绝，法身即是离色身"。这里所说的"念念不住"宛如"意识流"，是人有生命的表现。而"法身"就是佛性，是常；"色身"就是人生，是无常。色身有灭，而法身常存。换言之，就是"形灭神不灭"。显然，所谓"无念为宗，无相为体，无住为本"都是主张主观认识上不要有任何的执着，情感上不要有任何的寄托和爱憎。由这一根本理论，《坛经》得出两个结论：①自性起念，就是见闻觉知，不染万境，而常自在。②自性法身，这实际是承认"神我"的存在。

其次，阅读《坛经》，还需要理解慧能的两大基本思想，即"真如缘起"论和"佛性"论。所谓"真如缘起"论，是世界观层面上的，慧能认为，精神是第一性的，本原的；物质是第二性的，派生的。而这个精神，并非一般的主体意识，而是超自然超时空的最高存在，它就是"真如"，也称法性、法界、实际等。"真"即真实，即最真实不虚；"如"即恒常，即永恒而无任何生灭、变易。只有它，才是最高存在，宇宙万物，所有一切，无不是"从此法界中所流出，所派生"。"真如缘起"，也就是说，以"真如"为"缘"（内因、根据）而生"起"世间的一切。所谓"佛性"论，这是解脱论层面上的，慧能认为："一切众生，皆有佛性，皆能成佛。""佛性"，就是成佛的根机，成佛的可能性。也可理解为佛的本性。

以上所述，可说是《坛经》全部理论和实践的最精炼的抽象，把握了它们，也就把握了

《坛经》的中心内容。

除此之外,阅读《坛经》,还需要弄清一些最基本的范畴。

(1)心、性——在《坛经》中,心、性时而分开用,时而对称用。字面看来,仿佛是两个东西,心是主体的,性的外延要宽广些。其实,心有真、妄之分;性,则多指真性。妄心是有生灭、有染净的。而作为第一性的、本原的、超时空、超自然的真心,是没有生灭,体本清净的。心、性,在一定意义上说,很像"佛性""真如",其实,就是一个东西在不同场合、不同角度的不同称谓。心(真心)、性是可互用的,两者没有截然区分。从心、性这对基本范畴中,又衍生出了"自心""自性"与"本心""本性"两对范畴。一般说来,自心、自性、本心、本性,都是说的真心、真性。它们是宇宙本体,最高存在,众生灵性,世界因之而有,诸佛因之而成。这些范畴,常常也可互用。因为慧能使用它们时,一向不很严格,信手拈来,随意而用。而且这些范畴本身就没什么严格的规定性。

(2)顿、渐——"顿"的提出并非始于慧能,"顿"是南宗禅的特有范畴,与传统的佛学范畴"渐"对立,指于一刹那间,悟透世界、我佛而成佛,"渐"指逐渐地不断地修行,慢慢积累佛理,看透世界,体验佛性而成佛。顿、渐是根本对立的。

顿包括的内涵非常丰富,它主张人人皆有佛性;不立文字,自性自度;反对坐禅,认为"行住坐卧皆道场"它高唱"自性清净,自修自行""自行佛性""自成佛道",其意义在于将向外的崇拜改为对内的自信,实现宗教由外向内的转变,将宗教信仰道德化,将世俗道德宗教信仰化。这种意义还在以下几方面有所表现:

①关于"三身佛"说:三身即"法身"(以"法"为身的佛身)、"报身"(指依"法"修行而成就的佛身)、"化身"(即"随机而现"的佛身,指"三界六道"各自见到的诸佛形象)。对于普通佛徒而言,他们都是神圣的,起教化作用的异己力量,成为外在的,或隐或现的膜拜对象。《坛经》则认为,此三身佛是人人生来就有的,只因为迷惑才见不到,因此,批判外觅诸佛。

②关于净土信仰:传统佛教认为,"常念阿弥陀佛,死后可往生西方净土"。《坛经》认为,"净土不在东西,而在自心的净与不净"。

③关于四大弘愿:传统佛教四大弘愿是"众生无边誓愿度,烦恼无边誓愿断,法门无边誓愿学,无上佛道誓愿成"。《坛经》也承袭这一观点,但它强调,众生"各于自身自性自度"以"自有本觉性,将正见度"。

④关于道德说教:《坛经》不限于一般地谈论智愚迷悟,出离生死,而充塞着许多善恶分别、正心悔罪之类的道德说教。它按照"一切万法尽在自身中"的唯识原理,认为善恶的起源与环境无关,而全在于个人的一念之间。这样,禅就成了一种却恶向善,除邪行正的法门。

但《坛经》在道德化原则的总的倾向中,还兼容着许多相互矛盾的观点。所以,杜继文、魏道儒先生在《中国禅宗通史》中说:"从禅宗总体看,《坛经》只是新旧佛教折衷的产物。在推倒外力崇拜,破除经典权威,从而确立自尊自信,自力解脱的原则方面,它是大胆的、激进的;而在重建祖师崇拜,另树别种经典权威方面,贯彻的依然是一条拘束人心、令人做奴的路线。它在宣扬'生死事大',教人鄙薄名利,超越是非时,显出某种飘逸洒脱;在诲人以止恶行善时,充塞着喋喋不休的道德说教,又表现得十足的拘谨和迂腐。在《坛经》的前后左右,都有一些更激进的禅系,也有一些更保守的派别,而中国禅宗的发展主流,始终在《坛经》这种折衷的框架中摆动,这就是它的价值所在。"

第六章　科技发明　造福人类

英国科学史家李约瑟指出：中国人在许多重要方面有一些科学技术发明，走在那些创造出著名的"希腊奇迹"的传奇式人物的前面，和拥有古代西方世界全部文化财富的阿拉伯人并驾齐驱，并在公元 3 世纪到 13 世纪之间保持一个西方所望尘莫及的科学知识水平①。在秦汉至宋元的千余年间，中国的科学技术曾长期处于世界领先地位。其中，中国的四大发明无疑是中华民族奉献给世界的伟大成果。与此同时，中华祖先们在其他各个领域都取得了全世界为之瞩目的成果，其科学的思想、精神、原理等又蕴藏在灿烂的科技典籍中。

《九章算术》

据《汉书·艺文志》记载，西汉末年就有《许商算术》26 卷、《杜忠算术》16 卷，可惜都已失传。1984 年考古工作者在湖北张家山西汉初年墓葬中发现了 7000 余字的《算数书》。《算数书》应该是我国最早的数学著作。除《算数书》外，在居延汉简，敦煌汉简中也有不少整数、分数的加减乘除运算的简文，反映了汉代数学知识的普及程度。从汉代至唐代的 1000 余年间，就产生了《周髀算经》《九章算术》《海岛算经》《五曹算经》《孙子算经》《夏侯阳算经》《张丘建算经》《五经算术》《缉古算经》《缀术》等 10 部数学名著。而集先秦以来数学成就之大成的著名数学著作是《九章算术》。

从现存的资料来看，《九章算术》不是一时一人之作，而是在秦汉时期经过许多人的整理、修改和补充，才逐渐发展完备起来的。全书由社会生产和生活中的 246 个应用数学题及其解法答案组成。共分九章：第一章"方田"，主要讲田地的平面形求面积法，以及分数四则算法。第二章"粟米"，主要讲各种谷物相互交易的比例计算方法。第三章"衰分"，主要讲如何按比例分配物资或税收的问题。第四章"少广"，主要讲开平方、开立方的计算方法。第五章"商功"，主要讲各种工程（城、垣、沟、堑、渠、仓、窖等）的体积的计算，以及工程所需土方、人力的计算。第六章"均输"，主要讲如何按人口、路途远近等条件合理安排各地的赋税以及分派工程等的计算方法。第七章"盈不足"，主要讲用假设法计算交易中的盈亏题，以及运用这一方法计算其他类型的完整解法。第八章"方程"，主要讲关于联立一次方程组的普遍解法。第九章"勾股"，主要讲勾股定理的应用和测量方面"高、深、广、远"问题的计算。

《九章算术》体例完整，包括了我们现在初等数学中的算术、代数以及几何大部分的内容，形成了颇具特色的体系。其中许多成就登上了当时世界数学的高峰，比如"方田"章提出了世界上最早最完整的分数四则运算法则，还提出了若干平面图形的面积公式，"粟米""衰分""均输"等章提出了比例、比例分配和配分方法，其比例算法"今有术"传到印度和西方后称为"三率法"，影响很大。"少广章"的开平方法、开立方法的程序，与现今基本一致。"商功章"提出了若干体积的正确公式及工程分配问题。"盈不足章"提出了盈不足、两盈和两不足，盈适足和不足适足 3 种基本方法，一般算术问题都可以通过两次假设化成盈不足问

---

① 李约瑟. 中国科学技术史［M］. 北京：科学出版社，1957：3.

题,传到阿拉伯和西方之后称为"双设法"或"万能算法"。中国古代"方程"指"线性方程组",现代含义不同。"方程章"提出的线性方程组解法是《九章算术》中最堪称道的成就,它用分离系数法表示方程,相当于现代的矩阵,其直除消元法的原理与现今相同,此章还提出了世界上最早的正负数加减法则。"勾股章"包括了若干解勾股问题和简单的测算问题,在世界上最早提出了勾股数通解公式。《九章算术》的许多成就登上了当时世界数学的高峰。

《九章算术》之后,中国古代数学著述主要采取两种形式,一是为《九章算术》作注,其佼佼者有刘徽(3世纪)、祖冲之父子(5世纪)、贾宪(11世纪)、杨辉(13世纪);一是以《九章算术》为楷模,按照《九章算术》的形式和风格,撰著新的数学著作,如《孙子算经》(5世纪)、《张丘建算经》(5世纪)、王孝通《缉古算经》(7世纪)、秦九韶《数书九章》(1247年)、李冶《测圆海镜》(1248年)、朱世杰《算学启蒙》(1299年)、《四元玉鑑》(1303年)。在这两方面都取得了极其重大的成就。《九章算术》确定了中国古代数学的基本框架,决定了以计算为中心的特点和数学理论密切联系实际的风格,奠定了此后中国数学在世界数学史上领先千余年的基础。

《九章算术》作为一部古代东方数学的代表作,有其鲜明的特色。一是十分重视实际问题的计算。该书所选的246道题,都是与国计民生、生产需要密切相关的应用题。如田亩面积的丈量与计算、粮谷的交易、分配问题、土木工程问题、输纳税赋问题、盈亏问题、勾股测量问题等,在解决实际问题及计算技术方面具有很高水平。二是数量关系与空间形式相结合。魏晋时期杰出数学家刘徽为《九章算术》作注,在刘徽注中,可以见到几何问题往往化为代数问题,而代数问题则往往用几何来解释。这些都显示出《九章算术》的光辉。

《历算全书》

《历算全书》,清梅文鼎作,魏荔彤辑。梅文鼎(1633—1721年),数学家、天文学家,字定九,号勿庵,宣州陵阳(今安徽宣城)人。他童年随塾师罗王宾修儒学,并从其父攻读《易经》,清顺治十六年(1659年)开始学习并对历算学产生比较浓厚的兴趣,一生沉醉其中。梅文鼎是在清初被誉为"历算第一名家"的民间天文学家。他以毕生精力从事天文学和数学的研究,殚思著述。根据梅文鼎撰写的《勿庵历算书目》统计,其中有关天文和数学的著述达到80余种。雍正年(1723年),魏荔彤将《梅花氏历算全书》刊刻问世,很快就传到日本。后来梅文鼎的孙子梅瑴嫌其校勘不精良,又组织族人编辑成《梅氏丛书辑要》,乾隆二十四年(1759年)出版。清代这两套书一再被重刊,并分别收入《四库全书》和《四库存目》中。除此外,梅文鼎著述还有很多,或为单行本,或为合刊本。

在《历算全书》中体现了梅文鼎的科学思想。他阐发西学要旨,表彰了中学精华,在天文学和数学上成就非凡。他的天文学著作颇多,内容丰富,有说明自己创制测量仪器的,有介绍当时人著作的,有评论《崇祯历书》的,还评论了中国历法的得失异同,有利于中国历法的融合贯通。另外梅文鼎还对中国古代的历法进行了推算,并做了详细说明,论述了一些重要的历法。

其次,梅文鼎的贡献更主要的在于数学。他的数学著作涉及初等数学的各个分支,比如代数、几何、算术、平面三角和球面三角等。《畴人传·梅文鼎》中说他"其论算之文务在显明,不辞劳拙;往往以平易之语解极难之法,浅近之言达至深之理,使读其书者不必详求而义可晓然。"意思是用简明的方法解答疑难的问题,行文浅显易懂,表达深刻的道理,读其书的人可以轻松理解其意。梅文鼎的数学著作多有创见,他利用我国古代传统的勾股算术证明了西方名著《几何原本》卷2到卷6的很多命题,用几何图形证明了余弦定理和4个正弦、余弦积化和差的公式,他认真思考,得出四等面体、八等面体、十二等面体、二十等面体的各种几何性质。康熙皇帝非常喜爱自然科学,曾经详细阅读了他的《历学疑问》,表彰了梅文鼎《历算全书》在天文、数学上的成就和高深造诣。梅文鼎小时学过《易》,对其中的"数"有独特的见解,认为"数"是实学,"虽居六艺之末,而为用甚巨。测天度地,非数不名;治赋理财,非数不核……"梅文鼎整理古算学,长于分析和总结,经过他的研究,往往三言两语,切中肯綮,千余年来纷乱的问题豁然开朗。比如《勾股举隅》仅仅1卷,篇幅短小,但将勾股问题概括为4种基本的元素:勾、股、弦、实,将此类问题解法综括无余。另外他还对方程问题很有研究,增强了方程的科学性和实用性。

在中西学术上,梅文鼎融会二者,从而有了新的认识。梅文鼎的思想中,传统的华夷偏见很少,不歧视洋人,也不奉洋人为神明,他能够以一个学者的态度,很诚挚地、惟善是从地衡量洋人的作用。《绩学堂文抄》卷一中有梅文鼎的话"治西法而仍尊中理者,北有薛南有王"。这里的"薛"指薛凤祚,"王"指王锡阐。王锡阐带着肯定的态度去批评了《崇祯历书》,这一点和梅文鼎有相同之处,因而梅文鼎很推崇他。《崇祯历书》是明末徐光启组织编辑的一部天文丛书,汇集了当时传入中国的西方天文学和数学方面的知识,并提出了"会通"的思想。因为在当时中西之争已经超出了学术范围,所以并没有多少中肯并有益的结论,《崇祯历书》的"会通"也仅仅局限于中西各种度量衡的转换上。真正的"会通"开始于梅文鼎、王锡阐等学者,梅文鼎认为"技取其长而理惟其是",认为科学研究是不应该分中西的。梅文鼎生前曾经计划写作《中西算学通》,正是有这种思想,他才能够"既贯通旧法,又兼精乎西学","会两家之异同,而一一究其指归"。这样促使明代以来的天文学和数学的进一步发展,又将移植过来的西学在中国这块大地上培育成长。

但是,就中西学的地位,梅文鼎有自己的看法。他提出"西学中源"说,即西学是发源于中学的。明清时期动荡不安的政治环境,让一些怀有强烈民族感情的知识分子由攻读经书转而读天文、地理等经世致用之学,以图匡复明朝并光复所谓的华夏文化。比如黄宗羲就在反清失败后漂浮在海上一边讲学一边注释《授时》《泰西》《回回》等历书。全祖望在《梨洲先生神道碑文》中讲黄宗羲"尝言勾股之术乃周公、商高之遗而后人失之使西人得以窃其传",这就是"西学中源"说的典型。一些学者的此类提法对梅文鼎有很大影响,他的《历学疑问》《历学疑问补》是天文领域中"西学中源"的集大成者。在论述中学与西学的异同上,认为西方天文学的许多论断都是出于中华典籍的。如"地球有寒暖五带之说"即《周髀算经》中的"七衡六间说";"地圆说"就是《黄帝内经·素问》中的"地之为下说"等。"西学中源"说在数学领域中的表现就是"几何即勾股论",在他的著作中不厌其烦的反复论述这一点。在《几何通论》中他说,"几何不言勾股,然其理亦勾股也",诸如此类的例子还相当多。就"西学中源"说而言,实际上是一种狭隘的民族主义的产物,它主观上虽有发扬中华文化、振奋民族精神的愿望,但论证方法和总结的结论很多是错误的。严敦杰曾经指出原因:一是当时的知识水平的限制;二是过分强调了中华文化的悠久,在学术上中国是大国。这种思想被后来的戴震、阮元等人加以发挥,成为复古主义的重要的思想武器,因而很不利于科学技术在近代中国的推广和传播。

《历算全书》数学著作14种,天文著作15种,雍正年间刊刻行世,《四库全书》本除收入梅文鼎著作外还有本书校补者杨作枚的数学著作一种。

中国古代的中医学也表现出令人难以置信的成熟。这种成熟性体现在两个方面：其一是以整体和综合观为特征的中医学理论体系的建构，以《黄帝内经》为代表。其二是中药学及本草学的丰富而发达，以《本草纲目》为代表。

《黄帝内经》

《汉书·艺文学》著录先秦迄于西汉的医学著作有 7 家 216 卷之多。但除《黄帝内经》之外，其他的都失传了。

《黄帝内经》是中国医学现存最早的经典理论著作。简称《内经》，包括《素问》《灵枢》两大部分。该书伪托是黄帝和他的臣子岐伯等人谈论医学的对话记录。关于它的作者和成书年代，历来争论颇大。但一般认为它的作者不止一人，成书年代是从战国到西汉前期，而主体内容的形成应是在战国时期，后来在传抄流布的过程中，又掺入了一些后人补撰的内容，并出现了多种不同的传本。《黄帝内经》的真正作者应是那些没有留下姓名的医家。

原书共 18 卷，其中有 9 卷名《素问》，81 篇。其传本又叫《黄帝素问》《黄帝内经素问》，书名最早见于《隋书·经籍志》，载为"黄帝素问，九卷"。《素问》的传本很多，现存较完善的是唐代王冰注、宋代林忆校正、孙正改误的《重广补注黄帝素问》。另外的 9 卷无书名，汉代、晋代的医家以"九卷"为书名，它的传本到 6 世纪前后已经有《针经》《九墟》《九灵》《灵枢》等不同书名，其中影响最大的是《针经》和《灵枢》；多数已经佚失。从南宋史崧氏将他家藏的《灵枢》9 卷重加校订而刊行后，《灵枢》的原文才基本定型，后世也称为《灵枢经》《黄帝内经灵枢》。到现在为止，在流传《素问》和《灵枢》的单行本的同时，更多的是两者的合刊本《黄帝内经》。

1.《素问》。"素问"按全元（人名）注释的说法是"素者，本也；问者，黄帝问岐伯也"，所以用它作书名。全书的内容非常丰富，它以中国古代哲学思想为指导，对以往的医疗经验进行了系统的理论总结，深入讨论了人的解剖、生理、病理和疾病的诊断、治疗，提出并阐述了中国医学的阴阳学说、五行学说、运气学说、养生学说、脏腑学说、经络学说、病因学说、病机学说，以及诊法、治法、针灸、方药等方面的理论，现行本为 24 卷 81 篇。

各卷主要内容为：卷 1，第 1 至 4 篇，论述养生、延年和不治已经病的而要在未病的时候治。卷 2，第 5 至 7 篇，论述阴阳的关系，主张养生、祛病都应该取法于阴阳。卷 3，第 8 至 11 篇，论述脏腑的生理和它的主要病况。卷 4，第 12 至 16 篇，论述治法，包括三因制宜以及针、砭、汤、酒、熨等方法。卷 5 至卷 6，第 17 至 20 篇，论述诊断的方法，包括望、闻、问、切 4 种，着重论述了关于脉诊的方法。卷 7 至卷 8，第 21 至 30 篇，论述五脏、经络、正邪的病因、病机及其病症的诊治。卷 9 至卷 13，第 31 至 49 篇，论述各种疾病的诊治，包括热病、疟病、厥病、腹中病、风病、痹病、痿病、奇病等。卷 14 至卷 18，第 50 至 65 篇，论述经络、穴位、经脉气血的病状及其针刺的手法、补泻和禁忌。卷 19 至卷 22，第 66 至 74 篇，是唐朝的王冰补入的 7 篇大论，论述运气的学说及其在医学上的运用。卷 23 至卷 24，第 75 至 81 篇，论述医道和医德，主张医生要知道天文、地理和人事，要疏远 5 种过失、力戒 4 种失误，以及临场诊治的注意事项。

2.《灵枢》。原书为 9 卷，81 篇。现行本为 12 卷，81 篇。"灵枢"的意思按照明代张景岳的说法，是"神灵之枢要，是谓灵枢"。全书内容广泛而丰富，论理概括精要，在基础理论、临床诊治方面与《素问》互为补充、各有所长；而在经络、针灸方面比《素问》更丰富、翔实，所以又有《针经》的称呼。它的核心理论是脏腑经络学说，论述的重点是经络、腧穴、营卫气血、针灸疗法，论述了自然事物运动变化的规律、人与自然的关系、人体生理、病因病机、诊断、治疗、养生以及医德和医学教育等方面的问题。

各卷主要内容分述如下：卷1至卷2，第1至9篇，论述九针的形制、十二原穴、五腧穴、根结穴，针刺方法包括九变刺、十二节刺、三刺、五刺等，针法补泻，熨法，脏腑病候及其与人的感情、意志的关系。卷3至卷4，第10至19篇，论述人体的经络，包括经脉、经别、经水、经筋，测定经络穴位的骨度、脉度，和营、卫、气、血、三焦所主。卷5，第20至28篇，论述五脏病、寒热病、癫狂、厥病、热病、周痹、杂病等的病候和刺法。卷6，第29至40篇，论述脏腑的解剖、色诊、不同体质的刺法、泻血，以及四海、五乱、阴阳清浊、逆顺肥瘦理论和胀病、癃病的针治。卷7，第41至47篇，论述阴阳对应十二月、五行与五腧，针刺之道，疾病传变，梦与疾病，五变病等。卷8，第48至56篇，论述脉诊、望疹、疼痛疾病、灸法补泻，以及人体的发育、要穴、禁刺等。卷9，第57至64篇，论述阴阳25种人体类型、动输、百病始生、病之逆顺、卫气失常、贼风、水肿病等。卷10至卷12，第65至81篇，论述人与自然的关系、五行所主、九宫八风、五人、尺肤诊法、卫气行、九针论、行针法、刺五节，以及上膈、无言、寒热、目不瞑、虐病、风病、眼疾、痈疽等大病的针治。

3.《黄帝内经》的成就。由《素问》和《灵枢》组成的《黄帝内经》是到秦汉为止的中国古代医学的集大成，是中国医学现存最古也最重要的经典著作。该书理论深刻，吸收、运用、发挥了中国古代哲学的唯物论和辩证法思想，包含了丰富的朴素系统论观点，奠定了中医学之不同于西医学的思想根基，因此，也可以说它是中国古代的一部重要的自然哲学著作。该书丰富的学术内容，系统而全面地总结了中国古代医学的临床经验和理论成就，引用和辑录了前人的几十种医学典籍和文献资料，提出并阐述了天人相应、解剖、生理、病理、诊断、治疗、养生、方药、针灸等学说，标志着中国医学理论体系的建立。2000年来中医学的发展就是从《黄帝内经》开始，并一直没有脱离它的理论体系，至今仍然是学习和研究中医学必读的最重要的参考文献。特别是其中有大量理论内容，临床应用十分有效的而现有的科学知识还难以做出说明的，正成为现代生命科学和人体科学研究的重要课题。

《黄帝内经》一书在古代就在亚洲地区广泛流传，日本、朝鲜、越南等国都把它作为主要的医学经典著作，有多种传本、刊本和大量的引录，对亚洲医学的发展做出了贡献。现在，世界范围内的医学界都在对它进行研究。

《黄帝内经》的读本。由于该书内容博大精深，医学术语很多。又涉及中国古典哲学天人合一的文化观念以及阴阳五行等思想学说，还与炼丹术等服食、养生等生活理念以及穴位、针灸等技术性的体系有密切的关联。因此，可以先读一些较好的注释本或翻译本，有必要还可参看一些中国古典哲学的相关研究，从文化背景上理解中医的独特医疗理念和方案。这里推荐几本：清代张志聪的《黄帝内经素问集注》《黄帝内经灵枢集注》，有清光绪十六年（1890年）浙江书局刻本；汪昂的《素问灵枢类纂约注》，有上海卫生出版社1958年本；程士德等著的《素问注释汇释》，有人民卫生出版社1982年本。

《本草纲目》

中华本草学走过了漫长的历程。成书于公元 1 世纪至 2 世纪的《神农本草经》,是中国现存最早的药物学专著。全书共收药物 365 种,书中把药物分为三品,无毒的称上品,为君;毒性小的称中品,为臣;剧毒的称下品,为佐使。该书对用药的基本理论进行了较详细的论述。

公元 659 年,唐高宗命苏敬等人编撰成中国最早的一部国家药典——《新修本草》。全书分 3 部分,本草 20 卷,目录 1 卷;本草图 25 卷,目录 1 卷;图经 7 卷,全书共 54 卷。本草部分除对前人记载的 400 多种药物进行考证外,还新增 114 种新药。本草图根据当时全国普查药物绘制的药物图形编辑而成。图经的主要内容则是记载图中药物的产地、形态鉴别、采集时间与炮灸方法等。在国外,意大利的佛罗伦萨药典颁行于 1498 年,著名的纽伦堡药典颁行于 1535 年,俄国的第一部药典颁行于 1778 年,均比中国晚了八九百年。

古代中药学发展到明代,达到了它的高峰,李时珍著成的《本草纲目》,成为划时代的鸿篇巨制。

李时珍(1518—1593 年)字东璧,晚年号濒湖山人,湖北蕲州(今属蕲春县)人。他出生于医学世家,又自幼体弱多病,因此从小就立志学医。13 岁参加科举考试,中了秀才。后 3 次乡试落第,放弃科举道路,专心于医药学的研究。40 岁时,因其高超医术受荐赴北京太医院任院判,一年后辞归。又曾到当时的楚王府任过医官。这两处的经历,使他有机会接触和阅读大量的医药学典籍,收集了丰富的资料。他发现古代医学典籍中虽成就辉煌,但也存在不少错误,便发誓要著一部更全面、更科学的本草学著作。经过近 30 年的呕心沥血,终于纂成《本草纲目》。一经刊行,风靡全国。

《本草纲目》全书共 52 卷,190 多万字。下分序例 2 卷、百病主治药 2 卷、水部 1 卷、火部 1 卷、土部 1 卷、金石部 4 卷、草部 10 卷、谷部 4 部、菜部 3 卷、果部 5 卷、木部 4 卷、服器 1 卷、虫部 4 卷、鳞部 2 卷、介部 2 卷、禽部 3 卷、兽部 2 卷、人部 1 卷。共收载各类药物 1892 种,绘有药图 1100 余幅,附有方剂 11 096 个。在编撰过程中,李时珍系统地总结了前人的药物学成就,参考了 800 余种文献资料。同时,他还亲自进行调查、考察、研究,在所收入的药物中,有 300 多种是他通过自己的搜集增补的。书中更订正了许多前人记述的错讹,大大提高了用药治病的准确性,减少了医疗事故的发生。

特别是李时珍在《本草纲目》中所建立起来的一套药物学分类方法,突破了传统的五行学说的范围,在当时世界处于领先地位。全书分为 16 部,60 类,以部为纲,以类为目。其中,植物药分草、谷、菜、果、木五部,草部下分山草、芳草、隰草、毒草、蔓草、水草、石草、苔、杂草等类,谷部下分麻麦稻、稷粟、菽豆、造酿等类,菜部下分荤辛、柔滑、蓏菜、水菜、芝栭等类,果部下分为五果、山果、夷果、味果、蓏、水果等类,木部下分香木、乔木、灌木、寓木、苞木、杂木等类。动物药分虫、鳞、介、禽、兽五部,虫部下分卵生、化生、湿生类,鳞部下分龙、蛇、鱼、无鳞鱼类,介部下分龟鳖、蚌蛤类,禽部下分水禽、原禽、山禽类,兽部下分畜、兽、鼠、寓怪类,还有人部。矿物药分水、火、土、金、玉、石等部。尤其是在植物的分类上,李时珍力求按照植物的形态、特征、生长环境和性能等自然属性来加以分类,相当系统、明确,比西方植物分类学的创始人、瑞典博物学家林耐(1707—1778 年)的《自然系统》一书早了 150 多年。

《本草纲目》一个最大的特点是将药物和临床实践紧密地结合起来，做到以病带药，以药带方。这与李时珍长期行医有直接关系。

李时珍的医学造诣很深，是一位出色的医学家。从基础理论到临床医学，他都在前人的基础上有所发展。比如在脉学方面，博采历代各家之长，对经义大加发挥，并著《濒湖脉学》《脉诀考证》；在经络学方面，他重新厘定了奇经八脉的循行途径，揭示了这8条经脉病机辩证的基本情况及规律，著《奇经八脉考》，使其成为中医学理论体系的组成部分；在脏腑学说方面，他对三焦、命门提出了自己的见解，著有《命门考》《命门三焦客难》，同时，他还提出了"脑为元神之府"，在中国首次认识到人脑主宰精神；在临床医学上，他还有不少发明，著有《濒湖医案》《濒湖集简方》等方书医案。这些方书医案为李时珍编纂《本草纲目》提供了坚实的科学基础。

《本草纲目》第3、4卷开辟有《百病主治药》一栏，将常见病分成诸风、痉风、项强、癫痫、卒厥、伤寒热病、瘟疫等177类，对每一类病列出治疗方法，并附上相关的药物。其中有些药方、药物至今仍有相当高的实用价值。

《本草纲目》大大丰富了世界医学宝库，先后译成日、朝、英、俄、拉丁、法、德等文字的版本，被称为"东方医学巨典"。

《齐民要术》

中国古代的农学体系是以《吕氏春秋》"上农"等4篇农学论文为发端，以西汉的《氾胜之书》及北魏时期的《齐民要术》为主体，从理论上和技术上概括了中国传统农业的特色，奠定了中国古代农学体系的基础。

《氾胜之书》为西汉农学家氾胜之所著，约完成于公元前1世纪后期。全书共18卷，此书总结了陕西关中一带的农事经验，发展了战国以来的农业科学，其中最重要的是论述了将作物种在低矮湿润的区域以保墒的区田法和在种子上粘一层粪壳作为种肥的溲种法。此外还论述了耕田法、种麦法、种瓜法、种瓠法、穗选法、调节稻田水温法、桑苗截干法等。这些都反映了当时农业生产的水平，可惜原书在宋代已亡佚，现从《齐民要术》《太平御览》中摘出有辑佚本。

《齐民要术》成书于公元533—544年间，它不仅是中国现存最早的一部完整的农书，也是世界农业科学宝库中的珍贵典籍。全书正文10卷，92篇，另有《自序》和《杂语》各1篇，约12万字，内容十分丰富。论述的范围包括谷类、饲料、纤维、油料、染料、香料、绿肥等大田作物，也写了瓜、果、蔬菜、水生植物、用材树木等果蔬草木，甚至连养猪、养鸡、制酱等农林副业也谈得很详细，形成了比较完备的农业科学体系。

作者贾思勰生活于公元5世纪末到6世纪中叶，曾任过北魏高阳（金山东青州）太守。由于文献记载缺乏，他的经历已无法查考。该书是他"采捃经传，爰及歌谣，询之老成，验之行事"而写成。引述文献达155种。其中经部30种，史部65种，子部41种，集部19种。最主要的是《诗经》《管子》《周礼》《周记》《尔雅》《孟子》《吕氏春秋》《淮南子》《史记》《汉书》《纬书》《氾胜之书》《政论》《四民月令》《方言》《广志》《神农本草》《吴氏本草》《食经》《陶朱公养鱼经》等，同时收集有农谚歌谣30多条。

《齐民要术》还包含有贾思勰调查访问所得和亲身实践的经验。

贾思勰虚心访求有经验的老农，将他们世世代代传承下来的耕作经验收集、整理成文字材料。贾思勰虽重视经验,但不迷信经验,强调亲身实验的重要意义。他说:"余昔有羊二百口,茭豆既少,无以饲。一岁之中,饿死过半;假有在者,疥、瘦、羸、弊,与死不殊;毛复浅短,全无润泽。余初谓家自不宜,又疑岁道疫病。乃饥饿所致,无他故也。"(《齐民要术》卷6)

从农业典籍和生产经验的搜集、整理和研究中,贾思勰认识到,气候有一年四季的变化,土壤有温、寒、燥、湿、肥、瘠之分,农作物的生活和生长既有其自身的规律,又因时因地而各有所宜,要获得农业生产的好收成,就必须了解农作物的生活规律和所需的生活条件,顺应其生长的要求。他继承了中国农学注重天时、地利和人力三要素的思想,特别强调"顺天时,量地利,则用力少而成功多。任情返道,劳而无获"。(《种谷第二》)

所谓"顺天时",就是要因时制宜。他把农业操作时间,按照不同的作物分为上、中、下三时。如种谷子,二月上旬是上时,三月上旬是中时,四月上旬是下时。他说,"春生、夏长、秋收、冬藏,四时不可易也"(《齐民要术》卷1)。所谓"量地利"就是因地制宜。贾思勰认为,不同的土地环境制约着不同的农业生产。就土壤而言,不同性质的土地便生长出不同的农作物。就农作物而论,不同的作物对土地的要求也不同,不同的农作物对土地的肥、瘦、酸、碱的要求也不同。除了天时、地利之外,农业生产主要还是依靠人力。在他看来,只要充分发挥人的主观能动性,并借助于天时、地利,方可获得农业丰收。他说,在相同的天时、地利的条件下,"多锄则绕子,不锄则无实"(《齐民要术》卷2)贾思勰的这种把天时、地利、人力有机地结合起来,强调因时制宜,因地制宜,精耕细作,合理经营的思想,对后世农业生产有着极其深刻的影响。

《齐民要术》的记述非常丰富。有各种土壤的经营方法,旱地保墒技术、选种、种子处理、保持和提高地力、无性繁殖嫁接法、加工食物方法、饲养牲畜的措施、种禽的培养等,有些记载在世界上也是最早的。如在《齐民要术·种葵第十七》中写道:"若竟冬无雪,腊月中汲井水普浇,悉令彻泽。""彻泽"就是浇透的意思。这里对冬灌的作用已经认识得非常清楚。《齐民要术》也是世界上现存最早详细记载有关农作物轮作的著作。贾思勰在书中对农作物的不同轮作方式进行了比较,特别强调了以豆保谷,养地和利用地相结合的豆类谷类作物轮作制。书中写道,"凡谷田,绿豆,小豆底为上"。"凡黍穄田,新开荒为上,大豆底为次,谷底为下"。书中还分析说明了轮作可以防止地力递减,减少植物的病虫害,防止作物生长良莠不齐和消灭杂草等。这些论述和记载在世界上都是最早的。在国外,到18世纪30年代,英国才有作物轮作制的实践和记载,比中国晚了1200多年。

《天工开物》

《天工开物》是世界上最早、影响最大的工艺百科全书,明末清初著名科学家宋应星所著,全书分18卷,对300多年前中国劳动人民的生产实践经验做了科学的概括和比较全面的总结。书中详细说明了每一种手工业的全部生产过程和工序,图文并茂,在世界科学技术史上占有重要的地位。

宋应星(1587—1665年),字长庚,江西奉新县人。因屡试不第,独自步上实学之路。历时30多年,足迹遍布大半个中国,四处拜访农工,经过反复的观察、揣摩、实验,终于著成不朽的世界名著——《天工开物》。

《天工开物》的内容,主要是农业和手工业。第1卷"乃粒",载稻、麦、粱、粟、胡麻(芝麻)和菽(豆类)等的种植技术、农具以及灌溉机械的用法,插图15幅;第2卷"乃服",记录养蚕、缫丝、种棉、植麻的方法和纺织技术,插图19幅;第3卷"彰施",叙述诸色质料、蓝淀、红花、造红花饼法、燕脂、槐花;第4卷"粹精",记录稻、麦、黍、稷、粟、高粱、芝麻、豆类等粮食加工提取精粹部分的方法,插图22幅;第5卷"作咸",记载海水盐、池盐、井盐、末盐、崖盐的生产技术,插图14幅;第6卷"甘嗜",介绍甘蔗、制糖、养蜂和谷物的方法,插图2幅;第7卷"陶埏",载述瓦、砖、罂瓮、白瓷、青瓷、窑变、回青等的生产技术,插图12幅;第8卷"冶铸",谈钟、鼎、锅、钱、铜镜、佛像的铸造和修补工艺,插图7幅;第9卷"舟车",记载舟、漕航、海舟、杂舟的制造工艺与驾驶技术,插图5幅;第10卷"锤锻",讲冶铁、斤斧、锄镈、锉、锥、锯、刨、凿、锚、针、冶铜的生产技术,插图3幅;第11卷"燔石",述说烧炼石灰、蛎灰、矾石、硫黄、砒石及采煤炭的技术,插图6幅;第12卷"膏液",谈石油、灯油及制烛用油的生产技术,插图3幅;第13卷"杀青",讲纸料及造竹纸、造皮纸的生产技术,插图5幅;第14卷"五金",记载金、银、铜、铁等各种金属的开采和冶炼技术,插图3幅;第15卷"佳兵",讲制造弓、弩、箭、干(盾牌)、火药、火器的技术,插图11幅;第16卷"丹青",讲朱砂、烟墨的生产技术,插图6幅;第17卷"曲蘖",讲酿酒的技术,插图2幅;第18卷"珠玉",阐述采集和加工珍珠、玉石、玛瑙、水晶、玻璃的生产技术,插图7幅。书中除个别章节引用前人著述外,绝大部分内容都是宋应星在南北各地进行实地调查的资料。

在叙述生产过程及具体工艺技术的同时,宋应星还"穷究试验",力图给予理论性的解释。该书对有关农作物的生长、生产技术、劳动工具的记载相当详尽。他谈到,水稻秧生30天必须分栽,否则就会长老生节,即使栽种成活,也会减产;水稻失水就会变成旱稻,可以在高山上栽插;陕洛地区种地前,如先用砒霜伴种子,可以防止病虫害,以石灰中和酸性土壤,利用人工杂交培养新蚕种等等,同时还注意到了土壤、气候、栽种方法对农作物品种的影响。

对手工业生产的丰富记载,成为该书的重要成就,也是影响后世的主要方面。如"粹精"卷中记述的水碓,以水力为能源,通过立式主轴带动各机件,同时具有灌田、脱粒和磨面3种功能,为当时世界上先进的农业机械。"五金"卷中记述了生熟铁冶炼法,该法把冶炼生铁和熟铁的设备串联在一起,使所炼的生铁液直接流入炒铁炉,炼成熟铁。这种连续作业的冶炼方法,降低了成本和炒铁时间,提高了工效,为当时世界上最先进的熟铁冶炼工艺。

《天工开物》也是世界上最早记载铜合金冶炼法的书。在"五金·铜"卷中详细记载了多种铜合金冶炼法,如赤铜是"凡铜供世用,出山与出炉,止有赤铜";黄铜是"以炉甘石与倭铅掺和";白铜是"以砒霜等药制炼";青铜用"矾、硝等制炼";响铜以"广锡掺和";铸铜以"倭铅和写(泻)"。而关于炉甘石提炼金属锌(倭铅)的记述,以及所附的"升炼倭铅图",是中国乃至世界上最早的炼锌记述,表明中国是世界上最早提炼出金属锌的国家。

在"甘嗜"卷中,详细记载了甘蔗由栽培到制糖的流程及设备,其中用石灰澄清法处理蔗汁的工艺,在当今仍是世界公认的最经济的方法,其原理是用石灰中和蔗汁的酸性并除去杂质。

在"彰施"卷中,详细记载了用蓝草制取蓝靛的方法,"刈蓝倒竖于坑中,下水""用石或木压住,使其尽于水中""热时一宿,冷时两宿",然后过滤,把滤液瓮中,"率十石瓮著石灰一斗五升""急手抨之",待溶解在水中的靛甙和空气中的氧气化合后产生沉淀,再"澄清得去水",另选一"小坑贮蓝靛",水蒸发后,盛到容器中,形状"如强粥"的便是蓝靛。这是关于蓝靛制备工艺的最早记载。

总之,《天工开物》的问世,对世界科技产生了重大影响。先后被译成日文、德文、俄文、意大利文、法文。英国李约瑟博士称赞宋应星为"中国的狄德罗"。

《梦溪笔谈》

《梦溪笔谈》,宋沈括作,26 卷,又有《补笔谈》3 卷,《续笔谈》1 卷。因写于润州(今江苏镇江)而得名。沈括(1031—1095 年),字存中,浙江钱塘(今杭州)人。他的父亲是个中级循吏,母亲苏州许氏,知书达礼,对沈括都有不小的影响。沈括生活的年代,正是北宋中期阶级矛盾和民族矛盾日益激烈的时期,国家逐渐出现"积贫积弱"的局面。为改变这种状况,沈括积极参加了王安石的变法活动,同时积极从事科学研究。直到晚年被贬谪到宣州(今安徽宣城)、延州(今陕西延安)、随州(今湖北随州)和秀州(今浙江嘉兴)等地时,他始终没有动摇对改变国家贫弱局面和坚持科学活动的坚定信念。

沈括在学术上有很高的成就,在政治上也是功绩卓著,比如熙宁七年(1074 年),沈括对辽人无理的领土要求,予以义正词严的争辩,使辽人不能坚持妄为,诸如此类的事例还有不少。

晚年沈括居住在润州,其田园曰"梦溪园",隐居 8 年后去世,在此期间完成了《梦溪笔谈》等著作。《梦溪笔谈》是"中国整部古代科学史上的坐标",书分为故事、辨证、乐律、象数、人事、官政、权智、艺文、书画、技艺、器用、神奇、异事、谬误、讽谑、杂志、药议等 17 个类别,内容涉及范围异常广泛,有历史数据、人物传记、朝章制度、考试制度,还有哲学、音乐、绘画、书法,以及生活中的各个剖面无所不谈,但最主要的,大约占全书⅓的是关于自然科学、工程技术的记载,并做一些描写和理论上的探索。

在数学方面,《梦溪笔谈》第 30 条写的隙积术是《九章算术》中"刍童术"的发展,与后世西方的"积弹"问题相当。沈括这里所论述的"隙积术",同时提到了"会圆术",他自己认为是"皆造微之术,古书所不到者",清代阮元(《畴人传》第 20 卷)也认为"隙积、会圆二术,补《九章》之未及"。隙积术是解决堆垛体积的计算问题,实际上是一个高等差级数求和问题。在沈括以前,就有诸如《九章算术》等提到等差级数的问题,但此后五六百年间并无进展。直到沈括隙积术的出现,才把等差级数求和提高到高阶等差级数求和,这是他的重要贡献之一。

天文学方面《梦溪笔谈》记载的更加精彩,沈括本人对天文学颇有研究,甚有创见,在整部书中有 22 条之多关于天文历法的记载。卷 7《"辰"释》对"辰"的解说,表明了我国古代天文历算的发达,人们很早就知道用星象来确定四季,一些星象被称为"辰",而且随着天文学的发展,"辰"的意义不断扩大,沈括就对"辰"进行了科学合理的解释,对当时和后代人理解天文古籍资料很有帮助。再如《极星位置之确定》,沈括观测极星的位置,精密地确定天极,对天文观测和研究有启发意义。为了测出极星的位置,他放大窥管(观测用的工具),连续 3 日,每夜 3 次,并绘制了 200 多张观测图,这种探索的精神非常可贵。但是由于当时几何学的不发达,他将极星距离天极的度数错误的定成真值的二倍;后来苏颂在《新仪象法要》中予以驳正。再次,沈括以十二气历废除了阴阳合历中的置闰的方法,既简便容易计算,又有利于安排农事。

《梦溪笔谈》在生物学和医学上也取得了重大的成就。对医药和药理作用、人体解剖生理学等方面都做了忠实的记录,加之十分仔细的甄别工作,纠正了以前不少《本草纲目》中的错误记载,清代本草学家赵学敏高度评价道:"存中所言,则似的实可据。"《脏腑》中驳斥了当时非常流行的对人体生理的错误看法,并深入论述了人体内脏的消化、分解、吸收物质的原理,认为人体吸收的是食物的精华气味,虽然他对人体解剖生理的认识不太清楚,无法将五脏的相互关系进行确切的说明,但已经相当接近现代的认识。另外还有关于采撷草药的方法,对地形、植物种性、气温、土壤等各种因素的记载,沈括把这些因素对植物生长发育的影响都进行了论述,是重要的植物生理生态学、药材学和古代物候学的珍贵文献。

在工程技术学上,非常重要的一点是记载了关于活字印刷术的详细资料,宋代毕昇发明的活字印刷术是我国印刷术的重大突破,它既能节省费用,又可以缩短时间,不仅在我国,在世界印刷史上也是一个伟大的创举。沈括的记载,是至今所知最早的一篇关于活字印刷术的文献,而且对工艺流程有详细的叙述,非常宝贵。

当然除了以上所说的外,还有关于物理、化学、地学等记载,沈括在科学技术史上的超群卓识和重要贡献,反映了他进步的科学史观,另外他又专注观察、勤于思考,所以走在了当时科学技术领域的前面。

《梦溪笔谈》在社会科学领域同样取得了不菲的成就。比如关于历史地理学,通过古籍间的反复排比,驳斥了"云梦之泽在江南"的论断,提出"江南为梦,江北为云"的观点,这些反映了沈括在历史学方面的深厚才学,精当见识。记载的历史数据方面,贡献不小。比如对四川爆发的王小波、李顺起义,敢于揭露官书及其他文人记录的歪曲,给王小波等以公允的评论。再如对精通天文历算的专家卫朴,就多次提到,为后人认识这一奇才提供了第一手材料,充实了史书的缺漏。再者,就书法、乐律等艺术成就也有所反映,沈括不是简单地记录,而且有自己得当的评价,从历史沿革的角度分析并保存了艺术的瑰宝。

《梦溪笔谈》中也有些不当甚至错误的记载,但毕竟瑕不掩瑜,它在自然科学技术方面的贡献是我国科学史上的宝贵遗产,因此成书后就有刊刻流传。现在所传各种版本的《梦溪笔谈》是从南宋乾道二年(1166年)扬州州学刻本而来,北京国家图书馆存有元代大德九年(1305年)的一种翻刻本,刻印精致,书品俱佳。完整的《梦溪笔谈》共30卷,有1957年中华书局校注的版本。

《物理小识》

方以智撰写,共12卷。方以智,字密之,号曼公,明末清初思想家、科学家。明神宗万历三十九年(1611年)10月诞生于安徽桐城县一个官宦儒学世家,崇祯年间进士,被授予翰林院检讨。晚年出家为僧,名大智,字无可,号弘智、极丸老人等。方以智对于天文、地理、物理、生物、医药、历史、文学、音训等都有研究,并且接受了西方的自然科学知识,他提出了"宙轮于宇"和"合二而一"的命题。

《物理小识》是一部科技著作,卷首是总卷,正文分为15大门类,包括天类、历类、风雷雨类、地类、占候类、医药类、饮食类、衣服类、金石类、器用类、草木类、禽兽类等。

方以智非常重视实学,讲究经世致用。正是在"必重实学"的基础上,方以智精通古今中外知识,并逐渐形成了博大的思想体系,他的贡献在于:提出了自然科学与哲学"质测通几"的理论和在此理论指导下的学术实践活动。

比较能反映方以智"质测"理论的代表著作为《物理小识》和《通雅》。《物理小识》大约与《通雅》先后同时完成,全书所记数千条,几乎每条都与日常生活有关,都是有使用价值的。《物理小识》包括了天文、地理、算学、医学、声音等方面的科学知识,记录并总结了我国劳动人民许多先进的生产技术,批判地吸收并介绍当时引入中国的一些西方科学技术知识,广征博引,证诸见闻,成为具有时代特色的科学技术成果的总汇集。尤其重要的是,这部"质测"学术著作比较集中地反映了方以智逃禅之前的唯物主义世界观。

《物理小识》在天文学方面的成就。方以智批判了当时西方流行的上帝创世说,吸取西方地圆等理论和测算日月五星的空间位置等技术,并纠正了中国传统的天学理论中的错误。卷1《历类》中认为"地体之圆,在天之中",并有"九天"的天体构造理论,虽然不是正确的,但他所介绍的九天与地的距限、九天各自自转的周数等数据还是值得认可的。方以智的著作还反映了诸如日视差和蒙视差的视位置问题,黄道坐标和赤道的测量及计算问题,还有日月五星的视位置问题等,他的重要结论是:没有绝对静止的天。讲"九天"并非有什么"天主"居住,而是以定算称名的,他的睿智的理论批判了来华传教士赖以安身立命的创世说教,显示了无神论者的智慧。

在医药学方面,《物理小识·医药类》中有很多医理方面的知识,方以智研究医药学,其目的就是为了"协艺济人",能够疗病,再次是他本人"好究物理",对此有浓厚的兴趣。方以智以个人的习医经验和心得,搜集了很多中草药,记录了为数不少的药方。卷4《医药类》反映了综合贯通的特征;卷3《人身类》认为人是秉自然之气而形成的,并非天主所造,说"形者,精气之所为也"。方以智指出:人身的骨骼筋络,都是"有为而生",和自然界一样,人身是一个完整的小系统,一个独立的小天地。同时方以智还大量引用西方人关于人体的构造、血液循环等知识,并从《内经》中以阴阳五说和气功、针灸等角度来反观西人关于"心、脑与肝"是人身"三贵"的观点,实际上指出了大脑是人的思维器官。方以智的关于"脑髓"的理论从医学上和哲学上突破了数千年"心主神明"的传统观念,是自然科学史上的一大贡献。

在历算学上也有很多成就,比如方以智对中国历法进行了比较研究,关于历算大多论及岁差、日月食、历法等,都是当时修历过程中非常主要的问题。而且,方以智保持了清醒的头脑,比如在《历类》中对西方的推步测量就不盲从,经常提问,揭露它的内部矛盾。如:"问开辟纪年,有纪乎?……太西曰:开辟至伏羲元年甲辰,一千七百四十年。彼以一树证之,安知此树何年生乎?"西学对开天辟地到伏羲间的推算,毫无科学事实根据,很不可信,方以智能够独立思考,发现西学的矛盾之处,非常可贵。

《物理小识》在物理、化学方面同样取得了高水平的成就。卷7《金石类》、卷8《器用类》等,保存了古代先进的技术,也反映了当时物理学、化学应用于生产的情况。《物理小识》中还有不少西方奇器技巧的记载,方以智对所接触到的西方奇器,往往给予肯定的评价。这些介绍令人们开阔了视野,加深了对西学的认识,对于促进中国传统工艺改革大有裨益。在金石器物方面,对金的种类、金的冶炼和识别以及铜、银等矿石的性能,炼造方法都有详细的记录。其中有一条可贵的资料,就是我国广东新会发掘的炼铁遗址,发现了用作原料的焦炭,大概是南宋咸淳六年(1270年),这是最早的记录,比西方烧焦年代(大概在1771年)要早5个世纪。在化学方面,方以智在书中记录了制瓷、造纸、印刷、制盐等手工业生产原料和工艺流程,反映了他的博学。

《物理小识》不仅富有丰富的自然科学方面的成就,在社会科学方面也有一定的特色。比如对世界的看法,方以智就提出了"气论",认为在宇宙本质问题上,"盈天地间皆物",否定神造说。比如,《物理小识·序》中说,"盈天地皆物也。人受其中以生,生寓于身,身寓于世。所见所用,无非事也,事一物也""通观天地,天地一物也"。

在卷1《天类》中认为气的表现形式是多样的,认为气是物质实体,宇宙间的事物诸如山川草木、日月星辰等及其表现的各种特征,都是物质性的"气"形成的。其次,在认识论上,他的"质测"理论,不仅穷源溯流,而且以自然科学和辩证思想为基础,形成一条唯物论的路线,肯定了认识的对象是客观世界,其任务是把握其中的规律。就认识论的来源来看,提出"学而后知",批判"先验论",并有"心物交格"的认识方法,就是怀疑、归纳、演绎、模拟、推理等方法。

《物理小识》收入《四库全书·子部·杂家类》。

第七章　异彩纷呈　百花齐放

中国文学的源头可追溯至上古神话，鲁迅先生说："不问小说或诗歌，其要素总离不开神话。"①后世的浪漫主义文学泰斗如屈原、陶渊明、李白等都无不从上古神话中吸取丰富的营养，著就不朽的华章。中国文学的源头可追溯至上古神话，鲁迅先生说："不问小说或诗歌，其要素总离不开神话。"②后世的浪漫主义文学泰斗如屈原、陶渊明、李白等无不从上古神话中吸取丰富的营养，著就不朽的华章。

春秋战国时期，礼崩乐坏，中国古典文学出现百花齐放的局面，诗歌和散文异常发达。《诗经》《楚辞》成为中国古典诗歌的两大源头，对后世影响深远。历史散文以《左传》和《战国策》为代表，对后世散文有较大影响。

汉末建安，王纲解纽，开始了"文学的自觉时代"。以"三曹"（曹操、曹丕、曹植）、"七子"（孔融、陈琳、王粲、徐干、阮瑀、应玚、刘桢）及蔡琰为代表，形成了别具一格的"建安风骨"。

由隋入唐，科举取士，涌现了大批布衣文人，他们用心灵进行深情的吟唱。如纵情讴歌大自然的孟浩然、李白、杜牧、刘禹锡等，高唱边塞劲歌的王昌龄、岑参、高适等，写尽人间不平事的杜甫、白居易等，伴随"古文运动"和"新乐府运动"而诞生的韩愈、柳宗元、元稹等。进入宋代，词的创作逐渐蔚为大观，产生了大批成就突出的词人，名篇佳作层出不穷，并出现了各种风格、流派。如苏轼、欧阳修、辛弃疾、李清照、柳永、秦观、黄庭坚、周邦彦等都是宋词各流派的顶尖高手。

元代文学的代表是元曲，它包括杂剧和散曲两部分，其代表人物和作品主要有：关汉卿的《窦娥冤》《救风尘》，白朴的《梧桐雨》，马致远的《汉宫秋》，纪君祥的《赵氏孤儿》，王实甫的《西厢记》等。

明清之际，由唐代的"传奇"、宋代的"话本"而来的各种类型的小说应运而生。其中最有名的长篇小说有《三国演义》《水浒传》《西游记》《金瓶梅》《儒林外史》《红楼梦》等，短篇小说集有"三言""二拍"，以及文言短篇小说集《聊斋志异》《阅微草堂笔记》等。明人冯梦龙称《三国演义》《水浒传》《西游记》《金瓶梅》为天下"四大奇书"。

楚辞

"楚辞"是战国后期楚国屈原等人创作的诗歌，是当时产生的一种富有南方地方特色的新诗体。"楚辞"的名称最早见于西汉前期。汉人称之为"辞"或"辞赋"。因为《楚辞》中最有代表性的作品是屈原的《离骚》，所以后人也以"骚"来指称《楚辞》。从汉代开始，"楚辞"成为屈原等人作品的总集名，此时，"楚辞"已经成为一门专门的学问，为帝王所喜爱并且与六经并重。《楚辞》是继《诗经》之后的又一部诗歌总集，共 16 卷。原有 16 篇，包括屈原的《离骚》《九歌》《天问》《九章》，宋玉的《九辩》，景差的《大招》，贾谊的《惜誓》，淮南小山的

①② 鲁迅.鲁迅全集(第8卷)[M].北京:人民出版社,1981:315.

《招隐士》,东方朔的《七谏》,严忌的《哀时命》,王褒的《九怀》和刘向的《九叹》,其中《远游》《卜居》《渔父》3篇是否屈原所作尚未定论,《招魂》1篇近人多认为当出自屈原之手。东汉王逸为《楚辞》注释又增入己作《九思》,遂成17篇。

楚地的风谣叫"南音",其狭义即为"楚声"。屈原的辞赋是采用赋的调子,又吸取了"南音"而成的。"楚声"的音调"悲壮顿挫,或韵或否",语言上惯用"兮"字。项羽的《垓下歌》、刘邦的《大风歌》都是依楚声而作。"楚辞"之作是本于楚地风谣,由屈原扩展为鸿篇巨制。其直接渊源应是《九歌》。《九歌》相传夏代已经出现了,当时还只是神话性质的。流传到战国,由于楚地巫风极盛,就沾染了浓厚的巫术色彩,成为当时祭祀的巫歌。屈原根据这类巫歌修改、加工成为现存的《九歌》,从现存的《九歌》来看,其中含有浓厚的巫歌色彩,虽经屈原润色、修饰,但加工的成分并不多。屈原加工过的《九歌》是合乐的,至汉朝仍在传唱。

屈原(前339—前278年),本名屈平,原是他的字。屈原是楚国的贵族,《史记·屈原列传》说他是"楚之同姓",但就亲属关系上说,他和楚王已比较疏远。他幼年贫贱,他的《惜诵》说,"忽忘身之贱贫",可能早年在郢都附近的乡村居住过,东方朔《七谏》说:"平生于国,长于原野。"后来做了楚兰台宫的文学侍臣,曾以侍臣身份跟随楚王游猎。《史记·屈原列传》说他:"为楚怀王左徒,博闻强志,明于治乱,娴于辞令,入则与王图议国事,以出号令;出则接遇宾客,应对诸侯。王甚任之。"屈原得到楚王信任提为左徒。外交上屈原主张联合七国"合纵"抗秦,曾东使于齐,并促成楚国联合五国攻秦,诸侯推怀王为"纵长"。内政上他力主改革,把举贤授能、修明法度作为政治准则。由于触犯了贵族集团的利益,屈原遭到中伤,被怀王疏远失去左徒职位,任闲官三闾大夫。怀王十七年,怀王被秦国的张仪所骗,与齐国绝交,后又恼羞成怒,兴兵伐秦,遭到彻底失败。不得已又派屈原出使齐国,齐楚复交。然而秦昭王初立,与楚国定黄棘之盟,再次背齐合秦,屈原也被流放汉北。楚国内政腐败,在外又连吃败仗,秦昭王乘机约怀王入秦会盟,并扣留怀王。怀王最终死在秦国,楚顷襄王立,屈原痛恨子兰劝怀王入秦,遭到子兰和上官大夫的诋毁,被顷襄王怒迁江南。278年秦将白起攻拔郢都,烧毁楚王先墓,顷襄王逃往陈城。屈原在楚国南部辗转漂泊,忧愁幽思,终不能忘怀国事,最后在绝望中怀石自投汨罗江而死。

宋玉是屈原以后重要的楚辞作家,后代人常以"屈宋"并称。宋玉在屈原之后,主要活动在顷襄王时期,好善辞赋,仿效屈原的作品进行创作。宋玉出身低微,性格软弱,仕途不顺,作品多抒发文人落拓不遇的悲愁。

《离骚》是屈原最重要的作品,是带有自传性的抒情长诗,作于屈原见谗被疏,流放汉北之时。作品前一部分写屈原生平遭遇,自叙家世出身。他说自己是"帝高阳之苗裔",有一个美好的生日,自己既有内美又有修能,为国家利益"奔走先后",却遭到当人的谗毁,表现了理想和现实之间尖锐的冲突及诗人为实现政治理想而进行的顽强斗争。后一部分诗人在幻想中展开抒情,是对未来道路的探索。他上下求索,结果欲见天帝而不得,欲求美女而无获,欲听从灵氛劝告去国远游,但在乘龙西游中看见楚国故土,终不忍离去,决心以死来殉自己的理想。屈原诗篇中表现最强烈的是爱国主义精神,虽遭到谗毁和打击,仍要为祖国寻求前途和出路,爱恋乡土之情让他欲去不忍,既行又止,终于留在祖国。他的诗与其政治理想有不可分割的联系,表现了理想和理想不能实现之间的尖锐冲突。《离骚》具有极为鲜明的个性化特征,在中国文学史上第一次出现了富有个性特点的抒情主人公的形象和集中表现个性的诗篇。它驰骋想象,大量运用传说,将历史、现实、天国、人间相交织,创造出奇特瑰丽、绚烂多彩的幻想世界,具有强烈的艺术魅力,有高度浪漫主义特点。其中"香草美人"的比兴手法对后世产生了深远影响。

《九歌》中有悼念阵亡战士的祭歌,有对神的礼赞和与神的恋歌。对人物感情刻画细腻,环境描写优美。

《九章》有9篇:《惜诵》《涉江》《哀郢》《抽思》《怀沙》《思美人》《惜往日》《桔颂》《悲回风》,多抒写诗人在两次放逐中的经历和思想,表达追求理想怀恋故国的忧思怨愤之情,其精神与《离骚》基本一致。用直接倾泻和反复吟咏的方法抒情,结构跌宕、意味深长。

《招魂》是屈原招楚怀王之魂,借巫阳口气陈说四方上下如何可怕,而故乡如何可爱,劝所招魂魄归来安享。想象奇诡,铺陈华丽,开汉大赋的先河。

《天问》中屈原从宇宙问起,就日月星辰、地理知识发问,从古代传说和历史一直问到楚国,参差错落,语言生动,想象丰富,反映了诗人朴素唯物主义宇宙观和孜孜以求的探索精神。

《远游》写因遭时混浊,不容于世,而离群遁逸,浮游八极的情形。

《卜居》写屈原被放逐,向太卜郑詹尹提出诸多世道不清、是非颠倒的疑问,借此以宣泄愤世疾俗之意。

《渔父》记述屈原在流放中与一渔父的问答之辞,表现渔父的随波逐流与屈原不向世俗妥协的态度的尖锐对立。

《九辩》是宋玉借古曲名为题,抒发了其"贫士失职"的不平与感慨,是一首自叙性的长篇抒情诗。善于借景抒情融情于景,句法多变,语言优美,诗中有关秋景的描绘,对后世文学"悲秋"传统的形成影响很大。

《大招》内容形式与《招魂》类似,是景差招屈原所作。

《楚辞》各篇语言优美,想象丰富,打破了四言体的诗歌格局,创立了句式参差结构富于变化的楚辞诗体。汉赋就是受楚辞的影响而发展起来的。其寄情以物、托物以讽的手法对我国古代诗文有极大影响,驰骋想象的手法影响了诗歌领域的浪漫主义创作,神话传说的运用启发了后世小说诗歌的创作。宋玉的秋景描写更成为"悲秋之祖"。

《楚辞》的注本很多,较著名的有:东汉王逸的《楚辞章句》、宋代朱熹的《楚辞集注》和清代王夫之的《楚辞通释》等。

唐诗

唐代三百年间,涌现出大批优秀诗人和杰出的诗作。诗歌的思想性与艺术性的完美结合,达到了很高的地步,再加上题材、意象和风格的多样性,以及广泛的群众基础,使唐代成为中国诗歌的全盛时期。

最早揭开唐代诗歌帷幕的初唐四杰——王勃、杨炯、卢照邻、骆宾王。他们虽然社会地位比较低,但才华横溢,其诗作一扫南朝浮靡诗风,将其勃郁不平的感慨以及积极进取的精神注入作品中。在初唐四杰等人的倡导下,诗歌随着时代的变迁,由宫廷走向市井,由台阁移到了塞外大漠,六朝宫女的靡靡之音变而为青春少年的清新歌唱。其中,王勃的《滕王阁诗》《杜少府之任蜀州》,杨炯的《从军行》《骢马》,卢照邻的《长安古意》,骆宾王的《帝京篇》等最为著名。

除"四杰"之外,初唐诗人还有虞世南、李百药、上官仪、王绩、刘希夷、张若虚、沈佺期、宋之问、陈子昂等。

唐诗至盛唐,进入其鼎盛时期。这一时期的主要诗人有王湾、贺知章、张旭、张说、张九龄、孟浩然、王维、储光羲、崔辅国、常建、丘为、斐迪、崔颢、李颀、王昌龄、祖咏、崔曙、高适、岑参、李白、杜甫等。其中领导人物当为诗仙李白和诗圣杜甫等。

《李太白集》

《李太白集》,唐代李白作。李白(701—762 年),号青莲居士。生于中亚碎叶(今吉尔吉斯斯坦共和国托克马克附近),当时属于唐代安西都护府。5 岁时随家迁居蜀中绵州昌隆县(今四川江油)。青少年时期诵习六甲,阅读诸子百家,喜欢击剑任侠,又爱好文学,习纵横术而学道。23 岁时出川畅游大江南北。在开元十九(731 年)年前后,曾一入长安,但失意而归。天宝元年(742 年)玄宗下诏征李白入京,3 年后被赐金放返。离京之后,在洛阳与杜甫、高适结下了深厚的友谊,成为文学史的一段佳话。安史之乱爆发后,受李璘事件牵连,被流放夜郎。中途遇赦,免罪释放。61 岁时,他准备投军报国,因病折回,第二年病逝于当涂(今属湖北)。

下面分别介绍李白的思想、诗歌内容和艺术特质。

1. 李白的思想。其多元性、复杂性在中国古代文人中是非常突出的。龚自珍的《最录李白集》概括得很准确,他说:"庄屈实二,不可以并,并之以为心,自白始;儒仙侠实三,不可以合,合之以为气,又自白始也。"庄子的放达避世与屈原的忠君爱国;儒家的积极入世与道家的无为长生及游侠的行侠仗义都奇妙地统一于李白一生。李白自己也说他的理想是:"申管晏之谈,谋帝王之术,奋其智能,愿为辅弼,使寰区大定,海县清一,事君之道成,荣亲之义毕,然后与陶朱、留侯,浮五湖,戏沧州,不足为难矣。"(《代寿山答孟少府移文书》)既讲为帝王师的儒术,又讲管仲、晏子的法家之道;既讲侍奉君主、荣耀亲戚的人伦之道义,又讲成功之后的逍遥人生,像范蠡、张良立大功而能全生远祸、游戏沧洲。他汲取了儒家积极入世的执着,又抛弃了它的因循迂腐,对没有经邦定国而只会皓首穷经的俗儒、腐儒非常鄙视。而对道家和道教,一方面李白想走以隐逸而求名的"终南捷径",最终达到直入朝廷为天子师的目的,另一方面也受到道家的"含光混世"和"功遂身退,天之道"(《老子》)哲学的影响。任侠的意气给他增添了豪爽、自信、纯真、追求平等民主的性格特点,有种冲决一切羁绊的"狂客"气魄。从他的理想中,可以看出李白不拘一格、倜傥洒落、豪迈通脱的潇洒个性。综观李白,其思想虽复杂,但"功成身退"四字可成为各种思想的契合点,儒家思想促其成功,游侠、纵横更促其建大功;老庄和道家思想又促其急流勇退。所以林庚先生称赞他为"盛唐之音"的典型代表,体现了盛唐高度发达的文化精神风貌,是盛唐的时代之子。

李白是"盛唐之音"的典型代表之一。他的作品,反映了盛唐时代上升发展的气魄,洋溢着追求理想、追求自由的时代热情。"济苍生""安社稷"是他的壮志,功成不受赏的鲁仲连是他的榜样。从青年时代的《大鹏赋》,到中年时代的《上李邕》,直到晚年的绝笔诗《临终歌》,他都以扶摇而上九万里的大鹏自喻。他高歌"天生我才必有用,千金散尽复还来"(《将进酒》),虽屡遭挫折,也仍然相信"长风破浪会有时,直挂云帆济沧海"(《行路难》)。

2. 李白诗歌内容。其最突出的特点是表现自我。他的诗围绕着入世与出世这一对基本矛盾,塑造了自己诗仙、酒仙、谪仙的飘逸潇洒、傲岸不屈的生动形象。表现为 3 个方面:①表现了自己建功立业、奋发向上的雄心和怀才不遇、备受压抑的苦闷。这类诗最多,佳作也多,如《行路难》其二的"大道如青天,我独不得出",《古风》其十五的"珠玉买歌笑,糟糠养贤才",《梁甫吟》的"白日不照吾精诚,杞国无事忧天倾"等。②抒发了对理想生活的憧憬、追求和歌颂。李白心目中的理想生活是美好的、充实的、热烈的,甚至是浪漫的和纵欲的。既有物质的丰富,又有精神的开豁。美酒、鲜花、音乐、诗歌、太阳和永远少年的明亮心情,交汇在一起,构成文学史最难忘的壮丽景观。如《山中问答》的潇洒高洁,《月下独酌》的孤傲旷达,《襄阳歌》的天真烂漫、醉态淋漓:"遥看汉水鸭头绿,恰似葡萄初发醅。此江若变作春酒,垒曲便筑糟丘台。"和"清风朗月不用一钱买,玉山自倒非人推"等。③宣扬对崇高人性的向往、奋斗与赞美。平交王侯,一心只为帝王师的人生态度,使他对权贵是蔑视和傲岸不屈,对平民是热爱和深情天真,《梦游天姥吟留别》和《赠汪伦》可分别为代表。所以,也有人说李白是个少见的布衣诗人。

李白的边塞诗和游侠诗,充满了"出门不顾后,报国死何难"的豪情。在安史之乱中,他唱出了时代的最强音:"抚剑夜吟啸,雄心日千里。"而他的山水诗,妙笔生花。如吴越水乡的明媚,燕山"大如席"的雪花,"难于上青天"的蜀道,"飞流直下三千尺,疑是银河落九天"的庐山瀑布。而"君不见黄河之水天上来,奔流到海不复回""登高壮观天地间,大江茫茫去不还。黄云万里动风色,白波九道流雪山",国人早已公认为是礼赞黄河、长江的千古绝唱。他还写过许多爱情诗、友情诗,如《长干行》《长相思》《赠汪伦》《黄鹤楼送孟浩然之广陵》等,都是脍炙人口的名篇。傲岸权贵的诗人,对平民和朋友却是一派天真的微笑和深情的感激,这也许正是李白诗的魅力所在。

3. 李白诗歌的艺术特质。浪漫主义是其最突出成就也最高的特点。李白继承了屈原的浪漫主义传统,并将它推向最高峰。表现为:(1)他的诗充满了饱满、热烈、丰富、激昂的感情又极具主观色彩。李白的自称"兴酣笔落摇五岳,诗成啸傲凌沧洲"(《江上吟》),杜甫称李白"笔落惊风雨,诗成泣鬼神"(《寄李十二白》),"敏捷诗千首,飘零酒一杯"都能说明。为了达到这一点,李白常使用以下手法:①通过富于主观色彩的抒情加以表现。不管是得意还是失意,遭受打击还是追求逍遥,他都是以"我"来强化。这在李诗中简直是俯拾皆是。如《庐山谣》"我本楚狂人,凤歌笑孔丘"。②通过拟人化的手法加以表现,使自我感情更自然、更深刻的融入对象中,如《敬亭山》。③通过大胆而又贴切的夸张加以表现,这在写景诗中最为突出。④通过跳跃式的手法加以表现,显得流走奔放、俊逸潇洒。⑤通过灵活多变的形式加以表现,如多用句式长短不齐的歌行体、不拘格律的古体,向民歌学习,多用乐府体,多换韵,多用雄奇之语等。这是李白最擅长的体裁,成就也最大,如《将进酒》和被人们惊叹为"可谓奇之又奇,自骚人以还,鲜有此体也"的《蜀道难》。(2)他的诗充满了丰富、奇特、瑰丽的想象。他的想象时而光怪陆离、雄奇瑰丽,令人惊心动魄、目不暇接,如写梦境的诗;时而幽深缥缈,天真而不失深刻。如几首写月的诗:《古朗月行》的"小时不识月,呼作白玉盘。又疑瑶台镜,飞在青云端。仙人垂两足,桂树何团团。白兔捣药成,问言与谁餐?"和《把酒问月》的"青天有月来几时,我今停杯一问之。人攀明月不可得,与人万里却相随"。(3)清新自然的语言特质。"清水出芙蓉,天然去雕饰"是他追求的最高语言境界。

李白的赋也很有成就,善用俳偶而以充沛的气势驱遣,显得流利自然又纵横恣肆,与其诗风相似。如《大鹏赋》《春夜宴从弟桃李园序》和《与韩荆州书》等,都是名作。

李白的人格和作品,对后世产生了深远的影响。从韩愈、李贺、苏轼、陆游、辛弃疾直到晚清的龚自珍等,莫不心师于他;他的事迹传说,更是在民间广为流传,并被写入戏曲小说,为人们津津乐道,可以说,在中国古代文人中最富有传奇色彩的莫过于李太白了。

现存最早的《李太白集》是据宋人晏知止校刊的"苏本"翻刻的"蜀本",现藏日本静嘉堂文库;注释本以清人王琦的《李太白诗集注文》较为完善;今人较好的本子有瞿蜕园、朱金城的《李白集校注》,詹锳主编的《李白全集校注汇释集评》,他们都收录了很多的参考数据,可供查阅。

《杜工部集》

《杜工部集》,唐代杜甫作。杜甫(712—770年),字子美,生于河南巩县(今巩义市)。曾居住在长安少陵,自称"少陵野老",后世也称"杜少陵"。曾任左拾遗和检校工部员外郎,又称为"杜拾遗""杜工部"。杜甫出生于一个"奉儒守官"的仕宦家庭,祖父杜审言是初唐"文章四友"之一。20岁起,有两次漫游:第一次是以吴越为中心,漫游江南。第二次以燕、赵为中心,结识了李白。中间曾回洛阳参加进士考试,落第。这是他"裘马颇清狂"的时期。到长安求取官职,困守10年。直到44岁才得到一个卑职。757年,奔赴凤翔,授左拾遗,不久就被解职。后辗转漂泊到蜀中,在成都浣花溪建草堂,赢得了一生难得的安定时期。之后军阀叛乱,又是颠沛流离。好友严武再到成都为官,表荐杜甫为检校工部员外郎。768年出三峡,漂流荆、湘,至死再未安顿过。

1. 杜甫诗歌的思想内容。杜甫诗歌达到了中国诗歌史上现实主义的最高峰。杜甫的诗歌,是他所生活的时代,也是他个人的情志、人品和天才的艺术结晶。他的诗被称为"诗史",其具体表现有二:①关切国家命运,最全面、最深刻地反映时代。在安史之乱前,他就敏锐地感受到了大变将至的可怕气息,刻画了深刻的社会矛盾,天宝后期写出的《兵车行》描写的穷兵黩武、《丽人行》描写的权贵腐化、《自京赴奉先县咏怀五百字》所描写的贫富对立,都可以看作揭示安史之乱爆发的社会原因。安史之乱爆发后,他又用"三吏""三别"等诗歌进行反映。这些作品,不但是历史的,而且是诗意的,具有生动性、深刻性和一贯性的特点。②同情人民的苦难,最全面、最深刻地反映民生。杜甫的忠君爱国是建立在"邦以民为本"的爱民思想基础之上的,更可贵的是他将忧国与忧民统一起来。丰富的经历产生丰富的诗篇,杜甫是用诗的艺术语言表达重大社会题材的能手,所谓"国家不幸诗家幸,赋到沧桑句便工"(清赵翼语)。总之,杜诗的强烈政治性是和浓厚的抒情性结合的,"慨世"是和"慨身"联系的,并非仅仅是政治上忠君的传声筒。

杜甫的诗又被称为"年谱"。清人蒲起龙在《读杜心解》中说:"少陵之诗,一人之性情,而三朝之事会寄焉者也。"杜甫经历玄宗、肃宗、代宗三朝,政治、经济、军事和社会生活都发生了巨大的变化,由盛而衰,由治而乱,杜甫大半生转徙流浪,个人的命运和国家人民的命运息息相关,社会矛盾、内心冲突、政治抱负与个人遭遇、家庭不幸和社会灾难,都交汇于杜诗。他在诗中详尽地叙述了自己在万方多难时的种种经历、遭遇、感受。一部杜诗甚至可以看作一部年谱与自传。而这些自传性的诗总是把自己和家庭的遭遇与整个国家和社会紧密联系在一起,这正是杜甫人格伟大、襟怀高尚之所在。

杜甫的诗还被称为"图经"。刘克庄说杜诗"山川城郭之异,土地风气所宜,开卷一览,尽在是矣。网山云:'杜陵诗卷是图经',信然。"这是说他的写景诗,大约有3种类型:①着意描绘自然风光的"优美",体现闲适的心境。如《水槛遣心》的"细雨鱼儿出,微风燕子斜"。《曲江二首》的"穿花蛱蝶时时见,点水蜻蜓款款飞"等。②着意描绘自然风光的"壮美",常和沉郁的心情吻合。如《登高》的"风急天高猿啸哀,渚清沙白鸟飞回。无边落木萧萧下,不尽长江滚滚来。万里悲秋常作客,百年多病独登台。艰难苦恨繁霜鬓,潦倒新停浊酒杯"。③着意刻画某处江山的独特景色。如"清清竹笋迎船出,日日江鱼入馔来"和"青惜峰峦过,黄知橘柚来",不问而知是蜀中;"莽莽万重山,孤城山谷间。无风云出塞,不夜月临关",不问而知秦中也。

另外,杜甫的咏物诗成就也高。他最爱吟咏的是奔驰如风的骏马和翱翔碧空的苍鹰,在它们身上,杜甫寄寓了自己的志向和情操。如房兵曹的那匹胡马,杜甫写来是凛凛生风、张扬奋发:"锋棱瘦骨成。竹批双耳峻,风入四蹄轻。所向无空阔,真堪托死生。骁腾有如此,万里可横行。"他将一只画上的鹰也写的是雄风淋漓、卓尔不凡:"何当击凡鸟,毛血洒平芜。"(《画鹰》)他写舞剑是"浏漓顿挫,独出冠时""昔有佳人公孙氏,一舞剑器动四方。观者如山色沮丧,天地为之久低昂。耀如羿射九日落,矫如群帝骖龙翔。来如雷霆收震怒,罢如江海凝清光"(《观公孙大娘舞剑器行》并序)。

2.杜甫诗歌的艺术成就。表现为:(1)典型化的描写是杜诗重要的特色之一,主要手法有两种:①善于选择最富有典型意义的艺术形象。在反映人民苦难时,总要依托一些具体的人物形象,特别善于选择富有悲剧色彩的弱者,如寡妇、老人、儿童、失业徒、远戍卒等。②善于寓主观感情于客观事件,让诗中的客观人物和事件站出来讲话以感染读者。(2)杜诗的抒情风格,后人公认是"沉郁顿挫",这构成杜诗的另一重要特色。就是当感情特别充沛深厚而又无法立刻倾吐时,必得几经反复方能淋漓尽致地表现。这种风格的形成和他的经历、思想、审美观分不开。安史乱前,鼎盛的文化培育了老杜磅礴的气魄和崇高的理想,但涉世后,政局的腐败、江山的日非使他在"浩歌弥激烈"的同时,不能不"沉饮聊自遣,放歌破愁绝"。乱后,他的忧愤更深广。加之他诗歌的两大主题忧国与忧民之间总横亘着激烈的矛盾,这都使杜诗必然有"沉郁"而"顿挫"的风格。当然,杜诗的风格是多种多样的,除沉郁顿挫外,还"有平淡简易者;有绵丽精确者;有严重威武,若三军之帅者;有奋迅驰骤,若泛驾之马者;有淡泊闲静,若山谷隐士者;有风流蕴藉,若贵介公子者"(王安石语)。(3)杜诗在体裁和语言上也成就斐然。①杜诗众体皆备,且众体皆佳。写乐府决不沿用旧题,而是"率皆即事名篇,无复依傍"(元稹语),"独就当时所感触,上悯国难,下痛民穷,随意立题,尽脱前人窠臼"(杨伦《杜诗镜诠》)。杜甫的律诗典雅精工,标志着律诗的成熟和兴盛:五律格调苍茫、意境雄深,如《登岳阳楼》;七律兴会淋漓、慷慨激昂,如《秋兴八首》;还"因难见巧",做长篇排律;绝句"无意求工而别有风致"。②杜甫一生虽然几次做小官,但基本上是个纯粹的诗人,诗是他的终身事业。"诗是吾家事",从7岁学诗直到去世,从未停止写诗。他对诗艺的追求自始至终,"语不惊人死不休",锲而不舍,刻意求精,"新诗改罢自长吟",创作态度十分严肃。善用倒装,形成拗句,显得瘦劲峻峭、意蕴无穷;善用对句,又多用当句对、流水对。特爱炼字,也注重俗语、口语的使用。

3.影响及评价。杜甫对后世的影响比李白更为深广。前人曾说:"少陵七律无才不有,无法不备。义山(指李商隐)学之,得其浓厚;东坡(指苏轼)学之,得其流转;山谷(指黄庭坚),得其奥峭;遗山(指元好问)学之,得其苍郁;明七子学之,佳者得其高亮雄奇,劣者得其空廓。"这里说的是杜甫的七律,实际可以代表整个杜诗。元稹对杜甫的评价甚为公允:"至于子美,盖所谓上薄风骚(指《诗经》和《楚辞》),下该沈宋(指唐代沈佺期、宋之问),言夺苏李(指汉代苏武和李陵),气吞曹刘(指建安时期的曹植和刘桢),掩颜谢(指六朝的颜延年和谢灵运)之孤高,杂徐庾(指六朝的徐陵和庾信)之流丽,尽得古今之体势,而兼人人之所独专也。"杜甫是一个集大成的诗人。宋代人则从思想内容和艺术成就两方面,称杜甫为"诗史"和"诗圣",荣衔无以复加。

历代杜诗的注本很多,号称"千家注杜",现存宋人的《分门集注杜工部诗》,元代高楚芳的《集千家注杜工部诗》,清人仇兆鳌的《杜诗详注》,杨伦的《杜诗镜诠》,钱谦益的《钱注杜诗》,都是较好的本子。近现代人选注、研究杜诗的著作,在数量和质量上都更为可观。现在已有杜诗学的提法了。

在唐代诗歌作品中,中唐诗人作品数量最多,且流派众多,风格各异,又极富创新精神,因而被后人称为"中唐之再盛"。

由于"安史之乱"的爆发,中唐的社会政治发生了显著的变化。"安史之乱"之后,社会虽然相对稳定,但藩镇割据、宦官擅权、朋党之争,以及日益尖锐的阶级矛盾,使社会陷入严重的无法摆脱的危机之中。因此,中唐诗作中已很难见盛唐时的那种浪漫豪爽的气质和积极入世的政治热情,基本上是以苦闷、彷徨、哀愁为主调。其代表人物主要有钱起、韩翃、司空曙、李益、刘长卿、李嘉祐、皎然、顾况、韦应物、柳宗元、刘禹锡、白居易、元稹、韩愈、孟郊、张籍、李贺、贾岛、卢仝等。其中,白居易则以《长恨歌》《琵琶行》《卖炭翁》等独步中唐诗坛,并流传千古。

晚唐时期由于中央政权的软弱,政治的黑暗,内忧外患日益加深,使得李唐王朝日薄西山,气息奄奄。面对这样的现实,一些忧国忧民的诗人曾幻想着盛唐那样的时代再度出现,然而残酷的现实使他们不能有所作为,只造成了绝望的悲哀。因此,感伤而无可奈何的情绪成了这一时期诗歌的基调。主要代表人物有许浑、杜牧、李商隐、皮日休、陆龟蒙、杜荀鹤、聂夷中、罗隐、郑谷、司空图、温庭筠、韦庄、韩偓等。其中,李商隐是晚唐诗坛杰出的代表,其诗作达到了唐诗发展历程中的最后一个高峰。

宋词

词是由诗歌演变而出的一种韵文文体。在唐、五代时称曲子词、曲词、歌词。曲指的是音乐,词指的是文辞,"由乐定词",二者不可分离。至宋代,词自行单称,而减掉了曲、曲子、歌等,词作为一种独立的文学体裁渐渐地脱离了音乐,但它仍然是可以配乐的,所以又称为乐府、近体乐府、根据词在形式方面的句子长短不齐的特点,又称为长短句。词的格式因音乐的要求而有一两千种,总归其类有两种方法。最初分为令、引、近、慢等四类,后来有人又分为小令、中调、长调等3类。

词的起源虽早,但词的发展高峰则是在宋代。宋代产生了大批成就突出的词人,名篇佳作层出不穷,并出现了各种风格、流派。《全宋词》共收录流传到今天的词作1330多家将近2万首,从这一数字可以推想当时创作的盛况。

北宋前期的主要词人有宋祁、晏殊、范仲淹、欧阳修、柳永等,其中,宋祁、晏殊、范仲淹、欧阳修等基本上继承了晚唐五代,特别是南唐遗风,采用旧曲小令词调,追求深婉精致、含蓄蕴藉的风格。与上述词人不同,柳永则用了民间新兴的曲调作词,不仅改变了宋初以来小令为主的单一格局,而且扩展了词的体制,把词的领域从士大夫文人的小庭深院、酒宴歌席引向了水天空阔的茫茫旅途和人声鼎沸的市井都会,真正做到了雅俗共赏。

到北宋中期,苏轼从另一个方向进一步变革了北宋的词风。

北宋中后期,词的制作十分繁荣,名家辈出,风格多样。代表人物主要有晏几道、秦观、周邦彦等。其中晏几道以小令见长,音调和谐优美,文字清丽精工,代表了北宋中期小令艺术的最高成就。秦观则以慢词制胜,其词深婉缠绵,充满浓重的感伤情调。周邦彦则精通乐律,曾被任命为大晟乐府的提举官,致力于词调的整理与规范,并创作了一些新的词调,对宋词的发展做出了重要贡献。其词作集北宋词之大成,言情体物更为精巧典雅,章法结构多变而巧妙,广为南宋词人推崇。

两宋之交的词人主要有李清照、叶梦得、朱敦儒、向子湮、张元幹、张孝祥等词人,都有忧时伤乱、感愤激昂的歌词,同样显示了词风的转变,其中尤以李清照最为出色。

南宋词人主要有辛弃疾、陈亮、刘过、刘克庄、刘辰翁、姜夔、史达祖、吴文英、周密、王孙、张炎等人。其中尤以辛弃疾、姜夔成就最大。

南宋另一位大词人姜夔,不但能写词,而且懂得作曲。他曾制作不少新的词调,称为"自独曲",如《扬州慢》《杏花天影》《鬲溪梅令》等,至今仍在演唱。由于他精通音律,十分重视歌词与音乐的配合,在文词与乐曲声情的配合上达到了很高的水平。其词有明静幽冷、清空深远的特色,在南宋词坛独树一帜,对后人影响很大。

《苏东坡集》

《苏东坡集》共110卷,宋苏轼作。苏东坡,字子瞻,号东坡居士。生于宋景祐三年(1036年),元符四年(1101年),病逝于常州,终年66岁。苏轼出生于有文化教养的家庭,父亲苏洵、弟弟苏辙,都是著名的散文家,他的母亲是位贤惠而有文化的妇女,对子女很负责任。后人把苏轼他们父子三人连同唐代的韩愈、柳宗元,宋代的欧阳修、王安石、曾巩等合称为"唐宋八大家"。他的诗开宋代社会新风气,与黄庭坚并称"苏黄";又他的词开南宋豪迈一派,与辛弃疾并称"苏辛";还因为他的书法特色,与黄庭坚、米芾、蔡襄并称"苏黄米蔡"。宋仁宗嘉祐元年(1056年),苏轼第一次进京考试,结果获得欧阳修的青睐,一时轰动京城。他曾经做过福昌县(今河南宜阳县西)主簿,关心人民疾苦,在力所能及的范围内尽量减轻人民的痛苦。苏轼一生为民谋利的精神,以及他留下的大量的优秀作品,永远闪耀着不朽的光辉。

《苏东坡集》,原名《苏文忠公全集》,又称《东坡七集》,因为其中包括《东坡集》40卷、《东坡后集》20卷、《东坡奏议》15卷、《东坡外制集》3卷、《东坡内制集》10卷、《东坡应诏集》10卷、《东坡续集》12卷,共有110卷。其中《前集》包括诗、词、赋、铭、颂、赞、论、杂文、叙、表、传等。《后集》分为诗、赋、铭、颂、赞、杂文等,又志林、表、状、札子、启、书、记等。《奏议》《外制集》《内制集》是奏议和起草的文告。《应诏集》分策略、策别、策断、中庸论、人臣论、人物论。

首先,苏轼的诗歌创作,摆脱了宋初浮艳的风气,重视诗歌的思想内容,有真情实感,追求清新自然。并且他的诗材内容丰富、题材广阔,对生活挖掘很深刻。有些诗歌反映了民生疾苦,比如《吴中田妇叹》"风霜来时雨如泄,杷头出菌镰生衣。眼枯泪尽雨不尽,忍见黄穗卧青泥",这首诗是反映作者对新法的反对,但从中不难看出对人民疾苦的关切和同情。苏诗敢于揭露社会矛盾,敢于反映人民的痛苦生活,在各个时期的诗作中,都能发现类似的作品。比较能够代表苏诗特色的是大量的抒发个人情怀和描写自然景物的诗篇,比如《和子又渑池怀旧》《游金山寺》《望湖楼醉书》等,形象而又生动地描绘了大自然,使之栩栩如生,"欲把西湖比西子,淡妆浓抹总相宜"则是传诵已久的名句。苏诗的大量作品,表现了他的内心世界,反映了那种坎坷不遇的心理,展示了那种有抱负、有理想而又与现实世界格格不入的士大夫形象。苏轼在政治上很有进取精神,对生活充满向往和追求,但又感到无穷的厌倦,企图找到超脱,这是无奈之下的消极思想。但大部分诗歌是开朗活泼的,反映了他的诗歌主流,那些描写祖国美丽山河、自然景物之美的诗篇,是他对祖国和家乡热爱的诚挚感情的流露。

宋诗的共同特征是,以议论为诗,以才学为诗。苏诗不仅如此,而且挥洒自如,比喻贴切,富有浪漫主义色彩和现实主义色彩。苏轼善于从小事中看哲理,比如《题西林壁》:"横看成岭侧成峰,远近高低各不同。不识庐山真面目,只缘身在此山中。"诗歌虽短,却道出了很深的道理。恰恰是苏轼,发展了诗歌创作中的散文、议论的倾向,他的诗歌增强了情趣,能够引起人们的注意,他的作品将描写、议论、抒情融为一体,不但蕴含深刻的哲理,而且极其形象生动。

其次,在词的创作上,苏轼同样有创新性。扩大了词的题材,语言清新、风格豪迈,具有鲜明的特性。一是推动了词的发展。五代宋初时,词作主要写艳情闺思、风格柔婉。苏轼则以诗为词,拓宽了词的题材,将游记、怀古、送别等诗歌常用的题材融会到了词作中,从而不断促进词的发展,取得了很高成就,成为宋代文学重要的一派。二是鲜明的艺术色彩。苏轼将他的旷达超脱、开朗乐观的人生态度反映到了词的创作中,比如《水调歌头》"明月几时有?把酒问青天",还有诸如《念奴娇》"大江东去"等,反映了豪放词派的精神风貌,将词作引上健康广阔的路子。无论他的豪放词,还是婉约词,都渗透了这种思想情调,既旷达又闲适。苏轼的豪放风格独具特色,形成前所未有的完全成熟的艺术风格,到了南宋时期,辛弃疾等人又发展了这种风格,从而形成了豪放词派。三是扩大了词的题材。关于农村的词作还有《浣溪沙》等5首,以婉约见长的爱情词作也不少。总之,苏词的特色在于内容清新,风格豪放,不受形式束缚,语言流畅,表达自然,诚可谓"无意不可入,无事不可言"。

再次,关于散文的创作,不讲求辞藻的宏丽,政论文明晰透彻,游记和随笔说理善于设喻。苏轼反对浮巧的文风,反对求奇逐险,大胆走自己的路。在《文说》中他说:"吾文如万斛泉源,不择地而出。在平地滔滔汩汩,虽一日千里无难。"苏轼的杂说、政论、游记、书序、碑传、铭文、书信、题跋等,都是清新自然流畅的。尤其是他的文学散文,能够随口而出,信手拈来,行文如流水,下笔如有神,感情真挚,形象逼真,论说精辟,有很高的艺术成就。有句谚语说得好,"苏文熟,吃羊肉;苏文生,吃菜根",意思是熟读苏轼的文章可以中科举,可见他的文采影响多广多深。

《苏东坡集》传本很多,商务印书馆《万有文库》《国学基本丛书》等都是根据明成化年间刻本排印。中华书局《东坡七集》《四库备要》本后附录有校勘记。1958年,商务印书馆重印《苏东坡集》,后面附录追加了《宋史》本传、苏轼年谱和墓志铭。

《稼轩词》

《稼轩词》南宋辛弃疾作。辛弃疾(1140—1207年),字幼安,号稼轩,山东历城(今济南)人。绍兴三十年(1161年),金兵主帅大举南下,山东农民起义领袖耿京起来抗金,辛弃疾曾经率领2000人去投奔。后来宋高宗派他任江阴签判,后又做湖南、湖北、江西、福建、浙东安抚使。他一生坚决主张收复中原,由于统治阶级的嫉妒,辛弃疾曾经两次被迫落职,先后在江西上饶、铅山两地度过20余年的闲适生活。宋宁宗嘉泰三年(1203年),他被起用做绍兴府兼浙东安抚使,后改镇江知府,但辛弃疾依然没有看到他恢复中原的愿望实现,最后被弹劾回到铅山,忧愤而死。辛弃疾词作在两宋词人中作品最多,有600多首。他的词题材广泛,风格多样,并以豪放为主,与苏轼的接近,世称"苏辛"。辛弃疾处在民族矛盾尖锐的时代,他的词作反映了这个时代,充满了作者慷慨激昂的爱国主义思想感情。

辛弃疾的词,表现了浓厚的爱国主义精神。辛弃疾为收复失地、完成统一大业奋斗了一生,他的词作最激动人心、最宏伟壮丽的就是反映远大理想和驰骋疆场的心胸气魄。《水龙吟·楚天千里清秋》,"楚天千里清秋,水随天去秋无际""可惜流年,忧愁风雨,树犹如此!倩何人,唤取红巾翠袖,揾英雄泪?"

辛弃疾到南宋已有12年多,他满怀壮志,但久久不得重用。遥望祖国山河壮丽,心头升起无限感慨。没有人理解诗人的愁闷心情,"无人会,登临意"。他对岁月蹉跎,无情流逝,对于壮志难酬感到无限悲愤的心情显露无遗。另外反映社会现实代表作的有《菩萨蛮·书江西造口壁》:"郁孤台下清江水,中间多少行人泪?西北望长安,可怜无数山!青山遮不住,毕竟东流去。江晚正愁余,山深闻鹧鸪。"这首词,反映了作者迫切奔赴前线的愿望和收复失地的强烈心情。从词作中可以发现,辛弃疾对统治者投降路线的愤怒谴责和对不抵抗行为的强烈批判。"中间多少行人泪",百姓处于水深火热之中,词人心急如焚。他迫切盼望能够有滔滔江水冲破重山的气概,能够有滚滚东流江水的浩荡之势,去实现收复失地的愿望,去拯救黎民于困苦之中。

揭露黑暗的社会现实,讽刺统治集团的腐败是辛词中的另一重要内容。社会动荡之际,百姓背井离乡之时,社稷安危关键时刻,达官贵人偏安一隅,醉生梦死。辛弃疾对此极度痛恨,对其进行了无情的讽刺。《水龙吟》讲:"渡江天马南来,几人真是经纶手?长安父老,新亭风景,可怜依旧。夷甫诸人,神州陆沉,几曾回首。"南宋大小官员只知道个人享乐,在"神州陆沉"之际,竟然"几曾回首",看都不看一眼,给人切肤之痛的感觉。另外对不抵抗主义、对不能够重用人才感到无比的气愤,有《木兰花慢》"西风塞马空肥"之叹,有《贺新郎》"千里空收骏骨"之悲切。当然,辛弃疾的讽喻并非不着边际,他实际对宋朝皇帝抱有很高期望,从他大量的怀念古代风流人物的作品中可见一斑,比如对"剑指三秦,一战东归"的刘邦,对"金戈铁马,气吞万里如虎"的宋武帝刘裕的推重,都是辛弃疾希望宋室也能够振作、能够北上收复失地的期望。

正是黑暗的社会让作者陷入痛苦之中,从《祝英台近·晚春》可见一斑。这是一首描写离别相思的词篇,如果我们联系辛弃疾的思想实际和他一生的经历来看,这首词很可能寄托了作者由于祖国长期遭受分裂、不得统一而引起的悲痛。这首词有两个值得注意的特点。一是善于通过动作来刻画人物心理活动,词中侧重于描写女主人公盼望丈夫早日归来的焦急心情,在写法上,作者舍弃了一般常用的即景抒情的手法,而是通过动作的某些细节来突现人物的内心活动。二是通过梦中的呓语来表示对春天的怨恨。这首词通过儿女之情,寄托了家国之愁,作者满腹的怨恨,却不说破。于是就可以使人用自己的想象来加以补充和发挥了。

辛弃疾的词,除了反映社会现实和表达爱国之情外,就词本身而言,有很多特点。比如善于运用拟人的手法,《沁园春》中"青山意气峥嵘,似为我归来妩媚生",栩栩如生;《满江红》中"恨牡丹笑我依东风,头如雪",将牡丹的形象描绘得惟妙惟肖;再如《水调歌头》"二年鱼鸟江上,笑我往来忙",把鱼写得生动活泼。其次,思想和艺术融为一体的杰作。比如《清平乐》对田园风光的描写："茅檐低小,溪上青青草,醉里吴音相媚好,白发谁家翁媪?"把宁静而又和谐的生活情景绘声绘色地体现了出来,虽写茅屋、青草、流水、老人,实写词人对生活的热爱,对美好生活的憧憬。再次,运用古语甚多,辛弃疾把大量的典故巧妙地熔铸于词作中,使他的词作倍添神韵。比如《南乡子》说"天下英雄谁敌手? 曹刘。生子当如孙仲谋",引了《三国志》中的话;《一剪梅》"探梅哨雪几何时? 今我来思,雨雪霏霏",采用了《诗经》中的话等等,另外引用了李白、杜甫、苏轼、王安石等很多人的诗句,大大拓宽了诗歌语言的范围。再者,词风豪放,比如《沁园春·叠嶂西驰》"叠嶂西驰,万马回旋,众山欲东",将青山高大奔腾的形象突现了出来;《水调歌头·落日塞尘起》"汉家组练十万,列舰耸层楼",兵舰如高楼,气势宏大。总之,辛弃疾雄奇的想象,恢宏的气势,正是和词人高远的抱负不可分的,也与词人的遭遇、经历难以割舍的。

《稼轩词》商务印书馆影印本4卷,原来是最早编定的本子。《四部备要》本作12卷,附录补遗。辛弃疾词有毛晋汲古阁《六十家词》本4卷,就是由12卷合成的;近人邓广铭在1939年编有《稼轩词编年笺注》,共6卷,补遗1卷,非常详细,且有年谱。1957年古典文学出版社影印元大德刊本《稼轩长短句》12卷,约42万字。《稼轩长短句》,1959年2月中华书局上海编辑所据北京图书馆藏元大德三年刊本影印出版,约6万字。辛弃疾的词作脍炙人口,成为中华民族宝贵的文化遗产。

《正气歌》

南宋文天祥作,收入《文山先生全集》。文天祥(1236—1194年),民族英雄,诗人。字履善,一字宋瑞,号文山,吉州庐陵(今属江西)人。宋理宗宝祐四年(1256年),举进士第一,为状元。德祐元年(1275年),元世祖忽必烈大举南进。二年,元兵进逼临安,为右丞相兼枢密使,出使元营谈判。被扣留,后又逃脱,拥立端宗,继续组织军队抗元。景炎三年(1278年)12月,兵败被俘。因大都(今北京)3年,誓不投降,从容就义。

《文山先生全集》是诗文合集,包括《文集》《指南录》《指南后录》《吟啸集》和《集杜》等。本书共20卷,前12卷是《文集》收录的都是德祐之变以前的作品,计诗248首,词3首,各体文646篇。以诗为例,是一般文人的诗,大都为应酬之作。但也有一些佳篇,比如他的登临、抒怀的诗,可以看出他忧国伤时的感情抒发。德祐之变以后的诗,是用沸腾的热情与模糊的血泪写成的,体现了爱国主义的高尚情操。一般又可分为两个时期,第一个时期是在五坡岭被俘以前,国家尚存兴复希望,他的诗体现了百折不挠的艰苦战斗精神。第二个时期是在五坡岭被俘之后。他亲见厓山行朝覆灭,跟他多年共患难的战友全部牺牲,他的复兴国家的志业已告绝望。这是他万念俱灰,但求速死。但是他绝望并不垂头丧气,相反,歌声更加凄厉而高亢。所以在被俘北行经过南康军时,作《南康军和苏东坡〈酹江月〉》高唱"乾坤未歇,方来还有英杰"。总之,德祐以后,他的诗使人凛然于忍辱偷生的可耻,了然于为保全民族气节而牺牲的光荣。

本书卷13,为《指南录》,收诗92首,历叙自己起兵勤王至景炎二年春所遭遇到的危恶境界。《扬子江》末二句:"臣心一片磁针石,不指南方誓不休。"《指南录》从此取名,表现了他以恢复大任自许自誓决不动摇的坚强意志。卷首有《自序》和《后序》,可为这一时期所作诗的最好注脚。特别是《后序》,叙述翔实,笔锋曲折,在悲痛和愤怒之中,浸透着忠贞的爱国之情:"不得已,变姓名,诡踪迹,草行露宿,日与北骑相出没于长淮间。穷饿无聊,追购又急,天高地迥,号呼靡及。"刻画了逃难的艰难困窘情状,历历如绘。结尾表示了"誓不与贼俱生""鞠躬尽瘁,死而后已",气势高亢,抒发了"返吾衣冠,重见日月"的救国愿望,是宋代散文中难得的佳作。

卷14为《指南后录》,收诗143首,词8首。收入《指南后录》的诗,格调悲壮苍凉。著名的如《过零丁洋》最后两句"人生自古谁无死,留取丹心照汗青",阐明了人生的重要意义,给当时和后世以深远的影响。《二月六日,海上大战,国事不济。孤臣天祥,坐北舟中,向南恸哭,为之诗曰》《南安军》《除夜》《金陵驿》等都是广为传诵的名作。《正气歌》也收录其中。

《正气歌序》引《孟子·公孙丑》,"吾善养吾浩然之气",说自己以一腔正气完全可以胜过丑恶的七气:水气、土气、日气、火气、米气、人气、秽气。因此,文天祥以"正气"为题,并以正气发端,作成这首悲壮昂扬、激奋人心的豪迈之歌。时间是作者被囚禁两年后,即元世祖忽必烈至元十八年(1281年)的夏天,地点是元大都阴暗潮湿的监狱。前10句为一个意义层。开篇他就高唱"天地有正气",并说正气有不同的表现形式,于物,是大地上奔流的大河和高耸的峻岭;于人,就是那充沛的塞满无根苍穹的浩然正气。时局危险的时候,忠臣就会纷纷涌现,成为后人仰慕敬佩的典型。齐太史的简书,晋董狐的直笔,秦张良的博浪沙之铁锥,汉苏武19年坚毅不屈的壮节,东汉严颜宁作断头将军,晋嵇绍的甘洒热血,唐张巡的咬断钢牙,严杲卿的骂贼断舌。他们的义烈行为,感天地而动鬼神。还有不仕伪朝飘零辽东的管宁之帽,写"鞠躬尽瘁,死而后已"的诸葛之表,为恢复中原而渡江中流的祖逖之楫,血染逆廷、段秀实用以击贼的笏板,都是天地正气的化身。在诗中,文天祥列举了12个凛然有着昂扬正气的典型,作为榜样来勉励自己。这就表明正气是维系天柱、地维和人伦并使之绵亘古今而不绝的巨大力量。它广大雄厚,磅礴凛冽。当正气横贯日月的时候,人们可以将生死置之度外,也因此地维赖之以立,天柱赖之以尊,纲常也因之而不乱。这是第二个意义层。以下到篇尾是第三个意义层。追述自己遭逢了国家大变乱的经历,写了狱中生活与邪气搏斗的情形。最后点明作歌主旨,"哲人日以远,典型在夙昔。风檐展书读,古道照颜色"。往古的贤哲虽然离我们的时代久远了,但是他们为正气所钟的义烈风貌,却还留在史册上,成为我们现在学习的榜样。全诗不尚雕饰而大气包举,感情深挚而韵味深厚,显然受到了杜甫诗歌的启发,但是本诗真力弥满、大气磅礴,自是因为作者心中充盈着那腔至刚无匹的浩然正气的缘故。

卷15为《吟啸集》,收诗85首、文章两篇。除少数作于赴大都途中外,其他都是作于狱中。《己卯十月一日》写了在狱中的生活。《立春》"无限斜阳故国愁"、《夜起》"万里灯前故国情"、《感兴》的"万里云山断客魂"和"月侵乡梦夜推枕",怀念故国家乡。另外还有怀念故朋旧友、准备随时以死报国内容的诗歌。如《上元怀旧》:"风生江海龙游远,月满关山鹤唳高",志气益愤而气格益高。

卷16为《集杜》诗五言绝句200首,有题,或有序。集杜就是用杜甫的诗句来作诗。文天祥自序说这200首诗概括地叙述了自他"颠沛以来"的"世变人事",目的是记述历史,是把它当作杜甫诗史来写作的。《集杜》不仅是集句艺术的高峰之作,而且也为后代留下了一份宝贵的历史遗产和文学遗产。吴之振在编选《宋诗钞》称赞说:"裁割熔铸,巧合自然,尤千古擅长。"

总的说来,后期文天祥写得最多也最好的是古体诗和律诗。古体诗常常感情奔放、气势磅礴,如《正气歌》。还有《高沙道中》,运用平易流畅的散文语言,叙述经历的险境,详细而不琐碎,在复杂的叙事中以一句"自古皆有死"为线索。全诗五言,隔句押韵,长达80多韵。而且一韵到底,读来有一种浑灏流转的感觉。它的篇幅甚至超过了杜甫的《北征》,而笔力矫健,始终不懈,实在难得。《二月六日,海上大战,国事不济。孤臣天祥坐北舟中,向南恸哭,为之诗曰》一首,作于厓山行朝覆灭时,通篇七言44句,由于每句押韵、两句一换韵,读时更觉得声调急促沉痛。"厥角稽首并二州,正气扫地山河羞",只两句就呵斥了投降政策;"我欲借剑斩佞臣,黄金横带为何人"也只两句,声讨了卖国贼的罪行;"一朝天昏风雨恶,炮火雷飞箭星落;谁雌谁雄顷刻分,流尸漂血洋水浑",只4句,极写战争的激烈;"昨朝南船满厓海,今朝只有北船在;昨夜两边桴鼓鸣,今夜船船鼾睡声"也只4句,就描摹了战后海面凄暗景色,同时刻画出沉痛悲悼的心情。这些都体现了文天祥用词的简洁,感情的奔腾汹涌。他的律诗佳作也很多,《赴阙》《过零丁洋》传诵最广。就是《集杜》诗也颇能传其情愫,如"耳想杜鹃心事苦,眼看胡马泪痕多"。

《文山先生文集》的版本有明嘉靖三十九年(1560年)张元谕刊本、《四部丛刊》影印明刊本的《文山全集》本、清光绪十三年(1887年)仕江周毂诒堂重镌的《庐陵文丞相文山先生全集》、生活书店出版的郑振铎编《世界文库》中有《指南录》和《指南后录》本,其中《指南录》有宋刊本。1979年人民文学出版社出版了黄兰波编选的《文天祥诗选》,有注释。

元曲

元曲是元代文学的代表,它包括杂剧和散曲两部分。

元代杂剧的发展,大致可分成初、中、晚三个阶段。

初期:自蒙古灭金至元世祖忽必烈至元三十一年(1234—1294年)。这一时期是一个社会大变动的时代,而这种社会大变动给予元杂剧的创作以深刻的影响。戏曲史上许多熟悉的名字便产生在这一时期,如关汉卿、白仁甫、马致远、纪君祥等。他们经历了社会变乱,对社会人生颇多感悟,写出了深刻思考人生处境与命运的剧本,如《窦娥冤》《梧桐雨》《赵氏孤儿》《汉宫秋》等,影响至今。

中期:自元成宗铁穆耳元贞元年至元文宗图贴睦尔至顺三年(1295—1332年),这一时期的杂剧创作主要以爱情、神仙道化、人文事迹成为重要的创作题材。作品流露出避世、苦闷、怀乡等愁绪。代表人物是王实甫、郑光祖等。代表作品有《西厢记》《倩女离魂》等。

晚期:元顺帝贴睦尔统治时期(1333—1368年)。这一时期杂剧呈衰落之势。作品内容比较注重对封建道德的宣扬以及对情节的追求,没有产生能和前两期相抗衡的作家作品。

元杂剧的作品,流传至今的大约有237种。其中关汉卿的作品成就最高。

进入元代,散曲得到了全面的发展。据专家统计,元人散曲作家可考者有270人。流传下来的元人散曲,据《金元散曲》所收,小令有3800多,套曲有400多。题材广泛,包括抒情、怀古、写景、咏物、叙事、投赠以至谈禅、嘲谑等。

文学史家一般以元成宗大德四年(1300年)为界线,把元人散曲的创作分为前后两期。前期散曲作家有关汉卿、马致远、白朴、卢挚、姚燧、张养浩等人,其中最有代表性的是马致远。其代表作是《夜行船·秋思》。后期散曲作家有张可久、乔吉、贯云石、徐再思、刘时中等人,其中最有代表性的是张可久。其代表作是《一枝花·湖上晚归》,被誉为"千古绝唱"。

《关汉卿戏曲选》

《关汉卿戏曲选》,今人吴晓铃等编校。关汉卿(约1230—1300年),元代杂剧作家,号已斋叟,一作一斋,大都(今北京)人。他和马致远、郑光祖、白朴并称元曲四大家,是中国戏曲史上创作最丰富的戏剧家。大概生于元太宗在位时代,金灭亡之后,他流落歌楼、酒肆、瓦舍、戏场之中,不愿意为官。为人倜傥不羁,具有坚强不屈的性格。关汉卿对人们的生活非常熟悉,对各种艺术形式也很爱好,他擅长歌舞,精通音律,创作了大量人们喜爱的戏剧,很多有开创意义。他的杂剧有63种之多,但保存至今的仅有15种,为《单刀会》《西蜀梦》《绯衣梦》《拜月亭》《调风月》《望江亭》《窦娥冤》《金线池》《鲁斋郎》《蝴蝶梦》《救风尘》《谢天香》《玉镜台》《哭存孝》《陈母教子》。他对后世的影响相当大,元代很多戏剧家都向他学习。

《窦娥冤》是《关汉卿戏曲选》中最出色的悲剧。内容是写一个读书人窦天章的女儿窦娥一生的不幸。她3岁死了母亲,到7岁时因为抵债被父亲送到蔡婆婆家当童养媳,17岁结婚,两年后丈夫去世,从此过着悲惨的寡居生活。蔡婆婆外出讨债,赛卢医要谋财害命,地痞张驴儿和他的父亲借口救蔡婆婆,赖在蔡家。张驴儿垂涎窦娥美色,窦娥不肯,于是他想毒死蔡婆婆,不料张驴儿父亲被毒死,于是诬陷窦娥毒杀其父。审案的太守是个昏官,将窦娥屈打成招,判处死刑。刑前,窦娥发誓:若死得冤枉,刀过头落,热血飞溅白练;天降瑞雪三尺掩盖其尸;楚州大旱3年。其誓感动上天,果然应验。后来其父做了提刑肃政廉访使,来到楚州,并为窦娥洗刷冤屈。窦娥的一生是中国古代封建社会普通妇女的写照,窦娥身上体现出来的性格基本上反映出普通妇女的性格。她善良而不失刚强,从幻想对官府抱有期望到认清官府的黑暗,从相信天地到对天地提出大胆的质问。她的悲剧恰恰是对元代社会政治、伦理、社会风尚尖锐的解剖和批判。

《救风尘》是关汉卿杂剧中有代表性的喜剧。内容是妓女赵盼儿拯救同行姊妹,向纨绔子弟周舍斗争的故事,本篇反映了下层妇女的奴隶地位、悲惨生活和斗争要求,称颂她们的勇敢和智慧,揭露封建统治者的愚蠢和无耻。《望江亭》是《救风尘》的姊妹篇,主题、情节、人物基本相似。《鲁斋郎》是一部比较好的公案戏,这篇作品反映了元代社会里压迫者和被压迫者的矛盾,有对豪强恶霸荒淫无耻生活和凶横残暴的揭露。《单刀会》描绘了关羽只身赴会,在会上屡破鲁肃计谋的故事。本折戏讲述了统治阶级内部的争夺,说明荆州应归汉家,在蒙古族统治下的元代不无现实意义。对关羽人物形象的描绘也是煞费苦心,那种坚贞不屈、胸襟磊落的英雄气概活脱脱地展现出来,气节崇高,表现的咄咄逼人,这是一部相当不错的历史英雄剧。

《关汉卿戏曲选》体现了关汉卿创作上的各种特征。首先是重视人。戏曲就是人间生活的反映和缩影,人是戏剧的主要角色,无论情节还是事件都要受到人的支配。只有把人写得有意义,有存在的价值,才使艺术的生命得以长青。在描绘人物时,体现出人应平等的观念,各色人等,不分贵贱,都有尊严,都有自己存在的空间,有自己活着的价值。但关汉卿生活在不人道的社会里,于是在他的笔下就有了各种丑恶的现象,通过艺术的手法反映了当时的社会。正是看清了这样的社会,关汉卿萌生了人道主义的思想,成为他企图改造社会的精神武器。比如《西蜀梦》《哭存孝》这两部英雄悲剧,都是以复仇为主题,但都富有很浓厚的人道主义色彩。关汉卿的人道主义思想是时代的折光,反映被欺凌者不甘于欺凌的矛盾。而关汉卿总是站在被欺凌者一边,他的作品就是人道的控诉,就是正义的呐喊。其次是对人的力量的发现,尤其是对妇女的重视。当时的现实是,社会不承认人的价值、人的自由幸福,尤其是女人更没有人的地位,女人中的妓女、寡妇等更是倍受歧视。但关汉卿却发现了妇女的才智、品质和力量,在他的戏曲中,越是处于社会底层的就越有反抗精神,尽管还是微不足道,但却是闪光点,是最为可贵的地方。关汉卿在现实中发现了美好的理想,将之赋予到惨遭不幸、屈辱的社会底层的妇女身上,比如有智勇双全的再嫁寡妇谭记儿,倔强气傲的妓女杜蕊娘,感天动地的童养媳出身的青年寡妇窦娥等,都有不让须眉的胆识和才干。这样将妇女的形象加以描绘,不是艺术的拔高,而是对男尊女卑社会的挑战,是根据现实而来的。再次,《单刀会》等将英雄主义的雄健形象凸现出来。不仅是有关羽、张飞等人,就是有反抗性的妇女也洋溢着敢于斗争、乐观上进精神。关汉卿作品呈现出英雄主义和人道主义紧密结合的精神。复次,在关汉卿的作品中找不到宿命论的故事,虽然他本人并非无神论者。在剧作中,喜剧中主人公在遭遇困难时刻,并没有去求神问卦,而是通过自己的力量和奋斗度过;悲剧中主人公具有顽强的性格,报仇雪恨都靠自己的力量,总之是自己掌握自己的命运,这点是很可贵的思想。

今人吴晓铃等编校的《关汉卿戏曲选》,1958 年 4 月戏剧出版社排印本,共两册,73 万余字,编者对关汉卿的创作搜集的比较齐全,不仅汇集了所能搜集到的全部戏剧,而且对他的散曲和已散佚的戏曲也做了一些辑佚,另外对关汉卿剧作的各种版本做了详细的校勘。再有是人民文学出版社版的《关汉卿戏曲选》。

明清小说

“小说”一词,早在春秋时期就已经出现了。据《庄子·物外篇》载:“饰小说以干县令,其于达远矣!”但那时“小说”一词与现在的小说截然不同。那时小说是指争辩中用的词语。到了汉代,班固在《汉书·艺文志》中把小说列为独立的一家。到了魏晋南北朝时期,南朝梁人刘勰在他的《文心雕龙》中首次把“小说”作为一种文学体裁进行了论述。小说到唐代叫作传奇,随着宋代评话的出现,人们才真正以“小说”作为故事性文体的专称。

明清之际,由魏晋的志怪小说、唐代的传奇、宋代的话本而来的各种类型的小说应运而生,而且数量极多。其中最著名的是《三国演义》《水浒传》《西游记》“三言”“二拍”《金瓶梅》《聊斋志异》《儒林外史》《红楼梦》等。

《水浒传》

《水浒传》是自北宋末年一直到元末明初 250 年间经过许多有名的无名的作家不断整理加工而成的我国第一部以农民起义为题材的长篇白话小说。它通过梁山英雄从个人复仇到集体反抗乃至最终失败的悲壮历程,塑造了农民起义的英雄群像,揭示了封建时代尖锐的社会矛盾和起义产生、失败的社会根源。

小说揭示了“官逼民反”是梁山起义的社会根源。作品把封建统治集团代表人物高俅的发迹作为开篇,开宗明义地表达了“乱自上作”的思想。高俅成为贯穿全书的一条黑线。他上与蔡京、童贯勾结,下与地方官吏串通,加之镇关西、蒋门神、祝朝奉、毛太公等豪霸,构成了自上而下的社会黑暗势力。这不禁使身处社会底层的李逵,将门后裔杨志,世袭贵族柴进,开明地主鲁索义纷纷加入起义行列。智取生辰纲是梁山英雄从个人复仇到集体反抗的开始,此后经过“三山聚义”、清风寨报仇,起义军逐渐发展壮大,并在三打祝家庄、踏平曾头市、大破连环马中与统治阶级展开了大规模的武装斗争。“梁山泊英雄排座次”是梁山起义发展的高潮。

作品在 70 回后写了起义军在两胜童贯、三败高俅的大好形势下竟接受了朝廷的招安,从此走上了失败的道路。如何看待招安,是《水浒传》评论的一个焦点问题。多年来对这部小说的思想内容及其人物评价的褒贬,均由此引发。从历史的真实来看,小说故事的原型宋江起义就是接受了招安的,这也是民族矛盾激化时期的一种思想倾向。鲁迅先生指出:"招安之说,乃是宋末到元初的思想。"(《中国小说的历史变迁》)从艺术的真实来看,它符合宋江等人的性格的发展,招安导致的悲剧结局客观上揭示了农民起义的局限性和起义失败的根源。

《水浒传》第一次热情歌颂了农民起义,开创了中国文学的官民对立模式。它洗去了统治阶级强加在起义者头上的污水,将起义者塑造成大忠大义的英雄豪杰,并描画了一个全新的异于现实的美好理想的世界:水泊梁山。它是"桃花源"母题的变形置换,不再是一个狭隘的地理概念,而演变成一个文化符号。这种以"侠"和"义"为基石构筑起来的理想大厦,也是文化史上的奇观。这种不好色,不贪财,不怕死,铲除不平,劫富济贫,兴利除弊,拯救他人就是拯救自我的精神,闪烁着永久的光芒。

宋江是《水浒传》中最为复杂的人物,他的性格始终具有反抗与妥协的二重性。一方面,他能救困扶危,以重义而名扬江湖。论文才武略他在梁山英雄中并不出众,但其忠贞侠义的品格和养济万人的度量使他在梁山具有无可取代的主心骨与凝聚力的作用。另一方面,他出身地主家庭,做过刀笔小吏,具有封建正统观念,即使被逼迫上梁山,他报效朝廷的念头却没有断。直到接受招安,酿成悲剧,他临死仍表示"宁可朝廷负我,我忠心不负朝廷"。宋江这一人物是小说情节发展演变的关键之所在。

《水浒传》还塑造了一系列起义英雄的形象。在人物刻画中,小说准确把握了人物与环境的关系,共性与个性的关系。林冲、鲁达、杨志都是武艺高强的军官。其中林冲是80万禁军教头,又有美满家庭,自然形成安于现状、忍辱求全的性格。刺配沧州后,地位、家庭丧失殆尽,甚至生命也受到威胁,他才忍无可忍,奋起反抗。鲁达则一无牵挂而无所顾忌,因此具有勇于抗争,好打抱不平的性格,这使他与社会现实格格不入,最终主动走上了反抗之路。"三代将门之后"的杨志一心追求功名,为此忍辱负重,百折不挠,直到生辰纲被劫,退路全无,才被逼上了梁山。

小说还善于在曲折的故事情节、尖锐的矛盾冲突中展示人物性格。如武松的英雄豪气在"景阳冈打虎"中已有展露,后又通过"斗打西门庆""醉打蒋门神""大闹飞云浦"等一系列你死我活的拼杀、刀剑血影的搏击中淋漓尽致地得以表现。

运用对比、烘托等艺术手法,写出人物的种种差异,是小说描绘人物的高超技巧。林冲的息事宁人与鲁智深的打抱不平,宋江的深谋远虑与李逵的心直口快形成鲜明对比,同是粗鲁,鲁智深急躁、李逵粗野,武松爽快,史进任性。同是粗中有细,李逵则天真淳朴,鲁智深则机智有谋。正如金圣叹所说:"叙一百八人,人有其性情,人有其气质,人有其形态,人有其声口。"(《第五才子书施耐庵水浒传序三》)

《水浒传》的结构属于单线连环结构。它的叙事情节呈单线发展,由一个又一个的故事组成。这些故事既有相对独立性,又一环紧扣一环,从而构成一个完整的有机整体。如小说的2到7回是鲁智深的故事,7到12回是林冲的故事,13到22回是智取生辰纲的故事。接下去的10回是武松的故事,再往后10回是宋江的故事。其中鲁智深的故事由史进引出,林冲的故事由鲁智深引出,生辰纲的故事由林冲引出,环环相扣,巧妙连缀,这种结构的形成是水浒故事长期在民间流传的结果。同时这也是小说内容的需要。梁山英雄个个有曲折复杂的经历,轰轰烈烈的事迹,最终都被逼上梁山。通往梁山的条条道路,汇集起来就是一幅波澜壮阔的英雄画卷。

在情节设计上有意从类似的情节中写出不同来,或称"犯而不犯",如写了武松打虎,又写了李逵打虎。前者是遽然遇虎,赤手空拳与虎搏斗,惊险万状;后者是有心寻虎,用刀连杀四虎,有惊无险。武松杀嫂后,又有石秀杀嫂。前是亲嫂,后是义嫂。前者因有杀兄之仇,告状不准,才被迫杀嫂,且请邻居做证,杀后又主动投案自首,不连众人,显得光明磊落;后者是出于心胸狭窄,且滥杀无辜,嫁祸于人,显得自私狠毒。其他像江洲劫法场救宋江以及大名府劫法场救卢俊义;武松发配及宋江发配;林冲起解途遇公差刁难加害以及卢俊义起解途遇公差加害;阎婆惜与人偷情要害宋江以及贾氏和管家通奸害卢俊义;三打祝家庄以及两打曾头市等。

作为我国第一部长篇白话小说,《水浒传》的语言在《三国演义》半文半白的基础上更进一步,具有大众化、口语化的特点。它继承和发展了宋元以来"说话"的语言艺术,提炼了带有浓烈生活气息的大众口语,并使之洗练,丰富而生动。无论是叙事或写人,常常是寥寥几笔便形神毕肖。如38回李逵初见宋江时,问戴宗道:"若真个是宋公明,我便下拜。若是闲人,我却拜甚鸟。"当确认是宋江时,李逵"拍手叫到:'我那爷!你何不早说这些个,也教铁牛欢喜!'扑翻身躯就拜"。三言两语,李逵率直粗放的个性便活脱脱呈现在读者面前。

《水浒传》首开中国小说英雄传奇的先河。后世的《说唐》《杨家将》《说岳》等无不受其影响。它们共同构成了中国小说的"英雄史诗"。

《红楼梦》

《红楼梦》,又名《石头记》《金玉缘》,曹雪芹著,清代著名长篇小说,120回。曹雪芹(约1715—1763年),满族。名沾,字梦阮,号雪芹、芹圃,原籍辽阳(今属于辽宁),一说河北丰润,满洲正白旗人。曹雪芹的祖先是汉族人,在明朝末年定居于沈阳,他的高祖曹振彦参加了新兴的清政权,从龙入关,隶籍于满洲正白旗包衣佐领,由于包衣是皇帝通过内务府直接管理的,所以曹家是皇室的家奴,可看作满人。曹雪芹的先世具有特殊的亲贵身份,过着尊荣的生活,并且又有较高的文化素养,这一切给曹雪芹的创作带来巨大的影响。曹雪芹的一生可考的事件并不多,主要是和敦诚、敦敏兄弟交往,再者和在北京西郊教学的张宜泉来往甚密。他的最后10年,在北京西郊度过,生活极其清苦,常常靠赊欠度日。曹雪芹在雍正抄家前,大概是居住在江宁织造,度过童年、少年的富贵生活,抄家后来到北京,晚年流落西郊山村,一生没做过官,大概当过杂差,但他才华横溢,能文工诗善画,常常靠卖画度日。

关于《红楼梦》,在曹雪芹在世时只有《红楼梦》的稿本和脂砚斋等批语的抄本。在曹雪芹去世后20年间,出现了程伟元的枣梨本,此为程本。当然还有所谓甲戌本,名为《脂砚斋重评石头记》,是乾隆甲戌年(1754年)脂砚斋抄阅再评本子的传抄本;庚辰本,名为《脂砚斋重评石头记》,祖本是乾隆庚辰年(1760年)评定本,等等数十种版本。大概主要的有3个大的系统:即程本、脂本、红楼梦研究所本,后者为中国艺术研究院红楼梦研究所综合脂本和程本而成,1982年由人民文学出版社出版。

《红楼梦》的主要内容。从《红楼梦》的整体来看,它的线索不外3条,其一是林黛玉和贾宝玉的恋爱悲剧;其二是贾、王、史、薛四大家族尤其是贾府的兴衰,凤姐、探春的理家及其失败是重要内容;其三是贾政、宝玉父子在人生道路上的分歧,中间涉及宗族教育、科举考试制度等。贾宝玉在贾府有着特殊的地位,他是贾政的嫡子,根据《红楼梦》是女娲补天遗落未用的彩石幻化而来,生时口衔通灵宝玉,深得祖母史太君疼爱。他从小在大观园和少女们厮混,不爱读儒家圣贤书,不乐进学入仕,即使遭到父亲严责,依然未改其人生态度。同黛玉恋爱不成,被迫和宝钗结婚,最终出家为僧。林黛玉是两淮盐政林如海的女儿,贾母外孙女,母亲早亡,寄居舅家,她资质聪颖,工诗善言,但寄人篱下,又无从表达对宝玉的爱慕,郁闷而终。《红楼梦》主要根据此二人为中心展开人物众多、场面宏大、情节曲折的叙述的。其中有刘姥姥逛大观园,有黛玉葬花,有探春理家等故事情节连缀而成。书中人物个性鲜明,比如有忠心事主而遭塞了满嘴马粪的焦大,有不甘心于三等丫头地位一心向上爬的能言善道的小红,有野性十足的女戏子芳官等,形象逼真、绘声绘色。

《红楼梦》开场批评了才子佳人小说的低劣的技法,曹雪芹深知人物形象的重要性,追求语言的洗练,在表现技法上有创新。首先,人物形象鲜明、逼真、生动。比如宝玉和黛玉就是不满封建制度、具有民主色彩人物类型的典型;来旺、王善保是欺软怕强、仗势凌人的奴才形象;尤三姐是平民中有理想并敢于为之奋斗又不怕牺牲的形象,等等。诸如此类的人物形象,可反映社会上的某一类人,他们相互补充,展现了各个阶层的人物特征和精神面貌。至于描写人物时,最大限度地用各种手法去挖掘人物的思想、性格,通过行动、语言和内心活动等创造丰富的人物形象、反映复杂的社会现实。其次,生动优美的语言。曹雪芹尽量采用民间语言,用新鲜活泼有韵律的语言,反对八股文体。比如写黛玉、宝钗躲避远远的,说"生怕这气大了,吹到了姓林的;气暖了,吹化了姓薛的",将弱不禁风的、秉性冷淡的状态活灵活现地表现出来了。又如写刘姥姥吃饭时的各种怪象,引起三次哄堂大笑,每一次都不同,令人眼花缭乱,却纹丝不乱。正是运用了大量丰富的富有神韵的语言,才使人物形象完美丰满。再次,结构谨严,情节有节奏感。《红楼梦》开卷以冷子兴"演说"交代贾府的源起及其发展趋势,再叙黛玉、宝钗进入荣国府,接着是凤姐协理宁国府,到刘姥姥入大观园等,一个故事衔接一个故事,紧凑而不失自然;各事件相间相生,既可独立又不可或缺,读来给人豁然贯通、酣畅淋漓之感。

《红楼梦》是中国古典小说发展到高峰的标志,其思想性极其深刻。《红楼梦》的故事如同曹雪芹的家庭兴衰,反映了大的社会背景。首先,暴露了封建君臣的虚伪、罪恶。在《红楼梦》中没有正面写皇帝,但却可以给人皇权严厉的感觉,从贾政过生日时,皇帝宣诏让贾府上下惶恐就可以看出皇帝的言行主宰臣民的祸福,这是用艺术特色从侧面对皇权的揭露。薛蟠打死冯渊扬长而去,贾赦害得石呆子家破人亡等故事,他们之所以能够肆无忌惮地作恶,就是因为有官僚的庇护,曹雪芹把这种关系用"护官符"表述得非常准确,用几件血淋淋的事实,揭露了以皇帝为首的封建皇权残暴和政治的黑暗腐败,表明封建国家机器和官僚政治是万恶之源,是社会机体的毒瘤。其次,抨击各种腐败的制度。比如婚姻制度方面,很多婚姻悲剧的产生就是因为父母包办婚姻,比如迎春由父亲做主嫁给了孙绍祖,被折磨而死,就是个悲剧下场。当然曹雪芹着力描写的是黛玉和宝玉的恋爱,他们一个被迫死去,一个出家,都没有好归宿。正是以这些婚姻悲剧来有力地控诉了封建婚姻制度戕害青年人的吃人本质,揭露了"以理杀人"的残暴本性。还有就是教育制度的沉沦没落,哪里是教育人才,明明是让青年学子只读儒家圣贤书,学做八股文,扼杀人的思想,束缚人的才智。再次是提供了丰富广阔的社会视野。曹雪芹对人们的生活方式、生活画面的描写相当细腻、真实。对人们的精神生活和情趣,还有各种生活习俗,都有详细的描述,《红楼梦》实在是当时社会的真实写照。

当然在《红楼梦》中还有一些唯心主义的观念，比如历史循环论、宿命论、色空观念等，曹雪芹安排宝玉出家，大概是和《好了歌》的出世思想相一致的，也反映了他本人多少也具有出世想法。

但归结起来，《红楼梦》取得了辉煌的成就，展示了一幅无与伦比的封建晚期社会生活画面，揭露并批判了封建主义，是封建晚期社会的一面镜子；其思想性极其深刻，艺术手法细腻逼真，描写人物形象生动、栩栩如生，语言精练，无论思想性还是艺术性都达到了古典小说的顶峰，是值得中国人民引以为豪的文化遗产。

《聊斋志异》

作者蒲松龄（1640—1715 年），蒙古族，字留仙，又字剑臣，别号柳泉居士，山东淄川县（今淄博市）人。他的祖父蒲汭，父亲蒲槃，都是学识渊博的儒生。松龄早岁即有文名，然屡试不第，到 71 岁才成为贡生。除中年在宝应作幕客数年外，其余时间都在家乡作塾师。能诗文，善作俚曲。曾以 20 多年的时间，写成短篇小说集《聊斋志异》16 卷 400 余篇。还有《聊斋诗集》《聊斋文集》《聊斋俚曲》《日用俗字》《农桑经》等著作。其中以《聊斋志异》成就最高，影响最大。

《聊斋志异》全书共 491 篇，其故事大都采取民间传说和野史佚闻，内容多谈狐、魔、花、妖，以此来概括当时的社会关系。尖锐地暴露了当时黑暗腐败的政治，鞭挞了无恶不作的贪官污吏和土豪劣绅，同情被压迫人民的痛苦遭遇，以及歌颂被压迫者的反抗斗争。如《促织》写成名一家的悲剧故事，皇帝酷爱斗蟋蟀，每年都要向民间征索。成名为了满足官府下派进贡善斗蟋蟀的任务，弄到倾家荡产地步才捉到一头俊健的蟋蟀，但不小心被好奇的儿子偷看一眼而弄丢，儿子也因害怕而投井自杀。后来儿子变成一只善斗的蟋蟀，成名把他送入宫去，"上大嘉悦"，才挽救了成名一家不幸的命运。作品表现了人民从肉体到精神所遭到的迫害。批判矛头直指封建皇帝。《席方平》剖析了封建社会统治机构的丑恶本质，塑造了席方平的反抗斗争形象。作者虚构了阴间的城隍、郡司和冥王，影射人间县、郡和朝廷这一整个官僚体系。这些大小官员上下勾结，相互包庇，形成了任意宰割无辜百姓的罗网。他们共同的目的就是害民肥己。有钱，无理可有理；无钱，有理也无理。让人懂得势力社会，曲直难分。

作者对科举制度的罪恶和弊端做了深刻的揭露。如揭露考官无能的名篇有《司文郎》和《贾奉雉》，揭露学官变省法子受贿的有《考弊司》等，描写有才不被录取，无才反而中举的黑白颠倒现象，指斥了科举制度的腐朽。作者通过曲折的情节，揭露封建婚姻制度的不合理，反映当时广大青年男女冲破礼教樊笼的愿望和行动，歌颂了反封建的"叛逆"性格。如《鸦头》《连城》《小二》《宦娘》《封三娘》《细侯》《婴宁》《绿衣女》《娇娜》等名篇。《叶生》《司文郎》《贾奉雉》等篇，也有一些宣传因果报应思想和宿命论观念，提倡对压迫者忍让及低级庸俗的内容。蒲松龄把自己对生活敏锐的洞察力和卓越的艺术才能结合起来，从民间故事广泛地采撷中充分吸取了人民群众的智慧，通过浪漫主义的创作手法，把各种各样的仙鬼狐魅形象化、人格化，把描写幽冥世界作为现实生活的投影，曲折地表现了人类社会的真实生活。几百年来，这部字里行间渗透着作者"孤愤"的文学名著，以其深刻的思想，鲜明的主题，生动的形象，优美的文笔，脍炙人口，名扬中外。通过蒲松龄笔下那栩栩如生的人物和娓娓动听的故事，使人们看到了早已逝去的那个时代。虽然，他主要以谈狐说鬼的方式写作小说，但这正是他在当时特定的历史条件下,用隐晦曲折的方式表达着他的思想感情,从而也构成了他区别于其他作家的主要艺术特色。《聊斋志异》不愧为我国浩瀚的文学宝库中一颗灿烂的明珠,它数百年来一直为人们所喜爱,不但在国内被誉为"短篇小说之王",在世界文学史上也占有重要的地位。《聊斋志异》版本较多,主要的有下列几种:

①蒲松龄手稿本;②乾隆十六年(1751 年)铸雪斋抄本,此本源出于蒲氏手稿本,在原稿本不易见的情况下,对研究《聊斋志异》颇有参考价值。1974 年上海人民出版社据北京大学藏《铸雪斋抄本聊斋志异》影印出版;③乾隆间黄炎熙选抄本;④乾隆三十一年(1766 年)青柯亭刻本;⑤道光三年(1823 年)何守奇评本;⑥道光十五年(1835 年)天德堂刊本;⑦道光十九年(1839 年)何垠注本;⑧道光二十二年(1842 年)但明伦评本;⑨同治八年(1869 年)羊城青云楼刊朱墨套印本;⑩光绪十七年(1891 年)喻刊四家合评本;⑪会校会注会评本(即"三会"本)。此本在篇数上比通行本增加了 60 篇,共 491 篇。在校勘上采用手稿本、铸雪斋抄本、青柯亭刻本及其他石印本等,做了精细的整理。在注释上,把吕湛恩和何垠的注汇集在一起,删去重复。在评语上,则汇集了王士祯、无名氏甲、无名氏乙、何守奇、但明伦等各家评语。是目前最完备、最有研究价值的本子。

《镜花缘》

这是一部长篇小说,清朝李汝珍作。李汝珍(1763—约 1830 年),文学家。字松石,直隶大兴(今北京大兴)人。据胡适考证,他曾跟随做官的哥哥李汝璜,长期寓居江苏海州(今连云港市),一度在河南做过县丞。他是一个对乐理音韵很有研究的学者,曾受业于凌廷堪,着有音韵学著作《李氏音鉴》和围棋谱《受子谱》等。

根据《镜花缘》第 100 回自序,他从中年就开始着手该书的写作,大约花了 30 年的心血,到晚年才定稿成书。而且原书本来打算写 200 回,现在流传下来的只有一半。但这 100 回,作为小说来讲,还是完整的。

《镜花缘》的故事主要由两大部分组成。前半部写武则天篡夺帝位,徐敬业、骆宾王等起兵造反,造反失败后部属及父兄子女流落四方。武则天在寒冬却下诏要百花齐放,适逢百花仙子出游未归,众花神无法请示,只得下令百花齐放。因为不顾节期而乱令百花在冬天开放,触犯了天条,百花仙子和其他 99 位花神都被贬下凡尘。百花仙子降生为岭南河源县秀才唐敖之女,取名小山。唐敖进京考试,中了探花。却因为有人告发他曾与徐敬业等人结拜为异姓兄弟,仍旧被贬为秀才。从此唐敖看破红尘。他随经商的妻兄林之洋和舵工多九公出海贸易,一路上经过了君子国、两面国、女儿国等十几个国家,见识了形形色色的风土人情,沿途搭救了由花神转世的几个女子。唐敖本人最后入小蓬莱山而不归。这时武则天下诏特开女子考试,但唐小山执意要林之洋带她出海寻找父亲。历经艰险,终于到了小蓬莱山,从一个樵夫的手中得到了唐敖的信,命她改名"闺臣"赴考,约定考中才女,才能再次团聚。

小说的后半部分就写唐闺臣等人参加女科考试,由花神托生的 100 个女子都被录取为才女。才女们连日举行宴会,表演了书、画、琴、棋、医、卜、星相、音韵、算法、灯谜、酒令、双陆、马吊、射鹄、蹴球、斗草、投壶、百戏等,显示了各自的才能。后来分别散去,唐闺臣再次来到小蓬莱,也入山不返。第 95 回以后,写徐敬业等人之子联合剑南节度使文芸起兵反对武则天,一些才女也投入了军中,并有殉难者。在仙人的帮助下,打败了武氏兄弟设下的酒色财气四大迷魂阵。取胜后,唐中宗复位,仍尊武则天为"则天大圣皇帝"。武则天又下旨来岁仍开女科,并命前科众才女重赴红文宴。

《镜花缘》是一部表现作者李汝珍的社会理想的小说。本书最突出的精华,是李汝珍对封建社会里男尊女卑的现象表示了极大的愤慨和不满。小说颂扬了女性的才能,着重写了100个才女的活动,而且她们的活动不局限于家庭里,而是活动在社会上,活动面也很宽,其中有考试、艺术、社交、游艺,而且有武功。她们表现出来的智慧,绝不亚于男子。由于在封建社会里参加科举是参加政治活动的先声,因此,李汝珍在《镜花缘》里实际上已经接触到女子参政的问题。这种广泛地多方面地写妇女的活动,而且是抛开男女性爱来写女性,这在中国古典小说中是具有开创意义的。

本书对封建制度强加在妇女身上的压迫进行了尖锐的抨击。特别是在小说的第33回的女儿国中,所有中国封建社会男子加给妇女的种种残酷待遇,如穿耳、缠足等,在这里都反过来由女子强加给男子,让男子也尝到那可怕的滋味。其中描写林之洋缠足一段常为人称引:"(宫娥)先把林之洋右足放在自己膝盖上,用些白矾洒在脚缝内,将五个脚趾紧紧靠在一处,又将脚面用力曲作弯弓一般,即用白绫缠裹。才缠了两层,就有宫娥拿着针和线来密密缝口,一面狠缠,一面密缝……及至缠完,只觉脚上如炭火攻的一般,阵阵疼痛,不觉一阵心酸,放声大哭道:'坑死俺了!'"对此,胡适在《〈镜花缘〉的引论》中评论说:"这个女儿国是李汝珍理想中给世间女子出气申冤的乌托邦。"鲁迅在《中国小说史略》中说:"作者命笔之由,即见于《泣红亭记》,盖于诸女,悲其销沉,爰托稗官,以传芳烈。"这与曹雪芹有感于"千红一窟(哭)"和"万艳同杯(悲)"而撰《石头记》实有某种相似之处。在第51回中,李汝珍还表明了自己反对纳妾的态度。他借一个女子之口说:"若要讨妾,必须替我先讨男妾,我才依呢!"这一观点在当时的封建社会里确实是够大胆的。因此,有学者认为李汝珍是中国最早提出妇女问题的人,而《镜花缘》是一部讨论妇女问题的小说,不无道理。

李汝珍对于当时封建社会的腐朽现象也作了无情、辛辣的揭露和鞭挞。鲁迅指出:"其于社会制度,亦有不平,每设事端,以寓理想。""淑士国""白民国"的儒士酸腐又不学无术,"两面国"的人狡诈而虚伪,"无肠国"的富翁贪吝复刻薄,"结胸国"的人好吃又懒做,"翼民国"的人"爱戴高帽子","豕喙国"的人撒谎成癖。只有"君子国"才是他的理想社会,人人都是君子,"无论富贵贫贱,举止言谈,莫不恭而有礼",宰相也"谦恭和蔼""脱尽仕途习气",国王也纳谏如流,不扰民残民。这些描写与现实社会的尔虞我诈、贿赂成风形成了对照效果,也有针砭现实的作用。通过想象的这些虚无国度,对封建剥削、压迫、迷信和封建社会末期的伦理,以及这个时期儒士的空虚、高傲、迂腐、酸吝和不学无术,还有封建地主、官僚的两面派作风等,作者都做了痛快淋漓的攻击和挖苦。在这些方面,虽然《镜花缘》艺术形象的塑造不及《儒林外史》深刻、形象、生动,但触及的问题是相同的,在揭露当时知识分子的丑态和封建地主官僚的两面派作风上,其尖锐性甚至超过了《儒林外史》。

书中也有不少落后陈腐的东西。具体表现为它对封建制度的批判并不彻底,作者的思想核心还是儒家思想,他把"万恶淫为首,百行孝为先",仍看作是天经地义的伦理道德,又始终把求取功名和成仙得道当作人生的最高追求目标。作者虽写了100位才女在社会上的一些活动,但归宿还是像镜中花,像水中月,都非真实,《镜花缘》的书名和书中的"水月村"都暗示了作者的主观认识程度。当然,我们也不能因此而苛求于他。毕竟李汝珍在《镜花缘》里还是反映了对于海外世界的憧憬和对于新的生活理想的向往,这是应当肯定的。

　　《镜花缘》的艺术特点。它是一部浪漫主义的作品。其想象虽然没有飞扬奔放的情致，但它的优长是富于诙谐和风趣。笔调幽默，冷嘲热讽，涉笔成趣。书中有几个刻画得较为生动的人物，也大多是这一类，如林之洋、多九公、孟紫芝等，性格爽朗、风趣。由于受清朝乾嘉学派的考据癖影响，《镜花缘》重视写书的博学，而不太重视文艺的表现，显露出它的不足。约有两点：①书中有很多卖弄才学的地方。比如小说的后半部分只着重介绍古代游艺的花色，做一些文字音韵的游戏，艺术性就不强。所以鲁迅在《中国小说史略》中说它是"学术之江流，文艺之列肆（商店铺子）"，作为小说就不大合适。当然，在李汝珍的掉书袋里也有一些不乏机智的片段和一些精辟的谜语和笑话，一直到现在仍被人们广为传播。②艺术上的最大缺点是结构不匀称，不连贯，人物的形象也较为贫乏，故事性不强，过多的抽象的概念代替了具体的描写，让人感到作者从生活中汲取的东西少而从书本中撷取的多。由于卖弄学问，《镜花缘》中非文艺的因素压倒了文艺性的因素。总之，这部书优点突出，缺点也很鲜明，认识上面的价值大于艺术上的价值，所以有学者认为这是一部二流的小说。

　　《镜花缘》的版本很多，文字大体都相同，差异较少。马廉的旧藏本被认为是"原刊初印本"，刻于嘉庆二十三年（1818 年），20 卷 100 回。1955 年人民文学出版社出版的张友鸾校注本就是用该本为底本，旧序和批语都已被删去。

第八章　近代启蒙　变革维新

1949 年前的民国和晚清时期,虽然距今不过百年上下,但这百年来,中国社会一直在发生变化,自 19 世纪 60 年代的洋务运动开始,中国开始了近代化的艰难转型,在这时开始的、可能长达 200 多年的转型期内(历史学家唐德刚先生的观点),正如江山不幸诗家幸,动荡的社会导致这段时期学术兴盛、思潮碰撞、百家争鸣,这段时期里新的思想文化挣脱了千百年来的桎梏大放异彩,老的思想文化精华也在这个特定的历史时代不断地被传承、放大、累积。

《蔡元培选集》

《蔡元培选集》,共 67 篇,蔡元培著。蔡元培,字鹤卿,号子民,曾经化名蔡振等。1868 年生于浙江省绍兴县,1940 年于香港去世。是清光绪朝进士,翰林院编修。全家历代经商。10 余岁就学《史记》《汉书》《困学纪闻》《文史通义》《说文通训定声》等书。其后他又深究宋明理学。1884 年设立私塾开始授徒,从事教育工作。百日维新失败,给蔡元培带来巨大震动,于是决心投身教育,培养人才。1905 年加入同盟会,1907 年进入德国莱比锡大学,研究哲学、文学、文化学、人类学等。蔡元培曾经担任过南京临时政府教育总长,确立了我国资产阶级民主教育体制。1917 年任北京大学校长,支持新文化运动。蔡元培办学本着"相容并包、思想解放"的宗旨,是我国现代教育史上地位高、贡献大、影响远的人,是我国现代教育的先驱。他的主要著作有:《文变》3 卷,《中国伦理学史》1 册,《欧洲美术小史·赖斐尔传》,《石头记索引》1 册,《哲学大纲》1 册,《中学修身教科书》5 册,《华工学校讲义》40 篇,还有各种译著,发表的论文、杂作、书信、讲演、序跋等。

《蔡元培选集》共收入文章 67 篇,是 1902 年到 1937 年间蔡元培有代表性的著作,都是按照时间先后顺序排列,反映了蔡元培各个时期的重要思想,是研究中国近代教育思想史的重要文献。

蔡元培先生早年就具备了民主思想。他反对保皇主义,赞成民主政治。在康有为、梁启超倡导维新时,蔡先生就不愿和他们发生关系。首先是认为在维新运动中,康有为等人没有注意到教育的重要性,不去培养人才,不从改革教育入手,等于空言;其次是他看到康有为、梁启超等人主张君主立宪,仍然拥护清朝皇室,不愿与之合流。后来孙中山在东京成立同盟会,他就毅然加入,并成为一名重要的领导者。

蔡元培的重要贡献有很多,首先他是我国新文化运动劳苦功高的"保姆",半个多世纪以前,当新文学处于襁褓之中,被守旧派诬蔑为洪水猛兽必欲置之死地而后快的时候,蔡元培先生作为北京大学校长义无反顾地站出来严正地驳斥了那些张牙舞爪的刽子手,在《洪水与猛兽》中,蔡先生说,"我以为用洪水来比新思潮,很有几分相象""至于猛兽,恰好作军阀的写照""所以中国现在的状况,可算是洪水与猛兽的竞争。要是有人能把猛兽驯服了,来疏导洪水,那中国就立刻太平了",蔡元培先生不遗余力地扶持、呵护着新文学的成长,正是在他的小心庇护下,新文学运动才得以发展壮大。

蔡元培还是我国新文化和新式教育尤其是高等教育的拓荒者。他用自己的智慧兼采撷我国固有的儒家思想和欧美流行的理想主义、实用主义的精华,做出了很多重要的大事。

1. 蔡元培先生主张学术自由和兼容并包。在《致公言报记者并答林琴南书》中讲:"对于学说,仿世界各大学通例,循'思想自由'原则,取兼容并包主义,与公(林琴南)所提出之'圆通广大'四字颇不相背也。"蔡先生极力赞同学术自由,终其一生,都注重理智和科学方法。在北大,他所聘请的教授,最注重的是他们有没有专门的学问。至于私人的政治见解,只要不影响他所教授的科目,蔡元培先生就不以之为取舍的标准。他还采取以教授治校的原则。蔡元培先生到北大后,组织一个聘任委员会,对教授的聘请要经过严格的审核,这种原则使大学不至于成为官僚式机构,不易于为政治力量所左右,能够独立发展。对于外国留学归来的学生,他更尽力设法延请到北大,是真正的注重学术自由和兼容并包。

2. 蔡元培先生提出了宏远正确的以"五育"为内容的教育方针。《对于教育方针之意见》中说:"五者,皆今日之教育所不可偏废者也,军国民主义、实利主义、德育主义三者,为隶属于政治之教育。世界观、美育主义二者,为超轶政治之教育。"在此主张以美育代替宗教。当时,中国人的信仰以佛教和道教最有力量,而西方的基督教也渐渐有了势力。

蔡先生是反对盲从主义的人,他并不对宗教持完全反对的态度,而是认为佛教或道教并不能够充分地发挥它的力量,如果要改进社会的道德,就需要以美育代替宗教。

3. 蔡元培极力主张以科学的方法整理国学并吸收消化西方文化的精髓,铸成符合新时代的中华新文化。《文明之消化》中说,"至于今日,始有吸收欧洲文明之机会,而当其冲者,实为我寓欧之同人""审慎于吸收之始,毋为消化时代之障碍,此吾侪所当注意者也"。就是在吸收西方文化的问题上,蔡元培先生不偏袒不盲从,主张"择善而从",并不像有些人对中西文化做笼统的批判,他认为中国文化的优点应该保持,其缺点和不如人之处应该纠正改革,兼容并蓄,采取东西文化之菁华,以造就中国新文化。

4. 蔡元培先生还倡导女权,开男女同校之先河。早年蔡元培就提倡男女平等,他认为中国社会要有个大改革,那么女权就不能不伸张。他看到当时的中国社会,妇女是受到压迫的,尤其是思想方面的压迫特别重,所以大力提倡女权。至于提倡女学就更早了,而且几乎成为他毕生的意志,蔡先生公开提倡男女平等,并主张男女同校,他是顶住了来自教育部的反对和社会批评的强大压力的。中国社会素有男女之别,蔡元培先生打开新风气后,行之数十年,并无重大的障碍和特别的流弊,蔡先生为中国妇女的解放事业做出了莫大的贡献。

蔡元培先生关心教育的文章还有相当多,诸如《普通教育和职业教育》《文化运动不要忘了美育》《市民对于教育之义务》《美育实施的方法》等。另外蔡元培先生对青年非常关心,《世界观和人生观》《现代学生的三个基本条件》《在清华学校高等科的演说词》等文章提出了对青年寄寓的厚望和要求,比如《世界观和人生观》中说,"人类之义务,为群伦不为小己,为将来不为现在,为精神之愉快而非为体魄之享受"等。总之,他对妇女教育、职业教育、教科书、宗教信仰、国文注音符号等都十分关注,都有独到的见解。

《蔡元培选集》,1959 年中华书局出版,另有香港文学研究社出版的小本《选集》。1984年,中华书局出版了《蔡元培全集》,收录作者一生所著专著、论文、记叙、小说、建议、序跋、演说词、谈话、书信、电报、呈文、宣言、科考试卷等,共 8 卷本。

《大同书》

《大同书》,康有为著,共 10 卷。康有为(1858—1927 年),近代资产阶级改良派领袖、著名思想家。原名祖诒,字广厦,号长素,广东南海人。光绪朝进士,曾经于 1895 年联合各省在京城的举人发起"公车上书",为百日维新的主要谋划者,后来成为保皇会首领。

《大同书》是康有为在 1901 年到 1902 年避居印度时写成的,书中将中国古代公羊派的三世说,《礼运》的大同说,佛教、耶稣教的平等、博爱、自由思想,卢梭的天赋人权以及空想社会主义思想杂糅在一起,描绘了一个男女平等、无家庭、无国家、无君主的"大同世界",表现了从封建主义束缚下解放出来的资产阶级知识分子的向往,它是代表康有为社会思想的最主要的著作,也是研究近代思想史的一部重要文献。

1898 年 9 月,以康有为为首的资产阶级改良派的变法运动失败,康有为流亡海外,他游历了欧洲、美国和南洋后避居在印度,在此期间完成了《大同书》的写作。正是由于这是一部游历中所写的书,其中多有关于海外的见闻,尤其是对印度的情况多有提及,这次游历也让康有为在思想上有了深刻的变化。在戊戌政变前,康有为接触过一些西方国家的民主概念,或者通过翻译的图书来了解资本主义国家的社会制度,在此期间也吸收了中国儒家今文经学"变"的哲学,早就孕育了"大同境界"的思想,并希望"只有天下为公,一切皆本公理而已"。其实康有为所谓的"大同",就是资本主义国家的君主立宪制,这正与他的思想相一致,想使中国由一个封建国家,通过维新改良,逐步富强。

康有为大同学说的中心思想是历史进化论观点。康有为以《礼运》来解释公羊,把三世说解释为"乱世""小康""大同之世",这就推翻了魏源所说的历史循环论的观点。康有为把三代和汉、唐、宋、明一律看作是小康之世,把汉学、宋学所推崇的不论荀卿、刘歆、朱熹的学说一概列为"小康之道",单独把孔子看作是大同学说的创造者,利用孔子的名义来推行他的学说,替他作"离经叛道"的挡箭牌。康有为大同学说这么有创造性的见解,在发展中显然是受到了资产阶级社会进步学说的影响,它尖锐地批判了"弱肉强食"的理论。

康有为在《大同书》中描述"人人极乐"的"太平之世",是"天下为公,无有阶级,一切平等"的"极乐世界"。乙部《去国界合大地》中提到的社会组织形式,"公政府即立,国界日除,君名日去""于是时,无邦国,无帝王,人人相亲,人人平等,天下为公,是谓大同,此联合之太平世之制也"。

《大同书》中所反映出来的"大同",其社会组织形式"略如美国、瑞士联邦之制",即是资本主义民主共和制度,这反映出康有为对欧美资本主义制度是向往的。虽然他的理想是建立公政府,希望"无国而为世界""人人皆大同至公"。但是康有为始终没有能够越出资本主义的范畴,"太平世"要求去除国界,成立一个世界总的联邦,即公政府,然而美国、瑞士在当时已经建立了自由的州郡,因而这种"公产"的、"无有阶级的社会"基本上就是一种理想。

为了实现他的大同世界,康有为还提出了很多方法。比如通过"弭兵会"和国家之间的联合与合并等方式。1899 年,俄皇尼古拉二世倡议在荷兰首都海牙召开"海牙和平会议",就是所谓的"国际和平机构",究其实质是一些大国的工具而已。康有为把资产阶级的虚伪民主,把资产阶级专政的联邦及其操纵的"国际和平机构",看作"大同之前驱"。所谓万邦联合也不是指消灭了帝国主义后的各民族的平等联合,而是企图通过美国或瑞士式的联邦的成立,以几个大国为中心,分别把其他国家联合起来,可见康有为的思想明显的没有跳出资本主义的窠臼。

《大同书》反映康有为改良的思想,他对通过资产阶级民主革命的方式走向资本主义社会是恐惧的,而对通过资产阶级政治改革的方式逐渐转变为资本主义是赞同的。他说:"日本昔有封建,于是有王朝公卿,有藩族,有士族,有平民,颇与春秋时相类,自维新后一扫而空,故能骤强。"

《大同书》反对革命的飞跃,主张循序渐进,其中说"据乱之后,易以升平、太平;小康之后,进以大同"。康有为说"方今列国并争,必千数百年后乃渐入大同之域",就是说大同的实现要在千百年后,明显是暗示中国只能实行君主立宪,只可循序渐进,在理论上是为了否定民主革命,暴露了他的改良主义的面目。同时,康有为在《大同书》中描绘的图景,他的现实目的就是宣传中国必须"小康",即是实行君主立宪,这样《大同书》就成为康有为变法失败后力主君主立宪、保皇复辟的重要依据。

为了实现康有为心目中的理想社会,在《大同书》中他对封建制度进行了猛烈的抨击,对外来帝国主义殖民压迫深感不满,很多地方是光辉的。但是,《大同书》中的所谓"大同"不是导向"无阶级社会",而是导向资本主义社会;《大同书》提出走"大同"的道路,不是赞成革命,而是主张改良,主张循序渐进;《大同书》的现实目的不是"大同"而是"小康"。《大同书》撰写于革命形势发展的时刻,革命派与改良派正逐步明确划清界限,康有为思想也趋于保守、沉沦,这些都是应该注意的。

《大同书》写于光绪二十七年(1901年),共10部,56章,1913年在《不忍》上发表过甲乙两部,全书于1935年经弟子钱定安整理,由中华书局出版,另外还有北京古籍出版社的校订本。

《独秀文存》

《独秀文存》,陈独秀(1879—1942年)作。陈独秀字仲甫,家谱名庆同,科举名干生,辛亥革命后始用陈独秀名,安徽怀宁人。他出身于官僚地主家庭,少年时在家接受儒学教育,1896年中秀才。1897年,陈独秀到南京参加乡试,目睹了甲午战后政治的腐败,接受了正在兴起的维新变法思想。乡试落第后,他到杭州求是书院学习,参加了维新运动的宣传工作,被清政府追捕,逃回安庆。1901年10月,陈独秀赴日本留学,受资产阶级革命思想的影响,加入进步团体励志社。1902年回国后,先后创建"青年励志社""中国青年会""岳王会"等组织以及《国民日报》《安徽俗语报》等刊物进行反清斗争。1915年9月,陈独秀创办《青年杂志》(从第二卷改名《新青年》),高举"民主"与"科学"两面大旗,吹响了新文化运动的号角,成为"五四运动的总司令"。俄国十月革命后,陈独秀逐渐由激进民主主义者向马克思主义者转变,对中国共产党的建立做出了巨大贡献,组建了中共上海小组,在1921年7月的中共一大上,他被选为中央局书记。在第一次国内革命战争中,陈独秀犯了右倾投降主义错误,导致革命的失败。由于他坚持错误,对抗中央,1929年11月,他被开除党籍。此后,陈独秀还组建托派小组织,反对马列主义。抗日战争爆发后,他主张抗日。1942年5月,陈独秀病逝于四川。

《独秀文存》共3卷。第1卷是"论文",收录陈独秀在《新青年》《每周评论》等刊物上公开发表的论文;第2卷是"随感录",表明了陈独秀对一些时事问题的看法,长的有百余字,短的只有几十字;第3卷是"通信",主要是陈独秀就新文化运动中的一些重要问题同友人、学者进行的探讨以及辩论。这些文章最初主要发表于《新青年》《每周评论》等刊物上,后来于1922年由上海亚东图书馆汇编成书出版,1987年,安徽人民出版社又将这本书再版。

毛泽东在1917年这样评价陈独秀:"其人者魄力雄大,诚非今日俗学所可比拟。"《独秀文存》的内容正是对这句话的印证。该书反映了陈独秀在新文化运动时期的思想观点，表达了陈独秀对社会问题的独特看法，体现了新文化运动的"新"字。正如陈独秀在自序中所说，该书的价值是书中所收入的文章，都真实地表达了他对社会问题的看法，突破传统，没有沿袭他人的说法。该书的主要内容，也就是陈独秀在新文化运动时期的主要思想，有以下几个方面：

1. 主张民主，反对专制

在《独秀文存》的开篇《敬告青年》中，陈独秀提出了政治民主、信仰民主、经济民主、社会民主、伦理民主的主张。他之所以要提出民主的主张，目的正如他在《吾人之最后觉悟》中所说，是为了挽救国家的危亡。为了实现民主的主张，他在《抵抗力》《法兰西人与近世文明》《今日之教育方针》《宪法与孔教》《袁世凯复活》等文章中对实现民主的方法做了论述，那就是学习西方资产阶级民主，加强法制，提高国民觉悟，实行立宪政治。

同时，陈独秀还在《今日之教育方针》《抵抗力》等文中对封建专制制度进行了深刻批判，认为它太过专制，生杀大权全在统治者手中，人民毫无自由，应该废除。

2. 主张科学，反对封建迷信

在《敬告青年》一文中，陈独秀还提出科学的主张，认为民主与科学并重。在《有鬼论质疑》等文章中，他号召青年破除迷信和盲从，鼓励他们学习科学知识，用科学的态度对待客观事物和各种社会问题。在《偶像破坏论》中，陈独秀把矛头指向孔子、玉皇大帝、耶稣基督等神圣偶像，教育青年要破除偶像崇拜，反映了陈独秀敢于破除一切过时权威的革命精神。

3. 主张自由、平等，反对封建伦理道德

陈独秀从资产阶级的天赋人权论和人性论出发，号召青年自觉起来打碎封建伦理道德。在《一九一六年》一文中，他对封建伦理纲常进行了猛烈批判，认为它们是"奴隶道德"。在《东西民族根本思想之差异》中他还认为维护封建伦理纲常的宗法制有四大罪恶。陈独秀把批判的矛头最终指向孔教，这方面的论述见《驳康有为致总统总理书》《宪法与孔教》《孔子之道与现代生活》《答刘竞夫》《答吴又陵》等文章。最后，陈独秀在《吾人之最后觉悟》《宪法与孔教》等文中，提出了他所要建立的新道德是西方式的、自由、平等、独立的道德。

4. 发动新文学革命，提倡白话文

在《答张护兰》的信中，提出了新文学革命的主张。1917年，陈独秀的《文学革命论》下达了向封建文学进攻的号令。他在《答曾毅画》《再答胡适之》《三答钱玄同》等文中对封建旧文学进行了批判，提倡白话文。

5. 维护公理，热爱祖国

新文化运动恰逢第一次世界大战，陈独秀对国际动态也很关注。在《俄罗斯革命与我国民之觉悟》中，他认为参战的英、法等国是正义的，主张中国参战。一战后，陈独秀又在《〈每周评论〉发刊词》《战后东洋民族之觉悟及要求》等文中流露出对巴黎和会的幻想。但幻想马上破灭了，面对中国即将被分割的危险，陈独秀在《为山东问题敬告各方面》《山东问题与国民觉悟》《我们究竟应当不应当爱国》等一系列文章中发出了维护国权的呼声。另外，《独秀文存》也反映了陈独秀革命思想的不彻底性和妥协性，以及他的唯心主义的历史观，如《今日中国之政治问题》《实行民治的基础》《抵抗力》等文章。

总之，《独秀文存》记载了陈独秀在新文化运动中的主要活动与反封建的民主思想，是研究这一时期陈独秀的必备资料。又由于陈独秀是新文化运动的主将与领导者，所以要研究新文化运动,也不得不参考《独秀文存》。因此从另一角度来说,《独秀文存》也是一部新文化运动史料的汇编。

《观堂集林》

王国维(1877—1927 年),字静安,号伯隅,晚年自号观堂,浙江海宁人。在他年轻的时候曾经两次参加乡试,但是都以落第告终。1898 年,他来到上海,在《时务报》报社担任书记,并负责校对,1901 年东渡日本留学,第二年便因为生病回国治疗。病愈后,他到南通师范学堂任职,1903—1906 年,他先后在南通师范学堂、江苏师范学院当教习。在这一段时间里,王国维开始研究词曲。1913 年以后,他又致力于中国古文字的研究。从此他一发不可收拾,在学术上多方面取得突出的成就。1925 年,他来到清华大学,担任清华研究院的教授。1927 年,他在颐和园昆明湖投湖自尽。王国维是清代末期著名的国学大师,博学通儒。他治学范围之广,功力之深,对学术界影响之大,为近代以来所仅见。他一生的著述非常丰富,身后遗著收为全集者就有《王忠悫公遗书》《王静安先生遗书》《王观堂先生全集》《王国维遗书》等数种。以小册子出现的书籍更是不可胜数。在王国维的作品中,最能体现他学识广博的是他在辛酉年间(1921 年)出版的《观堂集林》。

1921 年,王国维在已经出版的几十种书中选取重要的篇章,同时又增加了新研究成果,分为《艺林》8 卷、《史林》14 卷和《缀林》2 卷,共 24 卷,总称为《观堂集林》。由于王国维的《观堂集林》渊博精识,并充分运用当时大量出土的古文字器物,古史新证,取得了巨大的成就,因此,罗振玉在《观堂集林》一书出版时曾经在前言中评价说:"海内新旧学者咸推重君书无异辞。"①

王国维在学术界率先提出"学无中西、无新旧"的主张,从纯学术的角度和理性认知上开启了现代学术的枢纽,在学术史与思想史上都具有十分重要的意义。在王国维看来,古今、东西的学问不外乎三大类:科学、史学和文学。并且认为无论做什么学问,在达到一定的境界之后就无不相通,也就无所谓学科之间的差别了。在王国维的观点中,学问也无中西之分。只有彻底清除了中西学问之间的藩篱,才有可能完全打破对西方学术思想的隔膜和敌视,进而真正地了解并接受西方文化,将中西文化逐步融会贯通,从而真正地改造中国传统的学术思想体系。在当时的学术界,王国维在这一问题上的认识是相当先进的。正因为有这种认识,他广泛地吸取西方学术思想,借鉴西方的研究方法,在研究中做了许多开创性的尝试,得出了许多具有独创性的新见解。

王国维曾经总结清代学术的发展说:"我朝三百年间,学术三变:国初一变也,乾嘉一变也,道咸以降一变也。顺康之世,天造草昧,学者多胜国遗老,离丧乱之后,志在经世,故多为致用之学。求之经史,得其本原,一扫明代苟且破碎之习,而实学以兴。雍乾以后,纪纲既张,天下大定,士大夫得肆意稽古,不复视为经世之具,而经史小学专门之业兴焉。道咸以降,涂辙稍变,言经者及今文,考史者兼辽金元,治地理者逮四裔,务为前人所不为,虽承乾嘉专门之学,然亦逆睹世变,有国初诸老经世之志。故国初之学大,乾嘉之学精,道咸以降之学新。"②

---

① 王国维遗书·观堂集林前言·国学丛刊序
② 王国维遗书·观堂集林卷 23·沈乙庵先生七十寿序

王国维师承清代汉学，因此他在做学问时所用的基本方法是乾嘉考据学，在古、今文学的学术分野中，属于古文学的范畴。他曾站在古文学派的立场上，批评道咸两朝以来的"新学""颇不循国初及乾嘉诸老为学之成法"，认为"其所陈夫古者，不必尽如古人之真；而其所以切今者，亦未必适中当世之弊，其言可以情感而不能尽以理究"①。

王国维不仅认为学术上无中西、古今、新旧的区别，而且还特别强调学术也无有用和无用的区别。因此，王国维的学术虽然源自乾嘉之学，但是并不局限于乾嘉之学，这不仅表现在他研究的领域相当广泛，远远超出乾嘉考据学，也不是完全表现在他研究问题时力图将史实的考证与对历史规律的探讨相结合等方面，更表现在他在探求真理和知识的同时所寄托的悲天悯人、务求有益于世道人心的情怀。在他中年以后研究古史这种学问的时候，他就一直有一个虽然没有明确揭示却经常显现的目标，那就是希望从中国古史的得失成败中借鉴，为中国的自强自立寻找一条可以遵循取法的道路来。虽然他最终也没能找出这一种道路，而且以自杀结束其不断探索的一生，但是他的这种理想抱负，决非埋首于故纸堆、不敢稍涉时事的乾嘉诸老所能比。因此，可以说，王国维在治学的过程中，实际上融会了清初顾亭林等人经世致用的思想传统以及乾嘉之学实事求是的学术传统，并将这两种传统进行了融合并发扬光大。

王国维在学术上取得了巨大的成就，在很多领域都有开创性的成就。他在研究戏曲时曾经以明确的戏曲观念对中国戏曲的起源、形成、发展的过程进行叙述，从而澄清了戏曲发展中的一些史实，提出了有关真戏剧、真戏曲的标准，对后来的戏曲史研究具有奠基意义。而《人间词话》一书则是他在接受了西洋美学思想的洗礼之后，以崭新的眼光对中国旧文学所做的评论，具有划时代的意义，向来极受学术界的重视。可以说，王国维是中国近代著名的国学大师。他的成就的取得与他的学术态度息息相关。一个真正的学者，应当视学术为自己的生命，治学的目的就在治学的过程中。王国维就是这样的一个学者。

王国维是中国近代史上一位思想复杂的人物，他的政治思想是极端保守的，但其学术观念却非常先进。他率先破除了自来限制学术发展的古今、中西以及新旧的畛域，以一种开放的博大心胸容纳古今中外一切真知与思想方法，没有门户之见，没有"华夷之防"，凡对认识和理解真理有益的他都加以运用。他重视学术本身的价值，不遗余力地追求学术独立，为学术独立、思想自由这一现代学术理念在中国学术思想界的确立做出了不可忽视的努力。《观堂集林》是他所取得的所有成就中的精华，充分体现了他的学术思想。在王国维投湖自杀之后，他的文集多次被各大出版社出版发行。除了在总集中有《观堂集林》之外，中华书局还点校出版了《观堂集林》单行本，分四册出版，为我们学习和研究提供了方便。

《胡适文存》

胡适著，共有 3 集，17 卷。胡适（1891—1962 年），字适之，安徽绩溪人。在胡适幼年时，其父胡传就去世了。他的母亲冯顺弟为了胡适的将来，对他管教非常严格。虽然冯顺弟没有读过书，但却千方百计地履行胡传的遗嘱，送胡适读书，关心胡适的学业，实在是一位注重智力投资的开明的母亲。后来胡适留学美国，为实用主义哲学家杜威的学生。回国后在北京大学任教，提倡文学改革，后来发表文章，反对马克思主义。曾经担任国民党驻美国大使，

---

① 王国维遗书·观堂集林卷 23·沈乙庵先生七十寿序

胡适的一生从新文化的战士,到蒋介石政权的"过河卒子",经历了一个逐渐变化发展的复杂过程。他的复杂思想和经历是旧中国半封建半殖民地社会政治、经济、文化发展过程中各种因素的产物。

《胡适文存》第 1 集 1911 年出版,共 4 册,包括论文学改革 1 卷,讲学性质的论文 2 卷,杂文 1 卷;第 2 集 1924 年出版,共 1 册 4 卷,主要是作者 1921 年到 1924 年所写的文章,包括讲学论文 2 卷,政治论文 1 卷,杂文 1 卷;第 3 集 1930 年出版,共 4 册,9 卷,包括评论时政的文章 1 卷,整理国故的文章 3 卷,考证旧小说的文章 2 卷,读书杂记 1 卷,关于中国文学的序跋 1 卷,杂文 2 卷。《胡适文存》集中了作者一生中最主要的著述,总共 100 多万字,反映了作者的学术观点、学术研究方法以及对时政的一些看法,是研究胡适思想的重要资料。上海亚东图书馆印行。

1. 打倒"孔家店"。五四前期,易白沙在《新青年》上发表了《孔子评议》,批判孔子是"独夫民贼作百世傀儡",胡适置身新文化运动的洪流中,受《新青年》同人的反孔斗争的激励,也以打倒孔家店的姿态出现在新文化运动的行列中。所谓"打倒孔家店",是因为胡适喜爱读《水浒传》,并有《水浒传考证》等,对"宋公明三打祝家庄""时迁火烧祝家店"等烂熟于心,于是造出了"打倒孔家店"妙语,但也恰好体现了五四时代思想解放运动的精神。胡适攻击孔教,矛头直指以孔孟之道为核心的旧伦理道德,批判封建主义的"节烈"和"孝道"观念。但是,"三纲五常"等封建伦理道德紧紧束缚人们的思想。1918 年 7 月胡适发表了《贞操问题》一文,披露当时报纸上的两起怪事,即北洋军阀颁布《褒扬条例》,规定表彰"节烈"条款。胡适严厉斥责道,"这些议论简直是全无心肝的贞操论""都是野蛮残忍的法律,这种法律,在今日没有存在的地位"。他认为"今日若要作具体的贞操论,第一步就要反对这种伤天害理的列女论"。胡适对"节烈"的攻击算是抓住了本质,击中了要害。另外他还写有《美国的妇人》《论贞操问题》《论女子为强暴所污》等文,批判"饿死事极小,失节事极大"的理学谬论及"良妻贤母"主义,宣传男女平等和妇女解放,在当时很有影响。

2. 文学革命论。《文学改良刍议》发表于 1917 年 1 月,是胡适鼓吹文学革命、提倡白话文学的第一篇正式宣言。其中主张"言之有物";又朦胧地反对封建主义"文以载道"说;他鼓吹进化论,目的是为了解释文学发展变迁的规律;肯定通俗行远的白话小说,提出"白话文学为中国文学之正宗"的观念;反对模仿古人,提倡"实写今日社会之状况"等,大大充实了文学革命的内容。但这篇文章同样反映了胡适的态度相当软弱,他是经过再三考虑,最后将"文学革命"改为了"文学改良"。

然而《文学改良刍议》毕竟是公认的文学革命的"一个发难的信号",在当时中国文坛和思想界引起巨大反响。各界有代表性的人物认为文学革命是胡适先生所倡导的,胡适是"首举义旗的急先锋"。1918 年,胡适的长篇论文《建设的文学革命论》,又注意到具体的文学建设上来。他认识到新文学对旧文学的斗争,只能用"取而代之"规律,因而提出建设的标准:一是"活文学"代替"死文学",即提倡白话文学;二是用"真文学"取代"假文学",即提倡写实主义文学。在《文学进化观念和戏剧改良》中,他曾经着重从写实主义的角度来鼓吹"悲剧的观念",抨击旧文学中那种粉饰现实的"说谎文学",尤其反对旧戏曲旧小说中的"团圆迷信"。胡适的"活文学""真文学"和"人的文学"——即内容以人道主义为本,这 3 个口号基本上概括了五四文学的新思潮,开创了一个文学现代化的新时代。

3. 整理国故和考证小说。《胡适文存》卷 4 之《新思潮的意义》中把"整理国故"作为一个口号提了出来。他的口号有:研究问题、输入学理、整理国故、再造文明。他的"整理国故"与封建守旧派的"保存国粹"有根本的不同。胡适认为国故有"国粹"和"国渣"之别,他提出有评判地对待,借用德国哲学家尼采的话说"重新估定一切价值",即用科学的方法和精神去研究和整理。胡适还主张"打破闭关孤立的态度,存比较研究的虚心",向西方学习科学方法。不仅当时难能可贵,在今天看来也不失参考价值。此后,整理国故几乎形成一种运动,中国传统小说和古史研究取得显著的成就,开创了以近代科学方法研究国故学的新局面。

胡适的古史考证及"疑古精神",从《井田辨》就可见一斑。《孟子·滕文公上》有关于井田制的说法,历来读书人将此烂熟于心,到了胡适就提出了怀疑,指出"战国以前从来没有人提及古代的井田制",这种疑古的精神,是五四思想解放的一种表现,对于反对封建主义传统观念有积极作用,有利于打破人们对古书、古史的迷信和盲从。

胡适还用历史演进法考证小说,成就体现于《水浒传考证》,后来用同样方法考证了《三国演义》《西游记》《三侠五义》等小说。胡适考证小说以《红楼梦》用力最多,成就突出,影响最大。他由于考证《红楼梦》而形成了一个"新红学"派,新红学运用实际材料,以"作者自叙传"的新观点,和"整理过的《红楼梦》亚东新版本",对旧红学发动了全面攻击,从此取代旧红学的地位,左右红学研究达30余年,影响至深。

《李大钊文集》

李大钊(1889—1927年),直隶乐亭(今属河北)人。原名耆年,字守常,号龟年;后改名李大钊,笔名孤松、猎夫。李大钊幼年时期就父母双亡,由祖父母将其抚养成人。早年读过私塾,1905年考入永平府中学。1907年夏考入天津北平法政专门学校,1913年毕业。后受进步党领袖汤化龙的资助留学日本,在早稻田大学学习政治,1916年回国。1918年出任北京大学图书馆主任,兼经济学教授,并应陈独秀的邀请参加《新青年》的编辑工作,同年6月又和王光祈等人发起少年中国学会,并担任《少年中国》的编辑主任,不久又担任了《国民》等杂志的顾问。

李大钊是我国最早接受和宣传马克思主义的人,也是我国共产主义事业的先驱。在北大期间,李大钊扩充了大量外文版的马克思主义书籍和进步刊物,并向青年人推荐介绍马克思主义书籍。在他的影响下,毛泽东、邓中夏、高君宇等人先后走上革命道路。毛泽东后来回忆说:"我在李大钊手下,在国立北京大学当图书馆助理员的时候,就迅速地朝着马克思主义的方向发展。"

李大钊是我党的主要创始人之一。1920年3月,发起和组织了北京的马克思学说研究会和共产主义小组。1921年7月,中国共产党成立后,负责中共北京地方执行委员会工作,兼任中国劳动组合书记部北方区分部主任,先后发动了开滦大罢工、京汉铁路工人大罢工等著名斗争。并受党的委托,参加了国共合作的谈判工作,为国民革命统一战线的建立做出了重大贡献。孙中山逝世后,李大钊坚持广泛的统一战线工作,在北方发起了轰轰烈烈的反对北洋军阀的斗争,又向南方输送了大批的干部,并注重扩大革命运动在农村和军队中的影响。

1926年"三一八"惨案发生后,李大钊不畏日益彰显的白色恐怖,继续领导共产党和国民党的北方组织坚持斗争。次年4月,奉系军阀张作霖在帝国主义的支持下逮捕了李大钊等80余人,并处以李大钊等20位革命者绞刑。李大钊临刑时毫无畏惧,率先登上绞刑架英勇就义,享年尚不满 30 岁。

《李大钊文集》2 卷,上卷收录了李大钊 1912 年至 1919 年 5 月的著作共 184 篇;下册收集了李大钊 1919 年 5 月至 1927 年的著作,包括文章 103 篇、诗歌 24 篇、书信 27 篇,全书约 46 万余字,1984 年人民出版社出版。全书以文章写作或发表的时间为序,从这些不同阶段的文章中,我们不难看出李大钊由新民主主义者到马克思主义者的人生轨迹。

《隐忧篇》是李大钊由一个爱国学生转变为忧国忧民的青年志士的标志。在《隐忧篇》中,李大钊不仅看到了"边患""兵忧""财团""食艰""才难"这几点"隐忧",还提出了只要避免"党私""省私"和"贼氛"便去了隐忧。《大哀篇》则抨击了当时的"共和"有名无实,认为"骄横豪暴之流,仍拾先烈之雪零肉屑,涂饰其面",由此一来,革命以前"民之政""民权"不是"吾民字得之权"。"幸福"不是"吾民安享之幸福",为当时人民的痛苦境遇感到"大哀"。

《论民权之旁落》《论官僚主义》《一院制与二院制》《欧洲各国选举制考》《各国议员俸给考》《省制与宪法》《一会之言论》《立宪国民之修养》等文章,是李大钊在新民主主义下对中国、外国政治的研究所得,可以看出,宪政改革是这一时期李大钊的政治思想。

从《俄国革命之远因和近因》起,李大钊日益关注俄国革命。从 1917 年 3 月 19 日到 29 日 10 天之中先后写下了《俄国革命之远因和近因》《面色与和平运动》《俄国共和政府之成立及其纲领》和《俄国大革命之影响》4 篇文章,认为俄国共和政府的纲领是由"俄国国民牺牲之血所染成者",愿意为之"大书特书";并确认"专制不可复活""民权不可复抑""共和不可复毁""帝政不可复兴",更坚定了他共和必胜的信念。

与此同时,李大钊也是新文化运动的倡导者和参与者,写下了《孔子与宪法》《自然的伦理观与孔子》等文章,冲击封建文化思想。

俄国十月革命胜利后,李大钊写下了激情洋溢的《庶民的胜利》《Bolshevism 的胜利》两篇文章,初步运用马克思主义的观点和阶级分析方法,观察和分析了世界革命和中国革命的问题,提出了一些符合马克思主义观点的崭新结论,特别是在对帝国主义的认识和对十月革命的态度这两个关于中国革命的主要对象和方向道路的重要问题上,已经基本上是马克思主义了。这是李大钊开始由革命民主主义者向共产主义者转变的标志。

针对当时社会上出现的"无血革命""三益主义"的声浪,李大钊又写下了《战后之世界潮流(有血的社会革命和无血的社会革命)》,认为"俄式社会民主主义的胜利……将来必至弥漫于世界","无血革命""三益主义"都是对这世界潮流的未雨绸缪,表明了他对暴力革命充满了信心。

在李大钊的马克思主义思想成熟的过程中,1919 年 5 月与 11 月所写的《我的马克思主义观》一文无疑最具有代表性。在这篇文章中,李大钊结合中国社会实际和自己的思考系统阐述了马克思主义的唯物史观、经济理论和关于阶级斗争的理论,不仅比较全面地介绍了马克思主义,重要的是,他把马克思主义作为中国革命的指导思想。并提出要把马克思主义从少数知识分子中解放出来,广泛传播到工农群众中去,并在中国社会扎根,从而提出了知识分子必须与工农相结合的思想,提出了马克思主义必须同革命实际相结合的原则。号召马克思主义者,要把马克思主义与中国具体实际相结合,作为自己的首要任务,并根据这一任务和原则,具体研究了中国革命问题,探索了民主主义革命的新道路,把彻底的反帝反封建当作当前革命的中心任务。这篇文章与李大钊在这一时期发表的其他文章相配合,如《再论问题与主义》等,对宣传马克思主义在理论上做出了巨大贡献。

在 1920 年,李大钊运用马克思主义经济学原理分析了近代中国思想的变动,写下了《由经济上解释中国近代思想变动的原因》;1922 年和 1923 年,李大钊又连续写了《马克思主义经济学说》一文,反映了他在斗争的实践中思想逐渐成熟和完善的痕迹。

在文集中,还有一些短文,虽笔墨不多,却充满了哲理。如典型的有《最危险的东西》《掠夺物品的痕迹》《人治与自治》等,反映出李大钊同志对于道德、人生、社会、政治等方方面面的深入的调查和清晰的思考,让我们通过对这些类似日记形式短文的阅读,体验一位伟大人物的忧民、忧国、爱民、爱国的内心生活,从而产生对他崇高的敬意。

《李大钊文集》所收录的这些文章记录了他作为爱国人士、革命民主主义者,为了挽救祖国于危亡而不断追求真理的思想;记录了他由革命民主主义者到马克思主义者的转变;记录了他作为中国共产党的创立和促进中国革命运动所做出的伟大贡献;记录了他作为中国共产主义运动的先驱者的光辉一生,它是宝贵的精神遗产,是研究中国近代史、中国近代思想史和中共早期历史的重要文献。

《孙中山选集》

孙中山著,孙中山(1866—1925 年),中国近代民主革命的伟大先行者。名文,幼名帝象,字德明,号日新,后改为逸仙,在日本从事革命活动时曾经化名中山樵,广东香山(今中山)人。

《孙中山选集》,共上下卷,约 62 万余字,上卷 30 篇,主要是孙中山 1923 年改组国民党之前的著作;下卷 39 篇,是孙中山改组国民党之时或以后的著作,是研究孙中山思想和中国近现代史的重要资料。人民出版社 1956 年为纪念孙中山诞辰 90 周年而出版,1981 年再版,改为一卷本。

《孙中山选集》收入的文章是以写作或发表的时间先后来排列的,而这些文章无不是伴随着孙中山先生的政治生涯而诞生的,每一篇都饱含了强烈的爱国情怀,渗透着救国救民的政治理想。通过读这本书,可以让我们同伟大的革命家孙中山先生共同体验其一生的思想转变的历程。

1866 年,孙中山出生于一个农民家庭,青少年时代他就十分向往太平天国解救百姓的革命事业。1892 年,孙中山毕业于香港西医书院,在这之前,由于中法战争的影响,已激起了他挽救民族危亡的爱国热情。又目睹了清政府的软弱,并对洋务派的富国强兵政策所造成的结果感到不满,1894 年孙中山上书直隶总督、北洋大臣李鸿章,即是文集的开篇《上李鸿章书》,提出了"人能尽其才,地能尽其利,物能尽其用,货能倡其流"的改革主张,文中虽然没有涉及政治制度的维新改革方案,但却是一个进行全面经济建设的蓝图,并在其中体现了他的革命思想,是一篇谈改革的重要文献,但可惜的是李鸿章没有采纳他的主张。

1894 年 11 月,孙中山来到檀香山,为挽救民族危亡,组织了兴中会。文集第二篇《兴中会章程》即是此时写作的。它向全世界宣告:"是会之建设,专为振兴中华,维持国体。"并提出了要挽救民族危亡和社会危机,改变中国腐朽的政治制度和经济状况。单从这两点来看,"振兴中华"的内涵应十分广泛,包含了中国社会的政治、经济、文教等各个方面,这是孙中山追求中国近代化,实现中国独立、统一、民主和富强的政治抱负的具体体现。但是,这一章程只是强调民族危机的沉重和清朝官员的误国,并没有直指清皇帝;章程只强调了成立此会是为了维护国体,但是如何维护并无界定。可以看出,孙中山此时的革命思想还并未完全成熟。

孙中山的《伦敦被难记》反映了1895年兴中会在广州秘密活动失败及其之后的事件,孙中山被迫逃亡海外,次年在英国被捕,经过多方营救才得以脱险。从中也可以看出革命者为了祖国和人民,为了伟大的理想所经历的挫折和苦难。1904年,孙中山在《中国问题的真解决》中谈到"要想解决中国的问题,则必须以一个新的,开明的,进步的政府来代替旧政府",明确地表示了要通过革命政权的转换,实现建立独立富强的新中国的伟大目标。第二年,孙中山与黄兴等人在日本东京成立了资产阶级革命党同盟会,以《民报》为同盟会的机关报。在《〈民报〉发刊词》中,孙中山提出了早已开始酝酿的"三民主义":民族主义、民权主义、民生主义。它是从同盟会成立时会员的誓词"驱除鞑虏、恢复中华、创立民国、平均地权"中概括出来的。民族主义要求结束压迫,实现民族独立和平等;民权主义要求结束封建专制制度,建立资产阶级立宪政体,实现民主政治;民生主义则希望达到国家的繁荣昌盛。三民主义完整地体现了资产阶级的革命愿望,但他所设想的是实行某些社会改良政策以求避免资本主义发展所带来的"祸患",则又反映了中国早期资产阶级的性格中必然的软弱性。

1911年10月10日,武昌起义爆发并取得成功。1912年1月1日,孙中山就任中华民国临时大总统,并发表宣言。在《临时大总统宣言书》中,孙中山明确提出中华民国临时政府的任务是"尽扫专制之流毒,确定共和,以达革命之宗旨",规定了对内"民族、领土、军政、内治、财政"之一统的方针;对外洗去清朝之羞辱历史,与友邦和平相处的方针。但在宣言中,却未提出如何对待帝国主义侵略中国的问题,这为以后袁世凯的篡权埋下了祸根。

由于受到帝国主义、封建主义的强大压力和革命党本身的涣散无力,孙中山被迫辞去了临时大总统一职,让于袁世凯。但袁世凯却大搞复辟,孙中山以维护中华民国为号召,发表了《讨袁宣言》,为捍卫共和制度而斗争。1917年7月,因段祺瑞为首的北洋军阀政府拒绝恢复《临时约法》,孙中山再一次举起了护法的大旗进行了两次护法战争,并在第二次时发表了《护法宣言》,为捍卫三民主义而奋斗。孙中山坚持革命、斗争到底的决心在这两篇文章中表露无疑。

从1917年到1919年,孙中山着手完成了过去已开始撰写的《建国方略》一书,对以往的革命经验进行总结,提出了改造和建设中国的宏伟计划。《方略》分为3个部分:第一部分是《行易知难》,在这篇文章中,孙中山将"知之非艰,行之惟艰"之说视为中国积弱衰败的原因,又将"行易知难"视为"救中国的必由之道",他下决心打破"知之非艰,行之惟艰"的迷信,号召国民奋起仿效,推行革命之三民主义、五权宪法,建设 世界最文明进步之中华民国,使中国达于富强之地位。反映了孙中山先生在革命的实践后思想上、心理上的变化。第二个部分是《实业计划》,这一部分把地、物、货三者分解为包罗万象的33个部门、141个方面和24点的六大计划来加以论证和规划,所论的内容涉及经济建设的方方面面,是孙中山关于中国工业近代化建设理论和实践相结合最富于创造性的一部光辉著作。第三个部分是《民权初步》,在此篇中,孙中山分析了世界上最大亦最优秀的中华民族为何不能富强独立的原因,号召国民争取自己的权利,以用来提高国民的素质。文中教人如何集会,如何投票行使公民的权利义务,以及如何动议、讨论、投票表决等许多程序问题。这是一部启蒙国民民权的重要著作。

1919年的五四运动,使得孙中山对人民群众的力量有了新的认识。他写下了《关于五四运动》一文,高度赞扬了青年学生的热情和行为。在这之后,孙中山开始和苏俄接触,在陈炯明叛变后,接受了中国共产党和共产国际的帮助,思想发生了极大的变化。这在 1924 年 1 月的《中国国民党第一次全国代表大会宣言》中得以体现。在《宣言》中,孙中山对三民主义做了新的解释,充实了反帝反封建的内容。在经过重新阐释的三民主义中,民族主义方面,主张在国内实行民族平等,对外反对帝国主义的侵略,使中国获得民族独立;民权主义方面,主张普遍平等的民权,一切反对帝国主义的个人和团体都可享受自由民主权利;在民生主义方面,主张平均地权,节制资本,改善工农的经济地位和生活状况。孙中山的新三民主义,成为国共两党建立统一战线的共同政治纲领。从大会后期直到 8 月份,孙中山连续演讲三民主义 36 讲,《文集》中的《三民主义》一文即是对这 36 讲的整理稿。至此,孙中山的革命思想一步步地走向了成熟和完善。

1925 年 3 月 12 日,孙中山先生在北京逝世。他在对自己 40 年革命经验总结的基础上,留下了"必须唤起民众,及联合世界上以平等待我之民族,共同奋斗"的遗嘱,发出了"革命尚未成功,同志仍需努力"的号召,希望他的革命主张和革命主义能够得到实现。

孙中山是中国伟大的民主革命的先行者,为了改造中国耗尽了毕生的精力,在历史上建立了不可磨灭的功勋。《孙中山选集》可以说是他这光辉一生的真实写照。

《饮冰室合集》

梁启超著。梁启超(1873—1929 年),广东新会人。字卓如,号任公,别号饮冰室主人。自幼在家中接受传统教育,1884 年中秀才,1889 年中举人,但会试未中。回乡途中路经上海,看到《瀛志略》等介绍西方地理历史的书籍,眼界大开,同年结识了康有为,便就读于万木草堂,从此走上了改良维新的道路。1895 年再次参加会试的梁启超协助康有为发动了旨在要求清政府拒和、迁都、变法的"公车上书"运动。

戊戌变法期间,梁启超表现活跃,以《万国公报》(后改为《中外记闻》)和《时务报》为阵地,大力宣传维新思想,文风慷慨激昂,文笔流畅,在社会上引起很大反响。戊戌变法失败后,梁启超远走日本,期间一度和孙中山的革命派有过接触,但其主张由"保皇"到"新民",由"开明专制"到"拥护立宪"始终是改良主义的,基本立场并未发生改变。

武昌起义后,梁启超先是宣扬"虚君共和",后又支持袁世凯与国民党争夺权力。在袁世凯称帝野心日益彰显时又与之决裂,加入到护国运动之中。后任段祺瑞政府财政总长,1917 年段倒台后亦随之辞职,从此退出政坛。

晚年的梁启超四处游历,著书立说,在文化艺术上取得的成就远大于在政治方面的成就。他在文学、史学、哲学、佛学等领域有较深造诣,而且自身便是"史界革命"的发动者。

梁启超一生著述颇丰,逝世后,其著作由好友林志钧编次为《饮冰室合集》,分《文集》《专集》两部分。所收著作按文体或内容进行分类,每类之中又按年代顺序排列。

《文集》16 册 45 卷,收入了政论、散文、学术著作、题跋、序、祭文、墓志铭等 700 余篇,诗话 1 种,诗词 300 余首。

所收政论之中,以下几篇是读者不应错过的,而且不精读便难以全面领会梁启超在不同时期的政治思想。

第 1 卷《变法通议》作于戊戌变法之前。梁启超首先引经据典,结合中外历史列举了不变法的危害;而后又说明洋务运动不是真变法,所以失败了,要变法就要去陈用新,改弦更张;而后重点论述了"科举""学会""师范""女学""幼学"这 5 项教育改革措施,提倡译书;

也考虑到如何在变法后安置守旧大臣,鼓励开报馆、废缠足等面,不可谓不全面。

第4卷《各国变法异同论》中,介绍了"政体""三权"的概念,并从国会与君主的权力、臣民的权利和义务、大臣之责任等方面比较了各立宪君主国宪法的异同,体现了其政治思想的变化。

第24卷《中国国会制度私议》,筹划了中国国会制的蓝图。他认为鉴于中国国情,两院制更为适合,随后对西方国家上院组织形式进行了比较。他认为中国上院代表不应为贵族和富族,而应设各省代表;皇族议员不可缺,但要限制其权力;同时上院还应设敕选议员和蒙藏议员。随后又论述了选举权和被选举权以及计算方法,对下院议员的人数、任期也有规定。最后在比较之中阐述了中国应采取的立法方式,这样在立宪问题上有了更详细的施政纲领。

所收学术著作是《文集》的又一闪光点。第7卷《论中国学术思想变迁之大势》,将中国学术思想史分为"胚胎时代""全盛时代""儒学统一时代""老学时代""佛学时代"几个时期,分别叙述了源流,并对其盛衰原因进行了归纳。第9卷《新史学》继《中国史叙论》提出不应以"一朝为一史",将中国历史分为"上世""中世""近世"后,又猛烈地批判了旧史学"陈陈相因",提出新史学是要"叙述人群进化之现象而求的其公理公例",是将进化论用于历史学研究的典范。

其余所收散文、序跋、诗词等则从生活的侧面为后人研究梁启超的思想提供了背景基础。

《专集》24册104卷,是梁启超为政、治学思想的结晶。

第1卷《戊戌政变记》,正文共5篇。首先叙述了改革内容,一丝留恋之情蕴含在对种种变法举措的叙述中。第2篇则叙述了光绪帝的废立始末,更以太监寇连材的笔录证明了西太后对光绪帝的迫害,并确认西太后的行为"乃废立而非训政"。第3篇分析了政变之所以发生的"总原因""分原因",并驳斥了认为变法"操之过蹙"的观点,把失败归因于民智未开。接下来两篇记了政变经过和六君子殉难的事迹。在附录中又列出《光绪圣德记》,高度评价光绪帝"舍位忘身而变法""从善如流""特善外交"等明君风范。

第3卷《中国四十年来大事记》,实为李鸿章的专传。文章从"李鸿章的位置"说起,对作为"兵家"和"外交家"的李鸿章,乃至"洋务时代""中日战争时代"和"投闲时代"的李鸿章一一做了评述,最后还进行了"结论"。是研究李鸿章学者的必读书。

第4卷《新民说》,梁启超心中的急务出明确的"保皇上"转变为培养"新民",并由此详细解释了其所谓的"新民主义"理论,进而对公德、进取、冒险、自由、自治、自尊、合群、生利、分利、义务、思想、尚武、政治能力等问题进行了专题论述。

第5到13卷是梁启超所做的关于中外民族英雄的传记;第14到21卷为国别史内容,特别是详细地记述了越南、朝鲜的亡国过程,并对其原因进行了分析。

第22卷和23卷均为游记。《新大陆游记节录》记述了从日本横滨赴加拿大、再由加拿大进入美国的航程,以及在纽约、哈佛、华盛顿、费城、芝加哥、旧金山等地的见闻。与封建士大夫的游记不同,梁启超以史家的良心和国人的自尊在正文后附以《记华工禁约》一文,对旅美华人的人数、美国人排华的论据以及华人的抗争都做了详细记载。《欧游心影录节录》详细分析了"一战"前后的欧洲形势,在这一点上也高于普通游记的价值。不仅如此,梁启超还从一个学者的视角评价了巴黎和会、和约以及战后成立的国际联盟。他发现了西方社会也有许多弊病,于是高呼"中国人对于世界文明有大责任"。

第24卷到32卷为一些散论,第33卷《盾鼻集》收录了一些公文、函牍、电报和论文。

第34卷《清代学术概论》和第75卷《中国近三百年学术史》是梁启超对明清学术史的论著。梁启超在序言中表明要"纯以超然客观之精神"来研究这300年(1623—1923年)间的学术思想的发展变化,包括晚清文学运动及其自身的功过。他的贡献在于对学术思想变迁总廓的描画,作为一种思想资料,是有借鉴作用的;但对于许多具体问题的论述却要认真地加以分析,其中某些观点是错误、甚至反动的。

第35卷到40卷、第50卷,是有关先秦思想的著述。梁启超在《先秦政治思想史》中认为儒墨道法这四家显学的主张即是:礼治、人治、天治和法治四大主义。四者不仅有所继承和借鉴,也与西方的许多政治思想有着相通之处。认为它"有其不朽之位置",体现了强烈的爱国情感。

第41卷到49卷为中国古代民族、宗教的研究,第51到68卷为佛学研究。其余各卷还有经学、史学、文学史、文献学理论著作,以及小说、戏剧注、年谱等内容。

后 记

　　20 世纪法国最伟大的小说家、意识流文学的先驱与大师马塞尔·普鲁斯特认为时间可以摧毁一切，但也认为回忆可以起到保存的作用。他告诉人们的保存方法是："某种回忆过去的方式。"

　　2013 年 3 月在接受《大连民族学院学报》学生记者采访时，他们要我谈一谈从事图书馆学研究的经历。粗略一想，除了撰写论文、编撰图书之外，还有很重要的一项就是参加学术会议发表演讲或者举办专题讲座。比起撰写论文、编撰图书来说，我认为参加学术会议或举办专题演讲更能提高人的学术水平。正所谓"台上一分钟，台下十年功"。不把演讲内容吃透，是不敢轻易上讲台的。也正是由于演讲，我的业务水平有所提高，事业上也是顺风顺水。只是由于受当时条件的限制，很多演讲没有留下视频材料，很多即兴演讲内容都已经记不起来了。好在有些专题讲座讲稿还在，用"某种回忆过去的方式"略加整理，将"民族图书馆学""民族文献管理学""图书馆员论""传统文化名著导读"4 个专题缀辑成书。其中，"民族图书馆学"和"民族文献管理学"讲座的次数比较多，时间跨度也比较大，内容也几经更改，带有一定的研究性质，"图书馆员论"和"传统文化名著导读"是为培训新馆员而写的，带有一定的普及性，倘读者能在这些"杂谈"中找到一些有用的东西，我就心满意足了。

　　整理旧作，睹文生情，不免时时回忆自己的学术经历。内蒙古科左后旗图书馆佟珍先生，内蒙古大学的乌林西拉老师、孙玉臻老师、任嘉禾老师，内蒙古哲里木盟（今通辽市）图书馆刘瑞先生、张文琴女士、中国民族图书馆李久琦先生、宝音先生，大连民族学院的赵安君先生、李晓菲女士的鼓励、教诲和提携，一一在脑海里浮起，宛如目前，我深深地感谢他们。

　　感谢国家图书馆出版社的领导和同仁们，是他们的美意和辛劳使本书得以顺利出版。

　　专题讲座结集出版了，心中殊无自信，只能说我是认真的。今天怀着忐忑的心情把它捧给读者，相信时间会验证它或多或少的价值。

包和平

2014 年 6 月 20 日